지식인 파워 엘리트의 사회학

선비문화의
빛과 그림자

김경동

박영사

이 저서는 대한민국학술원 학술연구총서 지원사업에 의하여
수행된 연구임

진유(眞儒)의 정도(正道)만을 걷자며
항상 곁에서 지켜주는
여중(女中)선비 이원(利苑) 이온죽(李溫竹) 교수에게
그리고
그 교훈을 좇아 언제나 반듯하게 살고자 하는
우리 딸 김여진(金呂珍) 김진(金珍) 두 교수에게

머리말

우리나라 역사와 동방사상 분야의 전공자가 아닌 사회학도가 감히 선비문화를 주제로 하는 저술을 하게 된 배경에는 개인적인 생애경로와 학문의 역정이 미묘하게 얽혀 있다. 영문학 공부를 해서 작가가 되려는 꿈을 키우던 10대 소년이 고등학교 스승님의 권유로 잘 알지도 못하는 사회학과에 진학해서 얼떨결에 일생을 사회학과 씨름하면서 어쩌다가 유학(儒學)과 만나게 되었는지를 해명해야 할 처지에 놓이게 된 것이, 돌이켜 보면 스스로도 실소를 금치 못하는 일이 되었기 때문이다. 그러니까, 기왕 사회학 공부를 할 거면 일단 사회학의 본령인 미국 본바닥에 가서 제대로 한 번 도전해본다는 각오로 유학길에 오른 데서부터 그 사유의 발단을 추적해야 한다는 말이다.

그 과정에서 마침내 진지하게 사회학이라는 학문의 의미를 되돌아보게 되는 계기가 찾아온 것이다. 전후의 폐허에서 살아남기 위해 안간힘 쓰는 우리나라의 심대한 문제 해결이 시급했던 만큼 이를 타개하는 데 조금이라도 보탬이 되어야 한다는 순진한 사명감 같은 것을 품고 사회학에 입문한 것인데, 여기에 회의를 품게 되는 충격적인 경험과 마주하게 된 것이다. 박사과정 과목인 '사회조사연구 방법론' 세미나에 참여하고 나서부터다. 아무리 좋게 보려 해도 이해를 하기 어려운 일이 벌어지고 있었기 때문이다. 사소한 통계처리 절차와 지표 등을 두고 두 세 시간의 세미나를 열을 올리며 진행하는 강의에 환멸을 느끼게 된 것이다. 돌이켜 보면 어처구니 없는 미숙한 결단이긴 했지만, 적어도 당시의 판단으로는 이런 공부는 더 할 수가 없다는 것이었고, 고민 끝에 1년 만에 석사학위만 마친 채 돌아오고 말았다. 이것이 1961－62년의 일이다.

이런 자질구레한 개인 이력을 여기서 굳이 노출하는 이유는 자신의 생애 경로를 기획하고자 하는 의도와는 별개로 상황적 맥락의 어떤 요소가 작용하여 그 길을 바꾸거나 새로운 길을 모색하게 되는 우연 아닌 우연의 방향 전환이 몇 번 더 반복했기 때문이다. 그렇게 일단 실망을 안고 돌아와 대학에서 강의를 하던 약관의 사회학도는 평생 해야 할 사회학 공부의 주된 연구과제를 두고 고심해야 했고, 거기서 얻은 답은 한국사회의 사회문화적 성격에 관한 근본적인 연구부터 해봐야 한다는 것이었다. 그 주제가 바로 '한국인의 유교적 가치관'이었다. 그리하여 이런 연구를 하고 싶다는 뜻을 상백 이상백(想白 李相佰) 선생님께 여쭤봤더니, 좋은 생각이라 격려하시며, 흔쾌히 당시 회장이시던 한국진단학회가 관리하는 미국 하버드 대학 하버드-옌칭 연구소의 연구비 지원을 받을 수 있게 주선해 주셨다.

이 연구를 위해서 우선 문헌연구에 앞서 선비의 고장이라 알려진 안동 지방의 장로분들과 면담을 해서라도 기초적인 연구방향을 정하는 것이 좋겠다는 생각으로 모처럼 고향을 찾았고, 도산서원 근방의 퇴계 종택에서 신세를 지게 되었다. 종손 되시는 분이 백형의 학교 후배시라 후덕한 대접을 받으며 한 일주일 가량의 면접조사에서 중요한 시사를 얻을 수 있었다. 그때의 일화 한 가지만 남긴다. 솟을대문을 나서기 직전 그나마 폐만 끼친 인연이 있는 댁을 떠나는 마지막 인사 겸 뒤를 돌아보던 순간, 본채 구석 기둥 뒤에 몸을 숨긴 채 대문 방향을 엿보시던 주인 종부마님의 얼굴이 눈에 들어왔다. 일주일이나 그 댁에 머물면서 한 번도 인사할 기회가 없었던 터라, 저자 자신도 실은 궁금하던 차에, 그동안 마님께서 대접하시던 손님이 어떻게 생겼는지 궁금하셨던 모양이다. 말하자면 유가적 남녀 유별의 유습이었던 셈이다. 연필로 그린 그 종택의 솟을대문의 소묘작품은 아직도 화첩에 간직하고 있으며, 이를 기념하는 뜻에서 본서의 속지에 옮겨 실었다. 굳이 이 일화를 여기 적는 이유는 미국 유학에서 얻은 자극이 오히려 유교 연구라는 정반대의 영역으로 전환하는 계기를 제공했음을 지적하고자 함이다. 이 일은 1964년의 경력이다.

이같은 최초의 유교 연구 결과로 논문 두 편을 학회지 『한국사회학』 제1집 창간호와 상백 선생님 회갑기념논총에 각각 한 편씩 발표하였다.

그러나 속으로 기대했던 반응이 보이지 않았다. 하긴, 그 시절은 근대화와 발전의 담론이 전세계를 휩쓸고 있었고, 당연히 후진국의 근대화를 위해서는 문화적 전통을 하루 속히 극복, 탈피해야 한다는 논리가 우세하던 시대다. 자연스럽게 우리나라의 학계도 이에 동조하여 유교 연구 같은 것이 주목을 받을 여지가 거의 없었던 것이다. 이에 그 문제는 일단 접어두고 오히려 근대화와 발전이라는 시대적 과제 자체에 전념하기로 마음먹고 오늘날까지 그 주제와 함께 해 왔다.

　그런데, 1970년대에 미국 대학에서 6년 여의 교편생활을 하는 도중에 또 한 번의 뜻하지 않은 자극이 돌아왔다. 이때만 해도 우리나라가 상당한 경제적 성과를 거두던 시기다. 주변의 미국인 교수들이 심심하면 지나가는 말로 유교, 도교 이런 것이 어떤 사상이냐고 물어 오곤 하였다. 그때마다 적당히 얼버무리긴 했지만, 자신의 무식이 내심 부끄러워지기 시작했다. 그래서 동양철학 고전을 진지하게 공부해야겠다는 마음이 생긴 것이다. 그러다가 1970년대 말에 귀국한 이후 1980년대 초부터는 유교와 근대화라는 쟁점이 새로운 차원의 중심과제가 되었다. 동아시아의 네 마리 용의 약진에 놀란 서구 학계가 이들의 성취는 분명히 저들이 공유하는 유가적 전통임에 틀림없을 것이라는 논지를 공공연히 내어 놓고 있었다. 이런 상황에서 모른 체할 수는 없다는 각성으로 1981년부터 본격적으로 공맹과 역경, 그리고 노장 사상을 섭렵하기 시작하면서 국제회의 등에서 한국 및 동아시아의 성취와 동방사상의 관련성에 관한 논문을 발표하기 시작하었다. 말하자면, 여기시 다시 한 빈 학문직 관심사의 진환이 미국과 서구학계 쪽의 자극에서 비롯한 우연을 만났다는 말이다.

　그런 관심의 전환을 계기로 이번에는 근대화론과 발전론의 한국화라는 명목으로 대안적 담론을 추구하는 연구를 계속 해 왔다. 마침 한국연구재단의 우수학자 지원사업의 지원으로 저술한 3부작을 2017년에 Palgrave－Macmillan에서 출간하게 되었다. 그중에서도 세 번째 책이 동아시아의 유교와 근대화를 이론적, 역사적 관점에서 독자적 방법론으로 분석하는 저술이었다. 상당히 고무적이고 부정적인 언급이 없는 서평이 미국의 종교학회지에 실렸고, 지난 몇 해 사이에 전 세계의 3천여 명의 독자가 접속했다는 통계를 접한 것이 재작년이다. 대수롭지 않은 기록을 자랑할 것도 못되지만, 여기서 굳이 언급하는 까닭은 이것이 또 한 번의 외적인 자극으로 다가왔음을 지적하려는 것이고 동방의 문화전통에 관한 세계 학계의 각별한 관심의 정도를 알리려는 데 있다. 이번에는 제대로 우리나라의 유가적 선비문화를 공부하기로 결심한 배경을 해명하다 보니 여기까지 온 것이다. 일찍이 미국 유학에서 돌아와 처음 고민했던 과제에 이제는 본격적으로 착수하게 된 셈이다. 하지만 이것도 아직은 지극히 기초적인 작업이고 더 심화할 수 있으면 하는 염원만 지닌 채 우선 어설픈 대로 세상에 내어 놓는다.

그러면 왜 이 시대에 선비문화를 거론해야 하는지에 관해서는 본서의 앞부분과 결론에서 밝히고 있으므로 다만 개인적인 차원에서 사회학도가 왜 이 문제를 본격적으로 연구하기 시작했는지만 해명해야 할 것 같다. 두 가지 큰 이유가 있다. 하나는 오늘날 유교에 관한 관심이 여러 나라 학계에서 두드러지게 된 배경을 이해하자면, 근대화 과정에서 현대의 과학기술 문명이 자아낸 온갖 세기말적 상황과 맞물려 전지구적으로 생태적 혼란과 겹친 정치경제적 위기의 목소리가 드높아지고 있는 저변에는 도덕성의 마비가 도사리고 있음을 서구의 지성이 자백하는 현실을 주목해야 한다는 점이다. 다음은, 거기에 해법을 찾는 일도 곁들이면 금상첨화일 터라는 생각이 들었고, 그 해답을 우리가 제시하는 것은 어떨까 하는 두번째 이유가 있다. 그러기 위해서는 먼저 우리가 내어 놓을 수 있는 문화적 자원부터 제대로 알아야 한다. 과욕이라 하겠지만, 실은 아주 순박한 소망일 따름이다. 그래서 이 방면에는 아직 문외한에 지나지 않는 일에 감히 손을 대려 하는 것이다.

책 제목에서 '선비문화의 빛과 그림자'라 한 것은 지금까지 우리나라에서 선비론을 다루는 문헌이 대체로 선비문화와 선비정신을 칭송하고 이를 전승해야 한다는 논지를 제시하는 방향으로 기울어지는 경향이 있는데 비해 그 부정적 측면은 상대적으로 가벼이 다루는 점이 한계라는 생각이 들었기 때문이다. 그처럼 자국의 문화유산을 긍정적으로 보는 태도 자체는 그 나름으로 중요하고 필요하지만, 적어도 사회과학적 이해를 위해서는 긍정과 부정의 양면을 객관적으로 해명하려는 시도는 해야 한다는 생각이다. 그래서 양면을 다 분석하고 이해하려는 구상을 한 것이다. 거기에 '지식인 파워 엘리트의 사회학'이라는 부제를 달았다. 여기서 성격상 사회학적 분석에 가까운 접근임을 특별히 부각하고 있는 셈인데, 주로 지식인과 정치, 지식과 권력이라는 관점에서 선비의 당쟁과 같은 갈등 현상도 함께 해명하려 하였다. 이렇게 한 이유는 본서의 서론장 첫 문장이 "이상과 현실의 괴리"라는 문구로 시작하는 데에 함축하고 있음을 미리 밝힌다. 아무리 훌륭한 문화유산이라도 인류역사상에서 간단없이 작동하는 이상과 현실 사이의 음양변증법적 상호작용의 파도를 피해 갈 수는 없다는 엄연한 문명론적 인식에 주목하고자 함이다.

그러므로, 첫 번째 서론장(제I장)에서는 인류문명사의 주요 시점(始點)인 고대 동서양의 대표적인 철학자의 이상사회상을 필두로 그러한 이상사회의 꿈과 실천이 교차하는 양상을 간략하게 살펴본 다음, 이 책의 분석틀을 제시하였다. 그렇게 시작한 이 책의 두 번째 장(제II장)에서는 왜 이 시대에 선비문화를 거론해야 하는지를 논의한 우리나라 학계와 유림 등의 해명을 먼저 들어 보면서 거기에서 공통으로 지적하는 문명사의 대변환을 겪는 현시대의 난맥상을 주로 도덕적 해이에 초점을 맞춰 성찰함으로써 대안을 찾을 명분을 제공하려 하였다. 이제 제III장부터가 본론인데, 여기에는 선비문화의 철학적 담론을 개관하였고, 이어 제IV장은 선비문화의 이상적 인간상을 간추려 보았다. 제V, VI, VII장은 선비문화의 경세사상을, 정치, 경제 및 사회 개혁론의 관점에서 나누어 사례로 점검하였다. 제VIII장은 표면상 선비문화의 음지라 할 수 있는 당쟁의 역사를 개괄적으로 고찰하였다. 제IX장은 선비문화를 시대정신으로 자리잡게 하려는 예비작업으로 오늘날 한국사회가 겪고 있는 부조리의 상황을 배경으로 변화의 역동성을 이해하기 위한 음양변증법의 변동원리와 미래지향적 사회관을 제시하고, 마지막 결론장(제X장)은 그 '이상과 현실의 괴리'를 무엇으로 어떻게 타개하여 평화롭고, 정직하고, 행복한 삶을 위한 사회를 꾸려나갈지에 관한 지침을 선비문화가 어떤 모습으로 시사하는지 저자나름의 꿈과 논리로 탐색하는 시도로 마무리 하였다.

마침 대한민국학술원에서 회원 전원에게 순차적으로 지원하는 연구총서 집필의 차례가 왔기에 용기를 얻어 이 책을 저술하게 되었다. 이런 기회를 갖게 협조해주신 대한민국학술원의 인문·사회 제5분과의 동료 회원 여러분과 (고) 김동기 회장님과 이장무 회장님을 비롯한 임원진 및 이 사업에 관여한 관계 직원 여러분에게 고마운 마음을 전한다. 주어진 집필 기간이 2년도 채 되지 않아서 충분한 원전 문헌 분석은 불가능했고 현존하는 선비 관련 전문서적을 주로 참고하는 2차자료 검색의 수준에서 우선 개략적인 연구에 임했음을 밝힌다. 국회도서관 자료에는 선비를 주제로 한 저작이 다수 있지만, 지나친 특수 주제에 치중한 자료와 비전문적이고 비학술적인 자료가 아닌 일반론적인 학술저술을 주로 참조하였다. 이들은 참고문헌에 충실히 제시한 바 있거니와, 이 여러 저술의 저자 분들에게는 이 자리를 빌려 각별한 감사의 뜻을 표하는 것이 도리일 것이다. 특히 이 방면의 전문가 동학 제위의 기탄없는 비판과 가르침을 기대한다. 이 책은 촉박한 시간적 제약 속에 코로나19로 칩거 중에 컴퓨터와 마주하는 저자의 곁에서 언제나 그랬듯이 격려와 비평을 아끼지 않고 지켜보는 아내 이온죽(李溫竹) 교수의 인내와 이해의 지지 없이는 불가능했을 것이다. 그저 고마울 따름이다. 끝으로 이 책은 박영사의 안종만 회장님께서 어려운 시기에 흔쾌히 출판을 맡아주시기로 하여 세상에 나오게 되었기에 특별한 사의를 전해드리며, 조성호 출판기획이사, 탁종민 대리 그리고 실무자 여러분의 노고에 감사의 인사를 보낸다.

2022년 여름

용인 처인구 삼역재(三易齋)에서 저자

목차

제I장

서 론 ·· 1

제II장

왜 이 시대에 선비인가? ······································· 39

제III장

조선시대 선비문화의 철학적 담론 ····················· 107

제IV장

조선시대 선비의 이상석인 인간상: 수기의 철학과 실천 지침 ················· 195

제V장

조선시대 선비의 이상적인 세계관: 정치 ················· 279

제VI장

조선시대 선비의 이상적인 세계관: 경제 ················· 337

제VII장

　조선시대 선비의 이상적인 세계관: 사회 ·························389

제VIII장

　조선시대 지식인 파워 엘리트의 선비문화 ·····················451

제IX장

　시대정신으로서 새로운 선비문화의 탐색 ·····················535

제X장

　결론: 선비문화와 인류의 장래 ·································591

참고문헌 ···633
찾아보기 ···654

제1장

서 론

제 l 장
서 론

이상과 현실의 괴리. 이는 아마도 기나긴 인류사에서 인간이 끊임없이 되풀이 경험한 현상일 것이다. 아주 머나먼 과거로 돌아가, 심지어 인간이 수렵채취의 미개한 생존을 이어가던 원시적인 시대의 견디기 어려운 조건 속에 살아가면서도 인간의 의식이 작동하는 한 비록 막연하고 불분명한 모습일지언정 앞날에 이루어지기를 희망하는 삶의 꿈을 꾸었으리라. 하물며, 인간이 개명하고 문명을 짓기 시작한 후라면 거의 모든 사회에서 이상이라는 꿈을 그리는 일을 더욱 더 열성적으로 훨씬 더 체계적인 시도를 하리라는 것은 너무도 당연하다. 그 일을 주로 맡아 한 무리는 주로 우리가 알고 있는 지식인이었고 사회마다 시대에 따라 그들이 제시한 이상사회의 모습과 성격은 각양각색이었다.

이러한 이상의 구상에는 반드시 시간이라는 변수가 개입한다. 어떤 사회는 과거의 일정한 역사 시대의 사회상을 이상적인 모형으로 삼고 이를 미래에 투사하여 그런 사회를 실현하고자 하였고, 다른 사회에서는 과거보다는 미래를 더 중시하여 장래의 이상향을 구상하였다. 그 어느 쪽이든 그러한 노력에는 항상 현재의 현실적인 여건에 만족하지 못한 좌절감이 도사리고 있었다. 그리고 과거를 미래로 투사하는 양식도 차이가 있다. 예컨대, 북미 원주민 이러쿼이(Iroquois) 부족 같은 비교적 원시적인 사회에서도 미래를 '미처 태어나지 않은 일곱 번째 세대'(the seventh generation yet unborn)라는 긴 안목으로 규정하고 이렇게 그 의미를 해설

2

한다. "우리가 직접 볼 수는 없지만, 우리의 집합적 행위가 그들의 삶을 결정할 것이다…. 그들이 품격 있고 긍정적인 인간으로 존재할 수 있는 세상을 창조할 권능을 우리가 가진다. 따라서 우리는 그런 세상이 올 수 있게 최선을 다할 도덕적 책임과 의무가 있다"(Cornish, 2004: 217). 이렇게 긴 눈으로 미래를 내다보는 관념은 독특하다 할 것이다. 그럼에도 그들은 그 미래를 품격 있고 긍정적인 인간으로 존재할 수 있는 세상으로 상상하였다.

1. 이상사회의 이념형

고대 동방의 주요 사상체계가 제시하는 이상사회의 속성을 축약해서 고찰하자면, 일종의 이념형으로 공자가 제시한 대동 사상의 공동체관을 볼 수 있다. 여기 인용하는 글은 공자가 자신의 고국 노나라를 방문해 마음에 들지 않는 세상사를 보며 탄식하는 말을 듣고 옆에 있던 사람이 까닭을 물었을 때 답한 내용이다. 탄식한 이유는 과거 요순의 오제(五帝)와 하·은·주(夏·殷·周) 삼대에는 전설적인 지도자가 때를 만나 큰 도를 행한 일을 비록 눈으로 보진 못했으나 기록이 있는데 그때는 참 좋은 세상을 살았음에도 현 세태가 너무나도 한심한 상태임을 한탄한 것이다. 여기 그 전문을 소개한다(『예기』「예운」: 남만성, 1980: 160; 이상옥, 2003: 617; de Barry and Bloom 1999: 343).

> 공자가 말씀하였다. 큰 도가 행하여지자 천하가 모두 만인의 것으로 생각하여 사사로이 그 자손에게 세습하는 일이 없었다. 어질고 유능한 인물을 선택하여 일을 맡겼다. 성실과 신의를 배우고 익히며 화목함을 닦고 실행하였다. 그러므로 사람들은 홀로 자기의 어버이만을 친애하지 않았으며, 홀로 자기 아들만을 사랑하지 않고 널리 남의 부모나 아들에게도 아낌을 넓혔다. 늙은이로 하여금 그 생을 편안히 마칠 수 있게 하고, 건장한 사람은 쓰일 곳이 있게 하며, 어린이는 의지하여 성장할 곳이 있게 하고, 과부나 외롭고 폐질에 걸린 사람은 다 부

양받을 수 있게 하며, 남자는 분수에 맞게 일할 자리를 나누고, 여자는 돌아갈 곳을 얻을 수 있게 하였다. 생활에 쓰는 물품이 헛되게 땅에 버려져 낭비하는 것을 미워하지만, 반드시 자기 혼자 쓰려고 사사로이 감추어 쌓아두지도 않았다. 힘이란 반드시 자신의 몸에서 나오지 않으면 안 되는 것이지만, 노력을 자신의 사리를 위해서만 힘쓰지는 않았다. 그런 까닭에 사리사욕에 따르는 모략이 있을 수 없고, 절도나 난적의 폭력 같은 일이 없으며, 바깥문을 잠그는 일이 없는 이상적인 공동체가 온 세상에 이루어진다. 이를 일컬어 대동의 사회라 한다.[1]

여기서 주목할 사항은 청나라 말기에 강유위(康有爲)가 이 공자의 발언 중 '대동'이라는 개념을 채용하고 이 문단의 내용을 기초로 하여 저술한 『대동서』(大同書)에서 유가적 이상세계론을 정식으로 주장하였다는 사실이다(이상옥, 2003: 617). 그리고 모택동 사망 후 등소평이 중국의 근대화를 추진할 때에도 '대동사회'와 '소강사회'라는 개념을 회복하려 하였다(Kim, 2017c: 109).

한편, 도가(道家)의 이상사회관은 미묘하게 유가의 모형과 다른 면이 있는데 그것은 인위적인 도(道)의 실현이 아니라 유사 이전의 자연 질서에 의한 이상사회다. 노자의 『도덕경』을 아래에 인용한다(김경탁, 1979: 293-294).

소수의 인민이 거주하고 있는 약소 국가에서는 병기가 있어도 사용하지 못하게 한다. 백성들에게는 죽는 것을 큰 일로 생각케 하여 다른 지방으로 이사가지 않게 한다. 비록 배와 수레가 있더라도 이것을 타고 바깥으로 나아가지 않게 한다. 비록 군대를 가지고 있더라도 전쟁마당에 나아가지 않게 한다. 백성들을 다시 유사 이전의 시대로 돌아가게 한다. 백성들에게, 자기네들이 밭갈아 지은 곡식을 달게 먹게 한다. 자기네들이 방적하여 지은 의복을 훌륭하다 생각

---

1) 大道之 行也 天下爲公 選賢與能 講信脩睦 故 人不獨親其親 不獨子其子 使老有所終 壯有 所用 幼有 所長 矜寡孤獨廢疾者 皆有所養 男有分 女有歸 貨惡其棄於地也 不必 藏於己 力惡 其不出於身也 不必爲己 是故 謀閉而不興 盜竊 亂賊而不作 故外戶而不閉 是謂大同(『禮記』「禮運」).

케 한다. 자기네들이 지은 집에서 편안히 살게 한다. 자기네들의 풍속을 즐겁게 지내게 한다. 이웃나라끼리 서로 바라보고 닭이 울고 개가 짖는 소리가 들려와도 백성들이 늙어 죽을 때까지 서로 오고 가고 하는 일이 없다.[2]

이처럼 동아시아의 고대 사상은 매우 구체적이고 현세적인 모습으로 이상사회를 형상화하며 그 시간지향은 과거를 본받기라는 성격을 띤다. 그에 비해 서양문명의 고전적인 사상은 구체적인 사회상을 제시하기보다는 추상적인 상징적 표상으로 이상을 모색하는 경향이 있다. 대표적인 보기는 역시 그리스 고대 도시문명의 대표적인 철학자로 Platon과 Aristoteles를 들 수 있다(Russell, 1946; Martindale, 1960).

Platon은 사람이 살아갈 수 있는 가장 훌륭한 삶이란 어떤 것인가라는 질문을 그의 철학의 중심과제로 삼았고, 그것을 모든 사물의 가장 성숙한 모습, 즉 가장 완벽하게 발전한 상태로 규정하였다. 그것이 이른바 에이도스(εἶδος, eidos) 즉 이데아(ἰδέα, idea)라는 것이다. 그 이데아라는 개념을 생각해내는 데에는 그의 스승 Socrates의 대화에 의한 모순의 발견이라는 방법에서 시사 받았다. Platon은 가끔 Socrates로 하여금 사람이 어떤 것을 보고 "좋다"고 할 때 그가 지니는 이미지, 즉 에이도스가 무엇인지를 묻게 했다고 한다. 그런데 Socrates는 그 질문 자체에 확정적인 대답을 제공하지는 않았지만, Platon 자신이 그러한 대화 방식에서 스승이 의도했던 바의 원리를 발견하고 그 대답을 얻는 이론 개발의 기초로 삼았던 것이다. 그것을 그는 수학의 원리에서 생각의 실마리를 얻었다고 한다. 가령, 눈에 보이는 세계에는 완벽하게 똑같은(同等) 물체가 없듯이 세상에는 완벽하게 아름다운 것, 좋은 것도 없다. 하지만 수학에서 가장 근본적인 개념의 하나는 바로 동등성이고 수리적 측정의 기초는 바로 측정 대상의 성질을 똑 같은 측정치로 표현해야 하는 것이다. 그러나 실제로는 어떤 사물도 똑같지가 않은데도 우리는 같다고 믿는다는 말이다.

---

[2] 小國寡民 使有什伯之器而不用 使民重死而不遠徙 雖有舟輿 無所乘之 雖有甲兵 無所陳之 使民復結繩而用之 甘其食 美其服 安其居 樂其俗 鄰國相望 雞犬之聲相聞 民至老死不相往來(『新譯 老子』 제80장).

그러니까 우리가 감각으로 어떤 대상이 좋다, 아름답다, 선하다고 할 때는 그것이 정말 실존적으로 좋고, 아름답고, 선한 것이 아니라, 좋은 상태, 아름다운 모양, 선한 성질을 띠는 것으로 인식하는 데 지나지 않고, 진짜로 좋고, 아름답고, 선한 것은 그렇게 지각하는 구체적인 감각의 세계를 초월하는 보이지 않는 세계의 어떤 영구적인 본질, 형상(Form), 즉 이데아로만 존재하고, 우리가 지각하는 것은 그 이데아의 불완전한 모형 또는 그림자에 불과하다는 것이다. 다시 말해서, 이데아란 인간의 감각으로 지각할 수 있는 개별적으로 존재하는 구체적인 물질적 대상의 속성, 유형, 관계 등의 본성을 표상하는 추상적인 그 무엇으로 구체적인 사물은 이데아의 모방으로 현현할 따름이다. 따라서 그것은 수시로 변하는 성질을 띠는 데 비해 이데아는 고정적이며 불변의 영원성을 띤다. 말하자면 일종의 이원론적 사상인데, 하나는 우리가 보고 느끼는 현상의 세계로서 변하는 경험의 세계이고, 그 이면에는 영원한 본질, 형상, 또는 이데아의 세계가 있다고 본 것이다. 이데아의 객관적 실재를 인정하는 이런 사상은 '객관적 관념론 혹은 이상주의'(objective idealism)라고 한다.

그러므로 우리가 개별적인 사물을 인식하려면 이데아의 세계의 개념, 유형, 형상, 형태 등을 표준삼아 그에 관한 지식을 얻어야만 가능하다. 모든 개별적인 대상은 이데아라는 원리를 지니기 때문인데, 그것을 올바로 인식하려면 인간의 이성으로써만 가능하다. 가변적인 물리적 세계는 감각에 의해 지각하므로 그렇게 얻는 지식은 의견에 지나지 않고, 인간의 이성(reason)으로써 얻는 불변의 이데아 또는 본질의 지식이 진정한 지식이다. 일단 인식만 하게 되면 그 개별적 대상을 설명하고 그와 관련 있는 선택을 지도하고 개별자를 취급하는 데 탁월한 방편으로 작용한다(Titus and Smith, 1974).

인간에게 있어서 그것은 그리스어로 아레테(aretē)라 부르는 덕성(virtue)이라 이름하였고, 국가의 덕은 절제, 용기, 지혜 및 정의로 집약하였다. 그런데 이러한 덕은 좋은 덕성(선, 善)이 어떤 것인지를 알아내는 인식을 전제로 하는데, 그 이유는 선이란 최고의 형상인 이데아이기 때문이다. 이와 같은 인식에 이르려면 그에 걸맞은 교육이 필수라 하여 교육의 중요성도 강조하였다. 여기서는 Platon의 '선(善)의 이데아'를 설명하는 한 구절을 소개한다(램프레히트, 김태길·윤명로 역 1989: 82; Blackson, 2011).

> 선의 이데아는 모든 다른 대상들에 그것들이 인식될 수 있도록 하는 혜택을 부여하며, 또 그것에 참다운 본질적인 존재를 부여한다. 그러나 그것은 다른 이데아들과 같은 종류의 것이 아니라, 권위나 기능에 있어 이 모든 것들을 초월해 있는 것이다.

이러한 형이상학적 이론과 인식론에 기초하여 Platon은 국가와 정치에 관한 이론을 제시하고 있다. 그는 (도시)국가도 이성과 지혜로 통치를 해야 한다고 주장하고 그런 지도자란 결국 철학적 소양이 있는 소위 '철인 왕'(philosopher king)이라야 한다는 것이다. 철학 하는 사람은 지혜와 용기를 적절하게 사랑하는 사람이며, 지혜란 모든 현상의 올바른 관계, 즉 선의 이데아를 알게 하는 힘이다. 이런 지혜를 가진 왕이 통치를 해야 세상의 모든 도시국가 나아가 모든 인류가 사악한 세력에 휘둘리거나 고통받지 않게 될 것이라고 하였다. 다시 말해서 정치권력과 철학이 완벽하게 일치하게 부합해야 제대로 통치가 이루어진다는 것이다. 구체적인 정치체제는 원래 가장 유능하고 지혜로운 훌륭한 소수가 지배하는 귀인정치(aristocracy)에서 비롯하다가 차차 명예지상 정치(timocracy)로, 다음은 수수의 지배체제인 과두정치(oligarchy)로, 이어 다수가 지배하는 민주정체(democracy)로, 그리고 마지막에는 폭군의 일인정치(tyranny)로 점차 전락한다고 보고, 이 중에서도 지혜로운 철인 왕의 귀인정치를 선호한다는 의견을 제안하였다(램프레히트, 김태길·윤명로 역 1989: 61-83; Blackson, 2011).

Aristoteles는 인간이 인간다운 행동을 하는 것이 이성(logos)에 의해서 실행하는 영혼의 기능이라 하였고, 그처럼 적정한 행위는 지나침과 모자람의 도덕적인 중용으로 규정하여 인간이 행복(eudaimonia)을 성취하는 것이 목표다. 이런 행복이란 우리가 상식으로 알고 있는 단순한 행복이 아니라 뛰어나게 발전하여 원숙한 사람의 완전한 행복을 뜻한다. 그리고 그런 에우다이모니아는 도덕적, 윤리적인 덕성(ēthikēaretē)이라는 훌륭한 성품이 필수다. 이런 덕성은 우선 좋은 환경에 타고 나야겠지만, 거기에 스승과 경험도 필요하고 결국엔 스스로 의식적으로 훌륭한 일만 하려는 노력을 요한다. 이런 노력을 주위 사람들과 상호적으로 하게 되면 그들의 지혜와 지능이 각각 가장 고도의 인간적 덕성으로 발전하도록 도와줌으로써 이론적으로나 창의성에서 가장 잘 성취한 철학자가 된다고 하였다(램프레히트, 김태길·윤명로 역 1989: 99－105; Blackson, 2011).

　　Aristoteles는 (도시)국가를 하나의 유기체로 간주하고 그 구성원들은 순전히 불의를 피하고 경제적 안정을 꾀하기 위한 집합이 아니라 일종의 공동체 속의 동료로서 우애와 같은 동료의식을 발휘하여 서로가 좋은 삶을 누리고 아름다운 행동을 할 수 있는 등 고귀한 행위를 하도록 하려는 곳이라 규정하였다. 그렇다면 이런 국가는 가장 훌륭한 인물이 법에 의해서 통치를 해야 하는데, 여기에는 뛰어난 지적 능력을 요한다. 법 그 자체가 지능을 요하는 것이기 때문이다. 결국 가장 권위 있는 판단을 하는 데 최고로 긴요한 것이 지적 능력이라는 것이다. 그러나 기본적으로 관념주의자였던 Platon과는 달리 현실주의자였던 Aristoteles는 소수의 최선의 인물과 인민 대중과 법률에 각각의 고유한 소임을 배당하는 형식으로 국가 운영의 묘를 찾아가는 현실적인 해법을 선호한 셈이다(램프레히트, 김태길·윤명로 역, 1989: 105－107; Russell, 1946; Blackson, 2011).

　　근대화 과정에서 등장한 지식인 중에서 미래 이상사회를 꿈꾼 보기는 많지만, 대표적인 사례로는 유럽 쪽에서는 Thomas More의 *Utopia*(1516)와 북미에서는 Henry David Thoreau의 *Walden: the Life in the Woods*(1854) 등을 들 수 있다. Utopia는 그리스어로 '존재하지 않는 곳'('outopos' [no place]) 또는 '좋은 곳'('eutopos' [good place])을 뜻하는데, 이 책은 당시 유럽 국가의 사회상을 비판적으로 바라보면서 완벽하게 질서 정연하고 도리에 맞고 분별 있는 유토피아라는 사회와 그 주변 지역을 대비하는 소설이다. 이곳에는 법이 필요 없고, 사회적인 모임은

모두의 반듯한 행위를 장려하기 위해 공공장소에서 이루어지며, 사유재
산제 대신 공동소유제이고, 남녀는 모두 교육을 받고, 거의 완전한 종교
적 관용을 인정한다. 아마도 당시의 수도원의 공동체를 모델로 삼지 않
았을까 하는데, 안락사를 법제화한 것은 당시의 교회법과는 거리가 있는
듯하다. 소설에서 주인공으로 등장하는 More의 대화상대로 등장하는 사
람은 철학도가 정치에 개입하지 말아야 한다는 신념을 가진 사람이라,
More가 왕의 신하로 일하는 처지 때문에 궁극적으로는 그 자신의 인간
주의적인 도덕적 신념과 정치적 현실 사이에 갈등이 있을 것을 경고한
다. 이 지적은 앞으로 본서에서도 다루어야 할 쟁점을 미리 시사한다는
점에서 흥미롭다(Rebhorn, 2005).

　　More의 영향을 받은 지식인들이 이상적인 사회나 완벽한 도시의 모
습을 묘사하는 유토피아 소설과 그 반대로 처참한 인간의 멸망을 상상하
는 디스토피아(dystopia) 소설을 연달아 펴내기도 하였다. More의 르네상
스 시대를 이어 계몽주의 시대에는 이런 저술을 펴낸 이들 중에 꽤 유명
한 철학자가 몇몇 있다. 가령, Voltaire의 *Candide*(혹은 낙관주의, 1759),
Francis Bacon의 *New Atlantis*(1626), 그리고 Samuel Butler의
Erewhon(1875, 저자 사후 출판: 이 책의 제목을 뒤에서 거꾸로 읽으면 no—
where다) 등이 대표적이다. 여기서 이들을 자세히 소개하지는 않지만, 이
런 저술에서 그리는 소위 유토피아주의(Utopianism) 풍조는 대체로 위에
서 언급한 그리스의 Platon과 Aristoteles가 추구하던 완벽한 사회의 형상
하라는 내용과, 로마 문명의 수사학적 세련미라는 형식을 조합한 저작들
이라는 특징을 들 수 있다(Blackson, 2011).

　　한편, Thoreau의 Walden은 그가 2년 2개월 2일 동안 고립생활을 보
낸 숲 속의 호수 이름이다. 4계절의 시간을 마치 인간의 발달을 상징하
듯 하는 형식으로 써 내려간 일종의 기행문이면서 동시에 영혼의 탐구를
담은 이 책은 정의로운 사회와 문화의 모범적인 조건으로서 자연의 단순
함, 조화, 그리고 아름다움을 온몸으로 탐색하는 미국의 고전으로 꼽힌
다. 그는 일종의 초월주의자요, 생태주의(자연보존 운동)의 선구자이고,
시민저항운동을 포함한 약간의 무정부주의자이기도 하다(Thoreau, 2008).

흥미롭게도 20세기 중반에 행동주의 심리학자 B. F. Skinner는 *Walden Two*라는 일종의 공상소설을 출간하여 화제가 되었다(Skinner, 1948). 이 책은 유토피아 소설이라는 평을 받는데, 당시만 해도 심리학을 과학으로 간주하는 데 한계가 있었지만 내용 상으로는 과학소설이다. 응용 행동 분석(applied behavior analysis)이라는 방법으로 인간의 행동을 바꿀 수 있다는 학설을 적용한 소설이다. 내용을 보면 이 책의 주인공들은 자유의지라는 것을 배격하면서, 인간의 신체외적 요인인 정신이나 영혼 같은 것이 행동을 제어한다는 학설을 거부한다. 그 소설에서는 인간을 포함하는 유기체의 행동은 환경적 변수가 결정하므로, 인간의 환경적 변수들을 체계적으로 변경함으로써 유토피아에 매우 근접하는 사회문화적 체계를 생성할 수 있다는 명제를 수용한다는 것이다.

2. 이상사회 실현의 실험

이상의 보기는 주로 이상적인 사회의 형상을 글로 써서 책을 내는 형식으로 표현한 것이라면, 실지로 인류 역사에서 그러한 상상의 세상을 현실 속에서 구현하고자 하는 사회운동을 벌인 사례가 없지 않다는 사실도 주목할 필요가 있다. 여기에는 크게 두 가지 형태가 두드러진다. 한 가지는 이른바 코뮨(commune)이라는 소규모 공동체를 꾸려서 상상 속의 이상을 실험하려는 유형이고, 다른 하나는 거대한 이념적 사상체계를 세우고 이를 바탕으로 전반적인 사회의 개조를 위한 정치혁명을 추진하여 새로운 세상을 현실 속에 실현하려는 형식을 띤 것이다.

첫 번째의 코뮨 운동은 서구 근대화 과정에 산업혁명이라는 극적인 대규모 사회경제적 대전환을 경험한 사회에서 18세기를 전후하여 등장한 유형이다. 공업화와 이에 수반하는 급속한 도시화를 치르면서 제일 심각하게 충격적인 직격탄을 맞은 사회제도는 인간사회의 원초적인 제도로서 인간의 삶에 기초가 되는 가족제도였다는 데서 문제의식의 발단을 찾는다. 갑작스럽게 늘어나는 핵가족이 지나치게 개인을 원자화시키고 과거의 대가족이나 친족가족이 보여준 친밀하고 온기가 넘치는 가족관계가 일시에 무너지는 경험과, 거시적 사회 수준에서는 시장경제를 업은 공업화가 극렬한 경쟁과 인간관계의 개인화를 부추기는 경험에 숨이 막힌 사람들이 과거의 대가족을 재생시키되 혈연관계를 떠나서라도 친근감과 끈끈한 인간관계를 복원할 수 있는 새로운 형태의 원초적 공동체를 만들어 보려는 움직임이 나타난 것이다(김경동, 2008: 162-163; 226).

이런 움직임의 구체적인 보기는 평화주의를 추구하는 퀘이커(Quaker) 신도들의 종교적 코뮌, 역시 기독교도들의 모임으로 미국 펜실베이니아 주의 시골 농촌에서 자생한 아미시(Amish) 공동체, 1960-70년대 미국의 대학생들이 주도하여 사회전반의 관료주의화에 의한 기성문화의 정치 및 성(性) 질서에 저항하고 그로부터 완전한 자유를 추구하던 청년저항문화 운동에서 파생한 히피(hippie) 코뮌, 그리고 위에서 소개한 심리학자 Skinner가 단순한 이론에 그치지 않고 실제 자신의 행동변화 운동을 실험으로 증명하기 위한 소규모 코뮌을 만드는 운동을 펼친 것 등이 대표적이다. 그런가 하면 이보다는 규모가 크지만 정치이념을 앞세워 새로운 사회를 구축하고자 했던 소련과 중공의 공산주의 정권이 실험한 집단농장이나 시온주의 이념을 실현하려 구축한 이스라엘의 집단농장 키부츠(kibbutz)도 일종의 코뮌으로 분류하기도 한다.

두 번째로 혁명에 의한 이상사회 구축의 보기는 구태여 이 자리에서 상론할 필요가 없고 다만 한 가지 보기만 들면 Karl Marx의 공산주의 이상사회다. 여기에는 계급도 없고 정부도 없고 모든 사람이 공동제석인 환경에서 능력만큼 일하면 일한 만큼 서로 공평하게 나누는 평등하고 정의로운 사회니까 하나의 이상사회의 모형임에 틀림없다. 그래서 온 세계의 수많은 젊은 지식인들이 이에 혹하여 결국 러시아를 비롯한 나라에서 공산주의 혁명에 성공하기도 하였다. 그런데 문제는 그 결과다. 여기서 두드러진 특징만 언급하면 이러하다. 이들 정치혁명의 결과로 이룩한 사회정치적 체제가 지금까지도 그 체제 자체를 특별히 변혁하지 않고 성공적으로 지속성을 유지한 예는 거의 없다. 러시아 혁명으로 건설한 신천지도 Marx의 이상 사회와는 정반대의 비인간적인 체제를 굳히다가 70년을 버티지 못하고 자체 내의 혁명 아닌 혁신을 거치며 결국은 무너지고 말았다. 대개 미국의 독립혁명을 제외하면 저들 정치혁명은 거의 다 어느 시기가 지난 뒤에는 다시 한 번 혁명에 가까운 체제 변화를 거치며 초기에 제창한 이상적 사회를 지탱하지 못한 채 무너졌다. 그 뒤를 이은 구공산권의 변혁은 지금도 온전히 새로운 체제를 갖추지 못하고 이상적(理想的)이 아니라 이상(異常)하게 일그러진 모습으로 제자리조차 찾지 못하고 있는 것이 역사적 현실이다.

그에 비해, 혁명 초기의 이상을 그나마 근원적으로 혁신하지 않고서 200년 이상을 한결같이 지탱하고 있다는 예외를 찾는다면 아마도 미합중국이 거의 유일한 예외가 아닌가 하는 관점도 있다. 미국은 남북전쟁이라는 내란을 겪으면서도 초기 독립지사들의 이념을 뒤엎지 않은 채 지켜내고 오늘에 이르렀다는 뜻이다. 물론 이 말은 미국이 가장 이상적인 사회라든지 완벽한 민주주의를 세우고 길러온 모범 사회라고 규정해도 좋은 사례라는 뜻은 아니다. 다만 초기의 이상을 근본적으로 무너뜨리는 제2, 제3의 혁명은 없었다는 역사적 사례를 본다는 말일 따름이다. 이 점과 관련하여 본 저자의 흔들림 없는 신조 한 가지가 있다. "혁명은 일어나지 않아도 되는 사회가 그나마 괜찮은 사회다. 그 정도라면 인간이 사람답게 살기에 크게 부족함이 적다는 반증일 수 있기 때문이다. 다만 혁명이 꼭 일어나야 할 만큼 비인간적인 사회는 혁명이 일어날 수도 있지만, 혁명이 일어난다면 한 번으로 끝나야 한다. 혁명으로 세운 사회가 다시 혁명을 필요로 한다면 그 사회나 그 혁명은 무의미하다. 필시 혁명은 다수의 인명을 앗아가는 전쟁 내지 무력 투쟁을 수반하지 않으면 성공할 수 없기 때문이다."

이러한 평가는 코뮌의 역사에서도 적용할 수 있다. 대다수의 코뮌은 시간 차를 두고 하나씩 인류사의 무대에서 사라졌다는 말이다. 다만 여기에도 예외는 있다. 이스라엘의 키부츠라든지 미국의 농촌 공동체 아미시 마을이 대표적인 보기다. 키부츠는 사실 단순한 코뮌으로 간주하기에는 규모도 크고 애초의 목적이나 운용 체제와 방법에서 다른 소규모 코뮌과 차별성이 두드러진 것이고, 특히 정권 차원에서 적극적으로 추진한 프로그램이라는 특성을 염두에 둘 필요가 있다. 기실 아미시 마을은 진정으로 모범적인 코뮨의 본보기라 할 수 있을 것이다. 여기서는 농업이 주 산업이고 농업에 필요한 최소한의 기계만 만들어 쓸 뿐 어떤 공산품도 사용하지 않는 게 철칙이다. 물론 TV 같은 기계도 쓰지 않는다. 교통수단도 자동차가 아니라 말이 끄는 수레와 자전거 정도다. 그런데 최근에는 오히려 그러한 청교도적인 생활양식이 일반 사회의 눈길을 끌게 되어 저들의 생산품인 농축산물이 일반 시장에서 더 인기를 끌어서 저들의 생활수준 향상에도 도움이 되는 반전이 일어나고 있다는 소식을 들었다. 요는 이들의 농축산물이 그 어느 대규모 기계화 농장에서 생산하는 물품보다도 청정하고 건강에 좋은 유기농 무공해 식품이기 때문이다. 이들이 그토록 오랜 세월을 거의 원형에 가까운 공동체 생활을 영위해온 배경에는 기독교라는 종교가 도사리고 있다는 점도 무시할 수 없다.

그렇다고 모든 종교적 코뮨이 영속하는 것도 아니다. 우리나라에서도 온 세상을 떠들썩하게 한 두 유형의 종교 코뮨을 떠올리게 되는데, 박태선 장로의 공동체와 문선명씨의 통일교다. 전자는 일종의 경제공동체를 상당 기간 잘 운용하는 듯했지만 결국은 존속하는 데 실패했고, 후자는 세속사회에서 기업운영에 크게 성공하여 거의 재벌급 기업집단을 지금도 이끌고 있는 가운데 종교운동도 지속하는 중이다. 최근 코로나 바이러스 사태의 중심으로 떠올라 문제가 된 신천지 교회 운동도 실은 이런 종교 코뮨의 확장체라고 볼 수 있다. 사실, 이러한 종교적 이상사회 추구의 사례는 소위 신흥종교라고 하는 일반적인 현상에서 드러나는 섯으로 볼 수 있다. 대체로 사회가 혼란하고 불안한 역사적 시대를 경험하는 맥락에서는 이러한 새로운 종교의 이름으로 현실을 극복하고 새로운 세상을 만들고자 하는 운동이 수없이 등장한 보기가 19세기말 20세기 초 우리의 초기 근대화 역사에서도 볼 수 있다(김경동, 1969; 강영한, 1999).

그러면 여기서 잠시 곁길로 나아가 여담을 하려고 하는데 이런 아미시 마을과는 대조적인 코뮨의 보기를 들어 보려는 것이다. 이 내용은 어떤 문헌에 근거한 것은 아니고 본 저자가 1970년대 미국에서 교편생활을 할 때 언론매체에서 습득한 정보에 기초한 것임을 밝혀 둔다. 앞서 언급한 1960-70년대 미국사회의 청년문화 얘기다. 미국은 제2차 세계대전 종전 이후 1950년대의 소위 '번영의 시대' 혹은 '풍요의 시대'를 구가하던 시절이 서서히 끝나면서 경제가 내리막길을 걷기 시작하고 있었다. 특히 1970년대에는 대학에서 철학 전공을 한 청년이 우리가 다니던 자동차 정비공장에서 정비사로 일하고 있었고 우리 집 수선 공사를 하러 온 친구는 화학 전공이라고 했다. 물리학 박사가 고등학교에서 수학을 가르치기도 하던 어려운 시기였다. 이런 혼란 속에서 청년층은 좌절과 분노를 경험하면서 흑인층의 인종차별철폐 운동, 여성해방 운동, 그리고 일반적인 체제저항 시민봉기 등이 하루가 멀다 하고 일어나고 있었다.

그러한 상황에서 하나의 에피소드가 언론매체를 장식한 것이다. 한 30대초의 전업주부가 하루는 집안일을 하다가 앞치마를 벗어 던지고 지갑만 챙긴 채 갑자기 사라진 사건이다. 남편과 가족은 온갖 수단으로 실종한 주부를 찾을 수밖에 없었고 한참의 세월이 흐른 어느 날 사설탐정이 그 주부의 소재를 알려왔다. 남편이 부리나케 찾아 나섰고 마침내 자신의 아내를 발견한 순간 숨이 멈추는 충격에 휩싸이고 말았다. 그 아내는 대낮인데도 본인보다 훨씬 젊어 보이는 더벅머리에 수염을 길게 기른 청년의 품에 안겨 즐기고 있는 모습이 그처럼 행복해 보일 수 없더라는 것이다. 그리고 그 장소는 이른바 히피들의 코뮨이었다. 당시 히피 문화의 특징은 일단 혈연관계 같은 기존 체제가 아닌 자연스러운 인간관계의 맥락에서 누구든 상관없이 가족과 같은 친밀하고 인정스러운 연관성을 존중하여 남녀 사이라도 혼인이라는 기존질서는 무시하고 부부가 반드시 서로에게 구속 받지 않아도 되고 누구와 성적인 관계를 맺어도 이를 두고 부정하거나 서로 질투하거나 할 필요가 없고, 공동체의 자산은 전적으로 공유하는 체제를 선호하였다. 개인은 집단에 스스로를 자발적으로 몰입시킴으로써 잊혀져 가고 있는 원초적이고 인정주의적인 인간관계를 복원하려는 움직임이었던 것이다. 유감스럽게도 그 부부의 후속담은 들은 바 없고, 다만 이와 같은 청년문화가 빚어낸 코뮨 운동은 언제 그랬냐는 듯이 소리 없이 소멸하고 말았다.

이제 본론으로 돌아와, 위에서 예시한 갖가지 이상사회의 추구라는 인간의 노력을 정리할 차례다. 그처럼 미래를 상상하는 가상의 세계를 담는 소설은 19세기 이후 오늘에 이르는 사이 과학공상소설(science fic- tion, Sci-Fi)이라는 장르로 정식으로 전개하여 왕성한 저작활동이 이루어지고 있다. 다만, 이들 과학공상 장르는 그것이 소설이든 영화든, 심지어 게임의 형식을 띠든 간에, 반드시 긍정적이고 이상적인 인간상과 사회상을 그리는 작품만 있는 게 아니라는 점이다. 그중 상당수는(아마도 이 쪽이 더 많을 수도 있겠는데) 오히려 현대 과학기술이 자아내는 부정적인 결과, 때로는 처참하게 비극적인 효과를 극적으로 부각시키려고 한다. 특히 컴퓨터 기술의 발달을 효과적으로 활용하는 작품일수록 극대화한 공포와 절망을 자아내기도 한다. 그뿐 아니라 이 기술을 게임 산업에서도 도입하여 역시 미래지향적인 사회에서 벌어지는 각종 갈등과 폭력을 소재로 게임산업의 번창을 주도하고 있다. 실은, 이러한 과학공상 소설은 미래학(futures studies, futures research) 분야에서도 중요한 미래연구의 소재로 활용한다(Lombardo, 2006).

3. 주요 개념과 분석의 틀

지금부터는 이 책을 쓰는 접근법의 기초로 주요 주제(key words)를 따라 각기 분석을 위한 개념의 틀을 가지고 그 뜻을 점검한다. 우선 선비란 대체 이떤 사람인지를 규명할 필요가 있다. 이 과세를 위해서는 현존하는 선비 연구의 담론을 내용분석법으로 개념정의를 찾아볼 것이다. 다음은 선비문화를 주제로 삼았으니 그것을 어떤 이론적, 개념적 틀로 파악할지를 밝히고 시작하는 게 옳다. 그래서 선비라는 사람이 영위하는 삶의 총체적 양식으로서 문화가 무엇인지를 사회학과 문화인류학의 관점에서 규정하는 문화론적 접근의 틀을 제시할 필요가 있다.

그리고 이 책을 구성하는 주 요소 또 한 가지는 지식인 파워 엘리트라는 다소 생소한 개념이다. 기존의 선비관련 연구에서는 이 문제를 주요 과제로 삼은 사례는 아직 보기가 드물어서 저자 자신이 하나의 분석틀을 조성해야 하는데, 이 문제 자체는 제대로 다루려면 한 권의 책으로도 부족할 수도 있으므로, 본서에서는 주된 목적에 필요한 수준으로 최소한의 담론으로 요약할 것이다. 먼저 소위 지식인은 누구인가를 주로 물어본다. 지식인의 의미는 동서양이 공유하는 내용도 있고 사회와 시대에 따라 상이한 관념도 있음을 유념해서 다루어야 할 것이다. 더구나 당시의 시대적 특성이 서방세계의 근대화가 탄생시킨 지식인이라는 인물군과 같은 지식인이라고 보기 어려운 면이 있다는 점 때문이다. 여기에서도 그 특이성을 놓칠 수가 없음이다. 그리고 파워 엘리트라는 개념을 검토해야 할 것이다. 사실 이 용어는 미국사회의 권력구조와 역학을 분석한 연구에서 제안한 것이므로 이점을 염두에 두고 권력과 엘리트라는 개념의 의미를 정리할 것이다.

여기에서는 몇 가지 기초적인 작업을 시작하려고 한다.

첫째는 대체 선비라는 개념이 지칭하는 사람은 누구인지를 가장 기초적인 개념 풀이만 개관하고자 한다. 본격적인 논의는 물론 본문에서 자세히 살펴볼 것이다.

둘째는 선비문화라고 하는데 그때 문화는 무엇을 가리키는 개념으로 쓰려는 지도 밝힌다.

셋째는 선비가 지식인 파워 엘리트라 했으니 지식인은 어떤 사람인지를 간략하게 고려하고,

넷째로 파워 엘리트의 의미도 개략적으로 검토하게 된다.

1) 선비의 기본개념

선비는 우리사회의 일상적인 생활세계에서 흔히 듣는 낱말로서 일반적으로 글 읽기와 공부를 전업으로 하는 사람을 뜻하는 순수한 우리말이라고 이해한다는 게 상식이다. 다만 학계에서는 그 어원이나 한자 표기 같은 사항에 관해서 이견이 남아 있다. 본 저자는 한학, 역사학, 언어학 분야의 전문가가 아니므로 먼저 상식적 수준의 자전적 의미를 살펴보고, 현재까지 전문분야 연구자들 사이에 합의가 이루어진 수준에서 정리한

개념정의에 의지하여 그 의미를 검토한다는 것을 밝혀 둔다. 저자의 주요 목표는 선비라 부르는 사람들의 사회학적 특성을 분석하는 일이므로 이 일에 집중하기로 한다는 뜻이다.[3)]

먼저, 한글학회가 편찬한 『우리말 큰사전』(1992: 2280)에는 아주 단순하게 "① 학식이 있되 벼슬하지 아니한 사람, ② 학문을 닦는 사람"이라 적어 놓았다. 이보다는 소상한 해설을 담은 자전 두 가지만 참조하면, 우선 이숭녕 감수(1990: 390)는 "① 옛날에 학식은 있으나 벼슬하지 않은 사람. ② 학덕(學德)을 갖춘 사람의 예스러운 일컬음. ③ 어질고 순한 사람을 비유하는 말"이라 하였고, 『고려대 한국어대사전』(2009)에 실린 선비의 말뜻은 아래와 같다(김언종, 2015: 27).

> ① 학문을 닦는 사람을 예스럽게 이르는 말. ② 재물을 탐내지 않고 의리와 원칙을 소중히 여기는 학식 있는 사람을 비유적으로 이르는 말. ③ 옛날에 학식은 있으나 벼슬하지 않은 사람. ④ 품성이 얌전하기만 하고 현실에 어두운 사람을 비유적으로 이르는 말.

위에 인용한 세 사전의 해설에서 공통적인 언명은 "학식은 있으나 벼슬을 하지 않은 사람"이라는 표현이다. 그런데, 『고려대 한국어대사전』에는 다음과 같은 별도의 해설을 첨가하였다(김언종, 2015: 27).

> 이 말은 『용비어천가』(1445, 80장)에 '션ᄇᆡ'의 형태로 처음 나타난다. '선비'는 '션, 션ᄇᆔ, 션뵈, 선빈, 선비, 선배' 등의 다양한 형태로 쓰이다가 20세기 이후에 '선비'로 정착한 말이다. 이러한 다양한 발음들에 근거하여, 이 말의 어원을 '선배'(先輩)에서 찾는 견해가 일반적이지만 아직까지 이 말의 어원에 대해서 명확하게 밝혀진 바는 없다.

---

3) 여기에 직접 인용하지 않는 문헌 자료에서도 이 선비 개념의 어원, 어의 용례 등에 관한 기본적인 고찰을 시도한 보기는 허다하지만, 그중에서도 대표적인 주요 사례만이라도 추가로 소개하고자 한다. 이장희, 1987(2007); 금장태, 2001; 권문봉, 2004; 김광민, 2009; 정범진, 2013; 박균섭, 2015; 김석근, 2016 등이다.

다음으로는 우리가 선비를 지칭할 때 자주 쓰는 한자어를 두고 선비의 의미를 간략하게 추적하기로 한다. 여기서도 먼저 자전부터 찾아본다. 가까이 손댈 수 있는 자전부터 조회하려고 이상은 감수(1983: 294)를 찾아보았다. 한자의 사(士)의 자전적 의미는 다음과 같다.

> ① 선비 사: ㉠ 천자 또는 제후에게 벼슬하는 계급의 명칭으로 대부의 아래, 서인의 위를 차지하는 위치, ㉡ 상류사회, 지식인 계급의 사람, ㉢ 뛰어난 사람, 영재, ㉣ 도의를 행하고 학예를 닦는 사람, ㉤ 남아; ② 무사(武士) 사; ③ 하사관 사; ④ 벼슬 사; ⑤ 일 사(事).

이제는 '선비 사'의 역사적 정착 과정을 요약한 전문가의 견해를 참조한다(홍원식, 2015: 13). 역시 위의 고려대학교의 한글사전에서 부언한 것처럼 선비라는 우리말이 역사적 문헌에 처음 등장하는 것이 1445년 편찬, 1447년에 간행한 『용비어천가』임을 밝힌다. 이때 선비라는 언문을 유(儒)로 한역한 사례가 세 번이었다고 한다(홍원식, 2015: 13; 김언종, 2015: 36). 참고로 여기 그 원문 일부를 소개한다(김성우, 2015: 52). 이 글의 맥락에서는 선비가 무공으로 토적을 일삼는 무인, 무사의 대칭어로 쓰였다.

> 무공뿐 아니 위하사 션비를 아라실세 정치지업이 세시나이다. 토적이 겨를 없으샤되 션비를 다사실세 태평지업이 빛나사이다(匪直爲武 且識儒生 鼎峙之業 肆克樹成 不遑討賊 且愛儒士 太平之業 肆其光煒:『龍飛御天歌』9, 82장).

이어서 역시 15세기 후반에 서거정(徐居正)이 지었다는 자서(字書), 『類合』에 유(儒)와 사(士)를 모두 선비라 새겼고, 후일 최세진(崔世珍)의 『훈몽자회』(訓蒙字會)는 선비를 "도의를 지키고 학문을 하는 사람을 선비 유"(守道功學曰儒)로, 공부를 해서 벼슬자리에 있는 사람을 조사(朝士)사(學以居位曰士)라 하여 지위와 역할에서 유와 사가 갈라지는 계기를 마련하였다(홍원식, 2015: 13; 김언종, 2015: 36; 김성우, 2015: 53). 그러나

16세기 후반으로 오면서 유를 선비로 번역하되 사도 '조사' 외에 '선비' 라 번역하는 문서가 유희춘(柳希春)의 『신증유합』(新增類合)이었다. 그리고 그 12년 후 한석봉(韓石峯)의 『석봉천자문』(石峯千字文)에서 사를 '선비'로만 번역해서 쓰게 된 것이 외래어였던 '사'가 우리말 '선비'로 변신하는 시발이 되어 17세기에 와서는 완벽하게 자리 잡은 것으로 전문가는 이해한다.

이후 18세기 실학자 홍대용(洪大容)은 선비를 과거시험으로 출세를 하는 재사(才士), 문장이 뛰어난 문사(文士), 경전에 밝은 경사(經士), 그리고 진정한 선비로 진사(眞士)로 구분하였다. 여기서 진사란 높은 벼슬에 오르면 그 혜택이 온 세상에 미치고 물러나 도를 닦으면 천년토록 밝히는 인격이라 하였다. 또 다른 실학자 박지원(朴趾源)의 개념규정에서는 선비를 지위가 아니라 인격으로 접근하기를 강조하였다. 가령, 가장 뛰어난 집단(제일류)을 '사류'(士流), 학문을 논의하고 도를 토론하는 부류를 '사림'(士林), 천하의 언론을 세우는 것을 '사론'(士論), 천하의 올바른 기상을 세우는 것을 '사기'(士氣), 그리고 선비가 도를 논하고 의를 지키다가 권력에 의해 희생당하는 것은 '사화'(史禍)라 규정하였다(금장태, 2003: 77－78). 또는 "독서하는 사람을 사라 하고, 정치에 종사하는 사람을 대부(大夫)라 하며, 덕이 있는 사람을 군자라 한다"라고 구분하기도 했다(김성우, 2015: 55). 선비가 유교 교양을 갖춘 독서인이라는 단순한 의미로 쓰이는 관행이 이때부터 오늘에 이르기까지 이어졌다는 것이 통설이다(이성무, 2011: 15). 곁들어, 유생 또는 유사라는 말은 유교를 신봉하고 본업으로 삼는 사람으로 선비와 구별하게 되었다(한국정신문화연구원, 1991). 다만, 박지원의 개념규정으로 한자의 사가 선비로 우리나라 언어 체제 안에 안착한 것까지는 더 이상의 이론이 없다 하더라도, 한 가지 주의해야 할 사항이 있다. 역사의 흐름속에서 선비가 정계에 진출하여 높은 지위에 오르면 사대부(士大夫)가 되며, 자기수양과 덕행을 쌓음으로써 선비의 이상형인 군자가 될 수도 있기 때문이다.

다만 오늘날의 관용법에서는 오히려 선비사라는 글자를 한자로 쓰는 보기는 학문을 하는 사람보다는 변호사, 변리사, 법무사, 회계사 등 특정

전문직의 명칭에 쓰이고, 유라는 문자는 유도회, 유림 등 학문이 전문직이 아니더라도 유교를 신봉하고 보급하는 운동에 참여하는 사람들을 유생이라 하여 여기도 학문이 전업이 아닌 사람들을 포함하는 개념으로 쓰이고 있다. 다시 말해서 선비라는 우리말은 역시 학문과 관계 있는 일에 관련이 있는 사람들을 지칭하고 또 한 편으로는 인품이 덕스럽고 신사다운 행동을 보이는 모범적인 인물을 가리킬 때도 사용한다.

어원에 관한 논의는 이 정도로서 본서의 목적에 충당하도록 하고 이제는 그 선비의 사회학적 속성을 살펴보기로 한다. 무엇보다도 사회학의 관점에서 선비라고하는 집합적 범주의 사람들을 규정하는 첫 번째 개념은 사회계층이다. 물론 조선조 선비는 그 시대 신분사회의 특징을 반영하여 신분계층의 한 구성요소로 파악한다. 단적으로 이 틀에서는 조선사회의 사농공상천(士農工商賤)의 신분 구분 범주에서 정점에 위치하는 계층이 선비다. 다음은 그러한 지위를 누리기 위해서는 일정한 직역(職役)을 맡아 수행해야 한다. 이 맥락에서 선비는 일단 지식인이다. 공부를 하고 학문을 닦고 도의를 지키는 등의 특수한 역할을 하는 것이 선비의 본령이다. 동시에 관에 진출하여 국정에 참여하는 관인 혹은 공직자일 수도 있다. 이 문장에서 공직자일 수도 있다는 말이 조선조 선비의 특이한 속성을 대변한다 해도 과언이 아니다. 다른 말로는 지식인의 정치참여다. 구체적으로 선비가 학인으로서 살아가는 모습과 관인으로서 살아가는 양태는 추후에 지식인 관직자가 하나의 뚜렷한 사회적 지위로 인정받고 정착하면서 조선 사회의 상위 계층으로서 살아가며 활동하는 모습을 역사적 과정에서 다시 상세히 분석하기로 한다.

그래도, 이 지점에서 한 가지 밝혀 둘 사항은 왜 선비라는 주제를 주로 '문화'에다 초점을 맞추기로 했느냐 하는 문제다. 먼저 현재까지 우리나라에서 선비를 언급하는 각종의 문서를 국회도서관 전산자료에서 검색한 결과부터 살펴보기로 하였다. 그 결과 의외로 그러한 문헌의 수량이 대단하였다는 놀라운 사실과 접하였다. 이를 간단한 수표로 정리하면 [표 1-1]과 같다.

[표 1-1] 현존 선비 관련 문헌의 수량(국회도서관 전산자료)

주제	합계	도서	학위논문	연속간행물·학술기사	기타*
선비	4,685	753	391	3,248	293
선비문화	975	125	17	767	66
선비정신	972	149	48	709	66

*멀티미디어, 국회자료, 특화자료
출처: 국회도서관 전자도서관

　선비가 주제어인 문헌이 전체(약간의 앞뒤 중복 포함) 4,685건이었으므로 이 모두를 전부 섭렵하는 것은 물리적으로 불가하므로, 선별해야 하는데, 첫째, 자료 유형으로는 도서가 가장 우선이고, 이어 최소한의 학술논문을 추가하는 데 그쳐야 했다는 사실을 밝혀둔다. 둘째, 선비, 선비문화 및 선비정신 세 가지 범주에서 드러난 주제 중에 본서는 선비문화를 채택하였다. 그런데 이 항목은 근본적인 문제가 있음을 발견하게 되었는데, 그 연유는 도서관 자료의 분류에 의할 때 선비'문화'라는 말은 주로 통상적으로 문화예술이라 일컫는 영역, 가령 문학, 음악, 미술, 연극, 무용 등의 행위예술을 지칭한다는 점을 알 수 있었으므로, 본서의 취지와는 차이가 있어서 결국 선비정신의 항목에서 '문화'를 다루는 자료를 선택하기로 하였다.

　셋째, 본서에서도 선비정신이라는 제목을 쓸 수 있지만, 이 제명으로 저술한 도서나 논문 등을 일별할 때, 여기에서도 그 분석의 초점에 제약이 있음을 볼 수가 있었다. 먼저 선비의 정신이라고 할 때 그 '정신'의 개념이 각양각색이고 추상화의 정도라든지 내용의 범위 등에서 다양한 견해차이가 있어서 일관성을 찾기가 어려웠다. 예를 들어, 가장 추상적인 표현으로 "선비정신을 '우리의 전통에서 확립된 이상적 정신상태'"(김광민, 2009: 93)로 또는 "선비정신은 민족정신의 뿌리이다"(교육타임스 편집부, 2018: 86)라고 규정하기도 한 보기가 대표적이다.

　게다가 대다수 저술이 주로 일부 지역의 특정 인물을 대상으로 그의 사상과 삶을 소개하거나 학술적 의의를 분석하는 것이었다. 선비정신의 내용을 다루는 데 있어서도, 거기에는 가령 선비정신의 분석틀로 선비의 성향, 지향목표, 가치관을 지목하는 사례(권문봉, 2004)를 위시하여, 다음과 같이 다양한 선비정신의 키워드를 주축으로 접근하는 양상을 발견한다. 호학(好學), 명덕(明德)의 수단으로 격물치지(格物致知), 거경함양(居敬涵養), 수기치인을 실천함으로써, 솔선수범, 지행일치로 인의예지, 대의명분, 충효, 절의, 지조, 이윤보다 신의(見利思義), 청렴결백, 청빈과 안빈낙도, 공선후사, 극기복례, 측은지심, 충서, 범애사상(汎愛思想), 애민(인치, 덕치), 멋과 풍류, 용기, 염치, 근검절약, 엄격한 출처관(出處觀), 순리의 정신을 중시하고 실현하는 정신(김기현, 2009; 계승범, 2011; 정범진, 2013; 이동건, 2014; 장윤수, 2014; 박균섭, 2015; 변창구, 2016) 등이 주로 등장한다.

그러므로 본서는 이런 내용을 포괄하면서도 학술적인 차원에서 한층 더 객관적이고 체계적인 이해를 위한 개념규정이 필요하다는 취지로 문화인류학과 사회학 분야의 표준 개념을 기준 삼아 연구에 임하기로 하였다. 따라서 지금부터 이런 의미의 선비'문화'가 무엇을 담게 되는 지, 그 개념 풀이를 간략하게 하면서 본서가 다루는 중심 주제의 개념과 기본적인 분석틀에 관한 일반론적인 개관을 시도하고자 한다.

2) 문화의 분석틀

우리가 일상생활에서 쓰는 '문화'라는 말은 문화예술이라는 말이 가장 자연스럽고 익숙한 표현이다. 그것은 주로 음악, 미술 등의 예술활동을 특정하는 비교적 협의의 표현일 따름이지 실제로 문화는 매우 광범위하고 거시적인 개념이다. 주로 인류학자들이 이색적인 사회의 전반적인 생활양식에 접하고 나서 문화란 인간의 사회생활에 편재하는 현상임을 자각하고, 결국 문화란 인간의 사회적 유산(social heritage)으로서 전반적인 삶의 모습에 일정한 형식을 갖추게 하는 생활의 유형(patterns of life) 혹은 생활양식(ways of living) 자체라 이해하기 시작하였다. 그리하여 영국의 인류학자 Edward B. Tyler가 다음과 같은 매우 포괄적인 정의를 내림으로써 새로운 문화과학의 터전을 마련하였다(Tyler, 1871).

> 문화 또는 문명이란 사회성원으로서 인류가 습득한 지식, 믿음, 예술, 도덕, 습관, 기타 모든 역량과 습관을 통틀어 포함하는 하나의 복합적인 총체다(Culture, or Civilization…is that complex whole which includes knowledge, belief, art, morals, laws, custom and any other capabilities and habits acquired by man as a member of society).

이렇게 포괄적으로 정의하는 문화는 어떤 특성으로 이해할 수 있는지를 요약하면 아래와 같다.[4]

첫째, 문화는 사람이 만드는 창조물이다. 인간은 자연의 생태환경 속에서 적응하며 생존하려면 특출한 두뇌조직을 이용하여 생각하는 능력(상징력)으로 언어를 만들어 만상에 의미를 부여하고 소통하며 새로운 것을 창안할 뿐 아니라 손을 자유롭게 써서 두뇌와 손이 합작으로 물건을 만들어 쓸 수 있으므로 온갖 문화의 내용을 창출한다. 다른 어떤 생물에게도 없는 것이 문화다.

둘째, 문화는 사회생활 속에서 다른 사람과 공유하는 것이다. 언어라는 소통 수단이 있어서다.

셋째, 문화는 인간이 본능으로 타고난 게 아니고, 습득하여 전승하는 것이다. 인간은 두뇌를 이용하여 반복적 학습에 익혀 문화를 배우고 이를 다음 세대로 전함으로써 지속성을 갖는다.

넷째, 문화는 무질서하게 존재하지 않고 짜임새(유형)가 있고 잘 어우러져 통합을 유지한다.

다섯째, 문화는 보편적이면서 다양하다. 모든 인류사회에는 문화가 있고 의식주, 정치, 경제, 가족, 종교 등 문화의 기본 내용은 대체로 공통적이다. 그러나 사회에 따라서 문화도 차이가 있게 마련이고 같은 사회 안

---

4) 이하 문화에 관한 일반적 논의는 졸저, 김경동(2008: 33−68)에서 축약 소개하는 내용임.

에서도 세대, 계층, 지역, 성별, 연령, 직업 기타 여러 가지 사회적 범주에 따라 약간씩의 차별과 차이가 있다.

여섯째, 문화는 변한다. 시간이 흐르면서 세대가 바뀌고 자연생태계도 변하는 가운데 인류의 문화도 바뀌게 마련이다.

다음으로, 문화가 수행하는 기능은 아래와 같다.

첫째, 문화는 우리 정신의 깊은 곳까지 배어들어서 일상생활에서 '으레 그러려니' 하는 당연한 것으로 우리의 생각과 행동을 좌우한다. 일상의 행동을 할 때 항상 의식적으로 나는 이런 행동을 하겠다는 결심으로 하지 않을 때가 더 많다는 말이다. 그냥 그 순간의 필요에 부응하여 자연스럽게 반응하는 것이다. 그 반응의 원천이 곧 문화다.

둘째, 문화는 안경처럼 세상을 바라보고 인지하며 감상하고 평가하여 결정행사를 하는 근원적 기초가 되어 준다.

셋째, 평소에 익숙하지 않고 낯선 문화와 만나면 충격을 받고 평소의 기본 생각이 도전을 받는다. 따라서 적응적 변화가 일어날 수 있다. 그 결정도 문화가 한다.

이와 같은 기능적 특성을 도식적으로 요약하면 아래 [표 1-2]와 같다. 이 틀에 의지할 때 본서는 먼저 선비문화의 인지적 기능을 하는 철학사상을 개관한다. 이어서 특히 선비문화와 관련하여 주목할 문화 내용은 주로 윤리도덕의 가치와 사회적 규칙이 주종을 이루는 평가적 규범의 문화이므로, 유가적 선비 지식인에게 있어서 핵심적인 삶의 가치가 바로 윤리적 사회규범과 도덕적 규율을 따라야 하는 인간의 이상적인 이념형을 고찰한다. 그리고 이러한 이상을 실현하기 위한 사회적 제도로서 경험적 문화의 영역으로 정치, 경제, 사회제도를 살펴볼 것이다. 이 과정에서 심미적 감상과 표현의 영역을 일별하기 위하여 선비의 풍류문화를 잠시 들여다 보게 된다. 이런 내용은 추후 선비문화의 분석에서 다시 논의할 터이지만, 워낙 규범문화의 비중이 크므로 사회적 규범의 성립과 준수를 이해하기 위한 기본적인 분석의 틀을 그림으로 표현하여 둔다([그림 1-1] 참조).

[표 1-2] 문화의 기능과 내용

기능	상징(무형) 문화	물적(외형) 문화
인지적 경험	세계관, 철학, 신앙, 마술	의식주, 물질문화, 과학, 기술,
심미적 감상과 표현	예술적 사상과 지식, 지향성	각종 예술적 표현 형식
평가적 규범	윤리, 도덕, 가치	윤리규칙, 법률, 제도적 규율

[그림 1-1] 규범문화의 작동원리

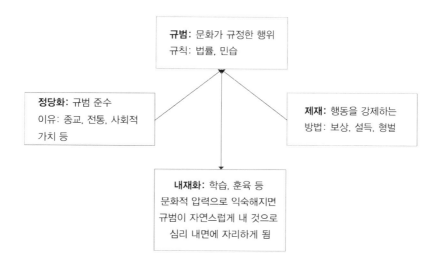

약간의 해설을 붙이면, 사회적 규범이란 종교나 해당 사회의 전통적 가치 같은 것이 제공하는 정당화를 거쳐서 **구성원들이** 이에 동조하도록 하는 것으로 이를 어기면 일정한 보상이나 형벌로 제재를 가한다. 그런데 제재를 매일 매시 할 수는 없는 일이고 실제 사람들은 규범을 어기기보다는 잘 지킴으로써 사회의 질서유지에 기여하면서 공동생활을 영위한다. 결국 가장 효과적인 길은 구성원 각자가 스스로 규범을 지키게끔 자기 마음속에 내재화 또는 내면화(internalization)하고 있다가 필요한 맥락에서 규칙에 합당한 행동을 하는 방법이다. 그런 만큼 규범의 내재화

가 잘 되도록 사회가 모든 구성원의 사회화(교육훈련)에 힘쓸 필요가 있다. 바로 여기에 선비의 자기수양의 주제가 떠오른다.

마지막으로 문화의 절대성과 상대성을 유념하는 것이 또한 중요하다. 사회나 집단은 자기네가 물려받아 보존하고 지키는 사회규범이 가장 좋고 옳다고 생각하는 성향이 있다. 이런 태도가 강하면 이를 자기집단(민족)중심주의(ethnocentrism)라 한다. 이에 비해 타문화를 그대로 인정하고 존중하자는 자세를 문화의 상대주의라 한다. 물론 자기문화를 자랑스럽게 여기고 가장 훌륭하다고 믿는 것은 중요하지만, 지나치면 문화적 폐쇄성으로 오히려 자가문화를 빈곤하게 만드는 결과를 초래할 수 있고 타문화와 갈등을 일으킬 수도 있다는 약점을 유념해야 한다. 특히 선비를 생각하면 조선조의 당쟁정치를 떠올리게 될 터인데, 이 점에 관해서도 이 자기중심적인 사유의 폐해를 주목하게 될 것이다. 요는 이 정도의 기본적인 문화론을 이론적 분석틀로 삼아 선비문화를 탐구하려고 한다는 말이다.

3) 지식인의 개념

이 저서에서 선비를 지식인이라고 일단 규정한 것은 사회학적으로 그들의 활동을 일정한 개념 내지 이론의 틀로 정리하고자 하는 의도에서다. 여기서 지식인(intellectual)이라는 용어가 서방 학계에서 어떤 역사적 변천을 겪어 왔는지를 장황하게 소개할 필요도 없고 그것으로 선비의 역할을 정확하게 해명하는 데도 한계가 있다. 그러므로 작업의 단순화를 위해 일반적인 수준에서 현재 서구중심의 학술적 개념으로 인식하고 있는 지식인이 누구인지를 간략하게 개관하는 것으로 추후에 심층연구를 위한 예비적 과업이라 여기기로 한다.

그 한 가지 방법으로 여러 학자가 각자 자기 나름으로 개념정의 한 것을 모두 섭렵하는 대신 몇 가지 원천에서 요약한 간략한 일반적 정의를 소개한다(Sowell, 1980; 2009; Jennings and Kemp-Welch, 1997: 1; Bullock and Trombley, 1999: 433; 및 Basov, 2010).

• 지식인이란 인간의 지적 능력(지력)을 이용해서 사회에 관한 비판적 사고, 독서, 연구, 집필 및 인간적 자아성찰 등의 일을 하는 사람이다. 이들은 다른 사람의 생각을 평가하기 위한 때로는 추상적이고 철학적이고 난해한 인간 탐구의 측면을 활용하여 문화적 관념과 저술을 세밀하게 검토한다.

• 그리하여 대체로 지식인은 학력, 추상적 관념의 개발 및 주장하는 이론 등 세 가지 특질로 정체를 확인할 수도 있다.

• 직업적인 면에서 지식인과 학자계급은 가끔 연관성을 갖기도 한다. 학문적 업적을 생산하는 교수일 수도 있어서 대개 학문적 배경을 가지고 있거나, 혹은 인문학, 예술, 과학 등 분야의 전문직에 종사하든지 그런 일과 관련 있는 실무직에서 일하기도 한다. 좀더 구체적인 직업적 활동의 예로는, 철학, 문학비평, 사회과학, 법학, 의학, 자연과학 등의 분야에서 문화적 자본을 생산하거나, 저술, 작곡, 미술품 등 예술적인 창작물을 생산하는 일도 한다.

• 덧붙여, 공적 지식인(public intellectuals)은 공적인 쟁점의 실천적인 해결책을 제안함으로써 공적인 권위를 획득하며, 대개 어떤 이데올로기를 거부, 산출, 확산하거나 일정한 가치체계를 방어하는 등으로 특정 정책을 옹호하든지 아니면 부정의를 고발하기 위하여 정치와 공공 업무 등의 관심사에도 관여한다.

특별히 선비는 단순한 지식탐구에만 종사하지 않고 현실 사회, 특히 정치에 직접 관여하기도 하므로 공적인 지식인이라는 개념과 연관성이 있는 주제로 지식인의 정치참여의 유형에 관한 간단한 논의를 하자면, 다음과 같이 요약할 수 있다(Kim 1993; Gouldner 1979).

첫째, 지식인이 자신의 전문직 업무를 떠나 직접 정부의 장차관이나 국회의원으로 진출하여 정치에 직접 관여하는 형.

둘째, 정부직을 직접 맡지는 않지만 수시로 또는 정기적으로 정부 각 부처와 기타 공공기관의 정책자문에 응하는 형.

셋째, 상기 두 가지 형의 특정 직책을 맡지는 않으나, 정부와 공공기관의 정책연구를 위촉 받아 보고서를 제출하는 형.

넷째, 정부와 직접 관련을 갖지 않지만, 언론매체나 저술활동을 이용하여 정부정책을 옹호하고 정책제안 등을 시사하는 형.

다섯째, 대정부 비판을 하되, 실천적인 정책사안에 관해서만 구체적인 대안 등을 제안하는 형.

여섯째, 이번에는 언론이나 기타 정보통신 매체에서 정부나 국가기관의 정책과 행태를 이데올로기 차원에서 비판하고 개혁을 강하게 요구하거나 선동하는 형. 정권의 성격에 따라서는 이런 정치행위는 처벌대상이 되기도 한다.

일곱째, 정권에 비판적인 견해(이데올로기)를 실천하기 위해 정치운동을 조직하거나 거기에 참여하는 형. 이런 운동 참여 지식인의 상당 수는 일정한 처벌을 받을 수도 있고 또는 일정한 계기에 직접 정치권, 정부에 입성하기도 한다. 물론, 이 사례도 정권의 특성에 따라 차이가 있다.

여덟째, 위의 어느 범주에도 속하지 않고 정부와 직접 관여하는 행위는 일절 삼가면서 자신의 전문적인 분야의 일에만 충실한 형.

여기서 주목할 한 가지 사항은 이와 같은 지식인의 사회참여 유형을 국가부문에만 국한하지 않고 시장부문의 기업체와도 긍정 또는 부정적 관계를 만들든지 아니면 거리를 두는 자세로 임하는 사례도 병행해서 분석할 필요도 있다는 점이다. 그런 의미에서는 단순히 정치참여만이 아니라 광범위한 사회참여를 지식인의 역할에서 적극적인 역할로 보느냐 아니냐 하는 쟁점이 별도의 검토 영역이 된다고 하겠다. 이런 측면에서 주로 쟁점의 대상이 되는 지식인의 구체적인 직업형태는 대학교수, 언론인을 비롯해 종교인, 법조인, 예술가 등이다.

이와 관련하여 적어도 서구 지성사에서는 또 하나의 단어가 부침하였는데, 다름 아닌 인텔리겐차(intelligentsia)다. 이 말은 원래 폴란드의 지식인이 19세기에 제안한 개념인데, 그는 당시 러시아 차르 황제의 전제통치 하에 있던 폴란드에서 교육 많이 받고 문화적 지도자가 될 수 있는 애국적인 부르주아지의 전문적인 활동이 활발한 사회적 계층이라고 정의하였다(Billington, 1999: 231). 그러나 현재 쓰고 있는 일반적인 의미는 "자기 사회의 문화와 정치를 조성해가는 일을 두고 비판하고 인도하고 지도하는 복잡한 정신적인 활동을 하는 교육받은 사람들의 사회적 지위 계층(status class)으로서 예술가, 교사, 학자, 저술가, 기타 소위 글 읽는 사람들을 포함한다"(Williams, 1983: 173). 다만 이 개념의 역사는 시대와 국가의 상황에 따라 다양한 모습을 띠는데, 주요 인물의 예를 들면 다음과 같다.

가령, 대표적인 맑시스트 러시아혁명의 지도자 Lenin이 그의 팜플렛 "무엇을 해야 하나?"(What Is to Be Done?, 1902)에서 제창한 인텔리겐차의 역할로 "혁명 전위당은 배우지 못한 프롤레타리아와 도시 산업노동자들을 혁명운동으로 통합하기 위해서 사회주의 이데올로기의 복잡한 내용을 설명해줄 지성인들의 참여가 필수다."라 적고 있다(Le Blanc, 2008: 137−138). 이것이 전형적인 공산주의 혁명이론이라면, 현대의 서구 지성사에서 두드러진 인텔리겐차의 주요 보기는 Sartre와 Chomsky라 할 것이다. Sartre는 일종의 사회적 계급으로서 지성인의 역할은 '당대의 도덕적 양심'이라 주장하였다. 각자 양심에 따라서 사회정치적 현실을 직시하고 사회를 향해 자유롭게 말하는 것이야말로 그들의 도덕적이고 윤리적인 책임이라는 것이다. 이와 비슷한 견해는 Chomsky도 표명하고 있다. 그에게 공적인 지식인 혹은 인텔리겐차는 전 세계의 국제적 질서, 현대사회의 정치경제적 조직원리, 보통 시민의 삶을 규율하는 제도와 법률, 교육체제, 공중에게 정보를 제공하는 방송을 통제하는 민간 대중매체의 연결망 등에 관한 지식을 폭넓게 잘 파악하고 있어야 한다고 주장한다(Jennings and Kemp−Welch, 1997: 210; Le Blanc, 2008).

이렇게 볼 때, 우리나라에서는 대체로 지식인과 지성인을 동의어로 사용하는 경향이 있는데, 보기에 따라서는 편의상 굳이 구별한다면 일반적으로 정치적인 의미에서 중립적인 범주에 속하는 사람이 지식인(intellectual)이라면 intelligentsia는 지성인이라 구별할 수도 있을지 모르겠다. 여하간에, 요즘은 인텔리겐차라는 용어를 특별한 학술적 의미 외에는 일상적으로 잘 활용하는 것 같지 않다. 이상의 지식인관과 지식인의 정치참여 유형은 물론 오늘날의 맥락에서 유효한 내용이지 직접 선비 연구에까지 그대로 적용할 수 있겠느냐고 물을 만하다. 다만 어쨌든 일종의 지식인임에는 틀림없고 그 특이한 성격이 무엇인지를 검토하기 위한 하나의 분석틀로서 예비적으로 제시함으로써 선비의 성격과 기능을 정확하게 이해하는 데 어떤 시사점을 제공하는 지를 추후 자세히 살펴보기로 하고, 우선 이러한 관점을 가지고 점검을 하면서 선비의 시대적 맥락을 고려한 적절한 분석틀을 형성해 가려는 전략적인 의도로 생각할 따름이다.

4) 권력과 파워 엘리트

권력이라는 주제는 정치학을 비롯해서 사회과학의 모든 분과는 물론 심지어 영어의 파워(Power)라는 단어는 수학과 물리학에서도 자주 쓴다. 그런 모든 측면을 이곳에서 두루 언급할 필요는 없고, 주로 사회학과 정치학에서 사용하는 범위 안에서 개략적인 검토만 하기로 한다.

권력이라는 개념의 정의는 관점에 따라 약간씩 변이가 있지만, 일단 사회학적으로는 우선 사회의 거시적 특징인 구조적 측면에서 접근한다. 물론 미지적인 일상의 생활세계에서는 개인과 개인 사이에 권력관계가 작동하고 조직생활 속에서도 각종의 권력관계 속에서 사회적 상호작용이 진행하고 관계가 이루어진다. 본서가 다루는 선비연구는 주로 거시적인 구조적 맥락이 주요 분석의 초점이 될 수밖에 없다. 그렇게 볼 때 권력은 사회계층적 구조의 맥락에서 접근하게 된다. 다시 말해서 권력은 사회의 자원배분 구조에서 매우 중요한 요인으로 작용하는 변수가 된다는 말이다.

그러면 잠시 자원(resources)의 의미와 그 사회적 함의를 고찰한다. 아주 단순화해서 인간은 생존을 위해 자원이 필요하다. 보통 자원이라는 단어는 물질적 자원 아니면 인간 자원을 가리키는 때 쓰는 용어지만, 사회학적으로는 좀더 광범위한 내용을 담는다(Schermorhorn, 1961; Lenski, 1966; 김경동, 2008; 2012).

첫째는 가시적인(tangible) 자원이다. 물질, 경제, 기술 등 외형적인 것, 천연자원, 생태계의 각종 자원, 동산과 부동산을 포함한 화폐자본,

경제적 목적으로 생산·유통·소비하는 자원, 생산활동에 필요한 기술 등에다, 심지어는 신체의 일부도 자원이다.

둘째, 비가시적인(intangible) 자원: 다만 인간사회의 활용가능하고 필요한 자원은 그처럼 가시적인 것만이 아니고 허다하며 또 매우 중요하다. 이러한 비가시적(비물질적) 자원은 다음과 같은 다양한 것을 포함한다(Lin, 2001).

(1) 사회적 자원: 여기에는 크게 (a) 사회생활의 영위에 불가결하면서 동시에 인간관계와 사회조직에 대단히 큰 영향을 미치는 사회적 자원으로 힘(force), 권력, 권위와 같은 영향력 행사와 의사결정 및 사회적 통제(control)에 관여하는 자원이 있고, (b) 요즘 흔히 입에 오르내리는 사회적 자본(social capital)이라 이르는 자원이 있다. 여기에는 약속한 규범과 사회적 질서, 신뢰, 연고 같은 것을 포함한다.

(2) 문화적 자본(cultural capital): 교육, 지식, 정보, 예술작품과 같은 것이 있다.

(3) 심리적, 상징적(symbolic) 자본: 위광(혹은 위신, 위세, prestige), 명(영)예(honor), 존경, 애정과 같은 것도 있다.

(4) 개인적인 자원: 자신의 시간, 재능, 전문적 소양, 기술적 기량(skills)과 같은 것도 사회적 자원이다.

다만 사회구조적 측면에서 Weber(1958)는 사람들이 가장 중시하고 얻고 싶어 하는 자원을 크게 세 가지(3P)로 집약한다. (1) property(경제적 자산), (2) prestige(사회적 지위에 따르는 위광, 위세, 명예), 그리고 (3) power(권력: 정치적 영향력을 미칠 수 있는 정당 참여)가 그것이다(김경동, 2008). 문제는 이처럼 인간의 삶의 질을 좌우하는 여러 가지 자원이 충분하지 않다는 데 있고 따라서 각 자원의 희소가치가 상대적으로 다르다는 점이다. 이로써 한 사회의 조직원리와 구조적 특징이 달라질 수 있는 것이다. 사회적 불평등의 시작이 여기에 있고 이러한 불평등이 구조화함으로써 사회계층이 생긴 것이다. 그리하여 경제적 차이는 계급 형성의 기초가 되고, 위광으로 존경을 더 많이 받는 차이는 사회적 지위를 만들어 내며, 권력의 차이는 정당으로 제도화한다고 보았다. 이같은 계층의 삼차원적 접근이 보여주는 것은 이들 세 가지 사회적 자원은 상호 밀접한 연관성을 갖는데, 다만 그 상호관계가 반드시 100퍼센트가 아니고 약간씩의 불일치를 보인다는 특징이 있다는 것이다. 예컨대, 돈이 많으면 자동적으로 권력도 더 행사하고 남의 존중도 더 받아 위세를 부리느냐 하면 꼭 그렇지 않다는 뜻이다. 이를 두고 지위불일치(status incon-sistency) 현상이라고 한다.

　여기서 주목할 점은 그런 불일치가 현실임은 틀림없지만 대체로 사회적 불평등은 위의 3P 중에서 특별히 권력의 불균형적인 배분의 결과임을 Weber가 강조했다는 사실이다. 권력은 "타인의 저항에도 불구하고 자기의 뜻을 관철시킬 수 있는 확률"이라고 Weber(1958: 194)는 규정하였다. 그래서 우리는 파워 엘리트라는 특수한 계층집단에 관심을 갖게 되는 것이다. 여기에 한 가지 첨가할 것은 실제적으로는 사회계층적 지위를 좌우하는 핵심적인 변수는 권력만이 아니라 거기에 따르는 특권 내지 특전(privilege)이라는 주장이 나왔다(Lenski, 1966). 결국 권력이 있으면 갖가지 특권이 거기에 수반할 수밖에 없고 그로 해서 경제적 자원도 더 향유할 수 있게 되고 나아가 그 특전을 선망하는 사람들의 존경을 한 몸에 받아 위세를 부릴 수 있다는 것이다. 앞으로 선비문화를 분석할 때에도 이와 같은 각종 자원의 불균등 배분이라는 측면에도 관심을 가져야 할 것임을 시사한다.

　바로 이러한 관점에서는, 권력이라는 개념 자체를 자원의 한 종류라고 규정하기 보다는 오히려 그것은 각종 자원을 얼마나 소유 또는 통제할 수 있고 행사할 수 있는 지를 좌우하는 역량으로 이해하는 것이 더 정확하다는 관점이 있다. 이를 고려할 때, 본서에서는 권력을 일종의 자원으로 보기는 하지만, 그 자원은 다른 자원의 소유와 통제를 결정짓는 능력이라는 시각에서 해석하는 것이 유용하다는 견해를 유지하기로 한다(Wrong, 1988). 본서는 이상의 기본적인 사회학적 개념을 중심으로 선비와 선비문화의 특성을 분석하게 될 것이다.

　다음은 파워 엘리트(Power Elite)라는 개념이다. 이제 곧 제II장에서 현대 민주주의의 위기와 관련한 담론을 소개할 때 방만한 자본주의적 자유민주주의가 심각한 사회적 불균형을 자아냄으로써 정치권 내부에서 만이 아니고 전 사회적으로 민주주의가 올바르게 작동하기 어려운 지경에 이르렀다는 점을 지적할 것이다. 인간사회에는 언제나 불평등 현상이 상존해왔지만 근자에 와서 정보통신기술 혁명의 충격과 아울러 그에 힘입어 전개한 전지구화 과정이 이와 같은 불평등의 문제를 더 어렵게 한다는 사실이 드러나면서 사회의 주요 의사결정 구조, 즉 권력 구조의 특성에 관심이 쏠리고 있다. 그러나 역사적으로는 사회적 불평등의 문제에 진지한 관심을 보이기 시작한 시대는 산업혁명이 활발하게 진전하던 19세기라 할 수 있고, 그러한 맥락에서 사실상 권력행사의 독점현상에 주목하게 된 것이 소위 엘리트론이 등장한 배경이라 할 것이다. 앞으로 본서 제VIII장은 바로 이 엘리트, 특히 파워 엘리트 이론을 분석틀로 삼아 선비의 정치적 역할을 천착하게 될 터인데, 이곳에서는 그 전초가 될 만한 엘리트의 개념만 개략적으로 소개하는 일에 국한하고자 한다.

우선, 엘리트(elite)라는 용어의 뜻부터 간추린다. 이 말의 어원은 라틴어 eligere, 즉 선별적으로 골라서 뽑는다는 단어이고 한 마디로 줄이면 선택받은 무리를 가리킨다. 그 뜻을 자전적으로는 다음과 같이 정의한다(*Cambridge Advanced Learner's Dictionary*, 2013). "엘리트란 유사한 유형의 다른 사람들과 비교해서 최상품의 가장 권한이 강력한 사람 또는 조직체들이다". 정치학적, 사회학적 의미를 부연하면 "한 사회에서 타의 비교를 불허할 만큼의 부와 특권과 정치적 권력과 재능을 가진 강력한 소수의 사람들의 집단"이다. 참고로 17세기만 해도 품질이 우수한 상품, 군대의 정예부대, 귀족계층 등 우월한 사회 집단을 일반적으로 가리키던 말인데 19세기에 이르러 Vilfredo Pareto (1848-1923), Gaetano Mosca (1858-1941) 및 Robert Michels (1876-1936), 이른바 이탈리아 엘리트학파 (the Italian school of elitism)의 3인방이 서구 사회학과 정치학의 엘리트 이론의 기틀을 세운 것이다(Nye, 1977). 그리고 현대사회에서는 C. Wright Mills(1956)가 이 파워 엘리트란 개념과 그 현대적 의미를 처음 제안하였다. 그 내용은 제VIII장에서 본격적으로 다루겠다.

4. 본서의 구성

이상과 현실 사이의 괴리를 화두로 던지면서 가슴 속에 담고 있는 상념은 과연 무엇일까? 그 틈이 있어서 공연히 이를 두고 간단없이 씨름해야 하니까 피곤하다는 생각이 떠오를 수 있다. 아니면 오히려 그런 간극이 있으니까 정신적 자극을 받아 더욱 더 힘을 내어 둘 사이를 메워 보려 시도해본다는 희망을 가져 볼 수도 있다. 그런가 하면 대체 그 괴리는 과연 원천적으로 좁히거나 소멸할 성질의 것일까라는 의구심이 계속 마음 속에 맴돌 수 있다. 그럼에도 이상은 바람직한 것이니 끝까지 상상해 보고 창안해 보려고 노력해야 하는 것이라는 상념은 쉽게 버려지지 않는다. 그러한 괴리는 처음부터 인간사의 본질이기 때문이 아니라, 아무리 훌륭한 이상을 품었다 한들 그 실현을 위해서는 알맞은 조건이 갖추어져야 하는데, 애시 당초부터 현실은 이상의 실현에 방해가 됐으면 되었지 도움이 될 조건을 제공하지 않는 것인지도 모른다는 의문을 계속 갖게 하기 때문이다. 아마도 그런 조건을 조성하지 못하는 것이 현실의 한계일 수도 있을 것이다. 그렇다면 그 조건이란 게 과연 어떤 것이기에 그렇게 이상과 맞추어 나가기가 어려운지도 의문이다. 저자는 이 같은 질문을 던지면서 조선시대의 선비를 떠올렸다.

상식의 범위에서 이해하는 선비는 참으로 고귀하고 이상적인 인물일 뿐만 아니라 스스로 이상향을 만들고자 노력하는 사람이다. 모두가 선비 같은 사람이 되고 싶다고도 한다. 한데, 그토록 훌륭하다던 선비가 지배하던 조선조는 건국 500년만에 망하고 말았다. 여기서 반전이 일어난다. 자기네가 망친 나라를 구하겠다고 제일 먼저 목숨 걸고 나선 사람들도 선비였다. 그래서 더 궁금해진다. 선비는 이상세계를 꿈꾸면서 현실사회의 조건을 바꾸려고 기를 쓰고 노력하는 사람이었는데, 결국 현실 세계의 조건이 그 꿈의 실현을 방해했기 때문에 꿈을 이룰 수가 없었다. 애당초 그런 조건은 그럼 누가 만들었는가? 이런 순환논리의 고리에 갇힌 본 저자는 마침내 선비란 누구이고, 선비문화니 선비정신이니 하는 것은 무엇이기에 그 순환논리의 주인공으로 후세인인 우리에게 다가오고 있는지를 묻기 시작한 것이다.

우리가 살아가는 현실도 마찬가지다. 세상이 어쩌면 이토록 인간답지 못하고 사람 살기가 척박한지를 묻는 사람은 허다하다. 그 물음에 답하려는 사람들은 지식인이다. 그래서 과거도 돌아보고 현재의 상황을 면밀히 살펴보면서 원인분석도 시도한다. 다만 거기서 나오는 잠정적 해답을 실현하는 과업을 책임지는 사람들은 반드시 그 해답을 제공한 사람들이 아닐 수도 있다. 특히 오늘의 현실에서는 지식인이 아무리 멋진 이상사회의 모형과 실현 방안을 제시한다 해도, 그 해결책을 실현하려는 사람들이 그것을 무시하거나 왜곡하거나 하면 또 그뿐이다. 이런 오늘의 현실에 비하면 과거의 선비가 살던 시대는 한 가지 특별하게 다른 점이 있다. 선비가 생각해낸 해결책을 실현하는 당사자도 선비 자신이었다는 역사의 시대적 조건이 달랐음이다. 여기에 새로운 의문이 일 소지가 발생한다. 자기가 찾아낸 해결방안을 자기가 실행하는 위치에 있으면서도 이를 실천하지 못했다면 무슨 일이 있었기 때문인지, 이런 질문에 도전하지 않을 수 없다. 본서는 그런 혼란스러운 논리의 고리 속에서 그 고리를 풀고자 이를 연구 과제로 삼았다.

제II장은 왜 하필이면 이 시대에 선비인가? 선비문화인가? 라는 질문부터 던지고 그 대답을 찾기 위하여 오늘의 시대적 특성을 점검하고 그런 상황과 선비문화는 어떤 연관으로 만나는지를 탐색할 것이다. 이를 위해서는 문명사적 대변환의 대강이라도 짚어봐야 하고, 그것이 특히 과학기술문명이 주도하는 근대화 과정에서 어떤 의미를 갖는지를 이론적으로 고려한다.

제III장부터는 위에서 시도한 서설적인 작업을 뒤로하고 이제 본격적으로 선비문화의 기본적 속성으로서 선비가 구상하는 이상적인 사회를 이론적으로 체계화하고 정당화하려는 철학적 담론의 내용을 고찰할 것이다. 특히 이 장에서는 가장 근원적인 형이상학적 사상으로 성리학의 우주론적 존재론에 집중하고자 한다. 주로 조선시대 선비를 중심으로 주요 인물의 사상을 축약해서라도 검토하겠지만 그 시대의 선비를 망라하는 작업은 불가할 터이므로 대표적인 사례를 선별할 수밖에 없을 것이다.

제Ⅳ장은 제Ⅲ장에서 요약한 존재론적 철학사상을 배경으로 하여 이제는 인간학이라는 맥락에서 소위 심학(心學) 또는 심성론(心性론)을 살펴보고 구체적으로 이상적 사회를 이룩하고자 하는 선비가 그리는 인간상을 가치론 내지 윤리론의 맥락에서 군자 또는 심지어 성인을 닮아가려는 목표에 초점을 맞추고 선비의 일상적인 삶에서 어떤 수양의 수단으로 이를 성취하고자 하는지에 관한 이론과 실제를 검토한다. 여기에는 유가의 예학(禮學)의 문제도 함께 다루게 될 것이다. 이에 곁들여 존재론과 가치론의 사상을 바탕으로 이를 실천하는 문제를 인식론의 관점에서 정리한다. 인식론, 즉 지식 이론은 존재론과 가치론을 잇는 다리 역할을 하는 셈이며, 여기서 소위 지행일치냐 지행병진이냐 하는 논쟁도 고려해볼 것이다. 여기까지가 선비의 수기치인의 가치 중에서 수기에 해당하는 내용을 주제로 한다면 이제부터는 치인의 차원에서 소위 선비의 경세론을 살펴보게 된다.

제Ⅴ장에서는 먼저 선비의 또 하나의 얼굴로 시선을 돌린다. 선비가 경세의 기능을 수행하기 위해서는 우선 어떤 정치를 생각하는지를 살펴볼 필요가 있다. 말하자면 선비의 정치관 또는 정치이론의 검토를 말한다. 주요 선비 학자를 선별하여 그들의 정치관 또는 이론을 개관할 것이다.

제Ⅵ장은 경제 분야의 경세론이 주제다. 농경사회였던 조선시대에서 경제의 기본은 토지이므로 토지제도를 중심으로 주요 선비의 경제관을 살펴보게 된다.

제Ⅶ장에서는 선비의 이상적인 세계관 중에서 사회 분야의 주제를 개관한다. 먼저 조선조의 사회계층과 신분제도의 문제와 아울러 이상사회를 추구하는 공동체 운동 등을 고찰할 것이다.

제Ⅷ장에서는 지식인이면서 동시에 정치적인 기능을 하는 엘리트라는 지위에 놓인 선비가 본격적으로 우리 앞에 등장한다. 이런 내용을 담는 논의를 주로 사회학적인 이론의 패러다임을 가지고 전개하게 된다. 온세상을 좌지우지할 수 있는 힘을 가진 선비는 과연 그가 구상한 이상을 실현하기 위해 어떤 수단으로 접근하는지를 자세히 살펴보아야 한다.

특히 이런 분석은 정치학이건 사회학이건 기존의 어떤 이론틀만 가지고 접근하기가 그리 용이하지가 않은 과업이다. 원천적으로는 사회학적 개념으로서 지식인인데, 동시에 정치인이라는 역할을 수행하도록 한 융합적인 구성체로서 작동하는 특이한 사회적 범주의 사람들이라는 점 때문이다. 이를 고려한 분석틀을 활용하여 지식인 정치 엘리트로서 선비를 위치시키고 거기서 나타나는 권력과 선비의 관계를 천착하게 된다. 다만 이제는 본격적으로 지식인 파워 엘리트라는 새로운 개념을 다루어야 하는데, 그런 집단의 사회적 지위와 역할이 대단히 복합적임을 고려하여 축약하는 접근을 취할 수밖에 없을 것 같다. 권력 엘리트 선비가 이상과 현실 사이의 괴리라는 수수께끼를 어떻게 풀어나가는지를 살펴보는 것이 주된 담론이 될 것이다.

제IX장은 지금까지 과거 조선시대의 선비문화의 주요 내용을 살펴보았으니 이제는 미래를 지향하여 새로운 선비문화를 탐색하는 일을 시도한다. 우선 현재의 우리나라가 경험하는 난맥상을 공공성의 쇠퇴 혹은 결핍이라는 데 초점을 맞추어 분석한 다음, 그러면 미래를 생각할 때 우리가 채택할 접근법이 무엇이어야 할지를 음양변증법적인 사회변동 이론으로 정리한 다음, 미래사회의 비전을 저자의 사회발전 이론을 적용하여 제시할 것이다.

그리고 마지막 제X장에서는 선비문화를 인류의 장래와 결부하여 몇 가지 제안을 하면서 마무리 하려 한다. 급변하는 시대의 문명사적 문맥에서 지식인이 해아 할 일이 무엇인지를 탐색하는 일로서 본서의 허두에 우리는 왜 이 시대에 선비를 새삼스럽게 탐구해야 하느냐는 질문을 던지며 시작한 것을 잊지 않기 위해서다. 그 대답은 어디까지나 오늘의 현실적인 조건으로 드러난 난맥상을 타개하려는 노력의 일환이기 때문이라는 것이며 아울러 그러한 노력은 미래사회를 겨냥하는 이상의 추구를 함축하는 것이기 때문이다. 따라서 간략하게라도 선비문화 또는 선비정신을 미래지향적인 차원에서 새로이 정립하는 과제가 가능할 지를 시도해볼 것이다. 그래서 이처럼 새로운 도전이라는 관점에서 출발하는 이 과제가 무언가 그 나름으로 의미 있는 내용을 담아낼 수 있기를 희망한다.

제II장
_____

왜 이 시대에 선비인가?

제Ⅱ장
왜 이 시대에 선비인가?

이상과 현실 사이의 괴리를 고민해야 하는 오늘의 지성이 왜 과거의 지성인 선비에게서 지혜를 얻으려고 하는가? 이 질문은 오늘의 우리가 희구하는 이상에 비추어 어떤 현실이 장애가 되는지를 살펴보기를 요청한다. 그 격차의 문제는 결국 시대적 상황이라는 맥락에서 발생하기 때문이다. 그러므로 본서는 현대의 문명사적 맥락에서 선비 또는 선비가 표상하는 유교 내지 유학이 중요한 사상체계로 주목을 받아야 할 이유를 천착하는 데서 그 답을 찾으려 하는 것이다. 이 문제는 단순히 유교 전통을 지닌 동방의 관심사로 그치지 않고 전 인류적인 쟁점이라는 관점에서 접근하겠다면 현재 서구문명권의 문명관은 과연 어떤 고민과 씨름하고 있는지를 살펴볼 필요가 있다.

1. 국내의 자각

다만 그러한 성찰에 앞서 현 시점에서 우리나라의 유학자나 선비문화를 연구하는 전문가들이 왜 그런 연구가 필요한지를 해명하는 시각이 무엇인지를 먼저 잠시 고찰하려고 한다. 이를 위해서 그 방면의 연구자 모두를 망라할 수는 없고 시대별로 대표적인 관점과 특히 최근의 안목을 선별적으로 예시할 것이다. 가령, 지금부터 거의 한 세대 전이랄 수 있는

1984년의 견해부터 소개한다. 동양철학자 윤사순(1984: 3-4)은 동양사상의 원류를 중국 유교에서 찾고 그것이 한국에 건너와서 어떤 모습으로 변모 발전하는지를 쉽게 풀이한 철학교양서에서 이런 견해를 밝혔다.

현대의 모든 모순·부조리의 극복은 결코 서양 철학만의 과제가 아닐 것이다. 오늘날 동서의 구분, 그 벽 자체가 허물어지고 있는 현상이 그것을 입증한다. 또 현대 병리의 치유를 서양 철학만이 할 수 있다는 생각도 이제는 거의 설득력을 잃은 것이다. 날이 갈수록 동양 철학에 대한 서구인의 관심과 의뢰도가 늘어가고 있는 사실이 그 점을 잘 말해준다. 더욱이 동양 철학이 남의 것이 아닌 우리의 것인 경우, 좋건 싫건 그것은 이미 우리의 의식의 뿌리가 되어 하나의 제약(制約)으로 크게 작용하고 있다. 그러므로 우리는 오늘의 원활한 생활을 위해서나 내일의 바람직한 설계를 위해서나, 그 제약에 대한 올바른 파악과 일정한 계승·변화 등의 대응책을 강구하지 않으면 안 된다.

다음으로 20세기가 지나가고 다음세기, 새 천년이 시작하던 2001년은 퇴계 탄신 500주년이 되는 해였고 이를 기념하기 위한 국제회의에서 발표한 글에서는 국제퇴계학회장 안병주(2001: 328-329)의 아래와 같은 언명이 눈에 뜨인다.

과학·기술의 진보가 가져다주는 희망적인 측면이 없는 것은 아니다. 그러나…인간의 예지와 윤리가 따라가지 못하는 초스피드의 과학·기술의 진보는 이윤추구의 노골화와 욕망의 비대화 등이 그에 따르는 부정적 측면으로 노정되어 이에 대한 우려와 불안은 현대사회의 심각한 문제가 아닐 수 없다…그것은 자칫 자멸의 가능성을 내포하고 있기 때문이다…'인간정신의 순수성의 황폐화'가 심각하게 문제 제기되고 있다…인심의 황폐와 자연의 오염과 윤리의 타락을 우려하는 목소리가 우리 사회에 팽만해 있는 지금 우리 시대의 도덕사회를 지향함에 있어 퇴계사상은 어떤 의미를 지니고 어떤 역할을 할 수 있을 것인가…금일적의의(今日的意義)를 살펴보고자 한다.

동시에 퇴계선생탄신5백주년기념사업을 주관하는 후원회가 간행한

『퇴계학연구현황』이라는 책자의 취지문에는 회장 이원강(2001)의 다음과 같은 관찰이 보인다.

> 우리는 지금 새 천년의 벽두에서 급변하는 전환기에 처해 있으면서도 향방을 잡지 못하고 있습니다. 우리 사회에 만연한 부정부패는 극에 달했고, 인륜도덕의 타락은 입에 담지 못할 지경에 이르렀습니다. 그뿐 아니라 이윤추구가 최상 목표인 자본주의는 빈부의 격차를 심화하였으며 천연자원을 고갈시키고 생태계를 파괴하였으며 가공할 힘을 가진 신무기의 출현은 인류의 생존 자체를 위협하고 있습니다. 21세기는 세계문명의 주도력이 구미시대에서 환태평양시대 내지 아시아 시대로 옮겨가고 있다고 합니다마는 아직 뚜렷한 징조는 나타나지 않고 있으나 시사하는 바가 큽니다. 인간은 현실의 부조리 속에 살고 있으며 항상 이상과 현실 사이에서 고민하면서, 비리와 불합리를 수정하려는 노력을 하는 데서 인간으로서 의의를 찾았습니다…우리는 이런 때에 오랜 전통사상 가운데서 가장 많이 영향을 끼친 것은 유교 곧 성리학이라고 하겠습니다…우리는 이런 때에 퇴계선생의 경(敬)사상이나 이수기졸(理帥氣卒)로 주리적인 처방에 섰던 학문의 연구에서 현실의 병리현상을 치유할 수 있는 처방을 찾을 수 있지 않을까 합니다.

이로부터 10년이 지나고 이제 본격적으로 유교관련 연구기관(퇴계학연구원)에서 공직자, 기업인 및 교사를 대상으로 선비문화를 보급하는 시민교육 운동을 위한 교재개발을 정부(문광부)의 지원으로 착수하였는데, 본 저자도 이 과제에 감수위원으로 참여하였다. 여기에 이 교재개발 사업의 기획 및 총괄 책임을 맡은 연구원 이사장 이용태(2011: 10; 17)는 "선비를 되찾으려는 이유"를 이렇게 피력한다.

> 지금 우리나라는 경제성장에 성공하여 물질적으로는 풍요해졌다. 그러나 우리는 행복하지가 않다. 사람들의 심성이 너무나 황폐해져 가고 있기 때문이다. 이제 우리가 지향해야 할 일은 경제성장 못지않게 사람들의 심성을 기르는 일이다. 아침부터 저녁까지 만나는 모든 사람들이 친절하고 반듯한 나라, 밤중에 골목길을 걸어도 무섭지 않은 나라, 사람들의 말을 믿을 수 있는 나라, 음식을

마음 놓고 먹을 수 있는 나라, 청문회에 나오는 고급공무원 후보자가 모두 깨끗한 나라, 정치가가 뻔한 거짓말을 하지 않는 나라, 아이들이 지식뿐만 아니라 인성도 열심히 배우는 나라, 바꾸어 말하면 선비의 나라를 만들어야 한다…오늘 우리가 지향해야 할 것은 우리나라가 세계로부터 존경받는 나라가 되게 만들어 가는 일이다. 한국 하면 '아! 선비의 나라!'이렇게 불리고 싶다.

마침 같은 해에 다른 관련기관(성균관)에서도 위의 사례와 같이 정부가 지원하는 선비정신 교육 프로그램을 위한 교재를 개발하였는데 그 대상은 청소년, 어린이 그리고 학부모였다. 이 책 머리말에 성균관 교육원장 이상호(2011: 2−3)는 다음과 같은 설명을 한다.

우리 사회의 미래가 어떻게 될지는 누구도 장담할 수 없습니다. 극도로 발달한 과학의 힘에 기대어 인간은 편리한 생활환경 속에서 삶의 기쁨과 행복을 만끽할 수도 있고, 물질적 욕망에 눌려 정서도 낭만도 없는 삭막한 황야에 내던져질 수도 있습니다…하지만 개인중심적 사고의 만연, 점증하는 도덕적 혼란과 아노미 증상으로 인해, 우리 사회 곳곳에서 나타나는 징후들로 보면 우리의 미래는 그리 낙관적이지만은 않습니다… 인간이 어울려 살아야 한다는 점에서 보면 예나 지금이나 다를 수 없고, 우리의 성현들은 이미 그 가야 할 길을 다 제시하고 있다는 것입니다. 이러한 점에서 볼 때, 우리 사회의 여러 병폐를 목도하면서, 정신적 가치의 소중함을 강조했던 우리의 전통문화, 특히 정통문화의 중심이었던 유교문화에 관심을 기울이는 것은 어쩌면 당연하다 할 것입니다…그런 점에서 성신석 가치와 인격성에 뿌리를 두고 있는 선비정신은 시대를 초월한 지도층의 요체라고 할 수 있습니다.

다시 2013년으로 오면 전문가 집단이 발벗고 나서서 유교와 선비를 주제로 모임도 갖고 공동저술도 시도하는 모습과 만난다. 그 첫 번째 보기로 한형조(2013: 015−016)의 "잊힌 유교를 다시 떠올리는 까닭"이라는 글의 도입부를 소개한다. 좀 긴 인용이 되겠지만 일종의 문명사를 조망하는 시각이 특이하여 거의 그대로 옮긴다.

인류사는 '권위와 압제로부터의 자유'로 요약될 수 있다…민중이 정치적 의사결정의 주체로 자리잡는 데 오랜 시간이 걸렸다…정치적 책임은 등한시되었고, 관계는 소홀해졌으며, 이해관계에 따른 정치적 분열이 깊어졌다. 모래알처럼 흩어진 개인들이 이른바 '공동체'의 위기를 불러왔다…니체는… '권위'로부터 해방되고, '선택'에 자유로운 삶은 보기와는 달리 의미의 지평을 놓치고, 자기소외의 함정으로 떨어질 것이라고 예언한 것이다. 그 뒤 한 세대, 산업사회의 문제와 병폐들이 전방위적으로 노출되고 있고, 그에 대한 응전은 아직 종합적, 근본적이지 않다…그 가운데 하나가 '덕의 윤리 제고'다. 마이클 샌델의 '정의' 담론은 한국 사회의 급속한 성장 과정에서 생긴 부패와 부정, 기득권층의 공고화와 양극화의 문제 등에서 촉발된 것이다. 문제의 해법은 성장과 분배의 경제적 논의만으로는 충분하지 않다…인간의 의미와 가치, 관계와 저항에서의 근본적인 혁신이 없이는 이 문제를 온전하게 택클할 수 없다는 것이 분명해졌다…이 곤경이 잊힌 유교를 떠올리게 한다.

공교롭게도 이 시점(2013 – 2015)에 유교, 특히 선비에 관한 논의가 집중적으로 더욱 활기를 띠는 모습이 눈에 뜨인다. 그중 2014년의 학술회의에서 인류학자 김광억(2014: 123 – 124)은 "왜 우리는 지금 여기서 선비를 다시 논하는가?"라는 직설적인 질문을 던진다.

<세월호> 참사의 핵심적 원인은 <문화의 결여>라고 본다. 회사 경영자, 선장, 승무원이 각자 자신이 세상을 책임지는 존재라는 선비적 사명감과 자질 즉 <仁>과 <義>의 도덕을 몸에 익혔더라면 사고는 그렇게 나지 않았을 터이고 설사 예기치 않게 사고가 났더라도 그렇게 인간다움이 처절하게 배반당하는 온 세상에 부끄러운 일을 저지르지 않았을 것이다. 근래에 의외의 참사를 당하면서 우리가 그토록 발전의 이름 하에 정신없이 달려왔던 지난 과정의 필연적인 문제가 드디어 터지기 시작한다는 점을 발견한다. 그 문제의 핵심은 우리가 전통시대에 이상적인 덕목으로 삼았던 유자(儒者) 즉 선비의 자세를 더 이상 지니지 못하는 데에 있다. 선비란 수단적인 지식이나 기술을 터득하여 입신출세를 도모하는 것이 아니라 "사람이 된다는 것"의 의미를 찾고 그것을 공공의 가치로 삼아 생활속에서 실천하기를 생명으로 삼는 도덕적 존재를 촉구하는

사람을 일컫는다…인간다움의 의미와 그것을 확보하는 제도적 장치 그리고 일상에서 아름답게 실천되는 방식이 하나의 체계를 이룸으로써 사회의 품격과 삶의 품질이 확보 되는 것을 문질빈빈(文質彬彬)이라 하면 그 상태가 곧 문화융성이다. 그 깨달음이 일상화되지 않는 한 세상은 약고 이기적이고 교활한 무리들이 승자가 되어 부도덕한 이익을 누리게 되고 심각하기 보다는 표면적이고 일회적인 감각적 쾌락에 인생을 맡기는 풍조가 지배하게 된다. 그래서 재미있고 흥분되면 떠들썩한 잔치로 가득 찬 나라이지만 진실되고 쾌적하고 모두가 존엄성을 누리는 공동체적인 삶이 안전하게 보장되는 진지한 나라는 되지 못한다. 선비정신과 선비문화가 지금 와서 재조명되는 이유는 이에 대한 성찰 즉 반사(反思)와 작가(自覺) 때문이다.

역시 2014년, 세월호 참사가 일어난 직후 또 한 번 한국의 현실을 성찰하는 담론이 선비정신을 주제로 한 단행본에 역사학자 한영우(2014: 6)가 저술의 취지를 설명한다.

현재 한국인의 삶은 압도적으로 서구화되어 있다. 그 결과 과학과 기술의 발전을 가져왔고, 자본주의 경제가 물질적 풍요를 가져오는 데 도움을 주었다. 개인과 개체의 중요성을 자각하는 데도 일조를 했다. 서구식 자유민주주의가 정치를 활성화시키는 데 도움을 준 것도 사실이다. 그러나 서양문화는 이러한 장점만을 안겨준 것은 아니다. 자본주의는 물질만능주의를 낳았고, 개인주의는 이기주의로 흘렀으며, 자유주의는 무엇이든지 힘으로 투쟁하거나 돈으로 로비하거나 속임수를 쓰면 갖고 싶은 것을 얻을 수 있다는 불법과 만용을 심어주었다. 여기에 선과 악, 여당과 야당, 다수자와 소수자를 분리시키고, 약육강식과 적자생존을 암암리에 묵인하는 강자위주의 사회질서를 만들어 가고 있다. 그래서 강고한 기득권층이 형성되어 있고, 갑을관계(甲乙關係)가 도처에 도사리고 있다. 이 책을 거의 마무리할 무렵에 300여명의 목숨을 앗아간 4·16 세월호의 참사가 일어났다. 나는 한동안 글을 쓰지 못하고 정신적 공황에 빠졌다. 내가 그토록 강조하고 자랑하고 싶어 했던 선비정신이 일거에 침몰하는 것을 느꼈기 때문이다. 어쩌다가 이렇게 생명을 헌신짝처럼 생각하는 정신적 후진국으로 떨어졌는가? 물질문명만 발전한다고 선진국이 되는 것이 아니라는 것을 우리는 왜 깨닫지 못하고 있을까?

곧 이어서 2015년에는 일군의 학자가 본격적으로 조선시대의 선비를 종합적으로 추적하는 연구서를 출간하였고, 그 책을 여는 총론에서 홍원식(2015: 9-12)은 첫 번째 제목을 "지금 왜 다시 선비인가"라 하였다. 여기에는 이 시기 저간의 '선비열풍(?)'이랄까 할 만한 추세를 간략하게나마 언급하고 있기에 귀담아들을 만하다고 여겨 이 자리에 옮겨 적어본다.

> 오늘날 선비를 참 많이 찾고 있다. 유교문화의 잔영이 짙게 남은 대구·경북지역만 꼭 그런 것 같지는 않다. 우후죽순 격으로 선비 관련 단체와 기관, 강좌들이 생겨나고 있고 교재와 저술들이 쏟아져 나오는가 하면 자치단체들 간에는 '선비 상표' 쟁탈전마저 벌어지고 있다. '시대정신'이라는 말은 지나치겠지만, '시대적 분위기'라는 말은 해도 괜찮을 성싶다…지금 왜 선비를 찾는가를 단도직입적으로 묻는다면, 거기에 오늘날 우리들에게 결여된 바람직한 모습이 많이 담겨 있기 때문이라고 서둘러 대답할 수 있을 것이다. 그렇다고 하더라도 그들을 급급하게 찾아 기억할 일은 아니다. 자칫하면 허상, 바로 존재하지도 않았던 선비상을 그려 놓고서 그것을 기억하는 꼴이 될 수 있기 때문이다…오늘날 선비를 입에 담으면 분명히 냉소로써 대하는 이들도 있을 것이다. 충분히 그럴 수 있다. 실제로 그럴만한 이유들이 적지 않기 때문이다. 하지만 그들 또한 조선시대 선비들에 대해 정확히 알고 있다고 보기는 어려울 듯하다. 그들 또한 허상을 보았을 수 있다…뭐라 해도 선비는 유교의 나라 조선에서 뿌리내리고 자라 꽃피운 아주 특수한 존재임을 먼저 상기할 필요가 있음은 두말할 나위가 없다…참 사람이야말로 참 세상을 만들 수 있을 것이다. 선비도 그렇게 생각했고, 조선시대 선비의 전형 퇴계 이황도 그렇게 생각했다…그렇다면 참 사람이 되기 위한 각고의 노력이 뒤따를 수밖에 없다.

같은 저서에 동참한 이동건(2015: 77-78)은 본서의 허두에서 던진 화두, 이상과 현실의 문제를 바로 다루기 때문에 그의 의견도 들어보는 것이 유익할 것 같다.

현대는 '자유'라는 토대 위에 수많은 사람들의 다양한 삶의 가치와 사상이 인정되는 시대이다. 하지만 그럼에도 불구하고 우리는 그 속에서 가치의 부재 또는 혼란과 직면하게 된다. 그 이유는 현대의 수많은 가치를 조화롭게 통섭할 수 있는 새로운 가치의 패러다임이 부재 또는 성숙되지 않은 까닭이라고 생각된다. 더구나 동아시아의 국가들은 전통적 가치와 현대의 서구적 가치 사이의 갈등을 겪기도 한다…이러한 상황에서 개인과 사회의 정체성을 자리매김하고 또한 가치 있는 삶의 방향을 제시하기 위해서는 새로운 롤모델인 '이상적 인간상'의 정립이 필요한 것이다…다만 그것이 전통사상의 일방적인 부활이 아니라 현대적 가치와 조화롭게 가치 있는 삶의 방향을 제시하는 창조적 바탕이 되어야 함은 말할 필요가 없을 것이다. 위와 같은 맥락에서 이 글에서는 한국의 대표적인 '선비'에 대해 고찰해보고자 한다.

처음부터 그렇게 의도한 바는 아니지만, 위에서 소개한 몇 가지 대표적인 언명을 선별적으로 소개해 놓고 보니 시기적으로 미묘한 함의를 풍긴다는 점을 놓칠 수가 없다. 첫 번째 글이 담긴 책이 나온 시점이 1984년이면 우리나라가 '경제개발5개년계획'을 실시한지 22년이 되는 해이고 적어도 경제개발의 측면에서는 상당한 성과를 거둔 시기다. 가령, 1975년을 전후하여 그 동안 겪은 석유파동을 뒤로 하고 산업구조의 중심이 그간의 소비재 생산 위주에서 중화학공업으로 무게중심이 이동하는 이른바 전환기를 맞이하였고, 그러한 경제성장의 결과로 어느 정도 생활수준의 향상을 피부로 경험하기 시작하던 때였다. 한 예로 1982년에 시발하는 제5차 개발계획의 명칭도 '사회경제발전5개년계획'으로 변경하고 실시하였던 점은 주목할 만한 일이었다(Kim, 2017b: 42). 왜 이런 변화가 중요한 사항인지는 이제 곧 이론적으로 밝히겠지만, 우리가 스스로의 전통문화, 전통적 가치를 진지하게 되돌아보려는 자각이 유교와 선비를 다시 우리 학계의 담론에서 중요한 자리를 차지하게 하는 문화적 동기로 표면화하기 시작했다는 점을 지적하려는 것이다.

그런 분위기는 비단 우리나라의 현상으로만 그치지 않고 국제적인 성격을 띠기 시작한 것도 바로 1980년대 전후라는 사실 또한 의미가 있다.

사실 우리의 본격적인 근대화 초기, 즉 1960년대 초까지만 해도 유교라는 전통적 요소는 하루 속히 폐기처분 하든지 아니면 잊어버리고 신속히 서구의 근대화를 수용해야 한다는 분위기가 지배적이었다. 이런 풍조는 서구학계의 근대화 이론이 주장한 근대화 수렴론, 즉 한번 서구식 근대화가 전 세계로 번져 나가면 모든 사회가 서구사회와 유사한 유형의 사회로 발전할 터인데 그러자면 장애가 되는 전통적 문화요소를 극복하는 것이 유리하다는 관념을 거의 그대로 반영하는 것이라고 해도 과언이 아니다. 그런데 1970년대를 지나며 동아시아의 유교국가가 하나씩, 둘씩 공업화에 의한 경제성장에 성공하기 시작한 때부터는 서구 학계가 그 주요인을 유교라고 진단하게 되면서 유교를 다시 봐야 한다는 견해가 힘을 얻고 있었다. 본 저자도 실은 1980년대 초부터 유교와 근대화의 문제를 다루는 글을 해외에서 발표하였다(Kim, 1981; 金璟東 1981; Kim, 1990). 그래서 위에 소개한 첫 번째 인용문이 1984년도에 등장했다는 사실이 유의미해 보이는 셈이다.

　이어서 인용한 두 편의 글은 2001년에 발표한 것인데 이때는 예기치 못했던 하나의 반전이 발생한 직후였다. 돌이켜 보면 우리나라에는 20세기가 끝나가고 있던 1997년에 이른바 IMF 구제금융을 요청하지 않을 수 없는 대대적인 외환위기가 닥쳤다. 그리고 이 사태는 우리사회에 커다란 충격을 초래하였다. 이를 두고 서구학자들은 다시 이 같은 경제위기가 결국은 유교와 같은 전통이 지속적 개발의 장애로 작용한 탓이라는 논조로 회귀하는 태도를 보였다. 그러한 배경에서 이 두 인용문의 의미를 읽어야 할 것이다. 그리고 2008년에는 미국의 월가를 중심으로 금융자본의 핵심부에서 전지구적 충격을 가져오게 하는 비윤리적인 경영사고가 발생하였다. 이때부터 또 다시 경제경영 부문의 윤리문제가 전 지구적 차원에서 새로운 관심사로 부상하였다. 이는 서구문명의 위기에 관한 지성계의 새로운 각성을 야기하는 계기가 되기도 하였다(Kim, 2017b; 김경동 2019a). 그러한 배경에서 2011년－2013년의 인용문이 특별한 의의를 대변한다.

　그런 다음 2014년의 두 편의 글은 바로 그해 4월에 전국민 아니 전

세계인을 놀라게 한 엄청난 여객선 사고를 겪은 맥락에서 등장하였다. 이 역시 심각한 도덕성의 문제를 제기한 사건이었기 때문이다. 그리고 2015년부터는 차분한 연구의 자세가 두드러지는 글이 자리한다. 이 시기부터 서구 학계에서는 경제경영 부문만이 아니라 정치분야에서도 민주주의, 특히 대의 민주정치를 실시해온 자유민주주의에 환멸을 느낄 만한 위기의 징조가 세계 도처에서 노출하기 시작하였다. 이처럼 지금까지 개략적으로 서술한 시대적 맥락의 변화를 염두에 두면서 이제는 대표적인 학자들이 고민해온 문제의식을 제대로 정립하여 현대세계의 문명사적 특성을 예의 분석함과 동시에 그러한 변혁의 결과로 고통을 겪고 있는 인류에게 무언가 새로운 희망을 줄 수 있는 대안은 없을까 하는 시대적 요청에 응답하려는 시도를 할 때가 되었다는 각성을 억누를 수가 없다. 적어도 우리에게는 유교와 선비라는 문화적 전통이 있다는 말을 할 수 있으려면 그 전통이 정확하게 무엇이며 현시대와 미래를 위해 어떤 함의를 지니는지를 진중하게 탐색해봐야 한다는 어깨가 무거운 과제와 맞서야 한다는 말이다.

2. 근대화 과정과 학문의 문화적 독자성 탐색

위에서 왜 이 시대에 선비문화를 거론하게 되는지를 변론하는 우리 학계의 견해를 선별적으로 살펴보면서 그 시대적 맥락에 관한 언급도 곁들였다. 이제 그러한 현상 자체를 두고 그것이 의미하는 바를 이론적으로 해명할 필요가 있다. 그 주된 내용은 그와 같은 학계의 움직임 자체가 그냥 어쩌다 일어나는 현상이 아님을 체계적으로 설명하는 이론을 제시하는 것인데, 거기에 근대화 이론과 그 과정에서 등장하는 학문의 독자성 추구라는 현상을 이론적으로 밝히는 일이 주종을 이룬다.

다만 이 자리에서 근대화론을 길게 해설할 필요는 없고 간략하게 정리하겠다.[1] 근대화는 대체로 15-16세기 전환기부터 유럽의 역사적 우

---

[1] 근대화에 관한 자세한 논의는 다음의 졸저 참조: 김경동(2002) 및 (Kim, 1985;

연 속에서 등장한 문화적 프로젝트였고 그것이 전 지구로 번져 나가 오
늘의 세계문명을 형성하게 한 인류 문명사적 대변환(The Great
Transformation)의 과정이라 할 수 있다. 다만 이 과정은 필연적으로 변증
법적 요소를 내포한다. 서방이 시작한 근대화의 물결은 그 과정의 본질
적 성격 탓에 전 세계로 흘러 넘치게 되어 있었다. 그러한 변화의 중심에
는 근대 자본주의 시장경제체제의 등장이라는 경제적 변혁과 이를 뒷받
침하는 과학기술혁신이 서방의 문물을 전 세계로 전파하지 않으면 안되
는 일종의 팽창주의적 특성이 작용한 것이다. 그 물결의 특징을 국제적
문화접변(international acculturation)이라 한다. 이러한 변화에 접한 모든
비서방 사회는 각자 나름대로 적응적 변동(adaptive change)을 겪으며 선
택적 근대화(selective modernization)를 시도하게 되었다. 따라서 한 마디
로 근대화는 서방에서 시발한 문화접변과 이에 접한 나라들이 그 변화를
자기 것으로 만들고자 하는 선택적 토착화(selective indigenization)의 쌍
과정이 변증법적으로 상호작용하는 가운데 일어나는 변화과정이다. 그
결과 서방이 형성하여 세계에 전파한 근대성(modernity)은 전 세계 차원
에서 차례로 등장하는 여러 형태의 대안적 근대성(alternative modernities)
의 형성으로 나타나고 있는 것이다.

　현대 학문의 생성변화과정도 이와 같은 근대화의 일환으로 이해할 수
있다. 서방의 근대화 흐름 속에 묻혀 도래한 근대적 학문을 각 사회는 일
단 받아들여서 이제는 각기 토착적 학문으로 발전시키고자 하는 노력을
기울이기 시작한 것이다. 이른바 토착화(indigenization)는 학문의 원류가
한국이 아니라는 암시가 들어있고, 외부문화를 들여와 우리 토양에 착근
시켜 언젠가는 마침내 우리 것이 되도록 하는 과정을 가리킨다. 우리 나
라에서도 1960년대에 근대화론을 서방에서 받아들여 논의를 전개하기
시작할 때부터 이미 근대화의 한국화를 화두로 삼은 적이 있다. 그리고
1970년대부터는 학계에서 사회 과학의 토착화 논의를 시작하였다(김성
국·임현진, 1972; 신용하, 1994). 그러나 비서구권 학계에서는 한 걸음 더
나아가 단순한 외래학문의 토착화에 그칠 것이 아니라 각기 사회의 대안

2005a,b; 2008; 2017a).

적 담론(alternative discourses)을 구축하기를 주창하기 시작하였다(Alatas 2006).

그러나 본 저자의 생각에는 그 대안이라는 것도 실은 기존의 서구적 학문을 전제하고 그 대안으로서 학문적 패러다임과 연구성과를 제시하자는 데서 머문다. 준거는 어디까지나 서방학문이라는 말이다. 그 모습 자체는 전혀 독자적인 것일 수도 있는데도 그 가치는 대안이라는 값어치밖에 인정받지 못하는 한계가 있다. 이와 같은 제약을 의식하고 이를 극복할 수 있는 길은 처음부터 우리 나름으로 학문을 세워보겠다는 생각에서 출발하는 일이다. 굳이 이름을 붙인다면 학문의 '문화적 독자성'(cultural independence) 추구다. 달리는 '문화적으로 독자적인' 학문의 탐구다(Kim, 1996). 이 맥락에서 굳이 '문화적'이라는 말이 필요한 데에는 그만한 이유가 있다. 한 마디로, 학문세계는 일종의 사회적 공동체여서 학문공동체의 역학 속에서 생성변화를 거듭하며 전개하고 있는 것이다. 그러므로 여기에도 반드시 헤게모니를 다투는 정치적 행위가 일어난다. 학문적 활동의 평가, 반포, 포상, 처벌 등의 기능을 수행한다. 현대 학문의 권력은 주로 서방세계의 학계에 집중되어 있다. 소위 학문의 중심부(core)와 주변부(periphery)가 뚜렷한 차이를 드러내며 존속한다. 이러한 정치적 구도 속에서 학문의 토착화나 대안적 담론은 크게 빛을 발하지 못한다. 중심부가 이를 달갑게 여기지 않고 인정하지 않기 때문이다. 이를 극복하기 위해서 주변부 자체의 정치적 권력구도를 형성하여 대립각을 이룰 수도 있지만, 그 실현이 어려울 뿐 아니라 설사 실현한다 해도 역시 서방의 중심부가 인정하지 않는 한 무력하기는 마찬가지다. 결국 정치적 독립이 불가한 이와 같은 구도 속에서 학문의 진정한 토착화와 대안의 모색은 '문화적 독립'으로 표출할 수밖에 없다. 문화적 독자성을 주창하는 배경이 여기에 있다.

그러면 문화적으로 독립적인 인문사회과학의 구체적 모습은 어떤 것인가? 학문의 문화적 독자성은 굳이 외래학문의 토착화에 국한하지 않을 뿐 아니라 서방학문에 대치하는 대안이라야 한다는 명제도 고집하지 않는다. 당초부터 우리 스스로가 주어진 쟁점이나 문제의식을 우리의 방식으로 접근하여 학문체계를 이룩해 나간다는 전략이다. 이때 중요한 요소는 바로 '우리'라는 것이다. 우리의 것이라 함은 그 사회의 문화적 전통과 문화유산 그리고 살아있는 현재의 문화자산을 통틀어 가리킨다. 거기에 뿌리를 두고 우리사회의 문제를 바라보고 설명하고 해결하려는 자세로 학문에 임하여 우리다운 학문을 구축할 때 그 학문체계에서 얻는 설명이야말로 우리사회의 현상을 우리 스스로의 삶의 세계에서 경험하며 의식하는 수준에서 의미가 통하고 말이 되는(make sense) 설명으로 성립할 수 있다. 소위 학문의 문화적 유관적합성(relevance)이 드높아지는 계기다. 이러한 설명과 이해는 결코 서방식 설명의 대안이 아니고 본래 우리가 했어야 할 설명을 발굴하여 체계화한 것에 불과하다. 지금까지 서방의 설명체계에 의존했던 것에서 독립했을 따름이다. 우리가 이 시대에 굳이 선비문화를 천착하려는 배경에는 이러한 인식론적 관심이 자리하고 있는 것이다.

그러면 지금부터 본격적으로 선비문화를 들고 나와야 할 또 하나의 배경으로 인류 문명의 역사적 전개 과정에서 드러난 인간적, 사회문화적 충격을 좀더 소상히 살펴보는 일에 착수하기로 한다.

3. 정치경제적 위기의식과 자가성찰

인류 역사에서는 수많은 문명이 발생했다가 소멸하기도 하고 흥성하다가도 쇠락하는 음양변증법적인 순환의 변동이 이어져 오고 있다. 위에서 우선적으로 국내의 학계나 민간부문에서 선비 또는 유교에 관한 관심이 부침하는 물결이 칠 때마다 왜 우리가 선비를 다시 돌아봐야 하는지를 해설하는 몇 가지 주요 관점을 개관하였다. 그러한 담론에서 눈 여겨볼 사항은 선비를 되새겨 봐야 하는 이유를 일단 한국사회의 문제에서 추출하는 것은 당연하지만, 그런 문제는 자세히 고찰해보면 순전히 우리사회의 영역을 넘어 국제적인 맥락과도 밀접하게 얽히고설킨 것임을 간파하게 된다. 다시 말해서 우리의 문제인 동시에 전 지구적인 것이라는 융복합적인 현상임을 염두에 두고 접근할 필요가 있다는 뜻이다. 그러므로 이제는 이 문제에 다가가기 위한 단서로서 과연 서방세계의 문명비판적인 관점은 어떤 모습으로 드러나는지를 살펴보기로 한다.

그 고찰의 순서는 먼저 현금의 서구사회에서 돌출한 정치경제적 측면의 위기의식부터 살펴보고 이어서 이러한 서구의 자가비판이 탐색하려는 돌파구가 일반론적인 문명관의 차원에서 유교와 어떻게 연관성을 가질 수 있을지를 고찰하기로 한다.

1) 서방의 정치적 위기의식

우선 자본주의적 혹은 자유주의적 민주주의 정치경제 체제의 '위기' 또는 '쇠락'이라는 문제가 새로운 문명론적 쟁점으로 떠오른 점에 주목해야 한다. 좀더 구체적으로 이 시점에 거의 동시에 미국의 대표 주간지 *Time*지에 발표한 견해를 들어본다. 바로 2017년 8월 7일자 (2017: 8)에는 정치학자 Ian Bremmer를 인용한 기사가 실렸는데, 이 글의 제목은 "자유민주주의는 바로 유럽의 뒤뜰에서 침식하고 있다"였다. 그가 내린 결론은 "심지어 서구의 가장 강력한 핵심부 안에서 자유민주주의는 위기에 직면하고 있다"는 것이었다.

사실, 서방 지식인 세계에서 민주주의의 위기, 타락, 쇠락 등의 화두가 떠오르기 시작한 것은 20세기 초부터이다. 이 시기는 세계사의 관점에서 볼 때 제1차 세계대전(1914 1918)이 발발했고, 1929년에는 대공황이라는 경제적 충격을 겪은 시기다. 이와 같은 불안정한 상황에서 비관적이고 부정적인 세계관이 고개를 들 수밖에 없다. 그 무렵 서구 학계에서는 문명의 발상과 소멸이 반복한다는 일종의 문명순환론 또는 역사의 흥망성쇠를 중시하는 주요 저작이 쏟아져나오기 시작하였고, 그 대표적인 예가 독일의 역사학자 Spengler(1926)의 『서양의 쇠퇴』 1권, 영국 역사학자 Toynbee(1934-1961)의 12부작 『역사의 연구』 제1권, 그리고 미국의 하버드 대학 사회학자 Sorokin(1937-1941)의 4부작 『사회와 문화의 역동태』 제1권 등이다. 여기에 대표적인 정치학자 Harold Laski의

『민주주의의 위기』(1933)를 빼놓을 수 없고(여기서 인용하는 저서는 1955
년판이다), 경제학자 Schumpeter(1942)의 『자본주의, 사회주의, 그리고
민주주의』도 이 목록에 포함할 수 있다.[2]

　당시 Laski의 언명부터 들어 보자. "오늘날 세계의 분위기는 깊은 환
멸로 가득 차 있다. 우리 세대는 가치의 틀을 상실하고 확실성은 냉소주
의가 대체하였으며 희망은 절망에 자리를 내주었다…부정의 정신이 긍정
의 정신을 능가하고 말았다"(Laski, 2015 (1933): 16, 17). 이 책에서 저
자는 민주정치를 두고 다음과 같은 자못 거친 표현들을 사용하였다.

　"의회제도에 대한 회의론"(2015: 43)

　"민주주의가 안겨준 환멸, 대중영합적 제도를 향한 더 심각한 회의
론"(2015: 47)

　"우리 정치체제의 쇠퇴"(2015: 61)

　"대의기관의 쇠락"(2015: 67)

　"만족스럽지 못한 상태에 놓인 현대국가의 의회"(2015: 77)

　"자본주의적 민주주의의 위기"(2015: 147)

　이런 부정적 정서를 표출한 이는 비단 Laski만이 아니었다. Lipset(1993:
119)에 의하면, 경제학자 Schumpeter도 "서구 민주주의와 자본주의는 난
관에 부딪혔다. 세계적인 경제불황, 파시즘의 상승세, 세계전쟁의 발발…그
리고 Schumpeter라면 증오했을 사회주의의 창궐에 직면하여 민주주의는
향상이 아니라 추락을 하는 중이다"(Schumpeter, 1942)라고 설파하였다.
그로부터 거의 한 세대가 지나갈 때마다 민주주의 위기설은 다시 고개를
들었음을 관찰할 수 있다.

　예컨대, 한 세대가 지난 "1960년대 말부터 점증하는 '민주주의의 위

---

2) 현대 민주주의의 위기에 관한 담론은 저자가 2017년 10월 20일, 대한민국학술원의
　제44회 국제학술대회 『위기 속의 민주주의: 도전과 기회』에서 발표한 기조강연, "완
　벽한 민주주의는 가능한가?"와 2017년 10월 21~22일, 안동문화예술의 전당에서 개
　최한 한국정신문화재단 21세기 인문가치 포럼 2017 『미래 인문가치와 유교』의 기조
　강연, "위기에 처한 민주주의 재건을 위한 유교의 기여"를 병합, 수정, 보완한 것임.
　또한 김경동(2018). "현대민주주의의 위기와 미래 민주주의의 유가적 구상."『미래연
　구』 3(2): 5-76에도 발표한 글을 일부 수정한 것임. 아울러 김경동(2019b) 및
　Kim(2019) 참조.

기'"를 거론한 정치학자 Held(1996: 235)는 "현 시대의 민주주의는 겉만 번드레한 협잡이나 마찬가지다"라는 날카로운 비판을 퍼부었다(Held, 1996: 298). 다음 1970년대 중반에도 『민주주의의 위기』라는 주제로 보고서를 제출한 일군의 정치학자(Crozier et al., 1975)는 다음과 같은 주장을 하였다. "민주주의는 각종 요구의 과부하와 무책임한 주장 등으로 위협받고 있다…그리고 정치권의 권위는 비판적인 언론매체와 지식인에 의해 더욱더 손상당하고 있다; 이 같은 '역기능'은 '몰가치적인 민주주의'를 자아내고"… "민주주의는 부적절한 과잉 때문에 자연스러움을 상실하고 있다"(Papadopoulos 2013: 1). 또 한 세대를 보낸 새천년에 들어서면 Papadopoulos(2013)라는 정치학자가 "민주주의에 무슨 일인지가 일어났다"는 주장과 함께 다음과 같은 지적을 내어 놓았다. "정치적 결정행사에 미치는 민주정치의 영향력은 약해졌고"(2013: 1), "민주주의의 실체가 타락하였으며"(2013: 2), "민주정치가 공허해졌고 민주주의는 허점을 드러내었다"(2013: 3), 그리고 "민주주의의 질적 저하"(2013: 237)가 그것이라고 갈파하였다.

이 맥락에서 현금의 민주주의의 위기의 성격을 정확하게 파악하기 위해서는 일단 근대 자유민주주의의 뿌리라 할 만한 링컨 대통령의 유명한 명제, "국민의, 국민에 의한, 국민을 위한 정부는 지구상에서 사라지지 않을 것이다"를 평가의 기준으로 삼아 검토할 필요가 있다. 물론 이 책에서는 민주주의가 주제가 아니므로 축약해서 요점만 다룰 것이다. 링컨의 명제 중에서 가장 기본적이면서도 실제로 증명하기 어려운 것이 '국민의 정부'라는 것이다. 이 문제는 다음의 인용문이 집약적으로 해명한다고 보아도 무방할 것이다(Luce, 2017: Kindle Locations 1019－1023).

이런 저런 형식으로 대다수 서방 민주정치에서는 인민을 주권자로서 신전에 고이 모셔왔다(영국이 이 법칙을 증명하는 예외 중 하나다). 하지만 우리는 인민이라는 것은 존재하지도 않는다는 걸 진작부터 알고 있었다. 그건 일종의 유용한 허구다. 아마 우리가 더 이상 아닌 척하기에는 커튼이 너무 멀리 뒤로 물러나 버린 건지도 모른다. 재치를 발휘해서 브레히트가 꼬집은 대로, "모든 권한은 국민으로부터 온다. 그런데 그 권한은 도대체 어디로 가는고?"

보기에 약간은 극단적인 표현이긴 하지만 민주주의의 근본적인 실상을 잘 지적한 논지임에는 틀림없다. 결국 국민의 정부라는 말은 주권이 인민에게 있다는 뜻인데, 실제의 상황에서 정치적 결정행위를 인민이 직접 하지 않고 제3자가 그들을 위해 대행한다. 이 과정에서는 인민의 모습은 사라지고 그들의 욕구와 뜻은 직접 중요한 요소로 자리하지 않는다. 그리하여 Crouch(2004: 112; Papadopoulos, 2013: 228에서 재인용)는 이렇게 말했다. "엘리트층에게는 시민과 맺는 관계가 정당성의 원천으로서 주요하지만, 실제로는 시민은 별로 중요한 사람이 아니다." 인민의 이름으로 인민을 위해 체제가 대신 결정행사를 하기 때문이다. 따라서, 인민의 정부라는 관념은 이념적인 허구일 뿐, 심지어 Max Weber 조차도 '국민주권'이라는 개념은 지나치게 단순한 것으로 간주하였다(Held, 1996: 169).

이렇게 볼 때 민주주의를 규정하는 링컨의 명제 중 나머지 두 명제만이 현실성이 있는 주제를 다룬다고 할 수 있다. 그러면 두 번째 '국민에 의한 정부'의 실체는 과연 어떤 모습인가? 만일 국민에 의해서 정부가 움직인다면 어떤 형식의 참여와 영향력의 작동 기제로 국민이 정부의 활동을 좌우할 수 있느냐 하는 것이 주된 질문이 된다. 현재의 체제로서는 참여의 기제는 선거이고 정부의 활동 즉 의사결정은 대의기구가 대신하는 것이 원칙이다. 이 문제를 두고도 아래와 같은 Schumpeter의 주장은 역시 다소 냉소적이긴 하지만 현실을 직시한 언명임을 부인하기 어렵다(Schumpeter, 1976(1942): 284－285; Held, 1996: 180에서 재인용, 강조 표시는 원문과 동일).

민주주의는 '국민'과 '통치'라는 말 그대로 실지 국민이 통치함을 의미하지 않고 의미할 수도 없다. 민주주의는 오직 국민이 자신들을 통치할 사람들을 수용 또는 거부할 기회를 갖는다는 의미밖에 없다. 그러니 이런 현상의 한 가지 특징은 *민주주의란 정치인의 통치*로 표현하면 된다고 할 것이다(강조점 원저자).

여기서 '국민에 의한 정부'는 선거에 의해서 대표를 선출하는 과정과 그 대표가 국민을 대신해서 국민을 위한 정책결정을 도맡아 하는 것으로 논리적으로는 성립하는 명제다. 개인의 주권, 자율, 평등을 강조하는 자유주의 이론은 "1인 1표" 원리를 채택하였고, 선거결과는 다수결 원칙으로 가부를 결정하도록 하였다. 되풀이할 필요가 없는 내용이지만, 일단 요약하면 이것이 바로 자유민주주의 이론 형성의 기틀이고 국민에 의한 정부라는 신념에 의지해서 세계의 수많은 나라들이 실행해온 이른바 대의민주주의의 기본 틀이다(Held, 1996).

그러나 여기서 주된 제도적 과정인 선거와 대의정치라는 것이 결코 완벽하지 못하다는 근원적인 문제는 지워지지 않는다. 우선 선거를 살펴보자. 선거에는 두 부류의 사람들이 관여한다. 하나는 선출 행위인 투표를 하는 유권자이고 다른 하나는 선출 받고자 하는 후보다. 그러면 유권자는 어떤 사람인가? 가령, Laski(2015: 67 ff.)는 오래 전에 유권자의 한계를 다음과 같이 지적하였다. 이들은 "정치과정에 관한 관심도 지식도 없는 시민 대중"이다. 이들 다중은 대체로 이성이 작동하는 지식이나 과학적 분석과는 무관한 요소에 기초해서 투표를 하고, 자칫하면 여론몰이와 선동선전에 의지하는 대중영합주의적 바람몰이에 쉽사리 휩쓸리는 사람이 다수다. 유권자의 자유는 오로지 선거 때만 유효하고 이런 자유란 새로운 피지배의 전주곡에 불과하므로 그들의 지위는 참으로 만족스럽지 못하다는 것이다(Laski, 2015: 68, 73, 75).

Laski(2015: 67)에 의하면 대의기구의 쇠퇴는 유권자(인민) 자체의 크나큰 문제점이라고 지적하였다. 이어서, "자본주의적 민주주의는 보편적 선거권을 필수로 가정한다. 그렇지 않으면 자유주의 국가의 핵심적인 비논리가 성립하게 된다. 하지만 보편적 선거권이란 대다수가 순전히 사적인 생활에 파묻혀 있고 정치적 과정에 관해서는 관심도 지식도 없는 대중에게 정치권력을 제공한다."…"한마디로 다중의 무식꾼들 말이다"(Laski, 2015: 73). Gurri에 의하면, Laski와 동시대의 뛰어난 지성인인 Walter Lippmann은 "보통사람들이 자신이 인지할 수 있는 가장 가까운 주변을 넘어서는 세상의 현실과 결부하는 능력"에 관한 한층 더 세련

된 견해를 표명하였다. Lippmann이 보기에 "이들은 '자기네 머릿속에 있는 그림' ─ 가령 정치인들, 자신과 적대적인 사람들 및 언론매체로부터 받아들인 조잡한 고정관념 등 ─ 에 기초해서 의사결정을 하는 사람들이었다. 그런데도 민주주의는 이들이 정부의 더 거대한 의사결정에 참여하기를 기대하였다. 다수결 법칙이란 '본질적으로 도덕적이고 지적인 덕목'을 결여한 것이었다"(Gurri, 2014: Kindle Locations 199−203). 그리하여 Lippmann은 1927년에 발간한 『유령 공중』이라는 저서에서 공중 (公衆)을 "잘게 쪼개진 단일 쟁점에 몰두하는" 사람들로 묘사하였다. 그의 "민주주의에 관한 환멸"은 오늘날의 엘리트층의 정서를 예측이나 한 것 같았다. 처음부터, 공중과 여론의 변덕은 비이성적이고 무지한 것으로 나타났다. 이 공중을 형성하는 인적 요소, 즉 '사적인 시민'은 정치 아마추어에 불과하여 목동을 필요로 하는 양과 같은 존재인데, 주권자라는 지위 탓에 정치와 기업군의 늑대들의 조정에 노출되었다는 것이다(Gurri, 2014: Kindle Locations 203−207).

이와 같은 평가는 약간은 구시대적이라는 평을 받을 수 있는 것이, 오늘날은 일반적으로 시민의 교육수준도 향상하였고 정보통신기술의 급속한 혁신 덕분에 온라인이라는 디지털 공간에서 정보의 쓰나미를 날마다 쏟아내기 때문에 이 정보의 탐색이 가능한 유권자라면 과거 Laski나 Lippmann이 생각했던 무식한 다중보다는 적어도 정보면에서는 훨씬 더 유식한 다중이 다수를 이룰 수 있다. 특히 이 온라인 공간에서 유권자는 권리행사를 하기도 하고 후보자는 그들을 설득하는 행위를 할 수 있게 되었다. 물론, 여기에도 함정이 없지 않다. 사이버 공간의 특성상 그것을 이용하기에 따라서는 대중을 선동하고 정보를 왜곡하여 유권자를 혼란스럽게 할 소지는 얼마든지 있을 뿐 아니라, 그 공간에서 진행하는 소통의 성격으로 보아 민주주의가 진정으로 요구하는 숙의보다는 악의적인 여론 조작으로 선거 과정을 혼란스럽게 만들 소지 또한 배제하기 어렵다는 한계도 유념해야 한다. 이와 관련하여 주목할 만한 기사가 있다. 전 미국대통령 Carter는 *New York Times*에 실린 글에서 "선거가 민주적 통치를 보장할 수는 없다. 이점은 디지털 기술이 더욱 발달할수록 더 그러할 것이다"라고 했다는 보도가 *Time*지에 실렸다(*Time*, 2017: 18).

이번에는 후보자가 어떤 자질을 갖느냐 하는 것이 문제다. 이와 관련해서도 Laski가 보기에는 선거라는 민주적 과정 자체는 범용한 인물을 대표로 뽑는 기회를 증대시키는 일에 불과하다고 단정한다. 그의 생각에는 대의기구인 의회의 구성원은 반드시 자기 분야의 전문가나 탁월한 능력 혹은 경력의 소유자일 필요는 없다고 보았다. 왜냐하면 그런 배경이라고 반드시 "정치가다운 기술을 발휘할 재능"을 보장하지는 않기 때문이다. 따라서, 그는 입법회의가 전문가나 정치가들의 집합체가 아니라 그저 여론의 흐름에 따라 이리저리 흔들리고, 지도자가 바람직하다고 생각하는 정책을 수용하도록 지도자가 조직하는 보통사람들의 평균적인 표본이라는 것이다. 물론 이와는 달리 의원 후보자의 과업 추진에 필요한 최소한의 능력과 도덕성을 갖추어야 한다는 요구는 끊임없이 이어지고 있다.

그런데 문제는 대의제도 자체의 특성이 갖는 약점에 있다. 이 점에서도 Laski는 그리 낙관적이지도 관대하지도 않다. 그가 보기에, "현대의 입법부는 만족스럽지 못한 상태다…과도한 업무에 시달려서 한 가지 입법과제조차도 적절하게 논의할 시간도 없고, 정당의 압력에 떠밀려서 의원 개개인은 단지 거수기의 지위로 전락할 따름이다. 그리고 유권자의 선택을 새로이 받기 위해서는 재선의 필요에 거의 몰두하다시피 해야 할 뿐 아니라 계속 의원직을 유지하기 위한 기회를 극대화하려고 각종의 압력에 굴복해야 한다"(Laski, 2015: 77−78). 그것만이 아니고, 최근의 언구에서는 더 복합적이고 체계적인 한계를 지적하기도 한다. 이 연구가 국민에 의한 정부로서 대의기구의 기능과 관련하여 던지는 질문은 이러하다(Papadopoulos, 2013: back cover). "시민은 과연 권력을 행사할 의미 있는 기회를 누리는가?" 그리고 "정치인들은 정책형성에 어느 정도의 통제력을 행사할 수 있는가?" 이 질문에 답하기 위한 연구 결과는 다음과 같이 요약한다.

우선 기본적으로 현대의 대의정치가 원래 제도를 만들었던 사람들이 구상했던 이상적인 기능을 할 수 없게 되는 추세가 강해지면서 의회를 구성하고 정책을 수립하는 정당이 시민의 신뢰와 충성심을 잃기 시작하는 데서 문제가 발생한다. 그런데 이들이 정강정책을 수립하는 과정에는 직접 유권자의 이해관심을 반영하는 기제보다는 특별한 시민사회 내부의 각종 이익집단, 국가의 정책관리 기구 중 입법부 외의 행정부, 사법부, 기타 공공 기업체 및 언론매체, 그리고 여기에 국제적인 간섭 등의 영향이 직간접적으로 끼어들어서 대의기구가 국민의 이익과 의사를 제대로 반영하기가 어려워진다는 문제가 있다. 결국, 실제 정책결정은 대의기구가 아니라 국가의 관료조직체의 손에서 이루어지게 되는 것이다. 요는, 민주적으로 책임을 물을 수도 없는 비 선출 기구가 의사결정과 정책결정에서 역할이 더 커졌다는 것이다. 이로써 "대의민주주의의 책임정치에서 핵심적인 역할을 하는 선거의 권한이 약화하고 있으며 국민을 대표하는 정치집단으로서 정당의 역할이 감퇴하게 된 것이다(Vibert, 2007, Papadopoulos, 2013: 4, plus 220-221에서 재인용). 여기서 핵심적인 문제는 대의기구의 역할과 권한이 전반적으로 축소하고 있다는 것이며, "경제적으로 강력한 집단이 자신들이 영향력을 휘두를 수 있는 수단을 지속적으로 사용하는 한에 있어서는 보통사람들의 목소리가 '계략에 의해 밀려나게' 된다"는 점이다(Crouch, 2004: 5, Papadopoulos, 2013: 228에서 재인용).

바로 이 대목에서 우리는 '국민을 위한 정부'라는 명제의 실효성 문제와 직면한다. 이러한 현상의 결과로 어쩌면 "처음부터 대표제도라는 원리가 민주주의와는 조화할 수 없는 것이었다"(Manin, 1997, Papadopoulos, 2013: 232에서 재인용)는 명제가 현실로 나타났는지도 모른다. 이 같은 관찰은 비단 국민에 의한 정부라는 명제뿐 아니라 국민을 위한 정부라는 쟁점과도 유관성이 있다. 과두독재정치에 의한 의사결정의 기술관료화는 사회문화적 불평등을 반영하고, 이는 또 정치참여를 좌우하는데, 결국 대의정치의 의사결정으로는 다원적인 사회적 가치와 이해관심을 적절하게 반영할 수가 없기 때문이다. 그래서 이런 형식의 결정행사는 대의민주주의의 "지키지 못한 약속"만 양산한다. 여기에 바로 대의정체의 정부가 국민을 위해서 과연 무엇을 할 수 있느냐 하는 근본적인 질문이 떠오른다. 이런 식의 기술관료적 엘리트집단의 정책 형성과정에는 유권자 또는 국민은 별로 중요한 취급을 받지 못한다. 왜냐하면, "투표도 중요하지만, 결정은 자원이 하기 때문이다"(Rokkan, 1966: 105, Papadopoulos, 2013: 233에서 재인용).

오늘날의 대의민주주의에서 나타나는 이러한 추세는 다름 아닌 "정치의 영역과 정책 형성의 영역 사이의 분리의 한 증후군이다"(Papadopoulos, 2013: 235). 무대 전면의 대의기구에서 작동하는 정치는 매체에 널리 노출하기 때문에 가시적일 뿐 아니라 그 본질적 내용을 상실해버리는 반면에, 기술관료적 정책결정은 무대 뒤에서 작동하기 때문에 대체로 눈에 보이지도 않는다. 책임의 쟁점은 선거로 뽑힌 대표들의 어깨에 얹혀 있는데, 선거, 정당, 그리고 입법회의 등은 그들 본연의 중추적 역할을 상실하고 민주주의의 타락은 정작 무대 뒤에서 일어난다(Papadopoulos, 2013: 235).

이와 같은 상황에서는 시민들은 점점 더 정당을 향한 충성심을 유보하게 되고, 일부 시민은 적극적 비판세력이 되든가, 스스로의 정치적 영향력을 박탈당했다 느끼며 결국에는 정치인을 믿지 못하게 된다. 그러므로 유권자의 표 획득에 성공하기 위해서는 오히려 정치적 불신의 악순환만 작동한다. "경쟁이 심한 정치 마당에서 약속은 부풀어지고, 그 결과는 기대의 격차로 귀착한다. 이 격차는 정치적 성과에 관한 공중의 환멸을 자아내고 정치인을 향한 신뢰도는 더 떨어진다⋯이런 종류의 나선형적 효과는 정치와 정치인에 관한 존경심을 침식히고⋯여기서 흘리 넘친 효과는 민주적인 정당성의 근간에 더욱 더 일반적으로 더욱더 깊이 영향을 미친다"(Papadopoulos, 2013: 232, 240). 이처럼 정치인, 정치, 그리고 대의민주주의 등에 관한 저조한 신뢰의 문제는 세계 수많은 나라에서 공통으로 나타난다. 그래서, "신뢰는 자유로운 사회를 하나로 성공적으로 통합해주는 접착제다. 공포는 전제정치에 유포하는 화폐격이다. 지금 가장 결사적으로 필요한 것은 바로 신뢰다"(Luce, 2017: Kindle Locations 2023−2024).

이상의 논의는 다시 우리를 '국민을 위한' 정치로 되돌린다. 대의민주주의가 공중의 신뢰를 상실한 까닭은 기본적으로 정부가 국민의 욕구를 충족시켜주고, 그들의 요구를 들어주고, 불만에 귀 기울이면서, 국민에게 혜택을 주는 서비스와 정책을 제공할 능력의 부족과 이를 든든하게 뒷받침해주는 도덕성의 결여에서 연유하기 때문이다. 이런 추세가 지속하는 대로 방치한다면 "기이하게도 개인적인 유토피아의 기대가 불쏘시개가 된 혁명적 충동"을 자극할 수도 있다(Gurri, 2017: Kindle Locations 4565－4569).

> 민주정부가 평등, 사회정의, 완전고용, 경제성장, 값싼 아파트, 행복 그리고 의미 있는 삶 등을 제공하는 데 실패함으로써 공중을 현실에서 작동하는 대의민주주의를 거부하는 막다른 절벽까지 떠밀어간 셈이다. 어떤 이는 이미 절벽에서 떨어졌다. 이 같은 실패는 욕구좌절을 초래하였고, 좌절은 부정을 정당화했으며, 부정은 허무주의로 가는 길을 포장하였고, 허무주의자는 매우 진심으로 체제의 파괴야말로 전진하는 걸음이라는 원리에 입각해서 다른 대안은 무시한 채 행동한다.

그런데, 현대의 세계적인 민주주의 위기의 핵심에는 그러한 좌절을 겪는 국민의 사회 경제적 계층의 문제가 도사리고 있다. 그리고 이와 같은 절체절명의 위기를 마주하고 있는 민주주의 정치는 이제 자본주의라는 경제체제와도 만나야 한다.

2) 경제체제의 윤리적 자가성찰

지금까지 검토한 문제점들은 적어도 민주주의의 질적인 특성을 표상하는 세 가지 요소, 즉, 대의정치(국민의 정부), 참여정치(국민에 의한 정부), 그리고 책임정치(국민을 위한 정부)에 부정적인 영향을 미칠 수 있는 주요 도전으로 간주해도 무리가 없을 것이다. 그러한 근원적인 문제점의 함정 같은 걸림돌 중에는 자본주의적 민주주의가 있다. 역사적으로 보면, "정치적 민주주의는 특권 철폐의 요구에 대응하여 전개해온 제도다. 근대 유럽의 역사에서 민주주의는 지주귀족계급의 지배에서 해방하려는 상업중산층의 대의였다"(Laski, 2015: 49). 한마디로, 사회학자 Barrington Moore가 말한 대로, "부르주아지 없이 민주주의도 없다"(Luce, Kindle Locations 147−151에서 재인용). 이 같은 해방은 후일 '보편적 선거권'이라는 명목으로 중간계급을 넘어 한 사회의 자주적 판단이 어려운 특수한 범주의 사람들만 뺀 인민 전체로 확장하게 되었다.

특권의 철폐가 초기 서구 민주주의의 중심 대의였고 이 신념이 오늘날까지도, 그리고 미래를 지향할 때까지, 자유민주주의의 핵심적인 것이라면, 현대의 자본주의 경제, 특히 고삐 풀린 금융시장 논리가 지배하는 신자유주의 경제체제는 초기 민주주의를 제창하던 개척자들이 원래 기대했던 표준에는 걸맞지 않는 듯이 보인다. 현대의 자본주의 민주주의의 결정적인 약점은 금융자본의 대주주나 주요 대기업군의 최고경영자 같은 인물에게 돌아 가는 극단적으로 불평등하고 정의롭지 않은 보상체계가 창출하는 특별한 특권과 특전을 극복하거나 개선할 능력이 있느냐 하는 의문과 관계가 있다. 게다가, 이런 체제는 자유주의 자본주의적 이념의 관점에서 보아도 불필요할 정도의 사회경제적 불평등의 일반적 조건을 창출하는 대체적인 성향도 문제가 된다. 여기서 사회경제적 불평등이란 경제적 자원의 분배뿐 아니라 정치부문에서 결정행사를 할 권한도 포함하는 정치적 자원의 불평 등을 일컫는다.

그런데 한 가지 중요한 사실은 오늘날 민주정치에 영향을 미치는 온갖 요인들 중에도 경제적 침체가 서구 민주주의의 불안징을 자아내는 가장 두드러진 것이라는 점이다. 앞에서 소개한 사회학자 Moore의 선언("부르주아지 없이, 민주주의도 없다")처럼 중간 계급이 민주주의의 중추라면 바로 공중 가운데서 이 범주가 가장 고통 받는 집단이다. 미국에서는 이들을 일컬어 "가운데 끼인 인민"이라 하고, 영국에서는 "뒤에 버려진 계층"이라 하며, 프랑스에서는 "중간층"이라 부른다. 좀더 극명하게 표현하자면, 삶이 온통 경제적인 불안정의 지배를 받는 "위험천만한 불안층"이라 할만하다. 문제는 이들의 숫자가 늘고 있으며 동시에 참을성의 결핍 현상도 증대한다는 사실이다(Luce, 2017: Kindle Locations 147−151). 우리나라도 지난 1997년의 IMF 사태 이후 중간계급이 급속하게 감소한 사실을 상기할 수 있다(Kim, 2017b).

따라서 자유민주주의를 온전히 지탱하기 위해서는 그 기둥이 되는 중간계층이 다시 증가할 수 있도록 하는 경제성장이 가장 효과적이다. 사회의 다양한 부분요소들이 성장의 열매를 두고 다투는 한에서는 정치적인 게임의 규칙을 지키기는 비교적 쉽다. 그러나 그 열매가 사라져버리거나 행운의 소수자들만이 독점을 해버리면 문제는 골치 아프게 된다. 서방세계의 중간소득계층의 문제가 침체의 가장 실질적인 결과 때문임이 현실로 드러나면서(Luce, 2017: Kindle Locations 400−401), 정치제도와 그 기관을 향한 공중의 신뢰도는 최저 수준으로 추락하게 되었다. 이런 상황에서는 "국민의 뜻이란 존재하지 않게 되고, 그냥 경쟁하는 이해관심 집단 사이의 지저분한 거래만이 득실거린다"(Luce, 2017: Kindle Locations 1442−1445). 불행하게도, "이해관심집단 관리를 해야 하는 정치는 감소일로에 있는 자원을 두고 너 아니면 나라는 제로−섬 전투로 변질하고 만다." 이로써 매우 뚜렷한 불평등이 증폭한다(Luce, 2017: Kindle Locations 160−165). 이야말로, 사회가 인민의 뜻과 전문가집단의 통치 사이의 간극으로 쪼개진, 다른 말로는, "다수의 폭정과 자기욕심 채우기에 급급한 소수집단의 대결로 분열하고 있는 현실이 바로 서방세계 위기의 핵심 문제라 할 것이다"(Luce, 2017: Kindle Locations 1449−1450).

"경제에는 시장이 있지만, 사회에는 시장이 없다." 이 말은 흥미롭게도 다름 아닌 투자의 귀재 Soros의 주장이다. 그는 거리낌 없는 시장이 사회 속에 너무 깊이 파고 들어서 억제 받지 않고 더욱 강렬해지는 자유방임 시장과 시장가치가 삶의 모든 영역에서 열린 민주주의 사회를 위협하고 있다고 다음과 같이 갈파하였다(Soros, 1997: 2−3). 그 이유는 다음과 같다.

지나치게 강력한 경쟁과 너무 부족한 협동은 참을 수 없는 불평등과 불안정을 일으키는 원인이다. 오늘날 우리 사회의 지배적인 가치가 있다면, 이는 시장의 마술을 신봉하는 것이다. 자유방임적 자본주의의 교의는 방해받지 않는 자기 이익의 추구가 공통의 선을 가져다준다고 주장한다. 그런데 만일 그것을 특수 이익보다 우선해야 하는 공통 이익의 인정으로 진정시키지 않는다면 우리가 누리는 현재의 시스템—그것이 아무리 불완전하다 해도, 열린 사회의 자격이 있는데—은 무너질 소지가 크다.

이런 우려는 정치이론가의 견해에서도 공유한다. 불평등이 악화하고 시장의 사적인 권력이 집중하는 추세는 오늘날의 민주주의와 시민사회에 커다란 위험으로 다가오고 있다. 정치, 경제, 사회는 미묘하게 상호의존 적이며 서로 얽혀 있는 영역이므로 민주주의를 경제와 국가로 확장하는 일은 우리가 당면한 중대한 도전이다. 이 도전에 대응하자면 포괄적인 정치적 행동은 물론 정치이론의 쇄신도 필수적이다(Ehrenberg, 1999). 사실 이와 관련하여, 미국사회에 관한 한 언론인의 깊이 있는 자가성찰 적 비판은 냉철한 관찰을 담고 있다(Brill, 2018: 31).

미국은 가장 야심차고도 자랑스러운 이상을 거의 버리다시피 하였다: 절대 완 벽하지 않고, 언제나 논쟁의 대상이고, 경쟁적인 경제 안에서 활력을 돋우는 성취의 불평등과 민주주의에서 약속한 공동체를 단결시키는 평등 사이에서 끊임없이 균형을 추구하는 그 이상 말이다.

그야말로, 현대의 문명에서는 바로 이 균형이 어디론가 급속히 사라 지고 있다 하겠다. 고대 동방의 음양변증법 사상에는 무슨 일이든 어느 한 방향으로 극단에 치닫는다면 반드시 한계에 부딪쳐서 반대쪽 극단으 로 되돌아오게 되어 있다는 원리가 있다. 따라서 음양 간의 긍정적 상호 작용에 의해서 세상의 질서를 지키고 발전적인 변화를 추구하기 위해서 는 균형, 평형, 중용이 필수적이라는 것이 하늘의 도(道), 즉 우주론적 변 화의 원리다.[3]

---

[3] 음양변증법에 관한 논의는 추후 선비문화의 미래를 다룰 때(제Ⅸ장) 자세히 거론하겠 지만, 우선 졸저 Kim(2007; 2017a), 또는 (1993; 2019a) 등 참조.

만약 이러한 관찰이 어떤 가치를 가지고 있다면, 우리는 사회의 자원 배분 체계에서 도저히 불필요하고 공정하지 않은 극단적 불평등을 감소시킬 최소한의 조건이라도 갖춘 사회경제적 체제를 추구하고 창출할 필요가 있다. 만일 이것을 실현할 수 없다면, 자유주의적 민주주의에게는 미래가 없다. 그렇다고 어떤 형태의 사회주의 체제로 돌아가자는 제안은 물론 아니다. 우리가 모종의 진정으로 민주주의적 기본 원리를 받아들인다면, 왜곡된 자본주의 경제체제와 누적되어 온 정치권력 공유체계가 창출한 현재의 불안한 자유민주주의의 병폐를 고칠 길을 찾을 수 있을 것이다.

이와 같은 시대적 요청에 대응하고자 하는 노력이 경제경영부문에서는 전혀 없었던 것은 아니다. 이러한 움직임은 주로 경영계에서 발생한 심각한 비도덕적이고 비윤리적인 행태에 반발한 시민사회의 비판적인 목소리와 저항에서도 나타났지만, 경영부문 자체 안에서 그러한 반사회적 행태로 말미암아 돌출한 경제적 손실을 막아보려는 시도에서도 드러났다. 이와 관련한 변화는 상술할 여지는 없고, 개략적인 특징만 기술하겠다.[4]

가령 시기적으로는 1980년대에 시작한 경영부문의 비윤리적이고 방만한 경영행위가 자아낸 경제적 손실과 고객의 반발에 대응하려는 움직임에서 시작한다. 물론 그 뒤로도 1990년대 후반의 아시아발 외환위기와 2008년의 뉴욕시 월가의 세계적 금융회사 파산을 비롯한 세계경제의 충격 등이 이어지는 과정에서 경제경영 부문은 윤리문제에 대처하는 일련의 개혁을 창출하는 운동을 벌인 셈이다. 정보통신기술의 혁신과 아울러 그에 힘입어 급격하게 전개한 전지구화(globalization)라는 거대한 사회변동의 이면에서 1980년대에 서방세계의 세계적인 주요 기업체들이 기업경영 활동 전반에 걸친 심각한 불상사를 일으킨 사건이 시발이라 하겠다. 그 충격은 물론 전지구적인 것이었고, 미국을 중심으로 기업부문에서는 위기관리 차원에서 우선 문제의 핵심을 기업윤리로 파고드는 자가비판의 시도가 있게 되었다. 이 과정에서 소위 가치전환(value shift)의 필요성이 대두하였고 그것이 곧 윤리문제로 귀착한 셈이다. 일본이나 우리나

---

4) 이 문제에 관한 자세한 논의는 졸저 김경동(2019a) 및 김경동·김여진(2010) 참조.

라에서도 이 문제는 대략 1990년대부터 관심의 대상으로 떠오르며 세계적인 추세에 발맞추려는 방향으로 전개하기 시작하였다(신유근, 1994; Paine, 2003; 김정년, 2008; 中村瑞穗, 2007).

요약하면, '기업체 불상사' ⇒ '위기관리' ⇒ '가치전환'의 흐름을 거치며 기업윤리가 쟁점화하는 시대적 변천과정은 이러하다. 일단 불상사가 일어나자 법적인 처벌과 동시에 사회적 비난과 비판이 쏟아졌고 이에 대응하는 시급한 위기관리를 우선 조직체 내부의 기능적 차원에서 다루고자 했을 때는 가치와 윤리의 적용이 불가피해졌다. 아울러 기업체의 불상사는 곧바로 시장에서 점하는 지위에 영향을 미치므로 대 시장 전략에서도 가치와 윤리 문제가 등장해야 했으며, 더 나아가 이제는 전사회의 차원에서 위기관리를 서둘러야 했으므로 여기에도 가치와 윤리가 주요 화두로 떠올랐고 이제는 전지구적 가치문제로 번져 나가는 단계에 이르렀다. 특히 주목할 것은 이러한 가치전환의 과정에서 1990년대 미국의 업계에서는 중요한 질적 변화를 경험했다는 점이다. 초기에는 일단 급한 대응책으로서 법률준수 즉 컴플라이언스(compliance)의 차원에서 가치를 확립할 필요가 생겼으나 이제 전사회적, 전지구적 평가를 받아야 하므로 결국은 소극적 법률준수에 머물 수 없고 모든 이해당사자를 아우르는 가치공유(value sharing)의 수준으로 윤리문제가 확대하게 된 것이다.

이 문제를 요약하는 방식으로 일단 도식적 표현을 [그림 2-1]로 제시한다(梅津光弘, 2002: 5). 이 도식은 본서의 서장에 던진 화두인 이상과 현실 사이의 괴리를 연상케 하는데, 여기에는 두 가지 가치기준이 양단에 위치한다. 먼저 기업경영의 최종목표는 이윤극대화 가치이고, 다음으로 사회적 윤리의 가치기준에서는 모든 경영행위의 윤리적 선(善)의 추구다. 이 둘 사이에는 돈벌이는 잘하지만 물불 가리지 않고 반사회적인 행태가 만연한 기업(A)과 윤리적으로는 선하지만 돈벌이가 신통치 않은 기업(D)이 자리한다. 물론 망해야 하는 기업은 두 가지 기준에서 최하의 위치에 있는 기업(C)이고, 가장 이상적인 기업은 둘을 모두 충족하는 B 기업이다. 인습적인 관념으로는 어차피 사업이란 수단방법 가리지 않아야 돈을 벌 수 있다는 식으로 이 두 가지 가치가 양립불가능한 것으로 간주해왔다. 하지만 21세기의 기업은 이제 그러한 좁은 생각에서 탈피해야 함을 암시하고 있다. 오히려 윤리적으로 우월한 기업체가 재정적으로 이윤에서도 앞선다는 연구결과가 있는 것도 사실이다(Robbins and Judge, 2007).

[그림 2-1] 기업활동과 윤리의 가치기준 관계

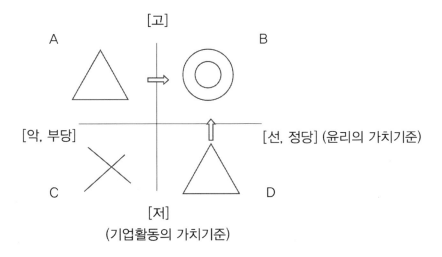

(기업활동의 가치기준)

다만 현실 세계에서는 이 둘 사이의 긴장관계를 무시할 수 없고 이를 극복하고자 하는 노력이 대체로 몇 단계의 변천과정을 겪으며 나타나는 점을 고려하고자 다음과 같은 진화 양상을 요약한 보기가 있다. 현실적으로 반드시 모든 기업행위가 이런 단계를 순차적으로 경과한다고 할 수는 없지만 기업윤리의 발전 양상을 점검하는 기준틀로서 의미가 있으므로 여기에 소개한다(유성은, 2007: 86; 김성수, 2009: 36: 김경동·김여진, 2010: 84-85).

① 제1단계(무도덕 단계, Amoral Stage): 윤리도덕의 문제를 전혀 고려하지 않고, 부도덕한 경제행위로 처벌을 받고 대가를 치르더라도 이익극대화만 달성하는 것이 목표다.

② 제2단계(준법단계, Legalistic Stage): 법규만 지키고 위법행위만 없

으면 더 이상의 도덕적 문제를 윤리적 관점에서 고려하지 않는다.

③ 제3단계(대응단계, Responsive Stage): 일단 윤리문제를 인식하고 기업의 사회적 책임을 다하는 것이 기업활동에 이득이 된다는 인식으로 지역사회 봉사 등 대외 이미지 제고의 홍보효과를 겨냥한 사회적 책임에 임한다.

④ 제4단계(윤리관 태동단계, Emerging Ethical Stage): 윤리경영과 경영성과 실현 사이의 균형을 추구하여 기업신조, 윤리강령 제정발표, 윤리위원회 조직, 윤리사무국 설치 등 제도적 정착으로 기업목표와 경영이념에 윤리를 반영하고자 시도한다.

⑤ 제5단계(발전적 윤리단계, Developed Ethical Stage): 기업경영에 윤리를 우선하는 신념을 확립, 기업윤리관과 원칙을 천명할 뿐더러 행동으로 실천함으로써 발전적 윤리 경영의 명성을 유지한다.

이런 진화론적 인식은 실제 기업체의 구체적인 대 사회 윤리경영의 모습을 단계적으로 표현하는 방식은 아니다. 현실적으로는 윤리경영 프로그램의 채택이 시작이고 이어서 기업의 사회적 책임과 사회적 공헌 과제로 자원봉사 등의 대 사회운동을 시도하였고, 다음으로는 "기업이 사회가 추구하는 새로운 가치를 만들어내면서 기업 자체도 직간접적 이익을 얻는 경영원리"라고 규정하는 공유가치 창출이 등장하였다(Porter and Kramer, 2011; 고동현 등, 2018: 17). 다른 한편에서는 기업활동 자체를 사회적 목적을 위한 기업으로 규정하는 이른바 '사회적 기업'을 시도하여 사회경제적 가치칭출에 기여하고 있다(김경동, 2019a; 김경동·김여진, 2010). 특히 이 사회적 기업은 현존 자본주의 경제가 안고 있는 약점을 극복하고자 하는 주된 목적을 추구하는 이념으로 '공동체주의적 자본주의'를 표방하는 것이 특이하다.

자본주의의 정신은 원래 개인주의 시장원리와 공동체적 공생원리를 내포하는 것이었는데, Adam Smith도 처음부터 염려했듯이 기업인의 독점욕으로 인해서 역사적 현상으로서 시장경제는 시대에 따라 지나친 이기주의로 흘러 오늘에 이른 것이다. 특히 근자에 인간의 이기적 탐욕으로 인한 전지구적 경제위기를 초래한 사실을 반성하고 이를 교정하고자

하는 새로운 자본주의 정신을 이념적 근거로 하는 것이 바로 '공동체자
본주의'다. 공동체자본주의란 "다 같이 더 잘사는 건강한 공동체를 만들
기 위해 창의적인 방법으로 수익을 창출하고 나눔을 실천하는 경제체제
다"라고 규정한다(심상달 등, 2008: 2). 이는 노벨 경제학상 수상자인
Joseph Stiglitz가 제창한 경제체제의 새로운 모형에 기초하고 있다
(Stiglitz, 2008; 심상달 등, 2008: 9). 그에 의하면 경제성장은 단순히
GDP를 증가시키는 문제만이 아니고 지속가능(sustainable)해야 하며 소외
되는 사람이 없이 포용적이어야(inclusive) 한다는 것이다. 우리가 시민사
회를 논할 때 으레 국가·시장의 대비축으로 시민사회를 생각하는데, 공
동체자본주의 경제체제는 시장의 힘을 활용하여 국가와 시민사회의 역할
을 보완한다는 삼각관계를 내포한다는 점에서 역시 새로운 관념이라 할
수 있다(심상달 등, 2008: 2).

이런 추세는 어디까지나 자본주의 시장경제체제 위에 성립하는 시민
사회의 경제적 부문에서 기업을 경영하는 처지에 서서 거기에 '사회'를
어떻게 접목시킬 것인가 하는 접근이 주종을 이룬다는 것이 사실이다.
이 말은 여기에서는 그 사회가 주제가 아니라 어디까지나 경제·경영을
더 효과적으로 전개하려면 사회가 전반적으로 요구하는 사회에 관심을
가지고 운영해야 한다는 시대적인 요청에 대응하는 차원에서 떠오른 쟁
점임을 암시한다. 경제부문이 그와 같은 관심을 가지고 실천에 나선다는
사실이야 환영해야 할 일이지만, 사회적 가치는 비단 그 부문에서만 강
조하고 그런 특정 관심에서만 중시해야 할 그런 사안이 아니라는 점을
상기시키고자 한다.

자본주의경제 체제가 지나치게 재정중심, 이윤중심으로 치우치는 불
균형으로 말미암아 사회전체의 체계가 제대로 작동하지 못하고 정치부문
에서도 자유민주주의가 위기에 직면하고 있으며 사회적 불평등의 심화가
사회의 안정과 통합을 저해하는 형국이 벌어지고 있음을 앞에서 이미 분
석한 것이다. 그러한 불균형의 시정을 위한 노력이 윤리경영, 사회적 책
임, 사회공헌, 이제는 사회적 기업이라는 새로운 명목으로 등장하였을 뿐
이다. 이런 사태 해결의 대응은 그 자체로서는 가치 있고 바람직하지만

거기서 그칠 수 없다. 유연성을 가지고 대처하여 하루 속히 경제 부문과 사회의 부문 사이의 평형을 되찾아야 비로소 중용의 안정을 찾을 수 있을 것이기 때문이다.

특히 현재 진행 중인 급격한 문명사적 대변환의 맥락에서 신자본주의 체제의 맹점과 아울러 그것의 영향 아래 모습을 드러내고 있는 자유민주주의 체제의 사회정치적 위기를 극복하기 위해서는 바로 '사회'의 정상화가 더욱이 주목해야 하는 쟁점으로 의의가 크다 할 것이다. 그러므로 이제부터는 그 사회가 어떤 요인에 의해서 변질하고 쇠락하는지를 검토해야 할 계기가 왔다.

4. 문명사적 대변환의 충격

이 문제는 거시적 차원의 문명사적 대변환(The Great Transformation)의 충격에 관한 검토를 요한다.[5] 우선 문명을 얘기할 때는 기술혁신, 도시생성 및 국가의 성립, 이 세 가지 인류 문명의 변화가 가져온 역사적 변동의 결과물이라 간주하고, 주로 현대문명의 전개과정에서 인간의 삶이 어떤 모습으로 변질해왔는지를 정리하려고 한다. 그런 문명사적 접근의 문을 여는 담론은 누가 뭐래도 현대의 과학기술문명에 관한 상념을 담아야 하는 것이 정석일 것이다.

이 문제를 위해 한 가지 지자의 개인적인 일화를 일리면서 시작하려 한다. 지난 1990년대 초 다가오는 2천년대를 전망하는 KBS의 '세계 석학과의 대화'라는 프로그램에 청탁을 받고 하버드 대학의 Daniel Bell 교수를 캠퍼스 관내의 자택을 방문하여 그의 서재에서 나눈 얘기다(송성근 외 1994: 9-67). 그 대담의 서두를 저자는 이런 질문으로 열었다. "역사가 Toynbee가 21세기에는 새로운 문명의 진원지(epicenter)가 동아시아

---

5) 이 대변환이라는 말은 원래 Polanyi(1944)가 근대화 과정에서 시장경제와 국가가 합작으로 조성한 소위 "시장사회"(the Market Society)로 전환하는 극적인 문명의 변환을 논하는 책에서 쓴 용어다. 본서에서는 반드시 그의 시장사회 논리만을 채택하지 않고 근대화 과정에서 일어나는 한층 더 복합적인 변환을 가리키는 뜻으로 쓰고자 한다.

로 옮아 가게 될 것이라는 언명을 한 일이 있는데, 오늘 이 대담의 주제가 바로 21세기를 여는 2천년대를 몇 년 앞두지 않은 시점에서 미래를 전망하는 것이므로 이와 같은 전망에 관한 선생님의 견해가 궁금합니다." 그러자 Bell 교수는 우선 옅은 미소로 응답을 시작했다. 그의 대답의 요지는 다음과 같다.

물론 21세기에는 동아시아가 세계에서 매우 중요한 위치에 서게 될 것은 아마도 부인하기 어렵다. 그것은 주로 경제의 규모로 볼 때 아직은 중국이 미미한 존재기는 해도 일본, 한국, 대만, 싱가포르 등 동아시아의 용들의 경제성장 추세는 계속할 것이고, 거기에 어느 시점엔가는 중국도 합류할 것이므로, 동아시아가 세계 경제의 중심으로 부상할 개연성은 매우 크다. 다만 새로운 문명의 진원지로서 동아시아가 어떤 기폭제가 되는 일은 오로지 경제규모로만 가능하다고 보기는 아직 이르다고 본다. 현대문명의 핵심은 역시 과학기술의 혁신이다. 이 부문만 두고 보면 동아시아가 새 문명의 창출을 떠맡을 진원지가 될 날은 그리 가깝다고 보기 어렵다. 아무래도 그 점에서만은 아직도 미국이 가장 선두에서 있다고 봐야 한다. 가장 중요한 요인은 대학원 수준의 고등교육이 연구중심 교육으로 앞서 나가야 하는데, 현재로서는 그리고 앞으로도 당분간은 세계 어느 나라도, 심지어 유럽의 주요 국가에서도 이 점에서 미국을 능가할 나라는 없다고 봐야 한다.

세계 미래학 분야의 선각자인 Bell 교수의 전망은 아직도 유효하다. 현대 문명의 노른자는 과학기술 혁신임이 틀림없고, 이를 주도하기 위한 연구중심 고등교육의 수준은 지금도 미국을 따라잡을 나라는 없다. 물론 여기에는 그러한 연구를 가능케 하는 경제적 뒷받침을 미국만큼 할 수 있는 나라는 드물고 그러한 연구개발을 촉진하는 문화적 바탕도 미국이 제일 앞선다. 다만, 오늘날 세계의 지형에는 미국을 위협하는 중국의 부상이 이 정도로 급속히 일어나리라고는 Bell 교수도 미처 예견하지 못한 듯하다. 이미 경제규모에서 세계 제2위에서 1위를 다투고 있다. 그리고 그 사이 커진 경제규모를 가지고 과학기술 분야의 연구환경을 조성하고자 천문학적인 투자를 하고 있는 나라가 중국이다. 그 재정을 가지고 미

국을 중심으로 서구에서 교육받고 연구활동을 하던 수천명의 중국계 최
우수 연구 인력 군을 매년 귀국시켜서 수천명 규모의 대형 연구실에 미
국의 대학이나 연구소가 지급하는 급여를 훨씬 초과하는 대우로 투입하
고 연구개발에 열을 올린지도 상당한 시일이 지났다. 여기서 굳이 중국
의 부상을 부각하고자 하는 뜻은 아니지만, 적어도 현대 과학기술 문명
의 급격한 변환(transformatios)의 소용돌이 속에는 중국이 큰 자리 하나를
차지하고 있음을 주시해야 함을 지적하려 할 뿐이다. 여하간, 이러한
Bell 교수의 진단에서 빠진 한 가지 중요한 내용을 그냥 지나칠 수가 없
다. 그것은 문명이 오로지 과학기술만을 주요소로 전개하지 않는다는 점
이다. 인문학적 측면을 무시한 문명론이 있을 수 없다는 말이다.

바로 이 점에서 오늘과 같은 시대적 상황에서는 미래지향적 시대정신
이 무엇을 담아내야 할지를 궁구해야 하며, 거기에 과연 선비문화는 어
떤 모습으로 개재할 수 있는지를 묻지 않을 수 없다. 여기에 해답을 제공
하기 위해서는 무엇보다도 현대문명의 인간주의적 함의를 심각하게 재검
토해야 한다는 메시지를 우리의 선비문화가 이미 제공하고 있다고 보는
것이다. 그렇다면 과학기술문명의 성격을 우선 정리할 필요가 있다. 여기
에는 집중적으로 쟁점 중심의 담론을 펴기로 한다. 그 쟁점의 핵심은 과
학기술문명은 인류의 삶에서 항상 양면성을 띤 이중적인 영향을 미쳐 왔
다는 것이고, 앞으로도 이대로 가게 내버려 둔다면 계속 긍정적이고 유
용한 결과와 더불어 부정적이고 유해한 충격을 동시에 초래하면서 변화
를 지속하게 될 것이라는 점이다.

이러한 접근을 하려면 되도록 계통적으로 추진하기 위한 분석의 틀이
유용한데, 이를 위해서 도표 한 가지를 [그림 2-2]에 제시한다. 모든 문명의
변천이 이 도식에서 보여주는 POET(Population, Organization, Environment,
Technology)의 요소들이 상호의존적으로 상호작용하는 가운데 일어난다는
것을 보여주는 모형이다(Hardert et al., 1974: 160; 김경동, 2004: 537).

이 그림의 왼편에 있는 P(population)라는 인구현상에서 시계방향으로,
올라가면 O(Organization)가 표상하는 사회문화적 조직생활, 거기서 오른
쪽으로 내려와 T(Technology), 그리고 아래로 더 움직이면 E(Ecological

Environment)가 가리키는 자연생태계를 만난다. 이 네 가지 생태계 체계
의 요소 중에서 본서는 Bell 교수가 지목한 과학기술을 가리키는 T부터
점검하려고 한다. 그 문맥에서 자연생태계(E)를 검토할 것이다. 그 다음
주제는 왼쪽으로 올라가서 만나는 인구문제(P)를 포함하여 마지막에 그
림의 정점에 있는 사회문화(O)로 돌아올 것이다.

[그림 2-2] 생태론적 체계(POET System)

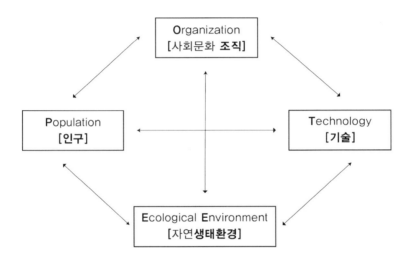

과학기술이 인간에게 경제적인 풍요와 물질적인 편익을 얼마나 어떻
게 가져다 주었는지는 이 자리에서 되풀이 나열할 필요가 없다. 우리의
관심을 그 반대의 측면으로 돌려서 이 문제를 어떻게 풀어야 할지를 고
민해야 하는 것이 시급하기 때문이다. 이제부터 과학기술문명의 어두운
음지를 체계적으로 정리해보자.

1) 과학기술문명의 충격

(1) 급격성과 자가추진력의 충격
적어도 약 1만년 전의 농경시대가 열리면서 문명이 시작한 이래로 16

제Ⅱ장 왜 이 시대에 선비인가?

세기 전후의 근대화가 일어나기까지는 기술혁신의 속도와 내용이 비교적 느리고 미약하였다. 근대 자연과학의 발달이 시작하면서 기술혁신의 속도는 계속 가속화하는 추세를 띠면서 그 변동의 모양을 도식으로 표현하면 J-곡선을 그린다[그림 2-3]. 기술혁신의 변동을 발명의 역사로 규정하고 인류문명을 12,000년으로 가정하여 이것을 1시간으로 잡고 발명의 시계를 그려서 보면 1분이 200년이 된다. 농경 기술의 발명이 일어난 때가 약 15분에 해당하는데, 그때부터 시간이 갈수록 발명의 종류가 수량적으로 늘어나기 시작하지만, 실제로 인간의 삶에 결정적인 변혁을 초래하기 시작한 발명은 대체로 산업혁명 이후인데, 그때가 18세기 중엽이면 발명의 시계에서는 마지막 58분 정도가 된다. 다시 말해서 현재 우리가 누리고 있는 수천 가지의 새로운 기술혁신은 이 시계의 마지막 1분에 일어났다는 것이다. 그런 까닭에 기술혁신의 속도가 급격하게 빨라지는 시간은 J-곡선의 마지막 부분에서만 집중적으로 일어났다는 말이다(Baldridge, 1975).

다만 지적해 둘 것은 이 그림을 담은 저서는 1970대 중반에 출간하였다는 사실이다. 그 이후로 특히 정보통신기술 혁신을 필두로 하여 전반적인 기술혁신이 얼마나 다각도로 그리고 급속도로 진행했는지는 췌언을 요하지 않는다. 여기서 중요한 특징은 그 혁신의 속도가 가속화하여 갈수록 더 시간을 단축하면서 일어난다는 사실이다. 그리고 과학적 이론의 발견과 그에 기초한 기술혁신은 일종의 자가추진력(self-propelling ten-dency)을 그 속성으로 한다. 한번 새로운 이론이 나오면 거기에 머물지 않고 지속직으로 새로운 이론을 창출하고 따라서 기술혁신 역시 한번 새로운 기술을 발명하면 정지하지 않고 계속 새로운 기술이 등장하며 누군가 이를 저지하지 않는 한 저절로 중지하는 일은 없다는 말이다. 바로 이와 같은 고속화와 자가추진의 혁신은 그 나름으로 인류에게 엄청난 부담을 안기고 충격을 가한다는 데 문제가 있다. 무엇보다도 보통 사람들은 그처럼 급속하게 새로워지는 기기나 기술관련 업무에 적정기간에 적응하여 생활을 하고 일을 처리하는 데 상당한 어려움을 겪는다는 사실이다.

그처럼 기술혁신의 속도에 비해 인간의 적응 시간 사이에는 간극이 생겨서 지체현상이 나타나는 것을 가리켜 미국의 사회학자 Ogburn(1966)은 문화지체(cultural lag; 文化遲滯)라 하였다(김경동, 2008: 495). 이는 비단 사회구성원 개개인 수준의 문제만이 아니고 사회제도 사이에도 괴리와 갈등을 일으키는 구조적 혼란을 야기시키는 데서 더 큰 사회적 혼란과 긴장은 이루 말할 수가 없는 부담을 준다. 특히 이런 현상은 요즘 눈부시게 변하는 기술현상, 가령 비트코인 같은 가상의 화폐가 느닷없이 등장하여 디지털 공간에서 제멋대로 교환과 매매의 매체로 돌아다니면서 온갖 사회경제적 문제를 일으키는데 이를 규제할 법률적인 규정이 없어서 혼란을 가중하고 있는 것이 좋은 보기라 할 수 있다. 이런 현상은 디지털 시대가 심화할수록 더욱 기승을 부리게 되어 있다.

현재 이미 상당한 실용적 가치를 홍보하고 있지만, 소위 AI라 지칭하는 인공지능(artificial intelligence) 기술도 사람을 대신하는 인간지능이 앞으로는 수많은 직종에서 사람 대신에 작업을 수행하게 될 때의 상황에 우리는 효율적으로 대처할 준비를 충분히 갖추고 있지 못하다. 앞으로는 인구도 점차 감소할 추세이고 인력이 모자라 산업활동을 하지 못하게 될 직종도 넘쳐날지도 모른다. 거기에 그치지 않고 사람과 사람 사이에 거리가 첨예하게 되면 이제는 기계와 함께 사는 시대가 오지 말라는 법도 없다. 이런 상황은 과연 인간사회의 의미를 왜곡하는 일이 아닌지 그 윤리적 차원의 문제를 살펴볼 필요도 있다. 동일한 선상에서 인간의 뇌를 속속들이 들여다보고 이미 상당한 진전을 보이고 있는 유전자연구에서도 인공 인간의 탄생을 볼 날이 멀지 않아 보인다. 이런 여러 유사 영역에서는 인간의 인간 생명에 개입하는 한계가 어딘가 하는 근본적인 윤리적 쟁점이 기다리고 있다. 요는 기술혁신의 속도에 인간의 사회윤리, 법규 등 제도적 대비가 지체하는 문제는 장차 얼마든지 늘어날 것이라는 말이다.

그보다 온 인류의 이목을 끈 최근의 대사건이 있다. 미국의 억만장자가 거대규모의 사재를 투자하여 상용 우주로켓을 개발하고 여기에 여객을 유치하여 역시 거금을 받고 실제로 비교적 짧은 시간이지만 그리 멀지 않은 우주공간까지 관광여행을 시키고 돌아온 일로 전세계 언론매체가 떠들썩하게 보도한 사례다.

[그림 2-3] 발명의 시계(1만2천년을 한 시간으로 압축)

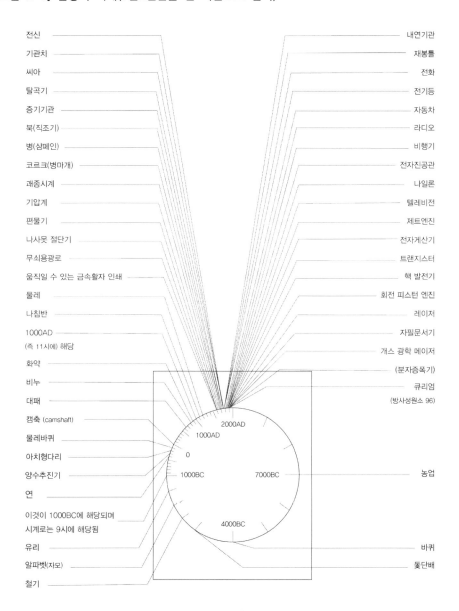

출처: 김경동(2008: 539).

　이런 사건은 솔직히 말해서 대단한 성과라고 감탄해 마지않고 칭찬하기보다는 무슨 돈주정이나 하고 자랑삼아 과시나 하자는 수작이냐고 비아냥대는 이가 더 많다. 그런 자금이 있으면 지금 세계 여러 곳에서는 굶어죽는 사람들이 허다한데 적선이라도 베풀지 무슨 작태냐 하는 비판이 나와도 할 말이 없을 것이다. 과학기술이라는 그 값진 지적 자산을 그런 식으로 낭비한다면 비난받아 마땅할 것이다. 항공우주 공학의 발전은 순전히 그런 우주여행의 목적만을 위해서 유용하지 않고 다양한 응용 가치가 있는 분야이므로 그 수준에 이른 것은 가상할 일이라 계속 혁신을 조장하는 것 자체는 나무랄 일이 아니다. 문제는 어떤 목적으로 어떻게 잘 활용하느냐 하는 사회경제적이고 윤리적인 쟁점에 관한 빈틈없는 담론과 자성도 따르는 것이 마땅하다.

(2) 생태계 교란의 충격

　과학기술문명의 또 다른 충격은 한 마디로 기후변화(climate change)라고들 요약한다. 특히 미국의 주간지 *Time*은 올여름(2021년) 기후변화 특집을 내기를 거듭하고 있다. 최근 이 글을 쓰고 있는 주간(8월 2일-9일)에는 세계 주요 지역의 대재앙에 해당하는 "물과 불"의 재난을 크게 다루고 있다. 대표적인 최근 사태만 열거한다.

　① 현재 마다가스카르에서는 40년 만의 최악의 가뭄으로 40만 명의 국민이 기근으로 고통받고 있다.

　② 지난 6월에는 서부 캐나다의 한 마을이 세상에서 제일 더운(뜨거운) 곳이 되었는데, 바로 직전에 산불로 마을 90%가 화마에 사라졌다. 비슷한 산불은 미국 서부에서도 발생하였다.

　③ 7월 14-15일에는 독일 서부 라인강 지역에서 평소의 두배가 되는 95밀리미터의 비가 쏟아져, 제방이 무너지고 건물이 통째로 쓸려갔으며, 130명이 사망했다. 벨기에에서도 그 비로 31명의 사망자가 발생했다.

　④ 유럽의 홍수 직후에 중국 후난성에서는 1천년에 한번 있을까 말까 하는 비가 쏟아져서 지하철이 물에 잠겼고 통근자들이 물에 빠졌다.

　이런 사태를 두고 독일의 피해자들을 상담하기 위해 파견 간 목회자

는 "우리는 자연을 제어할 수 있다고 하는 사회에서 살고 있었는데, 이제
는 자연 앞에 무력하다는 느낌에 잠기고 있다. 마치 4만년 전의 우리 조
상들처럼 이제는 물과 불을 두려워하지 않으면 안되게 되었으니 이분들
이 도저히 이해하기 어렵게 되었다"라고 했다는 보도를 실었다(*Time*,
2021. 8.2－9: 6). 전문가의 설명은 이러하다. 대기 속의 더운 공기는 온
도 1 ℃가 상승하면 7%의 수증기를 더 간직한다. 독일만 해도 산업혁명
이래 평균 온도가 최소 1.5 ℃ 상승했다는 것이다. 게다가 남북극과 적도
사이의 온도차가 줄어들면 전지구적 공기 유통을 약화하므로 6월의 북미
서부처럼 저기압이 한 곳에 오래 머물게 된다고 한다. 온실가스 배출을
감소해도 실상 한번 대기 속에 갇힌 탄산가스(CO_2)가 300년 동안 열을
그대로 품고 있기 때문에 이미 진전한 정도의 온난화로는 현재의 기후
불안정을 되돌리기 어렵다는 설명이다. 이제부터는 재난 관리를 훨씬 더
효율적으로 시행하기 위한 체계적 개선노력이 더 급선무라고 한다(*Time*,
2021. 8.2－9: 7). 요약컨대, 지구 온난화 문제는 전지구적 차원에서 오
존 파괴, 자외선 피해, 빙하 해빙 등에 따른 기후 혼란과 그에 의한 홍수,
가뭄, 쓰나미, 지진 등 대규모 재난, 해수면 상승에 따른 침하지역 발생
등의 원천으로 떠올랐기 때문이다.

　기실, 우리나라도 현재 매일 35 ℃를 오르내리고 열대야에 잠을 설치
는 고통스러운 여름을 보내고 있는 중이 듯이 전 세계가 당장에 견디기
어렵고 해소가 시급하니까 기후변화를 언급한 것이지, 생태계 교란의 현
상은 상론을 요하지 않을 만큼은 익숙하다. 공업화, 도시화로 산천이 변
하거나 사라져 버렸고, 거기에 인간이 쓰는 연료 때문에 공기는 오염될
대로 되었으며, 마시고 농사짓는 물조차 정수를 해야 하고, 어디 하나 성
한 곳이 없는 지경이다. 이런 현상을 두고 만평을 한 [그림 2－4]를 일부
러 여기에 옮겨 실었다. 이제는 자연이 인간과 인간이 만들어 구가하고
있는 문명을 상대로 뒤통수에서 복수를 하고 있음을 풍자한 그림이다.
얼른 보아도 섬뜩하다.

[그림 2-4] 자연의 복수

출처: 김경동(2008: 572); Babbie(1977: 45)

이 모든 문제가 오로지 과학기술 탓이라는 논리는 성립하지 않는다. 결국은 사람이 모든 책임을 지는 것이 정답이다. 다만 사람이 창조한 과학이고 기술이지만 거기서 일단 문제의 원천을 찾고 해답을 구해야 한다는 사실은 부인할 수 없다. 역시 사사로운 경험의 일화 한 가지만 더 첨부한다. 지난 2018년 여름, 대한민국학술원의 회원으로 학술원을 대표하여 국제회의에 참가한 때의 일이다. 그 모임은 세계의 모든 분야의 과학(인문·사회·자연과학) 관련 학술단체를 총망라는 국제과학이사회(International Science Council, ISC)의 총회였다. 여기서 이름이 익숙한 미국의 사회학자가 과학기술의 미래에 관한 기조연설을 했다. 휴식시간에 그를 잠시 만나 의견 교환을 하는 중에 넌지시 한 가지 질문을 던졌다. 현대사회에서 과학기술의 진전이 너무 급격해서 사람들이 정신을 잃을 지경인데 과학기술 분야의 사람들은 그 혁신의 속도를 좀 줄일 수 없겠는지, 그리고 그들이 전문으로 하는 과학과 기술혁신의 인간적인 충격을 미리 예상하고 성찰하여 충격을 줄여야겠다는 의지로 조심스럽게 선별적으로 창출할 생각은 왜 하지 않는지를 웃으며 물었다. 그도 미소로 답하며 "그게 글쎄 말입니다"로 대화는 끝나고 말았다. 과학자와 기술자들은 과연 그런 정도의 인간에 관한 배려도 하기 싫거나 할 의무가 없다고 생각하는지를 지금도 묻고 싶을 따름이다.

2) 사회변동의 충격

이제 우리는 앞서 그림으로 제시한 POET생태체계의 왼쪽 항목 인구(P)와 정점에 놓인 사회문화 변동(O)을 살펴보는 데까지 와 있다. 사회변동은 그 자체 안에서 역동적으로 변화를 초래하는 요인이 작용하여 일어날 수도 있는데 이를 두고 내재적 변동(immanent change)이라 한다. 여기에는 그보다는 사회의 바깥에서 외생적으로 생기는 변화에 초점을 맞출 것이다. 가령 현대사회의 주된 외생적 변화 요인으로 작용한다고 보는 사건은 공업화(기술혁신을 내포), 도시화(생태적 변화 내포), 그리고 특수한 과학기술혁신(주로 정보통신기술 혁명) 등이다. 공업화는 주로 인간의 경제적인 삶에 관여하는 변화로서 특히 일(고용·노동)을 해서 소득을 축적하며 생계를 위한 소비를 하는 과정에 영향을 미친다. 도시화는 인간이 자연 속에서 생존하는 데 필요한 주거지와 주거를 위한 주택의 수요에 응하는 공간의 문제로 삶을 좌우하는 영역이다. 여기에 더하여 특별히 현대사회와 미래의 삶에 직접적이고 강력하게 관련하는 기술 부문에서 정보통신기술의 혁명적인 혁신이 주된 추세로 떠오른다. 이 세 가지 변화는 실제로는 대단히 밀접하게 상호의존적으로 상호작용하는 요소이므로 비록 분석적으로는 별도로 취급하지만 내용상으로는 서로 뒤얽혀 움직인다는 점을 염두에 두고 이 문제를 이해할 필요가 있다. 그리고 이 세 가지 변화는 인구현상과도 직접적으로 연관성을 갖는다.

(1) 공업화의 인간적 함의

공업화는 무기물의 동력원(석탄, 석유, 원자력, 바람, 태양력, 조력 등)을 이용하여 기계를 돌려 사람이 필요한 물품을 대량으로 생산하는 활동이

경제의 주류를 이루게 한 변화를 가리킨다. 이로써 농경시대에 비하여 빈곤 퇴치와 물질적 풍요, 삶의 기회 확대, 건강 호전(수명연장 등)의 긍정적 효과를 초래한 것만은 부인할 수 없다. 이를 위해서는 기계를 설치하여 생산을 하는 장소(공장과 관리 사무실)가 생겼고 사람들은 이제 농사를 지을 때와는 달리 집을 떠나서 직장으로 출퇴근하는 생활을 시작하였다, 이런 기본적인 변화는 곧바로 파생적인 변화로 이어졌다. 그리고 여기에는 사회문화적 변화로 공업문화(industrialism)라는 특수한 문화가 생겨나서 인간의 삶에 영향을 미친다(Bell, 1973; Toffler, 1981; 김경동, 2002: 347－385).

① 우선, 공업화는 온갖 생태적 교란을 야기하였다. 가장 심각한 것은 각종 자원의 활용과 소모다. 공장건설 및 가동에 요하는 자원으로 토지, 특히 농지와 산지, 건설자원으로서 철강·모래·시멘트·목재 등 건설장비와 전력 등의 자원, 주택·학교·사무실 등 건설 및 기계 설비용 자원, 석탄·석유·목재·수자원·원자력 기타의 에너지 자원, 여기에 공산품과 자재의 유통에 필요한 인프라로서 도로용 토지와 숙소 등 실로 다양하다. 게다가, 공장가동으로 발생하는 물과 공기의 오염과 공해, 삼림·토양·생물 종 다원성 훼손, 그로 인한 건강 장애 발생과 질병, 사망 등의 문제, 거기에 공장지대의 인구증가로 인한 폐기물 증가와 같이 헤아리기가 민망한 정도의 분야에서 결과적으로 인간의 건강과 생활 편익 등에 부정적 영향을 미치고 있다(위의 과학기술 문명의 충격 참조).

② 직업의 분화가 활발하게 일어나 직업의 수가 증가하고 고용 기회가 늘어난다.

③ 직업변동으로 인한 사회계층 구조에도 변화가 생겨, 다수의 하류계층(근로자), 중간규모의 중산층 및 소수의 상류계층으로 구성한다. 특히 공업화 초기에는 계층간 부의 격차로 인한 중하계층의 상대적 박탈감이 증대한다.

④ 근로자 계급과 경영자 간의 노사갈등이 발발하기 시작한다.

⑤ 공장노동자, 특히 하급, 비숙련 근로자의 노동 환경이 비인간화, 소외를 경험하게 하고 노동시간의 연장으로 육체적, 심리적으로 어려움

을 겪는다.

⑥ 권력과 권위가 중앙집권화한 대형 관료조직체의 기능적 합리성, 기계적 합리성, 효율의 극대화, 조직규범의 관료화 등 관료주의적 수단적 합리성으로 '관리형' 사회를 조성하여 비인간화와 인간소외를 조장한다.

⑦ 그러한 관리형 사회에서는 기술이 지배하는 일차원적 인간을 양산한다.

⑧ 실제는 무기력한 소비자에게 "소비자가 왕이다"의 환상을 불어넣고 '과시소비'의 규범화로 대량소비용 대량생산품으로부터 소비자를 소외시킨다.

⑨ 결국 소비로서 문화감상의 이행도 과거에는 가족, 종교, 공동체에서 이루어졌으나 점차 대중, 세속사회, 거대도시로 이전하였다.

(2) 도시화의 인간적 함의

도시화는 주로 공업화에 따른 인구의 도시 유입이 주요인으로 도시의 급격한 인구증대로 발생한다. 먼저 공장에서 일할 종업원의 수요가 증가하는데 공장의 소재지가 주로 교통이 편리하고 에너지원이나 원자재를 구하기 쉬운 지역의 도시 지역으로 정해지며 취업을 하려는 다수의 인구가 공장지대(도시)로 이동을 한다. 이것이 인구의 도시화요 동시에 지역의 도시화다. 이때 인구이동은 주로 이농향도가 되므로 도시로 인구가 집중하는 대신 농촌의 인구가 급격히 감소한다. 그러한 공장 취업을 위한 이농인구는 수로 젊은 남자가 수종을 이루고 다음이 젊은 여자가 뇌므로 농촌에는 고령자와 중장년 이상 부부 및 아동이 잔여 인구다. 그리고 인구 이동은 청년층은 개인이, 중년 이상은 가구단위로 이동한다. 일단 공업화로 인한 인구이동으로 농촌은 인구 감소로 인한 농업노동의 축소와 함께 공업화중심의 경제 운용으로 농업의 경제적 비교우위가 저하함으로써 농업과 농촌의 상대적 성장 지체가 일어난다(김경동, 2002: 347-385).

이처럼 공업화가 급속히 진행하는 과정에 점진적 도시화가 무시당하고 도시는 제한적 도시 공간에 과다한 인구가 집중하여 이른바 과잉도시화(over－urbanization)가 일어났다. 그러한 변화의 생태론적 충격은 아래와 같다.

① 제한적 도시 공간에 과다한 인구가 집중하여 높은 인구 밀도, 주택·도로 및 교통수단·학교·수도·하수·공원도 등 사회간접자본의 부족과 질 저하, 공업화와 아울러 도시 자체가 생성하는 자연생태계의 교란(공기 오염, 수질 오염, 가로와 근린시설 등의 수목 부족)이 시민의 삶의 질을 악화시킨다.

② 또한 도시의 국내 분포에서도 대·중·소 도시의 상대적 분포의 불균형으로 인구, 재정 자원, 권력, 문화향유 및 교육의 기회 등 도시 간 불균형이 문제로 떠올랐다.

③ 그 결과 특히 수도권과 같은 특정 대도시에 자원과 기능이 집중하고 농촌지역의 소규모 도시의 상대적 황폐화를 초래하였다.

④ 거대도시의 포화 상태를 방지하려는 신도시 건설의 폐해는 갑작스레 과도한 인력, 자원 투입 수요로 생태환경에 충격을 초래하였다.

⑤ 거대도시 중심으로 전 지역의 광역집합도시화(conurbation)도 촉진하여 토지 이용의 불균형을 비롯한 생태환경의 훼손이 심각해졌다.

⑥ 거대도시의 대형 토목건설 사업(아파트·마천루·호텔·교육문화 시설 등)으로 인한 자연훼손, 공해, 도시경관 왜곡 등이 진행하였다.

⑦ 도시계획의 유무와 관련해서는 산만한 계획 추진 결과, 난개발의 불편과 경관훼손이 문제가 되었다.

여기에는 또 소위 도시문화(urbanism)라는 독특한 사회문화적 변화가 따른다. 그 특징은 주로 인간관계와 사회적 특질에 관련한 것으로 아래와 같다(Wirth, 1938: 3－24).

- 대규모 인구가 집중하여 인구 밀도는 높은데
- 그들의 직업적, 문화적 이질성이 또한 다기하고
- 이질적인 사람들의 활동의 분화도가 높을수록 상호의존성은 오히려 증대하는 가운데
- 다수 인구 속에 신체접촉 빈도는 증가하지만, 아는 사람은 제한적인 익명성 또한 만연해서, 분화한 역할로만 상호 인지할 뿐, 타인의 내면

은 알기 어려운 상황이 지배적이니

- 저들 사이의 감성적, 정서적 유대는 결여할 수밖에 없고
- 경쟁과 자기이익추구나, 상호착취의 정신이 지배하게 되며
- 인간관계는 자연히 사무적, 비인격적, 일시적이라, 영구성이 부족할 수 밖에
- 게다가 가족이나 친족집단의 영향력은 약화하는데, 익명성 탓에 일반적 사회규범도 해이해지고
- 사회적 일탈은 공식적 사회통제에 의해서 규제하게 되며
- 인간적 성품은 순수성을 상실하여 이악해지기만(sophisticated) 하니
- 인생이나 타인에 무관심해지고(indifference, apathy)
- 결국 범죄, 비행, 자살, 부패, 퇴폐, 정신적 도착 등이 빈번해진다.

(3) 공업화 · 도시화의 사회문화적 충격

이와 같은 공업문화와 도시문화의 여파로 사회적 구조와 인간관계 및 정신세계의 변동도 관찰할 수 있다. 먼저, 인구와 가구의 변화를 살펴본다(통계청, 2021). 인구증가율은 1960년에 연간 3.0%로 최고율을 보인 다음 1975년의 2.0%, 2000년의 0.7%를 기록한 이후 2020년에는 0.1%로 급락하였다. 앞으로는 이런 추세로 가면 금세기 안에 인구 절대 감소를 경험하게 될 지도 모른다. 몇 가지 눈에 뜨이는 변화는 아래와 같다. 2000년 기준 지난 20년을 비교하면 다음과 같다.

- 인구 집중현상으로 수도권 인구 비중이 20년 전보다 46.3%에서 50.2%로 증가하였다(기본적으로 차후 모든 변화 기간은 2000~2020, 20년임).
- 고령인구(65세 이상)의 비율은 7.3%에서 16.4%로 급상승하였다. 고령자 비율이 7%이면 고령화사회, 14%이면 고령사회, 20%가 넘으면 초고령사회인데 20년 전에 고령화사회로 시작한 것이 이미 고령사회로 진입했고, 앞으로 4년 후에는 초고령사회로 자리할 추세다.
- 이에 비해 유소년인구는 21.3%에서 12.3%로 감소했고, 유소년인구 100명 대 고령인구 비를 노령화지수라 하는데, 그 사이 35.0%에서 132.9%로 늘어났다. 이처럼 유소년 인구는 계속 줄고 고령자는 급속 증

가하면 장차 노동인구의 감소와 고령자 생계 부담률의 상승이 큰 문제가
된다.

• 가구 구성에서 1인가구의 비율은 15.5%에서 31.7%로 높아졌고, 2
인가구도 19.1%에서 28.1%로 증가하여 2인 이하 가구를 합치면 34.6%
에서 59.8%로 전체 가구의 절반 이상으로 늘어났다.

• 연령대별로 1인가구의 비율은, 20대가 19.1%, 70대가 18.1, 60대가
17.6%, 그리고 30대가 16.8% 순이다. 노인가구 중 1인가구 비율은 34.4%
로 노인가구 세 집 중 한 집은 독거노인 가구라는 말이다. 그리고 1인가
구 중 남자는 30대가 21.6%, 여자는 70세 이상이 27.5%로 가장 많다.

• 그리고 평균 가구원 수는 3.12명에서 2.34명으로 축소하였다.

• 이처럼 가구규모가 축소하는 데에는 출산율의 저하가 큰 몫을 했는
데, 합계 출산율(여성이 일생 출산하는 자녀수)이 그간 1.48명이었던 것이
지난해에는 0.8로 급감해버렸다. 이 말은 이제는 2명의 남녀가 자녀 1명
도 남기지 않는다는 뜻인데, 이런 추세가 계속하면 역시 금세기 안에 인
구 감소가 불 보듯 하고 불원간에 인구가 반감할 수도 있다는 것이다. 다
시 말해서 2명의 부부가 2명의 자녀를 낳아야 인구를 안정적으로 유지하
기 때문이다.

• 이러한 터에, 혼인을 꼭 해야 한다고 생각하는 사람의 비율은 계속
줄어들어서 64.7%에서 51.2%까지 이르렀다.

• 게다가, 혼인 후에도 출산은 불필요하다는 사람도 10대는 60.6%,
20대는 52.5%에 이른다.

• 그리고 혼인해서 살다가 이유가 있으면 이혼할 수 있다고 생각하는
사람도 7.7%에서 16.8%로 증가추세다.

• 연간 실제 혼인 건수 대비 이혼 건수의 비율은 35.8%였으나 49.8%
로 거의 절반 규모로 높아졌다.

• 우리나라 인구의 주거형태로는 아파트의 비중이 47.8%에서 62.9%
로 대폭 증가하였다.

• 우리나라 사람들이 심각하다고 느끼는 갈등의 요소는 다음과 같다.
보수 대 진보의 이념갈등이 85.4%, 빈곤층과 중상류층 사이의 계층갈등

이 82.7%, 노사갈등이 74.2%, 개발과 환경보존 가치의 갈등이 68.5%, 수도권과 지방의 지역갈등이 62.7%, 그리고 노년과 청년의 세대갈등이 60.9%다. 참으로 염려하지 않을 수 없는 현상이다.

● 마지막으로, 스트레스와 우울감을 경험하는 비율에서는, 전반적으로 여성이 남성보다 스트레스와 우울감을 더 많이 경험한다고 하며, 스트레스는 40대 이하 연령대에서 높게 나오고, 우울감은 30대 미만과 70세 이상에서 높은 편이다.

이상과 같은 거시적 변동의 주요인은 물론 공업화와 도시화이다. 그 두 가지 주요 변천의 과정에 인간관계와 공동체에 어떤 변화가 일어나게 되는지 그 역학에 관해서 약간의 고찰이 필요하다. 공업화의 터전인 공장, 사무실, 유통 기구 같은 데서 인간은 기계와 상품을 대상으로 일하면서 인간적인 관계를 올곧게 형성하고 유지하기 어렵다. 의식하지 못하는 사이 비인간화와 소외를 경험한다. 일과 가정이 완전히 분리한 상황에서 시간에 쫓겨 일해야 하는 사람들은 일의 인간적인 묘미를 만끽하지 못하는 것이다. 게다가 대규모 조직체에서는 권위구조의 위압과 합리적이고 효율적인 업무에 몰입하는 동안은 정서적인 즐거움 같은 것은 기대하기가 어렵다. 그러니까 직장인들은 이른바 회식이 기다려지는 구원의 시간이다. 그래도 집과는 비교를 할 수 없다.

그러다가 집으로 퇴근하면 한편으로는 안도하면서도 또 달리는 가족의 정서적, 실용적 요구에 시달려 자신의 피로회복의 여가도 즐길 틈이 없다. 여기에 또 하나의 한정이 있다. 주로 대단지 공농수택이 각종 편익조건 때문에 우리나라 인구의 6할 이상이 여기서 산다. 편리하다는 이유로, 그리고 우리나라에서는 부동산 재테크의 명목으로 이런 주거형태를 무척 선호지만, 실은 이 아파트 생활은 그 주거공간의 물리적 특성으로 말미암아 지독한 인간소외와 고독화를 부추기는 마당이다. 쉽게 말하면 아파트라는 공간의 특징은 한번 그 안에 들어가 육중한 현관문을 닫고 들어서는 순간부터 마치 누에가 제 몸에서 실을 뽑아내서는 고치를 만들어 스스로를 가둬 버리고 번데기가 되어 버린다는 모습을 닮았다는 것이다. 그래서 서구에서는 이를 두고 누에고치의 자가폐쇄식 은둔(cocooning)

이라 비유한다. 실지로 아파트 단지의 외양을 보면 으리으리하고 화려하게 꾸며 놓은 정원에는 대낮부터 사람의 그림자를 보기가 어렵다. 주민 모두가 일터나 외출에서 귀가하는 즉시 누에고치의 신세로 변해 버린 탓이다.

모두가 그런 것은 아니지만 이것이 하나의 전형적 변화의 모형으로 이런 분위기가 다른 지역, 다른 가족에게도 전파하여 물들인다. 그것은 모두가 각자 자기 식으로만 사생활 보호의 명목으로 외부와 차단하고 안전하고 재미있게 지낼 수 있다는 이유로 개인화(individuation)를 추구하는 것이다. 그러나 이러한 개인화는 오래 지속해서 습관이 되면 자기도 모르게 고독해지고 고독은 폐쇄적이고 편벽한 안목을 초래하면서 우울증을 조장할 수 있다. 이 문제는 다시 거론하기로 하고, 이런 식의 주거형태와 삶의 양식은 가족의 변화와도 관련이 있다.

우선 도시화로 인구 이동이 일어날 때는 개인이나 소규모의 가족단위로 움직이는 것이 편하므로 결과적으로 지방의 촌락에서처럼 3대 이상의 확대 가족이 해체하기 시작하였다. 도시에서도 자주 이동을 해야 하므로 자연히 편리한 소규모 가족이 유리해진다. 그런 가족은 전형적으로 부부와 미혼 자녀의 2세대로 구성하는 핵가족이다. 위의 통계에서도 보았듯이 이제는 가구당 평균 구성원이 2.34명밖에 되지 않는다. 게다가 1인 가구가 31.7%나 되고, 고령자의 1인가구도 34.4%나 되는 시대가 온 것이다. 이런 고령자는 독거노인이라는 호칭까지 얻었다. 이런 고독한 사람들에게 우울증이라는 심리적 질환이 잘 찾아온다는 것이다.

그러니까 이제는 사회의 근간인 가족 자체의 변질이 현저하게 된다. 핵가족화, 부부중심가족의 증가, 이혼에 의한 불완전 가족, 재혼에 의한 성 다른 자녀 가족, 조손가족, 소년소녀가장 가족 등 비정상 가족이 증가하는 현상이 발생하고, 정상적인 가족주의는 쇠퇴일로에 있다. 여기서 한 발만 더 내디디면 과거에 소규모 촌락에서 소금도 빌려 주며 오순도순 살던 공동체인 이웃이라는 개념도 의미를 잃기 시작한다. 같은 입구로 들어가 같은 엘리베이터를 밤낮 같이 타야 하는 사람들조차도 서로를 잘 알지 못하고 알려고도 하지 않은 채 서먹서먹하게 살아가는 것이 아파트

생활의 전형이 아니던가? 혹 단독에 살더라도 요즘은 가시철조망까지 치지는 않겠지만 예전 같은 그런 이웃이 있던가 싶다.

여기에는 정보통신기술의 변화도 한 몫을 하지만 그 내용은 곧 이어 따로 검토하기로 하고, 이러한 가족과 지역공동체의 변화가 자아내는 인간관계의 변질과 공동체의 쇠락이 가져오는 인간적 충격에 초점을 맞추어 보면 아래와 같은 분석이 가능하다. 제일 먼저 인간관계의 변화를 도식적으로 제시하면 화살표 방향의 차이를 보이고 있다.

- 아는 사이 ⇨ 모르는 사이
- 친근한 사이 ⇨ 소원한 사이
- 목적적(표출적, expressive) ⇨ 사무적 상호작용(관계)
- 정서적 관계 ⇨ 이해 관계
- 영속적 관계 ⇨ 일시적 관계
- 내집단(in-group, we-group) 신뢰 관계 ⇨ 외집단(out-group, they-group) 배타 관계
- 헌신몰입 관계 ⇨ 제한적 관심 관계
- 집합주의 ⇨ 개인주의
- 협동적 관계 ⇨ 경쟁적 관계: 비자발적(involuntary) 협동
- 진정한 관계 ⇨ "진정성 없는"(inauthentic) 관계, 거기에 더하여, 인간의 심성과 가치관의 특징도 변화가 일어난다.
- 물질중심주의(황금만능, 황금숭배, 화폐가 인간가치의 교환가치 척도): "돈 많은 부모 만나는 것도 실력이다!."
- 쾌락주의(육신적, 선정적 쾌락, 찰나의 쾌락, 각종 중독)
- 욕구조절 불가, 열망수준 지속 상승, 이에 미치지 않는 현실과 괴리, 상대적 박탈감(불만으로 갈등, 자해 등 초래)
- 정교한 유흥, 여가문화, 구경꾼 문화, 일과 여가 엄격히 구분
- 극단적 자기중심성 개인주의(타인의식 결여, 자아의식 왜곡, 타자지향성: 남의 눈치)
- 세속주의: 영혼의 황폐, 갈 곳 없이 집 잃은 영혼(homeless mind), 우울증, 자살, 묻지 마 범죄

- 효율성, 실용성 추구
- 교육 가치의 왜곡: 졸업장 출세 목표 교육(교육낭만주의 실종, 사회 도덕인성 교육 및 창의 판단력 교육 결핍)
- 인간가치의 객관화, 간접화, 의사물상화(擬似物象化, reification)

설상가상으로, 가족의 기능과 가족관계의 성격에 변화가 나타나면서 여기에 이웃과 맺는 관계까지 변질하여 결국 공동체의 해체와 붕괴가 시작하였으며, 그로 인한 사회규범의 해이로 자칫하면 범죄, 비행, 자살, 부패, 퇴폐, 정신적 도착 등이 빈번해지는 사회로 변질한다. 결국은 역설적으로 '관계를 갈망하는 문화'(a culture craving relationships)를 조장한다(Hesselbein et al., 1998; Putnam, 2000).

(4) 연결망 사회의 인간적 충격

이제 20세기 중후반부터 컴퓨터 혁명이 초래한 획기적인 정보통신기술 혁명의 인간적 충격을 고찰할 차례다. 이 시기의 세계는 주로 정보통신 분야의 기술혁신을 주축으로 하는 이른바 제3의 기술혁명(the Third Technological Revolution)이 주도하는 시대로 규정한다(Bell, 1990). 한 마디로, 새로이 등장한 지식정보사회(Information-Knowledge Society)는 여러 분야의 기술 혁신이 종합적으로 작용하여 질적으로 차원이 다른 기술적 가능성을 제공함으로써 생성한 신 유형의 사회다. 먼저, 신물질 기술 소산인 반도체로 만든 종합 데이터 처리 칩을 장착한 축소형 컴퓨터로 다량의 계산과 정보처리를 수행하는 정보기술(IT, information technology)과 광학 파이버, 인공위성, 장거리 전기통신(telecommunication) 등, 통신기술의 혁신적 조합이 창출한 정보통신기술(ICT, information-communications)이 융합하여 일궈낸 기술혁신의 결과로 이 모두를 아우르는 융합(fusion)과 수렴·통합(convergence)의 유비쿼터스 기술(ubiquitous technologies)이 선도하는 시대로 접어들었고, 마침내 뇌공학, 사이버네틱스(cybernetics), 가상(擬似) 현실 등 새로운 분야 기술의 융합으로 인공지능(AI, artificial intelligence) 중심의 제4차 산업시대를 촉진하고 있다. 이 과정에 통합적으로 작용하는 요소는 다음과 같다(김경동, 2019: 51-54;

하원규, 2003).

① 재료공학이 발명한 신물질(예: 광섬유)을 이용하여 통신의 속도를 획기적으로 증대시킨 변화, 즉 '네트워크화'(networking)다.

② 네트워크라는 물리적인 하부구조의 기반 위에 전세계의 모든 미디어와 컴퓨터를 연결시키는 소프트웨어 기술의 접목이 '인터넷화'(inter-net)다.

③ 전자 하드웨어에서 인터넷 소프트웨어를 세상 밖으로 끌어내어 전세계 사람들이 비교적 쉽게 정보를 검색하고 교류할 수 있도록 한 '월드 와이드 웹'(World Wide Web, WWW)은 전 지구적 정보가 거미줄처럼 얽힌 새로운 정보통신망이다.

④ 과거 전기, 전기기계(기전) 기술을 전자공학 기술로 전환하여 이를 정보통신 기술과 접목, 다양한 사회경제적 기능을 수행할 수 있게 하였다(e-기업, e-교육, e-의료 등).

⑤ 전자공학 기술혁신으로 자료의 변수를 1과 0(가상변수)으로 숫자화한 디지털 소프트웨어에 의하여 정보를 인식, 생산, 저장, 관리, 전달 및 사용하는 역량을 단순화하고 증강함으로써 정보(자료) 처리방식을 아날로그에서 숫자로 전환한 것이 '디지털화'(digitalization)다.

⑥ 디지털 기술의 발달로 음성, 문자 데이터, 영상 등의 모든 정보신호를 컴퓨터가 쉽게 신속하게 처리하여 여러 종류의 전달매개인 멀티미디어(다중매체)와 연결시켜 통신할 수 있도록 해주는 '융합'(fusion)기술에 힘입어 기존의 세품이나 산업 산에 '컨버전스'(convergence, 수렴통합)가 일어날 수 있게 되었다.

⑦ 컴퓨터가 수행하는 자동화(automation) 조작기능을 운전자, 조종사, 조작사 등을 뜻하는 사이버(cyber, 그리스말 kybern(et))에서 유래하는 사이버네틱스(cybernetics, 제어와 전달의 이론과 기술을 비교 연구하는 학문)와 뇌과학의 이론 등이 결합하여 인공두뇌(artificial brain)에서 다시 인공지능에 이르는 기술이 소위 제4차 산업혁명이라는 이름으로 새로운 힘을 얻고 있다.

⑧ 이제는 유비쿼터스(ubiquitous) 컴퓨팅 기술을 적용하여 물리적 공

간과 전자 공간의 융합으로 생성하는 제3의 공간(the Third Space)에서 통합적인 통신의 가능성을 열었다. 원래 유비쿼터스란 편재성을 일컫는데, 인간의 통신 행위와 관련해서는 컴퓨터 기술의 발전이:

- 무슨 일이나(anything)
- 언제나(anytime)
- 어디서나(anywhere)
- 누구하고나(with anybody)
- 어떤 연결망, 어느 매체나(thru any network or any media)
- 어떤 기기를 쓰거나(using any device)
- 어떤 서비스를 위해서나(for any service) 이용 가능한 상태를 자아낸다.

- 더 나아가 실물로는 존재하지 않는 연결망 속에서 살아 움직이는 가상현실(VR, virtual reality), 증강현실(AR, augmented reality) 및 집합적인 3차원 가상 공유 공간(metaverse)라는 세계로 확장하게 되었다. 또한 온라인 세계와 오프라인 세계의 간격도 그만큼 줄이고 있다.

우리의 직접적인 관심사는 그러한 기술혁신이 인간의 삶에 어떤 영향을 미치느냐 하는 것이다. 이 역시 다양하고 복합적인 면이 있지만, 여기서는 초점을 두 가지 현상으로 축약하기로 한다. 하나는 이른바 네트워크 사회 혹은 연결망 사회(network society)이고 다른 하나는 온라인 세계인 사이버 공간에서 펼쳐지는 사이버 세계다.

□ 연결망 사회

연결망 사회 혹은 '초연결사회'라고도 하는 개념은 대체로 1990년대 초에 디지털 정보 및 통신기술이 창출한 연결망으로 인하여 생성한 사회, 정치, 경제, 문화 영역의 변동의 확산과 관련하여 창안하였다. 새로운 정보통신기술의 혁신이 자아낸 사회적 결과를 본격적으로 다루기 시작한 20세기 말에 네덜란드의 Jan van Dijk(1991)와 Manuel Castells(1996) 등이 이 말을 쓴 초기 학자들이고 그 전에도 1978에는 James Martin이 대중매체와 장거리통신매체의 연결망으로 이어진 사회('The

Wired Society')라는 용어를 사용하기도 하였다.

연결망 사회란 전자공학과 디지털 컴퓨터 네트워크에 기반하여 네트워크의 여러 분기점을 거쳐 정보를 생성, 처리, 분배하는 정보통신 기술로 작동하는 사회구조를 일컫는데, 그 특성은 사회의 모든 수준(개인, 집단, 조직체 및 전체사회)의 원초적 조직양식을 가능케 하는 사회적 및 매체의 연결망의 하부구조로 이루어지는 사회구성체라는 것이다. 특히 현대사회에서 진행하는 개인화로 말미암아 네트워크의 기본단위는 바로 이 연결망으로 엮인 개인이 된다. 그러나 네트워크 사회가 대중사회와 다른 점은 그 범위가 확장과 축소를 함께 경험한다는 사실이다. 다시 말해서 동시에 전 지구적 수준으로 넓어지면서 지방화도 일어나는 소위 지구지방통합(glocal)의 현상이 벌어진다. 나아가, 연결망은 정보통신 기술에 힘입어 현실을 초월하여 가상현실을 창출하며, 자연과 사회를 포함하는 모든 생명체의 복합시스템의 조직양식이 되기도 한다. 다만 이처럼 선지구적 차원에서 작동하는 네트워크의 논리도 그 내용(program)에 따라 전 세계의 모든 개인이나 집단을 골고루 포용하지 않고 그 연결망 속에서 상호작용하는 권력관계로 배제와 차별이 일어난다는 사실은 주목해야 할 사항이다. 나아가 이러한 정보통신망으로 이루어진 사회에서는 어차피 이 기술이라는 사회간접자본을 구매하여 이용할 수 있는 경제력과 지식의 역량에 따라 소위 디지털 격차(digital divide)라는 계층적 차등이 상당한 인간적 함의를 갖는다는 점을 주시할 필요가 있다.

그뿐 이니리, 다시 공업화·도시화가 초래한 개인화의 문제, 즉 모든 개인은 결국 모래알처럼 따로따로 흩어져 생활하는 현상으로 말미암아 사회의 분절화, 파편화가 보편화한다는 문제를 지목하지 않을 수 없다. 이제는 기술혁신 덕에 일도 마치 기계의 톱니바퀴처럼 거대한 관료조직체의 한 구석에서 규격에 맞춰 시간을 재면서 하지 않아도 되고 집에서 재택근무를 하든, 길 가다가 스타벅스 커피샵에 들어가 하든, 혼자서 할 수 있는 세상이 된 것이다. 이런 현상은 동전의 양면을 암시한다. 개인의 자유의 폭이 넓어진 대신, 자칫하면 극단적인 개인중심주의나 고독이라는 함정에 빠지기 쉽다는 부정적인 측면도 있다는 말이다. 특히 이런 개인화와 자유 확대는 온라인으로 연결하는 사이버 공간에서도 가능해지면서, 거기서는 더 심각한 인간적 충격과 사회적 혼란을 경험할 수 있게 된다.

□ 사이버 공간의 명암

연결망 사회의 또 한 가지 새로운 특징은 개인이 속칭 SNS라는 다중 통신매체를 이용해 특정인과는 물론 불특정 다중과 온라인통신을 하게 되었다는 것이다. 이름하여 소셜 네트워크 서비스(Social Networking Service) 또는 소셜 미디어(Social Media)라는 매체는 사용자 간의 자유로운 의사소통과 정보 공유도 할 수 있고, 누구나 이용할 수 있는 사이버 공간에서 자신이 하고 싶은 말, 행동 등을 자유롭게 전달하고 정보를 교환하는 수단이다. 이와 같은 사이버 공간의 소통은 종전부터 인류가 익숙해질 만큼 충분히 훈련도 받은 바 없고 경험도 해보지 않았기 때문에 현명하게 윤리적으로 하자 없이 이용하면 별 염려의 소지가 없지만, 아직은 경험부족으로 자칫 곁길로 나가서 인간의 심성과 일상생활에 심각한 부정적인 결과를 얼마든지 초래할 수 있다는 점을 간과해서는 아니될 것이다.

그러한 사이버 공간의 장단점을 상세히 나열하면 장황하지만, 내용이 매우 중요하므로 참고삼아 그대로 여기에 소개한다(김경동, 2019: 54−59; 김문조, 2000; 최호철, 2000; 추병완, 2002; Rafaeli and Newhagen, 1996).

(1) 물리적−공간적 특징(Physical−Spatial Features)

① 탈영토, 무경계(boundaryless); ② 전지구적 확장(global expanse); ③ 탈육신(bodyless); ④ 무구조(structureless); ⑤ 무실체(substanceless); ⑥ 탈중심(center−less); ⑦ 탈뿌리(rootless); ⑧ 이동성(mobility); ⑨ 속도(speed).

(2) 사회문화적 특성(Social−Cultural Characteristics)

① 접근성(용이: accessibility); ② 편리(convenience); ③ 익명성(anonymity);

④ 익면성(匿面性: faceless); ⑤ 개방성(openness); ⑥ 평준화─평등(성별, 연령, 계급, 지위, 지역, 학벌 등: leveling/equality); ⑦ 수평적 관계(개방성/평등; hori─zontal relations); ⑧ 무차별(성별, 연령, 계급, 지위, 지역, 학벌, 인종, 종교, 신념 등: nondiscriminating); ⑨ 자유(사회적 규범, 제약, 금기, 제재, 억제 약화; free─dom); ⑩ 탈억제, 유대 약화(이동성: weak ties); ⑪ 문화와 관계의 사물(사)화 (私物化, 私事化: privatization); ⑫ 개인화(individuation); ⑬ 통제가능(control); ⑭ 다원적 정체의 확인, 정립, 변경 가능(multiple identity); ⑮ 다양성(배경, 관심, 이해관계 등; diversity of contacts), ⑯ 흥미, 심미적 매료(excitement); ⑰ 정보 보존성(무훼손: information conservation); ⑱ 최소투자, 최대효과(minimum input, maximum output); ⑲ 물리적 거리(physical distance); ⑳ 온라인 특유의 심리적 기제(on─line psychological mechanism); ㉑ 파괴 세력(destructive force); ㉒ 정보의 바다(sea of information); ㉓ 연결망(network); ㉔ 매체 (media); ㉕ 생활세계(lifeworld); ㉖ 상호작용(양방향성: interactive); ㉗ 상호의 존(interdependent)

(3) 정치적 기능

● 긍정적 측면(Positive Aspects)

① 참여민주주의(participatory democracy); ② 여론형성(opinion for─mation); ③ 의제설정(agenda setting); ④ 집단형성(group formation); ⑤ 이익 표출(expression of interest); ⑥ 동원(mobilization); ⑦ 군집 행동 (collective action); ⑧ 선거운동(election campaign); ⑨ 집합적 의사결정 (투표: collective decision making, voting)

● 부정적 측면(Negative Aspects)

① 숙의 부족(lack of deliberation); ② 경청 부족(lack of listening); ③ 감성매체(emotional media); ④ 정보격차(information divide); ⑤ 기존 의견의 단순 보강(simple reinforcement of opinion); ⑥ 강요(coercion); ⑦ 이견 부정(denial of dissent); ⑧ 무책임(irresponsible); ⑨ 집단 비판과 배척(collective criticism/exclusion); ⑩ 관용 부족(lack of tolerance); ⑪ 다양

한 대안/의견 인식 부족(lack of awareness of diverse options/opinions).

(4) 사이버 공간의 명암: 전반적 평가

● 긍정적 요소

① 다양한 문화(cultural diversity); ② 다양한 체험(diversity experience); ③ 열린 문화(open culture); ④ 자아실현 가능 공간(space for selfactualization); ⑤ 정보교환(information exchange); ⑥ 건전한 인간관계 형성(sound human relationship); ⑦ 자율적 자아 표현(autonomous self expression); ⑧ 사회적 지적 자원 확장(expansion of social intellectual resources); ⑨ 미래문화 접촉(exposure to future culture).

● 부정적 요소(보편화, 상업화, 다중매체화에 의한 부정적 결과)

① '경찰 없는 거대도시'('metropolis without police'); ② 무법지대(a land of disorder or lawlessness); ③ 음란물 유통(pornography); ④ 폭력물(violence); ⑤ 불건전 통신 언어(은어, 비속어, 욕설 등: unsound languages); ⑥ 유언비어(rumor); 개인 비방(slander); ⑦ 인터넷 사기(internet fraud); ⑧ 남의 것 망가뜨리기(cracking); ⑨ 바이러스 제작유포(virus spreading); ⑩ 흑색선전(mudslinging); ⑪ 개인정보 오·남용(abuse or misuse of private information); ⑫ 제작권 침해(copyright violation); ⑬ 사이버 불량배(cyber hooligan); ⑭ 성추행(cyber sexual harassment); ⑮ 사이버 성매매(cyber prostitution); ⑯ 사이버 집단 따돌림(cyber collective exclusion); ⑰ 사이버 범죄(cyber crimes); ⑱ 자살 사이트(suicide sites); ⑲ 폭탄제조유포 사이트(explosives, bomb sites); ⑳ 엽기 사이트(bizarre sites); ㉑ 인터넷 중독(internet addiction).

사실 이런 내용을 구체적으로 적시하면 엄청난 충격을 줄 수 있는 문제가 한둘이 아니다. 다만 이 맥락에서 주목하려는 사항은 여기에서도 인간관계가 각자 개개인으로서 모래알처럼 따로따로 함께 놀고 있다는 사실이다. 기본적으로 이 사이버 공간은 수시로 순식간에 들어왔다가 빠져나가도 아무도 관심을 두지 않는 그런 공허한 세상이고, 자신의 정체가 드러나지 않도록 실명이 아닌 기호로 소통하는 무의미한 세상이다. 그리고 그 안에서는 무슨 짓을 해도 자신의 위신이나 품격에는 아무 지장 없이 지나갈 수 있다는 윤리적으로 무책임한 공간이기도 하다는 것이 문제다. 그리하여 온갖 범죄의 소굴처럼 사회질서를 교란시키는 행위가 일어나도 제대로 통제를 하기가 쉽지 않은 무법천지가 되는 '경찰 없는 거대도시'라는 별명이 붙는가 하면, 그 안에서 내뱉는 댓글이니 '청원'이니 하는 언어의 유희는 도를 넘치는 비속어로 아무나 제멋대로 비방하고 거짓 뉴스를 퍼뜨려도 진위여부조차 가리기 어려운 윤리의 실종이 극치에 달하는 세상이 되고 있다. 그런가 하면 아주 일찍부터 어린이는 온라인 게임에 심취하여 성인이 되고도 중독에서 벗어나지 못하는 비정상의 환영 속에서 인생이 망가지는 좀비와 같은 군상이 득실거리는 별천지다. 문제는 거기에 그치지 않고 그것이 정치의 영역으로까지 침투하여 비정상적인 민주주의가 판을 치는 형국이 되었다. 요컨대 사이버 공간이라고 하는 인위적인 세계 속의 왜곡을 일상으로 경험하는 시대를 그냥 지나칠 수 없다는 것이다.

 이와 같은 정보통신기술과는 직접적인 연관성은 없다 해도 과학기술문명의 일단으로 발생한 또 한 가지 비상사태는 인간관계의 기본을 뒤흔드는 사회적 충격을 초래하고 있다. 바로 지난 해(2020) 봄부터 전세계를 휘덮은 코로나19 바이러스 전염의 대유행(팬데믹, pandemic)이다. 이 사건은 질병의 문제로 끝나지 않고 인간관계의 변질에 충격적인 결과를 자아내게 되었는데, 거기에는 인간의 실수가 개입했다는 점이 문제다. 지나치게 강력한 전파력을 보이는 바이러스의 전염을 방지하기 위한 물리적 조처로 이른바 '사회적 거리두기'(social distancing)라는 처방을 실시하게 되었는데, 여기에는 용어상의 비상한 오류가 개재한 것이다. 사람과 사람의 접촉을 막기 위해 일정한 거리를 유지하면서 일상을 살아야 한다는 조처는 어디까지나 물리적 거리다. 실지로 자로 재었을 때 가령 2m 이상은 서로 떨어져 지내야 한다는 것인데, 이를 두고 왜 '사회적' 거리두기라 명명했는지를 따져야 한다는 것이다.

실시 과정에서 이 물리적 거리는 결국 실질적인 의미의 사회적 거리로 돌변했기 때문이다. 우선 대면 자체를 차단한 것부터가 서로 만나지도 말아야 한다는 지령이 되어 버렸고 이는 바로 '집콕'이라는 신조어를 탄생시켰다. 집안에 콕 틀어박혀 지내라는 지시다. 인간 간의 물리적 신체적 접촉 자체를 차단한다는 것이 결과적으로 사회적으로 대면을 금지하도록 한 것이다. 게다가 만나도 3인 이상의 모임이 불가하다는 것도 인간의 공동체적인 집합 행동마저 약화시키는 효력을 발휘한 문제가 생겼다. 결국 그렇지 않아도 공업화와 도시화, 정보화로 인하여 고립으로 내몰린 사람들을 인위적으로 더욱더 고독한 상태로 몰아붙인 셈이 되고 말았기 때문이다. 인간관계의 비정상화가 전염병 확산으로 말미암아 한층 더 심각하게 진행하게 된 셈이다. 따라서 앞으로는 바로 이처럼 다양하고 복합적인 사회변동이 만들어 낸 사회적 비정상의 핵심 쟁점으로 시선을 돌려야 하게 된 것이다.

이와 같은 모든 변동은 인간의 도덕률이 직간접적으로 개입한다는 문제가 바로 우리가 다루고자 하는 선비문화의 시대적 유관적합성을 뒷받침하는 요소다. 한 마디로 전 인류적인 문제의식을 대면하는 인류가 과연 앞으로 어떤 도덕률에 의하여 문명세계를 영위할 수 있을지를 묻는 현금의 추세가 우리로 하여금 그 대응책을 탐색하게끔 등을 떠밀고 있다고 표현할 수 있다.

5. 대안은 있는가?

지난 1994년 Michael Novak이라는 미국의 대표적 보수 논객이 "과연 서양문명은 쓸모없는 것이었나?"라는 제하의 글을 미국기업연구소(American Enterprise Institute for Public Policy Research, AEI)의 세미나에서 발표한 일이 있었다. 그때 그의 자문자답은 이러했다. "서방세계는 이미 금세기의 세 가지 이념 투쟁 중 두 가지를 해결하였다" 그리고 "정치적으로 민주주의가 독재보다 나은 체제이고 경제면에서는 자본주의가 사회주의보다 공정한 체제라고 우리는 결정하였다. 지금부터 우리가 직면해야 할 질문은 우리가 과연 어떤 도덕률에 의지해서 살아야 하는가이다. 이 문제는 결국 미래를 위한 전투에 해당한다"(Novak, 1994). 바로 이 대목에서 우리는 유교를 떠올릴 유혹을 느끼게 된다. 만일 서구 세계가 도덕 문제로 벽에 부딪쳤다면 비서방 세계에서 그 문제의 해답을 제공할 수는 없을까 하는 대안적 담론의 유혹을 떨치기가 쉽지 않다.

다만 이 질문에 대답하기 전에 서방의 지성계는 그 도덕률의 쟁점에 어떤 자세로 임하는지를 잠시 더 살펴보기로 한다. 그런데, 유감스럽게도 현대세계의 정치경제적 상황을 보아서는 쉽게 Novak의 낙관론에 동조할 수가 없는 것 같다. 물론 우리 자신도 스스로 도덕률의 문제와 마주해야 하는 면이 있음을 자각하지 않을 수 없겠지만 이 같은 비관론적인 어조로 문제해결의 시급성을 지적한 근자의 지식인을 만나보면, 예를 들어 앞서 인용한 Luce(2017: Kindle Locations 133－137)라는 문명비평가는 다음과 같은 견해를 천명하였다. "물질적 조건은 개선할 수 있다. 그러나 인류의 도덕 문제는 변하지 않는다…인류의 도덕적 진보는 결국 해결할 수 없는 문제다…사회를 어떻게 조직할지 보여주는 제대로 된 모형은 하나도 없다."

바로 그 지식인은 좀더 구체적으로 서구의 정치체계가 어떤 처지에 놓이게 되었는지를 다음과 같이 한탄조로 언명하였다. "금세기 초 이래 서방세계가 누리던 위세를 상당히 상실하였다. 우리의 정치 모델이 더 이상 전 세계의 선망의 대상도 아니고, 서구 민주주의가 문제시되고 있으며, 그 전지구적인 힘도 의문시하기에 이르렀다"(Luce, 2017: Kindle Locations 1701－1702). 끝으로 언론인의 선언 한 편만 더 소개하면 최근까지 미국사회가 대통령 Trump로 인하여 겪고 있는 국수주의적 소요를 "미국의 증오"라 지목하면서 *Time*지의 직전 편집장이었던 Gibbs가 한 말이다. "우리나라는 이제 도덕적 리더십과 실천지침을 다른 어디에서 찾아야 할 것 같다"(Gibbs, 2017: 22).

이처럼 도덕률의 문제를 집중적으로 거론하는 데에는 그만한 이유가 있다. 이를 해명하기 위해서 약간의 중복을 무릅쓰고 사회학적 문제제기를 하려고 한다(김경동, 2019a). 도덕적 파행의 문제는 비단 문명론적 성찰로만 논할 것이 아니고 실제 사회생활에서도 얼마든지 발견할 수 있다. 이를 다루기 위해서 본 저자는 사회발전론의 관점에서 간략하게 문제점을 지적하려 한다. 지난 세기 중엽 제2차 세계대전 종료 후 미국을 중심으로 하는 서방세계는 이른바 제3세계를 위한 개발사업에 착수하였으며 그 내용은 주로 경제성장을 추진하는 데 도움을 주는 것으로 집약할 수 있다. 이를 두고 development라 지칭하는데, 본 저자는 이 말을 두 가지로 별도로 번역, 사용할 필요가 있다고 생각한다. 먼저, 개발이란 경제성장 중심의 변화를 가리키고, 발전이라 하면 이는 한층 더 포괄적이고 질적인 변동을 의미하는 가치함축적 개념으로 구분하려는 것이다. 따라서 이제부터는 우선 오늘날 인류가 직면한 갖가지 문제의 배경이 되는 개발의 결과를 검토함으로써 도덕성의 문제를 이해하는 데 도움을 주려고 한다.

경제중심의 '개발의 문화'를 규정하면 그 내용은 다음과 같다. 가령 1960년대 이후의 개발의 문화를 살펴보는 것으로 예를 들겠다. 이른바 '경제제일주의'를 표방한 개발지향국가는 민주주의를 유보하였고, 모든 국민을 '잘 살아 보세'라는 새마을운동 구호에 도취하여 돈만 있으면 그만이라는 가치왜곡으로 출세의 목적을 위해 수단을 가리지 않는 부조리를 조장했으며 극렬한 경쟁에서 타인을 해치더라도 이겨야 한다는 극단적 경쟁문화를 조장하였다. 기업을 살려야 경제가 부흥한다는 명목으로 저들의 자본축적에 필요한 온갖 혜택을 제공하는 대가로 정부관료와 정치인들은 정경유착으로 축재에 열을 올렸다. 국가개발의 기치 아래 산업평화의 명목으로 노동운동은 억제하였고 권위주의 정치에 저항하는 지식인, 대학생들은 억압으로 응답하였다. 이에 저항하는 세력은 마침내 주체사상마저 수용하는 극단적 친북적 급진주의자를 양산하기도 하였다.

도시화와 대중사회화는 아파트라는 대규모 주택단지의 닭장 같은 개인공간에서 사생활 보호의 명목으로 스스로 고립하는 생활에 익숙해지면서 고독한 군상을 양산하였다. 맞벌이 부모가 축재에 몰두하는 사이 소외당한 어린이는 날마다 밤 늦게까지 과외(아니 실은 상업적 시험준비 교육

기관이 제공하는 공허한 수업)에 시달리며 고독과 싸우다 우울증에 걸리는
가 하면 저의들끼리 괴롭히는 학폭(학교폭력)에 빠져들고, 급속하게 증가
하는 고령자들은 빈곤과 고립과 우울증으로 자살로 내몰리는 세상으로
변질하고 있다. 비록 물질적 풍요를 누리게 되었으나 도시의 환경은 물
과 공기의 오염으로 시달리는 결과를 초래하였다. 급격하게 발달하는 정
보통신기술의 혁신으로 편리한 생활을 누리게 되었지만 각종 다중매체를
이용한 사회적 연결망의 확장으로 급증한 통신은 진정성 있는 인간적 소
통보다는 왜곡과 언어폭력이 난무하는 무법천지를 조성하여 사회의 윤리
적 근간을 흔들고 있다. 그러나 이러한 적나라한 탐욕적 자본주의의 병
폐를 조장하는 격렬한 변화에서 가장 심각한 인간적 충격은 이 모든 일
로 인하여 인간의 영혼이 황폐해지는 것이다.

　엘리트층의 독선, 위선, 몰염치, 패거리 다툼의 갈등 조장, 소위 내로
남불의 탓하기 등으로 정의감과 공공의식에 흠집이 가고, 일반 시민의
준법과 규칙준수 가치를 망가뜨렸으며, 극단적 개인주의의 창궐로 공동
체 붕괴를 가져오고 있다. 신흥 부유층은 전시소비로 부를 과시하려 하
지만 이를 목격하는 빈곤층, 근로자층, 심지어 신생 중산층마저도 상대적
박탈감으로 한을 품게 되고 사회불안이 누적하여 격렬한 사회적 갈등의
불씨를 지피는 불안한 상태가 전개하고 있다. 이런 분위기는 국민, 특히
젊은 세대의 일에 대한 헌신의식을 감퇴시킴으로써 앞으로 지속해야 할
경제성장의 동력을 무너뜨리고 있다. 게다가 1997년의 외환위기는 대규
모 기업의 인수합병 등 구조조정에 의한 내나수 근로사의 실식을 초래하
였고 이로써 가계가 흔들리면서 이혼과 노숙 등 가족의 해체를 조장하는
결과를 가져오기도 하였다. 이 와중에 젊은 세대가 혼인을 기피해야 하
는 경제적 제약으로 시달리며 출산율은 세계 최저로 떨어지고 고령화의
급진전으로 경제활동 인구의 축소와 부양인구의 증가로 인한 사회경제적
부담이 폭증하는 현상이 나타나고 있다. 요는 현재 세계 10위권의 경제
대국의 위상이 여기에 이르러 있다는 데 문제가 있거니와, 그러한 거시
적 변동의 이면에는 인간의 욕망으로 인한 윤리도덕의 타락이 도사리고
있다는 점이 문제다.

그뿐 아니라 세계로 눈을 돌리면 구소련 공산권의 사회주의 실험이 실패함으로써 이제는 총체적 복지국가의 꿈은 허물어지기 시작하였으며, 급속도로 진전하는 탐욕에 사로잡힌 신자유주의적 전지구화로 말미암아 세계적인 금융위기를 불러왔고 지구 남북의 국가들 사이에 격차는 계속 벌어지는 가운데 물질주의 중심의 개발문화는 인간의 심성에 크나큰 상처를 남기고 사회적 연대에 금이 가게 하였으며 문화의 왜곡과 자연생태계의 오염, 파괴를 초래하였다. 인간은 이 같은 경험에서 교훈을 얻기는 커녕 오히려 사태는 악화하는 양상이다. 아직도 세계 곳곳에는 기아, 전쟁, 억압, 범죄, 차별 등 불행으로 고통받는 인구가 즐비하고 있다.

이처럼 복합적인 문제에 당면한 세계가 갈망하는 것은 근본적인 변화다. 이를 목도하는 우리는 이제 유교, 특히 선비문화가 이를 두고 무엇을 할 수 있으며 해야 하는가 하는 질문을 할 차례다. 물론 유교라고 이와 같은 복합적인 문제를 하루아침에 단칼에 베듯이 개선, 해결할 수 있다는 보장은 없다. 다만 인간의 심성에서 변화를 일으키는 도덕적 개선에 앞장설 수 있다는 것이다. 그리하여 이제부터는 과거식 개발문화가 주도하지 않고 진정한 발전을 추구하여 인간의 삶의 질을 향상시키고 행복한 사회를 만들어 가는 데 크게 일조할 수 있다는 믿음으로 이에 임하자는 취지다.

이런 관점에서 이 대목에서는 먼저 미국에서 주자학의 대가로 알려진 컬럼비아대학 교수 de Bary의 견해부터 들어보자. 그는 1988년 서울 올림픽 기념 국제학술회의에서 다음과 같은 말로 매우 의미심장한 시사점을 던졌다(de Bary, 1989: 18):

비록 일부 동방의 지식인들은 오래 전에 그 질문조차 하기를 중단하기는 했지만, 아직도 그 해답을 탐구하는 사람들이 있다. 수많은 사람들은 그냥 서방의 지배적인 장기적 추세에 단순히 추종하고 있거니와, 그러한 추세란 심각한 사회적인 문제를 다루는 데 있어서 극기나 도덕적 지침 같은 것은 이미 수용할 수 있는 선택지로 간주하지 않는 모습으로 점점 더 변해 가는 것이다. 오히려 서방의 해결책이란 너무나도 빈번하게 비인격적인 기계적 수단, 물질적 유인,

법적 제재, 형벌적 제도 등 이미 효력상실을 입증해 버린 것에 의존하는 것 같다. 이처럼 더 많은 돈을 쓰면서도 인간영혼의 심층적인 문제에 대해서는 더욱 더 주목을 하지 않는다면 결국은 파국에만 이르고 말 것이 뻔하다.

그런 상황에서 그는 유교를 떠올리고 있다. 아래 글은 위의 인용문에 앞서는 대목이지만 문맥상 여기에 역순으로 소개한다(de Bary, 1989: 18).

이 같은 맥락에서 19세기 성리학자들이 서방의 세력과 기술에 충격을 받고 어떻게든 그 힘과 타협해보아야 한다는 강박 앞에서 중대하지만 해결되지 않는 의문에 대해 자기들 나름으로 고민하고 있었다는 사실을 이해할 만하다. 어떻게 인간이 과연 그와 같이 제멋대로 살아가는 원심적 세력들을 적절한 도덕적 구심점으로 일정한 테두리 안에서 살아가도록 하고 그 서방의 힘들이 전통적인 '천인합일'(즉, 만물이 마치 자신의 몸과 피인 양 느끼는 상태)을 지향하는 인간적인 목적으로 진전하게끔 하는 지를 문제삼지 않은 채 그런 힘과 기술의 무한정한 발전을 추구할 수 있는가를 끊임없이 물었던 것이다.

이미 19세기에 유학자들이 서방의 강력한 물질문명의 도래에 직면하여 고민하던 바가 바로 도덕의 문제였다면, 오늘날 전 인류가 경험하는 엄청난 변동과 그로 인한 혼란은 비교할 바도 되지 않는 거대한 문제의 덩어리가 아닐 수 없다. 이제 우리는 그러한 시대적 요청에 맞서서 과감하게 동방의 도덕문명의 적극적 역할에 주목할 것을 주창해야 한다는 것이다. 실은 이미 '유교적 인간주의자'라 일컫는 일군의 학자들이 21세기 맥락에서 미래를 지향하여 유교의 역할을 방어하기 시작하였다. 유교가 도덕적인 삶에 관심 있는 이들을 위해 보편적 중요성이 있는 가치를 표현하고 있다는 점에 근거한 움직임이다(Bell and Hahm, 2003: 4).

그뿐 아니라 소위 아시아의 가치(Asian Values)를 둘러싼 논쟁에서도 일방적인 매도보다 보편성의 탐구를 추구하려는 모습을 보이고 있다. 가령 그중에는 아예 "아시아의 가치란 인류의 가치이므로 서방의 평론가들이 이를 공격하는 것은 순전히 무식과 교만과 선망에 근거를 둔 것에 불과하다"는 식의 논평도 있다(Sardar, 1998). 또는 유교전통에서 전 지구적 보편성이 있는 핵심가치를 찾는 노력을 촉구하기도 한다(Tu Wei-ming, 1999). 그런 반면 극단적인 태도보다 서로 보편성과 상대성 문제를 초월하는 대화가 필요하다거나(Pohl, 1999), 보편적 윤리 추구에는 동서 간 상호 인정이 관건이라는 주장도 있다(Honneth, 1999).

이에 덧붙여 근래에 경험적 자료를 분석한 연구에서 제안하는 아주 흥미로운 언명을 소개한다. 이 정치학자는 동아시아 몇 나라의 유교 가치관과 민주화의 상관관계를 여러 가지 세계적인 가치의식 조사연구의 자료를 토대로 분석한 결과 다음과 같은 시사점을 제공하였다. 동아시아 사람들의 의식에는 아직도 유교의 덕목이 깊이 배어 있어서 이들의 유교적 유산은 사회경제적 근대화가 문화적인 차원의 민주화에 미칠 자유화의 영향을 상쇄할 역량이 있기 때문에 아마도 이 지역에서는 가까운 장래에 자유민주주의가 유일한 정치게임이 될 개연성은 크지 않을 것 같다는 것이다. 여기서 저자는 매우 의미심장한 관찰을 제공한다. 이들 나라들은 현재의 전 세계적인 민주화 물결에 저항하고 있는데 이야말로 서구 민주주의의 자유주의 모델이 지닌 심각한 흠집을 피하면서, 유교와 민주주의가 품고 있는 좋은 정부의 이상을 알맹이만 조합하여 새롭고 혁신적인 정치체제를 수립할 수 있는 멋진 기회를 만나는 계기가 될지도 모른다는 것이다(Shin, 2012: 323; 325).

본 저자도 그와 비슷한 대안을 제공할 수 있다고 생각한다. 사실 유교의 인간사회의 실존에 관한 사상 속에는 놀라우리만큼 확고한 도덕적 논조가 가장 두드러진 특성의 하나라는 점에 주목할 필요가 있다. 요컨대, 현재의 문명사적 관심의 중심에는 어떤 철학사상이든지 심각한 부적응과 방향 상실에 시달리는 인류에게 의미 있고 적절한 도덕적 지침을 제공해줄 수 있는지를 탐색 하는 일이 놓여 있다. 그 대안으로서 동방사상을 제시하고 유교를 지목하고자 하는 것은 원래 유교란 강력한 도덕윤리 원리 체계를 특장으로 하기 때문이다. 만일 우리가 유교의 종교적 색채를 덜어내기만 하면 다른 어떤 종교도 이를 수용하지 못할 이유가 없다고 보는 것이다. 그 핵심에 선비가 자리한다는 것을 보여주려는 것이 본서의 목표다.

그렇다고 선비문화가 완벽하므로 이를 바로 수용하기만 하면 위에서 지적한 수많은 문제가 하루아침에 사라질 수 있다는 환상 같은 것은 가질 필요도 없고 그리 해서도 아니 될 것은 명백하다. 다만 조선조라는 특정 역사 시기의 한 국가가 성리학에 기초한 철학적 이념을 기조로 삼고 이상적인 나라, 도덕적으로 멋진 사회를 구축해보려 부단히 노력하면서 결과적으로 세계 역사상 어느 한 왕조도 이룩하지 못한 500년 이상의 긴 세월을 지탱해온 사실의 배경에 선비가 있다는 점만은 거기에 무언가 특별한 것이 숨어 있으리라는 기대를 버릴 수 없게 한다. 물론 조선도 말년으로 가면서 끝까지 그 기조를 지키지 못하고 망국의 길로 몰아넣은 것도 바로 그 선비 엘리트층이었음을 냉철하게 수용하면서 말이다.

이 문맥에서 한 가지 쟁점만은 언급하는 것이 마땅할 것이다. 지금까지 본서의 논지는 현시대에 왜 군이 선비문화를 되새기는 지를 긍정하는 논리로 일관해온 인상을 준다면 마치 선비문화 내지 유교 자체를 여과 없이 재생하는 일을 시도하려는 것으로 비칠 수가 있다. 그러나 여기서 다시 강조하지만 전혀 그런 의도가 아니라는 것은 명백하다. 우리 사회의 유교적 요소가 오랜 세월을 거치면서도 여러 측면에서 면면히 이어오는 과정에서 본질을 지탱해온 요소도 있지만 변질과 왜곡도 없지 않았다는 역사의 특징을 생각하면 어떤 문화적 요소든 그것이 인간의 삶에 주는 긍정·부정적 영향은 현명하게 판별할 필요가 있다는 말이다.[6]

특히 주의할 것은 현대사에서 국가가 유교나 선비문화를 정치적 의도를 가지고 국민에게 주입하려 했던 경험이 없지 않은데, 이는 마치 일본이 명치유신 이후 근대국가 형성 과정에서 천황의 칙서 형식으로 국민적 가치관 형성의 기틀을 제공하고자 유교적 전통을 상당 부분 원용했던 것과도 흡사한 보기라 할 수도 있다. 그뿐 아니라 한국의 민간 부문에서도 유교 전통을 숭상하는 일부 전통주의적 집단에서는 무조건 유교를 재생해야 하다는 순수주의를 고집하기도 한다는 사실 또한 비현실적인 발상임을 주목할 필요가 있다.

---

6) 이 문제와 관련한 논쟁은 정수복(2010: 193−403)에서 비교적 상세하고 면밀하게 보여주고 있다.

이와 관련하여 한 가지 문헌을 간략하게 소개한다. 하나는 이러한 문화전통의 재조명이 활발한 현상을 지적하면서 이를 구현하는 방법을 무엇보다도 이른바 '사풍(士風)의 진작'이라는 주장을 한 연구(이치억, 2021: 179)이다. 여기서 필자는 이러한 사풍의 진작을 가로막는 장애 요소를 두 가지 지목하였다. 첫째는 선비를 보는 눈에 이상과 현실의 괴리가 과하게 두드러진다는 점이다. 가령 선비라는 말을 두고 일반사람이 갖는 인식은 매우 넓은 스펙트럼을 형성하는데, 극단적으로 요약하면, "가장 이상적인 인간상을 지칭하는 최고의 찬사에서 놀림과 비하를 지나 욕설에 이르기까지, '선비'라는 말의 영욕은 그 이상과 현실의 괴리를 극명하게 보여준다"는 것이다. 둘째의 난관은 "기존의 선비상(像)이 지나치게 그들의 희생적이고 도덕적인 측면만 부각되어" 있어서, "선비가 일반인들이 범접하지 못할 인물로 인식된다는 결과를 초래함으로써 선비(정신)의 구현에 장애로 작용한다"고 본다.

그럼에도 불구하고, 역시 본서는 이상과 현실의 괴리를 전제하고 나서라도 과거의 선비문화가 오늘과 내일을 살아야 하는 우리에게 어떤 지침을 제공할 수 있는 문화전통으로서 어떤 이상적인 가치를 제시해주는지 한번은 진지하게 포괄적으로 살펴보는 일이 중요하다는 뜻으로 시도하게 된 것이다. 그리하여 만약 그 가운데서 계승할 만한 긍정적 시사를 발견한다면 그런 요소가 어떤 것이며 이를 어떻게 받아들여 실생활 속에서 이를 실현함으로써 오늘날처럼 전 세계적으로 도덕적 난맥상이 팽배한 시대에 인류의 문화생활 자체를 한층 더 업그레이드 할 수 있을지를 고민하는 일도 우리에게 주어진 의미 있는 과업임을 분명히 하고자 한다.

조선시대 선비문화의 철학적 담론

제III장
조선시대 선비문화의 철학적 담론

　본 장에서는 잠정적으로 조선의 선비를 유학 사상에 근거하여 국가와 사회를 이상적인 모습으로 변용할 수 있도록 공부하고 실천하는 사람으로 인식하고 그들이 추구한 이상 사회의 특성을 뒷받침하는 철학적 담론을 고찰하기로 한다. 앞서 제I장에서 문화를 분석하기 위한 기본틀을 제시하였거니와, 그중에서 무형의 상징적이고 관념적인 문화를 먼저 고찰하려는 것인데, 거기에는 인지적 경험적 세계에 관여하는 철학과 세계관 및 평가적 문화에 해당하는 윤리도덕이나 가치의 문제를 천착하는 철학적 사상도 포함한다. 그리고 특정적으로 조선조를 주목하는 이유는 우선 그 시대처럼 선비가 국가 운영의 주체가 된 사례가 전 세계에서도 보기 드물기 때문이고, 또한 역사적으로 비록 유교가 삼국 시대에 전래했다 해도 국가이념으로 확실하게 정착하도록 도입한 시대는 조선조이기 때문이다. 이 시기의 철학적 조류의 주종은 성리학인데 이 또한 고려 후반기에 수용하기 시작했지만 역시 국가운영의 기본원리로 자리하는 수준은 아니었다. 다만 한 가지 유념할 것은 선비문화라고 할 때 그 내용이 무엇인지를 획정하는 범위다. 시대적으로는 우선 조선조임을 못 박았고, 성리학의 원리가 지배적인 사상이었던 것도 암시하였다. 물론 조선시대라 해도 유학이 유일한 종교, 철학이나 사상이 아니며 성리학만이 유학 전체를 대표한 것도 아니었다. 불교, 도교도 있었고, 양명학, 실학 등의 학파도 있었다. 이들의 사상에 관해서도 필요한 내용은 언급해야 할 것이다.

이와 관련하여 선비연구의 전문가 중에는 선비문화를 그렇게 협의로 한정하는 것보다는 그 연원을 고조선의 홍익정신과 삼국 시대의 화랑도 등 고려시대 이전의 한민족 문화의 전통까지도 선별적으로 포함해야 한다는 의견을 피력하는데(한영우, 2010; 2014; Han, 2014; 금장태, 2003; 류승국, 1983; 2010), 본고는 그런 관점과는 다르게 접근하려고 한다. 무엇보다도 조선조 선비는 성리학이라는 시대적 특색이 있는 문화를 내세웠고 그 사상이 가르치는 이상적 사회를 추구하려 했다는 아주 특정적인 문화의 담지자였음을 부인하는 것은 역사적 사실에서 멀어지는 견해다. 물론 조선의 선비도 한민족의 기나긴 역사에서 개발·활용·전승한 풍부하고 독특한 문화의 유산을 몸에 담고 살았기 때문에 그 영향에서 완전히 벗어날 수 있었다고 보기는 어렵다. 그리고 조선시대의 선비가 비록 성리학적 혹은 도학적 이상세계를 구현하고자 하는 노력을 했을지라도 거기에는 필연적으로 그러한 전통적 요소가 어느 정도 묻어나 있음을 부인할 필요도 없다. 그렇다 해도 그런 전통적 요소가 곧 선비문화의 순전한 일부분(integral part)이라고 주장할 학술적 근거는 설득력이 부족하다. 한마디로 조선의 선비 문화라 하면 독특하게도 시대특수적(temporally-specific)인 성격이 강한 종류의 특이성을 인정해주는 것이 온당하다.

본 장의 선비문화 분석은 그런 접근법을 취하면서 진행하기로 한다. 조선의 선비가 어떤 철학적 담론을 펼침으로써 저들이 그리던 이상 사회를 추구하고자 했는지를 먼저 살펴보기로 한다. 이 과제는 중실하게 수행하려면 상당한 분량의 문헌을 섭렵하고 주요 인물의 이론을 자세히 다루어야 하겠지만, 본 저자는 본고의 목표에 충실하고 이 분야 비전문가의 제한적 역량에 걸맞은 수준에서 주요 개념과 주제를 중심으로 대표적인 인물의 사상을 개략적으로 해설하는 것으로 만족해야 할 것 같다.

1. 조선시대 유학의 이론적 구성체계

먼저 조선조가 유교시대라고 한다면 그 유교가 어떤 모습으로 조선의 선비문화를 지배하였는지를 파악하기 위한 일종의 기본 분석틀로서 유학의 개괄적 구조부터 밝혀 두는 것이 좋겠다. 다만 그 전에 한 가지 철학적 분석 전략에 관한 논의를 잠시 점검하고 시작하려고 한다. 철학적 담론에서는 주어진 주제를 논의할 때 대개 (1) 존재론적 쟁점(ontological issues), (2) 인식론적(epistemological) 쟁점, 그리고 가치론적(axiological) 쟁점, 이 세 가지를 중심으로 전개한다(Titus and Smith, 1974; Sztompka, 1979).

첫째, 존재론적 쟁점이란 연구 대상의 성격 내지 본성에 관한 내용을 다루는데, 철학적 담론의 주제의 실재여부와 그 존재양식에 관한 전제와 관련이 있는 것이다. 이처럼 담론의 내용 자체의 특성에 관한 존재론적 관점이 우선하는 이유는 그에 따라 방법론과 가치론의 성격에도 차이를 드러낼 수 있기 때문이다.

둘째, 인식론은 위의 존재론적 대상을 어떤 논리와 절차로 연구할 지 그 방법론적 쟁점에 관여한다. 인간의 지적 능력을 동원하여 연구 내용을 인식하는 근거와 진술의 논리적 타당성 및 진위의 판단을 다룬다.

셋째, 가치론은 그러한 사상이 담고 있는 이론의 가치유관적합성(value relevance)과 그것의 실천에 관련 있는 윤리학적 주제를 탐색한다. 특히 유교적 선비문화는 그 내용의 상당부분이 인간의 도덕적 실천에 관여하기 때문에 이 쟁점은 각별한 의미를 갖는다.

물론, 이 세 가지는 분석적 차원에서 구분하지만, 실제로는 서로 깊은 연관성을 지니는 것이므로 기본적으로는 별도로 논의하되, 때로는 그들을 혼용해서 거론해야 할 수도 있다. 이 같은 분석전략에 기초하여 이제 조선 시대 유학의 이론을 살펴보겠는데, 그에 앞서 그러한 여러 이론가나 학맥이 어떻게 조선 유학 전체를 구성하는지, 그 기본적 구성체계를 간단히 정리해두고자 한다(금장태, 2003: 4344; 류승국, 1983; 2010).

유학은 중국에서 생성하여 오랜 시간에 걸쳐 진화해오는 과정에서 우리나라에 들어와 역시 독자적인 진화와 발전을 거듭하면서 조선조 멸망과 더불어 일단 한국문화의 중심에서 뒤로 물러난 사상체계다. 대체로 중국 유학의 역사적 추이는 공맹으로 이어진 고전적 원형으로 선진유학(先秦儒學) 내지 근본유학이 있었고, 한나라로 와서는 국가통치의 원리인 국교로 수용하면서 경전 정비와 해석을 중심으로 하는 훈고학(訓詁學)이 활발하였다가, 한 말기에서 수·당 시대는 노장사상과 불교의 전파에 영향을 입어 유교 지식인이 문학에 심취하는 사장학(詞章學)이 유행하였다. 송나라 때에 이르러 불교와 도교의 형이상학적인 이론에 자극을 받아 유학의 이념을 정통으로 확인하고 이론적인 체계를 정립하면서 노장 및 불교 사상의 비판과 아울러 공맹의 도통(道統)을 송대의 염계(濂溪) 주돈이(周敦頤), 명도(明道) 정호(程顥), 이천(伊川) 정이(程頤)가 계승한다는 도통론을 세워, 이에 기초한 경학(經學)체계와 그 철학적 기초로 성리학(性理學)을 확립하였는데, 그 집대성의 학자가 주자(朱子) 즉 회암(晦菴) 주희(朱熹)이고, 이를 도학이라 일컫게 되었으며, 달리는 신유학(Neo-Confucianism)이라고도 한다.

그와 같은 변천 과정의 한 흐름으로 조선시대의 유학을 특징지을 때 빼놓을 수 없는 것이 성리학이다. 그러나 성리학이라는 특수한 학문 조류는 그 보다 광의의 유학체계 속에 위치하는 사례인데, 그것이 '도학'이라 할 수 있다. 공자의 대동의 이념형을 언급할 때 공자가 과거 요순삼대의 천히에 '큰 도'가 행해진 상태를 전제로 하고 있으므로 그 도의 뜻을 밝히고 이를 실현하고자 하는 관심이 가장 먼저임을 알게 된다. 따라서 조선 유학의 전반적인 체계는 도학을 기준으로 파악하는 것이 온당하다는 견해가 우세하다.

다만 거의 동시대에 상산(陸象山) 육구연(陸九淵)이 제창한 '심학'(心學)이 등장하고 명대에는 양명(陽明) 왕수인(王守仁)이 이를 크게 일으켜 도학과 양립하게 되었는데, 이 두 학파가 공유하는 개념이 성리학은 '성즉리설'(性卽理說), 심학은 '심즉리설'(心卽理說)이므로 도학도 유학의 핵심적인 형이상학적 개념인 이(理)를 근본으로 삼는다는 점을 상기하면 조선유학의 학문적 구성 체계는 기본적으로 이학(理學)이라 규정할 수 있고, 조선 말기에 새로 대두한 실학과 대비하게 된다. 이를 집약하여 보여주는 것이 다음 [표 3-1]과 같다(금장태, 2003: 44; 48; 51; 54; 류승국, 1983; 2010).

이 표에서 주로 존재론적 내지 형이상학적 담론을 위주로 하는 분야가 이학 계열의 성리학과 심학, 그리고 심성론이고, 인식론적 학문 방법론을 다루는 내용은 지행론으로 한정할 수 있으며, 정통론, 의리론, 수양론, 예학 및 경세론은 대체로 가치론적 쟁점과 관련이 있다. 실학은 이세 가지의 쟁점 모두를 주제로 삼으며 경학은 이런 모든 연구의 문헌자료를 천착하는 학술활동의 텍스트(text)에 관한 논의가 주종을 이룬다. 두말할 나위도 없이, 본서에서 이 모든 주제와 분야를 소상히 다루고자 하는 것은 과욕이고 위에서 언급한 세 가지 철학적 쟁점으로 나누어 주요 담론을 살펴보는 것을 목표로 한다.

지금부터는 주로 이학—도학—성리학의 계열에서 대표적인 유학자와, 이학—심학—양명학 계통의 주요 선비, 그리고 실학파의 두드러진 학자에 집중해서 저들의 형이상학적 존재론과 심학, 그리고 이와 관련한 인식론 내지 지식이론을 주로 살펴볼 것이다. 그런 다음 제IV장에서 조선 선비가 추구한 이상적 인간상을 중심으로 선비문화의 실천적 측면에 초점을 맞추고, 이른바 경세론은 제V, VI, VII장에서 살펴볼 것이다.

2. 성리학적 존재론의 우주론적 기초: 태극론

성리학이 담는 존재론적 내용은 우주론에서 비롯하여 자연관, 인성론, 심학 등 여러 주제에 관여한다. 그러나 그 근본적인 지향은 인간중심의 사상이다. 여기서 인간중심이란 말은 흔히 서구의 인간중심주의(Anthropocentrism)처럼 인간과 자연의 이원적 사고에서 인간이 자연을 제 마음대로 요리해도 좋다는 생각을 대변하는 것이 아니다. 오히려 자

[표 3-1] 조선시대 유학의 구성체계 개요

조선시대 유학(儒學)	이학(理學)	도학(道學): 성리학(性理學), 송학(宋學), 송명학(宋明學), 정주학(程朱學), 주자학(朱子學)
		심학(心學): 육왕학(陸王學), 양명학(陽明學)
	실학(實學)	

道學의 구성	경학(經學)	소학(小學), 사서(四書), 오경(五經)
	정통론(正統論)	도통론(道統論), 벽이단론(闢異端論)
	의리론(義理論)	절의론(節義論), 출처론(出處論), 화이론(華夷論)
	성리학(性理學)	태극론(太極論), 이기론(理氣論), 심성정론(心性情論)
	지행론(知行論)	격물치지론(格物致知論), 지행선후론(知行先後論)
	수양론(修養論)	위학론(爲學論), 존양성찰론(存養省察論), 성경론(誠敬論)
	예학(禮學)	조례(國朝禮), 향례(鄕禮), 학교례(學校禮), 가례(家禮)
	경세론(經世論)	왕도(王道), 신도(臣道), 치민(治民), 수령(守令)

心性論의 주요 쟁점	16세기 후반	사단칠정론(四端七情論), 인심도심론(人心道心論)
	18세기 전반	인물성동이론(人物性同異論), 미발심체선악론(未發心體善惡論)
	19세기 후반	심주리주기론(心主理主氣論)

예학(禮學)	국조례(國朝禮)	오례(五禮): 길례(吉禮), 흉례(凶禮), 빈례(賓禮), 군례(軍禮), 가례(嘉禮)
	향례(鄕禮)	향사례(鄕射禮), 향음주례(鄕飮酒禮), 사상견례(士相見禮)
	학교례(學校禮)	석채례(釋菜禮), 입학례(執贄禮)
	가례(家禮)	사례(四禮): 관례(冠禮), 혼례(婚禮), 상례(喪禮), 제례(祭禮)

연까지도 함께하는 천지인 삼재(三才)가 서로 떨어질 수 없는 천지인합일의 우주적 총체론적 총합사상(holism)의 관점에 서되 그래도 모든 것은 인간이 중심이라는 인간주의(humanism) 내지 인본주의의 사고방식이다. 이를 가장 극명하게 표현하는 문구가 신묘하게도 어린아이들의 교양을 위한 교재의 첫 문장이라는 사실이 인상적이다. 조선조 명종시대 유학자 박세무(朴世茂)가 지었다는 동몽교재(童蒙敎材)『동몽선습』(童蒙先習)의 텍스트는 이렇게 시작한다. "하늘과 땅 사이의 만물 중에 오로지 사람이 가장 귀한 존재인데, 사람이 귀한 까닭은 오륜이 있기 때문이다"(天地之間 萬物之衆 惟人最貴所貴 乎人者 以其有五倫也)(이기석, 1986: 25).

그러나 그 인간은 반드시 천지지간에 있는 다른 만물과 함께 존재한다는 엄연한 사실을 명백히 하는 일종의 총합주의적(holistic) 생태주의적 (ecologicalistic) 존재론도 빠지지 않는다. 비근한 보기지만 역시 동몽교재로서『동몽선습』보다 먼저 익히는『천자문』은 아래에 보이는 바와 같이 처음 24자가 모두 우주와 자연현상을 지목하는 문자라는 사실도 주목할 필요가 있다(안동청년유도회, 2013: 15−17).

천자문의 처음 24자:

天地玄黃 (하늘은 아득하고 땅은 기름지다)

宇宙洪荒 (우주는 넓고 크다)

日月盈昃 (해가 차면 달이 기운다)

辰宿列張 (별자리는 가즈런히 펼쳐져 있다)

寒來暑往 (추위가 오면 더위가 간다)

秋收冬藏 (가을에 거두고 겨울에 간직한다)

어릴 때부터 우주와 자연의 오묘한 틀 속에서 인간이 삶을 영위한다는 깨달음을 주고자 하는 선비정신이 고스란히 담겨 있다. 그러므로 이제는 우선적으로 성리학의 우주론부터 정리하기로 한다.

성리학의 형이상학은 ① 우주론(태극론), ② 이기설(理氣說), ③ 심성정설(心性情說) 및 ④ 인심도심설(人心道心說)로 이루어진다. 이 중 ①과 ②는 천도(天道), 즉 우주와 자연의 원리를 다루는 학설이라면, ③과 ④

는 인간에 관한 것으로 ③은 일종의 심리학에 해당한다면 ④는 윤리학의 영역과 관련이 있다(류승국, 1983: 162; 금장태, 2002: 85).

먼저 우주론은 태극(太極)이라는 개념으로 전개하기 시작한다. 원래 태극이라는 개념은 『역경』(易經) 혹은 『주역』(周易)에서 "역에는 태극이 있고, 이것이 음양의 두 가지 요소를 낳는다"(易有太極 是生兩儀)라고 하여 우주적 변화(易)의 근원에 태극이라고 하는 우주의 궁극적 실재로서 만물이 발생하는 근원이 있음을 제시하였다(이가원, 1980: 430: 금장태, 2002: 85). 송대의 주렴계는 『태극도설』에서 "무극이 태극이요 태극이 움직여 양을 낳는다"(無極而太極 太極動而生陽)라고 표현하여 위의 『역경』의 문구를 이어 받고 있음을 알 수 있다. 태극도설이 성리학에서 중요한 주제임은 다음과 같은 해설에서 밝혀진다(류승국, 1983: 185).

> 이 태극에 관한 문제는 성리를 논하는 사람에게 있어서 이해하여야 할 제일의 (第一義)이다. 그리하여 이 태극을 자세히 논구하려고 할 때에 문제를 바꾸어서 이기설이 되는 것이다. 태극과 이기문제는 천도에 관한 것, 즉 우주자연의 근본 원리를 총섭적으로 표현하는 것이요, 인간에 있어서 태극이기(太極理氣)를 말한다면 심성론이 되는 것이다. 심성론은 다시 성정문제로, 성정문제는 선악문제로 되면 인심도심설 등 윤리적인 과제가 일어나는 동시에 이것의 실천 방법을 말하며 수양론으로서 성(誠)·경(敬)·정(靜) 등이 구체적인 현실적 문제로 전개되는 것이다.

그런 뜻에서 조선시대의 선비는 몇 사람이 이를 해설하는 글을 남겼지만, 대표적인 보기는 퇴계(退溪) 이황(李滉)의 『성학십도』(聖學十圖)의 제일도가 「태극도설」(太極圖說)이고 율곡(栗谷) 이이(李珥)의 『성학집요』(聖學輯要)에도 도통의 근원으로서 「태극도설」이 먼저 나온다(류승국, 1983: 186). 물론 전문가들 사이에는 태극설은 비단 유가의 개념만이 아니라 노장(老壯)의 도가(道家)에서도 사용한 것이어서 그 원천에 관한 논란이 있지만, 본 고는 유가사상이 중심이므로 조선 선비의 학설에만 집중하려고 한다. 그 대표적인 보기로 퇴계의 『성학십도』만 부분적으로 고

찰해 보자. 다만 여기 소개하는 것은 퇴계가 선조에게 올린 상소문에 인
용한 주렴계의 「태극도설」임을 밝혀 둔다(한형조, 2018: 69 - 71; 민족문
화추진회, 1976; 김충렬, 1984; 금장태, 2003).

> 무극이태극(無極而太極)! 장소도 시간도 없는(無極), 그러나 영원의 중심(太
> 極)! 영원의 중심은 활동을 시작해 양(陽)을 낳는다. 움직임이 극에 달하면 휴
> 식이 시작되고, 휴식은 음(陰)을 낳는다. 휴식이 끝나면 다시 움직임으로 돌아
> 선다. 움직임과 휴식은 서로가 서로의 뿌리가 되어 교대한다. 음(陰)과 양(陽)
> 이 자신의 위상(分)을 갖춤으로써, 양극(兩儀)이 자리 잡게 되었다. 양(陽)은 결
> 합(合)하고, 음(陰)은 변형(變)된다. 이를 통해 물, 불, 나무, 쇠, 흙의 오행(五
> 行)이 생겨났다. (그리고) 다섯 기(氣)가 조화롭게 확산되고 사계절이 진행되
> 었다. 오행은 음양에 귀속되고, 음양은 태극의 활동이다. 태극은 본질적으로
> 무극이다. 오행은 형성과 동시에 나름의 독특한 성질을 갖는다.[1]

이 인용문을 오늘의 언어로 풀이한다 해도 과연 쉽게 이해할 수 있는
형식의 글은 아니다. 다만 우주의 원초적 궁극자로서 삼라만상이 생성변
화하는 근원으로 작용한다고 믿는 동방사상의 형이상학적 표현이라 생각
하는 편이 편할 것이다. 우리가 관심을 가져야 할 것은 이러한 식으로 표
현했지만 그것이 인간과 어떤 관계가 있는지를 탐색하고자 했던 옛 선비
의 지극한 배움의 정성을 중시하고 이제 그 인간적 함의를 더듬어 본다.

위에 인용한 문장에 이어서 나오는 문구 중에서 사람을 특별히 지목
하여 언급하는 내용의 요점은 이러하다. 위에서 마지막 대목이 오행이
형성하면서 각기 독특한 성질(性)을 갖게 된다 했는데, 오직 사람만은 가
장 잘 정제한 바탕을 받아서 만물의 영장이 되었다는 말이 나온다. 신체
의 형상이 갖춰지고 정신의 의식활동이 전개하면서 오관은 외부의 자극
으로 움직이며 선과 악의 구분과 여러 가지 행동양태가 펼쳐졌다는 것이

---

1) 無極而太極 太極動而生陽 動極而靜 靜而生陰 動極復動 一動一靜互爲基根 分陰分陽
   兩儀立焉 陽變陰合而生水火木金土 五氣順布四時行焉 五行一陰陽也 陰陽一太極也 太
   極本無極也 五行之生也 各一氣性(李退溪, 『聖學十圖』「第一太極圖」; 민족문화추진
   회, 1976a: 510)

다. 여기서 다음은 성인과 군자와 소인의 구별이 생긴다. 성인은 자신의 삶을 중용, 정직, 사랑, 정의로 규율하고 '평정'을 중심적인 태도로 지니면서 인류를 위한 최고로 가능한 표준을 제시함으로써 그 덕이 하늘과 땅과 조화를 유지하고 마침내 신처럼 행복과 불행을 장악했다. 그리하여 군자는 이 덕을 닦아 행운을 얻고 소인은 이 덕을 배반하여 불행하게 된다는 것이다. 이런 이치를 살필 수 있게 했으니, 모든 일의 시초로 돌아가서 그 끝을 확인하면, 삶과 죽음에 관한 모든 것을 이해할 수 있다고한다. 그래서 이 진리가 위대하다고 주자가 선언했다는 것이다.[2] 그리고 이것을 퇴계가 인정함으로써 그 가치를 알게 된다.

그러나 여기까지는 태극과 성리학의 이(理)가 어떤 의미를 갖는지를 말하지 않고 있다. 그 대답을 위해 우선 위 「태극도설」의 일부를 해석하는 보기를 살펴볼 필요가 있다. 가령, 위 담론에는 '무극'이라는 단어가 허두에 나타났고, 태극은 본질적으로 무극이라 한 다음 "무극의 진(眞, 참된 원리)과 이오의 정(二五之精, 음양과 오행의 정수)이 묘하게 합하여 '응집'이 일어나서 남자와 여자가 성립한다"고 할 때, 주자는 그 "무극의 진은 곧 이(理)고 이오의 정(精)은 기(氣)다. 이와 기가 묘하게 합해서 만물이 생기고 변한다"(眞者 理也 精者 氣也 理與氣合 故能成形)라고 해석하여 무극은 만유의 근원인 "태극 자체의 무형이면서 원리가 됨(無形而有理)을 설명하는 것이다"라는 결론을 얻게 된다(류승국, 1983: 185 각주 29; 189 각주 36). 한 마디로 송대 성리학의 창시자 중 하나인 정이천이 명쾌하게 밝힌 것처럼, "「태극도설」이란 한 마디로 말해 이기일 따름이다"(太極圖說者 一言以蔽之 曰 理氣而已)라는 것이다(류승국 1983: 185 각주 30). 이로써 「태극도설」이라는 우주론은 후기의 성리학 담론에서 근본으로 하였음을 확인한 셈이다. 결론적으로, 태극이라는 우주론적 개념은 "천지 만물의 리(理)의 총화이자 천지만물의 최고 기준"이며, "존재의 이유와 작용의 당위가 되는 사물의 최고 원리"라고 이해할 수 있다(이영찬, 2002: 77).

---

2) 惟人也得其秀而最靈 形旣生矣神發知矣 五性感動而善惡分 萬事出矣 聖人定之以中正 仁義而主靜立人極焉 故聖人與天地合其德⋯鬼神合其吉凶 君子修之吉 小人悖之凶⋯原 始反終故知死生之說 大哉易也 斯其至矣(李退溪, 『聖 學十圖』「第一太極圖」; 민족문화추진회, 1976a: 510).

다음으로 살펴보아야 할 우주론의 또 한 가지 개념이 있다. 그것은 천(天, 하늘)이다. 주자가 말하고자 했던 유교의 우주론적 논리는 또 다른 고전에서 찾아볼 수 있다. 『중용』(中庸)의 첫 문장이다. "하늘이 사람들에게 내려준 것을 '본성'이라 하고, '본성'에 따르는 것을 '도'라 하고, '도'를 닦는 것을 가르침이라 한다"(天命之謂性 率性之謂道 修道之謂敎)는 말이다(김학주, 2009: 4). 이 문구에서 언급하는 세 가지 개념에는 천 외에 성(性), 도(道) 그리고 교(敎)가 있는데, 이는 모두 인간사와 직결하는 것이다. 다시 말해서 이 『중용』의 글귀는 우주와 인간사를 연결하는 고리로서 매우 의미 있는 사례가 된다는 뜻이다.

그러면 우선 천은 무엇을 말하는지를 간략하게 고찰할 차례다. '천'은 원래 중국이나 우리나라의 고대로부터 내려오는 일종의 민족신앙의 요소인데, 중국의 철학적 문헌에서는 다섯가지 의미의 용법이 드러난다(Fung Yu-lan, 1983: 31).

(1) 물질적, 가시적 자연현상으로서 땅과 대비하는 하늘

(2) 주재하는 인격 신으로서 황천상제 등으로 경외하는 하늘

(3) 운명의 원천인 하늘은 인간이 제어할 수 없는 사태를 빗대어 숙명적이라 할 때 하늘의 뜻이라 여기는 하늘

(4) 자연현상으로서 자연의 운행의 일부인 하늘

(5) 윤리적인 하늘로서 도덕적 원리를 대변하며 우주 최고의 근원적 원리인 하늘.

위의 『중용』에서 언급한 하늘, 고대의 천은 주재의 천으로서 인간의 화복을 좌우하는 공포, 신비, 경이, 순종, 굴복 등의 심정으로 경천하는 대상이었으나, 유교에서는 공자에 이르러 위의 『중용』의 문구처럼 하늘이 명하는 바 의미를 이해하며 자각하는 인격이 가해진 개념으로 사용하게 되었다. 인간을 발견하고 자아를 의식하며 인성 안에 내재하는 도덕률로써 자아의 내면에서 느끼고 이해하는 자각의 대상이라는 새로운 해석이 나온 것이다. 그런 하늘의 도는 원리의 원리, 모든 생명의 원천으로서 지극히 높아 상대가 더 없고(極尊無對) 만물을 명령하는 자리로 인식하게 되었다(류승국, 2010: 115-116). 하늘은 우주 만물의 근원적 존재

로서 자연의 운행질서를 총괄한다는 것이다(이영찬, 2002: 77).

다시 위의 『중용』으로 돌아가보면, 하늘이 사람들에게 내려준 것을 '본성'이라 규정하였다. 여기서 천과 인간의 연결을 찾는 단서를 본다. 인간의 본성은 어디서 왔으며 어떤 것인가를 암시하는 내용이다. 여기서 이른바 '천인합일'(天人合一)의 사상적 연원을 읽는다. "천인합일은 두 가지 의미를 가지고 있다. 하나는 '하늘과 사람이 서로 통한다는 것'(天人相通)이고, 둘째는 '하늘과 사람이 서로 유사하다는 것'(天人相類)이다." 상통설은 하늘의 근본 덕성이 사람의 본성 안에 있다는 주장으로 천도(天道)와 인도(人道)가 하나로 관통함을 가리키고, 이는 우주의 본체가 인륜도덕의 근원이며 인륜도덕은 우주 본체의 유행이고 발현이기 때문에 인간의 본성이 천과 인간을 합일시키는 매개로서 자연의 법칙이 인간의 법칙으로 전환하는 통로가 되는 셈이다. 그래서 자연의 원리에 따르는 천명이 인간의 본성이고 본성을 따르는 삶이 인간의 도리가 된다(이영찬, 2002: 78). 천인합일 사상은 퇴계의 『성학십도』에도 잘 정리를 했는데, 그의 천명사상은 '하늘과 사람은 상응하고,' '하늘이 곧 진리이며,' '사람과 하늘은 일체'라는 것으로 집약한다(권오봉, 2013: 311).

여기에서 이상과 같은 매우 추상적인 성리학의 우주론에서 다루는 천의 개념을 현대적인 개념으로 해석하는 한 두 가지 개념틀을 소개한다. 이는 사회학자 Talcott Parsons의 사회적 행위론의 준거틀로 구성한 도식으로 정리하여 해설하는데 이것을 [그림 3-1]에 실었다(Parsons, 1966: 28).

그림 왼쪽에 유가의 개념인 천지인 삼재(天地人 三才)를 배치하고 나머지 공간에는 Parsons의 행위체계 세 가지를 병치하였다. 천(우주적 도리를 표상)에 해당하는 문화체계(궁극적 실재), 인(성정과 관계)과 상응하는 사회 및 인성(personality)체계, 그리고 지(자연생태환경)는 행동체계다. 나머지 내용은 인간의 사회적 행위가 일어나는 환경에서 궁극적 실재인 문화는 아래로 내려 가면서 물리적·유기적 실재까지 통제하는 관계로, 마지막 오른쪽에는 고도의 에너지를 축적한 생태계가 위로 문화에 이르는 과정에서 그 체계가 작동하기 위해 필요한 에너지를 제공하는 조건을 부과하는 기능을 하는 모습을 그리고 있다. 유학적 세계관에서는 인간은 하늘과 땅 사이에서 이와 비슷한 통제와 조건부과의 기능에 의지하여 생존하며 변한다.

[그림 3-1] 천지인 삼재와 Parsons의 행위체계의 위계서열

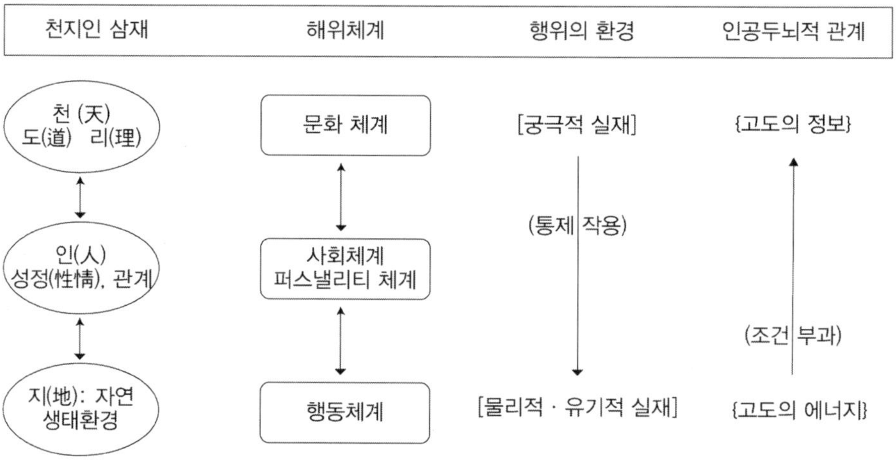

천지인 삼재	해위체계	행위의 환경	인공두뇌적 관계
천 (天) 도(道) 리(理)	문화 체계	[궁극적 실재]	{고도의 정보}
인(人) 성정(性情), 관계	사회체계 퍼스낼리티 체계	(통제 작용)	
지(地): 자연 생태환경	행동체계	[물리적 · 유기적 실재]	(조건 부과) {고도의 에너지}

이에 더하여 이러한 '천'의 사상이 기초하고 있는 존재론적 사유의 현대적 의미를 물리학적 관점에서 재해석하는 담론도 있다. 물리학자 Capra(2010)의 해석에 의하면, 고대 동방의 신비주의철학은 우주를 분리 불가의 연결망(web)으로 간주하였다고 한다. 이런 우주연결망의 상호연계는 정태적이 아니라 동적인 것으로 살아서 움직이고 성장하며 계속 변화한다. 현대 물리학 역시 우주를 관계의 연결망으로 이해하고 동방의 신비주의처럼 내재적으로 역동적인 현상으로 인식한다는 것이다. 바로 이런 내재적 변동(immanent change)이 동방 우주관의 요체인 우주 내재론(immanentism)이다. 또한, 중국 기술문명사가 Joseph Needham(1973)이 지적하기를, 이 같은 내재적 변화는 그 이면에 신적인 법칙제공자나 창조주를 상정하지 않은 자연스러운 것이라는 사상을 유불도교가 공유한다고 한다. 세상의 모든 존재가 조화롭게 협동하는 것은 저들에게는 외재하는 우월한 권위적 존재의 명령 때문이 아니고 그들은 우주적 유형을

형성하는 전체(wholes)의 위계질서 속의 부분들이라는 사실에서 기인한다. 다만 스스로의 자연적 성질의 내재적 지시를 따랐을 뿐이다. 말하자면 일종의 총합주의 혹은 총체주의 사고라고 할 수 있다.

여기에 바로 동방사상의 '천'(天)의 이론이 등장한다. 위에서 살펴본대로, 하늘이란 유학에서는 여러 가지 복합적 의미를 지닌다. 우주론적 관점에서 보면 천은 그 자체 우주요 자연이며 삼라만상의 생명의 원천이요, 형이상학적으로는 자연과 인간사회의 질서의 표준, 도(道)와 천하만물의 작용의 원리, 즉 리(理)가 되며, 인간본성을 부여하는 우주적 권세다. 위에서 언급한 천인합일의 총체주의는 세상의 '만물' 즉 모든 현상은 하나의 전체를 이룬다는 관념이다. 이 관점에서 보면 개개 인간은 우주의 전체(하늘)와 하나 되고, 개인의 영혼도 우주의 영혼에서 연원한다. 그리고 가치론적으로는 인간의 도덕적, 윤리적 본성의 근원이다.

그러면 이제 본론으로 가서, '도'가 무엇인지를 성찰할 차례다. 우리 인간이 무엇이며 어디서 왔는지를 일종의 자연주의적 우주론에서 살펴보았으니 다음의 과제는 그럼 이 현실 세상에서 인간은 어떻게 살아야 하는가를 물어야 한다. 유가의 답은 도리에 맞게 살아야 한다는 것이다. 그러한 도의 어원을 추적하면, 『주역』「계사상전」(繫辭上傳)에 "형이상자는 일컬어 도라하고 형이하자는 일컬어 그릇이"(形而上者 謂之道 形而下者 謂之器)라 하였다. 이때 형이상이란 눈에 보이지 않는 실재, 형체 이상의 원리적인 것, 즉 도를 가리키고, 형이하는 그 형이상의 것이 가시적인 형태로 나타나는 사상(事象)의 질료적(質料的)인 것이다(이가원, 1980: 454–467; 류승국, 2010: 113). 여기서 우리는 다시 태극과 천의 개념으로 돌아가는 느낌을 금할 길이 없다. 혹, 그 질적인 강도에서 차이를 읽고자 한다면 그럴 수도 있겠지만, 태극도 형체가 아닌 원리, 천도 원리, 도도 원리라 하는 공통점이 있다. 결국, 유가에서 도는 천도로 간주하여 최고의 진리를 지칭한다고 천명한다. 그러나 한 가지 차이가 있다면 천도라는 용어를 쓰되 그 개념의 우주론적 의의보다는 인간의 세상에서 사람들이 어떻게 살아가는지로 주된 관심사의 초점을 옮겼다는 특징이 있다.

예를 들어 공자에 이르러 『논어』에만 해도 70여회나 도를 언급하고 있으면서도 그 형이상학적 의미를 명확하게 지적하는 언명은 보이지 않고 대표적인 보기로『논어』「이인」(里仁)장에 다음과 같은 간접적이지만 주제를 지목하는 언급은 있다(김학주, 2009: 58).

> 공자께서 말씀하셨다. "삼아! 나의 도는 하나로 관통되어 있다." 증자는 "그렇습니다"하고 대답하였다. 공자께서 나가시자 다른 제자가 물었다. "무슨 뜻이지요?" 증자가 말하였다. "선생님의 도는 충(忠)과 서(恕)일 따름이다.3)

여기서 충과 서는 인간이 자신의 처신은 성의껏 하고(충), 자신의 처지로 미루어 남의 처지를 이해해 준다는(서) 것을 뜻한다. 인간의 자기 관리와 사회적인 관계에서 드러내는 행위의 도리가 도라는 말이다. 기실, 후일 순자(荀子)는 이런 의미의 도에 관해 이렇게 주장하기도 하였다(Fung Yu-lan, 1983: 290).

> 도란 하늘의 도(the Way of Heaven)라기보다 땅의 도(the Way of Earth)다. 사람이 따라야 하는 도(the Way followed by man)를 가리킨다. 그것은 적절한 행위의 규율이며, 공정성의 표준이고, 인의와 준법과 성실정직함 등에서 드러나는 완결성과 질서에 관련 있는 인간의 길(the Way of man)이다.

이어서 주자는 공자의 도에 관련한 언급 중, "올바른 도를 지닌 이를 따라 올바르게 행동한다"(就有道而定焉)(김학주, 2009: 13-14)는 말을 주석하기를 "도라 함은 인륜일상 지간에 마땅히 행할 바"의 것이라 하였고, 또한 "도란 사물의 당연한 이치를 말하며, 사람들이 공동으로 말미암아야 할 길이라"고 하였다(류승국, 2010: 119 각주 19, 20).4)

---

3) 子曰 參乎 吾道一以貫之 曾子曰 唯 子出 門人問曰 何謂也 曾子曰 夫子之道 忠恕而已矣(『論語』,「里仁」). 김학주(2009: 58).
4) 道則人倫日用之間 所當行者; 凡言道者 皆謂事物當然之理 人之所共有者也. 『論語』朱子註.

3. 성리학적 존재론의 이기론

한마디로, 성리학의 요체는 이기론(理氣論)이다. 유가의 철학적 담론이 원초적 궁극의 태극, 천, 그리고 도의 차원에 머무르지 않고 이런 개념을 아우르면서 한층 더 인간세상의 차원으로 이행하여 형이상학적 철학의 체계를 갖추게 된 이론틀의 핵심이 이제 이(理)와 기(氣)라는 두 개념으로 정착한 셈이다. 그러나 주지하다시피 중국성리학의 비중이 워낙 막중한만큼 이에 관한 연구 또한 양적으로도 감당하기 어려운 수준이다. 이런 저간의 사정에 미루어 본서는 주로 우리나라 선비 중에서 대표적인 사례를 중심으로 그 사상의 요체를 살펴보는 것을 주과업으로 삼고자 한다.

조선시대 성리학의 원조는 여말선초의 포은(圃隱) 정몽주(鄭夢周), 목은(牧隱) 이색(李穡), 야은(冶隱) 길재(吉再)를 비롯하여 양촌(陽村) 권근(權近)과 삼봉(三峯) 정도전(鄭道傳) 등 쟁쟁한 인물군이다. 아울러, 조선조 초기의 경학·도학 분야에서 두드러진 선비로는 점필재(佔畢齋) 김종직(金宗直), 한훤당(寒暄堂) 김굉필(金宏弼), 일두(一蠹) 정여창(鄭汝昌), 그리고 지치주의(至治主義) 학파의 정암(靜庵) 조광조(趙光祖), 사서(沙西) 김식(金湜) 및 모재(慕齋) 김안국(金安國) 등이 있다. 다만 이들의 학문적 업적은 주목할 만하고 삼봉처럼 상당하지만 추후 별도로 다루게 될 터이므로 여기에서는 일단 언급만 한다.

먼저 고찰할 선비는 화담(花潭) 서경덕(徐敬德)과 회재(晦齋) 이언적(李彦迪)이다. 이들은 각기 개성에서는 서경덕이 중국의 소강절(邵康節)과 횡거(橫渠) 장재(張載)의 학풍을 수용한 주기론을, 경주에서는 이언적이 정이천과 주자의 학맥을 수용하여 이철학을 주창하기 시작함으로써 당대 조선 성리학의 수준을 획기적으로 향상시키는 데 기여하였고, 나아가 영남의 퇴계와 기호의 율곡이 대표하는 조선시대 성리학의 양대 학통을 열어 준 학자라는 평가를 받기 때문이다(금장태, 2003: 91).

1) 화담 서경덕의 기철학

화담 서경덕(1489-1546)은 송나라 성리학의 기초를 놓은 장횡거의 기철학의 영향을 받았으나 자기 나름의 독창성을 발휘한 이론을 전개한 조선의 선비로 인정받는다(현상윤, 1960: 67-74; 금장태, 2003: 91-93). 그는 우주의 본질은 기라 규정하고 장횡거의 태허가 기의 근원이며 기의 근원은 태극이라 설명하였다. 또한 태허를 담연무형(淡然無形)의 경험적인 형상세계의 근원으로 시작도 없고 유래도 알 수 없는 우주의 본체 내지 실재로 보고 이를 선천(先天)이라 불렀다. 이에 대비한 후천(後天)은 현상의 세계로서 선천세계가 갑작스레 요동하는 개벽이 홀연히 일어나 생긴 것이라 하였다. 이는 우주의 근원과 현상세계가 모두 하나의 기(一氣)라는 관념을 표상하는 이론으로 그 속에서는 동정(動靜)과 생극(生克)의 두 계기를 내포하고 있어서 기의 '기틀이 스스로 그렇게 하는 것(機自爾)'으로 설명한다. 여기에는 기 속에 하나의 사물, 하나의 속성으로 내재하는 이가 '자기통제의 법칙(주재)'으로 기의 동정·생극·합벽(闔闢)이 저절로 그렇게 하게 하는 성질로 작용하기 때문이다. 이는 역(易)이 '감이수통'(感而遂通)'하다는 성질, 중용에서 '도자도'(道自道)라는 개념, 주렴계의 "태극동이 생양자야"(太極動而 生陽子也)라는 불가부동의 필연의 결과라는 것이다.

화담의 이기론에서 태극으로서 이가 기의 주재이기는 하지만, 이는 기를 떠나 성립이 불가하여 외부로부터 와서 주재자가 되지 않고, 오히려 기의 용사(用事)가 능히 그 소이연의 정당성을 잃지 않는 것을 가리킨 것에 불과하다고 주장하였다. 반면에 기의 본체는 유무는 없지만 합치고 흩어짐(聚散)이 있어서 크게 취합하면 천지가 되고 작게 취합하면 만물이 된다. 기가 취집하여 인생이 되었다가 우리가 사망할 때 산화하는 것은 영혼뿐, 본질·본체이며 담일청허(淡一淸虛)한 기는 흩어지지 않는데, 이는 태허담일(太虛淡一) 중에 흩어지더라도 이 기와 인간의 기가 동일하므로 기란 본래 시작도 없고 무시무종한 것이다. 요는 서화담의 주기설에서 이는 물질불멸 일기장존(物質不滅, 一氣長存)의 원리는 이기의 지극히 기묘한 것이라는 관념이다.

서화담의 주요 저술로는 「원리기」(原理氣), 「이기설」(理氣說), 「태허설」(太虛說) 및 「귀신사생론」(鬼神死生論) 이라는 논설 4편이 있는데, 이것을 제자들에게 주면서 남긴 말이 가슴을 울린다(금장태, 2003: 92). "이 논설이 비록 말은 졸렬하지만 여러 성현들이 다 전하지 못한 자리를 본 것이다…후학에게 전하여 이것을 원근의 중국과 오랑캐에 두루 퍼지게 하여, 우리나라에도 학자가 나왔음을 알게 하라."

2) 회재 이언적의 태극론과 이철학

회재 이언적(1491－1553)은 주자의 태극 개념을 정통으로 재확인하는 관점에서 그의 이철학을 선명하게 펼침으로써 조선시대 성리학이 한 단계 심화하는 데 기여한 선비로 평가 받는다(현상윤, 1960: 77－81; 금장태, 2003: 89－91). 그는 일찍이 무극·태극의 논쟁에서 시작하여 도가 만물 이전에 존재하여 만물의 근저가 됨을 형용할 뿐, 태극 위에 무극이 있다는 주장이 오류임을 지적하였다. 또한 태극은 도의 본체로서 모든 변화 현상의 근본원리고 이기 개념도 이가 기에 선행하는 근원적 존재로 인식하였다. 그래서 자사(子思)는 이를 천명의 성(性)이라 일컬었다는 것이다. 그리하여 이가 지극히 높고 오묘(至高至妙) 하나 그 실체가 깃들어 있는 것은 우리의 비근한 현실 속에 있는 것(至近至實)이라는 점을 역설하였다.

예컨대, 이런 현상은 만물이 수풀이 우거지고 하늘이 잘 덮여서 땅이 풍족하며 일월이 잘 비치고 풍우가 변하며 강물이 흐르고 하늘이 내린 성정이 바르고 윤리가 널리 밝은 모든 일의 까닭이 본말(本末)과 상하가 하나의 이에 관통해서 하나도 그렇지 않은 것이 없고 또 가히 변역할 수 없는 것을 무극이라 한 것은 머무는 장소(方所)가 없고 형상이 없음을 가리킴일 뿐 만물 이전에 있다고 만물 생긴 후에도 없지 않고, 음양의 외에 존재한다고 음양 가운데도 없다는 건 아니다. 전체를 통관하여 존재치 아니하는 데가 없으므로 원래 소리, 냄새 등 영향을 가지고 거론할 수 없다고 풀이하였다(현상윤, 1960: 79).

　여기서 그의 이철학의 주요 특색이 드러나는데, 그 하나는 태극을 하나의 이(一理)로 파악하여 모든 현상의 변화를 근원을 이루고 있는 이에서 전개함을 강조하는 통합적 사유를 가지면서도 동시에 거기에는 본말과 체용(體用)이라는 분별이 있다는 점을 또한 보여 주려 하였다는 점이다. 이와 기의 관계도, 존재의 실제에서 이가 기로부터 별개로 떠나 있는 것은 아니지만(不相離), 그렇다고 존재의 근원에서는 이와 기가 혼합되지도 않은 것이므로 이와 기를 혼동해서는 아니 되는(不相雜) 분별의 존재임을 분명히 하고 있다. 이 점은 주자의 이철학을 천명함이고 이것이 퇴계 이후 계승한 조선의 이철학의 기본 관점이라는 것이다(금장태, 2003: 90).

　이언적의 이러한 이철학에서 특별히 주목해야 할 한 가지 특성이 있는데, 그것은 앞에서 태극의 본체로서 이가 지고지묘하면서도 동시에 지근지실하다는 논리의 연장선상에서 인간이 추구해야 하는 군자의 도를 자기 나름으로 천명하였다는 점이다. 군자의 도는 이(理)를 체현하여서 보지 않는 것은 경계하여 삼가고(戒愼), 듣지 않는 것은 몹시 두려워하여, 아주 짧은 시간과 티끌 만한 작은 일이라도 중간에 끊기고 앞뒤가 뒤바뀌는 일이 없도록 조심하여, 사람을 대할 때나 외물을 접할 때나 마땅히 자기의 천성을 다할 것이오, 또 그 천성을 다하는 공로의 묘한 결과는 천지자연의 이치로 만물을 자라게 하는 화육을 도움으로써 인간의 극치를 세우는 경지까지 도달함을 목표로 할 것임을 주장한 것이다(현상윤, 1960: 80). 요컨대, 이철학의 인간적 목표는 그 오묘한 진리를 터득하는 데만 머물 것이 아니라 군자의 도를 터득하는 인격의 완성을 지향하는 데서 참뜻을 얻는다는 취지의 논리라는 것이 특별한 관점이라는 것이다. 이점은 이기철학이 추상적인 형이상학으로 현실과 동떨어진 이론으로 그치지 않고 선비가 주체적으로 군자를 삶의 목표 삼아 일상적으로 최선을 다한다는 실천적 함의까지도 다룬다는 사실이 조선조 초기 성리학에서도 드러난다는 것 때문에 중요하다는 것이다.

　회재의 저술은 논설 「오잠(五箴)」(畏天, 養心, 敬身, 改過, 篤志), 「서망재망기당무극태극변후」(書忘齋忘機堂無極太極辨後), 「일강십목소」(一綱十目疏), 「진수팔규」(進修八規)와 저서 『대학장구보유』(大學章句補遺), 『봉선잡의』(奉先雜儀), 『구인록』(求仁錄), 『중용구경연의』(中庸九經衍義)가 있다.

3) 퇴계 이황: 이원론적 이기론

퇴계(退溪) 이황(李滉, 1501－1570)의 철학은 비록 "주자를 종사(宗師)로 삼아 그 학설을 금과옥조로 받든다고 해도 단순한 의양(依樣)이 아니라, 그 진의를 음미하고 체인(體認)하여 간절정도(懇切精到)하게 자기화하는 데 힘썼다"(류승국, 1983: 234)는 것이 중요한 평판이다. 이제 우주론적 관점에서 그의 이기론의 전개와 그 유명한 사단칠정론 논쟁의 내용을 살펴본다.

(1) 우주론적 이기론

앞서 성리학의 우주론 일반을 논의할 때에 이미 『주역』(周易)에서 역(易)에는 태극이 있어서 음양 양의를 생성한다는 언명이 있었고, 주렴계가 이를 받아, 무극이 태극인데 태극의 움직임은 양을, 휴식은 음을 낳는다는 해설을 제시하였으며, 이어 정이천이 「태극도설」이란 한 마디로 이기일 따름이라는 결론을 내린 점을 언급하였다. 요컨대 이기설의 원천은 태극이라는 우주론적 관점을 지적한 것인데, 퇴계는 이런 유가적 전통을 존중하여 『성학십도』(聖學十圖)를 지을 때 「태극도설」을 제1도로 책정한 것도 주자가 그의 『근사록』(近思錄)에서 「태극도」를 첫 머리에 둔 취지를 따라 그리 한 것임을 밝히면서, 이 그림의 해설이 "진리의 핵심(道理大頭腦處)이자 수양의 영원한 기반(百世道術)으로 생각했다"고 술하고 있다(한형조, 2018: 122－123). 그리하여 이를 문하생들에게 도학공부의 근거로 강조하였다. 그 이유로 다음과 같은 해설을 한다(이성무, 2009: 159－160).

무릇 성인을 배우는 자는 이로부터 학문의 단서를 얻어 ≪소학≫과 ≪대학≫의 류까지 힘써 공부해야 한다. 공효를 거두는 날에 이르러 일원(一源)을 거슬러 올라가 끝까지 추구해보면, 그것이 이(理)를 궁(窮)하고 성을 다해 명(命)에

이르는 것이며, 그것이 즉 신(神)을 다해 화(化)를 아는 덕(德)의 성자(盛者)인 것이다.5)

여기서 "이를 궁하고 성을 다해 명에 이르는 것, 즉 신을 다해 화를 아는 덕의 성자"를 쉽게 풀이하면, "진리를 탐색하고, 본성과 대면, 마침내 존재의 의미에 이른다는 말의 의미, 그리고 변화를 궁구하고, 자연을 이해함으로, 내 덕이 충만해진다는 경지"라 할 것이다(한형조, 2018: 123).

여기까지가 우주론적 담론이라 여기고 이제 이기설로 옮아 가야 할 차례다. 주자는 태극은 곧 이(理)이고, 음양은 곧 기(氣)라 하고 태극이라는 이가 음양이라는 기를 낳아서 우주가 생겼다고 하는데, 이를 두고 퇴계는 만일 이기가 본래 하나라면 태극이 또한 양의가 되는데, 그렇다면 어떻게 양의가 양의를 낳는다는 말이 성립할 수 있는가를 묻고, 이기는 결코 일물(一物)이 아니고 서로 다른 것(二元)이라고 주장하였다(민족문화추진회, 1976: 425). 해설하기를, 이(理)에는 반드시 ① 소이연(所以然), 혹은 소이연지고(所以然之故) 즉 왜 그런지 원인, 이치, 법칙이 있으니, 마치 솔개는 날고 물고기는 뛴다는 이치다. 다음은 ② 소당연(所當然) 내지 소당연지칙(所當然之則)이 있는데, 이는 타고난 품성 또는 마땅히 그래야 하는 성질로서, 나는 솔개와 뛰는 물고기는 그래야만 하는 성질을 타고 난 것이고, 임금은 당연히 인(仁)을 베풀어야 하고 신하는 경(敬)이 본분이라는 뜻이다(윤사순, 1980: 42−45; 이성무, 2009: 160).

달리 표현하여, 퇴계는 이가 형이상자이고, 기가 형이하자라고도 하였다. 위에서 '도'를 논할 때 이미 밝힌 대로 『周易』에서 "형이상자 위지도 형이하자 위지기"(形而上者 謂之道 形而下者 謂之器)라 한 것을 본받아, 퇴계도 이가 형이상자라는 말은 소리나 냄새도 없고(無聲臭), 모양이나 몸체도 안보이며(無方體), 안과 밖이 따로 없고(無內外), 감정도 의지도 없으

---

5) 蓋學聖人者 求端自此 而用力於小學之類 及其收功之日 而遡極一源 則所謂窮理盡性 而至於命 所謂窮神知化 德之盛者也(「進聖學十圖劄并圖附(周敦頤)太極圖說」, 『增補 退溪全書』 一, 卷七劄).

며(無情意), 헤아려 분별함도 업고(無計度), 조작하지도 않으며(無造作), 특별한 의도가 없는(無作爲) 성질로 생성의 원리이며, 불멸무궁한 성질을 지닌다는 뜻이라 해석하였다. 한편, 형이하자인 기는 유능하여 쓸모가 있고(有爲), 욕심, 욕망이 있으며(有欲), 가볍거나 무거운 무게가 있고(輕重), 맑고 탁함이 뚜렷하며(淸濁), 순수함과 질박함이 있고(粹駁), 모임과 흩어짐이 있으며(聚散), 굽힘과 펴짐이 있고(屈伸), 닿으면 되돌아오는(至歸) 등 생멸의 성질을 가지고 있다는 것이다(이성무, 2009: 160-161; 윤사순, 1980: 42-45).

그러면 이와 기의 상호관계는 어떤가? 퇴계에 의하면, 이와 기는 서로 떨어질 수도 없지만(不相離) 그렇다고 서로 혼잡할 수도 없이(不相雜) 상호 혼융되어 있어서 서로 쪼갤 수도 없는 관계다. 그리고 이가 기의 작용을 주재한다는 점을 들어 이우위설(理優位說) 혹은 이귀기천설(理貴氣賤說)을 주장하여, 이는 기가 있기 전에 있을 수 있지만, 이가 없이 기만 있을 수는 없다는 점도 지적한다. 또한 이가 동하면 기가 따라서 동한다고도 했는데, 무위(無爲)의 이가 어떻게 동하느냐는 의문에 주는 해답으로 퇴계는 이의 체용설(體用說)을 제시한다. 이가 무위인 성질은 이의 체를 두고 말함이요 이도 용이 있어서 동정, 능발(能發), 능생(能生)이 가능하다는 논리다. 그는 주자의 이유동정설(理有動靜說)을 근거로 이동(理動)을 주장한 것이다(윤사순, 1980: 54). 이에 관해서는 이의 무위설로 체용을 설명하는 한계를 지적하기도 하지만, 중요한 것은 퇴계를 위시한 소위 주이론에서는 이의 우위, 우선을 중시하여 사람의 수양론을 뒷받침하려는 의도가 있음을 강조한다(이성무, 2009: 162).

퇴계 이기론의 요체를 정리하면, 이런 논리다. 유학에서는 우주의 근원으로 태극을, 궁극적 실재로서 주재적 존재는 '천'을, 그리고 본체의 원리로는 '이'를 설정하고, 태극이 곧 '이'이고 천도 또한 '이'라는 등식을 제시한다. 이때, "하늘은 하나의 '이'로써 만물에 명하니, 만물은 각각 하나의 '이'가 있다"(天以一理命萬物 而萬物之 各有一理)는 결론을 도출한다(금장태, 1998: 184). 이른바 천지지간에 이의 편재성을 분명히 한 것이다. 이에 반해, 기는 사물의 현상적인 측면을 표상하며, 우주의 현상적 존재는 기의 총화로 본다. 기는 현상으로서 생멸하는 것인데, 현존하는 기는 그보다 앞선 기에 의해 생겼다고 해야 한다. 이를 두고 일원지기(一元之氣)라고도 하고 개벽지시(開闢之始)라기도 한다. 그런데 이 일원지기는 다름 아닌 태극에 따라 생성했다고 본다. 태극이 바로 음양의 능생자이기 때문이다. 그러므로 태극은 일원지기의 생성원리가 된다(윤사순, 1980: 52; 이성무, 2009: 161).

(2) 사단칠정론의 이기설

성리학의 존재론에서 우주론 다음으로 중요한 주제가 심학 내지 심성론, 즉 마음의 이론이다. 다만 이 심성론은 추후에 다른 맥락에서 별도로 취급할 터이고, 이 사단칠정론이라는 주제가 기본적으로는 이기설의 쟁점으로 다루어진 데서 출발하므로 여기서는 이기론의 테두리 안에서 이른바 협의의 심학 쟁점을 집중적으로 다루고자 한다. 이 문제는 사람의 마음이 이(理)인가 기(氣)인가를 묻는 데서 시발한다. 잘 알려진대로 사단(四端)은 측은지심(惻隱之心)·수오지심(羞惡之心)·사양지심(辭讓之心)·시비지심(是非之心)으로서 『맹자』(公孫丑上)에서 제시한 개념으로 인간의 선한 성품을 표상하는 인의예지의 단서임을 가리키는 것이고, 칠정(七情)은 희로애구애오욕(喜怒哀懼愛惡欲)의 감정으로 『예기』(「예운」)에 나타나는 용어다.

이 문제와 관련해서 퇴계가 관심을 가지고 상당히 장구한 논쟁을 벌이게 된 계기는 추만(秋巒) 정지운(鄭之雲)이 「천명도설」(天命圖說)이라는 글에서 "사단은 이에서 발동하고 칠정은 기에서 발동한다"(四端發於理 七情發於氣)라 한 것을 "사단은 이가 발동한 것이고 칠정은 기가 발동한 것이다"(四端理之發 七情氣之發)로 고친 데서부터다. 이를 본 고봉(高峯) 기대승(奇大升: 1527−1566)은 퇴계가 이와 기를 지나치게 이원화시키는 점을 비판하면서 그 둘 사이의 논쟁은 무려 8년에 걸쳐 지속하였다. 이 논쟁 자체의 전개를 자세히 서술할 필요는 없고, 주요 관점만 추리면 이러하다(민족문화추진회, 1976: 253−297; 금장태, 2003: 98−100; 이성무, 2009: 164−165).

　　퇴계의 논리는 기본적으로 칠정과 사단을 분리시키는 '대설'(對說)이라 하면, 고봉의 견해는 칠정을 사단에 포함시켜 칠정에 근거해서 사단이 발생한다는 '인설'(因說)이라 할 수 있다. 여러 번의 상호 비판과 교정을 거치면서 결국 퇴계는 그 유명한 "사단은 이가 발하고 기가 따르는 것이요, 칠정은 기가 발하고 이가 올라탄 것이다"(四則理發而氣隨之 七則氣發而理乘之)라는 명제를 제시하고 논쟁을 마무리하였다. 이는 마치 사단은 사람이 말을 탈 때는 주도해서 말을 몰아 바른 길로 가는 것과 같고, 칠정은 사람이 말을 타고 있지만 말이 가는 대로 내버려 두면 때로는 말이 바른 길을 벗어나 악(惡)에 빠질 수도 있다는 보기와 같다고 하였다. 이런 관점은 일종의 '이기호발설'(理氣互發說)이라 할 수 있는데, 고봉도 논쟁이 끝날 무렵 퇴계의 인격과 학문 자세를 깊이 흠모하여 자신의 일원론적 견해를 수정하여, "감정이 발현함에는 혹 이가 발동하고 기가 갖추어지기도 하며, 혹 기가 감응하는 데 이가 타기도 한다"라는 결론을 내렸다(현상윤, 1960: 83-95; 금장태, 2003: 98-100; 이성무, 2009: 164-165; Tu Wei-ming, 1985: 261-281).

　　여기서 퇴계가 이론이 분분한 가운데서도 굳이 주리설을 고집한 데는 그만한 이유가 있었을 거라는 점을 고려해볼 만하다. 그가 살았던 시대의 조선은 바야흐로 일련의 사화로 심각한 혼란을 겪고 있을 때라 어떻게 해서든 그 갈등의 원천인 훈구파를 무너뜨리고 도학을 추구하는 사림의 지위를 강화하기 위해서는 이데올로기적 헤게모니의 중요성을 무시할 수 없었던 터라 이를 뒷받침하는 이론을 인간의 성선설(性善說)에 바탕을 둔 수양론을 부각시키려는 숨은 의도가 있었을 것으로 추정하기도 한다(이성무, 2009: 166). 여하간, 퇴계 사후에도 율곡과 우계의 사단칠정논쟁은 계속하였으므로 이제는 이 주제로 옮아간다. 참고로 퇴계가 남긴 학문적 업적은 상당하므로 여기에서는 일일이 열거하지 못하지만 주요 저술로 『성학십도』, 『천명도설』, 『계몽전의』(啓蒙傳疑), 『주자서절요』(朱子書節要), 「무진육조소」(戊辰六條疏), 「천명도설후서」(天命圖說後叙), 「전습록논변」(傳習錄論辨) 등이 있고 기타 서한으로 교류한 기록이 다수 있다.

4) 율곡 이이의 주기론

율곡(栗谷) 이이(李珥. 1536－1584)는 퇴계와 더불어 조선 유학사에서 가장 영향력 있는 성리학의 거장으로 추앙받는 선비다. 이 두 선비는 당대 조선 유학이 정통으로 중시하던 주자학을 계승한 점에서는 공통이지만 그 학설의 해석에서 상당한 차이를 드러내었으며 이 상이성으로 말미암아 조선시대 유학의 2대 학파를 조성하고 이를 바탕으로 하는 정치적 분당의 계기가 되기도 하였음은 주지의 사실이다. 본고에서는 이러한 정치적 분파에 관한 논의를 추후에 하겠지만 여기에서는 주로 율곡의 이론적 관점을 우주론적 이기론과 사단칠정론으로 나누어 고찰할 것이다.

(1) 우주론적 이기론

우선 우주론에서 율곡의 태극론을 잠시 살펴보고 논의를 시작하기로 한다. 주자가 이로서 태극은 현상계의 조화의 추뉴(樞紐)요 품휘(品彙)의 근저(根柢)라 규정하였는데, 이가 모든 운동변화 기능의 근거이고 만물의 존재 뿌리라는 뜻이다. 추뉴란 문의 지도리로서 스스로는 움직이지 않지만 문의 열고 닫음을 좌우한다. 근저란 뿌리를 말한다.[6] 율곡도 기본적으로 이 같은 주자의 견해를 수용하여 다음과 같이 언명하였다(이상익 2002: 289).[7]

> 무릇 음양은 끊임없이 순환하니, 본래 그 시작이 없다. 음이 다하면 양이 생기고 양이 다하면 음이 생긴다. 한 번은 음이 되고 한 번은 양이 되는 바, 태극은 있지 않은 곳이 없다. 이것이 태극이 만화의 추뉴가 되고 만품의 근거가 되는 까닭이다.

이러한 우주론적 관점에서 이와 기의 관계는 어떻게 정립하는지를 볼

---

6) 上天之載 無聲無臭 而實造化之樞紐 品彙之根柢也.『性理大全』권1: 4. 이상익(2002: 288, 각주 18).

7) 大抵 陰陽兩端 循環不已 本無其始 陰盡則陽生 陽盡則陰生 一陰一陽而太極無不在焉 此太極 所以萬化之樞紐 萬品之根柢也.『율곡전서』권9: 19. 이상익(2002: 289, 각주 21).

차례다. 먼저, 천지만물의 이는 곧 태극일 뿐이고 그 기는 음양일 뿐이라는 명제를 발견한다.[8] 여기서 율곡은 이기 사이의 관계가 지니는 오묘한 의미(理氣之妙)를 제시한다. "이기지묘란 보기도 어렵고 말하기도 어려운데 내용인 즉 기는 이와 떨어질 수 없고 이는 기와 떨어질 수 없는 관계에 있기 때문이고, 이 말은 또 이기가 하나라는 말이다."[9] 이 언명은 다시 율곡이 선유들을 인용하여 자신의 이기론을 전개하는 원리의 하나로 사용한 "이기는 하나이면서 동시에 둘이 하나다"(理氣一而二而一)라는 명제를 불러온다. 그것이 어째서인가 하면 이기는 서로 떨어질 수 없지만 묘합한 가운데 이는 스스로 이이고 기는 스스로 기여서 섞여서 틈이 없고 앞과 뒤도, 이합도 없이, 둘로 보이지 않기 때문에 둘이 아니라는 말이다. 이러한 이기 '일이이이일'이라는 명제의 근거로 율곡은 정명도의 "기 또한 도요 도 또한 기"(器亦道 道亦器)라는 주장과 주자의 "이는 스스로 이요 기는 스스로 기여서 협잡하지 않는다"(理自理氣自氣不相挾雜)는 언명에 기초하였다. 이것이 바로 이기지묘다.[10]

위의 인용문에서 태극은 이를 표상하고 음양은 기를 뜻하는 것으로 해석할 때, 그 관계의 성격은 1) 원리(이)는 현상(기)의 근거이고, 2) 그 둘은 필연적인 관계이며, 3) 이 둘은 항상 서로 결합하여 사물을 이룬다고 해석할 수 있다. 다만 그 기능에서 이는 주도력을 인정하는 데서 차이가 난다. 이기의 관계는 원리(所以然, 理)와 현상(所然, 氣)의 관계로서, 이는 기의 주재이며 이가 없이는 기의 근거가 없다는 것으로 파악한다.[11] 다만, 이와 같은 성리학의 일반론에 기초한 율곡의 철학은 자못 독자적인 것으로 전개한다. 그러한 독자적 관점의 기초는 위의 인용문에 나타

---

8) 天地萬物之理 則一太極而已 其氣 則一陰陽而已.『율곡전서』권5, 황의동(2002a: 143, 각주 1).

9) 理氣之妙 難見亦難說…氣不離理 理不離氣 夫如是 則理氣一也.『율곡전서』권10. 황의동(2002a: 143, 각주 1).

10) 旣非二物 又一物 非一物 故一而二. 非二物 故二而一也…理氣雖相離不得 而妙合之中 理自理氣自氣 不相挾雜 故非一物也. 非二物者何謂也? 雖曰理自理氣自氣 而渾淪無間 無先後無離合 不見其爲二物 故非二物.『율곡전서』권10. 황의동(2002a: 156, 각주 65, 66).

11) 夫理者氣之主宰也 氣者理之所乘也 非理則氣無所根底 非氣則理無所依著.『율곡전서』권10. 황의동(2002a: 145, 각주 10).

나는 '생'(生)의 의미 해석의 차이다. 주자가 "이에 동정이 있으므로 기에도 동정이 있다. 만약 이에 동정이 없다면 기가 어찌 스스로 동정이 있겠는가?"라고 말한 것에 근거하여 퇴계는 태극이 음양을 생한다는 주장을 한 바 있다. 이에 반하여 율곡은 생자의 의미를 문자 그대로 해석하여 이생기(理生氣), 이동(理動), 이발(理發), 또는 이기호발(理氣互發) 같은 식으로 표현하는 현상 같은 것은 있을 수 없다고 본다.

무한히 생성변화하는 우주의 현상 자체를 『주역』에서는 역(易)이라고 했는데 이를 풀이하여 생생지위역(生生之謂易)이라고 하였거니와 이때 처음 생은 변화 다음 생은 전개(혹은 발전)으로 해석할 수 있고 그러한 변화와 전개라는 끊임없는 변화의 원리가 바로 태극이요 이것이 이다. 그러한 원리로 생성하는 양의(兩儀)인 기가 음양이라는 것이 송대 성리학의 주장이다. 율곡은 그에 반하여 이기가 서로 다를 수는 있어도 이가 기를 초월하여 실재할 수가 없다는 것이다. 애초에 『역경』에서 "역유태극 시생양의"라고 한 것은 이가 먼저 있고 기는 없던 것을 태극이 만들어 낳았다는 뜻이 아니고, 음양이 본래 있는데 그 본(本)이 되는 것이 태극 즉 이라는 말이다. 또한 주렴계의 주장대로 태극이 움직이면 양을 생한다는 말은 태극 즉 이가 음양기의 추뉴근저라는 말이지 결코 이가 무에서 음양의 기를 만들어낸다는 뜻이 아니라는 것이 율곡의 주장이다. 원래부터 이기는 혼융해 있고(理氣混融) 서로 떨어질 수 없으므로(相不離) 음양의 시초(陰陽之始)가 따로 없다는 뜻이다. 따라서 존재의 세계는 시작과 마지막이 없이 항시 생생하며 변화는 자연적 사실의 세계일 뿐이다(김종문, 2002: 204). 결국 이의 근원(理之源)이 하나면 기의 근원(氣之源)도 하나이며 여기에 이일만수(理一萬殊)의 이론이 등장한다. 이는 하나인데 만 가지 이기도 하다는 원리다. 이가 하나임은 이의 체(體)이고 이가 만 가지임은 이의 용(用)이기 때문이다. 기가 유행해서 고르지 못하고 가지런하지도 못하면(參差不齊) 이 역시 유행해서 참치부제 하다고 보았다.[12]

---

12) 夫理之源而一而已矣 氣之源一而已矣 氣流行而參差不齊 理亦流行而參差不齊 氣不離理理不離氣. 『율곡전서』 권10. 김종문(2002: 204), 각주 46.

리에 진실로 체용이 있다. 하나의 근본인 리는 체요 만 가지로 다른 리는 리의 용이다. 리가 어떻게 만 가지로 다른가? 기가 같지 아니하므로 기를 타고 유행함에 만 가지로 다름이 있다. 리가 어떻게 유행하는가? 왜냐하면 리가 그 기틀을 타기 때문이다.[13]

그러면 이와 기는 각각 어떤 성질의 것이며 그 상호관계는 어떠한 지를 묻게 된다. 먼저, 주자가 말한대로 율곡도 이는 형이상자요 기는 형이하자라고(理形而上者也 氣形而下者也) 규정한다. 여기에 율곡이 제안한 명제는 이무형무위이 기유형유위(理無形無爲而 氣有形有爲), 이통기국(理通氣局) 및 기발이승일도(氣發理乘一途)라는 원리로 집약한다. 이미 성리학에서는 형체도 없고 하는 일도 없으면서 형체가 있고 활동하는 기의 주재가 되는 것이 이(理)요, 형체가 있고 일도 하면서 무형무위한 이의 그릇(器)이 되는 것이 기(氣)라는 논리를 제시한 바 있으므로, 율곡은 이에 의지하여 퇴계의 호발설을 비판하는 근거로 삼았다. 결론적으로, 이는 형체도 없고 기는 형체가 있으므로 이통기국이며 이는 하는 일이 없고(무위) 기는 일을 할 수 있으므로(유위) 기발이승일도 뿐이라고 한다.
　여기서 이통기국의 의미를 새겨보자. 우선 이통이란 무엇인가?[14]

이가 통한다는 것이 무엇을 말합니까. 이는 본말(本末)도 없으며 선후도 없읍니다. 본말도 없고 선후도 없으므로 응하지 아니하였을 때도 먼저가 아니며 이미 응한 것도 뒤가 아닙니다. 이러므로, 이가 기를 타고 흘러가서 천차만별하여 같지 않아도 그 본연의 묘리(妙理)는 없는 데가 없읍니다. 기가 편벽한 곳에는 이도 역시 편벽하나, 편벽한 바는 이가 아니라 기이며, 기가 온전하면 이 역시 온전하나 온전한 바는 이가 아니라 기입니다. 맑음·탁함·순수함·잡됨·찌꺼기(糟粕)·재(煙燼)·거름(糞壤) 가운데도 이가 있지 않은 것이 없어 각각 그 성(性)이 되나, 그 본연의 묘함은 그대로 같습니다. 이것이 이가 통한다는 것입니다.[15]

---

13) 理有體用 固也 一本之理 理之體也 萬殊之理 理之用也 理何以有萬殊乎 氣之不齊 故乘氣流行 乃有萬殊也 理何以流行乎 氣之流行也 理乘其機故也. 민족문화추진회,『국역 율곡집 I』「답안응휴」(1976c: 670). (김종문, 2002: 205).
14) 민족문화추진회,『국역 율곡집 I』「답성호원」(1976c: 211－212).
15) 理通者 何謂也 理者無本末也 無先後也 無本末無先後 故未應不始先 已應不是後 是故

이어서 율곡은 기국의 해설을 다음과 같이 제시한다.[16]

> 기가 국한한다 함은 무엇인가 하면, 기는 벌써 형적에 겸은 것입니다. 그러므로 본말이 있고 선후가 있습니다. 기의 근본은 맑고 깨끗할 뿐이니 어찌 찌꺼기·재·거름의 기가 있겠읍니까마는, 그것이 오르락내리락(昇降)하면서 날고 드날려(飛揚) 조금도 쉬지 않으므로, 천차만별로 변화가 생깁니다. 기가 흘러갈 때에 그 본연을 잃지 않은 것도 있고, 그 본연을 잃은 것도 있으니, 이미 본연을 잃으면 본연의 기는 벌써 있는 데가 없습니다. 편벽한 것은 편벽한 기요 온전한 기가 아니며, 맑은(淸) 것은 맑은 기(淸氣)요 탁한 기(濁氣)가 아니며, 찌꺼기와 재는 찌꺼기와 재의 기요 맑고 깨끗한 기는 아닙니다. 이는 만물에 어디서나 그 본연의 묘가 그대로 있지 않는 것이 없지마는 기는 그렇지 아니한데, 이것이 이른바 국한된 기(氣之局)입니다.

이제 논의의 초점은 이발기발의 문제다. 우선 퇴계는 이의 작위를 긍정하여 이기가 상호 발한다는 주장을 한 것인데, 율곡은 "리에 운동이 있고 작위가 있다고 하니, 이것이 리기를 알지 못하는 까닭이다. 주자가 말한 바 천도의 유행이라는 것은 리가 기를 탄 것을 가리킨 것이다."라며 이를 어찌 의심하리오 하고 반박한다.[17] 다시 말해서 여러 가지 변화 속에서 고르지 못하고 가지런하지 않은 다양한 모습이 드러나는 현상은 기의 작용 때문이지만 이가 그 기에 올라타서 그와 마찬가지의 다양한 변화를 일으키는 이유는 바로 이라는 것이라 하여 발하는 것은 기요 발하

乘氣流行 參差不齊 而其本然之妙 無乎不在 氣之偏則理亦偏而所偏非理也 氣也 氣之全則理亦全而所全 非理也 氣也 至於淸濁粹駁糟粕煨燼糞壤汚穢之中 理無所不在 各爲其性 而其本然之妙…此之謂理之通也. (민족문화추진회, 『국역 율곡집 I』 「답성호원」 1976c: 651 – 652).

16) 氣局者 何謂也 氣已涉形迹 故有本末也 有先後也 氣之本 則湛一淸虛而已 曷嘗有糟粕煨燼糞壤汚穢之氣哉 惟其昇降飛揚 未嘗止息 故參差不齊而萬變生焉 於是氣之流行也 有不失其本然者 有失其本然者 旣失其本然則氣之本然者已無所在 偏者偏氣也 非全氣也 淸者淸氣也 非濁氣也 糟粕煨燼 糟粕煨燼之氣也 非湛一淸虛氣 非若理之萬物 本然之妙 無乎不在也 此所謂氣之局也. (민족문화추진회, 『국역 율곡집 I』 「답성호원」 1976c: 212; 652).

17) 而乃以理爲有動有爲 此所以不知理氣也 朱子所謂天道流行者 指理之乘氣者也. (민족문화추진회, 『국역 율곡집 I』 「답안응휴」 1976c: 670).

는 까닭이 이라는 결론을 제시한다. 그래서 기발이승일도만이 있을 뿐이어서, 이가 별도의 작용을 한다면 이가 무위(하는 일이 없다)하다는 논리는 성립할 수가 없다는 견해를 제시한다(김종문, 2002: 210-211).

(2) 사단칠정론의 이기설

사단칠정 논쟁은 주로 퇴계와 고봉 사이의 긴 세월에 걸친 담론의 교류에 이어 율곡과 우계(牛溪) 성혼(成渾) 사이의 의견교환에서 다시 전개하였는 바, 여기에는 율곡의 사단칠정론만을 요약한다. 율곡은 퇴계의 이기호발설에서 사단은 이발, 칠정은 기발이라는 주장에 반하여 위의 이기론에서 밝힌대로 사단칠정 또한 둘이 아님(四端七情 亦非二情也)을 분명히한다(민족문화추진회, 1976b: 672; Ching, 1985: 303-322). 사단이나 칠정은 인간의 정(情)으로서 하나인데 칠정 가운데 선한 정만을 가리켜 사단이라 한다는 것이다(황의동, 2002b: 252).[18] 이러한 관계 구도에서 기발이승의 논리적 근거를 위에 요약한 이기론에서 찾는다. 퇴계가 칠정은 기가 발하고 이가 타는 것(氣發而理乘之)이고 사단은 이가 발하고 기가 따르는 것(理發而氣隨之)이라 하였으나, 율곡은 이렇게 새로운 해석을 내놓았다(이상익, 2002: 292).

> 사단도 역시 기가 발함에 리가 타는 것이다. 왜냐하면, 어린아이가 우물에 빠지는 것을 본 후에 측은지심(惻隱之心)이 발하는 것인 바, 그것을 보고 측은히 여기는 것은 기이니 이것이 이른비 기발(氣發)이며, 측은의 본(本)은 인(仁)이니 이것이 이른바 리승(理乘)이다.[19]

요컨대, 이는 작위함이 없으나 기는 작위가 가능하므로 기발만이 있을 수 있고 이발은 불가능하다. 하지만 이가 없으면 기발에 의해서 구체화할 형상도 없다. 소발자로서 주재하는 근저인 이가 없으면 기의 발하는 운동

---

18) 夫人之性 有仁義禮智信 五者而已 無他性 情有喜怒哀懼愛惡欲 七者而已 七者之外 無他情 四端 只是善情之別名 言七情 則四端 在其中矣. 『율곡전서』 권 10, 「답성호원」.
19) 四端亦是氣發而理乘之也 何則見孺子入井 然後 乃發惻隱之心 見之而惻隱者 氣也 此所謂氣發也 惻隱之本則仁也 此所謂理乘之也. 『율곡전서』 권 10, 「답성호원」.

도 의미가 없다는 뜻이다. 여기에 다시 이일만수(理一萬殊) 또는 이일분수(理一分殊)의 이론을 더하면 그 뜻이 더 밝아진다. 보기를 들면, 물과 공기를 그릇에 담으면 물은 모나거나 그릇의 모양을 따르며, 공기는 병의 크고 작음을 따른다는 이치로, 측은한 마음의 본인 인(仁), 즉 이는 물과 공기고 그것을 담는 그릇은 기라는 비유다. 따라서 그릇의 성질에 따라 물과 공기의 모양과 부피가 달라진다는 말이다. 이것이 이승(理乘)의 작용을 설명하는 예가 된다. 이는 기에 의착해서 자신이 의착(乘)하는 기의 특성에 따라 수동적으로 다양한 특성을 나타내게 된다는 설명이다. 그래서 이일만수이고 이통기국의 논리가 성립한다(이상익, 2002: 293－295).

율곡의 주요 저술은 『성학집요』(聖學輯要), 『격몽요결』(擊蒙要訣), 『소학집주』(小學集註), 『동호문답』(東湖問答), 『기자실기』(箕子實記), 『향약』(鄕約), 「학교모범」(學校模範), 「경연일기」(經筵日記) 등이 있다. 율곡 철학의 개관은 이로써 마무리하고 다음 주제로 옮긴다.

4. 조선 유학의 심학

심학(心學)이라는 용어는 흔히 유학의 성리학(도학)과 대비해서 양명학의 전통으로 분류하지만 내용적으로는 성리학에서도 심학 혹은 심론을 다루기 때문에 여기서는 이러한 유학의 공통과제로서 심학을 정리하기로 한다(금장태, 2003: 47). 그리고 이 심학을 다룰 때는 대체로 마음 다스림의 실천 문제와 더불어 공부의 방법 즉 인식론과도 연관을 지어 논의하는 수가 있다. 따라서 본 고에서는 심학의 주제를 중심으로 유학의 일반적인 가치론과 인식론을 동시에 논의하게 될 것이다. 이를 위해서 먼저 퇴계의 마음의 철학부터 고찰한다.

1) 퇴계의 마음의 철학

마음을 서방 학자들은 mind/heart라는 말로 번역하는 관행이 특징인데, 우리가 말하는 마음에는 mind 즉 의식과, heart 곧 감성을 동시에 품고 있음을 암시하는 표현법이다. 성리학은 이 마음이 인간의 '성정'(性情)을 통활한다(거느린다)고 본다. 퇴계의 『성학십도』 중 여섯 번째 그림을 「제육심통성정도」(「第六心統性情圖」)라 이름하였다(민족문화추진회, 1976a: 148). 여기서도 성은 mind에 해당하고 정은 heart를 가리킨다고도 볼 수 있다는 말이다. 이런 내용을 길게 설명하기보다 일종의 표로 정리함이 더 깔끔할 듯하다([표 3-2] 참조).

[표 3-2] 마음의 본성과 작용

심(心)	
마음의 구성	性(體, 本體) (仁義禮智)	情(用, 作用)
마음의 근원	理(天理之性, 本然之性)	氣(氣質之性)
이기의 성격	形而上의 道 (天道)	形而下의 器 (陰陽五行) (其氣故有淸濁之分)
이기의 작용	理發氣隨(靜) (四端: 惻隱, 羞惡, 辭讓, 是非) (純善) (必理發未遂而 揜於氣然後流爲不善)	氣發理乘(動) (七情: 喜怒哀懼愛惡欲) (無有不善) (若氣發不中而 滅其理則放而爲惡也)
마음의 성질	道心(本心, 良心, 赤子心, 大人心, 진리의 마음)	人心(人欲, 신체적 욕구, 개인적 사적 욕망)

약간의 풀이가 필요하다(민족문화추진회, 1976a: 147-150; 이동준, 1983: 376-381; 홍승균·이윤희, 2007: 187-189; 406). 우선 성리학의 인간관에서는 인간은 하늘에서 품부한 본연의 성(本然之性)을 지니는데, 이것은 천명의 성(중용, 자사(子思)), 성선의 성(맹자), 즉리의 성(정자(程子)), 천지의 성(장자(張子)), 혹은 천리의 성(주자) 등으로 표현한다.[20] 그

러한 마음의 특성을 표에 적은 것을 토대로 하나씩 정리해보자. 기본 전제는 임은(林隱) 정씨(程氏; 이름 복심(復心))가 말한대로 사람이 오행의 빼어난 점을 받고 태어나서 오성(五性)을 구비해 있고 오성이 동하는 데서 칠정이 나오므로 대개 성정을 거느리는 것이 마음이라 한다.[21]

첫째, 그러한 마음의 구성은 마음이 적연히 움직이지 않음이 성(性)이 되고 이것이 마음의 근본(體)이요, 감동하여 정(情)이 되는 것이 마음의 쓰임(用)이다. 그래서 장자가 마음이 성과 정을 거느린다 말한 것이 당연하다는 것이다. 마음이 성을 통활하므로 인의예지가 성이 되고, 또한 인의의 마음이라고 한 말도 있으며, 마음이 정을 통활하기 때문에 측은히 여기고(惻隱), 미워하고 부끄러워하며(羞惡), 사양하고(辭讓), 옳고 그름을 따지는 것(是非) 등이 정이 되는데, 또한 이를 일컬어 측은한 마음, 수오 사양시비의 마음이라고 한다.

마음이 성을 제대로 거느리지 못하면 희로애락이 미쳐 발현하지 않은 미발지중(未發之中, 잠재적 동기의 건전성)을 극치로 할 수 없어서 성이 훼손당하기 쉽고, 마음이 정을 바르게 거느리지 못하면 그 희로애락이 발현하여 절도에 맞는 상태(中節之和, 현재적 정동의 적절성)를 극치로 할 수 없어서 정이 방탕하기 쉽다. 그러므로 이를 알아서 반드시 먼저 그 마음을 바르게 하고 그 성을 기르고 그 정을 절제하면 배우는 방법이 얻어질 것이라는 임은 정씨의 말을 퇴계가 인용하고 있다(민족문화추진회, 1976: 147－148; 한형조, 2018: 380).[22]

둘째, 이제 본격적으로 마음의 내용을 살펴보기 위해 마음이란 어떤 것인가? 라는 질문에 대답하는 퇴계의 「제팔심학도설」(「第八心學圖說」)을

---

20) 就氣稟中 持出本然之性不雜乎氣稟而爲言 子思所謂天命之性 孟子所謂性善之性 程子所謂卽理之性 張子所謂天地之性是也 (민족문화추진회, 1976a: 515－516).
21) 言人稟五行之秀以生 於其秀而五性具焉 於其動而七情出焉 凡所以統會其性情者則心也 (민족문화추진회, 1976a: 515).
22) 故其心寂然不動爲性 心之體也 感而遂通爲情心之用也 張子曰心統性情斯言當矣 心統性故仁義禮智爲性 而又有言仁義之心者 心統情故 惻隱羞惡辭讓是非爲情 而又有言惻隱之心羞惡辭讓是非之心者 心不統性則無以致其未發之中而性易鑿 心不統情則無以致其中節之和而情易湯 學者知此必先正其心 以養其性而約其情則學之爲道得矣 (민족문화추진회, 1976a: 515).

참조한다. 위에서 마음이 인간이 타고난 성정을 거느린다 했거니와, 그러한 마음 자체는 어떤 성질을 띠는가? 역시 임은 정씨에 의하면, 마음에는 이기적인 인욕에 물들어 혼탁하지 않은 어린아이의 마음(赤子心)과 같은 양심(良心)이 있고, 욕심에 눈을 뜬 사적인 충동으로서 인심(人心)이 있다. 아울러 덕이 높은 대인의 마음은 우주적 가치(義理)를 갖춘 본심(本心)이고, 그 의리를 깨달은 진리의 마음 혹은 '공적 충동'이라 할 수 있는 것은 도심(道心)이다. 그렇다고 가슴 속에 두 개의 마음이 따로 있는 건 아니고 실은 누구나 신체라는 형기(形氣)를 가지고 있으니 사적인 충동(인심)이 없을 수 없고, 또 동시에 인간의 본성은 성명(性命)이라는 우주적 근원에 뿌리를 두고 있으므로 도덕적 충동으로서 도심으로 드러나는 것이다(민족문화추진회, 1976: 153; 張立文, 1990: 44−45; 한형조, 2018: 576).[23]

위의 [표 3−2]에서 이처럼 도심과 인심이 갈리는 원리를 성리학의 이기론에서 잠시 개관하겠다. 이기의 작용으로 마음의 상태를 비교할 때, 사단이라는 정서적 요소도 이발기수(理發氣隨), 즉 이가 발동하고 기가 조용히(靜) 따르면 순수하게 선하여(純善) 악이 없지만, 이가 발하여 미쳐 제 기능을 수행하지 못한 상태에서 기에 가려져 버리면 불선으로 흘러간다. 한편, 칠정도 기가 발현해서 이가 올라타 움직이는 형국이면, 이 또한 불선함이 없지만, 만약에 기가 발현해서 절도에 맞지 못하면 그 이를 파괴시키기 때문에 방자하여 악이 되고 만다(민족문화추진회, 1976a: 149; 한형조, 2018: 415).[24] 여기서 인심과 도심이 갈리는 계기가 드러난다.

다만 도심과 인심의 성질을 비교할 때, 성명과 형기라는 촉발의 동기가 다르기 때문에, 말하자면, 도심의 목소리는 아주 미약하고, 인심은 강력하므로 위태롭다(한형조, 2018: 546).

---

23) 赤子心是人欲未泊之良心 人心則覺於欲者 大人心是義理具足之本心 道心則覺於義理者 此非有兩樣心 實以生於形氣則皆不能無人心 原於性命則所以爲道心 (민족문화추진회, 1976a: 517−518).

24) 如四端之情理發而氣隨之 自純善無惡 必理發未隨而揜於氣然後流爲不善 七情之情氣發而理乘之亦無有不善 若氣發不中而滅其理則放而爲惡也 (민족문화추진회 1976a: 516).

그래서 인심은 늘 위태 불안하고, 반면 도심은 미약해서 잘 관찰하지 못한다. 사람은 다들 신체를 가지므로 상지(上智: 현자)도 다 인심을 갖고 있고, 한편 인간은 누구나 (영원의) 본성을 갖고 있으므로 하우(下愚: 무지한 자)라고 해서 도심이 없을 수 없다. 이 둘이 마음에서 뒤섞여 나오는데, 이를 통제하고 다스리지 못하면 위태로운 것은 더 위태로워지고, 미약한 것은 더욱 미약해진다. 그리하면 천지(天地)의 공(公)이 인욕(人欲)의 사(私)를 굴복시키지 못하게 된다.[25]

이러한 즉, 이제는 그와 같은 공적인 충동으로서 도심이 인심에 묻혀 사사로운 욕심으로 흘러가는 것을 막기 위한 처방이 나와야 한다. 요약하면, 마음이 이기를 겸하고 성정을 통활(통섭)하는 중심인데, 성이 발현하여 정이 되는 그때가 바로 마음의 낌새(幾微)요 온갖 활동과 변화의 관건이니 선악이 갈라지는 분기점이다. 그러하다면, 공부하는 사람은 무엇을 해야 하는가? 경의 유지(持敬)에 집중하여 이(理)와 욕(欲)의 분별에 혼미하지 않고, 여기에 더욱 삼가 노력하여 아직 발현하지 않은 미발에 존양(存養)의 공부를 깊이 하고, 이미 감정으로 발현한 뒤라면 반성하고 관찰하는 습성을 익혀 진정으로 축적하고 오래 지속적 노력을 그치지 않는다면, 이른바 정일집중(精一執中; 욕망의 가치를 분별하고, 합리를 구현하기)의 성학(聖學)과 존체응용(存體應用; 자신의 본질을 자각하고, 그것을 일상에서 구현해 나가기)의 심법이 모두 다른 데서 구하지 않고 여기서 취득할 수 있다(민족문화추진회, 1976a: 150; 한형조, 2018: 423).[26]

이런 공부는 어떤 원리에 기초하며 이를 실천하는 방법은 무엇인지를 물을 차례다. 여기에는 두 가지 길이 있다. 하나는 알인욕(遏人欲)이고 두 번째는 존천리(存天理)다. 알인욕이란 인심의 위태로움을 제어하는 길이고, 존천리는 도심을 보존하는 방법이다. 이를 알려면 퇴계의 「제팔심학도」

---

25) 是以或危殆而不安 或微妙而難見耳 然人莫不有是形 故雖上智不能無人心 亦莫不有是性 故下愚不能無道心 二者雜於方寸之間 而不知所以治之 則危者愈微 而天理之公卒無以勝夫人欲之私矣 (『중용장구』 서, 한형조, 2018: 546).

26) 學者誠能一於持敬 不昧理欲而尤致謹於此 未發而存養之功深 已發而省察之習熟 眞積力久而不已焉 則所謂精一執中之聖學 存體應用之心法 皆可不持外求而得之於此矣 (민족문화추진회, 1976a: 516).

(「第八心學圖」)를 주목하게 된다. 이 방법에 관한 자세한 해설은 곧 이어 다음 장(제Ⅳ장)에서 다시 논하게 될 것이다(張立文, 1990: 45; 한형조, 2018: 548-574).

2) 율곡 이이의 심학

이제는 율곡 이이의 심성론 혹은 심학을 고찰할 차례다. 기본적으로 율곡의 철학은 일체 존재의 내면 구조를 설명할 때 형이상자인 이(理)와 형이하자인 기(氣)로 이루어져 있다는 전제 위에 논의를 전개한다. 앞에서 살펴본 대로 이 양자는 시간적 선후나 공간적 이합이 없이 본래 오묘하게 함께 한다는 이른바 '이기지묘'(理氣之妙)의 논리다. 그러므로 율곡의 심학 내지 인성론도 이러한 기본적인 구도에서 접근하는 것이 유용하다는 관점을 가지고 접근하기로 한다. 이를 위해서는 심(心), 성(性), 정(情), 의(意), 지(志)와 같은 기초개념을 이해할 필요가 있고, 나아가 인심도심을 파악하는 일이 주가 된다(황의동, 2002b: 235-236).

(1) 기초개념의 이해

첫째, 마음(心)은 성·정·의를 주재하는 주체다(心爲性情意之主:「답성호원, 임신」)(민족문화추진회, 1976c: 636).

둘째, 성과 기가 합해서 한 몸의 주재가 되는 것이 마음이고(合性與氣而爲主宰於一身者 謂之心:「인심도심도설」)(민족문화추진회, 1976c: 704) 몸은 마음의 그릇이라 주체가 올바르면 그릇 또한 마땅히 바르다(心爲身主 身爲心器 主正則器當正:『성학집요』) (민족문화추진회, 1976d: 617).

셋째, 마음은 성·정·의·지를 모두 포괄하는 개념으로 정신능력의 일반을 의미하며, 그 마음이 현상에 따라 작용이 다름을 달리 이름한 것이라 하였다. 이를 좀더 자세히 이해하도록 위 네 가지 마음의 작용의 관계를 이렇게 설명하고 있다(황의동, 2002b: 237-238).

성은 심의 이치요, 정은 심의 움직임이다. 정이 움직인 후에 정에 비롯되어 계

산하고 비교한 것이 의이다. 만약 심과 성을 둘이라 한다면 도(道)와 기(器)가
서로 떠날 수 있을 것이며 정과 의가 둘이라면 인심에도 두 근원이 있을 것이
니, 어찌 크게 어긋나지 않겠는가? 모름지기 성·심·정·의가 단지 한 길인데
각각 경계가 있음을 안 연후에야 그릇됨이 없다 할 것이다. 무엇을 한 길이라
하는가? 심이 아직 발하지 아니한 것은 성이요, 이미 발한 것은 정이며, 정이
발한 후에 헤아리는 것이 의로서, 이것이 한 길이다. 무엇을 각각 경계가 있다
하는가? 고요해서 움직임이 없는 때가 성의 경계요, 느끼어 마침내 통하는 때
가 정의 경계이며, 느낀 바에 인해서 계산하고 비교하고 헤아리는 것이 의의
경계이다. 단지 한 마음인데 각각 경계가 있을 뿐이다.[27]

넷째, 사람의 마음은 온갖 이치를 갖추고 있고(人之一心 萬理全具) 그
본체는 담연허명(湛然虛明)하지만, 그 허령함은 특별히 성이 있어서만이
아니라 지극히 통하고 지극히 올바른 기가 엉켜모여서 심이 되기 때문이
다(心之虛靈 不特有性而然也 至通至正之氣凝 而爲心). 즉 마음의 특성에서 이
와 기의 공동의 중요성을 강조한 것이다.

다섯째, 나아가 마음이 곧 기라는 관점을 내세운다. 율곡은 「답안응
휴」(答安應休)에서 "그러므로 성은 이이고 마음은 기요 정은 이 마음의
움직임이다"(是故性 理也 心 氣也 情 是心之動也)라 하였다(민족문화추진회
1976c: 671). 이 논조는 앞서 이기설에서도 밝힌 바대로 기는 이가 의착
하는 그릇이 되는 관계의 확인이다. 마음의 이치로서 성은 마음의 그릇
인 기에 담겨야만 마음 자체의 존재가 가능하고 기능을 발용할 수 있는
것이다.

여섯째, 결론적으로 율곡은 마음을 규정함에서도 이기지묘 또는 기발
이승의 이기설의 구조를 그대로 원용함으로써 마음의 현상을 구체화하고
자 하였다.

---

27) 性是心之理也 情是心之動也 情動後緣情計較者爲意 若心性分二 則道器可相離也 情意
分二 則人心有二本矣 豈不大差乎 須知性心情意 只是一路而各有境界 然後可謂不差矣
何謂一路 心之未發爲性 己發爲情 發後商量爲意 此一路也 何謂各有境界 心之寂然不
動時是性境界 感而遂通時是情境界 因所感而紬繹商量爲意境界 只是一心各有境界
(「잡기」(雜記), 민족문화추진회, 1976c: 706).

물론 율곡은 이기설 외에도 기질지성과 본연지성 및 칠정과 사단의 논리로도 마음의 성질을 규명하고자 하였다. 그러나 본고에서는 이 심학의 윤리적 관점에 직접적인 관심을 가지므로 그러한 성리학적 담론은 잠시 접어두고 인심도심설을 다음의 주제로 삼고자 한다.

(2) 인심과 도심

위에서 퇴계의 심학을 논할 때 이미 인심은 위태롭고 도심은 미약하다는 『서경』(書經)의 문구를 언급하였다. 율곡도 그의 심학 혹은 심성론에서 인심도심의 주제를 비중 있게 취급하였다. 우계 성혼과 나눈 논변의 거의 대부분이 이에 관한 것일 정도다. 퇴계는 인심과 도심의 차이를 이발기발의 이원적 이기설에 기초하여 해명하였음을 보았다. 그러면 율곡의 생각은 어떤가? 그는 주기설의 기발이승의 원리로 설명한다(황의동 2002b: 256－265).

우선 율곡의 기본적인 관점부터 살펴보면, 인심과 도심이 둘이 아니다(人心道心 非二心也)(민족문화추진회, 1976c: 672). 인심과 도심은 결국 하나인데, 마음이 어떤 의지의 지향으로써 작용하는지에 따라 구별이 생긴다. 인심과 도심이 근원은 한 마음인데, 그 발함에서 이의(理義)를 위한 마음이 도심이 되고 식색(食色)을 위한 것이 인심이 된다.[28] 또한 인심과 도심의 차이가 생기는 근원을 마음의 내부에 있느냐 아니면 외부에서 받는 느낌으로 말미암느냐 하는 문제가 있어서 퇴계는 마음 안에서 나오는 것이 도심이요 바깥의 느낌에서 오는 것이 인심이라 했으나, 율곡은 인심도심이 모두 마음 안에서 나온 것인데 그 움직임이 외부의 느낌에서 유래한다고 보아 기발이승의 이기설로 설명하고자 하였다.[29] 그리하여, 인심과 도심의 차이가 마음의 작용의 요인에 따라 나타난다는 것을 부연한다. 마음의 작용이 도의로 인하여 감발하면 그 마음이 순수한 천리의 소산이므로 선하여 악함이 없지만, 인심은 마음이 발용할 때 형기가 감

---

28) 人心道心 雖二名 而其原則只是一心 其發也或爲理義 或爲食色 故隨其發而異其名, 『답성호원』, (민족문화추진회, 1976c: 640).

29) 蓋退溪則以內出爲道心 以外感爲人心 珥則以爲人心道心 皆內出而其動也 皆由於外感也, 『답성호원』, (민족문화추진회 1976c: 653).

발한 마음으로 천리의 성질과 인욕의 성질을 함께 지니기 때문에 선할 수도 악할 수도 있다는 것이다.[30]

이 정도의 기본 이론에서 우리는 이제 인심도심의 윤리론적 관계를 유추하는 율곡의 논리를 살피기로 한다. 어차피 마음을 논하는 궁극의 이유는 사람의 행위를 좌우하는 마음을 어떻게 다스리는가를 탐구하는 데 있다. 그러므로 인심도심의 상위종시설(相爲終始說)을 고찰함으로써 거기서 인간의 의지가 얼마나 중요한지를 알게 되고자 함이다. 율곡의 주장을 들어보자(황의동, 2002b: 263).

> 인심도심이 서로 끝이 되고 시작이 된다 함은 무엇을 말하는가? 지금 우리의 마음이 처음에는 성명(性命)의 바름에서 바로 나왔으나 혹 순할 수 없어 마침 내 그 사이에 사의(私意)가 섞이면, 이는 도심으로 시작해서 인심으로 끝마치 게 되는 것이다. 혹 형기에서 나왔으나 올바른 리에 어긋나지 않으면 진실로 도심에 틀리지 않은 것이며, 혹 바른 이치에 어긋나더라도 그릇됨을 알고 고쳐 서 욕심에 따르지 않으면 이는 인심으로 시작해서 도심으로 끝나는 것이다.[31]

요는 인심과 도심은 의(意)를 겸한 까닭에 고정적이지 않고 인심의 도심화와 도심의 인심화가 가능하게끔 인간의 마음의 '의'의 정향에 따라 가변적 결과를 초래하므로 결국 의지가 중요하다는 율곡의 논지는 그의 철학의 한 가지 특징이 된다. 여기서 우리는 율곡의 마음의 이론은 인간을 주체적 존재로 파악하는 것으로, 고정적이고 정태적이 아니라 자유의 가능성을 갖는 가변적이고 생장적(生長的)인 존재로 파악하는 것임을 알 수 있다. 예를 들어, 성인의 혈기도 보통사람과 같을 뿐이라 주리면 먹고 싶고 추우면 입고 싶은 것은 성인도 면할 수 없으니 성인이라 하여 인심이 없을 수 없는 법이다.[32] 도심이란 순전히 천리이므로 선하고 악함이

---

30) 道心 純是天理故有善而無惡 人心也 有天理也人欲也 故有善有惡, 「인심도심설」(민족문화추진회, 1976c: 704).

31) 人心道心 相爲終始者 何謂也 今人之心 直出於性命之正 而或不能順而遂之 閒之以私 意 則是始以道心而終以人心也 或出於形氣而不咈乎正理 則固不違於道心矣 或咈乎正 理而知非制伏 不從其欲 則是始以人心終以道心矣(민족문화추진회, 1976c: 636).

32) 聖人之血氣與人同耳 飢欲食渴欲飮寒欲衣 癢欲搔亦所不免 故聖人不能無人心(민족문

없지만, 인심도 천리이기도 하고 인욕이기도 하므로 선할 수도 있고 악한 수도 있다.[33] 고로 율곡은 인심이 곧 인욕이라고 보지는 않고, 형색이 곧 천성이니 인심 또한 선하지 않으랴마는 문제는 지나치고 부족함이 있어서 악에 흐를 뿐이라는 것이다.[34] 그러므로 인심을 인간의 의지로써 절제하고 도심을 확충하는 일이 중요해진다.[35] 여기에 율곡의 가치론적 인간학을 발견한다.

구체적으로는 도심이란 다만 지킬뿐인데, 인심은 인욕에 흐르기 쉬우므로 비록 선하지만 또한 위태로우니 마음을 다스리려는 자는 일념으로 뜻을 발현하여 도심은 확충할 줄 알고 인심은 정밀하게 살필 줄 알아서 도심으로 인심을 절제함으로써 인심이 항상 도심의 명령에 따르도록 해야만 비로소 인심도 도심으로 바뀔 수가 있다는 것이다.[36] 이것이 그의 치심, 즉 마음 다스리기의 실천 원칙이라 할 수 있다. 이러한 마음 다스림을 일상의 행동으로 실천하는 법은 추후(제Ⅳ장)에 따로 선비의 처신 혹은 지신(持身)을 다룰 때 자세히 살펴볼 것이다.

5. 조선 선비의 인식론과 가치론

철학의 구도를 존재론, 인식론 및 가치론으로 볼 때, 유가의 철학적 담론에서 인식론이 차지하는 비중은 일단 상대적으로 미약한 편이라 할 것이다. 득히 유가의 인식론적 관심은 언제나 노덕석인 분제와 깊은 연관 속에서 전개하는 특징이 있다. 여기서 인식론과 가치론을 동시에 거

화추진회, 1976c: 646).

33) 道心 純是天理故有善而無惡 人心也 有天理也 有人欲 故 有善有惡(민족문화추진회, 1976c: 704)(상기 각주 30) 참조).

34) 夫形色 天性也 人心亦豈不善乎 由其有過有不及 而有於惡耳(민족문화추진회, 1976c: 645).

35) 大抵人心不可滋長 而節約爲貴 道心宜保養 而推廣爲美也(민족문화추진회, 1976c: 760).

36) 道心 只可守之而己 人心易流於人欲 故雖善亦危 治心者於一念之發 知其爲道心則擴而充之 知其爲人心則精而察之 必以道心節制而人心常聽命於道心(민족문화추진회, 1976c: 704).

론하는 이유는 이른바 지식과 행동의 상호관계가 곧 인간의 실천을 다루는 가치론의 문제로 이어지기 때문이다. 이러한 논의를 바탕으로 다음 장(제IV장)에서 본격적으로 이상적 사회와 인간상을 고민하는 선비의 실천을 주제로 삼게 되는 순차적 의미도 있다.

그러므로 이제는 성리학적 인식론의 대강을 퇴계와 율곡의 이론을 요약하는 일로 대신한다. 대체로 유가적 인식론의 문제는 크게 두 가지로 집약할 수 있다. 하나는 격물치지(格物致知)요 다른 하나는 지행(知行) 상관성이다. 격물치지는 『대학』(大學)의 서두에서 "자기 자신을 닦고 세상을 다스리는 방법 여덟 조목(八條目)"을 언급하는 문맥에서 다음과 같이 등장하는 개념이다(김학주, 2009: 9).

> 옛날의 온 천하 사람들이 자신의 올바르고 밝은 덕을 밝히도록 하려던 이는 먼저 그의 나라를 잘 다스렸고, 그의 나라를 잘 다스리려던 이는 먼저 그의 집안을 질서 있게 가지런히 하였고, 그의 집안을 질서 있게 가지런히 하려던 이는 먼저 그 자신을 닦았고, 그 자신을 닦으려던 이는 먼저 그의 마음을 바르게 하였고, 그의 마음을 바르게 하려던 이는 먼저 그의 뜻을 정성스럽게 하였고, 그의 뜻을 정성스럽게 하려던 이는 먼저 그의 앎을 지극히 발전시켰는데, 앎을 지극히 발전시키는 일은 사물에 관한 이치를 연구함으로써 이루어진다.[37]

바로 이어서 이 순서를 뒤집어, 사물에 마주하여 그 이치를 연구한 뒤에야 앎이 지극한 경지까지 발전하게 된다(物格而后知至)로 시작하여 천하가 평화로워진다로 마무리하는 문구가 따른다. 유학 사상의 역사에서는 이 격물치지라는 단어의 해석에 상당한 차이를 보이는 가운데 오늘에 이르렀으므로 이 자리에서 그 개념풀이를 자세히 할 여지는 없다. 우리의 관심사는 조선시대 성리학의 견해라는 점을 생각해서 여기에는 퇴계나 율곡의 이론에 집중하려니와, 이들의 학문은 주자학의 전통 속에서 전개하므로 주자의 개념풀이를 잠시 고찰한다. 주희는 『대학장구』에서

---

37) 古之欲明明德於天下者 先治其國 欲治其國者 先齊其家 欲齊其家者 先脩其身 欲脩其身者 先正其心 欲正其心者 先誠其意 欲誠其意者 先致其知 致知在格物(김학주, 2009: 8).

치지격물의 치(致)는 "극도록 밀고 나가는 것," 지(知)는 마음의 작용(意)이라 표현하는 자각의식, 즉 인간의 본능적인 감각은 물론 모든 올바른 사고와 판단, 이해, 추리 등을 통틀어 말하는 것으로, 치지(致知)란 앎이 극치까지 도달하도록 밀고 나가서 그 앎이 이르지 않는 곳이 없도록 하는 것이라 풀이하였다. 그리고 격물(格物)은 사물의 이치를 그 지극한 경지 즉 궁극에까지 이른다는 말이다(김학주, 2009: 9, 각주 해설).

1) 퇴계의 격물치지론과 지행병진론

퇴계의 격물치지론은 기본적으로 위에서 밝힌 주자의 논지를 수용한다. 우선 인식이란 인간의 마음이 지닌 지각능력으로 사물에 내재하는 법칙적 원리인 이를 알고 깨닫게 되는 과정인데 그 방법이 곧 격물치지라 보았다. 어떤 근거로 이처럼 마음이 사물에 다가가서 관찰만 하면 그 이치를 깨닫게 된다는 말인가? 여기서 성리학적 접근은 마음의 성질과 사물의 성질 사이의 동질성을 주목한다. 인간의 마음은 본래 이와 기가 합하여 생긴 것인데 자연히 '허령'과 '지각'의 묘를 지닌다(理氣合而爲心 自然有虛靈知覺之妙) (『퇴계집』, 卷18; 김종석, 2001: 90에서 재인용). 이때 허령의 '허'는 이기의 '이'에 해당하고 '영'은 이와 기의 결합이다. 그러므로 물체의 본체인 이는 마음의 본체인 허령이 파악할 수 있다는 것이다. 이때 마음이 지각하는 작용은 '능각'(能覺)이고 지각대상인 사물의 이가 '소각'(所覺)이 되는 셈이다(이성부, 2009: 173).

이런 현상을 격물치지의 논리로 풀이하여 퇴계는 격물의 '격'은 '끝까지 캐어낸다'(窮而至)로 보고 격물치지는 사물의 이를 깊이 연구하여 앎을 이루어 궁극에까지 이르는(致知) 공부로 보았다. 이에 대비하여 물격이후지지라 함은 '지'(至)에 무게를 두어 사물의 이치의 지극한 곳에 도달한(물격) 연후에 앎이 이루어지는(至知) 공효(功效)라고 생각하였다. 여기서 마음의 이와 사물의 이가 하나가 된다는 것이다. 퇴계가 처음에는 마음의 지각활동이 사물의 이를 궁구하는 것이고 대상의 이는 수동적으로 마음의 지각을 기다리는 것으로 이해했으나, 후일 기대승이 '이자도설'(理自到說)을 제시하자 '격물'은 내가 궁구해서 사물의 극처(極處)에 이르는 것을 말하지만 '물격'은 물리의 극처가 나의 궁구하는 바에 따라 인식하게 되는 것으로 생각을 고쳤다. 여기에 퇴계의 인식론이 여전히 이의 주관성과 능동성을 인정하는 견해임을 발견한다. 바꾸어 말하면, 사물의 이는 단순히 자연법칙이나 객관적인 이라기보다는 오히려 시비와 선악을 가리는 가치론적인 이, 즉 도덕적 이(道德理)로 간주한다는 점을 주시할 필요가 있다(금장태, 1998: 72－73; 이성무, 2009: 173－174).

격물치지라는 인식론적 방법론의 의미를 현대적인 언어로 표현하자면 일종의 즉물적 관념론(experiential idealism)으로 해석할 수 있다. 즉물적 인식론이란 연구의 대상에 관한 감각적 지각을 중시하는 실증주의적 경험적 인지(positivistic empirical cognition)와 동시에 의식의 직관적 통찰(intuitive insight of consciousness)을 작동하는 방법론을 취한다는 말이다. 객관과 주관을 별개로 생각하지 않고 동시에 인간의 인식을 좌우한다는 논리다(김경동, 1989). 성리학의 관점에도 격물치지를 "대상적 사물에 입각하여 이치를 궁구하는 방법을 중시하여 '사물에 나아가 이치를 궁구함'(卽物窮理)을 강조"한다는 풀이가 있다(금장태, 2003: 128). 이를 두고 퇴계의 인식론을 객관적 관념론이라 지칭하기도 한다(이성무, 2009: 173).

다만 그의 인식론을 단순히 지식의 습득을 위한 방법론으로 치부하지 않고 위에서 지적한대로 마음의 이가 주관적이고 능동적인 이임을 인정함으로써 그러한 이의 작용에 의하여 격물치지로써 터득한 사물의 이가 순전히 사연적인 객관적 이를 넘어 도덕적인 이라는 가치론적 해석을 한다는 것이 퇴계 인식론의 특이성이라는 점에 주목할 것이다. 이제 우리는 퇴계의 공부가 그저 앎을 얻는 희열을 위한 것이기보다는 그 앎을 행동으로 실천하여 온 천지의 만물과 만사가 선하고 옳게 되도록 하는 것을 목표로 삼아 노력해야 한다는 것임을 알 수 있게 된다. 여기에 지(知)와 행(行)의 관계를 다루는 가치론적 인식론의 단서를 발견하기 때문이다.

이 문제를 이해하기 위해서는 우선 왕양명의 지행합일설(知行合一說)을 비판하는 퇴계의 논지를 살펴보는 것이 유익하다. 일찍이 왕양명은 그의 『전습록』에서 "지금 사람들이 강습하고 토론하여 참답게 안 것을 기다려서 바야흐로 행(行)의 공부를 하므로 필경은 종신토록 행하지 못하고, 또 종신토록 알지도 못한다"(陽明謂今人且講習討論 待知得 眞了方 做行的工夫 遂終身不行亦遂終身不知) 하였는데, 퇴계는 그의 「전습론 논변」에서 "이 말이 말학(末學)들의 한갖 논설만을 일삼는 폐단에 꼭 들어맞았다"(此言切中末學徒事口耳之弊)고 반박하였다. 그리고 이어서 그 반론의 정당성을 아래와 같이 서술한다.

> 이 폐단을 구제하려 하여서 억지로 천착(穿鑿)하여 「지행합일」(知行合一)이라는 이론을 만들어 내었는데…의리(義理)에서는 그렇지 않으니, 배우지 않으면 알지 못하고 힘쓰지 않으면 능하지 못하여, 밖에서 행하는 것이 반드시 안에서 진실하지 못하므로 착한 것을 보고도 착한 줄을 알지 못하는 자가 있으며, 착한 것을 알고도 마음으로 좋아하지 않는 자가 있으니, 착한 것을 본 때에 이미 스스로 좋아했다고 말할 수 있는가…불선한 것을 보고도 싫어할 줄 알지 못하는 자도 있으며, 싫은 것을 알고도 마음으로 싫어하지 않는 자가 있으니, 싫은 것을 안 때에 이미 스스로 싫어했다고 말할 수 있는가…양명이 저 형기의 하는 것을 끌어서 의리에 대한 지행의 말을 밝히려 하니, 이것은 크게 불가한 것이다. 그러므로, 의리의 지행을 합하여 말하면 참으로 서로 기다리고 함께 행하여 하나를 결(缺)할 수 없으나, 나누어 말하면 「지」를 「행」이라 할 수 없는 것이 「행」을 「지」라 할 수 없는 것과 같은 것이다. 어찌 하나로 말할 수 있는가.[38]

양명학의 인식론과 지행합일론은 곧 이어 다시 언급하겠지만, 퇴계가 지와 행이 함께 해야 하는 까닭을 왕양명의 지행합일론 비판에서 제시한 내용을 잠시 되새긴다. 또한 퇴계의 실천론 자체도 다음 장(제Ⅳ장)에서 살펴보기로 하고 여기서는 지와 행의 상관성 이론을 마무리하기로 한다. 결국 지와 행의 분리불가론은 그의 실천원리인 거경(居敬)과 인식론인 궁

---

38) 然欲求此弊而强鑿爲知行合一之論…至於義理則不然也 不學則不知 不勉則不能 其行於外者未必誠於內故 見善而不知善者有之 知善而心不好者有之 謂之見善時已自好可乎 見不善而不知惡者有之 知惡而心不 惡者有之 謂之知惡時已自惡可乎…陽明乃欲引彼形氣之所爲 以明此義理知行之說則大不可故 義理之知行合而言之 固相須竝行而不可缺一 分而言之知 不可謂之行 猶行不可謂之知也 豈可合而爲一乎(민족문화추진회, 1976a: 431–432; 638).

리(窮理)의 병행론에서 발견한다. 흥미롭게도 이러한 퇴계의 관심은 이율 곡의 편지에 답하는 문서, 「답이숙헌 이 무오」(答 李叔獻 珥 戊午)에서 아래와 같이 밝힌다.

> 오직 궁리(窮理)·거경(居敬)의 공부에 충분히 노력하면 되는 것인데…<궁리·거경> 두 가지가 비록 서로 머리가 되고 꼬리가 되기는 하지마는, 실은 두 가지의 <독립된> 공부인 것이니, 절대로 단계가 나누어짐을 근심하지 말 것이며, 오직 반드시 <두 가지를> 서로 병행해 나가는 방법으로 해야 합니다…텅 빈 마음으로 이(理)를 살피고, 먼저 자기의 의견을 정해 버리는 일이 없게 할 것이며, 차츰차츰 쌓아 가서 완전히 성숙하게 되는 것이니, 시간과 달로써 효과를 따지지 말아야 합니다. 얻지 않고는 그만 둘 수 없으니, 일생 동안의 공부로 해야 하는 것입니다. <연구하는> 이치가 무르익어 자세히 이해할 수 있게 되고, 경(敬)을 항상 지니는 일을 마음에 오로지 하는 것은 모두 깊이 나아간 뒤라야 스스로 얻을 수 있을 뿐입니다.[39]

이것이 퇴계의 지행병진론(知行竝進論) 혹은 지행호진론(知行互進論)의 요체다. 이 실천의 문제는 다시 다음 장에서 상론하므로 한 마디로 요약하면, "퇴계철학에서의 실천의 문제는 진리의 인식과 사회적 실현을 위한 전제로서 그의 학문체계에서 핵심적 요소였다고 할 수 있다."(김종석, 2002: 95).

2) 율곡의 인식론과 지행상관론

흥미롭게도 인식론에 관한 한 율곡은 그 어느 성리학자보다 훨씬 더 많은 지면을 활용하여 자세하고 정미하게 논리를 전개한다는 점이 특이하다. 그는 먼저 인간의 지각 자체의 능력과 성격을 정리한 다음 그 능력

---

39) 惟十分勉力於窮理居敬之工…二者雖相首尾 而實是兩段工夫 切勿以分段爲憂 惟必以 互進爲法…虛心觀理 勿先執定於己見 積漸純熟 未可責效於時月 弗得弗措 直以爲終 身事業 其理至於融會 敬至於專一 皆深造之餘自得之耳(민족문화추진회, 1976a: 237; 552-553).

을 활용하여 격물치지로 지식을 터득해가는 방법론을 제시하고 있으며, 동시에 이 문제에서도 이기론적 사유를 곁들이며 논의하고 있는 것이다. 여기에서는 주로 격물치지의 방법론적 성격에 초점을 두고 요점만을 간추린다.

율곡의 격물치지론도 퇴계처럼 주자의 논리를 가장 명백하다고 인정하여 그가 『대학장구』에서 '격물'을 물에 즉해 이치를 궁구한다는 논지(所謂致知在格物者 言欲致吾之知 在卽物而窮理也)를 그대로 받아들여서, 격물치지는 곧 궁리(窮理 乃格物致知也)라고 해석한다(황의동, 2002c: 324 각주 31; 32). 다만 율곡의 인식론의 대전제는 우선 인간 존재의 특성을 심신일체(心身一體) 혹은 영육쌍전(靈肉雙全)으로 본다는 것이다. 이에 근거하여 지각이 마음과 몸의 상호 협력 관계 속에서 이루어짐을 밝힌다. 우선 오관에 의한 경험적 인지가 있어야 하지만 동시에 의식에 의한 의미의 인식이 따르지 않으면 그 경험적 관찰은 무의미한 것도 사실이다. 경험과 인식의 동시적 상호협력적 작용이 지식 얻는 일을 가능케 한다는 논리는 현대의 심리학이나 과학철학에서도 중시하는 논지이기 때문에 그의 인식론은 매우 첨단적이다. 율곡의 설명은 이러하다.

> 대개 사람의 지각은 정기에서 나옵니다. 이목의 총명이란 백(魄)의 영(靈)이요, 심관(心官)의 사려(思慮)란 혼(魂)의 영입니다. 그 총명과 사려는 기요, 그 총명하게 하고 사려하는 것은 이입니다. 이에는 지가 없고 기에는 지가 있는지라, 그러므로 귀가 있어야만 소리를 들을 수 있고, 눈이 있어야만 가히 색을 볼 수 있으며, 마음이 있어야만 사려할 수 있습니다. 정기가 한 번 흩어지면 귀는 들을 수 없고, 눈은 볼 수 없으며, 마음은 사려할 수 없으면 알지 못하겠는데…40)

여기서 앞서 소개한 대로 경험적이면서 관념적인 즉물적 인식론을 더

---

40) 蓋人之知覺 出於精氣焉 耳目之聰明者 魄之靈也 心官之思慮者 魂之靈者 其聰明思慮者 氣也 其所以聰明思慮者 理也 理無知而氣有知 故有耳然後可以聞聲 有目然後可以見色 有心然後可以思慮矣 精氣一散 而耳無聞 目無見 心無思慮(민족문화추진회, 1976c: 305; 693－694; 황의동, 2002c: 312).

욱 분명하게 읽을 수 있다. 이뿐 아니라 율곡은 심기(心氣)와 신기(身氣)라는 기철학의 용어로 이를 뒷받침한다. 이를 위의 정기와 연관해보면, 심기는 심관의 혼처럼 사려기능을 하고 신기는 이목지관의 백처럼 감각작용을 하는 것이다. 그래서 이 둘은 곧 정기다. 그와 같은 심기와 신기는 역시 표리관계에 있고 둘은 하나이면서 둘이요, 둘이면서 하나인 관계로 심기는 신기가 그 안에 포함하고 신기는 심기 가운데 뿌리를 두고 있다는 설명을 한다.41) 그리고 지각행위와 관련한 그의 심신상호작용의 원리는 앞에서 고찰한 율곡 성리학의 기발이승일도설에 근거를 두고 있다는 점이 특이하다. 그 지각의 이기구조는 아래와 같다.

> 심(心)의 지각(知覺)은 기(氣)인가, 이(理)인가. 지(知)할 수 있고, 각(覺)할 수 있는 것은 기(氣)이고, 지(知)하는 까닭과 각(覺)하는 까닭은 이(理)이다.42)

그러니까 능히 알 수 있고 깨달을 수 있는 것은 기이지만 알게 되는 까닭과 깨달을 수 있는 까닭은 이라는 말이다. 이는 바로 "발하는 것은 기요 발하는 소이(所以)는 이입니다. 기가 아니면 능히 발하지 못할 것이요, 이가 아니면 발하는 소이가 없을 것이니…"(發之者氣也 所以發者理也 非氣則不能發 非理則無所發)라는 그의 기발이승의 원리를 그대로 반영한다 (민족문화추진회, 1976c: 330; 704; 황의동, 2002c: 319). 이어서 율곡의 인식론이 펼치는 지각의 주체인 인간과 인식의 대상인 사물의 관계를 더욱 명확히 하려는 논리를 살펴본다. 우선 어떤 지각이든 외물의 존재를 필요로 한다. 그것이 나타나서 인간의 감각기관에 접하여 무엇인가 자극으로 작용해야만 지각 활동이 시작한다. 이때 마음이 사물에 응할 때 마음의 본체는 허령하여(心之虛靈) 안에서 주재하고 그 용은 밖으로 나아가 사물이 오면 느낌에 따라 비추어 응한다는 것이다. 주자에 의하면, 허령한 마음은 모든 사물의 이치를 알 수 있는 능력을 갖추고 있어서(人之一

---

41) 曰 心氣身氣 相爲表裏耶 曰其氣一而二二而一也 心氣包於身氣之中 身氣根於心氣之中 矣(민족문화추진회 1976c: 487; 775; 황의동, 2002c: 313).
42) 心之知覺氣耶理耶 曰 能知能覺者 氣也 所以知所以覺者 理也(민족문화추진회, 1976c: 487; 775; 황의동, 2002c: 318).

心. 萬理全具) 텅 비었지만 신령하고 영명하여 이런 것이 가능하다고 한다 (心之爲物 至虛至靈 神妙不測). 이렇게 마음을 체용으로 나누면 마음이 둘이 아니냐는 질문에 마치 거울에 사물이 비추면 거울이 물건을 따라 비추는 것이 아니듯 본체의 마음이 안에서 주재하고 있다가 거기에 따라 느껴서 알게 된다는 것이다. 그러면 마음의 작동이 일어나는 현상은 항상 어떤 사물이 대상으로서 나타날 때만 그러하냐 하면 반드시 그럴 필요는 없고, 과거의 경험이 기억으로 되살아나 마음을 자극하는 소재가 되기도 한다(當其時 雖未接物 實是思念 舊日所感之物 則盖非所謂緣情者乎(황의동, 2002c: 315; 321; 323).

　이제 좀더 구체적으로 율곡의 격물치지 방법론의 쟁점을 고찰해본다. 첫째, 앞서 격물치지란 곧 궁리라는 언명을 되새기면, 이치를 궁구하면 바로 인식이 가능하다는 근거가 문제다. 이에 관해서는 인식 주체인 인간의 마음은 온갖 이치를 알 수 있는 지(知)가 선천적으로 갖추어 있고, 인식의 대상인 만사만물에는 이치가 있으니, 궁구하지 못할 까닭이 없다고 한다(蓋萬事萬物 莫不有理而人之一心 管攝萬理 是以無不可窮之理也)(민족문화추진회, 1976d: 103－104; 593). 둘째, 다만, 여기에는 조건이 있다. 한 번 궁리하면 모든 지식이 생기는 게 아니라는 문제가 있다. 그 이유는 인간의 마음이 열리고 닫힘이 있고 한결같지 못하여 어둠의 때가 있으면 궁리가 성공하기 어려워지므로, (但開蔽不一 明暗有時 於窮格之際), 이를 제거해야 한다. 그것은 남 앞에서 보이려는 기품이나 뒤에서 나 자신의 물욕이 사람을 이지럽히고 긴사하게 하며 혼미하게 하여 어리석어지므로 격치를 가리는 것이니 성심으로 어두움을 제거하거나 사욕을 버리면(惟是氣稟拘於前 物慾汨於後…誠能去其昏 絕其私) 성인도 될 수 있다(『율곡전서』, 권20, 「성학집요」 2; 황의동, 2002c: 325).

　셋째로, 한 사물을 궁구하여 마치면 모든 이치를 다 통달한 것이 아니며 천하의 이치를 깡그리 궁구하는 것도 아니므로 한 번에 그치지 않고 거듭 궁구하여 앎을 축적하여 풍부해지면 어느 단계엔가는 일시에 활연관통(豁然貫通)하여 마침내 앎이 탁 트이게 된다(窮理者 非謂必盡窮天下之理 又非謂止窮得一理便到 但積累多後 自當脫然有悟處) (『율곡전서』, 권20,

「성학집요」 2; 황의동, 2002c: 327). 넷째, 한번 보고 즉시 알고 깨닫지 못하면 어떻게 해야 하는지도 따져 본다. 여기에는 매우 구체적인 시사가 보인다. 한번에 알 수가 없으면 당연히 의심만 할 것이 아니라 마음을 오롯이 하고 뜻을 다하여 죽을 지경으로 혈전을 해서 침식도 잊는 정도의 노력을 하면 깨닫게 될 터인데 혹 오래 고생하며 생각을 해도 결국 밝히지 못한 채 생각이 막히고 어지러우면 마음을 비우고 정미하게 생각할 것이며, 그래도 아니면 잠시라도 그 일을 놓고 다른 일을 하다가 생각날 때 다시 시작해 보면 스스로 깨닫게 될 때가 온다는 것이다.[43]

위의 마지막 문장에 주목할 만한 문구가 있다. 격물치지의 방법에서 여러 모로 인식에 방해가 되는 요소를 제거하는 노력이 필요하다는 점을 지적하면서 그것도 한번에 다 알아차린다는 생각을 버리고 꾸준히 간단없이 궁리에 몰두해야 하는데, 그 과정에 정 터득하기가 어려워지고 자신의 마음이 어지러워질 때에 내리는 처방이 있다. 그것은 다름 아닌 '마음을 비운다'는 방법이다. 이 마음을 비우는 관념은 가령 불교의 참선이나 도교의 기공 호흡과 같은 일상적인 자기수양의 수단으로 이해하기도 하지만, 여기서 논하는 뜻은 순수한 마음(의식)의 작용을 방해하는 모든 요소를 일단 제거해야 진정한 인식이 가능하다는 현대철학의 현상학적 방법론과 흡사하다는 점이 특이하다. 현상학에서는 이런 마음 비우기를 판단정지(époché), 세계의 운용 정지, 세계에 관한 믿음의 보류, 괄호로 묶기(bracketing), 또는 현상학적 환원(the phenomenological reduction) 등으로 표현한다(김경동, 1989: 62－66).

그리고 원론으로 다시 돌아가 격물과 물격의 차이를 퇴계와 마찬가지로 정이천의 해석을 따랐다. 같은 격인데 "격물의 격은 궁리한다는 의미가 많고 물격의 격은 이른다는 의미가 많다" 하였다(格物之格 窮底意多 物格之格 至底意多(민족문화추진회, 1976c: 793; 황의동, 2002c: 334). 격물은 인식 주체인 사람이 사물의 이치를 궁구하여 극진한 지경에 이르

---

43) 若更生疑慮 則反晦眞見…如或思而未得 則事心致志 抵死血戰 至忘寢食 方有所悟… 又或苦思之久 終未融釋 心慮窒塞紛亂 則須是一切掃去 使胸中空 無一物 然後却起精思 猶未透得 則且置此事 別窮他事 窮來窮去 漸致心明 則前日之未透者 忽有自悟之時 矣(민족문화추진회, 1976d: 103－104; 593).

는 것이고, 물격은 인식 대상인 사물의 관점에서 그 사물의 이치가 이미 극진한 지경에 이르러서 더 궁구할 여지가 없다는 뜻이다. 또한 물격지지(物格知至)라는 개념이 있는데, 여기서도 물격은 사물의 이치가 극처에 이른 것이고 지지는 격치한 결과 주체의 지가 극처에 이르는 것인데, 결국은 이 둘이 하나의 일이라는 것이다. 내가 사물의 이치를 궁구할 때 그 사물의 이치를 다 안다는 것과 그 사물의 이치가 나에게 다 알려졌다는 것이 한 가지를 뜻한다는 것이다.

이제 격물치지론이라는 인식론의 마지막 주제인 인식의 내용과 공효 문제를 살필 차례다. 여기서 율곡의 궁리의 양면성을 발견한다. 격물치지가 함축하는 궁리의 이치는 인간 주체의 안에 있는 이치와 외부의 만물의 이치라는 두 가지라는 말이다. 주체인 사람에게는 보고 듣고 행동하는 규범과 법칙이 있고 대상인 만물은 그 각각에 해당하는 법칙이 있다. 그 둘의 성격이 다른 것은, 전자는 '마땅히 그러한 바의 이치'(所當然之理)이고 후자는 '그러한 까닭의 이치'(所以然之理)다. 인간은 공동생활 속에서 관계의 특성에 따라 인륜을 바르게 하는 이치를 마땅히 살펴 현명함, 어리석음, 사악함, 올바름, 순수함, 더러움, 교묘함, 졸렬함 등을 마땅히 구별해야 하고, 일을 처리할 때도 옳고 그름, 얻고 잃음, 편안함과 위태로움, 다스려짐과 어지러움의 기미를 마땅히 살펴야 한다는 것이다. 한편, 사물에도 풀, 나무, 새, 짐승 등 만물에 있는 이치를 궁구하자는 의미가 있다. 이러한 두 가지 이치를 구분하는 것은 율곡의 특이한 접근이다. 대개의 유가철학에서는 사물의 존재이치에 관한 관심은 소홀하고 인간의 윤리적 당위의 문제를 우선시하는 경향이 강한 것은 틀림없는데, 여기서 율곡의 특이성을 발견한다.[44]

그러면 마지막으로 격물궁리의 공효는 무엇인가? 왜 이것이 필요한가? 한 마디로 율곡은 "배우는 자는 항상 이 마음을 보존(存此心)하여 사물(事物)이 이기는 바가 되지 않게 하고, 모름지기 이치를 궁리하여 선

---

[44] 窮理亦非一端 內而窮在身之理 視聽言動各有其則 外而窮在物之理 草木鳥獸各有攸宜 居家則孝親刑妻 篤恩正倫之理 在所當察 接人則賢愚邪正醇疵巧拙之別 在所當辨 處事則 是非得失安危治亂之機 在所當審(『율곡전서』, 권 7, 「萬言封事」; 황의동c, 2002: 338).

(善)을 밝힌 연후에야 마땅이 행할 도(道)가 뚜렷하게 앞에 있어 진보할 수 있게 된다. 그러므로 도에 들어가는 데 이치를 궁구하는 것보다 더 먼저 할 것이 없으며"라 하였다.[45] 궁리를 해야 하는 까닭은 마땅히 행해야 할 도리, 즉 당위지리를 알기 위함이다. 그리고 사물의 존재지리도 궁구해서 알아야 처신에 도움이 되는데, 이것 역시 인간에게는 공공생활에서 제대로 행하기 위한 이치를 아는 데 기초가 된다.

여기서 우리는 바야흐로 앎과 행동의 상관관계로 나아가는 첫걸음을 뗄 수 있다. 율곡의 인식론이 윤리적 관심으로 다가가는 길목에 와 있다는 말이다. 이를 위해서 우리는 율곡 지식론의 삼층개념을 만나야 한다. 인간의 지식에는 세 가지의 질적인 구별이 있는데 이를 그는 삼층으로 나누어 해설한다. 먼저 가장 낮은 층은 성현의 글을 읽고 그 명목만 겉으로 아는 것이고, 중층은 명목을 알고 또 깊이 생각하고 정밀히 살펴서 그 이치를 명료히 깨달은 경지다. 다만 여기에도 여러 층이 있는데, 그 깨달음이 일부냐 전체냐 하는 구분이 있고, 그 깊이가 깊으냐 얕으냐 하는 구별이 있다. 그리고 마지막 가장 높은 상층은 깨달음의 단계에서 실천으로까지 나아가서 체득한 경지라고 한다. 이를 요약해서, "최하의 층은 사람의 말만 듣고 좇는 자요, 가운데의 한 층은 바라보는 자요, 위의 한 층은 그 경지를 밟아서 친히 본 자다"(最下一層 聞人言而從之者也 中一層 望見者也 上一層 履其地而親見者也)(『율곡전서』, 권 7, 「답성호원」; 황의동, 2002c: 341).

율곡에게 있어 격물치지의 궁극적 목표는 참된 앎(眞知)에 이르는 것이다. "생각하다가 얻음이 있어서 환연(渙然)하게 자신(自信)하고 패연하게 즐거워하며, 쇄연하게 말로써 형용할 수 없게 된다는 것은 진실로 체득한 것이었다는 것입니다. 비록 체득한 것이 있는 듯하더라도 믿는 가운데 의문이 있으며, 위태롭고 편안하지 못하여 석연한 경지에 이르지 못한다면 이것은 억지로 추측할 뿐이니 진실로 얻은 것이 아닙니다."[46]

---

45) 學者 常存此心 不被事物所勝 而必須窮理明善然後 當行之道 曉然在前 可而進步 故入道莫先於窮理(민족문화추진회, 1976c: 429; 749).

46) 思慮有得 渙然自信 沛然說豫 灑然有不可以言語形容者 則是眞有得也 若雖似有得 而信中有疑 危而不安 不至於氷消凍釋 則是强揣度耳 非眞得也(민족문화추진회, 1976d:

여기서 한 걸음 더 나아가 마침내 진지는 지식의 차원을 넘어 실천으로 이어져야 하는 것이라 한다. 가령, 그 유명한 공자의 언명, "배우되 생각하지 아니하면 아는 것이 없고, 생각하되 배우지 아니하면 위태할 것이다"를 인용하며 율곡은 주자의 해석을 다시 소개한다. "마음을 구하지 아니하기 때문에 어두워서 얻는 것이 없고, 그 일을 익히지 아니하기 때문에 위태로워서 편안하지 못하다. 대개 학(學)자는 행(行)자의 뜻을 겸하였으며, 사(思)자는 의리의 학문을 강구하여 밝히는 것과 같으며, 학문이라 함은 그 하는 바를 본받는 것이니, 이것은 곧 행한다는 뜻이 있다"고 한다.[47)]

배움이 곧 행함이라, 지식은 행을 위해 있는 것임을 암시한다. 그런데 지식도 참된 지식, 즉 진지에 이르러야 하는데 어떤 것이 진지이고 아닌지를 이렇게 설명한다. 다시 주자를 인용하여, 착한 일에 밝지 못하면 일을 당하여도 궁리할 수 없어서 착한 것이 있는 곳을 진실로 알지 못한다(不明乎善 不能卽事窮理 無以眞知善之所在也)(민족문화추진회, 1976d: 45; 567) 하였고, 따라서 제대로 알고 행할 것을 『대학』의 치지와 성의에 관한 언명을 들어 그 이유를 밝히고 있다.

천하의 이치를 먼저 알지 못하면 역시 힘써 행하지 못할 것이다. 그러므로 「대학」의 서문에 치지(致知)를 먼저 하고 성의(誠意)를 뒤에 한 것이니, 그것은 등급을 넘어서는 안 된다…오직 이치를 밝히는 데 밝으면 힘쓰지 않고도 스스로 이치에 맞게 될 것이다. 대개 사람의 성(性)은 본래 착하지 않은 것이 없으니, 이치를 좇아 행하면 어려울 것이 없을 것이다. 오직 그 지식은 이르지 않았는데 힘만으로써 하려고 하기 때문에 그 어려운 것만 괴롭게 여기고, 그 즐거운 것을 알지 못한다. 치지에 이르면, 이치를 따르면 즐겁고 이치를 따르지 아니하면 즐겁지 않은 것이니, 무엇이 괴로워 이치를 따르지 아니해서, 나의 즐거움을 해되게 하는가. 말하기를 "착하지 않은 것을 해서는 안 되는 것을 알면서 그래도 한다면, 역시 진실로 안 것이 아닌 것이다."[48)]

103; 593).

47) 子曰 學而不思則罔 思而不學則殆. 朱子曰 不求諸心 故昏而無得 不習其事 故危而不安 凡學字便兼行字意思. 如講明義理學也 纔效其所爲 便有行意(민족문화추진회, 1976d: 44-45; 567).

여기서 격물치지의 마지막 목표라 할 수 있는 지행이 지선처(至善處)의 경지에 이르는 원리와 만난다. 다시 말해서 지의 지선과 행의 지선을 포함한 지행의 "완전한 합치야말로 격치의 최종 목표이다"(황의동, 2002c: 345). 따라서 율곡의 지행상관관계의 이론은 이로써 결론을 짓는 셈이다. 이에 다음의 인용문으로 이 논의를 마무리하고자 한다.

> 대저 지선이라는 것은 단지 만물의 당연한 법칙일 뿐이다. 그 법칙은 다른 것이 아니라 다만 아무 부족함이 없는 적합한 곳이다. 통괄해서 말하면, 지와 행이 함께 하나의 흠도 있지 않은 채 온갖 이치가 밝고 극진하게 도달한 뒤에야 비로소 지선에 머물렀다고 말할 수 있다. 나누어서 말하면, 지에도 하나의 지선이 있고 행에도 또한 하나의 지선이 있는 것이다. 지가 아무 부족함이 없는 가장 적합한 곳에 도달하여 다시 옮김이 없으면 이것을 지가 지선에 머물렀다고 하는 것이요, 행이 아무 부족이 없는 가장 적합한 경지에 도달하여 다시 옮기고 움직임이 없으면 이것을 행이 지선에 머물렀다고 이르는 것이니, 무슨 해가 있겠는가?[49]

이러한 율곡의 지행상관론은 실상 양명학의 지행합일설과 매우 가깝다고 할 수도 있다. 물론 그의 심학이나 격물치지론이 성리학의 틀 안에서 전개하는 것은 사실이지만 지와 행 둘을 따로 놓고 병진이나 호진이라 말하기보다는 지와 행이 함께 극진하게 도달해야 지선에 머물게 된다는 논리를 강조하는 데서는 그런 모습을 읽을 수 있다는 말이다. 다시 말해서 이러한 생각은 그 유명한 '일이 이요 이가 일이라'는 율곡의 유연한 사유에서 연유한다는 점을 상기하게 된다는 뜻이다.

---

48) 然天下之理 不先知之 亦未有能勉以行之者也 故大學之序 先致知而後誠意 其等有不可蹴者…惟其燭理知明 乃能不待勉强 而自樂循理爾 夫人之性 本無不善 循理而行 宜無難者 惟其知之不至 而但欲以力爲之 是以苦其難而不知其樂耳 知之而至則循理爲樂 不循理爲不樂 何苦而不循理 以害吾樂耶 若曰知不善之不可爲 而猶或爲之 則亦未嘗眞知而已矣(민족문화추진회, 1976d: 45－46; 567).

49) 夫至善云者 只是事物當然之則 其則非也 只是十分恰好處耳 純而言之 則知行俱到一疵不存 萬理明盡之後 方可謂之止至善 分而言之 則於知亦有箇至善 於行亦有箇至善 知到十分拾好處 更無移易 則謂之知之止於至善 行到十分拾好處 更無遷動 則謂之行之止於至善 何害哉(『율곡전서』「여기명언」; 황의동, 2002c: 344, 각주 74).

3) 하곡 정제두의 양명학적 심학과 식론

지금까지는 주로 조선 유학에서 주류를 이루었던 성리학에 집중하여 주요 선비의 사상을 존재론, 인식론 및 가치론의 구분으로 살펴보았다. 비록 비주류로 큰 주목을 받지는 못했으나 양명학 또한 조선 유학의 한 줄기를 이룬 것은 사실이다. 비록 한정적인 영향력을 발휘하였지만 여기에도 몇몇 중요한 인물이 없지는 않은데 그중에서도 양명학—심학을 본격적인 수준으로 끌어올린 대표적인 선비로 평가받는 이가 하곡(霞谷) 정제두(鄭齊斗, 1649-1739)다. 그는 17세기 후반에서 18세기 전반기에 심학—양명학의 학풍을 확립한 공이 있다(금장태, 2003: 132).

원래 양명학은 대체로 16세기 초에 왕양명의 『전습록』(傳習錄)이 들어오면서 우리나라에 전래하였으나, 초기부터 당시 학문적 조류를 주도하던 성리학파의 비판에 직면하였다는 점이 특이하다. 물론 화담 서경덕의 문인 중에서 몇몇 선비가 이를 수용하였지만 주자의 도학이 주도하는 학계에 표면적으로 활발한 논의를 전개할 분위기는 아니었으므로 사상의 저류에서 머물렀다. 주자학의 정통의식에 따라 노장과 불교는 일찍부터 이단으로 배척해온 가운데 육상산·왕양명의 학풍도 이학(異學)으로 규정하였기 때문에 양명학—심학을 공개적으로 내세우지 못하였고 개인의 친분이나 붕당(소론)의 범위 안에서만 논의가 이루어졌다. 그러한 가운데 양명학 비판을 주도한 이가 퇴계였고 그는 「전습록논변」(傳習錄論辨)에서 다음과 같은 네 가지 쟁점을 들어 공격한 것이다(류승국, 1983: 265; 270-275; 금장태, 2003: 128-131). 이러한 퇴계의 비판론이 양명학의 요체의 대강을 직접 언급하기 때문에 이를 우선 요약하면서 대표적인 양명학의 이론가인 하곡의 사상을 간추려 살펴보기로 한다. 다만 본장에서 다루는 주제는 주로 심학이므로 기타 주변적 쟁점은 간략하게만 소개하고 심학론에 논의를 집중할 것이다.

퇴계의 양명학 비판은 네 가지 쟁점에 관련한다: 친민론(親民論); 배우(分戱子)의 비유; 지행합일(知行合一) 및 심즉리설(心卽理說)이다. 여기서 이 쟁점의 순서를 이렇게 재배합한 연유는 본고의 초점을 심학과 지행합일에 맞추고자 하는 의도에 있다.

첫째, 친민론은 『대학』의 첫 구절, "큰 사람이 되려는 공부는 자신의 바른 덕을 밝히고 사람들을 새롭게 이끄는 데 있으며 이런 노력이 지극히 선한 경지에 이르도록 하는 것이다"(大學之道 在明明德 在親民 在止於至善)에서 친민을 해석하는 문제다. 친민을 정자가 신민(新民)으로 고치고 이를 주자가 계승한 전례가 있는데, 왕양명은 이를 고치지 않아야 한다고 주장한 점을 들어 퇴계는 주자의 견해를 따라야 한다고 주장하면서 양명학의 해석을 비판하였다.

둘째, 배우에 비유한다는 점은 의례를 지킬 때 외형적 형식과 절차가 옳아야 한다는 것을 지선이라 함은 배우가 꾸민 행동을 하는 것이 마치 지선인 것처럼 주장함은 옳지 않다고 왕양명이 지적한 것을 두고, 퇴계도 찬동을 한다. 그러나 인간의 예법이 겉으로 나타난 형식절차의 문제가 아니고 마음의 진실성에 있음을 강조한 점을 들어, 퇴계는 내면의 심성과 객관적 의례의 규칙이 모두 지극한 이치임을 강조하여 외적 대상의 이치를 무시한 왕양명의 극단적 유심론을 비판하였다.

셋째, 지행합일에 관해서는 우선 성리학의 선지후행(先知後行)론이라는 주지적 학문방법이 실천을 결여한다는 양명의 비판은 말단적 학문의 폐단임을 인정하면서, 퇴계는 자신의 지행병진론에 기초한 의리와 형기 분리의 이론에서는 지행합일은 배우지 않고 힘쓰지 않아도 마음이 저절로 행할 수 있는 형기에만 성립하고 의리의 마음은 배우지 않으면 행동으로 나타나지 않으므로 지행이 병진해야 함을 강조한다. 또한 외부의 사물에 간섭하기를 두려워하여 오직 본심에서 지와 행을 혼용하는 주관적 방법은 주객을 관통하는 성인의 학문에 배치한다는 점을 내세워 양명의 인식론이 잘못되었음을 말하고 있다.

넷째, 양명의 심즉리(心卽理)의 명제는 본시 궁리공부를 다루는 개념인데, 마음 바깥에는 이치가 없고 오직 마음에서만 이치를 찾기를 요구하는 결과, 행위의 절도를 밝히는 대상적 인식의 문제는 제쳐 놓고, 오로지 마음 내면의 인식 과정을 가지고 외부로 나타나는 실천의 효과와 뒤섞어 놓는 위험이 있음을 지적한다.

　　이러한 성리학 측의 비판에도 아랑곳하지 않고 자신의 관심사인 양명학에 몰두한 선비의 대표적인 보기가 바로 하곡이다. 어려서 성리학을 공부했으나 20대에 양명학에 심취하여 주변의 비판에도 불구하고 이를 고집하였으며 벼슬에 나갈 기회가 있었으나 이를 사양하고 학문에만 열중하다가 만년에 강화(하곡)로 이주하여 저술에 힘을 쏟아 『논어해』(論語解), 『맹자설』(孟子設), 『존언』(存言), 『성학설』(聖學說), 『대학설』(大學說), 『중용해』(中庸解), 『경학집록』(經學集錄), 『심경집의』(心經集議) 등을 남겼다. 이를 계기로 소위 강화학파를 시작한 인물로 떠올랐다. 이제는 그의 심학론과 인식론을 중심으로 조선 양명학 사상의 대략을 고찰하기로 한다(류승국, 1983: 260－282; 금장태, 2003: 131－133).

　　하곡의 심학 논리부터 살펴보면, 우선 그는 심즉리라는 육상산의 주장을 성즉리라는 정주학의 논리와 대비하여 다음과 같이 논증하고 있다. 맹자의 성선을 말할 때는 인의예지가 선하다는 뜻이고 정·주(程朱)가 『중용』의 천명지성(天命之性)을 주석하여 사람이나 물(物)이 공통으로 얻은 것이 이(理)라 하였는데(通人物所得之理而言之), 그러면 모든 사물이 선하다고 할 수 있느냐는 질문을 던진다. 맹자의 성과 『중용』의 성이 같다고 하면 이는 정·주의 논리적 모순의 오류라고 지적한다. 이런 식으로 성리개념의 해석에서 생기는 모순을 피하기 위해 하곡은 양명학의 기본 관념으로 돌아가 성리가 아니라 생리(生理)의 개념을 지목한다. 인간의 몸에는 생기(生氣)와 영명한 정신이 깃들어 있어서 생성활동하는 생기가 된다고 한다. 이 생기가 바로 인간의 마음에 들어 있는 바 왕양밍이 말한 심즉리인 '마음의 이'(心之理)를 가리킨다고 하였다.

　　다음으로는 그의 인식론 즉 치량지(致良知)의 개념을 살펴본다. 유가의 인식론 즉 지식이론의 핵심은 『대학』에서 명시한 격물치지(格物致知)인데, 여기서 치지면 충분한데 왜 거기에 치량지라 하여 '양'(良)을 추가해야 하느냐는 질문을 하곡의 동학 중에서 제기한 이가 있었다. 이에 답하기를, '지'가 단순히 사물을 인지하는 지식이 아니라 선천적 지혜를 가리키는데 이 둘을 혼용하는 문제가 있으므로 거기에 '양'자를 추가한 것이라고 해명한다. 이때 '양'(良)이란 좋다는 뜻보다는 천연이라는 의미로

경험 이전에 생래적으로 얻은 바 지혜롭고 밝은 선천적 지성이라고 한
다. 따라서 양지란 지각할 수 있는 심체(心體)의 전체에 이름 붙인 것이
지 생각이나 인식의 한 토막을 가리키는 것이 아님을 강조한다. 마음의
근본 바탕에 양지가 있어서 경험이 가능하고 지식을 지식으로 받아들일
수 있다는 말이다. 특히 양명학에서는 진리란 언어로 문자로 장광설로
체계적으로 저술해도 저술하는 자신이 이해하고 자득하고 자신이 이해하
여 설명하는 것이 아니면 무의미하다는 것이다.

  마음의 성품과 감정은 바로 양지에서 본체와 작용하게 되는 것으로
보아, '마음이 곧 양지'고 '따라서 '양지가 이(理)'임을 확인한다. 마음이
곧 이치요 마음 밖에 사물이 따로 있지 않다는 것이다. 그리하여 지인이
산속 바위틈의 꽃을 두고 저렇게 떨어져 있는 꽃이 나의 마음과 무슨 관
계가 있는지를 물었을 때 왕양명이 말하기를 보지 않았을 때는 상관없이
마음이 고요하겠지만, 한번 본 이상 의식 속에서 꽃의 모양이 명백하게
일어나서 꽃인 줄 알게 되는 법인데, 이런 상황에서 의식 밖의 물이란 어
디에 있는가라고 반문했다 한다. 요컨대, 양명학적 인식론에서는 모든 문
제가 양지를 이루는 데 있으며, 이를 두고 치량지라 하며, 이야말로 양명
학의 제일 요긴한 과제라고 한다.

  이러한 인식론과 가치론이 만나는 지점이 지식과 행위 내지 실천의
관련성이다. 앞서 언급한대로 퇴계와 같은 주자학파는 지행병진 혹은 지
행호진(知行互進)이라 하는데, 양명학에서는 지행합일이라 한다. 우선 행
동에 옮길 수 없는 지(知)는 아직 미숙한 지이기에 행동하는 내용이 지의
수준이라고 한다. 즉 지는 행동의 시작이요, 행은 지의 결과로서 지행이
언제나 합일한다는 말이다. 다시 말해서, 지와 행은 하나의 양지와 양능
(良能)이며 둘로 분리한 것이 아님을 강조하고, 지와 행을 분리한 것으로
인식할 때는 지(양지)에다 치(致)를 붙이고 행에 독(篤) 자를 붙이면 본체
에서 하나가 되는 것이다. 다른 말로, 형식적인 지각이나 행위에서는 분
리될 수도 있을지 모르나 진정한 치지로서 지와 진정한 독행으로서 행은
일치하는 것임을 밝히고 있다. 결론적으로, 치량지를 이룬 자에게는 그
행동이 따라서 수반하며, 그 지행은 다름 아닌 성인의 지행을 이룰 수 있

다고 하는 것이다. 남김 없이 양지를 이루면 이때는 범인과 성인의 차이
가 없다는 것이다.

정제두는 왕이 벼슬을 내리면 번번이 사양하였으나 허락을 받지 못하
였는데, 그런 때면 노론학파와 성균관 유생들이 반대하는 소를 올리곤
하였다. 그는 재래의 허례허식이 심한 학풍에 불만이었고, 학문을 하되
실박(實樸)한 데서 구하고 이를 이용후생에서 실효를 거두고자 했다는 점
이 특이하다. 그의 영향을 받은 다수의 선비는 후일 실학의 여러 영역에
참여하여 새로운 학풍을 이루기도 하였다. 그 가운데는 성호학파(星湖學
派)의 선비도 있고 19세기 이후에는 백암(白巖) 박은식(朴殷植)과 위당(爲堂)
정인보(鄭寅普)를 들 수 있다.

6. 조선 후기 실학의 개혁사상

1) '실학'의 개념

조선 유학의 학문적 계보를 앞서 [표 3-1]에서 제시하였거니와, 크게
는 이학(理學)과 실학(實學)으로 나누고, 이학은 다시 주자를 계승하는 도
학(성리학)과 육왕 계통의 심학(양명학)으로 갈린다. 이 구도에 충실히 따
르고자 지금부터는 실학의 주요 사상을 선별적으로 고찰하려고 한다. 다
만 여기에 '조신 후기' 실학의 개혁사상이라 세목을 붙인 섯은 그 누 학
파의 전개 현상이 조선조 사회의 정치경제적 구조의 성격을 반영한다는
지식사회학적 관점에서 접근하려는 의도가 있기 때문이다. 실지로 '실학'
이라는 용어는 여기서 다루는 조선 후기의 실학만을 의미하지 않는 사례
가 없지 않다는 점을 잠시 돌아보면서 논의를 시작할 필요가 있다.

가령 통상 실학이 성리학을 비판하고 극복하려는 의도에서 전개한 학
풍이라고 하지만, 과거 중국의 성리학자 정이(程頤)도 『중용』의 '도덕설'
을 일러 실학이라 칭하기도 하였다. 그는 가령 계신(戒愼), 공구(恐懼), 신
독(愼獨) 등의 수양에 의하여 선행으로서 중절(中節) 혹은 화(和)를 터득

한다는 것을 가르친 『중용』의 내용이 도덕설이고 이는 결국 실제적, 실질적인 학문이므로 실학이라 본 것이다. 이런 생각을 이어받은 퇴계도 성경(聖經)이나 현전(賢傳) 같은 경전도 실학이고, 집주(集註), 제설(諸說) 등 집에서 암기하는 것도 실학과 같은 지극한 가르침이라 볼 수 있다는 의견을 제시하였다고 한다. 물론 이런 견해는 도덕성과 관련한 실질적 유용성을 기준으로 삼은 것이고 그 주된 의도는 불교와 노장사상처럼 비현실적이고 환상적인 사상을 '허무의 학' 또는 '허학'(虛學)이라 규정하고 이와 대비해서 도학이 실학이라 본 것이다(금장태, 2003: 145; 윤사순, 2005: 138).

사실, 우리나라 성리학의 대가인 율곡은 한 걸음 더 나아가 성리학의 실용적인 가치를 특별히 중시한 선비다. 앞서 율곡의 격물치지론에서 이미 행동의 중요성을 강조한 것을 보았지만, '실'(實)을 구체적으로 지목한 예를 몇 가지만 살펴본다. 먼저, 선조에게 진언할 때 핵심을 한 마디로 "왕도의 실행은 실공에 있지 언어에 있지 않음"(實也 非言也)을 역설한 바 성리학의 의리와 실천의 상관성을 경연에서 가르칠 때와 상소를 올릴 때의 언명 두 가지를 보기로 들면 아래와 같다(류승국, 1983: 252; 253).

전하(殿下)께서는 성리(性理)의 서(書)를 잠심연구(潛心研究)하여 의심나는 바가 있으시면 아무 때나 유신(儒臣)을 불러서 강론(講論)을 반복(反復)할 것 같으면 이미 그 의리(義理)가 밝아질 것이며, 실천에 옮길 것 같으면 그 공효(功效)가 반드시 정사(政事)에 나타나 보일 것입니다.[50]

정치(政治)는 시세(時勢)를 아는 것이 귀(貴)하고 일에는 그 실(實)을 힘쓰는 것이 긴요한 것이니, 정치(政治)를 하는 데 있어서 시의(時宜)를 알지 못하고 일을 당하여 실효(實效)를 힘쓰진 않는다면, 비록 성현(聖賢)이 서로 만난다 할지라도 치효(治效)를 거둘 수 없다.[51]

---

50) 竊願殿下 潛心性理之書 如有所疑 不時召儒人 反復講論 旣明其義 踐履以其實則功效 必見於政事之間(선조수정실록: 권7 6년 계유 11월조; 류승국, 1983: 252 각주39).
51) 政貴知時 事要務實 爲政而不知時宜 當事而不務實功 雖聖賢相遇 治效不成矣(선조수정실록: 권8 7년 갑술정월조; 류승국, 1983: 253 각주 41).

그리고 마지막으로 다음과 같이 의리와 실리추구의 현실적 이해 사이의 변증법적 관계를 지적함으로써 실학정신의 뜻을 이미 뚜렷이 제시하고 있다는 것이다(류승국, 1983: 257).

> 한갖 이해(利害)만 따지는 데 급급(汲汲)하고, 옳고 그름을 돌아보지 않는다면, 일을 처리함에 있어서 그 이로움에 어긋나게 된다. 또 마찬가지로 한갖 옳고 그름만을 따지고서 이해(利害)의 소재(所在)를 밝히지 않는다면 응변(應變)의 권능(權能)에 어긋난다.[52]

요컨대 일반적인 의미의 실학이란 학문의 특성이 순전한 이론보다는 실용적인 내용을 담고 이를 실천에 옮기는 노력을 하기를 주장하는 학풍을 가리킨다는 점을 명기해 둔다. 다만 율곡은 통상의 실학자로 분류하지는 않는 것도 사실이나, 그의 사상이 17세기부터 본격적으로 등장하는 새로운 학풍인 조선 후기 실학의 사상적 기틀을 닦기 시작한 공을 인정하는 데는 아무런 하자가 없다. 이 말은 비록 성리학이라 할지라도 그 나름으로 이미 소위 실학적인 사고를 품고 시대의 변천에 대응하고 있었음을 간접적으로 시사한다.

실지로, 실학을 집대성한 것으로 이름난 다산 정약용은 자신의 학맥을 언급하면서 율곡의 계승자임을 시사하고 있다. 그는 이익의 영향 아래 율곡을 연구하여 자신의 경학 해석을 이이의 이론에 기초했을 뿐 아니라, 「자찬묘지명」(自撰墓誌銘)에서도 국내 선배 학자 중에 율곡과 성호 이익만을 언급하면서, 특히 이기론의 관점은 이이의 학설을 이어받았음을 이렇게 밝힌 바 있다. "기(氣)란 의(義)와 도(道)에 짝하는 것으로, 의와 도가 없다면 기는 시들해 버린다. 이는 여자약(呂子約)이나 이이(李珥)가 가르쳐 준 뜻이다"(신용하, 1997: 18).

그리고 시대를 건너뛰어 소위 본격적 실학의 시대가 저물던 19세기

---

52) 徒以利害爲急 而不顧是非之所在 則乖於制事之義 徒以是非爲意 而不究利害之所在則 乖於 應變之權(同上; 拾遺 卷 5, 時弊七條策: 류승국, 1983: 256 각주 55).

말 이후의 개화기에도 개화사상 자체를 현실문제를 다루는 대답을 찾는 사상이라는 뜻으로 실학이라 명명하기도 하였다. 그 후 1920년대 실학이라는 용어를 공식적으로 사용하기 시작하기 전에는 장지연(張志淵, 1864~1921)의 『조선유학사』에서 '경제지학'(經濟之學)이라는 이름으로 실학을 불렀고, 현상윤의 『조선유학사』(1949년 초판발행)에서는 실학을 '경제학파'로 소개하고 있다. 물론 이때 경제학이란 경세제민(經世濟民)의 의미로 쓴 것이다. 후일 천관우(千寬宇, 1925~1991)는 '개신유학'이라 칭하기도 하였다. 그 외에도 실학의 성격을 규정하는 용어로 '실사구시'(實事求是)라는 말을 흔히 쓰거니와, 이 말은 중국 역사서(漢書)에서 경서를 중시한 왕이 있어서 그에게 고서를 구해 바치는 일을 두고 "학문을 닦으며 옛 것을 좋아한다"(修學好古 實事求是)는 말로 표현했다는 데서 유래했다고도 한다(금장태, 2003: 146).

이제부터는 조선 유학에서 이처럼 독특한 신학문 조류를 만들어 가던 조선 후기 실학의 특징을 대표적인 실학자의 사상을 중심으로 정리한다.

2) 실학사상의 일반적 특성과 전개과정

여기서 조선 후기 실학(이하 실학으로만 표기)을 실학이라 명명하는 이유는 우선 시대적으로 조선조의 전반부를 종식하는 시기가 16세기 말의 임진왜란(1592-1597)을 기점으로 조선 사회의 근본적인 변혁이 시작하는 때를 조선조의 후반의 시작이라고 규정하려 하기 때문이다. 실학은 바로 17세기부터 그 모습을 드러내었다는 뜻으로 해석한다는 말이다. 당시 그 학풍을 주창하며 활동한 인물 군에서 비롯한 실학이 19세기 말엽 그러한 학문 활동이 마무리될 때까지가 다름 아닌 실학의 시기라 할 수 있다.

요컨대 실학의 대두는 당시 조선의 양대 전란 후에 나타난 전반적인 사회경제적 변동에서 기인하는 새로운 학풍이라는 점을 주목해야 한다. 자세한 내용은 유예하고 양란 이후의 조선 사회의 주요 변동의 요체를 간추리면 대략 아래과 같은 특징을 드러내었다(한우근, 1985; 변태섭, 1986: 326-352).

(1) 지배체제와 군사제도의 변천; 성리학을 지도이념으로 삼는 양반관료 지배는 정치 세력의 균형을 기반으로 해야 안정을 기할 수 있는데, 16세기부터 시발한 사화의 반복 중에 왜란을 맞아 의사결정 구도를 정비할 필요가 생겼고, 그 주된 내용이 의정부(議政府)는 비효율적이어서 비변사(備邊司)라는 협의기구형태로 변질하였다. 또한 군사제도 역시 변란을 겪으며 기존의 이미 부실했던 오위제(吾衛制)를 대체하는 중앙의 훈련도감을 중추로 하는 오군영(五軍營)과 지방의 양천혼성군으로 이루어진 속오군(束伍軍) 체제가 등장하였다. 또한 왜란과 호란의 양란(兩亂)을 거친 후 신분제의 붕괴 등으로 병농일치제(兵農一致制) 대신에 모병제를 도입하였다.

(2) 붕당정치의 변질: 도학의 도통중시 사상에 근거한 사림의 붕당정치는 비판과 견제의 원칙을 비교적 충실히 지키며 시작했지만, 전란 후 단순한 권력다툼의 양상으로 변질하여 영정조의 탕평책으로 잠시 안정하는 듯했지만 결국 일당전제(一黨專制)의 세도정치로 파행으로 치닫고 말았다.

(3) 경제 질서의 문란: 농본국가였던 조선조에서는 토지 문제가 국가의 재정은 물론 국민경제의 요건이었지만, 우선 전쟁을 겪으며 농경지의 황폐와 그로 인한 전제(田制)의 문란으로 수취제도(收取制度) 마저 교란 상태가 되어 비록 17－18세기의 농업 성장과 상공업 확충 및 상품·화폐 경제 등 생산력의 발달에도 불구하고 독점현상의 병폐로 말미암은 농민 생활의 악화와 신분제도의 붕괴가 잇따랐다.

직어도 사싱사 내지 철학사적인 관점에서는 나음과 같은 관찰이 잠고할 만하다. 일단 16세기 명종·선조대에 이황·이이 등의 업적으로 성리학이 중추적 철학으로 지위를 확고히 한 연후에 17세기가 저무는 시기 송시열(宋時烈) 등의 활약으로 국가사회유지의 규범으로서 정치와 밀접하게 결합하여 일종의 사상적 전체주의를 형성하게 되었다. 이를 다음과 같이 묘사한 예가 있다(이상백, 1965: 459).

마침내 자유로운 학문의 비판을 거부하고, 그 형식적·관념적·배타적·탄압적인 일면만이 점차 강화되어서, 심지어는 주자의 비판자를 「사문난적」이라고 부르게까지 되었던 것이다. 그리하여 이러한 학문의 종교화에 대하여는 유학자 중에서도 스스로의 비판이 없을 수 없었던 것이며, 또 이러한 비판적 경향을 그 뒤 학문연구의 방법으로서도 일대진전을 보여, 각방면에 다수의 역작을 낳아서 한 학파를 이루게 되었으니, 흔히 「실학파」라고 부르는 학파가 그것이다.

이와 같은 시대적 상황에서 새로운 자극이 학문 내외에서 발생하였는데, 첫째는 송학인 주자학에 대립하는 명학인 양명학 유입을 들 수 있고, 둘째는 궁구심성(窮究心性)의 성리학에 대비하여 새로이 창도한 훈고고증(訓詁考證)의 한학 연구가 유학의 내적 비판의 소치랄 수 있고, 셋째는 기존 사회체제의 경직화에 대응하여 그 병폐를 구하려는 현실적 연구와 체계적인 사회정책의 표출이라고 할 수 있었던 것이다. 거기에 연경에서 유입한 서양문물과 청국의 문화가 들어와 그 영향을 미친 것도 주요인이었다(이상백, 1965: 460).[53]

여하간에 실학은 기존 유학을 시대적 요청에 비추어 개혁해보려는 움직임의 대종을 이루는 조류를 일컬어 실학이라 하였고 이를 달리 표현하여 '개신유학' 또는 '신유학'이라고도 한다. 이제 이러한 시대적 변환 속에서 탄생한 실학의 일반적 특성을 간추리면 대략 다음과 같다(이상백, 1965: 460; 천관우, 1981: 964-967; 성낙훈, 1981; 금장태, 2003: 147-152; 박홍식, 2005).

첫째는 개방성 혹은 자유성이다. 도학으로서 성리학은 조선 건국 초기 정도전(鄭道傳)의 '벽불론'(闢佛論)을 시작으로 중국 고대로부터 이어지는 도통을 중시하는 정통성(orthodoxy)을 강조하는 전통의 순수성을 유지하려 하였다. 따라서 퇴계를 비롯한 성리학의 주요 인물은 불교와 도교를 위시한 양명학 등 기타 학설을 배척하고 이단시하는 일종의 폐쇄적인 성향을 띠었다. 이에 비하여 실학은 분방한 지식욕을 구사하여 비판하고 독창적으로 사유하며 권위를 부정하면서 현실적 필요성의 기준으로 일관된 이념에 맹종하지 않고 당시 중국에서 유입한 학풍 등 여러 풍조

---

53) 물론 실학이 성립하게 된 배경과 그 명칭을 얻게 된 역사를 논의한 보기는 여럿 있지만 특별히 다음의 문헌을 소개한다: 천관우(1981); 한우근(1985).

를 비교적 자유롭게 수용하는 자유롭고 개방적인 자세를 취하였다.

둘째는 실용성이다. 실제와 동떨어진 공허한 관념의 유희를 경시하고 현실생활에서 우러나는 불만을 토대로 하여 실리와 효용을 중시하고 산업, 생산 기술, 빈곤퇴치, 유통, 무역, 기타 실질적인 문제에 관심을 집중하는 이른바 '이용후생'(利用厚生)의 접근을 추구하는 현실성이다.

셋째는 제도개혁성이다. 고전적 제도의 이상을 재음미하면서도 현실적 합리성을 찾아 사회의 병폐를 개혁하는 데 관심을 보인 '경세치용'(經世致用)의 방법을 따르려 했다.

넷째는 민족의식의 각성으로 국학탐구에 힘썼다. 중국중심의 사대주의를 극복하고 우리의 과거와 현실에 주목하는 현실인식의 발현이다.

다섯째는 실증적 과학성이다. 경전의 해석을 관념적 합리성이 아니라 객관적 증거와 실질적 근거에 의거하는 청대 실학의 고증학의 영향을 받은 접근을 채택하였을 뿐 아니라 서방과학문화의 영향 아래 경험적, 실증적, 귀납적 태도를 취하려 하였다.

여기에, 실학의 전개 과정을 개관하면 [표 3-3]과 같이 간추릴 수 있고 그 주된 관심사의 변천은 개략적으로 아래와 같다(금장태, 2003: 153-154).

[표 3-3] 조선 실학의 계보

발생기(17c 전반)	이수광(李睟光); 한백겸(韓百謙)
형성기(17c 후반)	유형원(柳馨遠); 박세당(朴世堂); 윤휴(尹鑴)
정립기(18c 전반)	이익(李瀷); 성호학파(星湖學派)
전환기(18c 후반)	성호학파: 안정복(安鼎福); 권철신(權哲身) 북학파: 홍대용; 박지원; 박제가(朴齊家)
성숙기(19c 초)	정약용; 김정희(金正喜); 이규경(李圭景); 최한기

먼저, 초기단계의 이수광, 한백겸 등은 백과사전적인 지식의 집성과 토지제도 등 현실문제에 주된 관심을 보였다.

형성기의 유형원 등의 과업은 사회개혁 대책의 체계화와 주류 성리학의 주자의 경전 해석을 탈피하여 새로운 해석을 시도하는 일이었다.

정립기의 전개에는 성호 이익을 대표로 하는 성호학파의 성립이 특징이고 이익은 서양과학의 수용으로 과학기술을 실학에 도입한 길을 열었고 사회제도 개혁의 문제에도 적극적 대응책을 제시하였다.

이제 18세기 후반의 전환기에는 마침내 조선 유학의 도학 전통을 탈피하여 실학 자체의 독자적인 담론의 세계를 모색하는 노력이 여러 모양으로 나타나기 시작하였다. 여기에는 크게 두 갈래의 조류가 있는데, 하나는 기호남인(畿湖南人) 계열의 성호학파(星湖學派)이고, 다른 하나는 노론 계열의 북학파(北學派)다. 이 둘은 서학(西學)의 수용을 두고 다시 둘로 나뉘는데, 성호학파는 국학연구를 추진하되 과학기술 등 다양한 문제의식을 드러내었고, 후자는 청국 북경 사신행차에 직접 참여한 경험이 있던 이들로 서양 과학의 인식을 제대로 심화시키거나 청나라 문물을 이용후생의 방법으로 수용할 것을 적극 주장하고 국가의 부강을 위한 통상의 주요성도 강조하는 경제정책을 제안하였다.

마지막의 성숙기에는 이제 각자 자신의 철학적 기초를 도학의 성리학적 형이상학과 결별하면서 독자적인 이론정립에 매진하게 된다.

이 실학의 전개는 19세기 중반 최한기를 끝으로 급변하는 국제정세 속에 일단 막을 내리고 그 후속으로 특히 실학의 과학기술 수용이라는 주요 관심사는 19세기 말의 개화사상으로 이어지는가 하면 20세기 초의 애국계몽사상에도 영향을 주었고, 실학의 신분 질서 개혁의 문제도 개화기 신분 타파에 영향을 미쳤다고 볼 수 있다. 그리고 실학에서 싹이 튼 중국 중심의 화이론적(華夷論的) 중화주의 세계관의 극복 시도는 민족자주와 민족의식의 고취로 이어지기도 하였다.

그러면 이제 본장에서는 선비문화 중 철학사상을 집중적으로 고찰하고 있으므로 실학파 중에서도 도학 내지 의리학, 즉 성리학과 관련 있는 내용을 상대적으로 비중 있게 언급한 주요 인물만을 선별하여 부분적이나마 실학사상의 철학적 성격을 이해하기로 한다. 이 문제와 관련해서는 다음과 같은 관찰에 의지해서 이 문제에 접근한다(천관우, 1981: 1009-1010).

조선 후기 실학파 제유도 대개는 주자학의(소수는 양명학)의 소양을 쌓으면서 성장한 이들인 만큼, 의리학에 관한 그들 자신의 견해를 논술 혹은 전서로 남긴 것이 기이할 것은 없으며, 또 그들 역시, 조선후기 유가의 대부분이 그랬듯이, 주리론 혹은 주기론의 어느 편인가에 속하는 경우가 많았다. 예컨대 유형원, 이익 등은 주리론, 홍대용, 박지원 등은 주기론이며, 정약용과 같이 이·기문제를 논하되 기본적으로 그 논쟁에 깊게 개입하지 않은 이도 있고, 박제가와 같이 의리학에 관해 별다른 논술이 없는 경우도 있는 것이다.

아울러, 일단 이들 실학파의 의리학에 관한 논의는 아직 전반적인 정비가 잘 되어 있는 상태가 아니라는 점도 지적하면서, 대체로 저들이 지니는 의리학에 관한 공통적인 태도를 이렇게 규정하고 있다(천관우, 1981: 1012-1013). 첫째, 실학파는 정면으로 주리나 주기설을 전개는 하지만, 그에 따른 비생산적인 논쟁에는 회의와 혐오를 표시한다. 둘째, 그들은 주리·주기론을 막론하고 형이하학적(形而下學的)인 것 혹은 기적(器的)인 것에 관심이 현저하게 쏠리는 경향이 있다. 셋째, 당시 비판의 자유가 극도로 봉쇄당한 사상계의 경직화(硬直化)를 비판하는 태도를 보인다. 조선 후기 실학의 가장 두드러진 업적은 경세학에서 보이며 따라서 조선 후기 실학사상의 핵심은 다름아닌 경세학임을 시인해도 좋다는 것이다.

3) 반계 유형원과 성호 이익의 철학

일반적으로 조선 후기 실학의 비조로 반계(磻溪) 유형원(柳馨遠; 1622-1673)을 꼽는다. 후일 정인보(鄭寅普)는 "조선근고(近古)의 학술사(學術史)를 종계(綜系)하여 보면 반계가 일조(一祖)요 성호(星湖)가 이조(二祖)요 다산(茶山)이 삼조(三祖)"라고 하였다(천관우, 1982: 207). 물론 시대적 상황으로 인하여 반계도 성리학의 소양을 쌓으며 성장한 유학도였고 도학계의 의리론 등에 관한 자신의 견해를 논술로 남긴 주리론자에 속한다. 다만 여기서 다루는 주제는 유학의 형이상학을 중심으로 하는 존재론과 인식론 및 가치론인데, 유감스럽게도 반계의 철학적인 저술이 모두 인멸하여 자세히 알 수 없다는 것이 전문가의 판단이다(천관우, 1981: 1011 각주 1). 따라서 반계의 성리학적 이론을 대강이라도 소개할 여지가 별로 없다는 아쉬움을 무릅쓰고 별도로 취급하지 못한다. 그러나 이후 제V장~제VII장에서 경세론을 다룰 때는 그의 사상을 살펴보게 될 것이다.

그럼에도, 입수할 수 있는 단편적인 정보에 의하면, 반계가 주리론자임을 알 수 있는 단서는 "도(道)─성(誠)─태극(太極)─이(理)는 하나로서 이가 있는 까닭에 기(氣)가 있다"는 언명이다(천관우, 1981: 1011, 각주 1, 안정복『반계선생연보』37세 항). 또 다른 보기로는 당시 선비의 일반적인 태도가 "사(士)로서 평거(平居)에 강(講)할 것은 '도'이지 '사위'(事爲)와 같은 것은 그 대체(大體)만 알면 된다"고 하는 점을 비판하면서, "천하의 이(理)는 만물을 통해 나타나니 물(物)이 아니면 이가 나타날 수 없고, 성인의 도는 만물을 통해 행해지니 사(事)가 아니면 도가 행해질 수 없다"고 하였다. 그를 사숙한 후배가 "선생의 의리학설을 읽고…도와 기(器)가 서로 떨어져서는 안 된다는 것을 더욱 믿게 되었다"고 했다는 것이다(천관우, 1981; 1013, 각주 2;『반계수록』).

반계에 이어서 실학 정립기의 대표적인 인물인 성호(星湖) 이익(李瀷, 1681-1764)의 철학사상을 간략하게라도 정리하기로 한다. 성호는 "18세기 전반에 그 시대의 여러 사상조류를 종합하고 다양한 문제의식을 통해 실학의 학풍을 일으켜 성호학파로서 발전시킨 조선 후기의 대표적 실학사상가이다"(금장태, 2003: 155). 남인이었던 부친과 형이 당쟁의 희생자로 사망하자 벼슬에 뜻을 버리고 고향 안산(安山)에 은거하여 평생을 학문에 정진하였다. 그의 학문도 정주학에서 벗어나 육경고학(六經古學)으로 돌아가야 함을 주장하고, 주자의 경전해석을 탈피하여 육경의 정신을 알면 요순삼대의 이상사회의 모습이 보일 것이라는 생각을 가진 것이다(한영우, 2010: 382). 동시에 경세론에서도 여러 분야의 문제를 다루는 저술을 다수 남겼다.

　여기에는 주로 성호의 경학 방면의 생각을 개관하고 경세론은 추후
다시 검토하기로 한다. 먼저 성리학의 문제는 주로 퇴계 이후의 '사단칠
정논쟁'의 쟁점을 종합적으로 재정리한 저술로 『사칠신편』(四七新編)을
남겼고, 퇴계의 언행내용 중 핵심적인 것을 정리한 『이자수어』(李子粹語)
뿐 아니라 퇴계의 예설을 수집분류한 『이선생예설류편』(李先生禮說類編)
도 편찬하였다. 그리고 『주자가례』(朱子家禮)도 주석하여 『가례질서』(家
禮疾書)까지 저술하였으니, 후세에 그의 왕복문답과 기타 논설을 후학들
이 정리하여 『성호예설류편』(星湖禮說類編)을 엮은 것으로 보면 그의 예
학이 상당 수준의 것이었음을 입증한다 하겠다.

　이 중에서 성리학의 연구와 관련해서는 성호가 실학자 중에서 퇴계의
학풍을 이어받은 주리론자였다고 본다. 간단히 요약하면, 성호는 일단 주
리론을 채택하면서도 퇴계의 호발설(互發說)을 반대하고 이발설만을 주장
하였다는 점에서 독자성을 보였다. 가령, 성호의 생각 몇 가지 보기만 인
용하면 아래와 같다(현상윤, 1960: 336).

　우선, 무릇 이(理者)는 기(氣)의 장수고 기는 이의 병사다. 모든 움직
임은 다 이가 먼저라고 하여(夫理者氣之帥也 氣者理之卒徒也 凡動皆理先也)
이발기수(理發氣隨)는 있어도 기발이승(氣發理乘)은 있을 수 없다는 점을
밝힌다. 이어서 이발기발의 의미를 해석하기를, 이발이란 이 자체의 실제
적인 발이지만 기발이란 물이 형기에 접촉한 후에 이가 여기에 발하는
것이라(理發者 理之眞發也 氣發者 物觸形氣而 理於是發也), 표면으로는 기발
인 듯하지만 이면에서는 기실 이발을 의미한다고 해석한다. 같은 논리로
사단칠정에 관해서도, "마음의 감응이란 이발기수 한 길뿐이다. 사단과
칠정이 어찌하여 항상 서로 다른가? 생각컨대 칠정이란 처음부터 형기로
인하여 존재한다. 그러므로 기발이라 함은 기가 스스로 발한다는 말이
아니고 기가 먼저 움직인 후에 이가 바로 따라 올라탄다는 말이다"(心之
感應 只有理發氣隨一路而已 四七何嘗有異哉 惟其七者 初因形氣而有 故曰氣 之
發 非謂其發之之際 氣先動而理方來之也)라고 언명하였다.

　성호는 도학체계를 벗어나는 양명학(심학)과 서학(西學)에도 관심을
가진 점이 조선 실학의 성립에 중요한 기여를 한 것으로 평가받기도 한

다. 양명학은 퇴계가 비판한 학문이라 성호 역시 기본적으로는 비판적이면서도, 왕양명이 소개한 제도(十家牌法)가 간악함과 거짓을 용납하지 않는다는 점에서 조선에서도 실시할 만하다는 긍정적 수용 태도를 취하였다. 또한 그는 서학에 관한 인식을 본격적으로 심화시키는 데도 주요 역할을 하였다. 그중에서도 윤리사상을 긍정적으로 이해한 점이 주목할 만하다. 특히 천주교의 '칠극'(七克)이라는 교리는 일곱가지 인간 욕망을 극복해야 한다는 수양론에 해당하는데, 이는 유교의 '극기복례'를 이해하고 실천하는 데 유용한 보완적 사상으로 유교에서 미처 개발하지 못한 내용도 포함하므로 '예'를 회복하는 데 도움이 되리라 인정한 것이다. 그리고 천주교의 천주 개념도 한편으로는 유학의 상제와 같다는 점을 지적하면서, 다만 거기에 환상적인 믿음과 공경하고 두려워하며 믿는 태도와 갖가지 기적의 보기로써 백성을 미혹하게 하는 신앙은 실질적인 것을 추구하는 유학의 상제와 다르다는 점을 비판하고 있다. 그 밖에도 서양의 과학기술을 적극 수용하여 자신의 실학사상을 형성하는 데 중요한 요소로 활용하였다(금장태, 2003: 157－160).

다음으로 실학사상의 중추를 이루는 경세지학과 관련해서는 선비문화의 실천과 경세사상을 주요 항목으로 삼는 장(제V장, 제VI장, 제VII장)에서 별도로 자세히 검토하는 것이 오히려 적절할 것으로 보고 본장은 그중 대표적으로 이 방면의 업적을 가장 많이 쌓은 실학의 집대성자로 알려진 다산 정약용의 경학 사상과 19세기의 마지막 실학자로 전환기의 개화사상으로 연결하는 가교로 평가받는 최한기(崔漢綺)의 사상만을 살펴보겠다.

4) 다산 정약용의 경학사상

다산(茶山) 정약용(丁若鏞, 1762－1836)은 오늘날 다산연구자들로부터 '근세 수사학파(洙泗學派)의 창시자'(이을호, 1966: 30－31), '실학사상을 집대성한 거장'(금장태, 2003: 177), 혹은 '실학사상의 완성자'(박홍식, 2005: 19) 등으로 다양한 평가를 받는 선비다. 그의 학술적 업적으로 말하면 수량적으로는 아마도 우리 역사에서 가장 많은 저술을 남긴 학자라 할 것이고 내용으로도 그 폭과 깊이가 타의 추종을 쉽게 허용하지 않는다. 그런 대가의 사상을 선비문화의 이해를 위해 비전문가가 살펴보는 일은 과욕이라 할 줄 잘 알지만, 본 저자는 1986-87년에 미국 워싱턴 소재 우드로우윌슨센터(Woodrow Wilson International Center for Scholars)에서 연구할 기회에 당시 서방학계에서 논의가 활발하던 유교와 근대화의 문제에 정면으로 대처하기 위해 다산의 개혁사상을 공부하기로 마음먹고 한 편의 글을 완성하여 센터에 제출하였다.54)

이 자리에서는 주로 당시에 발표했던 글을 중심으로 다산의 유교개혁을 요약하고, 다음 장에서부터는 그의 경세론의 개혁사상을 살펴보고자 한다. 이를 위해서는 최근의 연구도 추가로 참조하였다. 다만 본서는 다산의 넘치는 저술의 원본을 모두 섭렵하고 그의 사상의 내용을 한자 원문까지 인용하지는 않고, 주로 기존의 연구에 의존한다는 점을 밝힌다.

무엇보다도, 다산은 기본적으로 유학자로 자처하였고 그런 자세는 저술에서도 뚜렷이 드러난다. 가령, 자신의 묘지명에서도 이를 분명히 선언하였다. "나는 육경사서를 공부하여 스스로 수신에 힘썼고, 경세유표와 목민심서 및 흠흠신서는 천하를 위하여 저술하였으므로, 본말의 필수조건을 다 채웠노라"(六經四書以之修己 一表二書以之爲天下國家 所以備本末也)(이을호, 1985: 117). 다만 같은 유학이라도 다산이 추구한 유학이 과연 당시 조선 유학의 주종을 이루던 성리학과는 어떤 관계를 갖는지를 판단하는 문제가 바로 실학이 개혁적인 사상임을 입증하는 중심 쟁점이 될 수 있는데, 이 점에서도 실은 학자에 따라 견해의 일치를 보시 못하고 있다. 그러므로 본 저자는 이와 같은 사정을 고려하면서 독자적인 이해를 추구하려고 한다.

---

54) 참고로 이때 작성한 보고서 논문은 아래의 영문원본과 국문본을 국내에서도 발표하였다. Kim Kyong-Dong 1988. "The Aborted Confucian Reformation in Korea's Incipient Modernization: The Case of Tasan, Chong Yag-Yong." *Seoul Journal of Economics* 1 (3) 313-356; 졸저 2002, "초기 근대화와 좌절의 역사: 정약용의 '유교개혁,'" 『한국사회발전론』 185-230 (집문당). 그리고 2017년에 출판한 영문 저서(Kim Kyong-Dong, 2017c)에 그대로 옮겨 담았다.

(1) 다산의 학문관

다산이 살았던 시대에는 성리학을 '정학'(正學)이라 불렀다. 이에 비해 다산은 자신의 공부를 '진유학'(眞儒學)이라 이름하였고 이를 정당화할 때는 언제나 '원초유학'(原初儒學)의 회복을 표방하였다. 그리하여, 원시 순수 유학을 "공자지도수기치인이이"(孔子之道修己治人而已)라는 열 글자로 집약하기도 하였다. 이를 두고 일부 학자는 이것이 수사학적 수기치인의 학(洙泗學的 修己治人之學)이라고도 한다(이을호, 1966; 1985; 한우근, 1985; 윤사순, 2005; Kalton, 1981). 그는 당시 학문하는 사람들이 이기, 사칠, 태극, 하도, 낙서 등의 설만 익히고 연마하니 이게 수기 치인 어디에 해당하는지 모르겠다며, 진유의 학문은 본래 치국, 안민, 양이적(攘夷狄), 유재용(裕財用)을 위한 것이고 문무에 모두 해당하는 것이라고 주장하였다. 여기서 다산의 진유학이 후생이후정덕(厚生以後正德)을 지향하는 실천을 중시하는 유학의 내용임을 암시한다. 이런 뜻에서 그가 수기보다는 치인에 중점을 두는 실천 지향의 철학자라 보기도 한다(윤사순, 2005: 139; 140). 심지어 일부 학자에 따르면, 아래와 같은 논평이 있다.[55]

> 정약용은 만년에 가서는 정주의 성리학을 전연 부정하고, 일체의 형이상학을 부정하여 동양 재래에서는 볼 수 없는 대담한 설을 주장하였다. 음양오행이 만물을 낳았다는 설을 부정하고, 천리설을 부정하였다. 그는 위로 상제만을 믿고, 아래로는 개개의 실무만을 경험으로 알려고 하였다.

그럼에도 불구하고, 앞서 소개한 묘지명 인용문에서 본말을 언급한 점을 다시 주의해서 살펴볼 필요가 있다. 여기서 본은 육경사서 경학의 주요 경전이고 말은 실천과 경세를 위한 일표이서를 가리킨다.[56] 이 말은 우선 그가 선비로서 학문에 충실했을 뿐 아니라 관직에 봉사할 때는

---

55) 성낙훈, 2005. "한국유교사상사", 고려대학교민족문화연구소 편, 『한국문화사대계 12: 종교·철학사』(고대민족문화연구소출판부) 955-956.
56) 여기서 일표이서(一表二書)란 『경세유표』와 『목미심서』 및 『흠흠신서』를 지칭한다.

안민을 위한 실천에도 성의를 다 해서 업적을 남겼다는 자부가 묻어 있
다. 그런데 다산은 실천지향의 경세 철학자로만 단정하기에는 너무도 충
실한 유학자였음을 행동으로 보여주었다. 그의 그 많은 저술 중에서 실
질적인 개혁과 정책에 관한 저작이나 제안은 모두가 '말'(末)로서, '본'
(本)이라고 할 수 있는 유학의 고전 연구를 출간한 후에야 착수하였음을
밝히고 있다는 점이다. 물론 그러한 고전 연구의 목표는 당시의 정학인
성리학을 비판하고 극복하는 것이었지만, 그럴수록 그는 성리학을 열심
히 공부하였고, 주자를 비롯한 조선의 퇴계와 율곡의 업적, 특히 그중에
도 율곡의 실천적 개혁안 등에는 존경과 칭송을 아끼지 않았다. 그러나
그의 성리학 비판은 냉철하고 강렬한 데가 있었다. 그 비판은 크게 두 갈
래로 요약할 수 있다.

　첫째, 당시 조선의 성리학은 비현실적이고 비생산적이라는 점을 지적
하였다. 가령, 이기논쟁만 해도 지나치게 모호하고 난삽한 데다 해석이
분분해서 할 일이 태산 같은 학자와 관료가 쓸모 없는 논쟁으로 세월만
허송한다고 지적하였다. 더구나 결국은 그 이기논쟁이 정치갈등의 수단
으로 전락해서 학문이 정치적 오염을 면치 못하는 것이 안타까워 자신은
그런 공허하고 부패한 성리학을 극복하고 정화하려 하였다.

　둘째, 그는 유학의 역사와 고전 연구에서 비판적이고 경험적인 접근
을 강조한 양명학과 청대 고증학의 일부 요소를 과감하게 도입하였다.
이러한 시도는 마치 송·명 시대의 성리학이 공자와 그 이전의 고대원시
儒학사상으로까지 기슬리 올리가 유힉의 본원을 다시 찾는 이른바 '도동'
(道統)을 추구했던 것과 유사하여, 앞에서 언급한대로 다산 유학을 수사학
이라 보는 견해도 이를 반영한다 한 것이다(de Bary, 1983). 물론 이 견
해에 전폭적으로 동의하지 않는 이도 있다(윤사순, 1985; 한우근, 1985).

　이 맥락에서 발견하는 중요한 요소는 다산의 학문관 혹은 학문에 임
하는 태도다. 첫째, 그는 과거의 한·당대의 유학과 송·명 이후의 유학
을 다음과 같은 기준으로 평가하였다.[57]

---

57) 漢儒注經 以考古爲法 而明辯不足 故識緯邪說未免俱收 此學而不思之弊也 後儒說經
　　以窮理爲主 而考據或疏 故 制度名物 有時違舛 此思而不學之咎也(『古今注』, 김영호,

한유(漢儒)는 경서를 주석하는 데 고고(考古)로써 법을 삼아서 명변(明辯)이 부족하다. 그러므로 참위사설이 함께 수록됨을 면하지 못했으니 이것은 배우기만 하고 생각하지 않은 병폐다. 후유(後儒)는 경서를 설명함에 궁리를 위주로 하여 고거(考據)가 소략(疏略)하다. 그러므로 제도명물이 어긋나는 것이 있으니 이것은 생각만 하고 배우지 않은 데서 나온 허물이다.

이 글에서 시사하는 바는, 학문을 할 때 편견을 버리고 공평하게 마음이 명하는 바에 따라야 한다는 원칙이다. 그러자면 학문사변의 공은 성실 아니면 설 수 없다며, 오직 공문(孔門)의 원의에 합당하다는 뜻의 옳은 것을 구하고 따르고 잡는 태도로 널리 고증하고 공평한 마음으로 소송을 처리하듯 정밀히 연구하기를 권유하고 있다. 구체적 방법에서는 우선 경전해석에서 자의(字義)가 가장 중요함을 강조하고, 전문(傳聞)과 사승(師承)을 근고(近古)로써 종(宗)을 이루지만, 거기에만 의지하지 않고 스스로 말뜻을 해석하는 의해(意解)도 포함해야 한다. 그리고 글을 읽을 때는 반드시 어맥(語脈)에 주의해서 가벼이 논단하지 않아야 한다. 시대적, 역사적 맥락의 중요성을 지적한 것이다. 그리고 경전 해석에 있어서 반대를 위한 반대가 아니라 논리적 공정성을 중시하고 어떤 말의 출전이 설령 위서이거나 유가의 저술이 아니라도 이치가 참으로 옳은 것이면 흔쾌히 수용하는 개방적인 태도를 견지하였다(김영호, 2005: 227-229; 정일균, 2000: 260-266).

끝으로, 학문의 목적을 염두에 두고 다산은 아래와 같은 정의를 제안한다.

오늘날 학자가 한대의 주석을 고찰하여 그 훈고를 구하고 주자의 집전을 가지고 그 의리를 구하며 그 시비득실은 또 반드시 경전에서 결정하면 육경사서의 원의와 본지가 서로 원인이 되어 발하는 것이 있을 것이니, 처음에는 의심되다가도 끝에는 참되게 되면 처음에는 방황하게 되다가도 마침내는 바로 도달하게 된다. 그런 뒤에 체득하여 행하고 행하여 징험하면 아래로는 수신제가치국

2005: 226, 각주 16).

평천하를 할 수 있고 위로는 천덕에 도달하고 천명에 돌아가니, 이것을 일러 학문이라 한다.[58]

(2) 다산의 우주론과 자연관

그러면 이제부터 다산의 성리학 재검토의 내용을 주요 주제에 한정시켜 간추려 보기로 한다. 여기에서는 주로 우주론과 자연관 및 인간관과 심성론을 주목한다.

유학의 우주론은 만물의 생성에 관한 이론으로 우선 태극설에서 시작한다고 했다. 주자의 생성론은 기본적으로 만물의 최초 원인이요 주재자로서 그 자체가 '이'(理)인 '태극'을 상정하고 시작하는데, 이러한 논리의 허점을 다산은 무형적 존재('이'요 형이상의 '도')인 태극이 유형적 존재인 '기'(氣)에 앞서 존재하여 만물을 생성케 한다는 이론은 도가와 불교의 형이상학과 경쟁하려는 충정인지는 모르나, 경진의 올바른 이해나 실천에 중대한 혼선을 불러오는 폐단이 있음을 지적하면서 자신의 '주기'(主氣) 사상을 펼친다. 그의 주기사상은 일종의 자연주의적 세계관을 반영한다고 할 만하다.

여기서 이기론의 재해석을 우선 정리할 필요가 있다. 첫째, 다산은 '이'를 '기'에 우선하는 일차적이고 근원적인 실재로 상정하고 이것을 곧 만물의 '성'(性)으로 해석하는 주자의 논리는 우선 고전의 경서에 근거가 없음을 지적하고 "'이'란 '다만 옥석의 결을 가리키는 것으로 글자의 뜻을 궁구해보면 모두 맥리(脈理), 치리(治理), 법리(法理) 같은 말을 빌려온 것 뿐'이라는 것이다. 결국 맥(결)·조리·질서 이상이 아님을 뜻한다"(정일균, 2000: 287; 윤사순, 2005: 144).[59] 둘째, 그는 '이'가 근원적이고 독립적인 실재이기보다는 유형의 '기'에 의존하고 파생하는 개념임을 암

---

58) 今之學者 考漢注以求其詁訓 執朱傳以求其義理 而其是非得失 又必決之於經傳 則六經四書 其原義本旨 有可以相因相發者 始於疑似而終於眞的 始於彷徨而終於直達 夫然後體而行之 行而驗之 下之可以修身齊家 爲天下國家 上之可以達天德 而反天命 斯之謂學也(『詩文集』, 김영호, 2005: 230, 각주 36).

59) 理者 本是 玉石之脈理⋯靜究字義 皆脈理治理法理之假借爲文者(『與猶堂全書』「맹자요의」).

시한다. 유형의 세계에서는 스스로 존재하는 '기'가 발하면 거기에 얹힌 '이'가 있다는 논리다(정일균, 2000: 287).[60] 그러므로 이러한 주자의 성리학적 이기론을 재해석하면 소위 이기의 '본말체용론'(本末體用論)도 고전에 근거가 없고 무의미해진다(體用之說 不見古經)(『與猶堂全書』「중용강의보」; 정일균, 2000: 280).

다산의 인식에는 유형의 자연세계(무형의 세계와 대비하는)를 두고 그 속의 인간과 기타 만물로 구성하는 세계로 보며 이와 관련해서 독립적이고 스스로 존재하는(自植; 自由之物) 근원적 실체인 '기' 밖에 없다고 한다. 물론 인간은 '유형의 기적(氣的) 존재'인 동시에 '무형의 영적 존재'라는 점에서 여타 만물과 구별해야 함을 전제하고서다. 따라서 태극이 모든 유형적 사물의 포괄적 근원임을 일단 인정하면서도, 그 실체는 '이'가 아니라 '기'이고, 동시에 만물 생성의 주재적 기능도 인정하지 않는다. 이 문제에 관한 다산의 견해를 일일이 설명하기보다는 지면을 위해 아래와 같은 도표 [그림 3-2]로 요약하는 것으로 대신한다. 이 그림은 주자와 다산의 태극 생성론의 도형을 대비시킨 것이다(정일균, 2000: 331). 그리고 이를 설명하는 원문만 각주에 옮긴다.[61]

[그림 3-2] 주자와 다산의 생성론 비교도

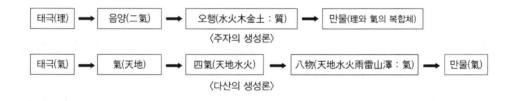

---

60) 蓋氣是自有之物 理是依附之品 而依附者必依於自有者 故纔 有氣發 便有是理(『與猶堂全書』「중용강의보」).

61) 太極一變 輕淸者 上而爲天 重濁者 下而爲地 則上蒼下黃 一時俱成(『與猶堂全書』 II-4「논어고금주」; 정일균, 2000: 331 각주 21); 惟是伏羲八卦 原有四正四偏 天地水火者 正方之卦也 風雷山澤者 偏敧之卦也 表記曰:「天火尊而不親 水土親而不尊」言其位尊卑也 天火相合 以生風雷 水土相錯 以成山澤 變化蒸育 以生萬物(『與猶堂全書』「중용강의보」; 정일균, 2000: 331 각주 22).

이 그림에서 한 가지 주목할 사항은 주자의 도식에서 태극 다음에 오는 음양이 다산의 우주생성론에서 빠지고 천지가 이를 대신한 것이다. 다산의 음양 개념은 자연주의적인 것이 특성이다. 음양은 문자 그대로 그늘과 햇빛으로 밝음을 가리키고 흔히 이와 합성해서 언급하는 오행도 자연의 다섯 가지 물체일 뿐이라는 것이다(윤사순, 2005: 143; 장승희, 2005: 95). 여기에 좀더 부연하면, 음과 양은 각각 무겁고 탁한(重濁) 것과 가볍고 맑은 현상(輕清)에 불과한 것이지 마치 주자가 말한대로 유형의 세계를 구성하는 실체인 '기'로서 만물의 부모가 될 수 없음을 분명히 한다.62) 이와 관련하여 주자의 태극이 '이'라는 해석도 '기'로 바뀐다.

그러나 일단 이런 논리를 수용하더라도 주자의 생성론에서 '이'인 태극에 귀속하는 만물생성의 주재적 기능은 다산의 이론에서는 어디로 귀속하는가? 여기에 '천' 개념이 등장한다. 위의 만물생성의 과정에서 보이지 않는 가운데 스스로 주재하는 존재는 태극이 아니라 '천'(天)이라는 것이 다산 우주론의 일부다. 그리고 이렇게 개념규정하는 천은 인격적 존재로서 '상제'(上帝)의 의미를 갖는다(天之主宰爲上帝 其謂之天)(『與猶堂全書』 「중용자잠」; 정일균, 2000: 332-333). 다시 말해서 이 천의 용어는 두 가지 의미로 쓰인다. 하나는 상제라는 인격천이고 또 하나는 푸르고 푸른 하늘, 즉 물리적 현상을 의미한다. 이러한 물리적 현상으로서 천은 세상의 가볍고 맑은 것이 위로 올라가 이루어진 것으로 존재론적 서열에서는 최하층에 속한다(장승희, 2005: 93; 정일균, 2000: 333 각주 25).63)

이리한 상제의 특성은 형질을 깆추지 않은 무형의 엉적 존새이며(上帝之體 無形無質)(『與猶堂全書』 「중용자잠」; 정일균, 2000: 337 각주 47), 인간을 초월한 동시에 세상사 모두를 창조, 재제(宰制), 안양(安養)해주는 장본인이다. 이렇게 보면 상제는 유·무형의 모든 것을 포괄하는 유일자

---

62) 今案 陰陽之名 起於日光之照掩 日所隱日「陰」 日所映日「陽」 本無體質 只有明暗 原不可以爲萬物之父母… 陰陽 曷嘗有體質哉!(『與猶堂全書』 「중용강의보」; 정일균, 2000: 332 각주 23). 先哲於此 又以輕清者爲陽 重濁者爲陰 原是借名 非其本實(『與猶堂全書』 「중용강의보」; 장승희, 2005: 95 각주 56).

63) 臣以爲 高名配天之天 是蒼蒼有形之天 維天於穆之天 是靈明主宰之天(『與猶堂全書』 「시문집, 대책, 중용책」; 장승희, 2005: 93 각주 50).

(唯一者)다(宰制萬物 故謂之上天之縡)(『與猶堂全書』「중용자잠」; 정일균, 2000: 333 각주 24). 그런데 이러한 유일자인 상제는 또한 '도덕적인 존재'로서 인간사와 관련해서는 "덕을 좋아하고 악을 부끄럽게 여기는 성(性)을 인간에게 부여하여"(天旣賦之好德恥惡之性)(『與猶堂全書』, 「논어고금주」; 정일균, 2000: 334 각주 29). 그로 하여금 "악을 벗어나 선으로 향하게 하는"(雖然賦於心性 使之向善違惡 固天命也) (『與猶堂 全書』, 「논어고금주」; 정일균, 2000: 334 각주 30) 존재다. 그러면서 때와 장소를 가리지 않고 항상 감시하여(天之所以察人之善惡)(『與猶堂全書』, 「논어고금주」; 정일균, 2000: 334 각주 31) 천명을 따르는 자에게는 상서로운 복을 내리고 이를 태만히 하고 어기는 음탕한 자에게는 재앙과 화를 내리는(日監在玆 以之福善 禍淫 亦天命也) (『與猶堂全書』, 「논어고금주」; 정일균, 2000: 334 각주 32) "지극히 공정하고 사사로운 마음이 없는"(天至公無私)(『與猶堂全書』, 「논어고금주」; 정일균, 2000: 334 각주 33) 상제다. 이것으로 끝나지 않는 데에 다산의 특이성이 있다. 그러한 성품을 상제가 인간에게 내려주었지만 실지로 선행이나 악행을 하는 주체는 인간이지 상제가 특정인에게 악행을 종용하고 선행을 유도하는 그런 간섭은 하지 않고 인간의 자주적 선택의 여지를 남긴 사상이라는 점이다(정일균, 2000: 333-335).[64]

이에 덧붙여 천 개념과 동시에 귀신을 언급하고 있다는 점이 흥미롭다. 상기한 바와 같은 작용을 하는 무형무질의 천에게는 일종의 보조자가 필요한데 이것이 바로 귀신이다. 다산의 귀신은 상제와 같은 덕, 즉 작용력을 지니고(上帝之體 無形無質 與鬼神同德)(『與猶堂全書』「중용자잠」; 정일균, 2000: 337 각주 47), 상제의 명(천명)을 받들어 보우하고 화육을 돕는 신하와 같은 존재로서 각자 호칭과 직위도 있다(百神承命 輔佑 化育萬物… 爲上帝之臣 昭布森列 有號有位)(『與猶堂全書』「중용자잠」; 정일균, 2000: 337 각주 48). 그 귀신도 무형무질한 존재로서 인간에게 임하여 낱낱이 굽어보고 있으니 삼가고 두려워 조심하라고 다산은 경고한다(鬼

---

64) 天旣 賦之以好德恥惡之性 而若其行善行惡 今可游移 任其所爲 此 其神權妙旨之凜然可畏者也(『與猶堂全書』「논어고금주」; 정일균, 2000: 335 각주 38).

神之體 無形無質 物之至微者 無以踰於鬼神也)(『與猶堂全書』「중용자잠」; 정일균, 2000: 339 각주 55). 그리하여 옛 사람들은 진실한 마음으로 하늘과 귀신을 섬기며 동정 하나하나가 성실한가, 선한가를 경계하면서 천과 귀신의 굽어살피심이 여기에 있다고 생각하여 삼가고 두려워하며 홀로 있을 때조차도 삼가는(愼獨) 태도로 살아 하늘의 덕(천덕)에 이른다고 생각했다는 것이다(정일균, 2000: 337－340).[65]

(3) 다산의 인성론과 심관

이제는 다산의 인간관을 살펴볼 차례다. 인간관의 시작은 우선 인간의 본성에 관한 담론일 것이다. 유가에서는 일찍부터 인간의 본성이 하늘에서 내려준 것이라는 관념이 있었다. 그중 가장 대표적으로 이미 여러번 인용한 문구가 바로『중용』의 첫 구절이다. "하늘이 사람들에게 내려준 것을 '본성'이라 하고, '본성'에 따르는 것을 '도'라 하고, '도'를 닦는 것을 '가르침'이라 한다(天命之謂性 率性之謂道 修道之謂敎)(김학주, 2009: 4－5). 인간의 본성을 다루는 접근법은 여러 가지가 있을 수 있으나, 본 저서에서는 먼저 1) 사람이 세상의 다른 생물과 다른 이유 또는 근거를 밝히는 일을 살피고, 다음 2) 그렇게 다른 인간의 본성은 과연 어떤 것인지를 알아보며, 마침내 3) 인간에게 특유한 마음(心)의 의미를 궁구하는 일이라 설정하고 논의를 펼치려고 한다.

조선 유학에서 인간과 여타 만물의 인물성동이(人物性同異)여부를 대상으로 논쟁이 일어난 것은 18세기 초반에서 19세기 후반에 걸친 시기다. 여기서 이 문제를 해설할 필요는 없고 다산도 이 시대를 살았던 만큼 이런 쟁점에 관심을 가졌음을 상기하고자 한 것이다(금장태, 2003: 102－108). 그는 인간과 사물의 성품을 동일시하는 성리학의 해석을 수용하지 않고 정조(正祖)의 인성과 물성의 차이에 관한 질문에 "성에는 세 가지 품위가 있는데, 초목의 성은 생명만 있고 지각이 없으며, 금수의 성

---

65) 古人實心事天 實心事神 一動一靜 一念之萌 或誠或僞 或善或惡 戒之曰「日監在玆」故其戒愼恐懼 愼獨之切眞切篤實 以達天德(『與猶堂全書』「중용강의보」; 정일균, 2000: 339; 장승희, 2000: 103).

은 생명과 지각이 있지만, 우리 인간의 성에는 생명과 지각과 또 신령함
과 선함이 있습니다"라고 답하였다.[66]

원래 다산은 순자(荀子)의 성사등급설을 인용하여 질료적 실재인 '기'
로만 이루어진 무기물 혹은 무생물은 일단 제외하고 위의 성삼품설을 채
택한 것이다. 여기서 '성'이라는 개념이 '일종의 기호'(嗜好)를 의미함을
밝히게 된다. 성리학의 천명이 성이라는 개념의 해석이 '성즉리'(性卽理)
라든지 '본연지성'(本然之性)과 같은 추상적인 개념으로는 인간과 사물의
차이를 밝힐 수 없다는 논리를 펴게 된 것이다. 원래 기호라는 용어 자체
는 『맹자』「고자편」의 "입맛에는 똑같이 즐김이 있다"(口之於味 有同嗜也)
라는 글귀와 『시경』의 "백성이 지니는 떳떳한 성품은 이 아름다운 덕을
좋아한다"(民之秉彝 好是懿德)라는 표현에서 따온 것이라 하면서, "성은
마땅히 꿩, 사슴, 풀, 나무의 본성처럼 본래 기호로써 성립하는 이름이
지, 높고 까마득하고 넓고 커다란 말에서 만든 것이 아니다"라고 설파하
였다. 그래서 결론적으로 "성이란 마음의 기호다"라 한 것이다(장승희,
2000: 131-132).[67] 마찬가지로 "지금 살펴보니 성(性)은 인심의 기호이
다. 마치 채소가 똥거름을 좋아하고 연꽃이 물을 좋아하는 것처럼 인성
은 선을 좋아한다"(정일균, 2000: 362).[68]

또 다른 설명은 삶을 영위하는 능력의 면에서도 인간과 금수의 차이
를 밝힌다. 가령, 선악을 두고 결정을 할 때 사람은 스스로 결정을 내리
는 자주적인 능력을 갖추고 있지만, 금수에게 선악이란 스스로 결정할
능력이 없고 어쩔 수 없는(부득불) 본능으로 행동한다. 그러한 차별의 원
리는 천지만물의 이치가 과연 같을 수 있느냐 하는 문제를 현실의 사상
(事象)이 드러내는 이질적 요소를 관찰하는 귀납적 접근으로 인식하게 되

---

66) 性有三品 草木之性 有生而無覺 禽獸之性 旣生而又覺 吾人之性 旣生旣覺 又靈又善
    上中下三級 截然不同 故基所以盡之之方 亦復懸殊(『與猶堂全書』「중용강의보」; 장
    승희, 2000: 129).

67) 性之爲字 當讀之 如雉性鹿性草性木性 本以嗜好立名 不可作高遠廣大說也(『與猶堂全
    書』「심경밀험」; 장승희, 2000: 132, 각주 37); 性字 心之所嗜好也(『與猶堂全書』
    「맹자요의」; 장승희, 2000: 131, 각주 36).

68) 今案 性者 人心之嗜好也 如蔬菜之嗜糞 如芙蕖之嗜水 人性嗜善(『與猶堂全書』「대학
    강의」; 정일균, 2000: 362, 각주 61).

면 제대로 이해할 수 있다는 논리를 편다. 개는 개, 소는 소의 '이'(理), 즉 자연스러운 생물학적, 물리적 법칙에 따라 자연스럽게 행동한다는 것이다(윤사순, 2005: 49).[69]

이런 사유에서 인간 본성의 성격에 관한 단서를 찾는다. 인간이 다른 사물과 차이가 있다면 그것은 어떤 내용인가? 다산의 논리는 다시 『중용』의 하늘이 내려준 본성(天命之謂性)으로 돌아가서 인간의 본성은 날 때부터 하늘의 상제가 명해 주었으므로 사람은 그것을 따라야 하며 이것이 인간의 도리(率性之謂道)인데, 그 본성이란 원래 선(善)을 좋아하는 성향이라는 맹자의 사상을 이어받는다. 여기까지가 원시유교의 이론인데, 그처럼 본래 선을 좋아하는 인간이 현실에서는 어찌하여 악을 자주 행하는가를 묻지 않을 수 없다.

이 맥락에서 다산은 '신형묘합'(神形妙合)이라는 개념으로 이를 설명하기 시작한다. 인간은 상제(천)의 명을 품부받은 '영명한 본체'(性靈: 神)와 동시에 부모에게 물려받아 태어난 '몸'(形軀: 形)으로 이루어진 존재다. 이런 뜻에서 신과 형이 오묘하게 결합한 혼연한 한 덩어리로 규정한다. 여기에는 정신과 신체라는 이분법적 인간상을 그리면서도 이 둘이 상호 조화를 이루는 조건임을 강조한다. "신(身)과 심(心)은 묘합한 것이니 나누어 말해서는 안 된다. 심을 바르게 하는 것은 곧 신을 바르게 하는 것이므로 거기에는 별개의 두 가지 공부가 없다." 그리고 인간의 신체적이고 정신적인 활동으로 생양동각(生養動覺)이라는 것이 있는 것은 오직 혈(血)과 기(氣)라는 두 가지 성질이 있기 때문인데, 이를 두고 이기설로 뒤섞어 설명하는 것은 크게 잘못된 것이라 한다(윤사순, 2005: 41).[70]

이것은 다산의 기중심의 사상에서 연유한 논리이거니와, 이와 관련하여 매우 중요한 새로운 관점에 주목할 필요가 있다. 그것은 그의 자연주

---

69) 且人之於善惡 皆能自作以其能自主張也 禽獸之於善惡 不能自作 以其爲不得不然也(『與猶堂全書』「맹자요의」; 天地萬物之理 各在萬物身上…犬有犬之理 牛有牛之理… 安得皆備於我乎; 윤사순, 2005: 49, 각주 25, 26).

70) 身心妙合 不可分言 正心卽所以正身 無二層工夫也(『與猶堂全書』「대학공의」; 若以後世 理氣之說 渾合言之 則大不可也 原夫人之所以生養動覺 惟有血氣二物; 윤사순, 2005: 41, 각주 4, 5).

의적 생물학적 인간관의 반영이기도 하다. 그것은 다름 아닌 인간의 욕
심에 관한 견해다. 그는 "우리 인간의 정신적 내면세계에는 본래 욕심이
존재하고 있다. 만약 이 욕심이 없으면 천하의 온갖 일이 모두 이루어질
수 없다."(윤사순, 2005: 41).[71] 이처럼 인간 내면의 욕심을 성리학에서
는 금욕이니, 알욕이니, 과욕이니 해서 부정적인 요소로 간주한 것과는
사뭇 다르게, 욕심이 없으면 아무런 창조적 활동도 이룰 수 없다는 관점
이다. 이는 당시의 침체한 세상사에 빗대어 역동적이고 생동하는 인간이
살아가는 적극적인 사회상을 꿈꾼 다산의 계몽적 의도를 표출하는 것으
로 해석하기도 한다(윤사순, 2005: 41).

> 내 일찍이 한 사람을 보았는데, (그 사람의) 마음은 담박하여 욕심이 없어서 선
> 도 할 수 없고 악도 할 수 없으며 문사(文詞)도 할 수 없고 산업도 할 수 없었으
> 니, 곧 천하의 한 개(쓸모없이) 버려진 물건이다. 사람으로서 욕망이 없을 수
> 있겠는가?[72]

다음으로, 사람의 몸은 '대체'(大體)와 '소체'(小體), 마음은 '도심'(道心)
과 '인심'(人心)이라는 두 쌍의 현상으로서, 도심은 인심을 이기니 이는 곧
대체가 소체를 이기는 것이라는 설명이다. 여기서 대체란 영명한 본체의
몸으로서 '신'(神) 또는 '성령'(性靈)이라고도 하는데, 이는 인간이 태어날
때부터 상제가 내려준 것이며, 그 자체 형질은 없으나 영명, 순수, 통혜
(通慧)하므로 비록 소체(형기, 기질) 속에 깃들어 있으나 그것과 섞이지를
않고 주재는 한다. 나아가 이 대체에서 발하는 것을 일컬어 도심이라 하
는 것이다(장승희, 2000: 184−186; 정일균, 2000: 354−355).[73]

---

71) 吾人靈體之內 本有願欲一端 若無此欲心 卽天下萬事 都無可做(『與猶堂全書』「심경밀
험」; 윤사순 2005: 41, 각주 6).
72) 余嘗見一種人 其心泊然 無欲 不能爲善 不能爲惡 不能爲文詞 不能爲産業 直一天下間
棄物 人可以無慾哉(『與猶堂全書』「심경밀험」; 윤사순, 2005: 42, 각주 7).
73) 人者 妙合神形 而混然爲一者也(『與猶堂全書』「논어고금주」); 原來 身心妙合 不可分
二(『與猶堂全書』「중용강 의보」; 我有二體 亦有二心 道心克人心 則大體克小體也
(『與猶堂全書』「논어고금주」); 惟其道心所發…蓋此靈明之體 雖寓於形氣之中 粹然不
與形氣相雜(『與猶堂全書』「맹자요의」; 以大體之所發而言之 則謂之道心(『與猶堂全

인간의 본성(性)은 대체가 호오(好惡)하는 이치 내지 기호로서 "성이란 대개 사람이 배태하면 하늘이 영명하고 형체가 없는 본체를 부여하고 이것이 선을 즐거워하고 악을 미워하며 덕을 좋아하고 추한 것은 부끄러워하니 이것이 바로 성이다" 이를 따라 행하는 것(率性)은 효·제·충·신 및 인·의·예·지의 실천으로 이어지므로 일컬어 천명이라고 한다(정일균, 2000: 355).74) 그렇게 선을 좋아하는 사람이 악에 빠지는 연유를 다산은 형구 혹은 소체에서 찾는다. 부모에게서 물려 받은 몸, 소체의 형구는 그 자체 강렬한 본래적 욕구(식과 색 등 생리적 욕구)의 지배를 받지만 동시에 대체와 오묘하게 결합해서 분리하지 않는 까닭에, 소체가 발할 때는 덕을 좋아하고 악을 미워하는 본래의 성을 파괴, 왜곡시켜서 나쁜 길로 들어서게 된다는 것이다. 여기서 형구의 강렬한 욕심에 휘둘리는 상태의 마음, 즉 인심이 바로 이 본성의 왜곡에서 나온다는 말이다(정일균, 2000: 357).75) 인심은 이처럼 치열하게 나타나므로 오히려 거짓이 없는 모습이다. 이점이 보통 미약한 상태의 도심과 대조를 이루며 그런 까닭에 현실에서는 선을 따르기는 산을 오르듯 힘들고 악을 따르는 것은 언덕이 무너진 상태와 같이 쉽다. 요컨대, 악에 빠지는 것은 모두 이 형구로부터 말미암는 것이라는 결론이다(정일균, 2000: 358).76)

이제 다산 심론의 요체를 도심과 인심의 관계에서 찾아본다. 위의 논의를 요약하면 사람에게는 몸으로 대체와 소체, 마음으로는 도심과 인심

書』「논어고금주」); 性之所發 謂之道心(『與猶堂全書』「대학공의」; 정일균, 2000: 354, 각주 36, 38; 39; 40; 356, 각주 45).

74) 性者 心之所嗜好也…蓋人之胚胎旣成 天則賦之 以靈明無形之體 而其爲物也 樂善而惡惡 好德而恥汚 斯之謂性也(『與猶堂全書』「맹자요의」; 정일균 2000: 355, 각주 44). 性本樂善 隨感而發者 無非善心 擴充此心 可以爲仁義禮智 故名其性曰<德性>也(『與猶堂全書』「중용자잠」; 率性而行 可以爲孝悌忠信 豈非德性乎!(정일균, 2000: 356 각주 45).

75) 形軀 受之父母…色者 人心之所好也…食者 小體之所享…惟其形軀相囿 爲沮善陷惡之具也 故人心得橫發於其間 而道心爲之陷溺 是豈本性也哉!(『與猶堂全書』「논어고금주」); 정일균, 2000: 357, 각주 48, 49).

76) 人心恒熾 故無僞…於是復了之 以可善可惡之具 使其從善如登 從惡如崩 卽此形軀是也…雖然人之陷惡 總由此形(『與猶堂全書』「논어고금주」); 정일균, 2000: 358, 각주 50, 51).

이 있다고 하였다. 그리고 도심은 한 마디로 도덕심, 도의심이고, 인심은 탐욕, 사욕이다. 인간의 본성은 대체의 도심에 따라 선을 행하려고 하는데, 사람의 기질적인 욕구나 욕심의 유혹에 빠져 소체에서 발하는 인심이 작동하여 악을 행하게 된다. 이처럼 도심과 인심은 항상 동시에 발할 수가 있어서 상호 갈등 관계에 놓인다(장승희, 2005: 187; 정일균, 2000: 358). 이 맥락에서 한 가지 주목할 명제를 살펴볼 필요가 있다. 그것은 다산이 선과 악을 확연히 구분하고자 한 논리다(장승희, 2005: 145-147).

다산은 선과 악의 구별을 아래와 같이 매우 엄격하게 규정한다.

> 선과 악은 반대의 것이다. 선을 미진하게 행하면 악으로 돌아갈 따름이다. 선과 악은 마치 음양, 흑백과 양이 아니면 음이고 백이 아니면 흑이다. 음양의 중간에 음도 아니고 양도 아닌 현상이 있을 수 없다. 흑백 사이에도 흑도 아니고 백도 아닌 색이 있을 수 없다. 선이 미진하면 얼마간은 악의 뿌리가 가시지 않고 남아 온전히 버리지 못했음이 분명하다…한 사람이 있는데 전반적으로는 좋은데 악이 한 가지만이라도 버리지 못했다면 결국 이 사람은 악인이다. 이런 것이 선악을 판별하는 법이다.[77]

한 마디로, 일상으로 인간의 행위에는 도심과 인심 사이의 갈등을 겪을 때 일말의 미련도 두지 않고 미미한 찌꺼기조차도 남김 없이 인심의 유혹을 과감히 버리고 도심을 좇아야 한다는 엄격한 충고다. 그러면 마지막으로 그러한 결정은 누가 내리는가? 결국은 인간 자신이다. 비록 인간의 본성을 하늘의 상제가 내려주었다고는 하지만 도심과 인심 사이의 충돌 국면에 하늘은 개입하지 않는다. 인간에게 선악을 가려 행위할 수 있는 마음의 권형(權衡) 즉 주체적인 자율성을 인정하는 동시에 그 행위의 책임 또한 각자가 져야 함을 뜻한다. 이를 다산은 자주지권(自主之權)이라 하였다. 이는 금수처럼 정해진 본능대로 행하는 것과는 다르다. 능

---

77) 夫善與惡對 未盡善 則歸於惡而已 善之與惡 如陰陽黑白 非陽則陰 非白則黑 陰陽之間 無非陰非陽之物 黑白之間 無非白非黑之色 旣未盡善 明有一分惡根未及盡去者也…有人焉 全體皆好 惟一惡未去 終是惡人 此善惡剖判之法也(『與猶堂全書』「논어고금주」); 장승희, 2005: 146, 각주 63).

동적인 인간의 자율적 결단을 요구하면서 결과적인 공과 과 또한 인간 자신의 책임 하에 그의 행동결과에 따라 복과 화를 내린다는 말이다.[78]

이제 다음 장(제Ⅳ장)에서 선비문화의 이상적 인간관을 다루는 논의를 펴기로 하지만, 인심과 도심의 문제를 인간의 마음의 권형이라는 개념에서 접근하는 것과 관련하여, 그러한 자주권을 가진 인간이 추구하는 인간상은 과연 무엇인가를 묻게 되는데, 여기에 성인(聖人)이라는 개념이 떠오른다. 여기서는 다산이 성리학적 성인관이 신격화, 신비화하는 경향을 지적하면서, 그것도 어디까지나 우리와 다를 것이 없는 보통사람이지만, 다만 누구나 끊임없는 실천적 노력의 결과로 터득할 수 있는 경지임을 강조하는 인간주의적 관점만을 먼저 밝혀 두려고 한다(정일균, 2000: 369−373).

5) 혜강 최한기의 철학

이제 본 장을 마무리하면서 조선 실학의 대단원을 장식하는 선비 혜강(惠岡) 최한기(崔漢綺; 1803−1870)의 철학을 간략하게 살펴보기로 한다. 흔히 혜강은 19세기의 마지막 실학자이면서 연이어 등장하는 개화사상과 실학을 연결하는 가교로서 역사적 의미가 있는 유학자로 꼽힌다. 특히 그가 활동하던 시대는 주로 19세기 중반 이후여서 19세기 초의 천주교 선교사들과 접촉하던 선배 실학자들과는 달리 추가적으로 중국에서 활동하기 시작한 개신교 신교사들로부터 서방세계의 새로운 근대 과학기술노 소개받아 이를 도입한 점이 주목할 만하다. 그런 배경에서 혜강의 철학은 '기'(氣)개념을 기본틀로 삼아 독자적인 사상을 체계화한 것이 특징이다. 그러므로 여기에서는 그의 철학사상만을 중심으로 고찰한다(금장태, 2003: 189−192).[79]

---

78) 故天之於人予之以自主之權 使其欲善則爲善 欲惡則爲惡 游移不定其權在己 不似禽獸之有定心 故爲善則實爲己功 爲惡則實爲己罪 此心之權也 非所謂性也(『與猶堂全書』「맹자요의」; 장승희, 2005: 183, 각주 69).

79) 최한기에 관한 내용은 주로 금장태(2003: 369−373)의 해설을 원용 요약한 것임을 밝혀 둔다.

혜강의 기철학은 그의 후기 저서 『기학』(氣學)에서 총정리 한 독특한 이론체계다. 특히 철학과 과학의 문제를 이 기학의 관점에서 종합하려고 한 점이 특이하다. 우선 '기' 개념 자체를 이전의 성리학이나 실학적 해석과도 달리, '신기'(神氣) 또는 '운화기'(運化氣)라는 용어로 표현한 점이 두드러진다. 신기라 한 까닭은 기를 추상적인 개념이 아닌 구체적 물질적인 기초를 가리키는 개념으로 보고, '한 덩어리의 살아 있는 것'(一團活物)이며 활동하고 운행, 조화하는 것으로 규정하였다. 이에 반해, '신'이란 기와 구별하여 기가 지닌 무한한 작용력 그 자체를 의미한다고 이해하였다. 그리하여 이 두 용어, 신기의 의미를 다시 살펴보면, 작용과 양상으로 또 나누어 접근한다. 먼저 작용의 관점에서는 우주론적인 차원의 '운화'가 되고, 인간존재의 차원에서 보면 기의 작용이 '추측'(推測)이라 해석한다. 한편, 양상이라는 시각에서는 '운화의 기'라는 '신'의 작용의 성질을 보여주는 것과 감각의 대상으로 나타나는 '형질의 기'로 구분하기도 한다.

조금만 더 설명하자면, 인간의 추측이라는 신기의 작용은 경험을 전제로 하여 원인적인 것을 미루어 보는 일을 하여 그에 따라 경험하는 대상의 정도나 분량 등을 헤아린다. 달리 말해서 추측은 경험과 증험 양면을 포함하는 지각작용이라는 말이다. 이런 점에서 혜강은 서양과학의 경험론을 닮아 있다. 그 밖에도 현상세계의 구체적인 예를 들어 이러한 인간 의식의 경험론적 성격을 설명하려 하기도 했다. 추가로 그는 '변통'(變通)의 개념을 다루는데, 여기서 '통'이란 추측에 의해서 이루어지는 경험과 지식 사이의 소통작용을 가리키며, 의식과 사물 사이에서 일어나는 소통작용은 통틀어서 변통이라는 개념으로 해설하려 하였다.

다음으로 운화기에 관한 논의를 살펴보면, 거기에는 네 가지 작용양상, 활(活), 동(動), 운(運), 화(化)를 제시한다. 활은 살아 있는 기운(生氣), 동은 움직이고 운동하는 힘(振作), 운은 운행하여 질서 있는 관계를 이루는 것(주선, 周旋), 그리고 화는 변하여 소통하여 융화하게 하는 것이라 규정하였다. 좀더 자세히는 운화기의 작용양상을 다음과 같은 논리로 풀이하여 유학의 기본 덕목과 연결 짓고자 하였다.

① 활: 마음을 잘 다스려 지키고 성품을 교양하여 미루어 생각하고 헤아리는 '존양추측'(存養推測)으로 인(仁)을 성취하고,

② 동: 몸은 강건하고 마음은 온순하여 날로 새로워지는 '건순일신'(健順日新)의 도덕적 실천으로 지(智)를 성취하며,

③ 운: 적절한 정도를 살피고 헤아려 주어진 일을 마무리하는 '도량주선'(度量周旋)의 실무 처리로 의(義)를 성취하고,

④ 화: 변화와 소통으로 유화와 화합을 도모하는 '변통융합'(變通融合)으로 예(禮)를 성취하는 것이다.

요컨대, 혜강이 제안한 이와 같은 운화기의 활동운화라는 네 가지 작용양상은 다름 아닌 인간과 자연의 모든 운행의 원천인 기의 작용이 살아 움직이고 변화하고 소통하여 조화를 이룸으로써 질서를 실현하는 논리를 보여주는 독특한 이론이라고 할 수 있다. 이로써 혜강의 실학은 자기 나름의 논리로 정립한 이론으로 경학의 철학을 탈피하는 대담한 시도라 할 수 있다. 적어도 다른 실학자들은 그래도 경학의 논의를 일부라도 시도한 데 비하면 과감한 결별이라고 할 것이다.

조선시대 선비의 이상적인 인간상: 수기의 철학과 실천 지침

제Ⅳ장
조선시대 선비의 이상적인 인간상: 수기의 철학과 실천 지침

　앞에서 선비문화의 관념적, 상징적인 내용으로 유학자인 선비가 정립하고 신봉한 철학적 담론을 주로 형이상학적 차원에서 살피면서 거기에 이미 선비가 추구하던 이상적인 인간상과 사회관의 단서를 읽을 수가 있었다. 그러나 그러한 담론의 주종을 이루는 내용은 우주론에서 비롯하여 일반적인 세계관, 인간관의 단초가 되는 태극론, 이기론 및 심학의 범주에 속한다고 할 것이다. 이제부터는 일단 관념의 세계에서 벗어나 일상의 삶의 세계로 한 발 더 가까이 다가가 선비가 성취하고자 했던 이상적인 인간의 모습과 사회의 특성을 중심으로 선비문화의 이해를 도모하고자 한다. 여기에는 크게 두 가지 범주의 담론을 담게 된다. 하나는 어떤 인간상을 이상적인 모습으로 인식하고 그러한 인간이 되고자 하는 노력을 어떤 식으로 경주했던가를 주제로 삼는 것이고, 다른 하나는 그들이 꿈꾸고 이룩하고자 했던 이상적인 유가적 사회는 어떤 모습인지를 검토하는 일이다.

　이 과제는 요약하면 수기(修己)와 치인(治人)의 두 영역으로 접근하는 것이 유가적 관점이다. 다산 정약용은 조선조 후반기의 혼란스러운 사회상을 바라보면서 그동안 조선사회의 정신적 지향을 주도하던 성리학이 정통주의(orthodoxy)에 매몰하여 현실세계의 실질적인 문제 해결에서 멀어진 공리공론으로 치우쳤던 점을 지적하면서 유학의 재건을 인도하는 원리로서 "공자지도수기치인이이"(孔子之道修己治人而已)라는 열 글자에 집중하기를 선언한 것은 당대의 역사적 맥락에서 매우 절실하고도 중요한 시대정신의 발로라 할 것이다(한우근, 1985; 이을호, 1985). 그러므로 지금부터는 수기라는 인간의 완성을 위한 실천과 치인이라는 경세(經世)의 정책적 과업을 중심으로 조선시대 선비의 이상을 추구하는 모습을 살펴보려고 한다. 이 내용은 분량이 비교적 방대하므로, 본장에서는 먼저 인간관을 다루고, 치인 내지 경세의 철학과 실제는 다음의 제Ⅴ장 ~ 제Ⅶ장으로 미루고자 한다. 그리고 특히 인간상을 구상하는 접근방식은 앞장처럼 개별 선비를 대상으로 검토하기보다는 주로 이론적인 담론과 실천의 주제를 중심으로 일반적인 내용의 요점을 정리하는 식이다. 다만, 특수한 사례를 보기로 들기 위하여 특별히 개인 선비의 모습을 일부 점검하는 것을 첨가할 것이다.

1. 유가적 인간상의 이념형

우선 선비문화가 특별한 위상을 띠게 된 배경과 연유가 무엇인지를 잠시 살펴봐야 한다(홍원식, 2015: 15 – 16). 우선 중국의 고대문명으로 돌아가 볼 때, 이른바 선비(士)라는 이름을 가진 사람들의 위치는 지배층을 이루던 천자(통치자), 제후, 경, 대부 등의 범주와 일반 피지배층 사이의 중간에서 모호한 신분으로 불확실한 역할을 수행하던 공부하는 사람들이었다고 한다. 그리다가 제자백가 시대가 오면서 지식인층이 관료예비군으로 자리매김을 하기 시작함으로써 중국의 학술과 문화의 수준을 한층 더 드높이는 주역으로 대두하게 되었다. 그중에서 공자와 그 후계자들 사이에서는 특별히 지배층이 어떤 임무를 부여하지 않았음에도 스스로 "자신들의 임무는 막중하고 갈 길은 멀다"는 식으로 자인하고 자처한 꿈꾸는 자라는 선비관이 대두하였다고 한다. 가령 공자는 그러한 유가의 선비(儒士 또는 儒者)란 그에게서 목숨을 빼앗아 갈 수는 있어도 굳은 뜻은 빼앗지 못하는 인물임을 강조하여 격려하였고 맹자는 "탄탄한 경제력이 없어도 변치 않는 마음을 가지고 있어야 한다"고 부추겼다. 이처럼 일찍이 중국의 유자들은 이러한 비장한 꿈을 가꾸던 존재였다.

다만 중국의 유력자들은 한나라 때부터 조금씩 실행할 기회를 얻기는 했으나 실제역사의 전개과정에서 그 꿈을 제대로 이뤄 보지 못한 것 같은 데 비해, 조선조에서는 비록 그 꿈이 미완에 그치기는 했어도 상대적으로 이러한 선비의 꿈을 어느 정도는 실현하려는 역사를 만들 수 있었던 것이 사실이다. 특히 조선 건국 초에는 선비가 새로이 성립한 유교왕조 구축의 주역이라는 자부심을 가지고 스스로 꿈꾸던 나라를 만드는 나라의 원기(元氣)라 인식했던 시절이 있었다. 이때 원기란 공론이 활발하다는 뜻이었고 조선왕조에서는 이러한 선비의 공론과 공의가 커다란 정치적 의미를 지녔던 것으로 평가받는다. 이는 중국의 유교왕조에서는 발견하기 어려웠던 특징으로 인정할 만하다는 것이다(홍원식, 2015: 15).

1) 성인론

이런 역사적 맥락을 배경으로 우선 간단하게 조선 선비의 이상적 인간상을 단편적으로 살펴보면 두 가지 키워드(key words)가 떠오른다. 그 중에서도 인격의 품위를 위계서열적으로 구분하려 한 과거의 관습에 따라 분별할 때 가장 상위에 위치하는 이상적 인간상은 성인(聖人)과 군자(君子)로 명명한 사람이다. 이에 관한 비교적 자세한 논의를 하기 전에 이 두 개념의 의미를 구분하는 한 가지 보기에 의하면, 성인이란 수기치인의 완성자인 데 비해 군자는 그 완성으로 향해 가고 있는 자라는 것이다. 말하자면, 기본적으로 현실참여적 사상인 유가의 궁극적 목표가 현세지향적인 가치로서 인륜의 실천을 위한 자신의 덕을 쌓는 수기에 기초하여 타인을 교화하고 다스리는 치인을 실현함으로써 이상사회의 구현을 목표로 하는 수기치인을 완성하는 자가 성인이라는 것이다. 달리 표현해서, 군자는 수기치인을 잘 하는 사람인데 그 최고봉이 성인이라는 것이다. 성인은 수기치인의 완전한 구도자로서 득도자라 부르기도 한다(이동건, 2005: 79-80).

그러나 이런 개념정의에는 성인의 기능적 역할만 언급하고 내용적인 요소라 할 수 있는 성인의 특성을 밝히지 않는다. 가장 일반적인 개념규정에 의하면, 송대의 성리학에서 제시한 성인은 "배움, 학문, 공부에 의하여 마음 속에 있는 본성(本然之性)을 되찾음으로써 참된 나를 회복하고 고귀한 도덕적 인간의 경지에 이른 사람"이라 한다(정순우, 2019: 13-14). 이를 수용한 퇴계는 "성인(聖人)이란 인욕(人欲)의 사사로움이 없어서 순수 무잡(無雜)한 천리가 마음 속에 환히 들어와 있는 상태"의 사람이라 하였다(정순우, 2019: 20). 또는 수기에 의한 덕을 쌓아 천도에 부응하는 인의예지를 갖춘 인간이 되어서 그 참된 모습을 다른 사람들에게도 전하여 그들을 교화하여 유교의 이상사회인 대동의 사회를 성취하는 사람이기도 하다(이동건, 2005: 80).

이 밖에도, 다양한 의미를 지니는 말로 해석하는 예가 있다. 가령, 그 말의 어원을 따졌을 때, 성인의 '성'(聖)이라는 글자를 두고 "성(聖)은 소리(聲)이며 통함(通)이다. 그 소리를 듣고 정(情)을 알며 천지에 통하여 만물을 통달하고 만물과 화합하는 것(暢調)을 가리킨다"는 풀이가 있다. 이와 비슷한 초월적인 성질을 함축하는 용법으로, 『易經』과 『中庸』 같은 고전에서도 성인은 인간과 하늘(天), 인도(人道)와 천도(天道) 양자를 하나의 도로 일관되게 파악하는 천도의 구현자이며 예와 문물의 제정자라는 보기도 있다(이동건, 2015: 80, 각주 1, 3, 4).

퇴계는 『성학십도』 「태극도설」에서 이렇게 술회한다(한형조, 2018: 71).

> 성인들은 자신들의 삶을 중용, 정직, 사랑과 정의로 규율했나. 그들은 '명성'을 중심적 태도로 지니면서, 인류를 위한 최고의 가능한 표준을 제시했다. 그로써 그들의 덕은 하늘 땅과 조화를 유지했고, 그들의 명민함은 해와 달과 같았으며, 행동거지는 계절의 운행처럼 조리가 있었고, 신들처럼 행복과 불행을 장악했다.[1]

율곡의 성인관도 "하늘의 대행자"라는 의미를 띤다. 그리하여, "성인

---

1) 聖人定之以中正仁義而主靜 立人極焉 故聖人與天地合其德 日月合其明 四時合其序 鬼神合其吉凶(한형조, 2018: 69).

은 하늘의 도를 계승하여 인간의 표준을 세워, 사시의 차서(次序)를 정하고 한서(寒暑)의 절기를 나누었으니, 율력(律曆)의 서적과 명절의 호칭이 그래서 생겨나게 된 것입니다"라고 하였다. "만약 성인이 없다면 우주의 조화와 순행이 인간에게 영향을 끼칠 통로를 상실하는 것"이니, "성인의 도는 하늘을 본받는 것일 뿐이다." 나아가 "천지는 성인이 본받을 대상이며, 성인은 중인이 본받을 대상이라, 이른바 닦고 수행하는 방법이란 다만 성인이 이미 이루어 놓은 법칙을 따르는 데에 지나지 않는 것"이라 하였다(정순우, 2019: 110).[2]

그뿐 아니라, 성인은 이상적인 통치자라는 뜻으로도 쓰인다. 자공이 물었다. 수많은 사람들에게 베풀고 나누어 주어 그들을 구할 수 있다면 이를 두고 인(仁)이라 할 수 있습니까, 했더니 공자께서 그뿐 아니라 성(聖)이라 해야 한다는 대답을 주었다(김학주, 2009: 98).[3] 율곡도 "하늘의 대행자인 임금은 누구보다도 더욱 성실하고 멈춤이 없는 내면의 수양이 요청된다"고 하여 성인을 닮아야 함을 은근히 내비치기도 하였다(정순우, 2019: 110).

요컨대, 이처럼 다양한 특성을 지닌다고 보는 성인은 대체로 생득적으로 보통 사람의 기량을 뛰어 넘는 범상치 않은 존재로서 일반인이 실현하기 어렵고 추구하기 힘든 이상형의 인간이라는 인상을 주는 게 틀림없다(이동건, 2015: 80-81). 그럼에도 불구하고 율곡을 비롯한 조선 중기의 유가에게는 인간은 스스로의 힘으로 자기완성의 길을 갈 수 있다는 신념으로 모든 사람은 공부를 하면 성인의 경지에 이를 수 있다는 점을 강조한다(정순우, 2019: 111). 유학을 공부하고 유가적 이상사회를 이룩하고자 하는 선비는 철저한 자기성찰적 자기관리의 궁극적인 목표를 천지인 합일의 우주론적 자아인 성인이라는 이념형적 인격으로 정위(定位)하려 하였다고 볼 수 있다(홍원식, 2015: 20). 이런 유학적 자력주의 지향을 가장

---

2) 聖人繼天立極 定四時之序 分寒暑之節 律曆之書 名節之號所以作也(『율곡선생전서』 「잡저」, 정순우, 2019: 110, 각주 1); 然則天地 聖人之準則 而聖人 衆人之準則 其所謂修爲之術 不過按聖人已成之規矩而已(『국역 율곡집 I』「답성호원 임신」, 민족문화추진회, 1976c: 640).
3) 子貢曰 如有博施於民而能濟衆 何如 可謂仁乎 子曰 何事於仁 必也聖乎(『논어』「雍也」).

선명하게 천명한 율곡의 생각을 들어보자(정순우, 2019: 11-112).

> 처음 배우는 이는 먼저 뜻을 세우되 반드시 성인(聖人)이 될 것을 스스로 기약
> 해야 하며, 조금이라도 자기 자신을 별 볼 일 없게 여겨 물러나려는 생각을 가
> 져서는 안 된다. 일반사람(衆人)도 그 본성은 성인과 똑같다. 비록 기질에는 맑
> 고 흐림과 순수하고 뒤섞인 차이가 없을 수 없으나, 참답게 알고 실천하여 젖
> 어 온 구습(舊習)을 버리고, 그 본성(本性)을 되찾을 수 있다면, 털끝만큼도 더
> 보태지 않아도 온갖 선함을 다 갖출 수 있을 것이다. 그러니 일반 사람이라 해
> 서 성인이 될 것을 스스로 기약하지 않을 수 있겠는가. 그러므로 맹자가 성선
> 설(性善說)을 말하면서 요순(堯舜)을 들어 실증하기를, "사람이면 누구나 요순
> 처럼 될 수 있다" 하였으니, 어찌 우리를 속인 것이겠는가.[4]

　여기서 율곡의 기본적인 교육 내지 공부의 중요성을 읽는다. 평범한
사람도 모두 같은 본성을 지니는 만큼 그 선한 본성을 덮고 있는 '탁한
기'(濁氣)를 걷어낼 수만 있으면 누구나 성인이 될 수 있다고 믿었던 것
이다. 적어도 이념적으로나마 유학의 원리적 차원에서 성인이라는 표적
이 모든 사람에게 하나의 가능태로 열려 있음을 강조한 것인데, 문제는
중인에게는 마음이 물욕과 기(氣)의 편차로 인해 어둡거나(昏) 부정(邪)해
져서 마음의 밝은 이(理)를 오롯이 실현하지 못하는 것이다. 따라서, 수
신과 공부에 의해서 흐트러진 이(理)를 완전하게 실현하는 밝음(明)과 바
름(正)을 회복하게 되는데, 이것이 곧 성인의 마음이라는 것이 율곡의 생
각이다(정순우, 2019: 116).

　이에 반해서 퇴계는 보통사람에게 성인의 경지란 "갑자기 미칠 수 없
는"(不能遽及) 상태여서, 덕성의 함양을 위한 끊임없는 노력과 자기회복
의 과정을 거쳐서야 성인의 경지에 이를 수 있음을 강조한다. 성인의 경
지란 오랜 마음의 공부와 부단한 실천을 전제한다는 말이다. 대개 성리

---

4) 初學先須立志 必以聖人自期 不可有一毫自小退託之念 蓋衆人與聖人 其本性則一也 雖
　氣質不能無淸濁粹駁之異 而苟能眞知實踐 去其舊染而復其性初 則不增毫末 而萬善具
　足矣 衆人豈可不以聖人自期乎 故孟子道性善而必稱堯舜以實之 日人皆可以爲堯舜 豈
　欺我哉(『국역 율곡집 Ⅰ』「격몽요결」<입지장>; 민족문화추진회, 1976c: 746).

학의 수기지학은 한편으로는 경전공부에 힘쓰는 도문학(道問學)과 함께 좋은 마음은 살리고 위험한 마음 누르기를 위해 마음을 다스리는 마음공부로서 경(敬), 거경함양(居敬涵養), 존덕성(尊德性) 공부가 병행해야 한다는 것이 성인 공부의 요체다. 이런 문제의 일부는 이미 앞장(제III장)에서 다루었고, 여기에서도 구체적인 경공부와 성의공부의 방법에 관한 심학적 논의를 하게 될 것이다.

2) 군자론

성인보다는 현실에서 다가가기가 상대적으로 용이한 이상형의 인간상이 유학에서는 군자다. 고대 중국에서는 군자라면 지배자와 같은 정치적 신분을 지칭하던 것인데, 공자만 해도 이상적인 인격과 인간상에 방점을 두고 혼란한 현실 속에 군자다운 지도자의 모습을 탐색하였던 것이다. 특히 군자라는 인간형은 소인과 대비하여, 좋은 사람 대 나쁜 사람이라는 이분법적 개념으로 자주 언급한다. 대체로 추상적 의미규정보다 구체적 상황에서 언행으로 비교를 해서 지침을 제공하려는 취지에서다. 이 내용은 다양한 식으로 자료를 요약하는 것이 학계의 관행이라 상호간 중복이 있는데, 그중에서 비교적 일목요연하게 정리한 사례를 우선 제시하고 나머지 자료를 검토하는 것이 좋을 듯하다.

이 보기에서는 군자의 덕성을 공자의 『논어』에 의거하고 있다는 것이 특징이다. 그 기준에 의하면 다음과 같은 다양한 의미를 포괄해서 담고 있다(김언종, 2015: 44-45; 박희택, 2015: 148-149). 다만 원문의 우리말 번역은 별도 문헌에 의존한다(김학주, 2009a).

① 사람들이 알아주지 않는다 하더라도 성내지 않는다면 매우 군자다운 것이 아니겠는가?(人不知而不慍 不亦君子乎:「학이」1).

② 군자는 중후하지 않으면 위엄이 없고, 학문도 견고하지 않게 된다. 충실함과 신의를 위주로 하고, 자기만 못한 자를 벗하지 말 것이며, 잘못하였다면 곧 고치는 것을 꺼리지 말아야 한다(君子不重則不威 學則不固 主

忠信 無友不如己者 過則勿憚改:「학이」8).

③ 군자는 먹는 데 있어서 배부름을 추구하지 아니하고, 사는 데 있어서 편안함을 추구하지 아니하는 것이다. 일에는 민첩하고 말에는 신중하며, 올바른 도를 지닌 이를 따라 올바르게 행동한다면, 학문을 좋아하는 이라고 말할 수 있다(君子食無求飽 居無求安 敏於事而愼於言 就有道而正焉 可謂好學也已:「학이」14).

④ 군자는 두루 화친하되 편당적이지 아니하나 소인은 편당적이어서 두루 화친하지 못한다(君子周而不比 小人比而不周:「위정 14」).

⑤ 군자가 어짐을 버린다면 어찌 군자란 이름이 이룩되겠는가? 군자는 밥 먹는 동안이라도 어짐을 어기지 말아야 하며, 다급한 순간이라 할지라도 꼭 어짐을 지키고, 넘어지는 순간이라 할지라도 꼭 어짐을 지켜야 한다(君子去仁 惡乎成名 君子無終食之間違仁 造次必於是 愼沛必於是:「이인」5).

⑥ 군자는 천하에 꼭 그래야 한다는 것도 없고 절대로 안 된다는 것도 없으며, 의로움만을 좇는다(君子之於天下也 無適也 無莫也 義之與比:「이인」10).

⑦ 군자는 덕을 생각하나 소인은 편히 살 곳을 생각한다(君子懷德 小人懷土:「이인」11).

⑧ 군자는 법도를 생각하나 소인은 혜택이나 생각한다(君子懷刑 小人懷惠:「이인」11).

⑨ 군자는 의로움에 밝고, 소인은 이익에 밝다(君子喩於義 小人喩於利:「이인」16).

⑩ 군자는 말에는 더듬거리지만 행동에는 민첩하려 든다(君子欲訥於言而敏於行:「이인」24).

⑪ 너는 군자다운 선비가 되어야지 소인 같은 선비는 되지 마라(女爲君子儒 無爲小人儒:「옹야」11).

⑫ 바탕과 겉차림이 잘 어울려야 군자인 것이다(文質彬彬然後君子:「옹야」16).

⑬ 군자가 학문을 널리 공부하고 예로써 단속을 한다면, 비로소 도를

어기지 않게 될 것이다(君子博學於文 約之以禮 亦可以不畔矣夫:「옹야」 25).

⑭ 군자는 마음이 평탄하고 너그러우며, 소인은 늘 근심하고 두려워한다(君子担蕩蕩 小人長戚戚:「술이」 36).

⑮ 군자는 남의 아름다운 점은 이룩되도록 해주고 남의 악한 점은 이룩되지 못하게 하는데, 소인은 이와 반대다(君子成人之美 不成人之惡 小人反是:「안연」 16).

⑯ 군자(다스리는 사람)의 덕이 바람과 같다면 소인(낮은 백성)의 덕은 풀과 같은 것이라, 풀 위에 바람이 불면 반드시 쏠리게 마련입니다(君子之德風 小人之德草 草上之風必偃:「안연」 19).

⑰ 군자는 화합하나 무턱대고 함께하지는 않고, 소인은 무턱대고 함께하나 화합하지는 않는다(君子和而不同 小人同而不和:「자로」 23).

⑱ 군자는 사귀기는 쉬우나 기쁘게 해 주기는 어렵다. 그를 기쁘게 할 때는 올바른 도를 따르지 않는다면, 그는 기뻐하지 않는다. 그러나 그들은 사람을 부림에 있어, 그릇처럼 능력을 따라 쓴다. 소인은 섬기기는 어려우나 기쁘게 해 주기는 쉽다. 그를 기쁘게 하려 할 때 비록 올바른 도를 따르지 않는다 해도 기뻐한다. 그러나 그들은 사람을 부림에 있어 능력을 다 갖추고 있기를 바란다(君子易事而難說也 說之不以道 不說也 及其使人也 器之 小人難事而易說也 說之難不以道 說也 及其使人也 求備焉:「자로」 25).

⑲ 군자는 태연하나 교만하지 않고, 소인은 교만하나 태연하지 않다(君子泰而不驕 小人驕而不泰:「자로」 26).

⑳ 군자로서 어질지 못한 사람은 있을 수 있지만 소인으로서 어진 사람은 있을 수 없다(君子而不仁者有矣夫 未有小人而仁者也:「헌문」 7).

㉑ 군자는 위로 발전하고, 소인은 아래로 발전한다(君子上達 小人下達:「헌문」 24).

㉒ 군자는 생각하는 것이 자기 직위를 벗어나지 않도록 하여야 한다(君子 思不出其位:「헌문」 27).

㉓ 군자는 그가 말한 것이 그의 행동보다 지나친 것을 부끄러워 한다(君子恥其言而過其行:「헌문」 28).

㉔ 군자의 도는 세 가지가 있는데, 나는 그것을 행하지 못하고 있다.

어진 사람은 근심하지 않고, 지혜 있는 사람은 미혹되지 않고, 용감한 사람은 두려워하지 않는다(君子道者三 我無能焉 仁者不憂 知者不惑 勇者不懼: 「헌문」 29).

㉕ 군자도 본시 궁해질 수 있다. 소인은 궁해지면 곧 함부로 행동하지(君子固窮 小人窮斯濫矣: 「위령공」 1).

㉖ 군자는 의로움으로 바탕을 삼고, 예로써 그것을 실천하며, 겸손하게 그것을 말하고, 신의로써 그것을 이룩한다. 그래야 군자이다(君子義以爲質 禮以行之 孫以出之 信義成之 君子哉: 「위령공」 17).

㉗ 군자는 자기의 무능함은 고민하지만, 남이 자기를 알아주지 않는 것은 고민하지 않는다(君子病無能焉 不病人之不己知也: 「위령공」 18).

㉘ 군자는 죽은 후에도 이름이 일컬어지지 않는 것을 걱정한다(君子疾沒世而名不稱焉: 「위령공」 19).

㉙ 군자는 자기에게서 원인을 추구하고, 소인은 남에게서 원인을 추구한다(君子求諸己 小人求諸人: 「위령공」 20).

㉚ 군자는 긍지를 지니나 다투지는 아니하고, 여럿이 어울려도 편파적으로 굴지 않는다(君子矜而不爭 羣而不黨: 「위령공」 21).

㉛ 군자는 말만을 근거로 사람을 천거하지 않고, 사람을 근거로 말을 무시하지 않는다(君子不以言擧人 不以人廢言: 「위령공」 22).

㉜ 군자는 도를 추구하지, 먹을 것을 추구하지 않는다…군자는 도나 걱정하지, 가난을 걱정하지는 않는다(君子謀道 不謀食…君子憂道 不憂貧: 「위령공」 31).

㉝ 군자는 작은 일로 알려져서는 안 되고, 큰일로 받아들여질 수 있어야 한다. 소인은 큰일로는 받아들여질 수 없어도 작은 일로는 알려질 수 있다(君子不可小知 而可大受也 小人不可大受 而可小知也: 「위령공」 33).

㉞ 군자는 곧기는 하되 무턱대고 고집하지는 않는다(君子貞而不諒: 「위령공」 36).

㉟ 군자는 그가 바라고 있는 것은 버려 둔 채 말하지 않고, 꼭 그것을 위해 핑계를 대는 짓을 싫어한다(君子疾夫舍曰欲之 而必爲之辭: 「季氏」 1).

㊱ 군자에게는 세 가지 경계해야 할 일이 있다. 젊었을 적에는 혈기가

안정되지 않아 경계해야 할 것은 여색이다. 장년이 되면 혈기가 한창 강성하므로, 경계해야 할 것은 싸움이다. 노년이 되면 혈기가 쇠잔해졌으므로, 경계해야 할 것은 물욕이다(君子有三戒 少之時 血氣未定 戒之在色 及其壯也 血氣方剛 戒之在鬪 及其老也 血氣旣衰 戒之在得:「季氏」7).

㊲ 군자에게는 세 가지 두려워해야 할 일이 있다. 하늘의 명을 두려워해야 하고, 위대한 사람을 두려워해야 하고, 성인의 말씀을 두려워해야 한다(君子有三畏 畏天命 畏大人 畏聖人之言:「季氏」8).

㊳ 군자에게는 아홉 가지 생각하는 바가 있다. 보는 데 있어서는 분명할 것을 생각하고, 듣는 데 있어서는 똑똑할 것을 생각하고, 안색은 온화할 것을 생각하고, 모습은 공손할 것을 생각하고, 말은 충성스러울 것을 생각하고, 일을 함에는 공경스러울 것을 생각하고, 의심스런 것은 질문할 것을 생각하고, 성이 날 때는 어려움을 겪을 것을 생각하고, 이득을 보게 되면 의로움을 생각하는 것이다(君子有九思 視思明 聽思聰 色思溫 貌思恭 言思忠 事思敬 疑思問 忿思難 見得思義:「季氏」10).

㊴ 군자가 도를 배우면 사람들을 사랑하게 되고, 소인은 도를 배우면 부리기 쉽게 된다(君子學道則愛人 小人學道則易使也:「양화」4).

㊵ 직접 그 자신에 대하여 좋지 못한 짓을 하는 자들 틈에는, 군자는 들어가지 않는 법이다(親於其身爲不善者 君子不入也:「양화」7).

㊶ 군자는 상을 치를 적에는, 맛있는 것을 먹어도 달지 않고 음악을 들어도 즐겁지 않으며, 잘 지내고 있어도 편안치 않기 때문에 그렇게 하지 않는 것이다(夫君子之居喪 食旨不甘 聞樂不樂 居處不安 故不爲也:「양화」21).

㊷ 군자는 의로움을 최상급으로 친다. 군자가 용기만 있고 의로움이 없으면 난동을 일으키고, 소인이 용기만 있고 의로움이 없으면 도적질을 하게 된다(君子義以爲上 君子有勇而無義 爲亂 小人有勇而無義 爲盜:「양화」23).

㊸ 군자도 미워하는 게 있습니까? 공자께서 말씀하셨다. 남의 악한 것을 들추어내는 것을 미워하고, 낮은 자리에 있으면서 윗사람을 비방하는 것을 미워하고, 용감하면서도 무례한 것을 미워하고, 과감하면서도 막힌 것을 미워한다(君子亦有惡乎 子曰 有惡 惡稱人之惡者 惡居下流而訕者 惡勇而無禮者 惡果敢而窒者:「양화」24).

㊹ 군자로서 은혜를 베풀되 낭비하지 않고, 수고롭게 부리되 원망을 사지 않으며, 바라는 것은 있되 탐욕스럽지는 않고, 편안하되 교만하지는 않으며, 위엄이 있되 사납지 않은 것이다(君子惠而不費 勞而不怨 欲而不貪 泰而不驕 威而不猛: 「요왈」 2).

㊺ 하늘의 명을 알지 못하면 군자가 될 수 없고, 예를 알지 못하면 올바로 행동할 수가 없고, 말을 이해하지 못하면 남을 알아볼 수가 없다(不知命 無以爲君子也 不知禮 無以立也 不知言 無以知人也: 「요왈」 3).

이 목록만 해도 상당히 많은 사례를 보여주고 있지만, 『논어』 외에 고전 중에서 『맹자』, 『중용』 및 『대학』에서 군자를 언급한 보기를 선별적으로 제시하는 것으로 마무리하겠다(장기근, 1980; 김학주, 2002; 김언종, 2015: 45; 박희택, 2015: 156). 먼저 『맹자』의 보기부터 살펴본다.

① 군자는 금수에 대해서 그 살아있는 것을 보고서는 그것이 죽는 것을 차마 보지 못한다(君子之於禽獸也 見其生 不忍見死: 양혜왕 상 7).

② 군자의 최고 덕행은 다른 사람과 더불어 선을 행하는 것이다(君子莫大乎與人爲善: 「공손추 상 8」).

③ 마음이 좁고 공경스럽지 못한 것을 군자는 따르지 않는다(隘與不恭 君子不由也: 「공손추 상」 9).

④ 군자는 전쟁을 하지 않으면 그뿐이지만 싸우면 반드시 이기게 되는 것이다(故君子 有不戰 戰必勝也: 「공손추 하」 1).

⑤ 어찌 군자가 뇌물을 받을 수 있겠는가?(焉有君子而可以貨取也: 「공손추 하」 3).

⑥ 부모를 위한 일에는 돈을 아끼지 않는다(不以天下儉其親: 「공손추 하」 7).

⑦ 옛날의 군자는 잘못이 있으면 순순히 인정하고 고쳐 나갔는데, 지금의 군자는 잘못이 있으면 고치려 하지 않고 그대로 밀고 나간다(且古之君子 過則改之 今之君子 過則順之: 「공손추 하」 9).

⑧ 군자는 하늘을 원망하지 않고 남을 탓하지도 않는다(君子不怨天 不尤人: 「공손추 하」 13).

⑨ 군자가 올바른 도로써 학문에 깊이 나아가는 것은 스스로 진리를

터득하려는 것이다(君子深造之以道 欲其自得之也:「이루 하」14).

⑩ 명성이 실제보다 지나친 것을 군자는 부끄럽게 여긴다(聲聞過情 君子恥之:「이루 하」18).

⑪ 사람이 새 짐승과 다른 점은 매우 적다. 그런데 서민들은 다른 점을 버리고, 군자는 그것을 보존한다(人之所以異於禽獸者 幾希 庶民去之 君子存之:「이루 하」19).

⑫ 군자가 보통사람들과 다른 까닭은 그가 지니고 있는 마음 때문이다. 군자는 인을 마음에 지니고 있고, 예를 지니고 있다(以其存心也 君子以仁存心 以禮存心:「이루 하」28).

⑬ 군자는 반드시 스스로 반성한다(君子必自反也:「이루 하」28).

⑭ 군자에게는 죽을 때까지 지니고 가는 걱정거리는 있어도 일시적인 근심은 없다…인(仁)에 어긋나면 하지 않고 예에 어긋나면 하지 않는다. 만약 일시에 환난이 닥친다 해도 군자는 환난으로 여기지 않는다(君子有終身之憂 無一朝之患…非仁無爲也 非禮無行也 如有一朝之患 則君子不患矣:「이루 하」28).

⑮ 대저 의는 사람이 걸어가야 할 큰 길이요 예는 사람이 출입하는 문인 바, 오직 군자만이 이 큰 길을 걸을 수 있고 이 문으로 출입할 수 있다(夫義路也 禮門也 惟君子能由是路 出入是門也:「만장 하」7).

⑯ 군자는 단지 인을 행할 뿐이다(君子 亦仁而已矣:「고자」6).

⑰ 군자의 행위를 일반인들은 잘 알지 못하는 법이다(君子之所爲 衆人固不識也:「고자」6).

⑱ 군자가 지나가는 곳은 교화되고 그가 살고 있는 곳은 신묘한 영향을 받는다(夫君子所過者化 所存者神:「진심 상」13).

⑲ 군자에게는 세 가지 즐거움이 있는데, 천하의 황자 노릇을 하는 것은 그 속에 들지 못한다. 부모가 모두 건재하시고 형제들이 무고한 것이 첫째 즐거움이다. 우러러 보아 하늘에 부끄러울 것이 없고 굽어봐도 사람들에게 부끄럽지 않다는 것이 둘째 즐거움이다. 천하의 영재를 얻어 그들을 가르치는 것이 셋째 즐거움이다(君子有三樂 而王天下不與存焉 父母俱存 兄弟無故 一樂也 仰 不愧於天 俯不作於人 二樂也 得天下英才而育之 三樂

也:「진심 상」20).

㉒ 군자가 본성으로 삼는 것은 인의예지이며 마음에 뿌리를 둔 것이다(君子所性 仁義禮智 根於心:「진심 상」21).

㉑ 흐르는 물은 움푹히 들어간 곳을 채우지 않고서는 흘러가지 않는다. 그와 마찬가지로 군자가 성인의 도에 뜻을 둔 이상 자기의 도덕 수양이 찬란하게 빛을 내지 못하면 높은 경지에 도달할 수가 없다(流水之爲物也 不盈科不行 君子之志於道也 不成章不達:「진심 상」24).

㉒ 군자가 그 나라에 살고 임금이 그를 등용하면 그 나라가 안정과 부와 존귀와 영광을 누리게 되고 나라의 젊은이들이 군자의 감화를 받아 효제충신을 지키게 된다(君子居是國也 其君用之 則安富尊榮 其子弟從之 則孝悌忠信:「진심 상」32).

㉓ 군자가 사람들을 가르치는 방법은 다섯 가지가 있다. 때 맞춰 내리는 비가 초목을 자라게 하는 것처럼 하는 방법, 스스로 덕을 이루게 하는 방법, 재능을 발휘하게 하는 방법, 의문을 질의응답으로 풀어 주는 방법, 가르치지 않아도 군자의 언행을 본받아 스스로 수양하게 해주는 방법이다(君子之所以教者五 有如時雨化之者 有成德者 有達財者 有答問者 有私淑艾者:「진심 상」40).

㉔ 군자는 일상적인 쉬운 말로 일을 쉽게 하면서도 그 속에 도를 품고 있으며, 늘 자신을 올바르게 잘 간수함으로써 온 세상까지도 평화롭게 한다(君子之言也 不下帶而道存焉 君子之守 修其身而天下平:「진심 하」32).

㉕ 군지는 법도대로 행동하고 결과는 천명에 밑길 따름이다(君子行法以俟命而已矣:「진심 하」33).

㉖ 군자는 원칙으로 돌아갈 따름이다. 본줄기가 바로 잡히면 서민들도 도덕적으로 흥하게 되고 서민이 도덕적으로 흥하면 사특함이 없어지게 된다(君子反經 而已矣 經正 則庶民興 庶民興 斯無邪慝矣:「진심 하」37).

마지막으로 『중용』과 『대학』에서 한 두 가지만 더 보기를 든다.

① 군자는 아무도 보지 않는 곳에서도 경계하고 신중히 하며 아무도 듣지 않는 곳에서도 두려워한다(君子戒慎乎所不睹 恐懼乎其所不聞:『중용』).

② 군자는 중용의 도를 따라 행함에 있어 도중에 힘이 부치면 의식을

잃고 쓰러질지언정 그만 두지 않는다(君子遵道而行 半塗而廢 吾不能已矣: 『중용』).

③ 군자는 먼저 자신이 선행을 한 후에 남에게도 선행을 권하며, 자기가 악행을 하지 않은 다음에 남에게도 악행을 하지 말라고 요구한다(君子有無諸己而后求諸人 無諸己而后非諸人: 『대학』).

3) 선비와 대장부

그러면 이제 선비와 군자는 어떤 유사성을 갖는지를 간략하게 살펴보기로 한다. 대체로 선비의 최종 목표가 성인이라는 점은 주지하지만, 그 경지에 이르는 일이 아무나 성취할 수 있는 일이 아니라는 각성도 이에 수반한다. 따라서 그나마 노력으로 이루기가 상대적으로 덜 어려운 이상형이 군자로 자리하게 되었다. 이 자체도 쉬운 일이 아님은 위의 목록에서 충분히 알 수 있다. 그렇더라도 선비라면 그 목표에는 이르러야 한다는 각오는 불가피한 덕목이라는 점을 상기하고자 선비의 덕성에 관한 원시유가 사상을 잠시 고찰한다.

다시 『논어』로 돌아가 보면 선비(士, 또는 儒)를 18차례 언급하는데, 그중에서 특별히 선비의 덕성을 주목하는 언사만 가려내면 다음의 9가지로 좁혀진다(박희택, 2015: 147). 이때도 원문 번역은 기존 저술에 의존한다(김학주, 2009a).

① 선비가 도에 뜻을 두었다 해도 나쁜 옷, 나쁜 음식을 부끄럽게 여긴다면, 함께 논의할 상대가 되지 못한다(士志於道 而恥惡衣惡食者 未足與議也: 「이인」 9).

② 선비는 뜻이 넓고 꿋꿋하지 않으면 안 되는 것이니, 책임은 무거운 가운데 갈 길은 멀기 때문이다(士不可以不弘毅 任重而道遠: 「태백」 7).

③ 선비는 어떻게 되면 통달한 사람이라 할 수 있습니까? 통달한 사람이란 바탕이 정직하여 의로움을 좋아하고, 남의 말을 헤아리고 남의 기색을 살피어, 사려 깊게 남보다 낮게 처신하여, 나라에 있어서도 반드시 통달 되고, 집안에서도 반드시 통달 되는 것이다(士何如斯可謂之士矣… 夫達

也者 質直而好義 察言而觀色 處以下人 在邦必達 在家必達:「안연」20).

④ 어떤 사람을 곧 선비라 할 수 있겠습니까? 자신이 행동에 있어서는 수치심이 있고, 사방에 사신으로 가서는 임금의 명령을 욕되이 하지 않으면, 선비라 할 수 있을 것이다(何如斯可謂之士矣 行己有恥 使於四方 不辱君命 可謂士矣:「자로」20).

⑤ 어떻게 하면 선비라 할 수 있겠습니까? 서로 성실히 격려하고 올바르게 힘쓰며, 즐겁고 친하게 지내면 선비라 할 수 있다. 친구 사이엔 성실히 격려하고 올바르게 힘쓰며, 형제 사이엔 즐겁고 친해야 한다(何如斯可謂之士矣 切切偲偲 怡怡如也 可謂士矣 朋友切切偲偲 兄弟怡怡:「자로」28).

⑥ 선비이면서도 편안히 살기만을 생각한다면, 선비가 못된다(士而懷居 不足以爲士矣:「헌문」3).

⑦ 뜻 있는 선비와 어진 사람은, 삶을 추구하기 위하여 어짐을 해치는 일은 없고, 자신을 죽여서라도 어짐을 이룩한다(志士 仁人 無求生以害仁 有殺身以成仁:「위령공 8」).

⑧ 선비는 그곳 선비 중의 어진 사람을 벗해야 한다(友其士之仁者:「위령공 9」).

⑨ 선비는 위급함을 당하면 목숨을 걸고, 이득을 보게 되면 의로운 것인가 생각하며, 제사지낼 때에는 공경스러운가 생각하고, 상을 당하면 애통함을 생각하는데, 그래야만 되는 것이다(士見危致命 見得思義 祭思敬 喪思哀 其可己矣:「자장」1).

위의 두 목록에는 성덩히 공동한 항목을 찾기가 어렵지 않나. 나시 말해서 선비의 원하는 바 삶의 태도는 곧 군자의 덕목을 본받는 것임을 암시한다. 그 밖에 이런 사항들을 종합하여 조선시대 선비의 인간상을 요약한 내용을 한 가지만 더 살펴본다(이동건, 2015: 88-93; 금장태, 2000).

① 자기수양에 힘쓰는 지식인이 기본이다. 다만 객관적으로는 독서를 하는 격물치지와 내면으로는 마음공부, 즉 존심양성(存心養性)으로 존덕성(尊德性)하는 공부를 병행하되, 이를 평생과제로 삼는다. 퇴계는 이와 같은 실천을지행병진(知行竝進)이라 하여 수레의 두 바퀴, 사람의 두 다

리와 같은 것이라 하였다. 이 문제에 관한 자세한 논의는 곧 이어 따로 다루게 될 것이다.

② 유교적 덕의 실천자로서 전인적 인격을 추구한다. 의예지(義禮智)를 포괄하는 '인'의 실천, 즉 애인지 이(理)를 추구하여, 이성과 감성을 균형 있게 구비함으로써 자연의 감상, 예술의 향유, 시서화(詩書畵) 등의 조예를 두루 익힌다.

③ 의리에 따라 행동한다. 이기적인 탐욕보다 의리정신이 앞서고, 옳음을 성취하기 위해서는 목숨도 아끼지 않는 사생취의(捨生取義)의 정신으로 살아간다. 벼슬에 나감과 물러남의 분별(出處之辨), 의리와 이욕의 분별(義利之辨), 중화이적의 분별(華夷之辨), 즉 국제질서의 정당성 등의 의리정신을 중시한다.

④ 공공을 위해 유교적 이상 실현에 노력한다. 공인으로서 출세도 치인과 안백성(安百姓)에 목표가 있고, 만사에 극기복례의 정신을 살린다. 현실정치에 나서더라도 한 시대에 도를 행하고(一世行道), 참여하지 않을 때에는 홀로 그 도를 행하고(獨行其道) 학문을 깊이 연구하면서 성현의 말씀을 남겨 후대에 가르침을 베풀기(立言垂後)를 지속하는 공공의 삶을 영위한다.

⑤ 결과적으로 선비는 리더십의 모본을 보여주는 사람이어야 한다. 덕행의 실천으로 사람들을 감화하고, 의리에 따라 행동하면서, 결과를 책임지는 전인적 인격을 연마하는 자기수양을 끊임없이 추구하는 도덕적 존재다.

여기에 추가하여, 같은 선비라도 그 삶의 지향성을 기준으로 선비로서 마땅히 해야 할 일을 충실하게 실현하며 사는지를 두고 참된 선비(眞儒)와 속된 선비(俗儒), 혹은 거짓 선비를 구분하기도 한다(이동건, 2015). 이때 참다운 선비의 삶이란 기본적으로 수기치인의 삶이다. 수기란 개인 차원에서 스스로 심신을 수양하고 학문에 몰두하여 올바른 인간의 모본으로 살아갈 준비를 하는 일이고, 치인이란 이렇게 터득한 유교의 이념을 현실 사회에 실현하는 과업이다. 위에서 잠시 언급한 것처럼 일단 세상에 나아가 공직을 맡게 되면 한 시대의 도를 실행하는 것(一世

行道)이고 관직에 참여하지 않을 때는 유교를 깊이 연구한 것을 후세에게
가르치는 일(立言垂後)이다. 그가 추구하는 가치는 의(義) 즉 공공의 정의
를 실현하는 것이다. 대표적으로, 율곡에 의하면 무릇 진유라 일컫는 사
람은 한 때 벼슬에 나아가면 도를 행하여 백성들을 행복하게 살 수 있게
하고 물러나서는 후세에 가르침을 남기는 사람이라 하였다(이동건,
2015: 101).

　이에 비하면, 속유는 우선 공부가 부족하여 역량이 모자라고 습속에
젖어 개선하려는 의지가 없이 현실에 안주한다. 무엇보다도 가치지향에
서 속유는 의보다 이(利)를 앞세우고, 표면적으로는 선비인양 행세는 하
지만 그 조차도 형식에 집착하여 가식으로만 예를 지키는 사람인 양 행
세한다. 그래서 공자도 자하에게 "너는 군자다운 선비가 되어야지 소인
같은 선비는 되지 마라"(女爲君子儒　無爲小人儒)라고 일렀다(김학주,
2009a: 10).

　마지막으로 선비의 이상적 인간상을 표현하는 또 하나의 개념으로 대
장부가 있다. 실은 이 개념은 위의 세 가지보다는 일상적으로 흔히 통용
하는 말이지만 특별히 맹자가 이를 언급한 바 있으므로 간략하게 검토한
다. 이를 위해서 맹자의 말을 한 구절만 소개한다(이동건, 2015: 102).

> 세상의 넓은 집(廣居)에 거처하고 세상의 바른 자리(正位)에 서며 세상의 큰
> 도(大道)를 행한다. 뜻을 얻으면 백성과 더불어 말미암고 뜻을 얻지 못하면 홀
> 로 그 도를 행하니, 부귀가 마음을 방탕케 하지 못하고 빈천이 절개를 옮겨 놓
> 지 못하며 위무가 지조를 굽히게 할 수 없다. 이를 대장부라 이른다.[5]

　이런 대장부가 인의예의 덕목을 실천함을 이렇게 표현한 것인데, 넓
은 집은 널리 세상을 품는 덕인 인(仁)을 뜻하고 바른 자리는 예를 가리
키며 대도는 의를 표상한다. 이를 실천하는 데서 부귀나 빈천 등의 어떤
외부적인 위협에 굴하지 않는 기개가 대장부의 특징이다. 물론 이러한

---

5) 居天下之廣居 立天下之正位 行天下之大道 得志興民由之 不得志獨行其道 富貴不能淫
　貧賤不能移 威武不能屈 此之謂大丈夫(『孟子』「등문공 하」 2; 장기근, 1980: 332).

덕목을 갖추기 위해서는 철저한 수기가 필수다.

4) 조선 유학의 선비관과 모범적 선비

위에서 요약한 선비관은 주로 고전 유학의 관점이다. 조선의 유학자
도 각자 자기 나름의 선비론을 제시한 이도 있다. 이 점은 앞서 제II장에
서 선비의 일반적 개념 풀이를 할 때 부분적으로 언급한 내용이지만 정
리하는 취지로 일부만 재론한 것이다. 대표적인 몇 사람만 살펴본다(금
장태, 2003: 75-79). 앞서 조선 건국 초의 선비관을 잠시 언급하였지만,
중기에 이르러 사림파가 득세하던 시절의 대표적인 선비인 정암 조광조
(靜菴 趙光祖)는 선비가 세상에 태어나 학문을 본업으로 삼는 목적은 학
문으로 자신의 인격적 덕성을 축적함으로써 이를 발휘하여 백성의 삶에
도움이 되는 사회적 실천으로 보았다. 퇴계는 선비란 예법과 의리의 근
본으로서 나라의 원기(元氣)가 머무는 곳이라 하였다. 예법과 의리는 조
선시대 도학의 핵심 개념이었고, 원기는 개개인의 생명력처럼 선비의 인
격이 사회를 지탱하는 원동력으로 나라가 강건하게 유지, 번영하게 하는
국가의 생명력이라는 인식을 반영한다. 또한 선비란 "재물로 유혹해도
인으로 대응하고, 직위로 억눌러도 의로 대처한다"라고 하여 굽힐 수 없
는 지조와 신념을 강조한다. 그러므로 심지어 "필부로서 천자와 벗하여
도 참람하지 않고, 제후가 선비에게 몸을 굽혀도 굴욕되지 않는다"는 표
현으로 선비의 고귀하고 소중함을 극찬하기도 한다.

조선 후기에는 앞에서 살펴본대로 주로 실학파의 한층 더 정교한 선
비관을 엿볼 수 있다. 가령 홍대용(洪大容)은 ① 과거를 거쳐 출세하는
재사(才士), ② 문장이 뛰어난 문사(文士), 그리고 ③ 진정한 선비, 진사
(進士)로 구분하는데, 이때 진사란 벼슬에 오르면 혜택을 온 세상에 베풀
고, 물러나 도를 닦으면 그 도를 천년토록 밝히는 인격을 가리킨다. 그
전에 율곡도 참된 선비(眞儒)의 특성을 "나아가면 한 시대에 도를 행하여
백성들에게 화락한 즐거움이 있게 하고, 물러나면 만세에 교(敎)를 베풀
어 배우는 이로 하여금 큰 잠에서 깨어나게 한다"라 하여 선비의 영향력

이 대대로 지속함을 역설하였다. 박지원(朴趾源)은 선비의 개념을 지위보다 인격에 중점을 두어, 그가 사회적으로 발현하는 양상을 기준으로 다섯 가지 유형을 제시하였다. ① 가장 뛰어난 범주가 사류(士流), ② 학문에 집중하는 사림(士林), ③ 천하에 바른 언론을 세우는 사론(士論), ④ 천하의 올바른 기상을 세우는 사기(士氣), 그리고 ⑤ 도를 논하고 의를 지키다가 권력에 희생당하는 사화(史禍)가 그것이다. 잘 알려진 대로, 조선조 초기 사림파는 절의와 의리를 중시하다 희생 당한 포은과 길재, 사육신, 생육신 등이 있었고, 중기의 사화로 목숨을 잃은 수많은 선비가 있었다.

이미 일반론에서 지적한 대로 선비의 이상주의는 공공성의 중시로 집약하기도 한다. 사(私)보다 공(公)을 앞세우며, 이(利)를 멀리하고 의(義)를 중시하는 마음가짐으로 표출한다. 이는 물론 인욕(사)을 이기고 천리(공)를 따르라는 성리학의 철학직 관점의 요지다. 이러한 이상론은 일상에서 절제, 절약, 검소 등의 행위지향으로 나타난다(한영우, 2010: 269-273). 예를 들어, 왕실부터가 선비여야 하는 임금을 비롯하여 왕의 식솔은 물론 왕실 전체, 심지어 왕궁에 이르기까지 검약이 두드러졌다. 비근한 보기로, 임금의 식탁에 올릴 음식의 종류와 수량 및 규모까지 규제하였고, 의복에서도 왕과 왕비가 평소에는 무명이나 명주 옷을 입었고 사용하는 그릇도 금은제가 아닌 도자기를 사용했으며, 궁궐의 규모도 위엄을 차리되 화려해서는 안 된다는 원칙으로 조성하였다. 실지로, 해외여행을 할 때마다 우리나라 왕궁의 규모가 상대적으로 매우 초라하고 검소함을 쉽게 알 수 있다. 이러한 검약절제의 풍습은 일반 관료와 백성의 삶에서도 드러나도록 규제를 했는데, 그중 가령 분묘와 가옥의 규모를 신분질서에 따라 엄격하게 제약한 것은 물론, 실제로 지위가 높은 고관 중에는 이른바 청백리(淸白吏)를 찾아내어 포상을 하고 주변의 이웃이 본받을 수 있도록 조처하기도 하였다. 이들은 고전시대부터 내려온 청빈락도(淸貧樂道)의 정신을 현실에 적용한 셈이다. 그리고 다산도 "선비의 청렴은 여성의 정절(貞節)과 같다"고 하여 청렴의 가치를 지극하게 강조하였다.

(1) 청백리

여기에 청백리가 어떤 인물이었는지를 간략하게 고찰하는 것이 필요할 것 같다. 이 제도는 관리의 청렴결백을 장려하기 위해 중국에서 유래했지만 고려시대에 청백리를 선발하고 표창한 예가 있었고, 조선시대에는 태조 대에 안성(安省)이라는 인물을 포함한 5인을 청백리에 녹선(錄選)했다는 기록이 있어서 국초에 이미 시작한 제도로 보인다. 조선왕조는 "개국과 함께 나라를 유지하고 사습(士習)을 일신하고 민풍(民風)을 교화하기 위해" 『관자(管子)』에서 밝히고 있는 예(禮)·의(義)·염(廉)·치(恥)의 사유(四維), 그중에서도 특히 염·치를 사대부가 지켜야 할 규범으로 강조하고자 이 제도를 실시한 것이다. 이미 세종대에는 도덕적 기강을 바로 잡는 데 어느 정도 성공하여, 청백리로 표창한 재상들이 다수 나왔다. 그 후 중종 때에 청백리에 관한 언급이 있었고, 명종 7년(1552년)에는 생존시에 청백리로 선발받은 자를 염근리(廉謹吏)라 불렀다는 기록이 있다. 선조대에는 청백리의 선발 절차를 구체적으로 규정하였다고 알려져 있다. 청백리는 또한 그 절의를 크게 존중하였던 점도 주목할 만하다(한국정신문화연구원, 1991; 이성무, 2010: 169-170; 한영우, 2010: 272; 문화체육관광부·퇴계학연구원, 2011: 164-165).

청백리의 피선 자격은 법전에 명문화한 기록이 없어서 통일된 기준을 찾기는 어렵지만, 대체로 청백리 선발의 사유를 밝힌 것을 보면 '청백'·'근검'·'경효(敬孝)'·'후덕(厚德)'·'인의(仁義)' 등의 품행을 제시한 것으로 미루어 이러한 덕목을 중시한 것 같다. 그중 대다수가 국록 외에 공가(公家)나 사가(私家)에 일절 폐를 끼치지 않고 깨끗하고 검소한 것을 생활철학으로 삼아 살아간 인물임을 알 수 있다. 이 점에서 '청백탁이(淸白卓異)'가 중요한 기준이었던 것 같다. 청백리의 선발 절차는 조선 전기에는 의정부와 이조가, 후기에는 비변사와 이조가 각각 왕명에 따라 전국의 2품 이상 고관들에게 자격이 있다고 보이는 관료 중에 사망했거나 생존한 인물 2인씩을 천거하게 하고, 육조판서가 이를 심사한 후에 국왕의 재가를 받아 확정하는 식이었다.

그리고 일단 청백리로 선발하면 생존시에는 본인에게 재물을 내리거나 관계(官階)와 관직을 올려주고, 사망한 사람이면 적장자(嫡長子)나 적손(嫡孫)에게 재물을 주거나 관직에 등용하도록 하였다. 특히 숙종대 (1675~1720)와 1746년(영조 22)『속대전(續大典)』편찬 시기까지는 2품관 이상의 천거로 특채하거나 적손 여부에 구애되지 않고 모두에게 처음으로 주는 관직의 의망(擬望: 관직에 세 사람의 후보자를 추천하는 일) 대상에 포함시키도록 상전을 확대하도록 되어 있었다. 그러나 실제 대우는 실행 규정을 명문화하지 않고 인사적체가 격심했던 것과 관련하여 문제가 발생했다고도 한다. 가령, 영조대에 이익(李瀷)이『성호사설(星湖僿說)』에서 밝힌대로, "조정에 매번 그 자손을 등용 하라는 명령은 있으나, 오직 뇌물을 쓰며 벼슬을 구하는 자가 간혹 벼슬에 참여하고 나머지는 모두 초야에서 굶주려 죽고 만다"고 한 것을 보면 관직의 등용은 물론 경제적인 대우도 제공해주지 않았던 것이 현실이었을 법도 하다.

조선조 500년에 걸쳐 청백리로 녹선받은 사람의 수는 명확히 알 수는 없지만, 기록에 남은 것을 참고하면,『전고대방(典故大方)』에는 218명, 경종·정조·순조대를 제외한『청선고(淸選考)』에는 186명을 수록하고 있는 것으로 미루어 200여명 내외였을 것으로 추정할 수 있을 것 같다.『전고대방』에 실려 있는 인원을 왕대별로 보면 태조 대에 5인, 태종 대 8인, 세종 대 15인, 세조 대 7인, 성종 대 20인, 중종 대 35인, 명종 대 45인, 선조 대 27인, 인조 대 13인, 숙종 대 22인, 경종 대에 6인, 영조 대 9인, 정조 대 2인, 순조 대 4인에 이르기까지 모두 218인이 녹선자가 되었지만, 이외이 왕대에는 녹선 기록이 없다.

이러한 청백리제는 조선 전기에는 녹선자가 국가로부터 예우를 받지 못하였지만 사회적으로 존경받고, 관리에게 염치를 일깨우고 탐관오리에게는 자극을 주는 정화 기능을 어느 정도 발휘하였다. 몇 명의 사례만 언급한다. 세종대에 이미 동대문 밖의 비가 새는 초가에서 우산을 쓰고 지냈다는 유관(柳寬), 고향에 내려갈 때 소를 타고 다녔다는 맹사성(孟思誠), 그리고 황희(黃喜)와 성종대의 허종(許琮) 및 오리(梧里) 이원익(李元翼) 등은 장기간 의정에 재임하거나, 의정을 역임한 재상이면서도 초라한 집에서 궁핍한 생활로 일생을 보낸 인물로 조선시대 청백리 재상의 표상으

로 칭송받고 있다. 서애(西厓) 유성룡(柳成龍)도 영의정에 이조판서를 겸
하면서 임진왜란을 훌륭하게 관리한 큰 인물이지만 퇴직할 때는 걸어서
집으로 돌아갔고, 삭탈관직 당한 뒤 고향을 찾았을 때는 마땅한 거처조
차 마련해 있지 못하였다. 특별히 청백리로 이름을 떨치고 대대손손 이
정신을 이어가게 한 선비가 있으니, 안동 김문의 김계행(金啓行)이 대표
적인 사례이므로 여기에 이 가문의 청백리 전통을 잠시 언급할 만하다.

그는 일시 그의 형 김계권(金啓權)과 서울에서 관직에 있었으나, 연산
군의 무오사화 때 벼슬을 버리고 안동으로 낙향하였다. 그리고 당호(堂
號)를 보백당(寶白堂)으로 짓고, 청백이 곧 보물이라 천명하는 다음과 같
은 유계(遺戒)를 내리고 대대로 지키게 하였다. "우리 집안에는 보물이
없다. 보물이 있다면 오직 청백 뿐이다—집안에 청백의 기풍이 전하여
대대로 근신하였으니 효성과 우애로 화목하라."[6] 보백당의 가문에서는
그 후에도 인조가 청백리로 선발한 청음 김상헌(淸陰 金尙憲)의 부친인
김극효(金克孝)도 "선대부터 내려온 가문의 덕업이 '근식'(謹飾)과 간소(簡
素)라고 정리하고, '관직은 반드시 높을 필요가 없으며, 벼슬이 끊이지 않
는 착한 선비가 되는 것이 좋다'고 하면서 '집안에 이단이나, 불교, 무당,
잡기 등이 출입하지 못하게 하고, 이권을 다투는 송사에 휘말리지 말라'
고 경고했다"는 것이다(한영우, 2004: 9; 이경구, 2007: 183). 이 같은 부
친의 가르침을 이어 받아 청음은 시조 이래 8백년간 이어져온 청백한 가
풍이야말로 안동김문의 자랑이라고 같은 집안의 후손들에게 가르쳤다.

또한 그의 손자 "곡운(谷雲) 김수증(金壽增) 역시 창씨 이래 8백년의
청백한 유풍을 자부하면서 자신의 손녀가 숙종의 영빈(寧嬪)으로 입궐할
때에도 9조목의 면계(勉戒)를 주면서 선세(先世)부터의 청빈을 상기시켰
다. 김수증의 아우 퇴우당(退憂堂) 김수흥(金壽興)은 며느리에게 훈육한
글에서 대대로 청한(淸寒)한 가문의 내력을 소개하면서 자신이 재상을 지
냈으나 전원이 늘어난 것이 없다면서 장차 가산을 이어받더라도 근검의
덕을 본받아 일용사에 분수를 지키라고 가르쳤다"고 한다(한영우 2004:
9; 이경구, 2007: 183). 이 집안에 속한 인물의 이름은 앞으로도 거듭 언

---

6) 吾家無寶物 寶物惟淸白…家傳淸白 世守恭謹 孝友敦睦(한영우, 2004: 8).

급을 하게 되겠으나, 특별히 청백의 전통을 이처럼 한 가문이 대대로 고집한 사례는 특수한 점이 있어서 여기에 따로 밝힌 것이다.

그러나 조선 후기부터는 당쟁에 의한 편파적 선발과 노론 일당독재와 외척세도정치 때문에 그 선발이 부실하고 상전도 유명무실하여 성호의 지적처럼 후손들이 굶주림에 시달리는 등 본래의 기능을 상실하고 말았다.

(2) 절의의 선비

선비의 덕목 가운데 청렴·염치는 의리·절의·충절과 병행한다. 청렴과 염치는 주로 자신의 생각과 몸가짐이 스스로에게나 타인에게 부끄럽지 않게 결백하고 검소함을 중시한다면, 의리 등은 다른 사람들 그중에서도 특히 나라와 사회를 바라보고 생각을 바르게 하고 행동이 도리에 맞도록 하라는 지침관련이 있는 가치규범이다. 의(義)라는 글자가 뜻하는 바가 원래 마땅히 해야 할 일을 사리에 합당하게 하는 것(義者 宜也:『중용』 4장)이다(김학주, 2009b: 64). 달리는, 인간이 가야할 길(義人路: 『맹자』「고자장구」(告子章句) 상), 즉 '도'를 가리킨다(道者 義也:『예기』「표기」)(김학주, 2002: 381; 이상옥, 2003b: 1346). 그리고 의로움의 근거는 바로 '인'이다(仁者 義之本:『예기』「예운」)(이상옥, 2003c: 652). 따라서, '의'의 마음의 단서는 선하지 못하고(不善) 옳지 못한 것을 부끄러워하고 싫어하는 마음이다(羞惡之心 義之端也:『맹자』「공손추」(公孫丑) 상; 김학주, 2002: 140).

그리고 절의란 어떤 인물이나 나리를 향한 의로운 절조(節操)를 일긴는다. 특히 나라의 운명이나 왕위를 둘러싼 정통성 혹은 국가적 의례의 명분 같은 것과 관련한 올바른 자세에서 나타나는 행위유형이다. 가령 이득이 있는 것을 보면 의로움을 생각하고, 위태로운 것을 보면 목숨이라도 바칠 줄 알며(見利思義 見危授命:『논어』「헌문」)(김학주, 2009a: 240), 이로운 것을 보고도 양보하는 것을 의라 하고(見利而讓 義也:『예기』「악기」(樂記)) 이로운 것을 보고도 그 의로움을 이지러지게 하지 않는다(見利 不虧其義):『예기』「유행」(儒行)(이상옥, 2003b: 1034; 1503).

이런 유가적인 절의는 물론 성리학적 철학사상과 예학적 정통성이라는 이론적 바탕에 기초한다. 그 가치관의 신념체계로서 '의리론'(義理論)이 도학의 구성체계 속에 자리하여 이를 실천하는 여러 가지 덕목과 실천 지침을 제공한다. 우리는 위에서 유가적 이상형의 인간상을 여러 모로 살펴보았으므로 이를 되풀이하지는 않고, 그러한 선비의 모본이 될 만한 인물을 되짚어 보려 한다. 특히 절의에 목숨을 바친 주요 인사들 수는 상당한데 대표적인 범주의 명단만 간추려 보기로 한다.

먼저 절의의 성격상 정치와 관련한 사례부터 논한다. 첫째는 역시 조선이라는 나라의 건국이 주된 쟁점의 표적이 되었던 시점에 고려에는 새로이 수입한 성리학의 바탕 위에 부패무능했던 고려 왕조를 근본적으로 개혁하고자 했던 사대부층이 그 개혁의 방향과 성격을 두고 논의하는 지평에서 이성계(李成桂)를 도와 역성혁명으로 새 나라를 건국하려는 세력과 이를 저지하려는 세력 간의 갈등이 있었다. 이때 이성계의 조선에 협조하지 않겠다고 저항한 선비들은 선죽교에서 이방원에게 격살 당한 포은 정몽주를 위시하여 목은 이색은 의문의 횡사를 했고, 야은 길재, 원천석(元天錫), 남을진(南乙珍) 등은 산림에 은거하여 여생을 보냈으며, 기타 개경의 50여 집안과 개풍의 광덕산록 두문동(杜門洞)의 72현(賢) 등은 고려구신으로서 조선조에 신복(臣服)하지 않아 그 자손은 평민이 되어 상업에 종사하게 되었는데, 이처럼 초야에 숨어 저항하지 않은 유민에게는 별다른 추궁은 없었다(이상백, 1964: 70－71).

둘째는 조선조 초기 세조의 왕위찬탈 정변에 반대하여 세조의 정통성을 부정하다가 희생당한 선비들을 일컬어 절의파(節義派)라 부르게 되었는데, 이들은 성삼문(成三問), 박팽년(朴彭年), 하위지(河緯地), 이개(李塏), 유성원(柳誠源), 유응부(俞應孚) 등 소위 사육신(死六臣)이다. 이 밖에도 김시습(金時習), 남효온(南孝溫) 또는 권절(權節), 원호(元昊), 이맹전(李孟專), 조여(趙旅), 성담수(成聃壽) 등이 생육신(生六臣)으로 불사이군(不事二君)의 절의를 고수하고 출사를 부끄러이 여겨 종신토록 재야에 숨어 폐인으로 자처하기도 하였다(이상백, 1964: 95－96).

셋째는 남명 조식의 절의를 언급하지 않을 수 없다. 남명과 퇴계는 동시대에 경상도에서 태어난 인물로 실학자 성호 이익은 "남명선생은 우도

(지리산)에, 퇴계선생은 좌도(소백산)에 해와 달처럼 있었으며 좌도는 인 (인)을, 우도는 의(의)를 숭상한다 하면서," 다음과 같이 이 두 선비를 대 비한다(이익 『성호새설』 권 1; 이성무, 2009: 230).

> 퇴계가 소백산 밑에서 출생해 우리나라 유학자의 종주가 되었다. 그 계통의 인 물들은 깊이가 있으며, 빛을 발해 예의가 있고 겸손하며 문학이 찬란해 수사 (洙泗)의 유풍을 방불케 했다. 남명은 지리산 밑에서 출생해 우리나라에서 기 개와 절조로서 가장 높은 위치를 차지했다. 그 후계자들은 정신이 강하고 실천 에 용감하며 의리를 숭상하고 생명을 가볍게 여기어 이익을 위해 뜻을 굽히지 않았으며, 위험에 처해 뜻을 굽히지 않는 독립적인 지조를 지녔다. 이것이 상 도(上道)와 하도(下道)의 다른 점이다.

실지로 아래에 바로 지목하지만, 곽재우, 정인홍, 김면 등 왜란 때 의 병장으로 이름을 떨친 인물이 모두 남명의 문인이었다는 사실이 이와 같 은 그의 절의 사상이 얼마나 큰 영향을 미쳤는지를 증빙해준다(한영우, 2010: 341).

넷째로는 정치권 내부의 갈등에서 또는 일상생활에서 절의를 지킨 선 비 외에 외국의 침략을 받아 국운이 풍전등화의 위태로운 처지에 놓였을 때 소위 견위수명의 충정으로 나라를 구하고자 나선 선비들이 있다. 특 히 임진왜란의 의병운동을 조직하고 선봉에서 목숨을 걸고 싸운 선비들 중에는 상당수가 유학이 발달한 남부 지방 특히 영남에서 큰 성과를 거 두었다는 점이 중요하다. 대표적인 인물만 지목하면, 경상도의 의령에서 기병한 망우당(忘憂堂) 곽재우(郭再祐), 합천의 내암(萊菴) 정인홍(鄭仁弘), 고령의 송암(松菴) 김면(金沔), 영천의 백운재(白雲齋) 권응수(權應銖)를 비 롯하여, 단성(丹誠; 현재 경남 산청), 창녕, 김천, 안동 등지에서 활발한 의 병 활동을 편 선비가 나왔다. 곽재우와 거의 때를 같이 하여, 호서지방 (충청)에서는 옥천의 중봉(重峯) 조헌(趙憲) 외에, 홍성, 공주 및 금산에서 의병이 일어났고, 그 뒤를 이어, 호남에서는 제봉(霽峰) 고경명(高敬命)과 담양에서 김덕령(金德齡)이 활약하였다. 건재(健齋) 김천일(金千鎰)은 나주

에서 거병하였고, 보성에서는 삼도(三島) 임계영(任啓英)이, 경기도에서는
심대(沈岱)와 홍계남(洪季男) 등이, 강원도에서는 승려 송운대사(松雲大
師), 사명당(四溟堂) 유정(惟政)이 금강산에서 기병하여 각처에서 활동했
으며, 황해도에서는 이정암(李廷馣)이, 평안도에서는 지산(芝山) 조호익
(曺好益), 양덕록(梁德祿), 묘향산의 승려 서산대사(西山大師), 청허(淸虛)
휴정(休靜)이, 함경도에서는 경성의 농포(農圃) 정문부(鄭文孚)가 크게 공
을 세웠다(이상백, 1964: 619-627; 한영우, 2010: 369).

　기실, 임진왜란을 거론하면서 충무공 이순신을 다시 봐야할 필요가
있다. 그는 무장이었으나 그 기개나 학덕이 훌륭한 선비였기 때문이기도
하다. 그는 나라가 위기에 빠졌을 때 목숨을 걸고 탁월한 지략으로 왜군
의 제해권을 박탈하고 나라를 구해낸 영웅이기도 하지만, 그는 전란이
한창인 와중에 모함으로 전선을 떠나 조정으로 압송 당하여 국청을 받고
목숨까지 잃을 뻔했으나 간신히 풀려나서도 백의종군으로 복귀하여 마침
내 사면을 받고 승리를 거둔 후에 결국은 전사한 충절은 감히 아무나 비
근하다고 내세울 수 없는 위대한 선비임에 틀림없다. 그뿐 아니라 후세
에 세계적인 명망까지 얻은 빼어난 전략가였으면서도 평소의 자세와 행
동거지에서마저 한 치도 어그러짐 없이 청렴·검소하고 투철한 애국·애
민의 정신이 빛났던 참다운 선비였음에랴.

　다섯째, 병자호란이 일어났을 때는 척화를 주장하며 온갖 고초를 견
디며 절의를 지키려던 청음 김상헌을 들지 않을 수 없다. 이미 앞에서도
청백리 항에서 지목하였고 또 추후에도 다시 필요한 해설을 할 기회가
있지만, 여기서는 그의 선비로서 숭명사대 외교의 원칙에 충실할 뿐 아
니라 오랑캐나라에 사대하는 것은 도저히 용납할 수 없는 치욕이라는 굳
은 신념으로 항거를 주장하다가 청나라 심양으로 압송 당해 옥살이를 겪
었고, 인조왕이 삼전도에서 항복했을 때 스스로 목을 메어 자결하려 했
으나 가족의 만류로 간신히 목숨을 건졌던 절의의 선비라는 점을 기억하
려는 것이다. 비록 그의 척화이념이 전략적으로는 비현실적이었을지 모
르나, 여기서는 그의 선비다운 충절을 성찰하려는 것이다. 그뿐 아니라,
강경한 척화론을 주장하던 선비 중에 화포(花圃) 홍익한(洪翼漢), 임계(林

溪) 윤집(尹集) 및 추담(秋潭) 오달제(吳達濟)는 심양에 끌려가 끝까지 항복을 거부하다가 순직을 한 선비들이라, 후세에 이들을 '삼학사'(三學士)라 추앙하였다.

여섯째, 추후 제Ⅷ장에서 본격적으로 살펴보려니와, 수백년에 걸쳐 벌어진 사화와 당쟁만 해도 그렇다. 거기에는 분명히 권력 갈등이라는 요소가 개입하고 있기는 하지만, 그 과정에서도 순수한 애국 충정으로 목숨까지 내놓고 왕에게 간하고 붕당 간에 이념적 논쟁을 벌이다가 결국은 임금의 미움을 사든지 반대파의 무고에 의하여 스러져간 무수한 선비를 여기서 일일이 거명할 수는 없지만, 이들 또한 목숨을 걸고 지조와 의리를 지킨 모범적인 조선의 선비였음에 틀림없다.

일곱째, 마지막으로 역시 이름을 망라하기에는 넘치고도 남기 때문에 여기에서는 생략하기로 하지만, 19세기 말 20세기 초 망국의 위기 속에서, 그리고 일제강점기의 암울한 기간에 스스로 목숨을 버리거나 사사로운 가족의 희생까지도 마다하지 않고, 온갖 고초를 겪으며 투쟁하던 수많은 의사와 열사 및 독립운동의 영웅들 또한 투철한 절의의 선비로서 잊어서는 아니 될 것이다.

(3) 여성 선비의 표본

조선조의 실제적인 사회구조와 일반적인 사회적 관념에서 여성의 지위는 항상 가부장적 권위주의의 그늘에 묻혀 있었다고 할 수 있다. 이는 중국의 유교적 전통에서 유래한 것임은 물론이지만, 이미도 성리학을 기본 국가이념으로 접수한 조선은 소위 남존여비라든지 남성중심주의적인 가치지향을 버리지 못한 탓이라 보아야 할 것이다. 성리학이 이처럼 여성을 억압하는 방향으로 이념을 채택한 데에는 신라~고려조의 1천여년에 걸친 불교의 영향을 씻어버리고자 한 의도가 숨어 있었다. 불교가 말하자면 일종의 연성(軟性) 종교로서 규율이 엄격하지 않았던 점 때문에 여성의 지위뿐 아니라 그들의 일상 행동거지에서도 비교적 자유로웠던 점을 염두에 두고, 이것이 사회적인 규범을 문란하게 하는 원인으로 간주하여 이를 타파하기 위해서는 남녀관이 훨씬 더 엄격한 성리학을 국가 이념으로 삼았다는 해석이 있다(한영우, 2010).

따라서 조선시대의 특출한 여성에 관한 현대의 저술도 흔한 편은 아니라는 것 또한 사실이다. 하물며 여성을 선비로 특정하여 연구한 사례는 더더욱 희귀하다. 그런 가운데서도 여성의 모습을 '선비'라는 개념적 범주 속에서 검토하는 일은 해볼 만한 작업이라 여겨 이를 체계적으로 시도한 문헌이 있어, 여기에는 그 논문의 내용을 축약해서 소개하고자 한다(박희택, 2015: 141-176).

우선 이 연구에 의하면 여성 선비의 사례를 가려내기 위한 중심개념의 틀을 『논어』에 나타나는 '군자'의 덕성에 관한 논지를 요약하여 군자삼도(君子三道)(『논어』「헌문」 29), 군자삼이(君子三以)(「헌문」 43), 그리고 위인오자(爲人五者)(「양화」 6)로 설정하고 있다. 그 내용을 보면 다음과 같다(박희택, 2015: 164-165). 본서에서도 이미 본 장의 앞부분에 선비의 참모습을 그리는 여러 문헌의 내용을 집약하여, 성인, 군자, 대장부 등으로 개관한 바 있으므로 이를 참조할 수 있다.

첫째, 군자삼도란 인지용(仁知勇) 세 가지를 일컫는다. 어진 사람은 근심하지 않고, 지혜로운 사람은 현혹되지 않고, 용감한 사람은 두려워하지 않는다.

둘째, 군자삼이는 경으로써 자기인격을 수양하는 것, 자기인격을 수양해서 다른 사람을 편안하게 하는 것, 그리고 자기 인격을 수양해서 백성을 편안하게 하는 것, 이 세 가지다.

셋째, 위인오자란 다섯 가지를 천하에서 행할 수 있다면 인이라고 할 수 있다는 것으로, 공손함, 너그러움, 믿음직함, 민첩함, 은혜로움이다. 공손하면 업신여김을 당하지 않는다. 너그러우면 대중을 얻는다. 믿음직하면 사람들이 의지한다. 민첩하면 공을 세운다. 은혜롭게 하면 사람들이 일을 자청하기에 어려움 없이 사람을 부릴 수 있다.[7]

여기에 교육의 중요성을 첨부한다. 다음, 여성 선비의 덕목을 구체적

---

7) 子曰 君子道三…仁者不憂 智者不惑 勇者不懼(김학주, 2009a: 248); 子曰 修己以敬…修己以安人…修己以安百姓(김학주, 2009a: 254); 孔子曰 能行五者於天下 爲仁矣…恭寬信敏惠 恭則不侮 寬則得衆 信則人任焉 敏則有功 惠則足以使人(김학주, 2009a: 302).

으로 다룬 고전을 더듬어 보면, 중국에서 후한으로부터 청나라에 이르는 동안 나온 '여사서'(女四書)가 있다. 후한의 반소(班昭)의 『여계』(女戒), 당나라 송약소(宋若昭)의 『여논어』(女論語), 명나라 성조(成祖)의 원빈 인효문황후(仁孝文皇后)의 『내훈』(內訓) 및 청나라 왕절부(王節婦) 유씨(劉氏)의 『여범첩록』(女範捷錄)이 그것이다. 그리고 우리나라에서 최초로 여성 선비가 지은 것은 인수대비(仁粹大妃) 소혜왕후(昭惠王后)의 『내훈』이다. 그래서 이 다섯 가지 문헌을 아울러 '여오서'(女五書)라 칭하고 이를 참고하여 여성 선비의 모형으로 여사(女士), 여중군자(女中君子), 여중학자(女中學者)를 탐색하였다. 그 결과 뽑힌 여성 대표 선비는 신사임당(申師任堂, 1504-1551), 장계향(張桂香, 1508-1680), 임윤지당(任允摯堂, 1721-1793), 그리고 김만덕(金萬德, 1739-1812)이고 이들의 덕목과 업적을 정리하면 아래와 같다(박희택, 2015: 166-172).

① 현모양처 신사임당

신사임당의 본명은 신인선(申仁善)이다. 주나라 문왕의 어머니 태임(太任)을 본 받고자(師) 스스로 자신의 호를 지을 만큼 자신의 자녀를 성인으로 세우겠다는 포부가 드러난다. 19세에 덕수(德水) 이씨 가문의 이원수와 혼인하여 4남 3녀를 낳아 길렀는데, 조선조의 대학자요 큰 정치가인 율곡은 3남이고, 장녀 이매창과 막내아들 옥산(玉山) 이우(李瑀)는 모친의 예술적 재능을 이어받아 작품을 다수 남겼으며, 이우는 시·글씨·그림·거문고에 능하여 '4절'이라 불리었다. 주로 친정인 강릉에서 오래 살았는데 딸만 다섯인 친정 어머니를 위해 시댁의 허락 하에 그리 한 것이었다. 48세에 사거한 신사임당이 남편에게 재혼하지 말라는 당부를 한 것은 어린 자녀가 계모에게 상처받지 않을지를 염려해서였다. 신사임당의 작품은 주로 꽃과 벌레 등의 그림이 주종을 이루고 작품성이 빼어난 걸로 정평이 있다. 그 밖에 서예 작품과 시(詩) 2수가 전하고 있는데 그 또한 운취가 출중하다는 평이다. 신사임당은 철학적 견해를 개진한 사상가는 아니지만, 훌륭한 자녀를 기른 교육자로서, 또 예술가로서 여사 내지 여중군자로서 손색이 없다 할 것이다.

② 여중군자 장계향

장계향은 안동 금계(金溪)에서 태어나 부모에게 효순을 다하다가 19세에 영덕 영해의 재령이씨 집안의 문신, 성리학자 이시명(李時明)의 후실로 출가하여 전실의 자녀 1남 1녀와 자신의 소생 6남 2녀를 모두 현자로 양육한 위대한 어머니요 교육자이다. 숙종 때의 남인 이론가 갈암(葛菴) 이현일(李玄逸)의 어머니다. 타고난 자질은 풍부해서 시, 서예, 그림 등에 능했으나 첩과 기생이 시나 시가를 숭상하므로 반가의 여성은 이를 피해야 한다는 당시의 관습에 따라 작품을 남기지 않은 결단을 한 여성이었다. 또한 재령 이씨 영파 문중의 큰 살림을 맡아 하면서 왜란과 호란으로 피폐해진 민초들의 삶을 구휼하고자 집안의 곡식을 나누고 도토리 죽을 쑤어 베푸는 등 '사회사업가'다운 풍모도 지녔다. 지식인으로서 성리학적 사상을 정립한 '사상가'였으며, 불후의 저작으로 『음식디미방』이라는 조리과학 서적을 저술한 '과학자'의 자질도 발휘하였고, 나아가 이 지역에서 가장 아름다운 마을이라 할 영양의 두들마을을 개척한 '문화창조가'이기도 하였다. 그뿐 아니라 자신의 부친이 홀로 되자 혼인한 후인데도 보살피며 재혼시켰고 자신보다 젊은 새어머니와 동생들도 정성껏 돌보고 지지하여 바로 서게 하였다. 여중군자적인 인품에서도 10세 전후에 일찍이 「성인음」이라는 글을 지을 만큼 성리학적 성인을 지향하는 삶을 살고자 하였는데, 이런 어머니의 모습과 삶에 감탄한 갈암은 다음과 같이 묘사하고 있다(박희택, 2015: 170, 각주 51; 이현일, 「정부인 안동 장씨 행실기」(1690년 경), 이재호 역, 『국역 정부인 안동 장씨 실기』 국역정부인 안동장씨실기간행소, 1999: 29 재인용).

부인께서는 비록 학문과 재능을 숨겨서 스스로의 지조를 지키고(沈晦自持) 자기 몸을 낮추어 순종하면서 스스로 처신하고 있었지만(卑順自牧), 기상과 품격은 호방하고 쾌활하며(氣調豪爽) 도량은 청아하고 원대하였기에(識度淸遠) 고금의 사변에 대해서도 모두 이해하지 않는 것이 없었다(無不領會).

③ 여성 성리학자 임윤지당

임윤지당은 강원도 원주 출신으로 조선시대의 거의 유일한 여성 성리학자라 할 수 있다. 『윤지당유고』 2권이 학술적 업적으로 남아 있는데, 그 안에는 특별히 역사논평인 논문 11편과 성리학설 6편이 실려 있고, 시문 같은 문학 작품은 없는 것으로 보아 성리학적 연구가 주종을 이룬 여걸이라 할 수 있다. 이 문집은 시동생과 친정아우가 편찬한 것인데, 발문에서 친동생은 누님이 여중군자라 할 만하다고 칭찬하고 있는 걸로 미루어서라도 역시 여성으로서 대단한 성리학적 소양을 기른 인물임에 틀림없다. '윤지당'이라는 당호만 해도 '윤(允)은 '부합한다'는 뜻이고 '지'(摯)는 중국 주나라 문왕의 어머니 태임의 고향 이름이다. 신사임당과 유사한 고전에서 당호를 지은 것인데, 어릴 때부터 학문적 자질을 알고 오빠가 지어준 것이다. 다만 앞의 장계향처럼 자식을 두지 못해서인지 널리 알려지지 않았을 뿐 실질적으로는 여성 가운데 두드러진 학자라는 점이 주목할 만하다.

④ 의녀 김만덕

김만덕은 위의 세 사람과는 다른 배경의 인물이었다. 제주에서 기녀로 살면서 돈을 모아 유통업으로 큰 재산을 축적한 김만덕은 기생 시절에는 음흉하고 인색하기로 이름이 난 여성으로 소문이 자자했지만 기업가로서 성공한 후에는 제주에 기근이 들자 그 재화로 쌀 5백섬(천 가마)을 사서 제주도민을 구휼한 덕을 쌓은 특출한 여성이다. 이런 구휼 덕업을 보고받은 정조가 김만덕에게 '의녀반수'(醫女班首)라는 궁중 의녀의 우두머리 직책을 명예직으로 내리고 한양도성과 금강산 유람을 허락하였다. 그뿐 아니라 초계문신(抄啓文臣: 당하문관 중 문학에 출중한 선비를 뽑는 시험의 시험관)들에게 만덕전을 지으라는 출제를 내줄 만큼 높이 칭찬했으며, 형조판서 이가환(李家煥)은 찬시를 지었고, 심지어 영의정 채제공(蔡濟恭)은 『만덕전』이라는 전기를 썼으며, 정다산은 김만덕의 부탁으로 시권에 발문을 써 주었다. 조선시대의 한 한미한 사회적 배경의 여성으로서 거부가 된 것만 해도 특출한데, 그 자산을 사회공헌 활동에 선뜻 내어주었다는 것은 분명히 여걸로서 인정받을 만하다고 하겠다.

기실, 이런 식으로 기록에 남아서 널리 알려진 여성이 아니더라도 아마 수많은 여성이 자신의 불리한 처지에서도 음으로 양으로 공부도 하고 예술도 하고 사회공헌사업도 한 사례는 얼마든지 있었을 것으로 추정할 수 있을 것이다. 이들을 우리는 훌륭한 선비의 모본으로 추앙해도 마땅하리라고 생각한다.

(4) 모범적인 선비의 표상

이제는 마지막으로 우리나라 역사에서 실제로 군자다운 모범적인 삶을 살았던 선비의 실제 생활의 모습을 더듬고 본 장을 마무리하고자 한다. 조선에는 훌륭한 선비가 다수 있었다. 그러나 지금까지 살펴본 이상적인 유가의 인간형을 완벽하게 완성한 진유 내지 성인이 과연 몇이나 살았으며 구체적으로 어떤 인물이었는지는 쉽게 가려낼 수 있는지가 불분명하다. 그럼에도 불구하고 적어도 주요 인물의 문하생들이 흠모하며 세상에 알리고자 한 내용은 찾기가 어렵지 않다. 여기서는 지면을 고려하여 대표적인 모범 사례로 퇴계의 선비다운 삶을 더듬어 보기로 한다. 다만 지면의 한계를 참작하여 더 소개하지 못함을 아쉽게 여길 뿐이다. 퇴계의 학문은 물론 인품과 삶의 모본은 국제적으로 칭송의 대상이 되고 있지만, 이 자리에서는 좀 장황하기는 해도 그 내용이 감동을 주므로 제자 학봉 김성일이 "참으로 이러하셨다"라는 제하에 퇴계의 초상화를 글로 쓴 내용을 인용한다(이윤희, 2010: 17-22).

> 어린 시절 퇴계 선생은 언제나 날이 밝기 전에 일어나서 세수하고 머리 빗고 옷과 관을 바르게 하고는 어머니를 찾아뵙는 것이 일상생활이시었다. 한번도 어긋남이 없이 명랑하고 공손하며 삼가시었다.
> 여럿이 생활할 적에는 종일 단정히 앉아 옷과 띠를 반듯이 하고 말과 행동은 반드시 삼가시었다. 그래서 사람들이 모두 사랑하고 존경하였으며 감히 업신여기거나 모욕을 줄 수 없었다. 성품은 간결하면서도 담박하고 말이 적었으며

명리와 호화로움에는 마음을 두지 않았다.

훌륭한 업적을 많이 남기고 높은 벼슬을 두루 거치셨으며, 70세에 이르러 병이 깊어지자 임금이 의원을 보내었으나 그 의원이 이르기 전에 세상을 떠나셨다. 임금(선조)께서 선생이 돌아가신 소식을 들으시고는 너무나 슬퍼서 사흘 동안 나랏일에 대한 회의를 중단하셨고 선생에게 영의정 벼슬을 내렸으며 첫째가는 예를 베풀어 장례를 지내게 하셨다.

그러나 선생은 자기가 죽은 뒤에 관직이 높은 사람들처럼 비석을 세우지 말고 아무런 관직도 새기지 말며 다만 작은 돌에 '늘그막에 도산으로 물러나 은거한 진성이공의 묘'(退陶晚隱眞誠李公之墓)라고만 쓰라고 하셨다. 병이 심할 때 이미 유언으로 남기셨던 것이다. 뿐만 아니라 나라에서 국장의 예를 내리더라도 사양하라는 훈계도 함께 남기셨다.

돌아가실 무렵에는 사람들이 선생을 평원에 우뚝 솟구친 산처럼 의지하였다. 그 돌아가심을 듣자 아는 이, 모르는 이 할 것 없이 탄식하고 슬퍼하지 않음이 없었다. 서로 더불어 위패를 모셔 놓고 곡을 하였으며, 가까운 읍의 사람들은 비록 촌 노인이나 들사람일지라도 모두 고기를 먹지 아니하였다.

장례에 이르자 먼 곳, 가까운 곳에서 모인 사람이 수백이었다.

우리나라는 비록 문헌의 나라라 일컬어지기는 했어도 도(道)에 대한 학문이 밝지 못했다. 사람들의 마음이 느슨하게 풀어져 그 수준이 낮게 처져 있었다. 고려로부터 조선에 이르기까지 도에 대한 학문으로 세상에 알려진 사람은 몇 이 없었다.

퇴계 선생은, 위로는 스승의 전하여 줌을 받지 못하였고 옆으로는 벗의 도움의 없었다. 뛰어나게도 성현의 글에서 홀로 얻으셨던 것이다. 중년 이후부터는 그 배운 것을 가르침에 전념하게 되면서 이 나라에 도를 밝혀 세우는 일이 선생에 게 달려 있는 듯 그 책임이 날로 무거워졌다.

머리를 숙여 책을 읽거나 우러러 생각하다가 잠자고 밥 먹는 것도 잊고는 하셨으며, 훵하니 깨닫고는 다시 익숙하도록 실천에 옮기셨다.

그 학문의 큰 줄거리에는 다른 사람이 넘을 수 없는 내용이 있었다. 그 얼개와 통이 매우 커서 차라리 성인을 배우다가 이르지 못할지언정 한두 가지 착함으로써 이름 얻기를 바라지 않으셨다.

몸과 마음을 닦아 나감에 매우 용감하여 차라리 능력을 다하여도 잡지 못할까 염려할지언정 한번도 늙고 병들었다고 게으르지 않으셨다.

정연한 차례가 있었으며 빨리 이루고자 하거나 급히 서두르는 병이 없었다. 묵묵히 공부를 더해 나가니 어두운 가운데 해가 나타나는 아름다움이 있었다. 뭇 성인의 글을 모르는 것이 없되 숨은 뜻을 끝까지 밝히고 언어나 문자의 자질구레한 말뜻에 그치지 않으셨다. 간추린 핵심을 지극하게 말할 뿐 깊거나 어둠컴컴한 뜻은 말하지 않으셨다. 도가 이미 높아졌지만 바라보면 보이지 않는 듯하고, 덕이 이미 높아졌으나 마음에 흡족하지 않는 듯 하셨다.

양심을 보전하고 본성을 기름이 날로 더욱 순수하고 탄탄해지며, 실천에 옮김이 날로 더욱 두터워지셨다. 그 보람이 나아가고 나아가기를 그치지 않아서 마치 돌아가실 때까지가 통틀어 하루인 양 향상되셨다.

이와 같은 마음가짐으로 믿음이 두텁고 학문을 좋아하셔서 무거운 책임을 지고 먼 곳에 이르게 되셨던 것이다.

겉으로 드러난 행동에 있어서는 스스로를 매우 엄하게 다스리셨다. 음란한 음악이나 이상스럽게 눈에 띄는 겉치레 예절은 마음에 두지 않았고, 포악하거나 오만하거나 간사하거나 치우친 기운은 신체에 남겨 두지 않으셨다. 하나하나 실천한 것은 도리와 규범이요, 하시는 말은 항상 하늘같은 도덕과 어질고 의로운 본성이었다.

하루하루 생활하는 모습은, 반드시 옷과 관을 가지런히 하고 눈길을 우러러보았으며 때로는 책상 앞에서 책을 보고 때로는 향을 사르며 고요히 앉아서 내면 세계를 살피는 공부를 하셨다. 종일토록 삼가고 삼갔고 한번도 게으른 모습을 드러내지 않으셨다.

집안을 다스림에 뚜렷한 법도가 있으셨다.

자손을 은혜로 어루만지고 의로운 교훈으로 이끌며 집안사람들을 너그러움으로 다스리면서 맡은 일에 충실하며 삼가라고 타이르곤 하셨다.

가정의 안팎이 기쁘고 유쾌하되 엄숙하고 화목하여 별로 노력하는 바 없어도 뭇 일들이 절로 그 순서를 얻었다.

살림은 소박하고 청렴하며 가난하셨다. 사는 곳이 겨우 비바람을 가렸고 거친 밥에 나물을 씹으니 남들은 감당하기 어려워할 정도였다. 선생은 그것이 몸에 푹 배어서 차라리 편안한 듯 하셨다.

조상을 제사 지냄에는 그 정성과 효를 지극히 하고, 형을 섬김에는 그 사랑과 존경함을 지극히 하셨다.

집안사람을 참으로 화목하게 하고, 외롭거나 가난한 사람들을 두루 도와주고 이끌어 주셨다.

남을 접대함에는 공손하고 예가 있었으며 그 자신을 다스림에는 검소하고 도리를 다 하셨다. 기쁘거나 노함을 밖에 나타내지 않고 남을 꾸짖거나 욕하지 않으셨다. 비록 바쁘고 급한 지경에 놓였어도 한번도 말을 빨리 하거나 다급한 기색을 짓지 않으셨다.

일이 옳고 마땅한 것이냐 아니면 이익이 있을 뿐이냐 하는 점을 가려냄에 엄하셨다. 가져도 좋을 것과 갖지 말아야 할 분수를 살폈으며 이치에 거리끼는 것을 갈라내셨다.

일의 낌새를 미리 밝게 알아차리어 털끝 하나도 방종하거나 지나치지 않으셨다. 진실로 그것이 의로운 것이 아니면 수만금을 주어도 받지 않았고 땅에 떨어져 있는 것이 겨자 한 알일지라도 주워 가지지 않으셨다.

선을 좋아하고 악을 미워함이 타고난 본성에서 나온다 하여 남의 착한 행동을 보면 두 번 세 번 칭찬하고 장려하여 반드시 그를 성취시키고자 하셨다. 남의 잘못과 실수를 들으면 거듭거듭 탄식하며 안타까워하여 반드시 그 허물을 고치어 착하게 만들고자 하셨다.

이런 까닭으로 어진 사람이나 어리석은 사람이나 모두 그 도움을 얻었다. 선생을 우러러 본받고 두려워하지 않음이 없었으며 오직 착하지 못하다는 이름이 그의 귀에 들릴까 걱정하였다.

뒤따라 배우는 사람들 가르치는 것에 귀찮아하거나 게으르지 않아서 비록 병중이라두 직접 말로 설명하여 주거나 질문을 받고 의논함을 그치지 않으셨다. 학문을 가르치시려고 늘그막에 도산의 기슭에 집을 지으니, 방 하나가 고요한데 진리의 그림과 글이 벽을 가득 덮었다.

날마다 그 가운데 살면서 조심조심 본성을 보존하며 진리를 캐고 찾으셨다. 벼슬로부터 도리에 맞게 물러나 숨어서 남모르는 것을 기름에 즐거워 걱정을 잊으셨다.

사람들은 감히 그 지은 바의 깊이를 엿볼 수도 없었다. 다만 그 꽉 차게 쌓인 것이 넘쳐흘러 모습으로 드러나게 된 기상을 볼 뿐이었다. 절로 마음이 너그러우며 몸이 여유롭고 얼굴이 윤택하며 뒷모습이 기운으로 충만함을 숨길 수 없으셨다.

가슴이 환하게 비치어 얼음병에 가을 달이 비치는 것 같았다. 사람들이 느낀 선생의 마음은 따뜻하고 순수하여 순금이나 아름다운 옥 같은가 하면 장중하기가 산악 같으며 조용하고 깊기가 연못 같았다. 단정하고 자상하며 한가롭고 편안하며 독실하고 중후하며 참되고 순수하여 겉과 속이 하나같고 나와 나 아닌 것에 틈이 없으셨다.

멀리멀리 떨어져서 바라다보면 근엄하여 존경스러운 본받음이 있었고 가까이 다가가면 따뜻하여 사랑스러운 덕이 넉넉하셨다. 비록 거칠고 고집 센 사나이나 정신이 이상한 사람일지라도 선생이 앉아 계시는 방문을 바라보는 것만으로도 교만한 기운이 절로 스러졌다.

그때까지의 문벌 있는 가문 사람들은 오직 과거 보는 이로움만 생각하면서 글을 읽었지 성현의 학문이 있음을 몰랐다. 오직 임금의 총애를 받고 녹을 얻는 영화만 알며 관직에 있었지 기꺼이 물러나는 절개가 있음을 몰랐다. 그래서 올바른 도리에 어두운 나머지 그저 어지럽게 얽혀서 부끄러움도 없고 의로움도 없었다.

선생께서 일어남으로부터 글 읽는 사람들이 비로소 사람 되는 까닭이 딴 곳에 있지 않고 그 가르침에 있다는 것을 알게 되었다.

공자와 맹자로부터 내려오는 뭇 학문을 모두 모아서 크게 이루셨다. 위로는 끊어진 실마리를 잇고 아래로는 그 길을 가고자 하는 뒤의 학자들에게 문을 열어 주셨다. 공자·맹자·정자·주자의 도(道)가 세상에 다시 빛나도록 밝혀 놓으신 것이다.

겨레의 위대한 스승이시다.

제자 학봉 김성일

인용문으로는 지나치게 장황하지만, 이와 같은 퇴계 선생의 제자가 본 퇴계의 인간과 삶은 그 자체가 진정한 선비의 모범을 정리한 유학의 철학과 실천지침이 고스란히 압축적으로 담겨 있다는 느낌을 금할 길이 없다. 이 말대로라면 퇴계야말로 참으로 성인에 가까운 인간상의 모본이 아니라 할 수 없을 것 같다. 여하간에 지금까지 고찰한 선비가 추구하는 이상적인 인간상은 우선 내용이 매우 다단하고 복합적이어서 쉽게 파악하기가 간단치 않음을 알 수 있다. 이는 그 각각의 항목이 다루고자 하는 맥락에 따른 의미를 가려내면 한층 더 명료해질 것이며, 굳이 그 모두를 아우르는 핵심가치를 거론하자면 결국 '수기치인'이라는 가치목표로 집약하게 된다.

대체로 성격상 여기까지가 주로 수기에 의해서 성취하고자 하는 이상적 인간의 이념형을 살펴본 것이라 할 때, 이제는 수기에서 치인으로 넘어가는 일종의 연결고리 같은 것이 필요하다. 다시 말해서, 수기는 선비자신에 집중하는 실천이고 치인은 다른 사람들과 관련이 있는 문제다. 거기에 떠오르는 개념이 다름 아닌 '인'(仁)이다. 사실 유가사상에서 여러종류의 덕목 중에서도 가장 상위의 가치와 의미를 지닌 단어가 바로 그것이라 할 수 있음이다. 그러므로 이 맥락에서는 이어 나올 장(제V장~제VII장)에서 고찰할 경세론으로 이동하기 전에 수신의 이론적 기초로서 '인' 개념을 간략하게 살펴보려고 한다.

2. 수기의 이념으로서 '인' 철학

1) '인' 철학과 공공성

공자는 제자 번지가 인에 관해 물었을 때 단 한 마디로 "애인"(愛人)이라 답하였다. 그리고 한자 인(仁)은 이미 두 사람을 품고 있다. 요컨대, 인이란 인간관계를 함축하며, 그 관계의 성격을 공자는 사랑이라 규정하여 유가사상의 가장 중요한 핵심적인 윤리적 덕목으로 삼았다. 이 사상은 인간의 본 모습이 원래 관계 속에서 드러남을 암시하며 그 속에 속한 인간은 동떨어진 개체가 아니라 서로 떨어질 수 없는 상호의존적으로 상호관련성을 지닌 하나의 총체론적(holistic) 맥락 속의 인간관을 제시한다. 이러한 관념은 일종의 공동체주의적(communitarianistic) 인간관이기도 하고 유기체적 생태론(ecological)의 인간관이기도 하다(김경동 2012; 2019a). 요는, 선비의 인간관은 이러한 특성을 지닌 것으로 이해할 때 그러한 인간이 갖추어야 할 자아는 공동체적 자아이고 이러한 자아의식을 구비하기 위해서는 수기, 수신으로 자신을 닦고 나아가 자신이 그 속에서 유기적 구성원인 세상(공동체)을 위한 삶을 살아야 한다는 이념으로 자리한다.

이러한 사상을 유가적 언어로 재구성하면, 선비의 궁극적 목표는 먼저 스스로 성인으로 지향한다. 퇴계에 의하면, 이미 앞에서 인용한 대로, "성인이란 인욕(人欲)의 사사로움이 없어서 순수 무잡한 천리가 마음 속에 환히 들어와 있는 상태"의 인물이다(정순우, 2019: 20). 또한 율곡도 "배우는 사람은 성인되기를 목표로 삼고서 한 터럭만큼도 스스로 포기하거나 물러서고 미루려는 생각을 가지지 말 것"을 주문하고 있다(정순우, 2019: 22).

이러한 성향을 대표하는 율곡의 생각을 잘 요약하여 표현한 다음의 문장을 소개한다(윤사순, 2002: 139).

> 요약하여 되풀이하면, 율곡은 성인을 최고의 인간으로 이상시하면서 그 이상인은 수기치인(修己治人)의 양면으로 충분한 능력을 갖추고 그것을 실현하는 인물이라고 생각하였다. 그 이상인의 성취를 가져오는 수기란, 율곡의 견해로는 성인 지향의 입지(立志)를 바탕에 두고 거경·궁리·역행을 해야 하는데, 구체적으로는 자신의 기질의 불완전을 깨닫고 기질의 변화를 기하는 시각에서 무사욕(無私慾) 지향의 극기와 함께 덕성의 함양을 철저히 하는 것이다. 또 다른 이상인 성취의 치인(爲政)이란 공심을 바탕으로 애민·위민의 봉공적 실천을 자기희생의 차원에서까지 최대한으로 하는 것이다. 이런 점에서 율곡이 그린 이상인은 어디까지나 봉공을 위해 자신의 희생을 감수해야 하는 인간형이다. 공심으로 공론을 받들어 정책으로 시현하는 공복형(公僕型)을 그는 이상인으로 간주하였다. 그런 만큼 이것은 대체로 지배층에게 적용되는 교훈적 성격의 인간관이기도 하다.

위의 인용문에서 본 저자는 무사욕과 봉공적 실천이라는 두 마디, 즉 공(公) 과 사(私)를 주제어로 삼아 인의 이론을 전개하려고 한다. 자기수양이라는 개인의 노력이 이제는 봉공이라는 공동체적 맥락으로 이행하는 연결고리로서 인의 이념을 고찰할 때 공공성이라는 주제를 앞세워 봄으로써 여기에 인이라는 개념의 각별한 유가적 특성을 부각시켜보려는 것이다. 이 담론은 우선 이 문제를 본격적으로 논의한 대표적인 학자가 바로 퇴계 이황이므로 퇴계의 인 철학에 나타나는 공공성의 의미부터 고찰하기로 한다.

고대 중국의 문헌자료나 유가사상의 고전에서 공과 사를 언급한 사례는 다수 있을 뿐 아니라 우리나라에서도 조선왕조실록에서 공공 영역에 관한 담론이 보인다는 것이 공공성 분야 전문가들의 대체적인 의견이다(박충석, 2001; 채장수, 2009; 나종석, 2013; 박영도, 2013; 김도영·배수호, 2016; 김태창, 2017; 소병선, 2017; 신효원, 2018). 다만, 본서의 관심은 그 모든 다양한 의미의 공공성을 선비의 사상에서 검색하여 논의를 전개하려는 데 있지 않다. 물론 '공공성'이라는 용어는 그 시대의 개념이 아니었으므로 본서의 논의는 퇴계가 성리학의 주요 제창자요 도학의 뿌리로 여기는 주자의 공사관의 요체라 할 수 있는 '천리의 공'(天理之公)과 '인욕의 사'(人欲之私)라는 대비를 중심으로 공공성의 문제를 이해하려고 한다(한형조, 2013: 13-43). 바로 그 맥락에서 인의 이론을 부각시키고자 함이다.

문헌에 의하면, 퇴계가 당대 국가의 통치 방식과 그로 인한 국민의 삶의 질에 깊은 우려와 관심을 지녔으므로 이러한 문제의 해결책을 성리학이라는 조선의 국가적 이념에서 찾으려 했고 그러한 이론적 사유에 기초한 실천까지도 제시하는 빈틈없는 사상을 정립하였다. 가령, 경연에서 논한 퇴계의 통치자의 사심에 관한 담론을 「무진경연계차 2」에서 읽어보자(민족문화추진회, 1976a: 127-129).

> 사(私)는 마음의 좀(蠹)이요, 모든 악(惡)의 근본입니다. 옛날부터 나라가 잘 다스려진 날(治日)은 적고, 어지러운 날(亂日)이 항상 많았습니다. 몸을 멸하고 나라를 망치는 데 이르는 것은, 다 임금이 사(私)라는 한 글자를 능히 버리지 못했기 때문입니다. 그러나, 마음에서 오는 심적(心賊)을 제거하고 악(惡)의 뿌리를 뽑아 순수한 천리(天理)로 돌아가려면, 학문의 공(功)에 깊이 의지

하지 않으면 안 됩니다…대저 편벽되고 기울어지며 좋아하고 미워하는 사(私)가 없어야만 왕도에 따를 수 있을 것이요…비록 성인의 지위에 이르러서도 오히려 혹시나 편벽된 사(私)가 있을까 두려워하여 항상 삼가고 조심해야 한다고 경계하였는데, 하물며 성인에 이르지 못한 데에 있어서야 마땅히 경계해야 합니다.8)

물론, 그전(1552년)에도 경연에서 임금에게 마음을 닦고 기르게 할 수 있는 정치를 펴 달라는 뜻을 전하는 가운데 공과 사를 언급하였다(이윤희, 2010: 262–263).

위로는 임금님으로부터 아래로는 보통 백성에 이르기까지 모두 성인의 가르침을 따라야 합니다. 안으로는 사람으로서의 양심 본성을 보존하고 기르는 방법을 익히며 밖으로는 무슨 일에나 정성이 한결같고 사고방식에 치우침이 없도록 하여 이를 한결같이 지켜 나가야 합니다. 그래야 일마다 개인의 이기적인 마음이 뒤섞이지 않게 될 것이니 삿된 마음도 절로 싹트지 못하게 되고 그 하는 일이 한결같이 공정하게 되어 공과 사가 가려지고 이해타산보다는 올바른 도리가 분명하게 될 것입니다.

그러한 왕의 자기중심적 태도를 유발하는 요인으로 왕을 둘러싼 '간사한 자' 혹은 '소인배'의 유혹을 먼저 경계해야 한다는 퇴계의 경고성 논의가 흥미롭다. 이 역시 장황한 편이지만 퇴계의 「무진육조소」(「戊辰六條疏」)에서 간추려 인용하면 아래와 같다(민족문화추진회, 1976a: 115–116).

혹 대신을 신임하기는 하더라도 그 <올바른> 도로 말미암지 아니하여, 그 구하는 바에 있어 능히 바로잡고 도와주고 보필하여 줄 현명한 사람을 구하지 않고, 오직 그 아부하고 <임금의> 뜻에 순종하는 자를 구하여 그 사사로운 일이

---

8) 私者一心之蟊賊而萬惡之根本也 自古國家治日常少亂日常多 馴致於滅身亡國者 盡是人君不能去一私字故也 然欲去心賊拔惡根 以復乎天理之純 不深藉學問之功不可…盖必其無偏陂好惡之私然後王道可遵…雖至聖人地位 猶恐或有偏僻之私 常懍懍爲戒 況未至於聖人宜如何哉(『국역 퇴계집 I』「무진경연계차 2」; 민족문화추진회a, 1976: 507).

나 완수할 것을 꾀하오니, 이렇게 해서 얻은 인물은 간사하고 정치를 어지럽히지 아니하면, 반드시 흉악하고 권리나 탐내고 세력을 휘두를 사람일 것이옵니다. <그리하여> 임금은 이런 욕심을 만족시킬 사람을 복심으로 삼고, 신하는 임금으로 하여금 욕심을 달성하게 하여 위와 아래가 서로 당을 지어 굳게 결속하여, 사람이 아무도 능히 그 사이를 틈 낼 수 없어서, 만일 강직한 선비가 있어 그 칼날에 다치면서 범하는 자가 있으면, 반드시 귀양보내고 죽이며 <다져서> 양념을 만들고 <빻아서> 가루를 만든 뒤에라야 그만 두옵니다. 이로 말미암아 충성된 신하는 모조리 다 축출당하여 나라 안이 텅 비게 되고, 이목의 기관은 다 집권자의 사사로운 노예가 될 것이니, 곧 이른바 이목은 임금의 이목이 아니요, 이에 집권자의 이목이라는 것이옵니다.[9]

이상의 논의를 요약하면, 퇴계의 공사관은 사사로운 인간의 욕심을 추구하느냐 아니면 하늘의 이치를 따르느냐 라는 기준으로 이해할 수 있다. 한마디로 이 공사관과 관련한 퇴계사상의 키워드는 '거인욕존천리'(去人欲存天理) 혹은 '알인욕존천리'(遏人欲存天理)가 된다(박충석, 2001: 254; 안병주, 2001: 329). 인간의 사사로운 욕심을 버리고 하늘의 이치를 보존하고 지키라는 말이다.

2) 공동체적 자아와 '인' 윤리

그런데 공과 사의 문제를 논의하려면 인욕으로 대표하는 '사'는 궁극에는 인간의 자아(自我), 즉 '나'와 겹치게 된다. 따라서 자아관에 관한 사상도 살펴보아야 하는데, 여기서 우리는 자아가 사를 의미함과 동시에 공을 지칭하기도 함을 볼 수 있다. 다른 말로, 유가사상은 자아의 개념도 둘로 나누고 그 안에서 통일성을 추구한다. 물론 이는 퇴계의 이기이원

---

9) 其或有信任大臣 而不由其道 其求之也不求其能匡濟輔弼之賢 而惟求其阿諛順旨者 以謀遂其私 是其所得者 非姦邪亂政之人則 必兇賊擅權之夫 君以此人爲濟欲之腹心 臣以此君爲濟欲之元首 上下相蒙締結盤固 人莫能間而一有鯁直之士 觸犯其鋒則必加之竄謫誅戮 爲韲爲粉而後已焉 由是忠賢盡逐 國內空虛 而耳目之司 皆爲當路之私人矣 則所謂耳目者非元首之耳目也 乃當路之耳目也(『국역 퇴계집 Ⅰ』「무진육조소」; 민족문화추진회, 1976a: 501－502).

론(理氣二元論)의 철학에서 연유한다. 우선 그가 1569년에 선조 앞에서 펼친 경연, 「서명고증강의」(「西銘考證講義」)에서 자아에 관하여 서술한 내용을 살펴본다. 이 경연에서는 열 개의 '나'를 다루고 있는데, 그 담론에서 구별하는 '나'의 의미는 다음과 같다(민족문화추진회, 1976a: 164; 이원진, 2019: 75).

> 자공이 이른바, "나는, 남이 나에게 끼침을 좋아하지 않는 것을 나도 또한 남에게 끼치고자 하지 않는다"(我不欲人之加諸我也吾亦欲無加諸人) 한 말에 사용한 아(我)는 오(吾)와 같은 것으로서, 다 공(公)을 말한 것입니다. 그러나 "공자는 네 가지 끊었으니, 억측함도 없고, 기필함도 없고, 완고함도 없고, 나(我)도 없다"(子絕四毋意毋必毋固毋我)라 한 데 쓴 아(我) 자는 사(私)를 말한 것이요, 공자가 말한, "내가 서고자 하면 남도 세운다"(己欲立而立人) 한 데 쓴 기(己)는 공(公)인 것이며, 안자(顏子)가 말한, "자기를 극복하고 예를 좇는다" (克己復禮)라고 한 데 쓴 기(己)는 사(私)인 것입니다.[10]

동일한 단어인 데도 그 용도의 문맥에 따라서 두 가지의 의미를 띠게 된다는 말이다. 이때 양분의 기준은 공이냐 사냐 하는 것이다. 이에 관한 퇴계의 설명을 들어보자(민족문화추진회, 1976a: 164).

> 두 글자의 일컬음이 본래 합하여 한 글자로 된 것입니다. 한 글자의 사이에 하나는 공(公), 하나는 사(私)를 표현하는 것이어서, 하늘의 이치와 사람의 욕심, 얻고 잃음의 나누어짐이 하늘과 땅처럼 동떨어질 뿐 아니라, 털끝만큼이라도 어긋나면 천리를 그르치는 것이니, 더욱 살피지 않을 수 없는 것입니다.[11]

---

10) 與子貢所謂我不欲人之加諸我也 吾亦欲無加諸人之我字吾字同 皆公也 而子絕四 毋意 毋必 毋固 毋我之我字 私也 夫子所謂己欲立而立人之己字 公也 而顏子克己復禮之己 字 私也(『국역 퇴계집 I』「서명고증강의」; 민족문화 추진회, 1976a: 522).

11) 數字之稱本合爲一字 一字之間 一公一私 而天理人欲得失之分 不啻如霄壤之判 差毫釐 而謬千里 尤不可以不審也(『국역 퇴계집 I』「서명고증강의」; 민족문화 추진회, 1976a: 522).

여기에 이르면 퇴계는 "천지에 충만한 기(氣)로 내 몸이 되었고, <일체를> 통솔한 천지의 이(理)로 내 성품이 되었다(天地之塞吾其體天地之師吾其性)"를 선언한다. 이제 이러한 공사관의 성리학적 해석이 어떤 문맥에서 '공'이 '인'을 표상하는 지를 경청할 차례다. 이 담론은 우선 공과 사의 구분에서 인욕이 지니는 본질적인 성질로 말미암아 인간관계에 틈이 생기고 사회적 소외를 초래하는 현상에 대비하여 공의 융화성, 포용성을 부각시키는 관점을 내포한다. 기실, 바로 위에서 소개한 퇴계의 「서명고증강의」는 "정완(訂頑)·폄우(砭愚)를 주해한다"(題註訂頑砭愚)라는 제하에 시작하고 있다. 그릇되고 어긋난 것은 바로잡고 어리석음을 엄중히 고치게 한다는 취지의 글이다. 그 내용을 여기에 옮긴다(민족문화추진회, 1976a: 162).

> 어질지 않은 사람은 사욕이 덮이고 막혀서 남과 나를 통하여 측은함을 미루어 알지 못하고, 마음이 완고하기가 돌과 같으므로 완이라고 한 것입니다…상(狀)이 인(仁)의 체(體)에서 나와서, 아(我)가 있는 사심(私心)을 깨뜨리고 무아(無我)의 공리(公理)를 크게 열어주어, 그 완고하기가 돌과 같은 마음으로 하여금 융화(融化)하고 환히 통하게 하여 남과 나 사이에 간격이 없게 해서, 조그마한 사심(私心)도 그 사이에 용납함이 없게 하였으니, 천지 만물이 한 집안이 되고, 온 나라가 한 사람처럼 되어서, <남>의 아픔을 내 몸의 <아픔과 같이> 간절히 여기면 인도(仁道)를 얻을 수 있습니다.[12]

이 인용문에서 주목할 개념이 바로 '인'이다. "어질지 않은 사람"(不仁之人)으로 시작해서 인도를 얻을 수 있다(仁道得)로 끝나는 문장이 말하려는 경지야말로 인으로 표상하는 공공성의 참된 모습이라 할 것이다. 그런데 이처럼 융화하고 투명한 '공'(公)은 실천의 현장에서 충서(忠恕)의 정신으로 무장하기 시작한다. 충서란 마음이 중심(忠)을 잡아 마음의 진

---

12) 不仁之人 私欲蔽錮 不知通物我推惻隱 心頑如石 故謂之頑…狀出仁體 因以破有我之私 廓無我之公 使其頑然如石之心 融化洞徹 物我無間 一毫私意 無所容於其間 可以見天地爲一家 中國爲一人 痒痾疾痛 眞切吾身 而仁道得矣(『국역 퇴계집 Ⅰ』「서명고증강의」; 민족문화추진회, 1976a: 521－522).

정성으로 상대방의 처지를 헤아려 배려하는 것(恕)을 가리킨다. 주목할 것은 구체적으로 배려하기 전에 그 마음이 진실하기를 요구하는 것은 거짓된 마음에서 우러나는 배려는 기만일 수가 있기 때문이다. 진실한 '마음이라야 남의 아픔을 내 아픔으로 여기는 측은지심이 작용한다는 말이다. 이것이 충서의 정신이다. "내가 하고 싶지 않은 일을 남에게 베풀지 말라"(己所不欲勿施於人)라는 공자의 가르침이 이를 단적으로 말해준다(김기현, 2001: 153). 이 대목에서 위의 인용문에 인이 등장하는 배경이 무엇인지, 그 '인의 체'가 여기에 왜 등장하며 무슨 뜻인지, 이 같은 논리를 이해하기 위해 퇴계의 성리학적 인 철학으로 잠시 복귀해 참고하고자 한다.

퇴계에게 학문의 궁극목적은 성학이고 성학의 목적은 인을 구하여 성인의 삶을 사는 것이었다. 그리하여 왕에게 바친 「성학십도」의 제2도(서명도)에서 이렇게 적었다(민족문화추진회, 1976a: 141).

> 대개 성학(聖學)은 인(仁)을 구하는 데 있읍니다. 모름지기 이 뜻을 깊이 체득(體得)하여야 바야흐로 천지만물과 더불어 일체(一體)가 되었음이 진실로 이러하다는 경지를 볼 수가 있을 것입니다. 인(仁)을 실현하는 공부가, 비로소 친절유미(親切有味)하고 망망(茫茫)하여 손댈 수 없는 걱정을 면할 것이요, 또 물(物)을 자기(己)로 아는 병통도 없어져서 심덕(心德)이 온전할 것입니다. 그러므로 정자(程子)는 말하기를, "서명은 뜻이 완비(完備)하니, 곧 인(仁)의 체(體)이다" 하고, 또 "<이것이> 가득 차서 다할 때에 성인이 된다" 하였습니다.[13]

그리고 이어 같은 「성학십도」의 7도(인설도)에서는 인의 의미를 또 달리 해석하여 천지의 본성과 인간의 본성이 인이라는 측면에서 공통점을 확보하는 점을 보여주려 한 주자를 인용하여 아래와 같이 소개한다(민족문화추진회, 1976a: 150-151).

---

13) 蓋聖學在於求仁 須深體此意 方見得與天地萬物爲一體 眞實如此處 爲仁之功 始親切有味 免於莽蕩無交涉之患 又無認物爲己之病 而心體全矣 故程子曰西銘 意極完備 乃仁之體也 又曰充得盡時聖人也(『국역 퇴계집 I』「성학십도」(제2서명도); 민족문화추진회, 1976a: 512).

인(仁)이라는 것은 천지가 만물을 생(生)하는 마음이요, 사람이 이것을 얻어서 마음으로 삼는 것이다…이른바 생(生)의 성(性)이요, 애(愛)의 이(理)이니, 이것이 인(仁)의 본체(本體)이다…이른바 성(性)의 정(情)이요, 애(愛)의 발현인데, 이것이 인(仁)의 작용이다. 전체적으로 말하자면 미발(未發)은 체(體)요, 이발(已發)은 용(用)이다. 그리고 부분적으로 말해서 인(인)은 체요, 측은하게 여기는 정(情)은 용이다. 공(公)이라는 것은 인이 근본(體)이 되니, 자기를 극복하여 예(禮)에 돌아감이 인이 된다고 하는 말과 같다. 대저 공은 인(仁)이요 인은 애이니…14)

이제 공과 인의 의미를 성리학적 해석으로 궁구해봤으니, 마지막으로, 공동체적 자아의 공공성을 아우르는 또 하나의 해설을 소개한다. 그것은 퇴계가 그의 「성학십도」의 제2도(서명도) 허두에서 언급한 중국 장횡거의 선언이다(민족문화추진회, 1976a: 138).

하늘(乾)은 부(父)라 일컫고, 땅(坤)은 모(母)라 일컬으며, 나는 여기에 미소(微小)한 존재로 혼연(混然)히 그 가운데서 처(處)하므로, 천지의 가득한 물질(塞)은 나의 몸이요, 천지의 주재(帥)는 나의 성(性)이며, 백성은 나의 동포요, 만물은 나의 편이며…15)

결국, 천지 만물도 나의 몸이고 천하 모든 사람도 나의 동포라는 총체론적 공동체 의식의 근간이 인이므로 인간은 모든 사람과 한몸인 양 하나가 되는 사랑과 배려로 살아가야 한다는 결론에 이른다. 요컨대, 유가적 자아론은 부분과 전체를 유가적 시각에서 이해하는 총체론적 사유유형을 반영하여 공동체적 관계를 전제로 한 공동체의 일부로서 책임을 지는 자아를 전제한다. 이것은 타인과 관계 속에서 비로소 자신의 존재가

---

14) 仁者 天地生物之心 而人之所得以爲心…所謂生之性愛之理仁之體也…所謂性之情愛之發仁之用 專言則未發是體已發是用 偏言則仁是體惻隱是用 公者所以體仁 猶言克己復禮爲仁也 蓋公則仁仁則愛(『국역 퇴계집 Ⅰ』「성학십도」(제7서명도); 민족문화추진회, 1976a: 516).

15) 乾稱父坤稱母 子玆藐焉 乃混然中處 故天地之塞吾其體 天地之帥吾其性 民吾同胞 物吾與也(민족문화추진회, 1976a: 510−511;『正蒙』「건칭」; 장윤수 2015: 132, 각주 48).

치와 의미를 찾는, '관계' 속에서 자신의 정체를 드러내는 '관계의 윤리'
를 뜻하며, 공동체적 자아상의 본성이며 도덕적 실체인 '인'의 윤리인 것
이다(장윤수, 2015: 131).

3. 거경: 수기를 위한 치심법의 이론과 실제

'천지 만물도 나의 몸이고 천하 모든 사람도 나의 동포'라는 '인'이라
는 관계의 윤리에 기초한 공동체적 이상사회를 이룩하는 것이 선비의 궁
극적 목표라면 그 치인의 책무를 다하기 위해서 선행해야 하는 것이 수
기라는 것이 유가적 삶의 지표다. 그러니까 지금까지의 논의는 그러한
사회를 이룩하기 위한 노력을 자신의 수신으로 귀착시키는 철학적 근거
를 밝힌 것이다. 이제는 그 수신의 방법을 심학의 관점에서 살펴 볼 차례
다. 상기 인의 철학에서 언명한대로 인은 천지만물의 본성이요, 인간 본
래의 마음이므로 인간이 본래의 마음을 회복함은 곧 인의 회복이므로 이
것이 자기수양의 최종 목표다. 다른 말로, 수신의 이념으로서 인(관계적
자아)의 실현이다. 퇴계도 학문의 궁극적 수단인 성학의 목적이 인을 구
하여 성인의 삶을 사는 것이라 믿어, 평생을 일관하여 바로 천리의 인을
체인할 수 있게 하는 원리인 거경의 치심법과 생활법도를 제시한 바 있
다(장윤수, 2015: 130).

참고로, 같은 맥락에서 후일 남계(南溪) 박세채(朴世采, 1631 – 1695)도
경연에서 임금에게 아뢰기를, "인(仁)이란 것은 본심의 덕으로서 조금의
사욕도 없는 것을 말합니다. 이른바 거경(居敬)이란 곧 인(仁)을 구하는
도입니다"라 하였다(『南溪集』「筵中講啓 同日宣政 殿夕講」; 蓋仁者 本心
之德 而無一毫私慾之謂 如所謂居敬者 卽求仁之道也; 장윤수 2015: 130,
각주 45). 기본적으로 퇴계와 율곡은 공히 궁리와 거경의 공부론으로 평
범한 학인들이 성인의 세계로 진입할 수 있는 가능성을 보여주었다. 그
들의 공부론은 소이연(所以然)으로서 지식과 소당연(所當然)으로서 덕성
이 이(理)를 매개로 만나고 있다는 믿음에 근거한다(정순우, 2019: 22).

그렇다면 그 거경(居敬) 혹은 지경(持敬)의 철학과 방법론을 간략히나마 상고하고 구체적인 실천과업을 고찰하겠다.

1) '경'의 철학적 의미

사실, 경(敬)이란 유가의 수신과 관련한 담론에서 핵심적인 개념이다. 때로는, 아니면 사람에 따라서는, 경은 성(誠)과 함께 논의의 대상으로 떠오르기도 한다. 특히 경은 퇴계가 가장 중시하는 그의 사상의 핵심 개념의 하나다(장윤수, 2015). 기본적으로 "퇴계의 심법은 일신주체(一身主體)인 마음을 제어하는 '경'을 주로 삼았다. 그 '경'은 '예'(禮)의 근본으로 '덕'(德)이 되는 것이다. '경'이야말로 일심을 주재하고 그를 단속하여 그 바탕을 잃지 않게 하는 것이다"(배상현, 2001: 13). 퇴계는 『성학십도』「심학도설」에서 이 점을 다음과 같이 해설한다(민족문화추진회, 1976a: 154).

> 요컨대, 공부하는 요령이 모두 하나의 경(敬)에서 떠나지 못할 것이니, 대저 마음이라는 것은 일신의 주재요, 경(敬)은 또 일심의 주재이니, 배우는 이들이 주일무적(主一無適)의 설(說)과 정제엄숙(整齊嚴肅)의 설(說)과 "그 마음을 수렴하라." "항상 깨닫고 깨달아야 한다."는 말들을 익히고 궁국하면, 그 공부됨이 다하여 넉넉히 성인의 경지에 들어가는 것이 또한 어렵지 아니할 것이다." 하였다.[16]

달리 말해서, "'경'의 공부가 주일(主一)에 있다고 하여 '주일'(主一)의 의미를 강조한 것도…주일(主一)은 '전일'(專一)하게 되고자 애씀이다. 즉 주일(主一)의 주(主)는 하나가 '되고자 하는 노력'을 의미하게 되어, 현실 세계 속에서의 실천적 노력을 중요시한다"는 뜻이다(정순우, 2019: 37). 이미 앞서 제Ⅲ장에서 논의한 바, 이론과 실천, 즉 지(知)와 행(行), 궁리

---

16) 要之 用工之要俱不離乎一敬 蓋心者一身主宰 而敬又一心之主宰也 學者熟究於主一無適之說 整齊嚴肅之說 與夫其心收斂常惺惺之說 則其爲工夫也盡 而優入於聖域 亦不難矣(『국역 퇴계집 Ⅰ』「성학십도」(제8심학도); 민족문화추진회, 1976a: 518).

(窮理)와 거경(居敬)의 병진(知行竝進)을 주장하고 또 몸소 실천한 선비가 퇴계다. 이 문제와 관련해서, 퇴계가 왕에게 올린 『무진육조소』(『戊辰六條疏』其3條)에서 다음과 같은 언명이 보인다(민족문화추진회, 1976a: 109).

> 공경으로 근본을 삼고 경의(經義)를 궁구해서 지(知)를 이룩하고, 자신에 돌이켜 구하여 반성하고 참됨을 실천함에 이르러서는, 이것이 이에 심법(心法)을 묘하게 하고 도학을 전하는 데 있어서의 요건이니, 제왕과 보통 사람이 어찌 구별이 있겠사옵니까. 대저 진지(眞知)와 실천은 수레의 두 바퀴와 같아 하나만 없어도 아니되는 것이니, 사람의 두 다리가 서로 의지하여 함께 나아가는 것과 같은 것이옵니다.[17]

요컨대, 성인이 되기를 목표로 삼는 성리학의 공부법은 앞서 언급한 대로 수레의 두 바퀴라고 할 수 있는 ① 격물치지의 공부법으로 이(理)를 이해함으로써 도덕적 원리를 규명하는 도문학과 ② 거경함양으로 몸과 마음을 닦는 공부로써 존덕성을 이루는 공부를 포함한다(장윤수, 2015: 117). 물론, 조선조 초의 거유, 포은이 '동방 이학의 조(祖)'라 칭송한 목은 이색은 독학으로 성리학의 이치를 자득하여 심성수양 공부에 일가견을 이루었거니와, 그는 진리탐구의 궁리보다 심성수양을 위한 공부인 거경, 즉 존덕성 공부를 더 강조한 예가 있다. 퇴계 역시 위의 상소문에서 밝힌 대로 지행병진을 논하면서도 "경을 근본으로 하고 리를 궁구하여 지(知)를 이루며 자신을 돌이켜 실천하는 이것이 곧 신묘한 심법이며 도학의 요체이다"(窮理致知 反躬實踐)라고 하여, 경으로써 실천궁행을 하는 것을 중시하였다. 그리하여 퇴계는 『성학십도』(「대학경」)에서 격물치지에서 시작하여 치국평천하에 이르는 "이것은 모두 하루라도 경(敬)에서 떠나지 못한다는 것을 말하는 것이니, 경(敬)이라는 한 글자가 어찌 성학(聖學)의 처음과 마침이 되는 요긴한 것이 아니라 하겠는가?"(是皆末

---

17) 至如敬以爲本 而窮理以致知 反躬以踐實 此乃妙心法而傳道學之要 帝王之與恒人豈有異哉 抑眞知與實踐 如車兩輪闕一不可 如人兩脚相待互進(민족문화추진회 1976a, 499).

始一日而離乎也 然則敬之一字 豈非聖學始終之要也哉)라 한 것이다(민족문화
추진회, 1976a: 145; 514).

율곡 또한 경의 중요성을 이렇게 정리한 바 있다(민족문화추진회
1976c: 35).

> 신이 살피건대 경(敬)이라는 것은 성학의 시작이요 끝입니다. 그러므로
> 주자는 말하기를, "경을 가지는 것은 궁리(窮理)하는 근본이니, 아직 깨
> 닫지 못한 이는 경이 아니면 알 수 없다." 하였고, 정자는 말하기를, "도에
> 들어가는 데는 경만한 것이 없으니, 치지(致知)를 하면서 경에 있지 않은
> 이는 없다." 하였으니, 이것은 경이 학문의 시작임을 말한 것입니다. 주자
> 는 말하기를, "이미 깨달은 이는 경이 아니면 지킬 수 없다." 하였고, 정자
> 는 말하기를, "경과 의(義)가 이루어지면 덕이 외롭지 아니한데 성인까지
> 도 또한 이러하였다." 하였으니, 이것은 경이 배움의 끝임을 말한 것입니
> 다.[18]

여기서 다시 퇴계철학의 실천 문제를 다룬 글을 참조하면, "성리학적
진리관의 구조 속에서 천명(天命)이 인간사회에 올바로 실현되려면, 가장
중요한 것은…마음의 허령성(虛靈性)과 통섭성(統攝性)이 가장 잘 발휘하
도록 하는 것이라는 점에도 의심할 나위 없다. 그가 평생 노력한 것은 실
상 모두 이러한 것이었다"(김종석, 2001: 91-92). 잠시 「심통성정도」로
다시 돌아가보면 마음의 허령성과 통섭성(그림에는 통성정)이라는 용어가
나온다. 마음의 개념을 '합리기'(合理氣), 즉 이기의 합과 동시에 통성정
(성정의 통섭)으로 규정하고 있다. 이를 설명하는 퇴계의 언명은 다음의
인용문에서 찾아 볼 수 있다(김종석, 2001: 90에서 재인용).

이·기(理·氣)가 합하여 심(心)이 되니 자연히 허령지각(虛靈知覺)의 묘가 있

---

18) 臣按敬者 聖學之始終也 故朱子曰 持敬是窮理之本 未知者非敬無以知 程子曰 入道莫
如敬 未有能致知而不在敬者 此言敬爲學之始也 朱子曰 已知者 非敬無以守 程子曰 敬
義立而德不孤 至于聖人 亦止如是 此言敬爲學之終也(『국역 율곡집 Ⅱ』「성학집요」
Ⅱ, 3장 (수렴); 민족문화추진회, 1976d: 563).

다. 정(靜)할 때 만물의 이(理)를 갖추어(具衆理) 있는 것은 성(性)인데, 이 성(性)을 온전히 내포하고 있는 것은 心이다. 동(動)할 때 만사에 응접하는(應萬事) 것은 정(情)인데, 이 정(情)을 펴서 발용(發用)하는 것 또한 심(心)이다. 그러므로 심(心)이 성·정(性·情)을 통섭한다(統性情)고 하는 것이다[19]

이제 퇴계가 "마음의 허령성과 통섭성이 가장 잘 발휘하도록 하는" 방법을 가리켜 외적 행동을 제재함으로써 마음을 기르는 방법과 마음 자체를 직접 다루는 두 가지라 하였다. 그런데, 중요한 점은 이 두 가지의 우열을 인정하지는 않았지만 더 효과적인 방법은 전자, 즉 겉으로 나타나는 행동을 다스림으로써 마음을 기르는 방법이라고 했는데, 특히 초학자일수록 처음부터 마음 공부에만 몰두해서는 안 된다고 지적하였다는 것이다. 요컨대, 일상의 실천에 노력함으로써 마음의 통섭성을 발휘하도록 해서 아직 이(理)가 미발(未發)한 때는 마음에 품부한 이가 욕망에 의해 왜곡되지 않게 하며, 이발시(已發時)에는 만사에 응하여 절도에 어긋나지 않도록 한다는 것이다. "이런 점에서 퇴계철학이 갖는 심학적 특성이 실천이란 요소를 약화시키는 것이 아니라 오히려 강화하는 결과를 가져왔다"는 것이 전문가의 논지다(김종석, 2001: 92−93). 바로 그러한 외적 행동이란 다름 아니라 위에서 언급한 마음 공부와 경의 실천임에 다름 아니다.

이러한 철학적 의미를 배경으로 퇴계는 경을 유사(有事) 즉 심이발(心已發)로서 행동으로 나타나는 데서만이 아니라, 무사(無事) 즉 심미발(心未發)의 재장정일(齋莊靜一) 상태에서도 꼭 지녀서 마음이 동하여 겉으로 표현할 때나 아직 발동하지 않고 조용하게 있을 때나 오직 성(誠)에로 지향하는 것임을 명백히 하였다(장윤수, 2015: 118−119). 요는, 경의 태도를 가지면 욕심이 적어지고 이치가 밝아진다. 그러므로 욕심을 적게 하고 또 적게 하여 아예 없게 하면, 마음이 조용(靜)할 때에는 마음을 비우

---

19) 理氣合而爲心 自然有虛靈知覺之妙 靜而具衆理 性也 而盛貯該載此性者 心也 動而應萬事 情也 而敷施發用 此情者 亦心也 故曰心統性情(『퇴계집』, 卷18; 김종석, 2001: 90, 각주 17).

게(虛) 되고 마음이 움직일(動) 때에는 올곧게 살아갈 수 있게 되어 가히 성인을 배울 수 있다고 하였던 것이다(敬則欲寡 而理明 寡之又寡以至於無則靜虛動直而聖可學矣)(민족문화추진회, 1976a: 137; 510). 또한, 문인 이덕홍(李德弘)에게도 "심이 물욕으로 인해 탁하게 되었을 때 지경하게 되면 곧 맑고 깨끗해져 또렷해진다"(譬如心爲物欲之渾 持之以敬 則心忽惺惺也)라는 말을 남겼다는 기록이 있다(『퇴계선생언행록』유편(類編)「논지경」(論持敬). 징윤수, 2015: 119, 각주 25).

이제 그러면 거경과 지경의 구체적인 수양법 내지 행동요령은 과연 어떤 것인지를 살펴 보기로 한다(김기현, 2014). 물론, 앞서 제Ⅲ장에서 퇴계의 정일집중(精一執中)의 성학(聖學)과 존체응용(存體應用)의 심법을 언급하였고(민족문화추진회, 1976a: 150; 한형조, 2018: 423), 그러한 공부의 원칙은 마음을 다스리는 법으로서, 인심의 위태로움을 제어하는 길인 알인욕(遏人欲)과 도심을 보존하는 방법인 존천리(存天理)가 있음을 밝혔다. 여기에는 우선 퇴계의 「제팔심학도」(「第八心學圖」)에 제시하는 그 핵심만 요약한다(張立文, 1990: 45; 한형조, 2018: 548-574).

첫째, 알인욕 공부법은 다음과 같다.

① 신독(愼獨): 『중용』과 『대학』에 나오는 이 개념의 뜻은 "도(道)는 한 시도 떠날 수 없다. 그럴 수 있다면 도가 아니다. 그래서 군자는 보이지 않는 것을 삼가고, 들리지 않는 것을 두려워한다. 보이지 않는 것보다 더 장엄한 것은 없고, 미미한 것보다 더 뚜렷한 것은 없다. 그래서 군자는 그 '홀로(獨)' 산간다(愼)."이다.

② 극복(克復): 극기복례의 줄인 말이다. 『논어』「안연」편의 유명한 귀절로서 안연이 인이 무엇인지를 물었을 때, 나를 극복하고 예로 돌아가면 천하가 인으로 귀환할 것이라 한 공자의 대답에 나온다. 인의 구체적 실천 행동강령을 물으니, 공자가 대답하였다. '예가 아니면, 말도 행동도 하지 말아라' 라고.

③ 심재(心在): 출전은 『대학』이다. "마음이 있지 않으면 보아도 보이지 않고 들어도 들리지 않는다. 밥을 먹어도 무슨 맛인지 모른다." 마음의 현재성과 주시를 강조한다.

④ 구방심(求放心): "인은 사람의 마음이고, 의는 사람의 길이다. 그 길을 버려두고 걷지 않으며, 그 마음을 잃어버리고서도 찾을 줄 모른다. 슬프지 아니한가…학문의 도는 다른 것이 아니다. 바로 그 잃어버린 마음을 찾는 것일 뿐이다."

⑤ 정심(正心): 성격의 교정에 해당한다. 『대학』의 문구는, "수신의 관건은 정심에 달려 있다…분노, 공포, 탐욕, 우려 등 독소로부터 자유로워야 마음 올바름을 유지할 수 있다."이다.

⑥ 사십부동심(四十不動心): 나이 40에 얻은 평정이다. 모든 불순한 동기를 다 떨쳐내었을 때 얻는 성취다. 달리는 대장부의 심장으로, 부귀로도 타락시킬 수 없고, 빈천으로도 타락시킬 수 없으며, 위무(威武)로도 굴복시키지 못하는 기개다.

둘째는 존천리 방법이다.

① 계구(戒懼): 『중용』에서 "군자는 보이지 않는 것을 '조심스럽게 살피고'(戒愼), 그 들리지 않는 것을 '두려워 한다'(恐懼)"는 말이 있다. 계구는 바로 이 두 마디, 계신과 공구를 합친 용어다. 무엇을 경계하고 삼가고 두려워하라는 것인가? 자기 내부의 초월적 본질을 삼가고 두려워 하라는 뜻이다.

② 조존(操存): 조존은 "붙들고 보존한다"는 뜻으로 함양(涵養)이나 존양(存養)과 같은 말인데, 말하자면 내 안의 착한 마음(양심)과 존재의 핵심(本心)을 미약한 싹처럼 보듬고 키워서 큰 나무로 자라게 한다는 말이다.

③ 심사(心思): 『맹자』에 나오는 말로 마음의 생각 또는 적극적 사유, 성찰을 뜻한다. 우리가 잊어버린 '본성' 또는 일상의 습관과 자동적 추동에 관한 적극적 반성이 필요하다는 말이다.

④ 양심(養心): 마음의 건전함을 길러 나가는 일이다. 그 기초는 불건전한 욕구를 다스리고 자기중심적 의지를 제어하는 데 있다.

⑤ 진심(盡心): 『맹자』에 나오는 말로, 자신의 마음을 온전히 이해하는 자는 자신의 본성을 알게 되고, 이로써 하늘의 뜻을 알게 된다. 자신의 마음을 확보하고(存心) 마음의 본성을 기르는 것(養性)이 하늘을 섬기는 길이다. 자신을 닦을 뿐 다른 것을 돌아보지 않는 것이 곧 운명을 사

랑하는 법(立命)이다.

⑥ 칠십이종심(七十而從心): 공자가 나이 70에 종심소욕불유구(從心所欲不踰矩), 즉 마음이 하고 싶은 대로 따라가도 일정한 규범을 넘지 않는다는 말에서 유래한다. 이때는 생각하지 않아도 길이 보이고 애쓰지 않아도 길을 찾아 나갈 수 있는 경지(不思而得 不勉而中)에 이른다는 뜻이다.

실은 위의 「심학도」가 제시한 마음 공부의 열 두 가지 원리를 퇴계는 '경'이라는 큰 주제의 소주제로 그림에 표현하고 있다. 다시 말해서 마음을 다스리는 원리 속에는 이미 그 실천의 방법론도 포함하고 있는데, 그것의 이론은 '경'으로 요약한다는 말이다. 다만 구체적인 일상 속에서 행동으로 구현할 때의 요령, 즉 지경 내지 거경의 실천적 지침을 따로 『성학십도』의 「제구경재잠도」(「第九敬齋箴圖」)에 소상하게 열거한다. 비교적 장황하지만, 그 항목만 소개한다(한형조, 2018: 613－614). 이 내용은 원래 주자의 「경재잠」에 언급한 것인데, 퇴계는 물론 율곡의 『성학집요』 Ⅲ, 제8장 「정심」에서도 그대로 소개하고 있다(민족문화추진회, 1976d: 147－148).

> 의관(衣冠)을 바르게 하고, 시선은 경건하게 둔다. 마음을 정돈하여 거처함에, 흡사 상제(上帝)와 대면하는 듯 한다. 발걸음은 무겁게 내딛고, 손은 다소곳하게 잡는다. 디딜 곳을 골라서 밟고, 처신할 때는 개미집 사이를 헤쳐나가듯 하라. 집을 나서면 사람들을 손님처럼 대하고, 일을 처리할 때는 제사를 모시듯 정성을 다한다. 전전긍긍(戰戰兢兢: 조심스럽고 두렵게), 어느 하나도 소홀히 하지 않는다. 입은 병마개로 틀어막은듯, 의지는 성벽처럼 견고히 지킨다. 동동촉촉(洞洞屬屬: 진실하고 경건하게), 어느 것 하나 가볍게 생각하지 않는다. 동쪽으로 갈 때는 서쪽으로 돌아보지 않고, 남쪽으로 갈 때는 북쪽에 흔들리지 않는다. 마음은 두 갈래, 혹은 세 갈래로 분열시키지 말라. 내 마음 오직 '하나'이기에, 수많은 변화를 장악해 나간다. 이 원리에 투철한 것, 그것을 '경(敬)의 유지(持敬)'라 한다. 움직일 때나 멈출 때나 경(敬)을 벗어나지 않으면, 내 안과 밖에 서로를 도와 완전해지리라. 그러나, 한순간이라도 경을 놓치면, 사욕(私欲)이 만단(萬端)으로 일어나, 불이 없어도 뜨겁고, 얼음이 없어도 얼어붙는다. 또 작은 일 하나도 경(敬)이 어긋나면, 하늘과 땅이 뒤집어지고 만다. 그때 삼강(三綱)은 무너지고, 구법(九法) 또한 쓸려나갈 것이니, 아흐, 아이야, 이를 잊

지 말고 깊이 새겨야 하느니…내, 이를 검은 글자로 새겨, 내 마음에 고해 두나이다.[20]

여기에 이토록 긴 인용문을 굳이 싣는 이유는, 흔히 유학 전문분야는 물론 일반 사회과학의 담론에서 가령 성리학과 같은 추상적이고 형이상학적인 이론을 논의할 때는 이와 같은 구체적인 행동강령에 해당하는 문서에 지면을 쉽게 허용하지 않는 습관에 문제제기를 하려는 의도 때문이다. 이런 특징은 퇴계의 학문하는 태도에서 드러난다는 점을 상기하고자 함이다. 물론 이런 자세는 퇴계뿐만 아니라 조선의 선비가 배우고 실천하고자 했던 여러 모습에서 발견할 수 있다. 가령, 율곡도 『성학집요』에서 정이천을 인용하여, "학문은 남이 보지 않는 어두운 방에서도 자신을 속이지 않는 데서 시작된다"(學始於不欺暗室)고 하였으며, 다산도 "천 즉 상제와 귀신의 존재가 사람의 은밀함을 모두 알기에 암실에 혼자 있을 때라도 계신공구해야 하며 이것이 바로 신독이라"하였다(장윤수, 2015: 124; 125).

2) 유가의 치심법

거경이 수기의 기본적인 행위지침이라면 이를 수행하는 구체적인 치유법이 다름아닌 마음을 다스리는 치심법이다. 예컨대, 명재(明齋) 윤증(尹拯, 1629-1724)에 의하면, "마음을 보존하는 방법이 바로 경이다. 일이 없을 때에는 정좌하여 번뇌와 잡념이 가슴 속에서 스스로 일어나게 하지 말아야 하며, 일이 있을 때에는 이에 응하고 일이 끝나면 다시 정좌해야 한다. 정좌할 때에는 책을 보는 공부가 있다(存心之法 所謂敬也 無事

---

20) 正其衣冠 尊其瞻視 潛心以巨 對越上帝 足容必重 手容必恭 擇地而蹈 折施蟻封 出門如賓 承事如祭 戰戰兢兢 罔敢或易 守口如甁 防意如城 洞洞屬屬 罔敢或輕 不東以西 不南以北 當事而存 靡他其適 弗貳以二 弗參以三 惟心惟一 萬變是監 從事於斯 是曰持敬 動靜弗違 表裏交正 須叟有間 私欲萬端 不火而熱 不氷而寒 毫釐有差 天壤易處 三綱旣淪 九法亦斁 於乎小子 念哉敬哉 墨卿司戒 敢告靈臺(『성학십도』「제구경재잠도」; 한형조, 2018: 612; 『성학집요』「제8장 정심」; 민족문화추진회 1976d: 611-612).

則靜坐 毋以煩雜思慮 自撓於胸中 有事則應之 事畢則復靜坐 靜坐時有看書工夫) (장윤수, 2015: 127, 각주 41). 이 정좌법(靜坐法)이란 마음의 미발시의 공부법인데, 이에 관하여 남당(南塘) 한원진(韓元震, 1682－1751)은, "미발 시에는 그 이른바 공부라고 하는 것이 의관을 정제하고 보는 것을 높게 하여 엄숙히 생각하듯 할 따름입니다. 털끝만큼이라도 의도를 가지고 힘 쓰려고 하면 바로 이발에 해당되어 미발이 될 수 없습니다"하였다(且當 未發時 其所謂工夫者 只是整衣冠存瞻視 儼然若思而已 纔有一毫着意思勉 者 使已涉乎已發而不得爲未發矣)(『南塘集』「답심신부」, 장윤수, 2015: 128, 각주 42; 최석기, 2014).

여기서 특히 주목할 점은, 유가의 정좌법이 불가(佛家)의 것과 다른 것이 무엇인지를 의도적으로 강조하려 한다는 사실이다. 경은 마음의 동 정을 일관하는 마음 공부의 원리인데, 주정(主靜) 공부로서 마음이 움직 이기 전의 본원함양의 경 공부를 불가의 마음공부법과 대비하여 마치 연 못과 시냇물에 비유한 보기가 있어 소개한다. 치재(恥齋) 홍인우(洪仁祐, 1515－1554)는 퇴계의 성균관 친우로서, 양명학자 동강(東岡) 남언경(南彦 經, 1528－1594)을 평가하는 글에서 다음과 같이 상세하게 이를 비교한 것이 있다(장윤수, 2015: 128－129).

> 유가의 학자들이 마음을 다스리는 것은 저들 불가의 학설과 비슷한 듯하지만 그렇지 않습니다. 불가에서 마음을 다스리는 것은 비유컨대 연못의 물이 바람 이 불지 않을 때에는 진흙이 모두 물속에 가라앉아 있는 것과 같습니다. (유가 에서) 마음 다스리는 것은 비유컨대 시냇물과 같습니다. 연못의 물은 비록 고 요할지라도 가벼운 바람이 한 번만 불어도 진흙이 모두 혼탁해집니다. 반면 시 냇물은 맑게 하려고 해도 맑아지지 않고 이를 흔들어도 탁해지지 않습니다. 그 런데 남언경의 학식은 적다고 말할 수밖에 없습니다. (그가) 마음 다스리는 공 부에 힘쓰는 것을 보면 노력을 하지 않는다고는 할 수 없습니다. 다만 일상생 활을 쓸모없는 것으로 여기고 공적(空寂)한 것을 실지(實地)로 삼기 때문에, 일상생활에 있어서 일을 처리하는 데에 잘못되는 경우가 많습니다. (현실에) 어 두워 진실된 것을 하나도 처리하지 못하니, 이른바 연못의 물이 고요한 것과 같

습니다. 고요함 (靜)이란 사람이 처하지 않을 수 없습니다. 부자 · 군신 · 형제 · 부부의 사이에도 일상생활의 움직임에 따라 '고요함을 주로'(主靜) 하여 그 움직임을 제어해야 합니다. 고요함을 주로 한다는 것은 '경을 유지하는 것'(持敬)에 불과합니다. 경이라고 하는 것은 마른 나무나 타고 남은 재와 같은 것이 아니기에 고요함 속에도 사물이 있어야 합니다. 이것이 바로 우리 유가의 활법(活法)입니다.[21]

이처럼 유가의 치심법은 시냇물과 같다 함은 고요함 속에도 자기 억제력과 평형성을 유지하여 정을 위주로 하여 동을 제어하는 상태, 즉 정 속에 동이 있고 동 속에 정이 있는 지경의 마음상태를 간직하는 소위 활법(살아 있는 치심법)이라 규정하고 있음이다.

이와 같은 수신의 방법으로 스스로의 마음을 다스리고 행동에 나서야 참된 선비라 할 수 있다는 말이다. 그러면 이처럼 수신을 익힌 선비가 이제는 세상에 나아가 다른 사람과 함께 살아갈 때는 어떤 행위 규범에 의거하여 일상생활을 영위해야 선비다운 인간이라 하는가 라는 질문이 따를 수밖에 없다. 이 대목에서 유가사상은 '예'(禮)라는 개념을 앞세운다. 따라서 이제는 선비의 사회생활 속 인간관계를 만들어 가는 법칙인 예의 철학을 간략하게나마 상고할 필요가 있다.

4. 유가의 예학 사상

본서의 제III장에서 조선 유학의 철학적 구성체계를 소개할 때, 소위 도학이라는 유가사상의 내용을 중심으로 여덟 가지 범주의 분파가 성립

---

21) 學者治心 與彼家實似而非 彼家治心 此之則池水因風不動 泥沙皆沈在水底 學者治心 此之則其猶澗川之水乎 池水雖靜 微風一撓 則泥沙皆溷濁 而川澗 澄之不淸 撓之不濁 南之學識 不可不謂少 視其用功於治心工夫 不可謂不用力也 但以日用爲糟粕 以空寂 爲實地 故日用間處事多有顚沛 冥然不能揸一乎 眞所謂水之靜也 所謂靜者 人不能不 處父子君臣兄弟夫婦之間 因日用之動 主情而制其動 主情 不過持敬 敬者 非槁木死灰 故靜中須有物 此吾家活法也(『耻齋遺稿』「답퇴계서」; 장윤수, 2005: 129, 각주 43).

함을 보았는데, 거기에 '예학'(禮學)이 성리학과 나란히 한 자리를 차지한
다. 조선조에서도 16세기 성리학의 전성기에 이미 예학을 둘러싼 활발한
논의가 일어나기 시작하였고, 17세기에는 '예학의 시대'라 이름한 학풍이
관심의 대상으로 드러낸 시기가 있었다. 그러나 역시 대세를 이루는 데
는 미치지 못하고 오히려 사화라는 이념갈등의 소용돌이에 휘말리는 고
충을 겪기도 하였다(금장태, 2003: 119－126).

1) 예의 개념

본서는 그러한 조선시대 학문분과인 예학을 고찰하려는 것이 아니라,
'예'라는 개념의 의의를 선비의 수신론의 문맥에서 이해하려는 것이다.
그 단서를 우선 공자의 간명하나 핵심을 짚은 예의 해설에서 떠올린다.
전술한대로, 『논어』「안연」편에, 안연이 인(仁)에 관한 질문을 하니, 답
하기를 "자기를 이겨내고 예로 돌아가는 것이 어짊이다"라 하였다. 소위
극기복례의 명제다. 인간의 덕목을 논할 때, 유가에서 최상으로 치는 것
이 인인데 그 인은 다름 아닌 예로 돌아가는 것이라 했으니, 예가 얼마나
귀중한 덕목인지를 짐작할 수 있다. 그리고, 안연이 연달아 좀 더 구체적
으로 어떻게 하라시는 겁니까? 하고 여쭙자, 이에 공자 대답하기를, "예
에 어긋나는 것은 보지 말며, 예에 어긋나는 것은 듣지 말며, 예에 어긋
나는 것은 말하지 말며, 예에 어긋나는 경우에는 움직이지 않는 것이다"
라 하였다(김학주, 2009a: 195).[22]

그러면 예란 무엇을 뜻하는가? 이 질문에는 다양한 답이 있다. 그중에
도 여기서는 우선 본서의 직접적 관심사인 선비의 수신의 실천이라는 시
각에서 필요한 고전적 해설만 단편적이지만 선별하여 짚어 보고 다음 논
의를 이어 가기로 한다.

① 이때 제일 먼저 떠오르는 것이 맹자의 사단론이다. 예란 본래 사양
하는 마음이 단서가 되어 표출하는 행위의 양식이다(辭讓之心 禮之端也)

---

22) 顔淵問仁 子曰 克己復禮爲仁. 顔淵曰 請問其目 子曰 非禮勿視 非禮勿聽 非禮勿言 非
禮勿動(『논어』「안연」편, 김학주, 2009a: 194).

(김학주, 2002: 293).

② 그 다음, 『예기』에서는 더 자세한 설명이 나온다. "예의 실행은 마땅한 바를 따르는 것이다"(禮從宜)(『예기』(禮記) (上) 「곡례」(曲禮) (上); 이상옥, 2003a: 42).

③ 수신하고 말을 실천하는 것을 선행이라 한다. 행동을 바르게 하고 말을 도리에 맞게 함이 예의 본질이다(修身踐言 禮之質也)(『예기』(상) 「곡례」(상); 이상옥, 2003a: 45).

④ 도덕과 인의라는 최고의 덕목도 예가 아니면 실제로 이루어지지 않는다…그런 고로 군자는 공경하고 절도를 알맞게 하여 사양하고 겸손하여, 예를 밝히는 것이다…예라는 것은 자신을 낮추고 남을 존중하는 것이다. 비록 천한 사람이라도 반드시 존경함이 있어야 한다(道德仁義 非禮 不成…是以 君子 恭敬撙絶退讓 以明禮…夫禮者 自卑而尊人 雖負販者 必有尊也)(『예기』(상) 「곡례」(상); 이상옥, 2003a: 47; 50−51).

⑤ 그런 까닭에 성인(聖人)이 나서서 예를 만들어 가지고 사람을 가르쳐 사람으로 하여금 예가 있게 하였다(是故 聖人作爲禮以敎人 使人以有禮 知自別於禽獸)(『예기』(상) 「곡례」(상); 이상옥, 2003a: 49−50).

⑥ 예는 망령되게 남을 기쁘게 하지 않으며, 말을 많이 하지 않는다. 예는 언동에 있어서 절도를 유지하는 것이며, 남을 침노하여 업신여기지 않으며, 친밀함이 지나치지도 않는다(禮不妄說人 不辭費 禮不踰節 不侵侮 不好狎) (『예기』(상) 「곡례」(상); 이상옥, 2003a: 42).

⑦ 대체로 예란 절제(節制)로써 중정(中正)을 이루는 것이다(夫禮 所以制中也) (『예기』(하) 「중니연거」(仲尼燕居); 이상옥, 2003c: 1276; 1278).

이제, 인의예지의 덕목 중에서 예는 특히 의(義)와 가까운 항목에 해당함을 예기가 밝히고 있다. 그리하여 "대체로 사람이 사람답다는 소이(所以)는 예의이다"(凡人之所以爲人者 禮義也)(『예기』(하) 「관의」(冠義); 이상옥, 2003c: 1518). 사람의 사람다움은 예와 의로써 성립한다는 선언이다. 그리고 그 예와 의가 그러한 소이는 다음의 몇 가지 명제에서 밝힌다.

① 예의 예절은 인간 생활을 원활하게 하기 위한 요건인 것이다(禮義 也者 人之大端也)(『예기』(중) 「예운」(禮運); 이상옥, 2003b: 649; 650).

② 그러므로 예라는 것은 의(義)의 열매인 것이다. 의를 제도(制度)로써 결실하게 한 것이 바로 예이기 때문이다(禮也者 義之實也)(『예기』(중)「예운」(禮運); 이상옥, 2003b: 653).

③ 여기에 예를 인과 연계하여 인의예 세 가지 덕목의 상호관계를 볼 수 있다. 먼저, 인은 의의 근본이며…의는 사람의 신분에 적합한 규범이고 인애의 절도를 나타내는 것이다(仁者 義之本也…義者 藝之分 仁之節也)(『예기』(중)「예운」(禮運); 이상옥, 2003b: 651; 652).

④ 아울러, 예를 행하는 사람의 마음 속의 충직함과 신의, 즉 성의는 예의 근본이고, 의리, 즉 예의범절의 규정은 예의 형식이다(忠信 禮之本也 義理 禮之文也)(『예기』(중)「예기」(禮器); 이상옥, 2003b: 659; 660).

⑤ 그러므로 위에서 지적한대로 대개 사람이 사람답다는 소이는 예와 의이고, 예와 의의 시작은 몸가짐을 바르게 하고, 안색을 평정하게 가지며, 응대하는 말을 순하게 하는 데 있다(凡人之所以爲人者 禮義也 禮義之始 在於 正容體 齊顏色 順辭令)(『예기』(하)「관의」(冠義); 이상옥, 2003c: 1518).

요컨대, 참다운 선비의 덕목인 예는 결국 인이라는 인간관계의 인정적, 정의적(情誼的)인 요소로 귀착한다는 사상이다. 이러한 인의 철학은 이미 위에서 다루었다. 그런데, 예를 논하면서 반드시 놓치지 말아야 할 또 하나의 덕목이 있으니, 그것은 다름 아닌 '악'(樂), 즉 음악이다. 흔히 예를 말하면 반드시 어떤 의식, 가령 관혼상제, 졸업식, 신입사원 입사선서식 등 의례를 행하게 되는데, 그런 상황에는 거의 예외 없이 음악 연주가 함께한다. 매우 특이하게도 유가사상에는 이러한 음악이 사회질서와 밀접한 관련이 있다는 논리를 내포하고 이를 「악기」(樂記)라는 명목으로 『예기』의 일부로 담고 있다. 이 자리에서 「악기」의 내용을 소상히 논의하지는 못하지만, 예를 상고할 때는 그 의미의 대강이라도 반드시 살펴보아야 한다. 이 「악기」의 허두에 서론격인 문장이 약간 장황하지만, 이 내용이 음악의 의미를 너무도 명확하게 그리고 지혜롭게 규정하기 때문에 여기에 그대로 저자 나름으로 번역해서 싣는다(『예기』(중)「악기」; 이상옥, 2003b: 966－967, 참조).

음악의 기초는 소리다. 소리는 어디서 나오는가? 무릇 음(音)은 본시 사람의 마음에서 생겨나는데, 사람의 마음은 사물과 만날 때 사물이 마음을 움직이게 한다. 이처럼 사물에 감응하여 마음이 움직여 형성하는 것이 소리(聲)이다. 소리가 서로 응하여 변화를 일으키고 변하여 곡조의 방법을 이룬 것을 음이라 일컫는다. 이러한 음을 악기에 담아 붉은 방패와 옥도끼로 추는 춤과 꿩의 깃과 쇠꼬리로 추는 춤에 이르는 것을 악(樂)이라 한다. 악이란 이처럼 음에서 말미암아 생기는 것으로 그 근본은 사람의 마음이 사물에서 느끼는 바에 있다. 그러므로 슬픈 마음이 느껴질 때는 소리가 초조하여 애끓는 듯 힘없이 낮으며, 즐거운 마음이 느껴질 때는 명랑하고 여유가 있다. 기쁜 마음일 때는 소리가 마음껏 발하여 흩어지며, 분노의 마음일 때는 소리가 거칠고 사납다. 공경하는 마음의 소리는 진지하고 염치가 있으며, 사랑하는 마음의 소리는 화평하고 유순하다. 그런 까닭에, 옛왕들은 사람의 마음의 느낌에 매우 신중하여, 예로써 뜻의 길을 보여주고, 악으로 소리를 화평하게 하며, 정치로써 행실을 한결같게 다스리고 형벌로 사악함을 막았다. 예악형정은 그 목표를 동일하게 하나로 두고자 함이니 이로써 민심을 하나로 화합시켜 도로써 다스리는 태평한 세상을 실현하는 수단으로 삼았다.23)

요는 음악도 사회의 질서를 평화롭게 유지하는 데 도움이 되고자 하는 예의 표현이기도 하다는 사유에 묘미가 내비친다. 이제 음악의 의미를 다시 음미하면서 예 철학으로 옮기고자 한다. 『예기』 「악기」편에는 다음과 같은 음악의 속성을 정리한 문장이 있다(이상옥, 2003b: 1027-1028).

악(樂: 음악)이란 낙(樂: 즐기는 것)으로, 사람의 정의(情意)에 있어서 반드시 원하는 바이다. 그리고 마음이 즐거우면 반드시 소리나 음(音)으로 나타나 손발이나 얼굴의 표정에 나타나는 것이 사람의 성질이고, 음성이나 표정의 변화

---

23) 凡音之起 由人心生也 人心之動 物使之然也 感於物而動 故形於聲 聲相應 故生變 變成方 謂之音 比音而樂之 及干戚羽旄 謂之樂 樂者 音之所由生 其本在人心之感於物也 是故 其哀心感者 其聲嚟以殺 其樂心感者 其聲嘽以緩 其喜心感者 其聲發以散 其怒心感者 其聲粗以厲 其敬心感者 其聲直以廉 其愛心感者 其聲和以柔…是故 先王愼所以感之者 故禮以道其志 樂以和其聲 政以一其行 刑以防其姦 禮樂刑政 其極一也 所以同民心而出治道也(『예기』 (중) 「악기」; 이상옥, 2003b: 966-967).

에 의해 사람의 성정(性情)이 모두 밝혀진다. 그러므로 사람은 즐거움이 없는 것을 참지 못하며 즐거움을 겉으로 표현하지 않으면 견딜 수 없지만, 이를 나타낼 때에 바른 도리로 인도하지 않으면 어지러움을 면할 수 없는 것이다.[24]

요컨대, 유가의 생각에 악(음악)은 천지를 화목하게 하는 원리로서 중요한 데 비해 예는 천지의 질서를 바로잡는 데 있다(樂者 天地之和也 禮者 天地之序也)(『예기』(중)「악기」; 이상옥, 2003b: 979−980). 또한, 인의와 관련해서는, 인은 악에 가깝고, 의는 예에 가깝다고 풀이한다. 그러니까, 인은 인정의 단서라 음악으로 질서를 잡지만, 의는 사회의 질서를 관장하므로 예가 실천 방법을 제시하는 원리라는 말이다(仁近於樂 義近於禮)(『예기』(중)「악기」; 이상옥, 2003b: 983). 이 원리가 실제 행위로 드러날 때는 악(음악)은 베푸는 것이고, 예란 보답하는 것이라는 뜻이다(樂也者 施也 禮也者 報也)(『예기』(중)「악기」; 이상옥, 2003b: 1002).

2) 조선 예학의 이론과 실제

(1) 예학의 이론과 실제 개관

예학의 내용은 크게 두 갈래로 검토할 수 있다. 하나는 예의 철학 내지 이론이요 다른 하나는 이른바 정통성 시비의 이념으로서 예이다. 예학의 효시는 우리나라에서는 고려 말 포은의 가례 도입이라고 하는데, 역시 조선 초 세종이 새로운 나라의 국가체계를 제도화하는 과정에서 국가의례의 정립에 각별한 관심을 가졌던 점을 중시한다. 특히 주목할 사항은 국가의례 속에서 예법과 음악의 긴밀한 관계를 확인할 수 있다는 점이다. 그중에서도 『용비어천가』를 지은 것은 위에서 살펴 본 음악의 예학적 의미를 상기케 한다. 하여간, 예의 철학적 담론은 주로 이 예학이 비교적 활발했던 16−17세기에 조선의 선비가 가야 할 선비의 올바른 길

---

24) 夫樂者 樂也 人情之所不能免也 樂必發於聲音 形於動靜 人之道也 聲音動靜 性術之變 盡於此矣 故人不耐無樂 樂不耐無形 形而不爲道 不耐無亂(『예기』(중)「악기」; 이상옥, 2003b: 1028).

을 가고자 했던 시대에 마침 유학의 주종을 이루던 성리학의 이론적 틀 속에서 개략적인 견해를 밝혀볼 것이며, 정통성 시비의 과정은 역시 당시의 사화를 중심으로 진행하던 이념적 갈등 가운데서도 특별히 '예송' (禮訟)을 둘러싼 이념논쟁에서 잠시 그 의의를 살펴볼 것이다(금장태, 2003: 123−126).

조선조 예학은 퇴계를 중심으로 하는 영남학파(嶺南學派)와 율곡의 기호학파(畿湖學派)로 이분하여 전개한다는 특징이 있다. 이 시대 조선 예학의 철학적 근거로 가장 주목을 받은 문헌은 『소학』(小學)과 『주자가례』(朱子家禮)라 할 수 있는데, 기호학파는 여말선초(麗末鮮初)의 사림(士林)들의 학통을 이어 이 두 문헌을 새로운 나라의 윤리관과 생활의 예의 기초로 삼은 데 비해, 영남학파는 천리(天理)를 중시하여 초학이 공부에 착수할 때 필요한 문서로 『심경』(心經)을 선호하였다. 이로써 퇴계류의 예학은 곧 심학으로 연결을 짓게 된다고 할 수 있다. 물론 이 심학은 다시 성리학의 형이상학으로 이어진다. 그리고 퇴계의 심법은 앞에서 살펴본 대로 일신주체인 마음을 제어하는 경(敬)을 수신의 중심 과제로 삼았다. 그 경은 바로 예의 근본으로 덕이 된다. 경은 여러 가지 욕심과 외적 자극으로 흐트러진 마음을 수렴하여 혼미함에서 깨어나 맑게 하고 당면한 일에 전일하며 외적으로 몸가짐이 정재하여 엄숙함을 느끼게 하는 것이다. 그러한 경이 발현한 것이 예이므로 예는 모든 작위에서 분수에 맞는 자리와 그 마땅함을 지켜준다. 경과 예의 그러한 관계를 퇴계는 다음과 같이 서술하였다(배상현, 2001: 13).

> 경(敬)이 심(心)을 주재(主宰)하면 동정(動靜)에 처해 법도를 잃지 않게 되고, 생각이 싹트지 않을 때는 심체(心體)가 비고 밝으며 본령(本領)이 깊고 순일(純一)하게 되며, 생각이 발하게 되면 의리(義理)가 밝게 드러나고 물욕(物慾)이 절로 물러나고 이성(理性)을 따르게 되어 분잡(紛雜)하고 어지러운 근심이 점차 줄어드니 분수(分數)가 쌓이어서 성취(成就)하게 되는 것이다.[25]

---

25) 惟當敬以爲主而動靜不失則 當其思慮未萌也 心體虛明 本領深純 及其思已發也 義理昭著 物慾退廳 粉擾之患漸滅 分數積而至於有成於此爲要法(『敬要』; 배상현, 2001: 13, 각주 33).

이처럼 경은 예의 근저가 되고 경을 전제하지 않고는 예가 빈 것이 된다. 여기서 퇴계는 그 마음의 바탕이 성(性)이고 성의 근원은 천(天)이므로 예의 근본을 천에서 찾았다. 그 천리를 거역하면 인간은 인욕에 빠지게 되므로 경천이야말로 인간을 인욕에서 해방시켜주는 요체가 된다. 이 지점에 이르면 다시 그의 성리학 이론으로 돌아가야 하는데, 이를 주로 퇴계의 예학을 간략하게 고찰하는 것으로 대신한다. 퇴계의 예학은 성인의 삶을 지향하는데, 이는 천리를 축으로 삼고 천인합일의 경지에 이르는 인격의 변화를 목표로 한다. 이를 위해서는 지경에 의한 심신의 주재와 천리에 관한 진지(眞知)의 획득을 위한 공부(學)가 따라야 한다. 그리고 예를 학습하고 실천함으로써 개인과 사회에 체화할 때 인간관계를 인륜도덕에 맞도록 변화시키는 데 필요한 사고방식과 행위양식을 형성하게 된다(유권종, 2001; 146 – 147).

요는 퇴계에게 있어 예는 단순히 인간 대 인간의 상호작용 속에서 올바른 행동거지로 사회의 질서유지에 기여한다는 실질적인 현상에 그치지 않고 저 멀리 하늘에서 내려준 인간의 성과 심이 올곧게 작용할 때만이 예, 즉 사람의 예법 지키는 행동이 과시용 위선이 아니라 진정한 의미의 중절(中節)을 행할 수 있다는 것이다. 이 중절이란 바로 도리에 어긋나지 않은 의로운 행위를 낳게 되므로 예는 실천으로 마땅한 의리를 구체화하게 된다는 뜻이다. 이런 소이로 앞서 『예기』가 제시한 예의 해설에서 예는 의의 열매(禮也者 義之實也)라 한 것이다.

퇴계가 구상한 예학의 실천 원리는 다음과 같다(여소강(呂紹綱), 2001: 35 – 39).

① 예란 인의를 실현하기 위해 반드시 거쳐야 하는 방법이자 길이다. 보고, 듣고, 말하고, 움직이는 것이 모두 예이다.

② 일상생활에서 예는 하루라도 없앨 수 없다. 의관, 음식, 나아가고 물러남 등에서 절도를 따라야 한다.

③ 예는 때에 알맞게 변통하여야 한다. 시의에 따른 변화를 수용할 수 있어야 한다.

④ 고례(古禮)는 마땅히 존중해야 하지만 현재의 풍속도 역시 따라야

한다.

⑤ 시왕(時王)의 제도는 가벼이 고칠 수 없다.

⑥ 예는 모름지기 정(情)에 맞아야 하고 이치에 합당해야 한다.

⑦ 예는 마땅히 좇아야 한다.

⑧ 예는 권도(權道)를 따라야 한다. 상례를 치를 때 산 사람의 생명을 해쳐서는 안 된다.

⑨ 예는 후함을 따라야 한다.

⑩ 예에는 항상된 것과 변하는 것이 있다.

그리고 예학에서 역시 중요한 요소는 구체적인 의례, 의식이다. 그 의식의 종류는 다양하지만, 크게 분류하여 다음과 같은 것이 있다(금장태, 2003: 122; 여소강, 2001: 34).

① 국가의 국조례(五禮): 길례, 흉례, 빈례(賓禮), 군례, 가례(嘉禮: 임금, 세자 등 성혼, 책봉, 즉위 등), 혹은 대례(大禮)로 국상과 묘제(廟制) 등

② 백성들의 예사는 가례(家禮) 혹은 사례(四禮)로 관례·혼례·상례·제례

③ 학례(學禮): 입학례, 석채례(釋菜禮: 공자 제사)

④ 향례(향례): 사상견례(士相見禮), 향음주례(鄕飮酒禮), 향사례(鄕射禮)

⑤ 일상생활의 예의로는 기도, 수조(受胙: 제사 후 음복), 배(拜), 사현(祠賢), 향당(鄕黨), 경장(警長), 궤헌(饋獻: 음식 보냄) 등이다.

이어서, 특수한 의례의 보기로, 설명 없이 그 종류만 소개한다(여소강, 2001: 34).

① 종법(宗法): 대종, 소종, 지자(支子), 적서(嫡庶) 제도, 군통(君統) 과 종통(宗統)

② 상복(喪服): 아버지가 계실 때 어머니를 위한 강복(降服: 복제의 낮은 등급), 출계(出繼)의 사람은 본생(本生)을 위해 강복, 시집간 여자는 사친을 위해 강복, 어머니라는 명칭에 해당하면, 출모(出母)만 복을 입지 않음, 서자를 위한 복은 차등을 두지 않음, 형제는 마땅히 제쇠(齊衰)로 입음 등

③ 제례: 묘제(廟祭)에 관하여, 묘제(墓祭)에 관하여, 고조를 제사함에

관하여

④ 국상: 관직에 있는 사람은 소군복(小君服) 입기, 국상 때 신하의 복, 계체(繼體)의 복, 묘제(廟制) 등이다.

이제 예의 일상적 실천에 관련해서는 퇴계 스스로가 경의 실천을 중시한 만큼 예의범절에서도 모범적으로 실천한 내용의 제목만 적는다(여소강, 2001: 58－62).

① 행동이 예에 꼭 맞아 남들이 미치지 못하였다.

② 표리가 한결 같았다.

③ 사람을 대할 때에 절도가 있었다.

④ 사양하고 받음을 엄격히 하였다.

⑤ 종법을 정성껏 지켰다.

⑥ 효제로써 가정을 지켰다.

영남학파의 수장 격이던 퇴계의 예학적 관심사는 대체로 이론적인 해명으로 치우쳤다면, 기호학파의 율곡은 그보다는 일상의 실천으로 기울어졌다고 할 수 있다. 실제로 율곡의 저술 가운데 예의 철학적 이론에 관한 담론만 다룬 부분은 퇴계의 것에 비해 빈약한 편이고 그의 관심은 조금 더 일상의 맥락에서 예를 어떻게 이행하느냐 하는 데로 쏠린 것을 알 수 있다. 가령 예학의 단초를 『소학』과 『주자가례』에 의존하는 데 반해 퇴계는 그 중요성을 특별히 강조하지 않았다. 물론, 율곡도 예의 이론적 함의를 저술의 여기저기에서 필요에 따라 언급하고는 있지만, 퇴계만큼 집중적이고 체계적이지 않은 특징이 있다. 한두 가지 보기를 들자.

여기서는 먼저 율곡의 저술 가운데 도학의 입문을 지시한 『격몽요결』(擊蒙要訣)을 소개하기 전에, 그것이 바탕하고 있는 고전적 아동교육 지침서인 『소학』의 일부를 개관하고자 한다. 특히 일상적 생활세계의 행동거지를 중심으로 정리한 권 3, 「경신」(敬身)의 내용을 선별적으로 살펴보겠다(주희·유청지, 2015: 95－112; 325－334).

이 제3권 「경신」편은 유가의 치심법에서 시작한다. 그 서론에 "공자가 '군자는 모든 것을 다 공경하지만 그중에서도 몸가짐을 가장 경건하게 여긴다.' 그 이유는 몸이란 부모에게서 나온 가지이므로 감히 공경하지 않을 수 없다는 것이고, 이는 자신의 뿌리인 부모를 해치는 일이므로 마땅히 공경해야 한다는 논리다.[26] 먼저, 이를 위해서는 '명심술'(明心術) 부터 수련해야 하고 그 내용을 요약하면 아래와 같다.

1. 공경하는 마음가짐과 태만한 마음, 의로운 마음과 욕심이 인생의 길흉과 직결한다(『대대례기』(大戴禮記)).[27]

2. 불경함이 없고, 생각이 엄숙하며, 말이 안정적이면 백성이 편안하다. 오만함 키우기, 욕심대로 행하기, 뜻을 만족하게 이루기, 극도로 즐기기를 하지 말라. 현명한 사람은, 친밀하면서 공경하고, 두려워해도 사랑하고, 사랑해도 그 악을 알고, 미워해도 그 선함을 알며 재물을 쌓아도 베풀 줄 알고, 편안함을 알면서도 의리에 어긋나면 버릴 줄도 안다. 재물을 구차하게 얻으려 않지만 어렵다고 구차하게 모면하려고도 않는다. 다툼에서 이기려 않고, 나눌 때 더 많이 차지하려 않는다. 의심나는 일은 스스로 바로 잡고 자신의 생각을 솔직하게 말해도 고집은 금물이다(『예기』 「곡례」).

3. 예가 아니면 보지도, 듣지도, 말하지도, 행하지도 밀라(『논어』 「안연」).

4. 문밖에 나가서는 큰 손님을 대하듯 하라. 백성에게 일을 시킬 때는 큰 제사를 지내듯 신중하라. 내가 원하지 않는 일은 남에게도 시키지 말아야 한다(『논어』 「안연」).

5. 머물 때는 공손하게, 일 처리는 경건하게, 사람과 함께 함은 성실하게 하고, 오랑캐의 나라에서도 이를 버리지 말아야 한다(『논어』 「자로」).

6. 신실한 말과 경건한 행동(위 5와 유사, 생략).

7. 군자는 아홉 가지를 생각해야 한다. 볼 때는 분명히, 들을 때는 또렷이, 얼굴색은 온화하게, 모습은 공손하게, 말은 성실하게, 일은 경건하게 하게 할 생각을 하고, 의문은 물어보기를, 분할 때는 후환을, 이득을 보면 의로운 지를 생각할 지어다(『논어』 「계씨」).

8. 군자가 귀하게 여길 세 가지 도리다. 몸을 움직일 때는 포악과 오

---

26) 孔子曰 君子無不敬也 敬身爲大 身也者 親之枝也 敢不敬與 不能敬其身 是 揚其本 枝 從而亡(주희·유청지, 2015: 325).

27) 여기서부터는 분량이 많은 원문은 지면 관계로 생략하기로 한다.

만을 멀리 하고, 얼굴빛을 바로 할 때는 믿음직함에 가깝게 하며, 말을 할 때는 비루함과 도리에 어긋남을 멀리한다(『논어』「태백」).

9. 예는 절도를 넘지 않고, 남을 공격하거나 무시하지도 않으며, 허물 없이 가까워지지 않는다. 몸을 수양하고 말한 것은 실천함을 '선한 행실'이라 한다(『예기』「곡례」).

10. 군자는 간사한 소리와 현란한 색을 귀담아 듣지도 눈여겨 보지도 않으며 음란한 음악과 사악한 예의를 마음에 접수하지 않고 나태와 어긋난 기운이 몸에 씌지 않게 한다. 귀, 눈, 코와 마음과 몸 전체가 순리에 맞고 올바른 것을 따르도록 하여 의로움을 실천한다(『예기』「악기」).

11. 군자는 배부르도록 먹지 않고, 편안하게 거처하려 하지 않으며, 그래도 일은 민첩하게 말은 신중하게 하고, 도를 체득한 사람에게 나아가 자신을 바로잡고자 하면, '가히 학문을 좋아하는구나' 말할 수 있다(『논어』「학이」).

12. 관경중(管敬仲)이 이렇게 말했다: "하늘의 위엄을 질병처럼 여기면 뛰어난 백성이며, 남의 회유에 물이 흐르듯 따르면 못난 백성이다. 남이 회유를 할 때 하늘의 위엄을 생각하면 보통 백성이다."(『국어』「진어」).

「경신」편의 두 번째 구성요소는 몸 가짐에 관한 규칙이라 할 '명위의 지칙'(明威儀之則)이다. 이 규칙은 사람이 사람다움을 인정받는 근거로서 예와 의를 기본으로 들고, 이 두 가지 덕목이 사람의 구체적인 몸가짐과 행위에서 드러날 때 비로소 인간관계가 정상화를 이룰 수 있음을 가르치려는 목적의 교육자료라 하겠다. 그 요체는 얼굴과 몸기짐이 비르며, 인색이 부드럽고, 말은 이치에 어긋나지 않게 공손해야 예와 의가 갖추어지고 이로써 임금과 신하, 부모와 자식, 어른과 어린이의 관계에 질서가 바로 서고 화순하게 되므로 예와 의의 확립이 가능하다는 원리를 전제하는 내용이다(주희·유청지, 2015: 102−112).[28]

1. 귀기울여 비스듬한 자세로 엿듣기, 고함치며 응답하기, 곁눈질로

---

28) 冠義曰 凡人之所以爲人者 禮義也 禮義之始 在於正容體 齊顏色 順辭令 容體正 顏色齊 辭令順而後 禮義備 以正君臣 親父子 和長幼 君臣正 父子親 長幼和而後 禮義立 (주희·유청지, 2015: 329).

흘겨보기, 게으르고 거친 모습, 거만한 걸음걸이, 비스듬하게 선 자세, 다리 뻗고 앉기, 엎드려 자기, 머리를 늘어뜨리기, 갓 벗기, 피로해도 상의의 어깨 드러내기, 더워도 하의 걷어 올리기 등을 삼가야 한다(『예기』「곡례」).

2. 성(城)에 올라서는 손가락질을 하지 않고, 성 위에서 고함치지 않는다(성이 외적 침입을 막기 위한 것인데 거기서 이상한 행동을 하면 이상하게 여겨 불안을 야기하기 때문이다: 역자 주). 객사에 머물 때는 주인에게 억지로 무언가 요구하지 말고, 마루에 올라 갈 때는 반드시 소리를 내며, 문밖에 두 켤레의 신발이 있으면 말소리가 나야 들어가고 말소리가 없을 때는 들어가지 않는다. 문에 들어갈 때는 반드시 바닥을 주목해야 하며, 문에 들어설 때는 받들 듯이 문빗장을 잡고, 방안을 두리번거리지 않는다. 문이 열려 있었으면 그냥 열어두고 닫혀 있었으면 닫는다. 뒤에 들어오는 사람이 있으면 일부분만 닫고 완전히 닫지는 않는다. 남의 신발을 밟지 말고, 남의 자리도 밟지 말며, 옷을 치켜들고 빠른 걸음으로 구석 자리에 앉는다. 자리에 앉으면 반드시 신중하게 대답해야 한다(『예기』「곡례」).

3. 군자의 용모는 느긋하고 아취가 있으며 존경할 사람을 보면 공경하고 조심스러워진다. 발은 무겁게, 손은 공손하게, 눈은 단정하게, 입은 신중하게, 목소리는 고요히, 머리는 곧게, 숨쉬기는 고르게, 선 모양은 덕 있게, 얼굴빛은 장중하게 함이다(『예기』「옥조」).[29]

4. 앉아 있을 때는 신위에 앉아 있는 시동처럼 단정하며 서 있을 때는 제사 때에 재계하는 것처럼 경건해야 한다(『예기』「곡례」).

5. 남의 은밀한 곳을 엿보지 말고 사람들을 함부로 대하지 말아야 한다. 남의 오래된 잘못을 말하지 말고 희롱하거나 업신여기는 듯한 표정을 지어서는 안 된다. 갑자기 오거나 떠나서도 안 된다. 신(神)을 모독해서는 안 되며 과거의 잘못을 그대로 따라서는 안 되며 미래의 일을 추측해서는 안 된다. 의복이나 이미 만들어진 물건에 대해서 험담하지 말며,

---

29) 이는 이른바 구용(九容)이라는 유가의 기본예절을 가리킨다. 足容重 手容恭 目容端 口容止 聲容正 頭容直 氣容肅 立容德 色容莊이 그것이다(주희·유청지, 2015: 330).

확실치 않은 의심스러운 말을 자신이 나서서 바로 잡지 말아야 한다(『예기』「소의」).

6. 공자는 수레 안에서 내부를 여기저기 돌아보지 않았다. 말을 빠르게 하지 않았고 직접 손가락으로 가리키지도 않았다(『논어』「향당」).

7. 시선이 상대방의 얼굴 위로 올라가면 교만하고 허리띠 아래로 내려가면 근심이 있고 머리를 기울여 곁눈질하면 간사하다(『예기』「곡례」).

8. 공자가 마을에 있을 때는 공손하게 말을 했기 때문에 마치 말을 잘하지 못하는 사람 같았다. 종묘나 조정에 있을 때는 명쾌하게 말을 했지만 신중했다. 조정에서 하대부와 말할 때는 강직한 모습이었으며 상대부와 말할 때는 온화하고 즐거운 모습이었다(『논어』「향당」).

9. 공자는 음식을 입에 담고 말하지 않았으며 잠잘 때도 말하지 않았다(『논어』「향당」).

10. 임금과는 신하를 부리는 일에 대해 말하며 경대부와는 임금을 섬기는 일에 대해 말한다. 노인과는 아이들을 부리는 것에 대해 말하며, 아이들과는 부모와 형에 대한 효와 공경에 대해 말한다. 일반백성들과는 성실과 신의, 자애와 착함에 대해 말하며, 관직에 있는 사람들과는 성실과 신의에 대해 말한다(『의례』「사상견례」).

11. 『논어』에 "공자는 자리가 바르지 않으면 앉지 않았다"는 말이 있다(『의례』「사상견례」).

12. 공자는 좌최복(상복의 일종) 입은 사람을 보면 평소에 친절한 사람이라도 반드시 얼굴빛을 바꾸었으며 면류관을 쓴 관리나 눈먼 소경을 보면 사사로운 자리일지라도 예의바른 표정을 지었다. 수레를 타고 가다가 상복을 입은 사람을 만나면 수레의 가로대를 잡고 머리를 숙여 예를 표시했으며 지도나 호적을 지고가는 사람에게도 수레의 가로대를 잡고 예를 표시하였다(『논어』「향당」).

13. 만약 세찬 바람과 사나운 우레와 폭우가 있으면 반드시 얼굴빛을 바꾸고 비록 밤이라도 반드시 일어나 의관을 정제하고 앉아 있는다(하늘의 뜻을 두려워하고 공경한다는 모습: 역자 주) (『예기』「옥조」).

14. 공자는 잘 때 죽은 사람처럼 누워 있지 않았으며 집안에 머물 때

는 모양을 내지 않았다(『논어』「향당」).

15. 공자가 집에 한가하게 있을 때는 몸은 여유가 있는 듯했으며, 얼굴빛은 즐거운 듯했다(『논어』「술이」).

16. 남과 함께 나란히 앉을 때는 팔을 옆으로 뻗지 않으며, 서 있는 사람에게 물건을 줄 때는 무릎을 꿇어서 주지 않고 앉아 있는 사람에게 물건을 줄 때는 서서 주지 않는다(『예기』「곡례」).

17. 나라의 도성에 들어가서는 과속을 하지 않으며 마을에 들어가서는 반드시 인사(揖)를 하면서 예의를 갖춘다(『예기』「곡례」).

18. 빈 그릇을 잡을 때는 속이 가득 차 있는 그릇을 잡듯이 하며, 빈 방에 들어갈 때는 방안에 사람이 있는 듯이 들어간다(『예기』「소의」).

19. (패옥(佩玉)에 관한 항목은 내용 상 불필요하다고 판단하여 생략함).

20. 활쏘는 사람은 앞으로 나가거나 뒤로 물러가며 둥글게 도는 동작이 반드시 활쏘기의 예법에 맞아야 한다. 속으로는 생각하는 뜻이 바르고 겉으로는 몸이 곧게 선 다음에야 활과 살을 정확하고 단단하게 잡을 수 있다. 활과 화살을 정확하고 단단하게 잡은 다음에야 과녁을 맞출 수 있다. 이것으로 그 사람의 덕행을 볼 수 있다(『예기』「사의」).

이상의 『소학』이 담은 내용은 오늘의 관점에서 볼 때 현실적 적합성이 크지 않은 항목도 포함하지만, 여기에 옮긴 이유는 조선시대의 선비문화의 일환으로 알아보려는 취지라는 점을 염두에 두면 이해가 갈 것이다. 이 내용 중 일부는 이미 앞서 제시한 마음 다스리는 법, 경의 실천법 등을 다룰 때 언급한 것과 중복하기도 함을 밝혀 둔다. 이제 본격적으로 율곡의 『격몽요결』로 돌아가서 그 목차를 보면 아래와 같다(민족문화추진회, 1976c: 423-445).

서(序)
제1장 입지(立志)
제2장 혁구습(革舊習)
제3장 지신(持身)
제4장 독서(讀書)
제5장 사친(事親)

제6장 상제(喪制)

제7장 제례(祭禮)

제8장 거가(居家)

제9장 접인(接人)

제10장 처세(處世)

이 중에서 지면을 할애한 분량에 따라 순위를 매기면, ① 거가, ② 상제, ③ 지신, ④ 접인, ⑤ 사친, ⑥ 독서, ⑦ 입지, ⑧ 처세, ⑨ 제례, ⑩ 혁구습이다. 이 가운데 독서와 입지를 제외하면 나머지는 모두 예와 직접적인 관련을 가진 항목이다. 거기서도 예의 일상적 실천의 본보기를 가장 구체적으로 자세하게 예시하는 대목이 지신이므로 그 일부를 여기에 대강 옮겨 본다(민족문화추진회, 1976c: 426－427).

> 모름지기 항상 일찍 일어나고 늦게 자며, 의관을 바르게 하고 용모와 안색을 반드시 엄숙하게 하고 두 손을 바로 모으고 앉으며, 걸음 걸이는 점잖으며, 말은 신중히 하고, 모든 행동을 경솔히 하지 말고 또 방자스럽지도 않아야 할 것이다. 몸과 마음을 가지는 데는 구용(九容)보다 더 절실한 것이 없으며, 학문을 진취시키고 뜻을 더하는 데는 구사(九思)보다 더 절실한 것이 없다. 이른바 구용이란, 걸음걸이는 무겁게 하라. 손가짐을 공손히 하라. 눈가짐은 단정히 하라. 입은 조용히 가지라. 말소리는 조용히 하라. 머리 가짐은 항상 곧게 하라. 숨쉬기를 정숙히 하라. 선 때는 덕스럽게 하라. 얼굴 모습은 장엄하게 하라. 그리고 구사라는 것은, 보는 데는 밝게 할 것. 듣는 데는 총명스럽게 할 것. 안색은 온화하게 할 것. 모습은 공손히 할 것. 말하는 데는 충(忠)을 생각할 것. 일하는 데는 경건을 생각할 것. 의문이 있을 때는 물을 것. 성나는 것은 참아야 할 것. 보고서 의에 합당한 연후에야 얻을 것. 항상 구사·구용을 마음에 두고 몸을 살펴 잠시라도 방심하지 말고, 앉아 있는 곳에 써두고 항상 보아야 할 것이다. 예가 아니거든 보지 말며, 예가 아니거든 듣지도 말며, 예가 아니거든 말하지 말며, 예가 아니거든 움직이지 말라는 이 네 가지 말은 수신하는 요점이다. 예가 아닌 것은 초학자로서는 분별하기 어려우므로 반드시 이를 궁구하여(窮理) 밝게 아는 데까지 힘써 행하는 것이 무방하다.[30]

---

30) 常須夙興夜寐 衣冠必正 容色必肅 拱手危坐 行步安詳 言語愼重 一動一靜 不可輕忽

실은, 여기 요약한 내용은 앞서 경의 공부 내지 심법을 검토할 때 길게 소개한 인용문과 또한 위의 『소학』의 경신장의 것과 매우 유사하고 곳곳에 중복도 보인다. 다만 경의 이론을 현실화하기 위한 심법의 이론적 담론과 직접 예를 실천하는 자세와 행위요령을 상세하게 적은 것이 차이다. 이런 이유는 앞서 예의 의미를 규정함에 있어 "경은 예의 근저가 되고 경을 전제하지 않고는 예가 빈 것이 된다"는 명제를 반영하기 때문이다. 실은 이 밖에도 선비의 일상 생활 속의 아주 구체적인 행동과 공부하는 절차 등을 다룬 문서도 있지만 여기서는 거기까지는 너무 장황하기 때문에 생략한다.31)

(2) 예송의 이념으로서 예학

그러면 이제 이른바 예송의 이념으로서 예학이 어떤 시대적 함의를 띤 것이었는지를 간략하게 살펴보기로 한다. 이 문제는 추후 다른 장에서 당쟁이 활발하게 전개하던 시대의 권력갈등의 역사를 고찰할 때에 재차 논의할 터이므로 이 맥락에서는 개요만을 다룬다(금장태, 2003: 124－126; 변태섭, 1986: 329).

성리학 중심의 조선 유학은 16세기에 가장 왕성한 담론과 저술활동을 펼치면서 17세기가 되면 그 이론의 심화과정에 이어 실천의 문제까지를 다루는 예학의 융성을 낳게 된다. 말하자면 도학의 내적 발전의 모습이다. 여기서 퇴계와 율곡의 문인들이 각기의 이론적, 실천적 관심을 논의하는 예학파를 구성하였고, 그것이 영남학파와 기호학파로 자리하게 된 것이다. 이들이 마침내 구체적으로 왕실 중심의 예송을 둘러싼 쟁점을 두고 대립을 드러내게 된 것이 이른바 기해예송(己亥禮訟, 1659)이다.

苟且放過 收斂身心 莫切於九容 進學益智 莫切於九思 所謂九容者 足容重 手容恭 目容端 口容止 聲容靜 頭容直 氣容肅 立容德 色容莊 所謂九思者 視思明 聽思聰 色思溫 貌思恭 言思忠 事思敬 疑思問 忿思難 見得思議 常以九容九思 存於心而撿其身 不可頃刻放捨 且書諸座隅 時時寓目 非禮勿視 非禮勿聽 非禮勿言 非禮勿動 四者修身之要也 禮與非禮 初學難辨 必須窮理而明之 但於已知處 力行之 則思過半矣(『국역 율곡집 I; 민족문화추진회, 1976c: 747－748』).

31) 이와 관련한 참고 자료로 다음을 소개한다. (황위주, 2015) 및 (문화체육관광부·퇴계학연구원, 2011).

효종이 사망했을 때 그 계모인 인조의 계비, 조대비가 입어야 하는 상복 기간을 두고 기호학파의 서인 대표 송시열(尤庵 宋時烈), 송준길(同春堂 宋浚吉) 등과 영남학파의 남인 대표 허목(眉叟 許穆), 윤선도(孤山 尹善道), 윤휴(白湖 尹鑴) 등 사이에 논쟁을 벌인 사건이다. 서인 측은 1년 상복의 '기년설'(朞年說)을, 남인파는 3년설을 주장하며 대립한 것이다. 여기서 다툰 쟁점의 핵심은 적통(嫡統)의 문제로, 적자와 서자(庶子), 장자와 중자(衆子)의 구별을 중심으로 한 이념 논쟁이었고, 결국 효종이 적자이지만 장자가 아닌 둘째 아들이므로 기년복을 제기한 서인의 관점을 채택하는 것으로 마감하였다. 이것이 소위 1차 예송이다. 다시 현종 말년(1674)에 효종비인 인선대비가 사망하자 다시 조대비의 복제 문제가 논쟁거리로 떠올랐는데, 이때는 서인이 다시 기년설을 내세운 데 대항해 남인측이 대공설(大功說; 9개월)을 주장하여 결국 남인의 의견을 받아들임으로써 2차 예송이 끝났다. 여기서 이러한 이념 논쟁이 권력구조를 대체하는 정치적 갈등의 단초로 작용하였다는 사실을 후에 다시 상기하게 될 것이다.

이 예송의 이념적 논쟁은 그 내용에 있어서 1차 예송에서 승리한 송시열계의 서인은 원래 율곡학파의 관점인 주자가례를 행례(行禮)의 기본으로 보고 제왕으로부터 사서인(士庶人)에 이르는 신분의 차이를 떠난 보편의 예로서 시행해야 한다는 논리를 편 것이었다. 그에 맞선 허목 등의 남인은 퇴계의 학통을 이어받아 시의(時誼)를 존중하고 시왕의 제를 복합적으로 원용하여 왕의 예는 백성의 예와 같지 않으며 예송의 근본 목적은 사가(私家)의 가통(家統)과는 달리 왕가에서는 대통(大統, 宗統)의 기준을 바로 잡아 왕권을 강화하고 왕조 질서를 확립하는 데 있음을 주장한 것이었다(배상현, 2001: 11–12).

이상으로 조선시대 선비가 꿈꾸고 성취하고자 했던 이상적인 인간상에 관한 철학과 실천지침은 누구나 극진한 수신에 의하여 성인이 되고자 한 것이었음을 논의하였고, 이제 다음 장으로 넘어가서 그러한 수기를 바탕으로 하여 치인의 역할을 수행함으로써 이상적인 사회를 구축하려고 했던 경세사상을 고찰하기로 한다.

5. 선비의 풍류 문화

인간의 삶에서 유가적 이상을 이룩하기 위해서는 인의예지신(仁義禮智信)을 기본 덕목으로 삼는다고 할 때 한 인간으로서 자기자신을 몹시 억제하고 힘들게 해야 한다는 인상을 거두기가 쉽지 않다. 다른 사람에게 어질게 대해야 하고, 사람의 도리에 어긋나는 것은 삼가야 하며, 사람을 대함에서는 절도를 지켜야 하고, 시비를 지혜롭게 가릴 줄 알아야 하며, 남이 믿을 수 있는 사람이 되어야 한다. 이 모든 조건은 스스로를 다스리는 도리의 지침이기는 한데, 사람이 어떻게 그토록 재미없게만 살아야 하는가를 묻지 않을 수 없다. 즐거운 마음도 인생에는 중요한 요소가 아닐 수 없다. 즐긴다(樂)는 항목도 여기에 포함하면 인의예악지신(仁義禮樂智信)이라는 육덕(六德)으로 수정할 수도 있다. 실은, 위에서 예학을 논의할 때 『예기』(禮記)에는 『악기』(樂記)를 담고 있음을 밝혔고, 거기서 음악의 철학적이고 사회학적인 설명을 상고하였다. 그 대목에서 사람이 즐겁지 않은 것을 견디기 어렵다는 언급이 있었다.

1) 풍류의 의미

다시 말하면, 산중에서 수도하는 삶이 아닌 바에는 사람이란 일방적으로 절제하며 스스로를 다스리고 이성적으로 사유하며 행동하는 것도 중요하지만 정서적인 삶을 무시할 수 없다는 뜻이다. 그것도 유가의 삶에서 적절한 양상으로 실현하는 도리가 있음을 공자, 주자를 비롯하여 퇴계도 지적하고 있다. 말하자면 도학의 관점에서는 약간의 경중을 나누어 말할 수는 있으나 그 어느 한 가지도 무시해서는 온전한 인간의 삶이라 할 수가 없음을 분명히 하고 있다. 우선 그러한 삶의 일면을 철학적으로 해석한 내용부터 살펴본다. 통상 우리가 쓰는 용어 중에 '수작'이라는 부정적인 의미를 암시하는 용어가 있는데, 이 말은 한자로 수작(酬酢)이라 쓰고 주객이 서로 술을 권하는 행위를 뜻하는 단어다. 『주역』의 「계사전」부터 이 말을 풀이하여, "도를 나타내고 덕행을 신비롭게 한다. 이러한 까닭으로 수작할 수 있으며, 더불어 귀신도 도울 수 있다"(顯道神德行 是故可酬酌 可與祐神矣)라는 언명이 있다(정우락, 2015: 224, 각주 1). 그렇다면, 수작은 천지만물의 변화에도 동참하는 인간의 행위를 형이상학적 차원에서 풀이한 것이라 할 것이다.

다만, 그러한 수작에도 두 종류가 있는데, 퇴계는 이 둘이 모두 중요하다고 해명하였다. 그 둘이란 긴수작(緊酬酌)과 한수작(閒酬酌)이다. 퇴계의 언명을 참조해보자(정우락, 2015: 225).

> 일을 해 나감에 있어 진실로 긴수작만 있고 한수작이 없어서야 되겠습니까? 이들 가운데 나의 몸과 마음에 관계되는 것은 진실로 긴요하여 당연히 우선시하여야 할 것입니다. 그러나 남에게 관계되는 것, 사물에 관계되는 것들을 나의 몸과 마음에 긴요하지 않다고 하여 빠뜨려서야 되겠습니까?…『논어』에 수록된 것들에는 정밀하고 깊은 곳(精深處)이 있는가 하면 거칠고 얕은 곳(粗淺處)도 있으며, 긴수작처(緊酬酌處)가 있는가 하면 한수작처(閒酬酌處)도 있으며, 나의 몸과 마음에 긴요한 것이 있는가 하면, 나에게 관계되는 것과 사물에 관계되는 것으로 나의 몸과 마음에 긴요해 보이지 않는 것도 있게 된 것입니다.[32]

여기서 퇴계가 비록 경중을 분명히 하면서도 긴수작과 한수작이 모두 중요하다는 점을 시사하고 있음을 알게 된다. 이때 한수작이란 사람들 사이의 정회(情懷)나 산수를 노닐며 느끼는 정취 등 일상의 정서적인 측면을 가리킨다. 이 또한 인간의 삶에는 중요하다는 뜻이다. 그러한 한수작에 해당하는 것이 이른바 '풍류'라 할 것이다. 이 책에서는 그 풍류의 뜻을 자세히 시대별로 천착하려는 것은 아니고 주로 조선시대 선비 문화의 일부로서 그들의 정서적인 생활세계에서 선비가 추구하던 성리학적

---

32) 事爲固有緊酬酌 其無有閒酬酌乎? 是數也 其關於吾身與吾心者 固切而當先矣 若在人與在物者 其以爲不切而可遺之呼?…論語所記有精深處 有粗淺處 有緊酬酌處 有閒酬酌處 有切於吾身心者 有在人在物而似不切於身心者(『퇴계집』, 권10, 「답이중구」; 정우락, 2015: 225, 각주 4).

이상세계 속의 인간의 모습을 엿보려고 할 따름이다.

먼저, 풍류는 글자 그대로 바람(風)과 흐름(流, 물)이다. 고정성과 경직
성의 반대인 자유롭게 유동하는 삶의 한 모습을 상징한다. 자연과 예술
이 만나고 각박한 현실을 벗어나는 '멋'의 총체를 가리키는 것으로 이해
한다. 거기에는 자연히 음악과 무용(가무)과 더불어 술이 개재한다. 고대
조선에서부터 농사를 중심으로 하늘에 제사 지내는 제천의식(祭天儀式)의
형식을 띠었고, 신라시대에는 제의의 의미에 화랑정신을 가미하였으며,
고려시대에는 거기에 시문 창작을 더하였다. 조선시대에도 대체로 이런
전통을 이어받았으나, 다만 성리학적 미의식으로 대체하여 고려조의 시
문학 등에서 드러나는 방탕한 유희적 특성을 극복하는 방향으로 자리잡
게 되었다. 말하자면 유가적 풍류의 특징은 전통적 제의나 유희의 색채
를 제거하고 공자가 강조한 '온유돈후'(溫柔敦厚) 하면서 어리석지 않은
시작(詩作)의 이해를 그 풍류사상의 중심에 두고자 한 것이라 볼 수 있다
(정우락, 2015: 232-233; 박균섭, 2015).

2) 풍류의 유형

성리학의 경직성을 완화하여 온유돈후한 삶을 즐기는 것도 삶을 풍요
롭게 하는 방편으로 필요하다. 그러면 조선의 선비는 어떤 식으로 풍류
를 즐겼던가? 여기에는 개인이 각자 홀로 즐기는 방법과 지인과 함께 시
간을 보내는 유형이 있다(정우락, 2015: 234-239).

(1) 독락: 개별 풍류

독자적인 풍류는 '독락'(獨樂)이라고도 하는데 구체적으로는 독서, 작
시, 자연 속의 소요, 회화 및 음악 등의 여러 방식이 있다.

독서는 선비가 원래 독서인이라는 별칭이 있듯이 글읽기를 업으로 삼
는 면도 있지만, 이상적인 유가적 인간이 되려면 끊임없는 독서도 단순
히 지식 축적이 문제가 아니라 스스로 도를 깨닫는 수양의 방법으로서도
의의가 큰 활동이었다. 공자도 『논어』「술이」편에서 덕을 쌓는 데서 배

움에 싫증내지 않는(學而不厭) 자세로 간단없는 공부를 필수라 하였다(김학주, 2009: 105). 그러면서도 그것을 '즐긴다'는 것이 진정으로 선비다운 자세다. 시를 짓고 음악을 즐기는 일도 선비에게는 흥취와 자기 완성을 위한 길임은 공자도 밝힌 바 있다. 역시 『논어』 「태백」(泰伯) 편에도 "시에서 흥취를 일으키게 되고…악으로써 자기를 완성시키게 된다"(興於詩…成於樂)라 하였다(김학주, 2009: 131).

시를 쓰는 일은 혼자 상념에 사로잡혀 갑자기 붓을 드는 데서 비롯하여 홀로 산천을 소요하며 자연의 풍광을 감상할 뿐 아니라 그 과정에서 자연과 하나가 되는 천인합일의 수도의 의미도 있었고, 그러는 중에 얻은 시상을 글로 옮겨 시를 남기기도 하였다. 친우들과 교류를 할 때도 시를 주고받는 멋을 즐겼다. 물론 시 짓기가 풍류라 하지만, 그러기에는 너무도 애절한 사연을 담은 정다산의 2천여수가 넘는 한시의 대다수는 사실은 그가 어사시절과 유배를 살면서 농촌의 비인간적인 백성의 암울한 삶의 현장을 보고 한탄하여 지은 시라는 사실은 역설적이면서도 또 다른 한 편으로는 선비의 절절한 애민정신을 극명하게 보여준다.

선비의 그림 그리기는 사인지화(士人之畵) 혹은 사대부화라고 일컫기도 하는 문인화라는 예술활동이다. 물론 기술면에서는 서예의 기법으로 그리지만 서화, 인물화, 묵죽화, 산수화(풍경화) 등 여러 주제를 다루면서, 거기에 그림으로써 선비의 향기를 표현하고자 했던 정신적 가치를 중시하였던 점이 일반 전문 화원들의 회화와는 다른 의미다. 예술적인 활동으로는 그림과 더불어 음악노 '예사어서수'(禮射御書數)와 더불어 육례(六禮)의 하나인 악(樂)에 해당한다. 따라서 선비는 음악에 관심을 가지고 공부를 하였으며, 실제로 생황, 대금 등은 물론, 특히 거문고를 귀히 여겨 연주뿐 아니라 손수 제작을 하여 그 뒷면에 명(銘)을 새겨 놓기도 하고 거문고 관련 글도 지어 남겼다.

(2) 동락: 집단 풍류

한수작의 또 한 가지 유형은 여락(與樂) 내지 동락(同樂)이라고 하는 여럿이 함께 즐기는 풍류다. 『맹자』 「양혜왕 하」 장에는 맹자가 제나라

선왕에게 "혼자 음악을 즐기는 것과, 다른 사람들과 음악을 즐기는 것은 어느 편이 즐겁습니까?"라고 묻자, 선왕이 대답하여 "다른 사람과 함께 즐기는 쪽이 좋지요"(曰 獨樂樂 與人樂樂 孰樂 曰 不若與人)라 하였다는 글귀가 있다(김학주, 2002: 75). 여기에는 우선 여러 동지들과 모여 시회(詩會)를 여는 것, 물에서 배 타고 노니는 선유(船遊) 그리고 산수유람 등이 대표적이다(정우락, 2015: 239–243).

작시 활동은 독서인인 선비에게 조금도 낯설지 않은 풍류다. 그래도 시를 혼자서 짓는 일도 심리적인 위안이 되지만 약간의 풍류다운 멋을 풍기는 방법은 뜻이 맞는 동료들과 정기, 혹은 수시로 한 자리에 모여 시를 함께 짓고 감상하고 비평하는 등의 활동일 터이다. 시단(詩壇) 혹은 시사(詩社)라 이름하는 모임을 꾸리고 구성원의 자택이나 또 조건이 허락하는 곳에서는 정자에 모여 시작으로 재능을 뽐내기도 하고 서로의 마음을 교류하기도 하였다. 비근한 보기지만, 우리 집안에서도 본 저자의 증조모님께서는 사랑에 증조부님의 친우들이 방문하시면 베틀에 앉아 직조를 하실 때에도 지필묵을 곁에 두시고 사랑의 남정네들과 시를 써서 교류를 하셨다는 일화를 남기셨다. 그러한 시모임을 강물에 배를 띄워 놓고 즐기는 것도 멋들어진 풍류의 광경이다. 예를 들어 화가 신윤복(申潤福)의 <주유청강(舟遊淸江)>이라는 선유도는 유명하다.

그리고 산수유람은 공자의 가르침과 주자의 풀이에 기초한 풍류의 유형이다. 『논어』에 "지혜로운 사람은 물을 좋아하고, 어진 사람은 산을 좋아한다"(知者樂水 仁者樂山)라는 문구가 있듯이(김학주, 2009a: 97), 선비는 산과 물에서 지(知)와 인(仁)을 찾으려 했고, 주자는 "정치현실을 떠나 자연 속에서 '천리지묘'(天理之妙)를 체득하여 합자연의 이상을 이룩하자는 강한 염원"을 제기한 바 있다(정우락, 2015: 242). 이러한 여인동락의 풍류는 동료선비와 교유하는 것이 중심이었지만, 그 테두리를 넘어 공동체의식과도 연결 지어 마침내는 치인의 영역에까지 외연을 넓혀 대인관계의 중시라는 의미를 담았다.

3) 풍류 문화의 공간적 측면

풍류를 즐기는 데는 그 나름의 공간이 필요하다. 독자적 혹은 집합적 풍류의 장소는 각자 거주하는 주택이라는 공간을 비롯하여 때로는 그 공간의 의미가 문화적 가치를 내포하는 수가 있다. 이런 관점에서 볼 때는 한 지점, 어떤 선형의 공간 및 점과 선의 복합공간으로 분류하기도 한다 (정우락, 2015: 244 - 258).

(1) 점 중시의 문화공간

첫번째 점의 형태인 풍류문화공간은 승경지(勝景地)로 전국 각지에는 자연풍경이 빼어나거나 수려한 곳이 무수하다. 옛 선비들은 이런 곳을 찾아 거기에 경관에 합당한 이름을 붙이기도 하고 어떤 흔적을 남기는 등 천인합일의 성리학적 의미를 부여하였다.

두번째는 집경화(集景化) 공간이다. 특정 공간의 특수한 대상물을 각기 한 점으로 상정할 때 집경이란 여러 개의 대상물 내지 공간을 하나로 엮어 재구성하는 행위다. 그 공간적 범위는 한 도시 전체일 수도 있고 골짜기 한 군데이기도 하며 단순히 한 곳 누정일 수도 있다. 그렇게 정한 공간 내부 또는 주변의 경관을 대상으로 삼고 시를 짓고 그림을 그리는 등 예술작품 창자의 풍류라 할 것이다. 그 공간 안의 대상은 자연물이거나 서실과 계정(階庭)처럼 인공적 조작물이기도 한다.

셋째는 특수한 석각(石刻)을 중심으로 풍류의 문화 공간을 지정하는 형식이다. 석각문화는 그 재질의 특성상 청동기 시대를 비롯하여 신라, 고려를 거치면서 지금도 진행하는 예술 형태다. 여하간 조선조 선비는 이런 유적지를 찾아 탐방하며 그 주변에서 풍류를 즐겼다. 때로는 사람에 따라 기존의 석각에 이름이나 각종 도상을 새기기도 하고, 심지어 바둑판을 새겨 놓고 바둑을 둔 예도 있다.

(2) 선 중심의 문화공간

선을 중심으로 하는 풍류문화의 공간은 주로 계류(溪流)를 대상으로 삼는 유형이다. 시냇물은 말하자면 하나의 선을 상징한다. 주로 계류를 거슬러 올라가거나 내려가면서 군데군데 특별한 장소나 자연경관 또는 인공물을 지정하여 원림(園林)을 경영하는 일로 연달아 풍류의 공간으로 삼는 형식이다. 특히 거슬러 올라가는 방식의 의미는 심성의 회복을 상징적으로 나타내기 쉽다는 점인데 청징(淸澄)한 본성을 회복할 수 있다는 뜻을 담는다. 대체로 조선의 계류 형태는 주자가 처음 시작한 구곡(九曲)을 설정하는 방식이었다.

다만 특수한 사례로는 그러한 원림을 한 계류에만 설정하지 않고 복선으로 만드는 것이다. 두 계곡에 걸쳐 구곡을 설정하여 두 줄기의 물이 합수하는 지점에서 아래쪽으로 제1곡, 즉 '입문'(入門)으로 삼고 가령 1곡에서 6곡까지는 그중 하나의 계곡에 설정하고 7곡부터 9곡까지는 다른 쪽에서 흘러내리는 시내에 설정하는 형식이다. 이에 더하여, 구곡의 문화 공간을 칠곡으로 축소한 보기도 있다. 여하간에 이러한 계곡의 숫자는 주자를 따라 홀수로 경영한 것이 특징이다. 그리고 주로 이러한 계류 풍류는 흐름을 따라 올라가면서 아홉 굽이를 설정하고 이를 대상으로 각각 시를 읊는 방식으로 즐긴 것이다.

(3) 점과 선의 복합공간

풍류공간을 점과 선으로 구성하는 데도 점을 중심으로 하는 것은 8경, 10경 등 짝수로 구성하고, 선을 중심으로는 7곡과 9곡 등 홀수로 구성한 것인데, 여기에 음양론을 적용하여 짝수와 홀수는 음과 양의 관계를 이루는 것으로 보았다고 한다. 이 둘이 하나의 선을 중심으로 그 속에 많은 점을 새롭게 조성하는 복합공간을 만들기도 하고, 같은 구곡의 경내에 다른 구곡을 생성시켜서 선과 선이 서로 만나게 하는 곡내곡(曲內曲)의 형식을 띠게도 하였다. 그뿐 아니라, 하나의 구곡 경관 내에 여러 승경을 새롭게 지정함으로써 이번에는 곡중경(曲中景)의 구조를 만들기도 하였다.

본서는 이러한 여러 형태의 풍류의 유형이나 공간의 구체적인 보기를 나열하지 않는다. 다만 한 가지 특이 사항을 소개하는 것으로 조선 선비의 풍류문화 속에 담긴 선비의 이상적 인간상 추구의 정신을 읽으며 마

무리 하고자 한다. 18세기말 – 19세기 후반(1792 – 1871)까지 생존했던 이
원조(李源朝)라는 선비는 경상도 성주군에 <포천구곡>(布川九曲)을 설
정하면서 이에 관한 글과 시를 남겼는데, 거기에 "명예를 다투고 이익을
노리는 계책을 꾸미지 않기 위하여 이곳에 들어왔다는 입동의 이유도 스
스로 밝히고 있다"는 것이다(정우락, 2015: 256).

조선시대 선비의 이상적인 세계관: 정치

제Ⅴ장
조선시대 선비의 이상적인 세계관: 정치

1. 기본적 정치문화와 국가운명관

지금까지 수기치인 중에서 수기에 집중하여 조선시대 선비의 이상주의적 인간상을 검토하였으므로 이제는 이상주의적 사회관을 중심으로 치인을 위한 경세사상을 개관하기로 한다. 물론, 이 한정적인 공간에 조선의 걸출한 선비 제현이 추구하던 이상사회의 전모를 밝힌다는 말이 아니다. 구체적으로 말하자면 그러한 경세관의 철학적 의미를 주로 상고하면서 주요 정책적 제안을 탐색함으로써 저들의 이상적인 사회관에 접근하되, 부득이 선별적인 논의가 될 수밖에 없음을 분명히 한다. 그 주된 내용은 정치, 경제, 그리고 사회일반에 관한 담론을 고찰하는 일이 될 것이다.

다만 참고로, 바로 앞장에서 수기의 철학을 다루면서공공성을 주요 개념으로 부각시켰거니와, 같은 문맥에서 선비의 이상주의를 공익정신으로 집약한 사례가 있어 이를 잠시 언급하면서 논의의 실마리를 풀어보려 한다. 선비정신을 독자적인 시각으로 연구한 한영우는 "조선 선비의 공익정신과 이상주의는 기본적으로 공(公)을 앞세우고 사(私)를 뒤로 하며, 의(義)를 앞세우고 이(利)를 멀리하는 마음가짐"이라 규정한다(한영우, 2010: 268). 그리하여 공익정신을 (1) 청렴과 결백, (2) 민본과 인정, (3) 공전(公田), (4) 공선(公選), (5) 공론과 공거(公車) 및 (6) 교육·출판·기록이라는 여섯 가지 범주로 구분한다. 이 중에서, (1)은 주로 일상의 생활세계에서 임금을 위시하여 선비에 이르는 삶의 자세와 행동 규범을 다루는 주제이므로 바로 앞장(제Ⅳ장)과 다음 장(제Ⅵ장)에서 따로 살펴보고, (2), (4), (5)는 정치, (3)은 경제, (6)은 문화가 주된 관심분야이며, 여기에 추가로 역시 정치제도와 관련한 『주례』(周禮)의 중요성, 대외관계에서 자주정신, 우주론의 천지인 합일사상과 평화애호, 그리고 노비제도라는 사회적 관심사 등을 언급하고 있다.

  이런 모든 논의의 핵심은 인간의 주체적 접근이다. 천명으로 도덕적인 성품을 타고난 만물의 영장인 인간이 스스로 참되고 도덕적으로 완숙한 '사람다운 사람'으로 하늘이 명한 직분을 완수하기 위해서는 끊임없는 자기성찰과 수양에 힘써야 한다는 위기지학(爲己之學)의 정신이다. 공연히 남들의 이목을 의식해서 입신출세나 영리 영달을 추구하여 참된 자아를 빈곤하게 만드는 위인지학(爲人之學)과는 아주 다른 결과를 가져와야 한다는 것을 표방한다. 그로써 사욕을 이기고 모두와 함께 행복을 누리는 성리학적 공공성을 확보하는 길임을 가르친다(이원진, 2019: 75-77).

  이러한 관점을 참조하여, 본서에서도 공과 사의 문제를 수기치인 사상의 핵심주제로 삼고 앞장에서 이미 공공성 문제를 논의한 바 있으므로, 지금부터는 구체적인 정치, 경제, 사회일반의 여러 차원에서 선비가 추구하던 이상적 사회의 중심가치를 개관하고자 한다.

  아무래도 경세사상의 제일차적 관심사는 정치다. 실상 조선 선비의 관심사도 정치서부터 시작하였다. 그러한 단서를 먼저 몇몇 대표적인 선비가 당대 성치현상에 관한 우려와 시징을 위한 애다는 심경을 토로한 내용을 소개하면서 논의의 물꼬를 트고자 한다. 그중 가장 먼저 퇴계의 사례부터 시작한다. 퇴계는 16세기 조선의 정국에서 주요 사화가 빈번하던 시대에 살았다. 그리고 이러한 정치의 난맥상이 자아낸 백성의 고통에 큰 관심을 보였던 것을 다음의 인용 문에서 알아본다(민족문화추진회, 1976a: 125-126). 이 글은 「무진경연계차 1」(「戊辰經筵啓箚 一」에서 조정이 병역 해당자를 색출하여 결원을 보충하는 시책을 펴려 하자, 퇴계가 이를 부당하다고 간하는 내용을 담고 있는데, 전체의 분량이 장황하므로 요점만 취사선택하여 소개한다.

민생이 심히 피폐한 데다가, …엎어진 사람들이 아직 일어나지 못하고 신음(呻吟)하는 소리가 끊어지지 않는데, 병적(兵籍)을 정비하는 영(令)이 마침 이 해에 내려졌으니, 이것은 적당한 시기가 아닙니다…긴 여름 계속되던 장마에 지력이 상하여 보리와 밀이 전멸되고, 수재의 피해로 여지없이 쓸어버리고 덮여져서 밭에 심은 잡곡들도 모두 흉작이어서, 백성들은 먹을 것이 돈절(頓絶) 되어 여염(閭閻)에서 못 살겠다고 아우성입니다…기한(飢寒)이 몸에 절박하면, 백성들은 믿고 의지할 데가 없습니다. 모두 살림을 파산하고, 이리저리 흩어질 생각만 하여 함께 봇짐을 싸짊어지고 나서니, 사방의 감사(監司) 등 관원은 눈으로 그 참혹한 광경을 보고 재해를 근심하여 구휼(救恤)하려고 조정에 보고하는 일이 계속되었으나, 조정에서는 아직까지 한 번도 지휘권을 발동하여 명령을 내려서 민생이 도탄(塗炭)에 빠진 것을 구제할 방법은 강구하지 않고, 지금 바야흐로 가택을 수색하여 장정을 잡아 내고 절의 중을 잡아 가며, 혹독한 관리와 포악한 아전들이 이것을 기화로 작간(作奸)하여 협박하고 구박하며 침해하고 독촉함이 성화(星火)보다 급하고, 살을 깎고 뼈를 긁는 듯한 착취가 이루 헤아릴 수가 없습니다…이곳을 버리고 다른 곳으로 가니, 가는 곳마다 역시 마찬가지라, 사방은 너르지마는 숨고 도망할 곳이 없습니다. 건장한 자들은 떼를 지어 도둑이 되고, 노약자는 구렁에 굴러 떨어져 죽으니, 아아, 나라의 근본(백성; 필자 주)이 어찌 동요하지 않겠습니까.[1]

이처럼 극도로 처참한 상황에서 퇴계는 이대로 두었다가는 오랜 평화를 누려 전쟁을 모르는 백성이 원망하는 데서 국가의 난망지화(亂亡之禍)가 연유하는 것인데, 병적이 비어 있으면 환란을 당하게 될 때는 장차 어찌 할 것인지를 묻고 있다. 이때가 무진년(1568년)이니 그로부터 30년이 못되어 조선은 임진왜란을 맞게 되었다. 그의 선견지명이 놀라울 따름이

---

1) 民生困弊之餘…顚仆者未起 呻吟者未絶 簽兵之令適丁此年已非其時…長夏積潦地力傷 瘴雨麥全無 水災所被蕩覆無餘 田種雜穀種種皆荒民食頓絶 閭閻嗷嗷…飢寒切身民無所顧藉 皆思破家流散 結包荷擔而立 四方監司等目覩其慘 憂災恤荒報聞相繼 國家未嘗發一號出一令 以爲捄民生塗炭之命之計 方且家搜戶括漁丁獵僧 酷吏暴胥因緣作奸 脅驅侵督急於星火 剝膚椎髓靡有限極…去此而適他他方亦然 四方蕩蕩無處藏逃 强壯則羣聚而爲盜 老弱則轉死於溝壑 哀我邦本寧不動搖(『國譯 退溪集 I』「戊辰經筵啓箚 1」; 민족문화추진회, 1976a: 506).

다. 이런 상황에서 퇴계는 "당시 조선사회의 가장 시급한 과제는 집권층의 권력을 이용한 사리(私利)' 추구를 배제하고 공도(公道)를 회복하는 것이라고 진단하였다"(이수환, 2015: 276).

그 내용의 안타까움은 두 말할 나위도 없지만 퇴계라는 대표적인 선비의 절절한 호소는 듣는 이로 하여금 눈물 없이 들을 수 없을 정도임을 알 수 있다. 이때가 16세기 중반이지만 당대는 물론 그 이후에도 매우 유사한 선비의 호소를 쉽게 찾을 수 있다는 점은 조선사회의 난맥상과 아울러 이를 어떻게서든 시정하려는 선비의 통절한 염원이 서려 있다. 본서의 서론 허두에 '이상과 현실의 괴리'를 화두로 던졌던 사실을 상기하면서 여기에 한두 사례를 더 소개하려 한다. 상기 퇴계의 경연계차의 주된 내용은 병적을 조사하는 과정에 관리의 횡포와 백성의 고통을 적나라하게 지적한 데 비해 동시대의 대표적 선비 이율곡이 임금의 질문에 답하고자 올린 「응지논사소」(應旨論事疏)에서는 좀더 전반적인 정치의 문제점과 그와 연관해서 나타난 갖가지 사회경제적 문제점을 지적하고 있어서 여기에 일부 인용한다(민족문화추진회, 1976c: 95).

> 아아, 이제 천도(天道)가 떳떳함을 잃고, 칠정(七政)이 절도(節度)에 어긋나며, 요성(妖星)이 하늘을 가리고 흰 무지개가 태양을 꿰뚫었으며, 폭풍이 불고 때 아닌 우박이 쏟아지며, 수재와 한재가 극심하여 요사스럽고 독한 기운이 공중에 가득하여 전염병을 빚어내고 있음은 전하께서 이미 우러러보신 바요, 지축(地軸)이 평안함을 잃어서 때아닌 지진이 일어나고, 큰 내(川)의 복판이 말라버리고 명산(名山)이 소처럼 울며, 새와 짐승이 해괴한 짓을 하고 나무와 돌이 이상한 징조를 나타내며, 토기(土氣)가 산만(散漫)하여 오곡이 성숙하지 않는 것도…선비의 습성이 경박하고 비천하여 태만하고 입만 놀리며, 의리는 뒤로 돌려 놓고 이익만 앞세우며, 공(公)은 여위게 하고 사(私)는 살찌게 하며, 더럽고 혼탁한 것이 날로 왕성하여지고, 충성되고 곧은 말을 하는 자는 날마다 고립되어 기강(紀綱)이 문란하여지고 모든 공적이 한꺼번에 무너지고…민생이 도탄에 빠지매 이성(理性)을 모두 잃어버려 부자(父子)가 서로 찌르고 형제가 서로 해하며, 삼강오륜(三綱五倫)이 끊어지매 도적이 횡행하여 화(禍)가 홍수(洪水)보다 참혹하고, 풍속이 오랑캐보다 더욱 심한 것도 전하께서 역시 들어

서 아시는 바입니다. 하늘이 노하고 백성이 궁핍하여 나라의 형세가 위급하여
졌음을 전하께서 모두 스스로 아시는 바이오니, 신이 어찌 감히 장황하게 설명
하겠습니까.2)

위의 두 선현의 시대로부터 200여년이 지난 조선 후기(18－19세기)에
다산 정약용이 당시의 안타까운 시대적 상황을 두고 개탄하는 심경을 표
현한 문장 한두 가지를 소개하면서 그가 백성의 고달픈 삶의 실상을 사
회시(社會詩)의 형식을 빌어 신랄하게 그려 놓은 작품을 곁들인다. 먼저,
『경세유표』(經世遺表)의 서문에서 발췌한 문장은 이러하다(김영호, 1983:
339).

(수세기에 걸쳐 누적되어 온) 문제들을 조용히 신중하게 살펴보면, 사소한 일
까지 무엇 하나 병들지 않은 것이 없다. 지금 이들을 시정하지 않으면 결국 나
라 전체를 파괴할 지경에 이르도록 형편이 나아질 까닭이 없다. 어찌 충신과
애국자가 그저 팔짱을 끼고 바라만 보고 있겠는가!

다음은 『논어고금주』(論語古今註)에서 인용한다(정일균, 2000: 14).

요즘 사람들은 치도(治道)를 논하면서 으레껏 모두 인주(임금: 필자 주)를 단
공·현묵(端拱·玄默)의 상태로, 즉 일을 꾀하고 실행하는 바가 없는 상태로 유
도하고 있는 실정이다. 그리하여 온갖 법도가 퇴락되어 정리되지 못한 상태로
방치되어 있으며, 만기(萬機)의 정사(政事)가 난잡해져 다스려지지 못하게 되
었고, 이에 10년이 채 못 되어 천하(天下)는 부패하고 말았다. 화란(禍難)이 끊
이지 않고 피폐해진 정사(政事)가 다시는 일신되지 않고 있음에도 불구하고
끝내 그 이유를 깨닫지 못하고 있는 것은 모두가 이러한 무위(無爲)의 설에 의

---

2) 嗚呼今玆乾道失常 七政乖度 妖星蔽天 白虹貫陽 風雹妄作 水旱極備 沴氣塞空 釀成癘
疫者 殿下旣已仰觀矣 坤軸失寧 震動不時 大川中竭 名山牛吼 禽獸騈怪 木石呈異 土氣
散漫 五穀不成者…士習倫卑 泄泄沓沓 後義先利 瘠公肥私 汗濁日盛 忠讜日孤 紀綱紊
舛 庶績咸墮者…民生塗炭 秉彝都喪 父子相戕 兄弟相害 綱常泯絶 盜賊興行 災慘洪水
俗甚蠻貊者 殿下亦旣聞而知之矣 天怒民窮 國勢岌岌者 皆 殿下之所自知也 臣何敢縷
縷瀆陳乎(『국역 율곡집 I』「응지논사소」; 민족문화추진회, 1976c: 599).

해 오도되어 있기 때문인 것이다.

지면에 한계가 있지만, 본 저자는 이런 문맥에서 단순히 이론적인 담론에만 몰두하기보다는 현실 파악의 방법을 훨씬 더 실제적인 문제의 본질에 가까이 가려는 즉물적 인식론의 한 형식으로 다산이 심혈을 기울여 관찰하고 기록한 사회시의 일부를 감상하는 것도 유용하다고 생각한다. 그는 일생동안 2천여 수의 한시를 남겼고(김상홍, 1985: 267) 그중에 다수가 이런 사회시라는 점을 상기할 필요가 있다. 여기에는 다음의 몇 수만을 인용한다(원문생략)(송재소, 1985: 223 – 246).

시냇가 헌집 한 채 뚝배기 같은데/ 북풍에 이엉 걷혀 서까래만 앙상하네/ 묵은 재에 눈이 덮여 부엌은 차디차고/ 체 눈처럼 뚫린 벽에 별빛이 비쳐드네/ 집안에 있는 물건 쓸쓸하기 짝이 없어/ 모조리 팔아도 칠 · 팔푼이 안되겠네/ 개꼬리 같은 조 이삭 세줄기와/ 닭 창자같이 비틀어진 고추 한 꿰미/ 깨진 항아리새는 곳은 헝겊으로 때웠으며/ 무너앉은 선반대는 새끼줄로 얽었도다/ 구리 수저 이정(里正)에게 빼앗긴 지 오래인데/ 엊그제 옆집 부자 무쇠솥 앗아갔네/ 닳아 해진 무명이불 오직 한 채뿐이라서/ 부부유별 이 집엔 가당치 않네/ 어린 것 해진 옷은 팔뚝 다 나왔고/ 날 때부터 바지 · 버선 걸쳐보지 못하였네
　　　　　　　(1793년 33세, 경기 암행어사 시절 연천지방 광경을 읊은 시)

집 안에 남은 거란 송아지 한 마리요/ 쓸쓸한 귀뚜라미만이 조문(弔問)을 하네/ 텅빈 집 안에는 여우 · 토끼 뛰노는데/ 대감님 댁 문간에는 용 같은 말이 있네/ 백성들 뒤주에는 해 넘길 것 없는데/ 관가 창고에는 겨울 양식 풍부하다/ 궁한 백성 부엌에는 바람/ 서리만 쌓이는데/ 대감님 밥상에는 고기 · 생선 갖춰있네
　　　　　　　(가렴주구로 피폐해진 백성의 삶과 지배층의 호사를 대조한 비판시)

이리여, 승냥이여!/ 삽살개 이미 빼앗아 갔으니/ 내 닭일랑 묶지 마라/ 자식 이미 팔려갔고/ 내 아낸들 누가 사랴/ 내 가족 다 벗기고/ 뼈마저 부수려나/ 우리의 논밭을 바라보아라/ 얼마나 크나큰 슬픔이더냐/ 강아지풀도 못 자라

니/ 쑥인들 자랄손가…

승냥이여, 호랑이여! 말한들 무엇하리/ 금수 같은 놈들이여!/ 나무란들 무엇하리/ 사또 부모 있다지만/ 그를 어찌 믿을 건가/ 달려가 호소하나/ 들은 체도 하지 않네/

백성들 이리저리 유랑하다가/ 시궁창 구덩이를 가득 메우네/ 부모여, 사또여!/ 고기 먹고 쌀밥 먹고/ 사랑방에 기생 두어/ 연꽃 같이 곱구나
(농민의 원망을 산 지방관들을 이리와 승냥이, 호랑이로 묘사하며 비판한 시)

위세도 당당한 수십가에서/ 대대로 국록(國祿)을 먹어치더니/ 그들끼리 붕당이 나누어져서/ 엎치락 뒤치락 죽이고 물고 뜯어/ 약한 놈 몸뚱인 강한 놈 밥이라/ 대여섯 호문(豪門)이 살아남아서/ 이들만이 경상(卿相) 되고/ 이들만이 악목(岳牧)되고/ 이들만이 후설(喉舌)되고/ 이들만이 이목(耳目)되고/ 이들만이 옥사(獄事)를 감독하네
(세습적·독점적 특수 집권층으로 굳어진 노론이 형성한 소위 벌열(閥閱)층 비판 시)

    기실, 다산의 문학관 또는 시론(詩論)에 의하면 선비가 친우와 자연과 풍류로 교류하는 수단으로 시를 쓰는 것도 정도(正道)에 어긋나서는 진정한 문장의 이상에 미달하는 것이므로 외형적으로만 비단처럼 사치스러운 언어로 표현하는 시를 혹독하게 비판하였다. 제대로 문학을 하려면 어떻게 하는 것이 정도인지를 의미심장하게 피력한 글이 있어 이에 옮긴다 (김흥규, 1985: 255).

반드시 경학으로써 바탕을 닦은 다음 역사서를 섭렵하여 그 득실과 치란(治亂)의 근원을 알며, 또한 실용지학(實用之學)에 마음을 두어 경제제민(經世濟民)에 관한 옛 사람들의 저작을 즐겨 읽어서, 만민(萬民)에 혜택을 주며 만물(萬物)을 기르고자 하는 생각이 마음 속에 항상하게 확립된 뒤에라야 바야흐로 글 읽는 군자노릇을 할 수 있다. 그러한 다음 안개 낀 아침과 달 뜨는 저녁,

짙은 그늘이 드리우거나 보슬비 내리는 때를 우연히 만나면 문득 뜻(意)이 촉발되어 표현히 시상(思)이 떠오르고, 자연히 읊조리는 대로 자연히 이루어져서 꾸밈없는 자연의 가락이 그윽하고도, 맑디맑게될 것이다. 이것이 시가(詩家)의 참되게 생동하는 경지이다. 나의 말을 우원(迂遠)하다고 하지 말라.[3]

시를 쓰는 풍류의 맛도 멋진 언어로 문장을 자랑하는 데 목적이 있는 게 아니라 도학의 기본인 경학 연구를 바탕으로 나아가 경세제민의 실용적 가치를 충분히 반영하는 시대적으로 유의미한 문학을 권유한 것이다. 이처럼 정치문화의 부패상과 그로 인한 백성의 고통스러운 삶을 염려한 이들 선비는 그러면 어떤 개선책을 제시하고자 했던지, 정치분야를 우선적으로 살펴보아야 할 것이다. 다만, 수많은 선비의 사상을 두루 섭렵하려면 이 한 권의 서적으로는 감당하기 어려운 일임은 췌언이 불요일 터라, 주요 인물을 중심으로 간략한 개관에 그쳐야 할 것 같다(한영우, 2010: 307−408).

2. 조선 전기 이상적 국가 건설을 위한 정치사상

1) 삼봉 정도전

조선 왕조 건국에서 무력으로 새나라를 세운 이가 이성계였다면 정신적인 기초를 닦은 이는 선비 삼봉(三峰) 정도전(鄭道傳; 1342−1398)이었다. 여기 그의 정치사상을 요점만 살펴본다(한영우, 2010: 307−312). 이 시기만 해도 우리나라의 유교가 제대로 정착되기 전이라 이를 교화유교(敎化儒敎)라 칭하기도 한다(성낙훈, 1981). 이 말은 정도전이 국가이념을 성리학으로 삼고자 한 것은 사실이나 그 자신이 퇴계나 율곡처럼 성리학

---

3) 必先以經學立著基址 然後涉獵前史 知其得失理亂之源 又須留心實用之學 樂觀古人經濟文字 此心常存 澤萬民育萬物底意思 然後方做讀書君子 如是然後 或遇煙朝月夕濃陰小雨 勃然意觸 飄然思至 自然而詠 自然而成 天籟瀏然 此是詩家活潑門地 勿以我迁也(『증보 여유당전서』(增補 與猶堂全書) 「寄二兒」; 김흥규, 1985: 255, 각주 18).

의 이론적 기초를 확고히 세운 데 몰두하기보다는 그 정치적 사상을 국가 건설의 기준으로 삼았다는 말이다. 그가 주장한 개혁의 요체만 정리하면 아래와 같다(한영우, 2010: 307-312; Chai-sik Chung 1985; Han Young-woo 2014; 299-300; Kang Jae-eun 2003: 187-189). 기본적으로 삼봉은 국가의 권력구조를 민본사상에 두었다. 안민을 우선가치로 하는 정치를 하기에 유리한 조직체계를 생각한 것이다.

(1) 왕정이니까 세습에 의한 왕이 최고통치자임은 불변이지만, 정치적 의사결정권은 재상과 공유하는 군신공치(君臣共治)를 지향하되 군주의 사적인 인적, 물적 자원은 불허하고, 신하가 주도권을 갖게 하며, 일상의 국무회의에서도 신하가 앉아서 정사를 논의해야 한다.

(2) 언관(言官)의 기능과 지위를 높여서 옳고 그름을 주청하는 헌체가부(獻替可否) 역할을 하도록 하며, 일반백성과도 소통하는 언로를 열어야 한다.

(3) 백성들의 직접적인 이해관계에 영향을 미치는 지방수령의 자질을 높이고 이를 감독하는 관찰사의 기능도 강화해야 한다.

(4) 문무를 평등하게 만들어서 국방강화를 도모해야 한다.

(5) 정부운영에서는 육조제도를 합리화하여 관료정치의 횡적인 전문화를 도모하고 재상이 총괄하도록 한다.

이러한 정치 부문의 제도 개선 외에, 경자유전(耕者有田)의 원칙으로 토지를 농민에게 재분배해야 민생안정을 도모할 수 있음을 강조하였고, 특히 주권 이전기에 정신적인 삶의 영역에서 신라 이래 고려시대를 거치며 문란해진 불교의 영향에서 탈피하는 사상적 혁명을 주창한 『불씨잡변』(佛氏雜辨)은 이 방면에서 매우 중요한 문서다. 다만, 이 저술과 관련하여 한 가지만 짚어 둘 사항이 있다. 이와 같은 이념적 배타성이 조선조가 시작하기 위해 정치적으로는 불가피했을지는 모르지만, 조선조가 끝나는 날까지 우리의 역사를 피로 물들게 하였고, 아마도 오늘에 이르도록, 그 후유증은 끈질기게 우리의 정치문화뿐 아니라 정신세계를 지배하고 있는 건 아닌 지를 성찰해볼 일이다. 그 외에도 삼봉은 후일 조선왕조의 헌법 격인 『경국대전』(經國大典)의 모체가 된 문헌으로 『조선경국전』

(朝鮮經國典)과 『경제문감』(經濟文鑑)도 저술하였다. 기타 여러 가지 사회 문화적인 공헌이 많지만, 결국은 정치적 갈등에 휩쓸려 이런 큰 뜻을 실현할 기회를 누리지 못하고 역적으로 몰려 사망하였다. 물론 훗날에 신원도 이루어졌고 고종은 문헌(文憲)이라는 시호도 하사하였다.

2) 군주 선비 세종대왕

군주제 국가에서 신하인 선비가 왕이 될 수는 없지만 유교국가인 조선에서는 군주도 어려서부터 선비다운 인물로 성장하도록 철저한 교육과정을 밟았다. 물론 그 가운데서 이상적인 군자의 면모를 갖춘 군주가 몇 명이나 되는 지는 전문적인 검토가 필요하겠지만, 적어도 전문가의 의견을 따르면 역시 그 중 으뜸가는 군주 선비는 세종(재위 1419 – 1450)이다. 중요한 의미는 그가 군왕으로서 고전 유학의 『맹자』의 사상을 몸으로 실천한 진유(眞儒)라는 점이라 해도 무방할 것이다. 일찍이 "나라에 있어 백성이 가장 귀하고, 사직(社稷)은 그 다음이며, 임금은 가벼운 존재이다"(民爲貴 社稷次之 君爲輕)(『맹자』 진심 하 14, "귀위장"(貴爲章); 김학주 2002: 474)라고 한 맹자의 명제를 가장 잘 이해하고 실천한 선비의 모본이기 때문이다. 세종의 두드러진 치적을 일일이 열거하기도 벅차지만, 그것을 여기에 전부 나열할 필요는 없고, 선비다움의 표상으로서 이상적인 사회를 지향하는 충정이 담긴 몇 가지 내용만 범례(範例)로 지목한다(한영우, 2010: 312 – 318; Han Young – woo, 2014; 305 – 310).

첫째는 역시 우리글 '훈민정음'의 창제다. 이 글자 체계가 얼마나 과학적이고 배우기 쉬운 모범 문자로 세계적인 인증을 받고 있는 일은 주지하지만, 여기서 중요한 것은 그것이 모든 백성으로 하여금 동등한 위치에서 문자로 소통할 수 있는 수단을 제공했다는 점이 특수하다는 데 유가의 민본정치, 위민사상의 실현이라는 특별한 의미가 있다.

둘째, 농경사회에서 민생에 가장 직접적인 영향을 미치는 토지제도와 관련하여, 토지세의 불공정과 불합리를 시정하고자 새로운 세제를 마련하는 과정에 관한 시책의 보기가 예상 외로 특별하였다. 이 새 제도가 민생과는 어떤 문제라도 없는지를 시행 전에 알기 위하여 초안을 가지고 여러 해 동안 해당정부기구에서 연구를 한 다음 실지로 중앙의 관료와 지방의 유지인사 17만명에게 찬부를 묻는 여론조사를 실시한 것은 물론, 시행 직후에는 실험적인 시범실시를 한 다음 전국에 실시한 사례는 근대 전 사회에서는 거의 찾아보기 힘든 일이었다.

셋째, 군주 혼자서 국정을 이끌고자 하기 보다 집현전 등의 학술기구를 설치하여 출중한 학자를 우대하고 우수한 선비를 인재로 양성하기도 하며 저들의 지혜를 활용하고자 하였다.

넷째, 일반적 인재등용에서는 신분의 귀천이나 인종과 국적을 개의치 않은 인사를 실시하였다. 가령 장영실(蔣英實)과 같은 천인을 등용하여 벼슬을 내려서 과학기술 분야의 황금기를 이룩하였고, 훈민정음 창제에도 도움을 받았다.

다섯째, 세종의 순수한 인간애는 사소한 개인사에까지 손이 미쳤다. 대표적인 보기로, 관비의 건강을 염려하여 출산 휴가를 보름에서 100일로 연장하게 하고 남편에게도 30일의 출산 휴가를 허가하였다.

3. 조선 중기 정치사상

조선 중기는 마침내 성리학이 뿌리를 내리면서 조선의 성리학이 중국보다도 더 정교해지고 그 담론의 수준이 독창적인 경지에 이르는 시기다. 동시에 이때부터 이른바 사림파(士林派)라 이름하는 재야 선비의 정계 진출이 활발해지면서 정통 성리학적 정치를 펼치려는 움직임도 본격화하였다. 그러나 불행히도 이념적 차이를 중심으로 형성하게 된 붕당에 의한 권력 경쟁도 격화하면서 정치가 매우 불안정한 상황이 펼쳐졌다. 그리고 임진왜란과 병자호란으로 나라가 피폐해진 시대에 해당한다. 이 시기를 대표한 선비로는 정암(靜庵) 조광조(趙光祖, 1482-1519), 퇴계 이황, 남명(南冥) 조식(曺植, 1501-1572) 및 율곡 이이를 중심으로 저들의 정치사상 내지 국가관의 요점을 간추린다.

1) 조광조의 이상주의 정치철학

선비는 어차피 이상사회를 꿈꾸며 이를 실현하기 위한 정치를 추구한 사람들이다. 그러나 역사의 현실은 그러한 이상의 추구가 현실정치와 만났을 때 자칫하면 목숨을 내어놓아야 한다는 교훈을 조선건국의 설계자 삼봉의 보기에서 이미 읽을 수 있다. 그러한 도전과 좌절의 역사는 되풀이하는가? 우리는 그로부터 백년도 지나지 않아 다시 한 번 이상정치의 실현이 현실정치의 소용돌이 속에서 무참히 좌초하는 비극을 목도하게 된다. 그 대표적인 사례가 정암이다(금장태, 2003: 80－82; 한영우, 2010: 327－333; Kang Jae－eun, 2003: 265－271).

정암의 정치적 이상주의의 요체는 흔히 지치주의(至治主義) 혹은 왕도주의(王道主義)라고도 일컫는다. 이러한 정치는 조선 선비의 핵심 가치 중에 두드러진 의리정신과 도학적 이념에 기초하여 요순삼대(堯舜三代)의 이상정치를 구현하고자 한 시도라는 점이 특징으로 꼽힌다. 그와 같은 특징을 정암보다 54년 후에 태어난 율곡이 그를 각별히 존경하여 그가 추구한 지치의 과업을 간결하게 집약하여 다음의 네 가지로 시사한 바 있다.

첫째는 임금의 마음을 바로잡는 것(格君心)이다. 조선 선비문화의 이념적 중심인 도학의 원칙은 정치란 궁극적으로 통치자의 마음에 달린 것이기 때문에 정치를 실지로 운영하는 선비의 일차적인 임무는 임금의 마음을 바로잡도록 간언하는 것이라 인식하였다.

둘째, 왕도정치를 세상에 편다는 것(陳王政)이다. 왕도란 힘에 의한 정치인 패도(覇道)와 대비하는 개념으로 덕치(德治)와 인치(仁治)를 의미한다. 그러한 왕도의 모범적인 모델이요순의 정치이므로 임금으로 하여금 요순 같은 성군(聖君) 내지 성왕(聖王)이 되도록 노력함으로써 우리의 백성들도 요순시대의 백성들처럼 이상적인 사회에서 살게 하려는 목표가 왕도정치에 있었다.

셋째는 의로움을 실현하는 길을 여는 것(闢義路)이다. 선비정신의 핵심인 의리를 실현하고자 하는 과업으로서 이를 위해서는 무엇보다도 언로가 열려 있어서(開張言路) 바른 언론을 언제든지 제시할 수 있게 해야 한다는 정책이다. 언로가 막혀 있으면 군왕 앞에서 올바른 말을 개진할 수 없고 결국은 왕의 마음을 바로잡는 데 실패하므로 그로 인한 정치의 패착과 사회의 혼란을 걷잡을 수 없으므로 나라가 망하게 된다는 논지다.

그러므로 넷째로, 이욕(利欲)이 분출하는 근원을 막아야 한다. 의리와 이욕은 표리관계에 있는 성향이다. 의리의 정치를 펴려면 당연히 이익추구와 욕망의 분출로 사회가 불의로 휩싸여 나라가 병들게 하는 것을 막아야 한다. 이에 관련한 일화가 있다. 기묘사화로 투옥 중에도 선비로서 자신이 얻고자 하는 것은 오로지 "이익을 추구하는 욕망의 근원을 막아서 나라의 명맥을 영원토록 하고자 한 것일 뿐이다"라고 자신의 뜻을 굽히지 않았다는 것이다.

이와 같은 정암의 이상정치의 요체를 율곡은 다시금 '도의를 숭상하고'(崇道義), '인심을 바로 잡으며'(正心), '성현을 본받게 하는 것'(崇聖賢)이라고 특징지었다. 그러한 정암의 이상적 지치주의는 임금과 신하가 하나같이 오로지 백성을 위하여 백성을 보호하는 도학적 '민본'정치를 목표로 한 것이었다. 이런 내용을 요약한 다음의 도표[표 5-1]는 참고가 될 것이다(금장태, 2003: 82).

[표 5-1] 정암의 지치(왕도) 정치의 개요

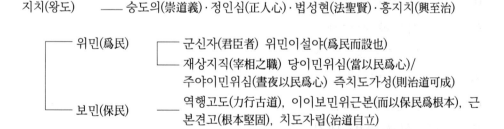

그러한 정치이념을 실현하기 위하여 정암은 우선 중종 즉위 후 34세에 알성시에 합격하여 정치에 참여하기 시작하였고, 현량과(賢良科) 실시를 건의하여 거기에 급제한 28명의 젊고 깨끗한 선비를 개혁동지로 동참하게 하였다. 이들은 후세에 '기묘명현'(己卯名賢)이라 칭하였다. 그리고

왕도 실현의 실천 지침으로 군자와 소인을 엄격히 분별하고 임금이 바른 정치를 하려면 기본적으로 소인을 멀리하고 군자를 우대하여 믿고 맡기는 신뢰가 있어야 함을 강조하였다. 아울러 당시 사화의 발생 원인 또한 선비가 소인으로부터 배척을 받고, 임금은 소인의 참소만 듣고 선비를 희생시킨 데서 유래한다고 진단하였다. 이들 두 부류의 차이는 마음 씀의 내용에서 연유한다고 하여, 소인을 경계해야 한다고 주장하였다. 군자의 마음 씀은 국가를 위해 자신을 희생하며 맡은 일에 임할 때도 마땅한 일이면 어떤 환난을 겪더라도 두려워하지 않는 용기로 나타나는 데 비해, 소인은 이익과 욕망에 눈이 어두워 군자를 배척하며 파당(朋黨)이나 짓는 무리로 고발하여 죄목에 얽어매고 탄압하는 일을 서슴지 않는다고 했다. 물론 선비는 이념적 의리의 동지로서 붕당을 짓고 임금에게 충간하여 바른 정치를 추구하고자 하는데, 소인이 이를 불순한 파당으로 몰아 선비를 모함하고 탄압한 것이다. 정암과 그 동지들이 여기에 희생당한 셈이다.

그것만이 아니고 실제 정책 면에서도 중종을 옹립한 반정 세력이 정국공신(靖國功臣)이라며 그 공을 빙자하여 갖은 부패와 불법을 저지르자 이들의 비리를 척결하는 데 온 힘을 쏟았다. 결국, 정국공신의 3분의 2 정도(76/117)는 특별한 공훈도 없이 책록을 받았으므로 이 공을 삭제해야 함을 주장하여 중종이 이를 받아들임으로써 공신의 원망을 사게 되었을 뿐 아니라 중종 자신의 입지도 흔들리는 결과를 초래하였다. 그리고 왕이 마음을 바로잡기 위한 조처로서는 경연(經筵)이라는 왕의 교육 프로그램에 매일 조강(朝講), 주강(晝講), 석강(夕講) 세 번씩을 성실하게 참여할 것을 강조하였고 밤중에도 너무 늦은 시간까지 강의를 듣게 하니, 이를 지나치다 여겨 왕의 결석이 잦아지기도 하였다. 심지어 조정의 모임에서 신하가 임금 앞에 엎드리지 않고 앉아서 회의하도록 관행을 고쳤다. 그 밖에도 도학의 정통론에 기초하여 국가의 도교 사원에 해당하는 소격서(昭格署) 폐지도 주장하여 일시적으로 이행한 일도 있었다. 민생을 괴롭힌 방납(防納)의 폐단을 시정하고자 토지소유의 상한선을 설정하는 한전법(限田法)을 시행하려 한 것도 공신들과 기득권세력의 반발을 자극하였다.

이처럼 이상사회를 위한 정통도학의 이념으로 나라를 경영하고자 노력했던 정암은 사방에 적대적인 세력을 키우게 되었고 임금마저 등을 돌리는 지경에 이르자, 공신과 기타 기득권층 반대파의 모함으로 39세의 나이에 사약을 받고 그를 추종하던 젊은 선비들과 함께 유배와 사약으로 기묘사화의 희생양이 되고 말았다. 이를 두고 여러 가지 평가가 있지만, 대표적으로 율곡은 누구보다도 정암을 존경했고, 그의 순수성과 이상사회의 꿈을 높이 평가하면서도, 뜻을 이루지 못하고 요절한 것을 두고 "일을 추진하면서 점진성이 없고 날카롭게 앞으로만 나가려고 했다"(作事無漸 直前太銳)며 하루 아침에 달성하려고 서둔 것이 무리였다고 아쉬워하였다. 한편, 퇴계는 정암 조선생 행장(靜庵趙先生行狀)에서 정암의 불행을 다음과 같이 평가하였다(민족문화추진회, 1976b: 90).

진작 선생이 처음부터 성세(聖世)에 갑자기 쓰이지 않고 집에서 한가히 먹으며 한 촌락 가운데 숨어서 더욱 이 학문에 힘을 다하였더라면, 오랜 세월에 걸쳐 깊이 연구한 것이 관철되어 더욱 고명해지고, 수양한 것이 높고 깊어 더욱 넓고 두터워 져서 환하게 낙건(洛建: 程朱의 고향)의 근원을 찾고, 수사(洙泗: 공자 고향의 강 이름)의 소리를 들을 수 있었을 것이니, 대저 이와 같이 되었더라면 한 때의 벼슬은 하여도 좋고, 하지 아니하여도 역시 좋았을 것이다. 오직 자신을 가지고 <후세의> 이 도와 도학자를 위할 길은 이론을 세워(立言) 후세에 남기는 한 가지 일이 있는데, 이제 선생은 그렇지 못하게 되었으니, 첫째 불행은 등용함을 너무도 갑자기 얻었고, 둘째 불행은 물러가기를 구하였으나 이루지 못하였고, 셋째 불행은 귀양가서 그대로 몸을 마친 것이어서 앞에 말한바 중년·말년에 풍족하게 공부할 만한 여가를 얻지 못하여 이론을 세워 후세에 전하는 일을 이룩할 수가 없었다. 그러면 하늘이 이 사람에게 큰 책임을 내린 뜻이 결국 무엇이었던가.4)

---

4) 向使先生初不爲聖世之驟用 得以婆娑家食之餘 隱約窮閭之中 益大肆力於此學 磨礱沈涵積以年時之久 研窮者貫徹而愈高明 畜養者崇沈而愈博厚 灼然有以探源乎洛建 而接響乎洙泗 夫如是則其遇之一時者 行亦可也不行亦可也 所恃以爲斯道斯人也者 有立言垂後一段事爾 今先生則未然 一不幸而登擢太驟 再不幸而求退莫遂 三不幸而謫日斯終 向所謂積累飽飯於中晚者 皆有所不暇矣 其於立言垂後之事 又已無所逮及焉 則天之所以降大任於是人之意終如何也(민족문화추진회, 1976b, 『국역 퇴계집 II』: 468)

이와 같은 퇴계의 정암에 관한 평판에서 우리는 당시는 물론 오늘날의 학자가 취할 자세에 관한 엄중한 경고를 읽을 수 있다. 후일 다산의 일생은 정치적으로 주변에 밀려나 있었던 유배생활이 무려 18년이나 되는데 그 기간에 그야말로 역사에 길이 남을 저작활동을 할 수 있었다는 사실은 개인적으로 안타까운 일임에 틀림없으나 퇴계의 평가라면 크게 상찬할 사건이라 하지 않을 수 없다. 그럼 이제 퇴계 자신의 정치적 관심사를 잠시 살펴보자.

2) 퇴계의 정치적 관심

본장의 허두에 퇴계가 당시의 문란한 병역제도를 둘러싼 혼란과 백성의 고달픈 삶을 한탄하는 긴 인용문을 실었음을 상기하고자 한다. 그의 정치적 난맥상에 관한 염려와 개선을 향한 의지는 누구도 의심치 않을 것이다. 다만 여기서 다루는 관심사는 정치철학 내지 사상이라는 주제인데, 유감스럽게도 퇴계는 건강을 이유로 정치에서 물러나기를 여러 번 되풀이하면서 임금과 줄다리기를 하는 과정에도 이론적 담론이라면 주로 성리학이라는 국가이념의 큰 틀의 정립에 몰두하느라 많은 시간을 보내고 저술을 남겼지, 집중적으로 정치철학의 논의를 주된 과제로 삼아 체계적인 저술을 남긴 것이 별로 없다. 물론, 퇴계의 저작 중에서 가장 체계적인 보기로 『성학십도』가 있고 이 또한 왕과 신하들이 일상으로 익히고 실천하도록 권장하였으므로 퇴계의 정치철학을 담고 있다 할 것이다. 그러나 이는 정치 자체보다는 정치를 하는 데 필요한 성리학적 지식과 정신을 요약한 일반론에 해당하므로 그 내용의 주요 사항은 이미 무진소에도 담았다고 보아도 좋을 줄 안다.

그러므로 여기에서는 그의 정치적 관심을 그나마 직접 다루면서 조직적으로 정리한 문서라고 할 수 있는 그 유명한 「무진육조소」를 중심으로 그가 이상적인 정치를 염두에 두고 왕에게 진언한 내용을 간략하게 개관하고자 한다(민족문화추진회, 1976a, 『국역 퇴계집 Ⅰ』: 100−124). 이 「무진육조소」는 퇴계 사거 2년 전(1568)에 건강이 좋지 않아 향리로 물러 나면서 올린 상소문으로 여섯 가지 주제를 다룬다. 다만 참고로 퇴계의 '정치철학'이라는 제하에 논의한 논문이 단행본에 수록한 보기가 있는데 여기에서도 퇴계 정치철학의 요체는 다름 아닌 「무진육조소」를 중심으로 서술하고 있어서 이를 참조하기로 하였다(張立文, 1990: 59 - 69).

첫째는 계통을 중히 여겨 인효(仁孝)를 온전히 함(重繼統以全仁孝)이다. 이 주제는 선조(宣祖)가 왕좌에 오른 내력과 관련이 있다. 그는 선왕인 명종의 적자로서가 아니고 명종의 후사가 없으므로 중종의 아들 중, 명종의 아우인 덕흥군(德興君)의 아들 하성군(河成君) 이균(李鈞)을 사자(嗣子)로 지명하고 이연(李昖)으로 개명하여 즉위하였다는 사실이다. 그리하여 명종비 인순왕후(仁順王后) 심씨(沈氏)가 수렴청정을 실시하게 된 것과 연관이 있다. 요컨대, 선조가 양자로 왕좌를 계승한 점이 문제가 되는데, 퇴계에 의하면 왕위 계통의 곁가지에서 양자로 들어와 계승한 임금 중에는 인효의 도리를 다하는 이가 적어서 인륜을 올바로 다하지 못하는 죄를 얻은 이가 더러 있었음을 염두에 두고 이를 지적하고자 한 의도를 밝힌 것이다.

그 내용의 요점은 하늘에는 두 해가 없고, 백성에게는 두 임금이 없으며, 집안에는 두 어른이 없듯이, 옛 성인이 본가의 은혜를 알지 못해서가 아니라 예법에 의해서 입양한 자는 마땅히 양자로 들어간 집에 인효의 정성을 다하라는 권고를 한 것이다. 이러한 이치를 퇴계는 『주역』의 '하나를 이루는 것(致一)의 이치와, 『맹자』의 두 근본(二本)을 경계한 이치'를 내세워 천명을 받아 방계에서 입양하여 대통을 잇게 되었으면 마땅히 양가(養家)에 인효의 도리를 다할 것을 주청한 것이다. 그러므로, 효는 백가지 행실의 근원이 되는 것이니, 한 가지 행실이라도 어긋나면 순수한 효가 될 수 없고, 인은 만 가지 선(善)의 으뜸이니 한 가지의 선이라도 갖추지 못하면 온전한 인이 될 수 없다는 원리를 바탕으로 이러한 권유를 한 것이다.

둘째는 거짓을 꾸며 남을 해치고 참소하는 말을 막아서 두 궁궐을 친하게 함(杜讒間以親)이다. 부모가 자식을 사랑하고(慈) 자식이 부모를 섬김(孝)은 천성에서 유래하는 모든 선의 으뜸인데, 부모자식 사이가 승냥

이와 이리로 변하여 돌보지 않는 일이 보통사람의 집에서도 일어나지만, 특히 제왕의 집에서는 이러한 근심거리가 더욱 많다는 점을 지적하고, 퇴계는 그 원인을 궁안에서는 서로 돌아가는 형편을 알림은 쉽게 가로막히고, 오히려 거짓으로 참소하여 사이를 벌어지게 하는 일이 더 많아지기 때문이라 하였다. 이처럼 선조의 궁과 대비 인순왕후궁의 좌우에서 모시는 사람들이 총애를 받으며 이렇게 만들어 내는 것이라 하였다. 그러므로『주역』가인괘(家人卦)의 뜻을 거울로 삼고『소학』의 윤리를 밝힘(明倫)편의 가르침을 본받아, 스스로 다스림에 엄중하고 가정을 바르게 함에 힘쓰며, 어버이 섬김에 두터이 하여, 자식의 도리를 다할 뿐이라 아뢰었다. 그리하면 총애를 받는 사람들이 마음대로 꾀를 부리지 못할 것이고 도(道)가 풍성해지고, 인이 지극해지며 의가 극진해질 것임을 진언하였다.

셋째는 성학(聖學)을 돈독히 하여 정치의 근본을 세움(敦聖學以立治本)이다. 이미 퇴계의 철학 사상에서 언급한 것처럼, 그가 선조에게 올린 소에서도 제왕의 학문은 심법의 요점으로, "인심은 위태롭고 도심은 미묘하니, 오직 잡것이 섞이지 않도록 한결같이 하여 중(中)을 잡으라"(人心惟危 道心惟微 惟精惟一 允執厥中)는 순임금이 우왕에게 내린 고계(告戒)를 근본으로 삼기를 간하였다. 이를 위해서는 역시 앞서 논의한 퇴계의 심학의 근본을 강조하였다. 경(敬)을 근본으로 삼아 이(理)를 궁구하여 앎을 지극히 하고서(致知) 이를 실천하는, 즉 진지(眞知)와 실천의 두 수레바퀴가 함께 이루어지도록 노력하기를 요구하였다. 대학의 격물치지성의정심(格物致知誠意正心)과 박학심문신사명변(博學審問愼思明辯)의 실천을 권고한 것이다. 이처럼 학문에 힘쓰고 마음을 바르게 다스리지 않고서 어떻게 집을 가지런히 하고 나라를 다스리며 천하를 평안하게 할 수 있겠느냐고 아뢰었다.

넷째는 도술(道術)을 밝혀서 인심을 바로잡음(明道術以正人心)이다. 도술이란 요순 삼대에 걸친 왕도의 정치를 뜻한다. 즉, 도학의 원리를 실천하는 것을 일컫는다. 그 도술의 원천은 천명이고 그것이 사회의 떳떳한 윤리로 행해지니 인심이 바르게 되고 다스림이 교화하여 온 나라가 윤택해 진다는 원리다. 이것을 제왕 자신부터 그러하여야 함을 순자의 비유를 들어 임금은 그릇이라 그릇이 모나면 국물도 모나고 해시계와 같아서 해시계가 바르면 그림자도 바름을 상기시켜, 임금의 마음가짐이 발라져야 조정도 바르게 할 수 있고, 조정이 바르면 모든 백성도 바르게 할 수 있다는 원리다. 퇴계는 『역경』에 "성인이 그 도를 오래 하니 천하가 선화(善化)한다"(易曰聖人久於其道而天下化成) 하였고, 『맹자』에 이르기를 "군자는 떳떳한 도에 돌아가도록 할 뿐이니 상도(임금의 행실)가 바르게 되면 서민이 흥기하고 서민이 흥기하면 이에 사악하고 간특함이 없을 것이다"(孟子曰君子反經而已矣 經正則庶民興 庶民興則斯無邪慝矣)라 하였음을 유의하기를 간청하였다.

다섯째는 배와 가슴에 맡기시고 눈과 귀를 통하게 하심(推腹心以通耳目)이다. 퇴계는 한 나라의 국체가 사람의 몸과 같다는 비유로 정치의 특성을 설파하였다. 임금인 머리(元首)가 위에 있어서 아래를 통솔하고 대신은 가슴과 배로서 가운데에 이어받아 주요업무를 맡고, 사헌부와 사간원이 눈과 귀가 되어 지키고 일깨워 주어야 몸이 편안할 수 있다. 따라서 만일 임금이 사헌부와 사간원의 말을 듣지 않음은 마치 가슴과 배를 스스로 도려내고 눈과 귀를 스스로 막는 것과 같으니 머리만으로 사람이 성립하지 못하는 것이다. 예나 지금이나 알다시피 변함없는 형세를 어기고 등을 돌리면 왕이든 누구든 온전하게 일을 할 수가 없다.

그렇다면 반드시 악을 선으로 인도하여 보필할 수 있는 사람과 함께 각자 자기 맡은 바 지위에서 충실히 일해야 한다. 앞에서 공과 사의 문제를 논하면서 임금이 주위에 간사하고 욕심 많고 아첨하며 서로를 이용하여 사욕이나 채우는 소인배의 무리를 신하로 데리고 있을 때의 참사를 소개한 적이 있었다. 정치의 요체는 바로 신체의 각 부위가 제기능을 제대로 수행하지 않고 병이 들면 온 나라가 망할 수밖에 없다는 것이다. 따라서 신체가 올바로 작동하기 위해서는 머리인 임금의 책임이 막중하다. 만약 아래로 책임을 물어 내려가기 시작하면 하루 아침에 앙화(殃禍)와 난리와 만나게 될 뿐이다. 그러므로 예전에 백익(伯益)이 순임금을 경고하는 말에 "염려 없는 데도 경계하며 법도를 잃음이 없게 하며, 안일한

데 놀지 말고 쾌락한 데 음란하지 말고, 현명한 사람을 신임하며, 두 마음을 갖지 말고, 간사한 사람을 버리는 데 주저하지 말기"를 권고한 것을 명심하라는 뜻을 전하고 있다.

여섯째는 수양과 반성을 성실히 하여 하늘의 사랑을 받을 것(誠修省以承天愛)이다. 결론적으로 이 모든 사항들을 제대로 지키려면 왕 스스로가 수양하고 반성하는 일을 게을리하지 말 것을 요청하는 것이다. 그런데 이런 자세를 가져야 할 이유는 천자인 군주를 제어하는 하늘이 있기 때문이라는 형이상학적 논리를 펼치는 것이 퇴계 정치철학의 특징이다. 이 논리를 뒷받침하기 위하여 퇴계는 한나라 시대의 유학자, 정치가인 동중서(董仲舒)가 한무제(漢武帝)에게 고한 말을 인용한다. 그 내용은 아래와 같다(張立文, 1990: 67; 민족문화추진회, 1976a, 『국역 퇴계집 Ⅰ』: 118).

> 나라에 도(道)를 잃는 잘못이 있으려 할 때에는 하늘이 먼저 재해(災害)를 내려 견책하는 뜻을 알리고, 그래도 스스로 반성할 줄 모르면, 또 놀랍고 이상한 일을 내려 놀라게 하고, 그래도 고칠 줄 모르면 다치고 무너지는 일에 이르게 됩니다. 이로써 하늘이 어질고 사랑하는 마음을 알아보고 임금이 그 어지러움을 그치게 하고자 합니다.[5]

그래서 퇴계는 이러한 하늘의 재앙을 면하고 하늘의 사랑을 받으려면 엄중하게 지키고 삼가해야 할 일 열여섯 가지를 제시한다(민족문화추진회, 1976a, 『국역 퇴계집 Ⅰ』: 121-122).

① 하늘 섬기기를 어버이 섬기듯 하고 수신과 반성이 없지 않아 임군으로서 비록 과실이 없다 해도 모르는 사이에 마음에 병통이 산처럼 쌓이는 것을 말끔히 정화하지 않을 수 없을 것임.

② 궁궐에는 비록 본래 가법(家法)이 있더라도 외척의 음흉한 무리의 아첨이 안개처럼 모여드는 것은 엄격하게 막을 것.

---

5) 國家將有失道之敗 天乃先出災害以譴告之 不知自省 又出怪異以警懼之 尚不知變而傷敗乃至 以此見天心之仁愛人君 而欲止其亂也(민족문화추진회, 1976a: 502; 『국역 퇴계집 Ⅰ』「무진육조소」).

③ 간언을 들어줌은 쉬운 일이나 때에 따라서는 사사로이 굳게 거절하는 것은 마땅히 고칠 점이 있을 것임.

④ 착한 이를 좋아하더라도 억지로 구하는 것은 살펴서 삼갈 것.

⑤ 작록(爵祿)과 상은 공에 따라 주어야지, 공이 없는 자가 받으면 유공자가 떠날 것임.

⑥ 죄 사함과 용서도 자주 하지 말아야지, 악행한 자의 죄를 사해주면 선행한 자가 해를 입을 것임.

⑦ 절의숭상과 염치의 장려로써 명교(名敎, 인류의 명분을 밝히는 가르침)의 방위를 든든히 함을 소홀히 하지 말 것.

⑧ 검약의 숭상과 사치금지로써 공과 사의 재력을 넉넉하게 하는 데 태만하지 말 것.

⑨ 조종(祖宗)이 정립한 헌장(憲章) 중 오래 되어 폐단이 있으면 불가불 고치겠지만, 양법(良法)과 그 아름다운 뜻마저 고치면 환란에 이를 것임.

⑩ 조정의 신하들 중 바른 사람을 질시하고 다른 사람을 꺼리어 사건을 일으키는 자는 물론 예방하고 진정해야겠지만, 혹 스스로 현명한 이와 짝하기를 싫어하고 같은 유의 사람을 좋아하여 상호 배격하면 이는 반드시 손해를 입게 될 것임.

⑪ 수구(守舊)의 한 수레바퀴를 따르는 신하에게만 의지하면 지치(至治)를 떨치는 데 결함이 있을 것임.

⑫ 편벽하게 신진의 일을 도모하는 사람에게만 신임하면 차서(次序)를 어지럽게 할 것임.

⑬ 지방의 서리(胥吏)와 노복들은 이리떼처럼 씹고 거둬드려도 오히려 부족하여 도적질로 부고(府庫)를 비게 함.

⑭ 진포(鎭浦)의 장수들은 범처럼 군졸을 삼키면서도 오히려 부족하여 그 독이 이웃 마을까지 두루 미침.

⑮ 흉년 들어 식량의 공황이 극심한데 구휼방책이 없으니 도적의 떼가 크게 일어날까 두려움.

⑯ 변방이 대개 공허한데 남북이 틈이 없으니 좀도둑들이 별안간 쳐들어올까 염려됨.

요컨대 이러한 문제를 해결하기 위해서는 하늘의 도움을 받아야 하는 데 그러자면 안으로는 몸과 마음에 스스로를 반성하기를 엄격히 하고, 밖으로 정치를 닦아 베품에 있어서는 정성을 다하여 거짓과 꾸밈이 없도록 하여 하늘과 사람 사이의 처할 도리를 제대로 노력하면 하늘이 사랑을 베풀어 위에 열거한 문제가 점차 없어지고 제거하고 고쳐져서 치평(治平)에 이를 것임을 아뢴다. 그리고 다음과 같은 『서경』의 말을 인용하며 이「무진육조소」를 마친다(민족문화추진회, 1976a, 『국역 퇴계집 Ⅰ』: 123).

> 황천(皇天)은 따로 친함이 있지 않고 오직 공경하는 이를 친하며, 백성은 항상 변함없게 생각하는 것이 아니라 어진 이를 생각하며, 귀신은 항상 변함없게 흠향하는 것이 아니라 능히 정성하는 이에게 흠향한다.[6]

3) 남명 조식의 실천철학

남명(南冥) 조식(曺植)을 이 자리에서 언급하는 이유는 그가 특별히 정치사상을 체계적으로 설파한 선비기 때문이 아니고 '실천'을 중시한 그의 일관하는 생각을 하나의 사상사적으로 의미 있는 관점으로 가정하고 그의 삶과 생각을 개략적으로나마 살펴보는 것이 의미 있는 일이라는 생각에서다. 실천이 중요하다는 생각은 유학의 전통에서 결단코 가벼운 주제가 아니지만 그 생각을 실천에 몸소 옮긴 그의 철저한 실천주의는 조선 선비 문화를 파악하는 데 놓칠 수 없는 중요성을 띤다고 하겠다. 일단 남명은 조선시대의 참선비 중에서 후대의 영향력으로 보아 같은 해에 태어난 퇴계와 쌍벽을 이루는 인물로 친다는 점이 중요하다. 이른바 "경상좌도(경상북도)에 이황이 있다면, 경상우도(경상남도)에 조식이 있어서 영남학파의 양대 산맥을 형성했다"(한영우, 2010: 338)는 평판이 이를 뒷받침한다.

다만 두 사람의 학문과 생애에는 차이와 유사성이 공존한다는 사실이

---

6) 書曰皇天無親克敬惟親 民罔常懷懷于有仁 鬼神無常享享于克誠(민족문화추진회, 1976a: 504; 『국역 퇴계집 Ⅰ』「무진육조소」).

흥미롭다(한영우, 2010: 338 – 342; 이성무, 2009: 194 – 229).

첫째, 우선 남명도 당시에 성행하기 시작한 성리학을 공부했지만, 퇴계가 정주학에 집중한 데 비해 남명은 그 외에도 6경(六經)을 중심으로 하는 원시유학과 장횡거의 철학은 물론 노장사상과 양명학까지 포용하는 융합적 접근이 특이하다.

둘째, 두 사람이 모두 실천을 중시한 점에서는 공통이지만, 퇴계는 이론적인 학문탐구를 주로 한 데 비해, 남명은 학문 자체의 목표를 스스로가 자신으로 돌아가 몸소 체험하고 경(敬)을 지키며 실행하기(反躬體驗 指敬實行)를 학문의 주안으로 삼았다(현상윤, 1960: 104).

셋째, 학문하는 태도를 두고도 남명은 당시에 유행하던 추상적인 성리학적 고준담론(高峻談論)에 몰두하는 것을 달갑게 여기지 않고 실천궁행을 강조하였다. 이에 관련한 남명의 언급을 한두 가지 보기로 제시하겠다(현상윤, 1960: 105; 이성무, 2009: 204).

> 금일의 학자들은 높히 성명(性命)을 말하나 실행이 부족하니, 마치 이것은 큰 시가를 지날 때에 진기한 보물을 보고 고가를 공담(空談)만 하는 것과 같아서, 실효로 하야서는 한꼬랑지의 어물을 사는 것만도 못하다. 대개 성인(聖人)의 취지는 전유(前儒)가 벌서 임의 다 설명하얏으니 학자는 그것을 알지 못하는 것을 근심할 것이 없고, 오직 근심할 것은 그것을 행하지 못하는 일이여야 가(可)할 것이다.

그리고 같은 취지로 퇴계에게 보낸 글에서는 다음과 같이 지적한다 성낙훈, 1981: 949).

> 요즈음 공부하는 자들을 보건대, 손으로 물 뿌리고 비질하는 예절(쇄소지절, 灑掃之節)도 모르면서, 입으로는 천리(天理)를 담론해 헛된 이름이나 훔쳐서 남들을 속이려 하고 있습니다. 그러다가 도리어 남에게 상처를 입히고 그 피해가 다른 사람에게까지 미치게 하니, 아마도 선생 같은 어른이 꾸짖어 그만두게 하지 않기 때문일 것입니다.

넷째, 그런데 실천과 관련해서도 과거를 거쳐 조정에 나가는 실천(出)에서는 퇴계는 학문에 집중하고자 하는 욕구가 강해서 조정에서 고위직을 제수 받고 봉직을 하다가도 여러 차례 사퇴하여 향리로 돌아가 거경의 실천과 후학 양성에 힘쓰는 병행을 택하였다. 이에 비해 남명은 애초에는 성균관에서 공부하며 벼슬에 뜻을 두었지만 일찌감치 혼탁한 정치를 목도하자 과거에 응시하여 진사시와 문과 초시에 합격했음에도 그 후속 과거에 한번 실패한 후 아예 단념하고 산속으로 들어가 후학을 기르는 데 집중하였다.

물론 명종이 한때 그에게 단성현감(丹城縣監)을 제수했으나 이를 거절하며 목숨을 건 사직소를 올려 사람들을 놀라게 했다. 그 직언의 요지는 "임금의 정치가 이미 그릇되었고, 나라의 근본이 이미 망했으며, 하늘의 뜻이 이미 떠났고, 인심이 이미 이산되었다"라 하고, "문정왕후는 생각이 깊지만 궁중의 한낱 과부에 지나지 않고, 명종은 유충(幼沖)해서 다만 선왕의 일개 고단(孤單)한 후계자일 뿐이니, 천재의 빈발과 인심의 여러 갈래를 어떻게 감당하겠는가?"라고 격렬히 비판하였다. 그리고 "아래로는 소관(小官)이 주색으로 희희낙락하고 있고, 위로는 대관(大官)이 뇌물을 받아 챙기고 있어 백성을 착취하는 데 여념이 없는데, 나와 같은 하잘 것 없는 신하가 무엇을 어찌하겠는가? 지금이라도 전하께서 마음을 바로잡고 서정을 쇄신한다면 그때 가서 도울 수 있으면 돕겠다"고도 한 것이다(이성무, 2009: 204-205; 한영우, 2010: 340).

다섯째, 정치와 관련하여 **특별히** 언급할 사항으로 선조가 다시 관직을 주었으나 사양하면서 유명한 서리망국론(胥吏亡國論)을 제기하였다. 자고로 권신, 외척, 부시(婦寺)가 전횡한다는 말은 들었으나, 지금은 군민의 서정(庶政)과 방국(邦國)의 기무(機務)를 모두 서리가 좌우하여 이들의 착취와 부정이 날로 심하고 방납이 성행해서 망국의 징조가 보인다는 점을 지방의 서리에게 봉록을 주지 않아서 이들이 지방 현장에서 가렴주구를 저질러 백성을 괴롭힌다고 보아서 제시한 것이었다(이성무, 2009: 212; 한영우, 2010: 340-341).

여섯째, 정치와 관련해서 같은 상소에서는 다음과 같이 통치자의 자세에 관한 직언을 담았다(이성무, 2009: 211). 무엇보다 군주궁리와 수신의 원리란 명선(明善)과 성신(誠信)임을 강조하였는데, 궁리로 의리를 연구하여 밝히(講明)하고, 예가 아니면 하지 말아야 할 네 가지(四勿: 非禮勿視 勿聽 勿言 勿動)로 수신의 요체로 삼아야 한다는 것이다. 안으로는 존심(存心)하고, 밖으로는 마음을 성찰하며, 수기는 '경'(敬)으로 주를 삼아야 한다고 했다. 주경(主敬)이 아니면 존심을 할 수 없고, 존심이 아니면 천하의 이치를 궁구할 수 없으며, 궁리를 못하면 사물의 변화를 제어할 수 없기 때문이라 하였다. 요컨대, '경'을 중심으로 하는 철저한 수양론을 개진한 것이다. 실천을 중시하는 남명의 사상이 잘 드러나는 내용이다.

이제 여기서, 마지막으로 남명의 철학적 사유를 약간만 살펴보기로 한다. 남명은 25세에 산에 들어가 다음과 같은 깨달음을 얻었다고 한다 (이성무, 2009: 217).

> 『성리대전』(性理大全)을 읽다가 노재(魯齋) 허형(許衡)의 말, "뜻은 이윤(伊尹)의 뜻으로, 학문은 안자(顏子)의 학문을 배운다. 나아가면 할 일이 있어야 하고, 물러나면 지킬 것이 있어야 한다. 대장부는 마땅히 이래야 하거늘, 나아가서 할 일이 없고, 물러나서 지킬 것이 없으면 그 뜻과 배움은 뭣에다 쓸까?" 하는 깨달음에 이르러 성인의 학문을 공부하기로 하고, 지엽적인 것은 털어버리고 육경사자(六經四子)와 주돈이, 정호, 정이, 장재, 주자의 책을 밤낮으로 연구하고 이를 실천에 옮기기로 하였다…그리고 '경의'(敬義) 두자면 하늘에 해와 달이 있는 것과 같고 성현이 말한 천언만어의 요점이 여기에 있는 것이니, 수양을 게을리 하지 않아야 한다고 믿게 되었다.[7]

남명은 "정주 이후에는 저술을 할 필요가 없다"(有言曰 程朱以後不必著書)면서, 시도 별로 짓지 않고 저서도 많이 남기지 않았다. 물론 성리학

---

7) 至是 讀性理大全 至魯齋許氏言 志伊尹之志 學顏子之學 出則有爲 處則有守 大丈夫當如此 出無所爲 處無所守 則所志所學 將何爲 遂脫然契悟 槪然欲學聖人 向裏做去 刊落枝葉 專就六經四子 及周程張朱書 窮日繼夜 苦心致精 硏窮探索 以反窮實踐爲務…以爲敬義夾指…吾家有此二字 如天之有日月…聖賢千言萬語 其要歸不 出於此一意 進修孜孜不息(『南冥先生文集』 부록, 이성무, 2009: 217, 각주).

공부가 부족해서는 아니고 실천을 주장하기 위해서였다. 그러나 그의 저작으로 『남명집』(南冥集)과 연구내용을 모은 『학기류편』(學記類編)이 있다. 특히 후자에는 도설이 20여편 실려 있는데, 그중 '경'에 관한 도설이 5편 있다. 이를 간략히 요약함으로써 그의 성리학적 이론을 엿볼 수 있을 듯하다(이성무, 2009: 226-229).

첫 번째 도인 「경도」(敬圖)에서는 '심'이 궁리를 다 하면 '주일무적'(主一無敵)의 경지에 도달한다는 것을 설명한다. 이러한 과정을 주재하는 자가 '경'이라는 것이다.

두 번째 그림은 '경'과 '성'(誠)을 비교 설명한다. 지(知)와 행(行)의 수준에 따라, 『소학』과 『대학』을 대비하면서, '경'과 '성'의 상하관계를 설명한다. '경'하면 '성'에 이른다고 한다. '성'에 이르려면 '격물치지성의정심'(格致誠正)으로 '지'를 쌓고, '수신제가치국평천하'(修齊治平)로 '행'을 이루어야 한다는 것이다.

세 번째 「주성도」(主誠圖)는 '성'의 정의를 내린다. 『대학』의 격물치지와 『주역』의 경이직내(敬以直內) 의이방외(義以方外) 등이 모두 '성'을 지향하는 것으로 해석한 것이다.

네 번째 그림은 「기경도」(幾敬圖)로서 '경'을 설명하기 위해 주요 경전을 인용하여 심성수양 용어의 상호관계를 도식으로 풀이한 것이다.

다섯 번째 「심경도」(心經圖)는 임은(任隱) 정씨(程氏)의 「심통성정도」(心統性情圖)를 소개한다. 여기서 양명학의 유심론과 다른 남명의 심학이 드러난다. 심은 한몸의 주재이지만 그 심을 외부자극과 유혹으로부터 지켜주고 내면에서 밝게 각성하도록(明覺) 하려면 끊임없는 수양을 필요로 하는데 여기서 경에 의존해야 한다는 것이 남명의 논지다.

한 가지만 추가하면, 성리학의 이기론에 있어서는 남명은 주리, 주기 어느 한 쪽으로 기울지 않고 이기병건론(理氣幷健論)을 주장하였다. 가령 우주의 구조와 운행작용이 건(乾)과 곤(坤)이 함께 만물을 생성하듯이, 이와 기의 상대성을 인정하는 관점이다. 그러면서도 주자의 이발설과는 달리 물질이 아닌 허무에서 물질이 나올 수 없다는 견해를 밝힘으로써 기의 활동성을 인정하는 생각을 가졌다.

이 정도로 남명의 철학사상의 대강을 살펴보았지만, 이미 밝힌대로 남명의 관심은 배운자의 실천이었다. 당시 성리학이 특수계층의 형이상학의 추상적인 논변에 치우침으로써 백성의 삶의 터전인 물질계, 자연에 관한 학문이 발달할 여지가 막혔던 시절에, 남명은 도덕생활과 더불어 물질생활도 같은 차원에서 중시하는 이른바 심물병중론(心物竝重論)을 주창한 것도 이기병중론과 맥을 같이 하는 열린 학문자세다(이성무, 2009: 229). 거기에 실천을 강조하는 특수한 학문태도를 믿었던 것이다.

그리하여 후학들에게도 "배운 것을 실천하지 않으면 이는 배우지 않은 것만 못하다. 오히려 죄악을 범하고 있는 것이다."라고 가르칠 정도였다(한영우, 2010: 340). 그러면 실천은 무엇을 위해 어떻게 하느냐가 중요하다. 남명의 해답은 먼저 경(敬)을 익혀 의(義)를 실천할 것을 주장하였다. 경은 퇴계가 특별히 중시한 덕목이지만 이는 마음을 다스리는 길을 가리키므로 유학에서는 공통으로 요청하는 수양의 원칙이다. 남명의 사상은 '연궁성리 거경집의'(研窮性理 居敬集義)에 함축하고 있다. '경의'는 원래 『주역』 곤괘 문언전(文言傳)에 나오는 '경이직내 의이방외'가 출처로, '직'은 '경'으로써 마음을 곧게 한다는 것이고, '방'이란 외물과 접촉과정에서 일을 바르게 처리하고자 할 때는 '의'를 기준으로 해야 한다는 말이다(이성무, 2009: 218).

다만 남명은 이것을 '내명자경 외단자의'(內明者敬 外斷者義)로 바꾸었다. 실천을 부각시키는 징표로 경의검(敬義劍)이라는 칼을 차고 다녔는데, 그 칼에 바로 이 '내명자경 외단자의 징태욕념', 즉 "안으로 밝히는 바는 경이요, 밖으로는 의로써 자르고자 한다. 이미 오래 한가로이 지내고 있으니 욕심을 말끔히 씻고자 함이다"(內明者敬 外斷者義 閑居旣久 澄汰慾念)라 새겨 두었다. 위에서 인용한 『주역』의 경이직내 의이방외에서 '직'을 '명'으로, '방'을 '단'으로 대체한 것이다. 이 '경의' 사상은 '의'라는 정의감을 가져야 실천력이 생기는 것은 당연한데 그 정의감(義)의 출발점은 '경'이라 하였다. 남명에게 특이한 점은 퇴계처럼 그림으로 그의 사상을 설명하고자 한 것인데, 그중에 「신명사도」(神明舍圖)는 성곽을 둘러싸고 주요 병사들이 각기 제 위치를 지키듯 한 형식으로 표현하고 있다는 사실이다(이성무, 2009: 220, 그림 참조).

　이러한 표현방식으로 그린 그림의 해설서(「신명사명」(神明舍銘))에는 마
치 전투를 벌이는 전사의 자세와 행동을 상징적으로 묘사하는 것이 흥미
롭다(이성무 2009: 219).

> 마음에 사욕(私欲)이 일어나면 "낌새가 있자마자 용감하게 이겨내고, 나아가
> 가르쳐서 시살하라"(動微勇克 進教廝殺)고 했다. 그리고 외적(私欲)이 쳐들어
> 오면 국군(國君)은 사직을 위해서 죽어야 하고(國君死社稷), 나라에는 임금이
> 둘이 없고, 마음에는 주인이 둘이 없으니, 3천명이 한마음이 되면 1억 군사도
> 물리칠 수 있다고 했다(國無二君 心無二主 三千惟一億萬則仆).

　특히 남명은 경의 훈련을 몸소 힘쓴 생활을 모범으로 보인 선비다. 가
령 그릇에 물을 가득 채워서 두 손위에 얹어 놓고 밤새 들고 있는 수련
을 하였다. 또한 깨달음의 알(惺惺子)이라 이름하는 금방울을 달고 다니
며 공부할 때나 수련 중에 졸음이 오면 이 방울을 울려 스스로 깨어 있
으려 했다. 그뿐 아니라 이 경과 의의 덕목을 실천하도록 늘 깨우치기 위
하여 창틀 옆에 '경의' 두 글자를 써붙여 놓고, 이르기를 "이 두 글자는
일월과 흡사해서 그중의 하나도 없애지 못한다"라 하였다(현상윤, 1960:
104). 나아가, 의를 실천하는 것은 백성을 사랑하는 마음, 즉 인(仁)을 베
푸는 일이라 하였다. 이때 인에 관한 이론은 횡거 장재의 『서명』(西銘)에
서 습득한 것이었다. 그 내용은 천지인합일 사상에서 우주만물이 모두
나의 몸이요 나의 동포라고 한 것을 들어 생명사랑의 원리인 인을 실천
할 것을 고취한 것이다(한영우, 2010: 340).

　이와 같은 실천 중심의 유학사상은 후일 그의 문인과 그의 영향을 받
은 선비 중에서 실천성이 두드러진 인재가 다수 있었다는 데서 잘 드러
난다. 왜란에서 의병을 일으킨 내암 정인홍(萊菴 鄭仁弘), 곽재우(郭再祐),
김면(金沔), 그리고 정여립(鄭汝立)의 모반사건에 연루했던 최영경(崔永慶)
등이 모두 정의와 대동사회의 이상을 품은 인물들이었다. 그리고 붕당정
치와 관련해서는 남명의 문인이 처음에는 서경덕, 이황 계의 동인(東人)

이었다가, 그중 급진파인 조식과 서경덕의 문인은 독립하여 다시 북인을 이루었고, 인조반정으로 북인이 몰락하자, 다시 남인이 흡수하여 영남남인과 차별적인 근기남인(近畿南人)으로 맥이 이어짐으로써 후일 실학파의 선구적인 인재가 그 계열 출신이었다는 점은 주목할 만하다. 그중에는 반계 유형원(磻溪 柳馨遠)과 성호 이익(星湖 李瀷)도 들어 있다.

4) 율곡의 정치사상

본 장의 맨 앞에서 현실문제를 지적하는 퇴계와 율곡의 탄식의 목소리를 이미 들어보고 논의를 시작하였다. 이제부터는 좀더 체계적으로 율곡의 문제의식에서 비롯하여 그 해결책을 강구하는 내용을 차례로 정리하기로 한다. 먼저, 율곡이 포착한 핵심적 문제의 소지는 사회적 양극화 혹은 부익부빈익빈의 구조다. 이를 손하익상(損下益上)의 풍조라 일컫기도 한다(안재순, 2002: 360). 그 모습을 구체적으로 묘사하는 언명을 두 가지만 인용하자면 하나는 일반 백성의 곤고(困苦)한 삶의 특징을, 다른 하나는 이에 대비해 사치의 극치를 향유하는 궁중과 권간의 삶을 지적한다(민족문화추진회, 1976c: 44; 79).

> 근년 이래로 정치가 문란하고 관리는 가혹하고 세금은 많고 부역은 무거운 데다가 흉년이 거듭 들고 전염병은 계속 일어나서, 장정들은 사방으로 흩어지고 약한 자는 구렁텅이에 허덕이며 근심하고 원망하는 백성들이 저 물에 뜬 풀과 같아서, 읍내와 동네는 텅 비었고, 밭과 들은 풀만 수북하며, 백리 안에서는 인가의 연기를 볼 수가 없으니 형상이 비참하고 황량하여, 사람으로 하여금 눈물을 흘리게 합니다.[8]

> 더구나 사치로운 풍속은 오늘날보다 심한 적이 없어서 음식은 배를 채우는 것이 아니라 식탁을 가득 채워 서로 자랑하는 것이요, 의복은 몸을 가리우는 것

---

8) 近年以來 政紊吏苛 賦繁役重 飢饉荐臻 疫癘繼作 壯者散之四方 弱者塡於溝壑 嗷嗷赤子 如彼棲苴 邑里蕭條 田野荒蕪 或至於百里之間 不見人煙 氣象悲涼 令人墮淚(민족문화추진회, 1976c: 579, 『국역 율곡집 I』「諫院 陳時事疏」).

이 아니라 화사(華奢)하게 서로 경쟁하는 것이온데, <밥> 한 상의 비용은 가히 굶주린 자 열 사람의 식량(食糧)이 될 것이오며, <옷> 한 벌의 비용은 가히 헐벗은 자 열 사람의 옷값이 될 것이오며, 열 사람이 밭을 갈아 한 사람을 먹이는 데도 부족한데 밭가는 자는 적고 먹는 자는 많으며, 열 사람이 베를 짜서 한 사람을 입히는 데도 부족한데, 베를 짜는 자는 적고 입는 자만 많으니, 어찌 백성이 굶주리지 않겠사오며 헐벗지 않겠사옵니까.[9]

이와 같은 각종의 병폐를 해소하기 위한 율곡의 접근은 먼저 변통의 필요성을 강조하는 논지를 펼친다. 그러면서도 변통은 시대적 상황을 고려하여 시도하는 것이 마땅하다는 시의(時宜)의 중요성으로 이를 뒷받침한다. 이른바 시무론(時務論)이라 할 수 있다. 그러나 시의를 좇다 보면 원칙을 망각하기 쉽고 원칙을 고집하다 보면 시의에 맞지 않을 수 있으니 이 또한 중용의 길을 택해야 할 것이다. 중용에도 근본주의적인 접근(從本而言)인 '정중'(正中)과 현실주의적인 관점(從事而言)의 '시중'(時中)이 있으므로 이 둘의 변증법적 균형을 찾는다는 말이다(금장태, 1984: 87; 90). 율곡은 이러한 자신의 관점을 아래와 같이 술회하였다(이동희, 2002: 382, 원문생략).

때 맞춰 중(中)을 얻는 것이 권도(權道)이고 일을 처리하는 데 의(宜)에 합하는 것이 의(義)이다. 권도로써 변화에 응하고 의로써 일을 마름하면(制事) 국가를 다스리는 데 무슨 어려움이 있겠는가? 도(道)에 있어 병립할 수 없는 것은 시(是)와 비(非)이며 일(事)에 있어 함께 할 수 없는 것은 이(利)와 해(害)이다. 한갓 이해가 급하다 하여 시비의 소재를 고려하지 않는다면 일을 마름하는 의(義)에 어긋나며, 시비를 생각하여 이해의 소재를 살피지 않는다면 변화에 응하는 권도에 어긋난다. 그러나 도(道)에는 정해진 규칙이 없으니 중(中)을 얻음(得中)이 귀하고, 의(義)에는 일정한 방법이 없으니 의(宜)에 합함(合宜)이 귀하

---

9) 加以風俗之奢靡 莫甚於今日 食不爲充腹 盈案以相誇 衣不爲蔽體 華美以相競 一卓之費 可爲飢者數月之量 一襲之費 可爲寒者十人之衣 十人耕田 不足以食一人 而耕者少 食者多 十人織布 不足以衣一人 而織者少 衣者多 奈之何民不飢且寒哉(민족문화추진회 1976c:『국역 율곡집 I』「萬言封事」: 592).

다. 중(中)을 얻고 의(宜)에 합한 즉, 시(是)와 이(利)가 그 가운데 있다. 진실로 나라를 편안케 하고 백성에게 이로우면 다 행해야 할 일이요, 나라를 편안케 하지 못하고 백성을 보호하지 못하는 것이라면 다 해서는 안 되는 일이다.

그러나 율곡은 퇴계와는 달리 현실주의에 가까웠다. 그리하여 왕에게 아뢰기를 "정사(政)는 때를 아는 것을 귀하게 여기고, 일은 실상을 힘써 하는 것을 긴요하게 여기는 것이오니, 정사를 하되 때에 맞는가를 알지 못하고 일을 하되 실상의 공효(功效)에 힘쓰지 아니하면, 비록 성스러운 임금과 어진 신하가 서로 만나더라도 치적(治績)을 이루지 못하는 것이옵니다"라 하였다(민족문화추진회, 1976c: 52). 따라서, 그는 일단 시의성을 중시하는 쪽으로 정치와 정책에 관한 의견을 제시하였다.[10] 그러한 생각의 바탕에는 당시의 시국에 관한 비관적인 관찰이 자아낸 개혁의 시급성을 염려하여 "전(傳, 여기서는 『역경』 「계사전(繫辭傳)」에, '궁하면 변하고 변하면 통한다' 하였는데, 원하옵건대 전하께옵서는 변통해야 할 까닭을 유념하시옵소서" 하고 변혁의 필요성을 주장한다(민족문화추진회, 1976c: 58).[11]

그와 같은 변통의 이유를 율곡은 그의 역사관에서 제시한다. 지금은 경장의 시대이기 때문이라는 주장인데, 이는 역사의 흐름에서 창업(創業) 수성(守成) 및 경장(更張)이라는 일종의 순환론적 삼단계 법칙을 상정한 데 기초한다. 장황하지만 여기 그 주된 내용을 옮긴다(민족문화추진회, 1976d: 352: 금장태, 1984: 91).

시무(時務)는 어느 때나 한결같지 않고 각각 마땅한 것이 있사오니, 그 대요를 요약하면, 창업(創業)한다는 것과, 부조(父祖)의 업을 지키는 것과 개혁한다는 세 가지뿐입니다. 창업의 도는 요(堯)·순(舜)과 탕(湯)·무(武)의 덕으로 개척할 세태를 당하여야 하되, 천리(天理)와 인사(人事)에 순응하지 않으면 아니

---

10) 政貴知時 事要務實 爲政而不知時宜 當事而不務實功 雖聖賢相遇 治效不成矣(민족문화추진회, 1976c: 『국역 율곡집 I』 「만언봉사」: 582).

11) 傳曰窮則變 變則通 伏願 殿下留念 思所以變通焉(민족문화추진회, 1976c: 『국역 율곡집 I』 「만언봉사」: 584).

되기 때문에 이것은 더 논의할 것도 없습니다. 그리고 소위 부조의 업을 지킨다는 것은, 성스러운 임금과 어진 재상에 의하여 법을 창제해서, 정치 기구를 다 베풀고 예악을 융성하게 하면 후세의 임금과 후세의 어진 이는 다만 그 이룬 법규에 따라 가만히 팔짱을 끼고 이것을 준수하는 것 뿐인 것을 말한 것이오며, 소위 개혁한다는 것은, <나라가> 극성하면 가운데가 미약해지고, 법이 오래 되면 폐가 생기고, 마음이 안일에 젖으면 고루한 것에 인습되고, 백 가지 제도가 해이해지면 나날이 어긋나서 나라를 다스릴 수 없기 때문에, 여기서는 반드시 현명한 임금과 현철한 신하가 있어서 개연히 일어나 근본을 붙들어, 혼탁한 것을 다시 일으키고 묵은 인습을 깨끗이 씻어서 숙폐(宿弊)를 개혁하며, 선왕의 뜻을 잘 이어서 일대의 규모를 새롭게 하여야만, 그 공업(功業)이 선열에 빛나고 후손(後裔)에게 끼쳐질 것입니다.[12]

그러면 당시의 정치에서 구체적으로 무엇이 문제이기에 경장이 필요하다고 한 것인가? 위에서 시의와 실상이 함께 가야 함을 강조하면서 지금이 개혁해야 할 때라 했으니, 이제 변통을 추구해야 할 까닭을 실상, 즉 실질적인 문제의 측면에서 율곡의 생각을 살핀다. 다시 한 번, 율곡은 2백년 가까운 조선조의 실상을 되새기며 다음과 같이 그 연유를 정리해서 왕에게 고한다(민족문화추진회 1976c: 57-58).

우리 나라 조종께서도 입법하신 당초에는 물론 극히 상세히 되어 있었던 것이오나, 그 후 2백년이 가까워지자 때도 변하고 일도 바뀌어 폐단이 없지 아니하여 변통해야 할 것이어든, 하물며 그 뒤의 잘못된 법규라면 꾸준히 개혁하여야 할 것이니…원하옵건대 전하께서는 변통해야 할 까닭을 유념하시옵소서. 이른바 실상의 공이란 것은 일을 하는데 정성껏 하여 빈말을 하지 않는다는 것이

---

12) 時務不一 各有攸宜 撮其大要則創業守成 與夫更張 三者而已 創業之道 非以堯舜湯武之德 値時世改革之際 應乎天而順乎人則不可也 此無以議爲 若所謂守成者 聖君賢相 創制立法 治具畢張 禮樂濟濟則後王後賢 只得按其成規 垂拱遵守而已 所謂更張者 成極中微 法久弊生 狃安因陋 百度廢弛 日謬月誤 將無以爲國則必有明君 哲輔慨然興作 扶擧綱維 喚醒昏惰 洗滌舊習 矯革宿弊 善繼先王之遺志 煥新一代之規模 然後功光前烈 業垂後裔矣(민족문화추진회, 1976d: 『국역 율곡집 II』, 「성학집요」(聖學輯要) 7 (위정) 제4장, 693-694).

온데,…오늘 정치 효과를 다하지 못하는 것은 실상의 공이 없는데 말미암은 것이온데, 근심할 만한 것이 일곱 가지 있습니다.[13]

그 일곱 가지 근심거리 실상은 아래와 같다(민족문화추진회, 1976c: 58; 584).

① 나라와 백성 사이에 서로 믿는 실상(實)이 없는 것(上下無交孚之實)

② 신하들이 일을 책임지는 실상이 없는 것(臣鄰無任事之實)

③ 경연(經筵)에 <임금의 덕>을 성취하는 실상이 없는 것(經筵無成就之實)

④ 현명한 인재를 불러도 들여 쓰는 실상이 없는 것(招賢無收用之實)

⑤ 재화(災禍)를 만나도 하느님의 뜻에 응하는 실상이 없는 것(遇災無應天之實)

⑥ 여러 정책에 백성을 구(救)하는 실상이 없는 것(羣策無救民之實)

⑦ 인심이 선(善)으로 향하는 실상이 없는 것(人心無向善之實)

이러한 실상의 결여는 대체로 정치의 근본에 관련한 문제라 한다면, 하층 더 구체적인 정책적인 적폐로 율곡이 지적한 것은 공안(貢案)과 군정(軍政)의 폐단 및 관리의 부정부패였다. 공안의 문제는 어선(御膳)에 사용할 진상(進上) 품을 무리하게 징수하거나 부호들이 독과점하여 백성 대신 진상하고 나서 백성에게는 백배 이상의 비싼 값으로 수탈하는 문제가 있었다. 군정은 군역에 종사할 수 없는 자에게 부과하는 군포를 둘러싸고 각급 장교의 불법 징수나 수뢰 등의 폐단이 있었다. 요컨대 이 모든 것이 관리의 부정부패에서 연유하므로 이 문제가 가장 시급하였다(안재순, 2002: 360 – 361).

그와 같은 문제를 해결하는 방책으로 율곡이 제안한 개혁의 내용을 요약하면 다음과 같다. 먼저, 왕도정치를 위해서는 통치자의 수기가 개혁의 핵심이므로 이를 제시하고, 이어서 이를 바탕으로 안민의 방안을 제

---

13) 我國 祖宗立法之初 固極周祥 而年垂二百 時變事易 不無弊端 猶可變通 況後日謬規 汲汲改革…伏願 殿下留念 思所以變通焉 所謂實功者 作事有誠 不務空言之謂也…今 之治靡臻 由無實功而所可憂者有七(민족문화추진회, 1976c: 『국역 율곡집 I』「만언 봉사」: 584).

시한다(민족문화추진회, 1976c: 69; 김용환, 2002: 416－417).

우선, 수기에는 네 가지 조목이 있다.

① 성상의 뜻을 분발하여 삼대(하·은·주)의 융성하던 시기와 같이 돌이킴을 기할 것(聖志期回三代之盛)

② 성학의 공부를 근면히 하여 성의정심(誠意正心)의 공효를 다할 것 (勉聖學克盡誠正之功)

③ 사사로운 데 치우치지 말고 지극히 공평한 도량을 넓힐 것(去偏私以恢至公之量)

④ 어진 선비를 친근하여 보필의 이익을 얻을 것(親賢士以資啓沃之益)

다음으로 안민을 위해서는 다섯 가지 조목이 있다.

① 성심을 베풀어 여러 신하의 뜻을 얻을 것(開誠心以得群下之情)

② 공안을 고쳐 횡포하게 긁어들이는 폐해를 제거할 것(改貢案以除暴斂之害)

③ 절제와 검소를 중히 여겨 사치하는 폐풍을 고칠 것(崇節儉以革奢侈之風)

④ 노비를 뽑아 올리는 법(選上)을 고쳐서 공천(公賤)의 고통을 구할 것(變選上以救公賤之苦)

⑤ 군정을 고쳐서 안팎의 방비를 굳게 할 것(改軍政以固內外之防)

이상이 주로 군왕이 중심으로 주의하고 개선해야 할 조목을 다룬 것이라면 국가 차원의 여러 행정적 개혁의 전략이 또한 있을 것이다. 이 내용은 추가로 소개한다(한영우, 2010: 346－347; 김용환, 2002: 414－4).

① 언로의 개방으로 민의를 수렴한다. 전국민의 동의에 기반한 통치의 기본질서를 확립하기 위해 온 백성에게 언로를 확장한다.

② 사림(士林)의 공론(公論)을 국시(國是)로 존중하고, 사림의 언론은 공식적인 경로로 정당하게 이루어져야 한다. 이로써 사림의 사기를 높여주어야 한다. 다만, 사림이 동서로 나뉘어 붕당을 형성하고 '동당벌이'(同黨伐異)를 일삼는 것은 바람직하지 않다. '동당벌이'란 '당이 같으면 함께하고, 당이 다르면 싸우려고 하는 것'을 말한다.

③ 중앙정치에서 언로(言路)를 넓히고, 외척이 권력을 잡는 것을 막고,

재상권을 강화할 것이다. 지방 정치에서는 수령의 자질을 높이고, 조식(曺植)이 말한 대로 이서(吏胥)들에게도 녹봉을 주어 민폐를 막아야 한다.

④ 인사관리의 대전제는 제왕의 수기이며, 수기는 궁리로써 충과 사(邪)를 가리고, 공심(公心)은 사심(私心)을 버리는 공정성 그리고 과욕(寡慾)으로 욕심을 제어하는 길이다.

⑤ 공직자의 신규 채용 원칙은 도덕적 자질과 실무 능력(賢能)이다. 관료임용에서 문벌을 중시하는 것과 권간(權奸)이 관여하는 것을 막고, 서얼 차별 대우도 시정해야 한다. 과거제도에만 의존하지 말고 숨은 인재를 찾아내도록 별도로 나가 사방에서 위관택인(爲官擇人)의 방침을 시행하여 위인택관(爲人宅官)과도 병행한다.

⑥ 인재를 양성하기 위해서는 사족(士族)과 서족(庶族: 평민)을 구별하지 말고 유능한 자를 학교에 입학시켜 관비(官費)로 가르치고, 학적(學籍)이 있는 자만이 과거에 응시하도록 한다.

⑦ 지방행정 활성화를 위한 순환보직제를 시행한다.

⑧ 민생을 괴롭히는 방납(防納)을 시정해야 한다.

⑨ 왕실 사유재산을 억제하고, 왕실의 경비를 줄여야 한다.

⑩ 문무합일의 국방정책으로 양병(養兵)을 위해서는 양민(養民)에 힘쓰는 병농일치를 추구한다.

⑪ 군포(軍布)에 대한 족징(族徵)과 인징(隣徵)을 금지해야 한다.

⑫ 공노비의 선상(選上)을 개선하여 부담을 줄여야 한다.

⑬ 사창제(社倉制)를 실시하여 빈민을 구제해야 한다.

이 밖에도 율곡은 민생 안정을 위해 향약을 실시하는 것만으로는 도덕의 향상이 어려우므로 향약과 더불어 계를 조합한 조선식 향약을 만들어 실시하기도 하였다. 이 주제는 곧 이어 제VII장에서 따로 다룰 것이다.

4. 조선 후기 실학의 정치사상

1) 반계 유형원의 정치관

앞서 유가철학을 논하는 제Ⅲ장에서 조선 후기 실학의 비조로 반계 유형원을 지목하였고, 이어 실학 중흥기의 남인 실학 종장으로 성호 이익의 사상을 개관한 바 있으므로, 정치사상과 관련해서도 이 두 거장의 생각을 간략하게나마 살펴보기로 한다. 이미 앞에서 소개한대로 반계는 여러 번 과거에 실패한 뒤 33세에 진사과에 급제했으나 벼슬을 마다 하고 전라도 부안에서 52세에 숨질 때까지 여생을 보냈다. 그러한 은거생활에서 상당한 저술을 남겼다. 그러한 저작들이 다룬 주제도 다양하여, 정책론, 성리학, 역사, 지리, 군사, 언어, 선술(仙術), 문학 기타에 이르는 광폭한 내용을 담았다. 그러나 아쉽게도 거의 다 멸실하고 현재까지 남아서 그의 사상을 살펴볼 수 있는 주저가 『반계수록』(磻溪隨錄)이다(천관우, 1982a: 186−212).

이 저서는 무려 19년에 걸쳐 지은 것으로 그 내용이 방대하다. 우선 전제(토지제도)를 비롯하여 재정, 상공업, 교선지제(敎選之制; 향약, 교육, 고시와 같은 인사제도), 임관지제(任官之制; 관료제도의 운용), 직관지제(職官之制; 관청 등 정부기구), 녹제(祿制; 관리의 보수), 병제(군사기구, 군사제도의 운용), 병제후록(축성, 병기, 교통, 통신), 속편(의례, 언어 기디), 그리고 보충한 유고(補遺)에 군현제(지방제도) 등에 걸쳐 국가체계의 전반적인 개혁 방안을 제시하고 있다. 거기에 자신의 주장을 뒷받침하는 참고문헌, 고설(攷說)을 첨가한 것도 특이하다. 여기서는 그 방대한 내용을 모두 소개하려는 것이 아니고 주로 정치와 관련 있는 내용만 간단히 정리하기로 한다.

아주 개괄적으로 집약하는 내용을 여기에 우선 옮겨 적는다(천관우, 1982a: 188).

반계의 주장을 미리 요약해본다면, 자영농민의 육성으로 부민 부국을 이룩한다는 것이 최대의 목표였다고 할 수 있다. 자영농민이 최소한 자립하기 위해서는 경자유전(耕者有田)의 토지개혁을 해야 한다는 것이었으며, 국가와 농민의 중간에 개재하여 농민을 착취하면서도 나라를 좀먹는 요소를 근절해야 한다는 것이었다. 이리하여 육성되는 자영농민의 기초 위에서 나라의 재정과 방위에 요하는 인적 물적 자원을 확보해야 하다는 것이었다. 중국에서도 북조를 거쳐 수·당에 이르면서 강조되었던 균전제(均田制)와 부병제(府兵制)가 반계에 있어서도 그 주장의 골격을 이루고 있다.

이러한 목표의 개혁이 필요한 이유를 반계는 관리와 호족 등의 침탈로 인한 농업의 영세화와 자영농민의 감소에 있다고 보았다. 지배층은 세납과 병역을 면제받는 반면, 노비는 그 주인에게만 의무가 있지 나라에게는 특별한 의무가 불분명했으므로, 결국 자영농민만 조세와 군역은 물론 기타 제반 노동력 제공마저 책임지는 위치에 놓이게 되었다. 이처럼 자영농민의 약화는 곧 나라의 기초인 재정과 방위를 위협하는 현상을 초래한 것이었다. 물론 건국 초부터 여러 제도의 정비로 안정을 찾아가는 중이었으나, 임진왜란(1592-1598)이 결정적인 파탄을 초래한 뒤로는 획기적인 처방이 아니면 나라의 기틀이 무너지게 생긴 상황을 맞이한 조선이었다. 이런 처지에 대담한 처방이 나왔으니, 그것은 지배층이나 국가에서 나온 것이 아니고, 일개 야인의 손에서 나온 것이었다. 이것이 바로 『반계수록』이라 할 만큼 그 내용은 당시의 현실을 토대로 한 개혁론이었다. 그런 뜻에서 그의 저술은 당대의 조선사회의 모습을 상세히 보여주는 사료의 가치마저 인정해야 한다는 것이다(천관우, 1982a: 188-189).

그런 내용을 담은 『반계수록』의 특징은 종래와 같은 정치와 윤리의 교착을 떠나, 성호 이익이 후일 지적한대로 "근본으로 들어가 일제히 파헤쳐서" 전면적인 개혁론을 제시한 것이다. 그러한 성격은 그가 단순히 집권층만이 아니라 왕권까지도 신랄한 비판의 대상으로 삼았다는 점에서도 드러난다. 예를 들어, 다음과 같은 언명이 있다(천관우, 1982a: 206-207).

임금으로서 구주궁궐 고운 담뇨 위에 앉아, 내가 임금이라고만 생각하신다면 어떻게 이런 진상의 폐단을 아실 것인가? 거기에 눈 앞에 얼씬거리며 아첨이나 하는 신하들은 '우리만큼 임금을 공경하는 사람이 어디 있겠는가.'라고 생각들을 하고 있는 것이다. 만일 어느 누가 이런 말을 내어 '그것이야말로 나라를 병들게 하고 덕(사회의 정의)을 망치는 일'이라고 하는 이 있다면, 당장에 '임금께 불경한 짓'이라고 지목을 할 것이다(『수록』 전제수록 상).

그러면 이제 그 저서의 내용의 대강을 주로 정책의 관점에서 개관해 보기로 한다(천관우, 1982a: 197 – 212; 1982b: 232 – 321). 다만 그의 개혁정책에서 가장 우선적인 토지제도와 공납제도 문제는 국가정책이기도 하지만 경제적인 의미를 더 강하게 띠는 것이므로 이는 다음 장(제Ⅵ장)으로 미루고 나머지 정책부문만 살펴볼 것이다.

(1) 직역제도

직역이란 국민이 종사하는 국가의 기능에 필요한 직업적 역할을 지칭하는데 그러한 특수 기능을 누가 맡아 수행하도록 하는지를 결정하는 제도의 측면이다. 이를 위해서는 그 사회의 신분제도를 반영하게 된다. 다만 반계의 직역 관련 정책제안은 기본적으로 조선의 신분제도 하에서 분업을 하도록 하는 것을 원칙으로 삼았다는 점에서 구체제를 그대로 수용하는 보수성을 띠는 견해를 담고 있다. 이는 후일 등장하는 실학사상의 견지에서는 혁신적인 것으로 평가할 수 없다는 한계다. 다시 말해서 반계가 실학의 비조이면서도 비실학적 사고를 하고 있다는 것은 그가 기본적으로 조선역사의 과도기인 17세기 인물임을 부인할 수 없다는 뜻이기도 하다. 임진왜란으로 16세기는 막을 내리고 초토화한 나라를 재건하려는 욕구를 국가가 감당하기 어려운 전후의 17세기에는 두 번의 호란(정묘 1627, 병자 1636–37)까지 겪으면서도 당쟁과 사회를 거듭하는 혼란기를 거치고 있던 시기다.

이처럼, 그의 직역제도는 일단 "나라의 양사(養士: 선비의 양성)는 모두 민을 위함이니, 따라서 노심(勞心)하는 일과 노력하는 일로 귀천의 직이 나누어진다"하여 신분에 의한 역의 분담을 주장하였다. 그러한 제도의 원칙은 과중한 역의 부담은 경감하고, 소정의 부담은 초과하지 못하게 하며, 요역(徭役, 육체적 부역), 군역, 신역(身役) 등의 중복을 막아 신분에 따른 균평한 역의 부담을 강조하는 것이었다. 그 구체적인 정책내용은 추후 제Ⅶ장 사회제도 개혁론에서 좀더 구체적으로 해설할 것이므로 여기에는 기본원칙만 정리하면 다음과 같다.

첫째, 양반은 모든 역에서 면제한다. 사대부라면 국가가 이들을 양성하는 본의가 나라의 위기를 당할 때 봉공순국의 대의를 좇아 나라에 이익이 될 터이니 평시에 역을 부담할 필요는 없다는 견해다.

둘째, 국민 대다수가 농민이므로 이들이 양인(良人)이다. 이들의 역할은 양역(良役)을 부담한다. 양역은 임시단기의 잡역인 요역은 최단기로 줄이고, 장기복무의 군역은 '양병(養兵)이 너무 적으면 유사시에 부족하고 너무 많으면 백성이 멍들어 나라가 무너지므로' 적절한 규모의 상비군을 유지하되 징발한 군사가 대포(代布)로 군역을 면하려는 폐습을 절대 금하고 숙위(宿衛)나 연습 이외의 잡역을 절대 금한다.

셋째, 신분이 양인인데 실제로 하는 일은 천역을 하는 신양역천(身良役賤)으로 인한 또 하나의 계층을 이루는 나졸, 사령, 조졸(漕卒, 배 젓는 군졸), 수군 등 사실상 공노비나 대차 없는 군사와 이서(吏胥, 아전)와 군교(軍校, 품계없는 하급 무관) 등 관료층과 서민층의 중간에서 보수도 휴식도 없이 실권을 행사하여 민중을 착취하는 하급 관리도 특수한 계층인데 특히 후자에게는 충원을 해서 교대근무를 시키고 일정한 토지와 녹봉을 주도록 하되 부정행위는 엄단하는 방책을 제안하였다.

넷째, 노비제에 관해서는 세습제 타파와 연한제, 경과조치로 종모법을 지켜 아버지가 노비인 자녀가 자동적으로 노비가 되는 악습 폐기, 노비 출신 군졸의 시험에 의한 면천, 관청의 공역(公役)을 하는 공천(公賤)에게는 일정한 보수 제공 및 부정 근절 및 노비의 매매 등 금지를 제창하였다.

(2) 재정운영의 기강확립

정부의 재정운영과 관련해서는 세입세출의 기획성 및 엄격한 회계감사 제도 확보, 모든 공직자에게 일정한 봉록제공, 일체의 사적인 수탈 엄금, 그리고 이 모두를 관료기구의 대폭 간소화로 실현하기를 제안하였다. 아울러, 환곡제도의 획기적인 개혁의 필요성도 주장하였다. 가령, 향촌의 자치체에 소속하는 사창(社倉)을 세워 본래 취지의 한 고을 한 사창 제도를 실시하되 필요할 때는 국가기관에서 양곡을 장기저리로 대여하여 협조하기를 제창하였고, 상평창(常平倉)제도를 부활시켜 곡가의 변화에 적정하게 대처하여 곡가 유지의 조절책을 시행하기를 제안하였다.

(3) 군사제도

군사제도의 개혁을 위해서도 몇 가지 대책을 제안하였다. 첫째, 병농일치의 징병제를 토대로 상비군을 유지할 것, 둘째, 잡다한 병종을 정리하여 신분제에 기초한 5종으로 정비할 것, 셋째, 급보(給保, 징병 대신 지급하는 비용인 보의 배당), 번차(근무의 교대기간)및 연습 등 규정을 합리적으로 재편하여 정병주의로 나아갈 것, 넷째, 조선 원래 의오위제(五衛制)를 부활하고 각 지방 요지에 상비병력을 두는 진영제(鎭營制)를 강화할 것, 그리고 다섯째 문관과 무관을 차별하는 폐습을 타파하고 아울러 이를 반영하는 동서반 제도 자체도 철폐할 것 등을 주장하였다.

(4) 관료제도

관제에 관해서는 중앙 각 관청의 인원과 기능을 7할로 축소하는 소위 구조조정을 실시하고, 정직(正職, 정규 상근직)의 4−5배나 되었다는 직(遞兒職, 유급 휴직) 등 기타 불필요한 관원을 6할로 줄이며, 관료기구가 권력유지의 수단으로 타락하지 않게 기강을 바로 잡기, 명령계통 확립, 행정실적 향상 등을 위한 구체적 대책을 세우기도하였다.

(5) 교육 및 고시제도

끝으로, 교육과 고시제도에 관한 반계의 생각을 요점만 간추린다. 원래 조선에서는 관료 채용의 근간이 과거제도였고, 이를 위한 준비를 쌓는 데에는 공사교육기관이 일부 그 기능을 담당하는 한편, 가정에서 개인적인 학습도 평소에 이루어지고 있었다. 그런데 세월이 흐름에 따라 거기에 각종 요인의 작용 탓에 공정성에 문제가 발생하는 가슴 아픈 역사가 뒤따랐다. 이를 개탄한 반계는 부패한 과거제도 자체를 폐지하고 교육체계의 개선을 주장하였다. 전국에 읍학(邑學, 군현단위), 영학(營學, 도단위) 및 대학(중앙)의 3단계 교육기관에서 교육을 담당하고, 하급교육기관에서 교육한 인재 중에 적재(適材)를 중앙과 지방의 적재적소에 배치하는 일종의 공거제(貢擧制)를 실시하기를 제안하였다. 또한 인물선발의 기준도 과거처럼 시문이나 경전 공부보다는 덕행과 식견에 두어야 한다는 근본적인 개혁안이었다.

이 외에도 토지 및 공납제도와 상공업 등에 관한 개혁안도 있으나 이 주제는 다음 장에서 경제사상을 다룰 때 논의할 것이다.

2) 성호 이익의 정치관

주지하는 대로, 조선실학의 비조인 반계 유형원은 17세기의 인물이고, 반계 사후 태어나 그의 영향을 받은 성호 이익은 18세기 실학 중흥기의 대가이며, 이 두 거장의 뒤를 이어 19세기 초의 실학을 대성시킨 인물이 다산 정약용이다. 이 세 사람은 모두 남인계열의 학자로서 반계와 성호는 정쟁의 소용돌이 속에서 벼슬에 나아가지 않고 향촌에서만 은거하며 저술과 교육에 전념하였고, 다산은 조정에 나아가 봉직을 하다가 당쟁의 희생자가 되어 18년의 긴 세월을 유배지에 머물며 저술에 집중하였다는 점에서 생애 자체가 유사했다. 아울러, 또 하나의 공통점은 이 세 대가는 당대 조선사회의 복합적인 문제에 관한 예리한 분석과 매우 유익하고도 획기적인 개선책을 담은 상당한 분량의 저술을 내놓았건만, 생전에는 그러한 대작이 빛을 보지 못하여 사회 개혁에 실질적인 도움을 주지 못하였다는 안타까운 역사를 뒤로 하고 말았다는 점이다. 이렇게 볼 때, 반계, 성호, 다산은 시대의 흐름 속에서 차례로 연구와 저술활동을 한 까닭에 그 사상의 내용에는 시대적 상황을 반영하는 차이점이 있었던 사실도 특별하다.

(1) 성호의 학문적 지향

그러한 배경에서 이 자리에서는 성호의 정치분야와 관계 있는 사상을 개관하게 된 것이다. 그가 살았던 17-18세기 조선은 두 번의 큰 전쟁을 겪은 후 경제부흥을 위한 시책을 시도하여 생산성이나 인구의 성장을 경험하기 시작함과 동시에, 사회적으로는 신분제도의 변혁이 서서히 진행하기도 하는 변화의 시대를 지나는 중이었다. 그 와중에서도 정치부문에서는 당쟁이 잦아들지 않고 권력집중과 그에 수반하는 부정부패의 난맥상이 악화일로에 있었다. 특수한 예를 들자면, 17세기 말(1696)에는 전국적으로 아사자가 수만명에 이르는 사태가 발생하였고, 1671년에는 경기, 충청 지역에서 민란이 일어난 것을 시작으로, 18세기 초에는 1703년에 천안, 포천, 서흥(전북) 등지에서 민란 발발을 비롯하여, 전라도 장흥(1708년), 전국 각지(1721년), 전라도 각지(1727년), 황해도(1730년), 강원도(1742), 수풍(1747), 그리고 김포(1752) 등지의 민란이 있었다(한국정신문화연구원, 2004: 변태섭, 1986: 326-357).

성호의 학문은 결국 이와 같은 시대상황과 무관하지 않았다. 이러한 사정을 반영하는 성호의 학풍 평가로 아래와 같은 보기가 있다(현상윤, 1960: 330).[14]

> 백세(百世)에 선치(善治)가 없는 것은 삼벽(三蘗)에 연유함이니,
> 존군억신(尊君抑臣)은 영정(嬴政)(진시황)으로 비롯하얏으되 한(漢)이 능히 혁신하지 못하엿고, 사람을 등용함에 문벌을 숭상한 것은 위만(魏瞞; 曹魏)으로부터 비롯하였되 진(晉)이 능히 고치지 못하엿고, 문사(文辭)로 과식(科式)을 정한 것은 양광(楊廣; 隋煬帝)으로부터 비롯하얏으되 당(唐)이 능히 변혁하지 못하였다. 삼벽을 제거하지 못하면 족(足)이 치(治)를 말할 수 없는데 삼자 중에 과거의 폐(弊)가 더욱 심(甚)하다.

---

14) 이 인용문의 철자법은 1940대의 출판물에서 사용한 것임을 밝혀 둔다.

위의 인용문에서 성호가 지적하는 과거의 역사에서 혁신이 필요했던 폐단은 주로 정치적인 함의가 큰 것으로 존군억신이란 군주의 독주를, 문벌숭상이란 지배층의 부패를, 그리고 과거에서는 인재등용의 부조리, 이 세 가지(삼벽)를 혁파할 것을 촉구한 것이다. 그런 판에, 지금의 독서로 도를 논하는 선비가 글귀나 가지고 분쟁을 일삼으니 백성을 깨우치지도 못하고 나라를 다스리지도 못해서야 도를 어떻게 밝힐 것인가(今讀書談道之士 紛爭於句字之間…然民不蘇而 國不治 何與道之明不明耶)라고 하여 도학의 폐단을 자아낸 세속에 물든 선비의 폐풍을 비판하였던 것이다. 따라서 성호는 이처럼 진부한 세속적인 선비의 실천성이 결여한 학풍을 배격하면서 일찍이 우리나라에는 실무를 알고 실천하는 진정한 선비로는 오로지 율곡과 반계 두 분만 있다(國朝以來識務 惟李栗谷柳磻溪二公在)고 하여 이분들이 최고(識務之最者)라고 갈파하였다. 그런데, 저분들의 공부가 땅에 묻혀버리고 실시가 불가능해진 점을 안타까워했다(한우근, 1987: 153). 따라서 이제는 공부를 하려면 "재구(材具)를 준비하여 치세에 실효를 거둘 수 있는 학문이라야 이를 실학이라 할 수 있다는 것이었다"(한우근, 1987: 154). 그러 하거늘, 당쟁으로 말미암은 화란을 당한 이후로는 두문불출하고 오로지 학문에만 집중했던 것인데, 결국 자신도 세상의 퇴폐에도 학문의 무익함을 한탄하고 체념한 것이다. 이로써 우리는 율곡—반계—성호로 이어지는 실무의 최고 인재들의 공통적인 운명을 개탄하지 않을 수 없다. 기실 이점에서는 곧 이어 논의하게 될 정다산의 사례도 해당한다.

이러한 문제의식을 가지고 평생을 저술에 힘쓴 성호는 정치론, 인재등용, 토지, 조세, 화폐 등 경제제도, 군사제도 등 당시의 사회제도 전반에 걸친 저작을 다수 남겨서 『성호선생문집』(星湖先生文集), 『성호집속록』(星湖集續錄), 『곽우록』(藿憂錄), 『성호사설』(星湖僿說) 그리고 『성호사설류선』(星湖僿說類選) 등의 저서로 엮어져 있다(한우근, 1987: 155). 여기서는 주로 성호의 정치론을 살펴보기로 한다.

(2) 붕당론

우선 성호는 붕당의 폐해를 심각하게 여겨 이를 시정할 방안을 제시하고자 하였다. 연산군 이래 거듭 일어난 사화의 시기에도 붕당이라는 호칭은 없었는데 선조이후 분열에 분열이 일어나 마침내 다음과 같은 악습이 일게 되었다고 보았다. 그것이 하나의 세전(世傳)의 원수(仇讐)처럼 되어 버렸다는 것을 지적하였다. 같은 조정에 출사해 일하거나 같은 고장에 살면서도 왕래가 없고, 길흉이나 혼사 같은 일에는 서로 말이 많으며, 심지어 언동복식만으로도 서로 달리 하여 쉽게 식별할 수 있을 정도로 대립이 현저하게 되었음을 개탄하였다. 더구나 이런 현상은 지방의 서원에까지 번져서 그곳이 마치 서로 피신하듯 모여서 상대방 비난 공격의 장이 되었다는 것이다. 이리하여 붕당정치는 진정한 국론의 시비를 가리는 기능을 하지 못하여 내정의 문란을 초래할 뿐 아니라 외환을 막지 못하는 문제까지도 안고 있다 하였다(『곽우록』「붕당론」, 한우근 , 1987: 163, 165, 각주 52; 55). 이와 같은 붕당의 원인과 문제점 및 그 대책에 관한 성호의 이론적 담론이 있지만 이 문제는 추후에 이론적 논의를 하는 문맥에서 다시 언급하기로 한다.

3) 다산 정약용의 정치사상

다산이 여러 분야에 걸쳐 개혁을 주장하며 갖가지 새로운 제안을 하였으나, 특히 주목할 내용 중에는 정치개혁에 관한 이론적 담론이다. 기본적으로 다산은 군주제를 전제하고 고대 중국의 민본·위민 사상을 재건하려 하였지만 특히 맹자의 정치사상을 이어받아 군주의 정당성의 기초를 백성의 뜻에 두고자 한 새로운 민본주의를 제창한 것이 특이하다. 유가의 민본·위민 사상의 뿌리는 가령 『서경』(書經)에서 언급한 "백성은 나라의 근본이니, 근본이 튼튼해야 나라가 평안하다"(民維邦本 本固邦寧)라든지 "나라는 백성으로써 근본을 삼는다"(國以民爲本)는 말에서 찾는다(신용하, 1997: 50). 그러나 이런 표현은 매우 막연하고 추상적이다. 이를 한층 더 명확히 한 이는 역시 맹자다. 우선 맹자는 국가를 논할 때 백성이 가장 소중한 존재라는 명제를 앞서 언급한 대로 이렇게 제시하였다. 군주나 영토보다도 앞서는 민의 일차적 중요성을 강조하여(Chan, 1973: 62), "나라에 있어 백성이 가장 귀하고, 사직(社稷)은 그 다음이며, 임금은 가벼운 존재이다"(民爲貴 社稷次 君主輕)라고 하였다(『맹자』「진심장구 하」; 김학주, 2002: 473-474; de Bary and Bloom, 1999: 156).

(1) 상향식 추대에 의한 군주의 선발과 교체

본시, 유학에서는 통치자란 하늘이 명하여 통치를 위임하는 천자로 인식하였다. 그러므로 "맹자의 주장에 의하면 군주가 민의 복리와 번영을 달성할 목표 아래 보통의 백성을 위해 통치를 할 때 하늘은 그러한 통치를 지배하는 도덕적 질서를 감독한다."(de Bary and Bloom, 1999: 115). 여기서 주목할 것은 군주의 자격을 판단하는 근본적인 원칙은 '민의 복리와 번영'을 목표로 한다는 것이다. 이것이 고대 유학의 민을 위한 정부라는 '위민'사상의 요체다. 그러자면 군주가 그만한 역량이 있는지를 어떻게 판단하는가? 군주를 세울 때 먼저 백성에게 후보자를 선보이고 공적인 과업을 수행하도록 함으로써 그가 도덕적으로 명분을 충족시키고 실천 능력면에서도 자격이 만족스럽다고(賢能) 인정받으면 비로소 천명으로 왕좌에 오르도록 하는 절차를 시행한 기록이 있다. 맹자는 한 걸음 더 나아가 왕이 관료를 선발할 때에도 그 인물의 역량과 도덕성을 백성이 어떻게 생각하는지를 물어본 연후에야 임명하기를 권고하였다(『맹자』「양혜왕장구(하)」; 김학주, 2002: 94).

다산은 이와 같은 맹자의 사상을 본받아 새로운 군주관을 정립하려 하였다. 그것은 우선 왕이 정치를 올바로 해야 한다는 점을 강조하지 않을 수 없다. 가령 공자는 제자가 정치에 관해 질문했을 때 "정치(政)란 정(正)이란 뜻이다"라고 대답하였다. 왜냐하면 리더가 "올바르게 이끈다면 누가 감히 올바르지 않겠는가?"(政者 正也,『논어』안연편) 라는 것이다(김학주, 2009: 203; Chan, 1973: 39). 정치란(政) 바르게, 정의롭게 하면 된다(正)는 말이다. 군주가 스스로 성실하게 행동하고 살아감으로써 민이 그의 명에 따르게 됨을 강조한다. 이런 뜻에서 다산은 패도(覇道)에 대비하여 왕다운 왕도(王道) 정치를 펴는 왕정(王政)을 제안하였다.

이런 논리대로라면 왕은 백성의 뜻을 반영한 절차에 의하여 하늘의 인준을 받아서 천자가 되어야 한다. 그러한 생각을 담은 글이 몇 가지가 있으므로 여기에 모두 소개한다. 첫 번째는 이른바 「원목」(原牧)이라는 논문이다(김한식, 1979; 301－301; 박충석, 1983: 348; 신용하, 1997: 51－52; Kim 2017c: 182).

> 태초에는 오로지 '민'(民) 즉 백성만이 있었다. 왕이 어떻게 존재하였겠는가! 인민은 자연스러운 집합체 속에 살고 있었다. 그러다가 사람들이 이웃과 다툴 일이 생겼지만, 해결책이 없었다. 한 노인이 있어 공정한 말을 하여 사건을 바르게 해결하는 모습을 보였다. 사방의 이웃들이 그 판단에 승복하고 이정(里正)이라 이름하는 마을의 우두머리로 모셨다. 또 여러 마을의 백성들이 마을끼리 다투어 해결을 짓지 못하자 그들 중에 한 노인이 재주와 학식이 뛰어나서 바르게 처리하자 그 여러 마을이 감복하여 그를 추대하고 존경하여 당정(黨正)이라 불렀다. 이들 당의 백성들이 당끼리 다투고도 해결책이 없었다. 그들 중에 한 노인이 현명하고 유덕하여 일을 바로 잡았다. 그 여러 당은 그에 감복하여 추대하고 존경하여 주장(州長)이라 불렀다. 이들 몇 주의 장들이 한 사람을 추대하여 대표(長)로 삼아서 국군(國君)이라 불렀고, 몇 국의 국군이 한 사람을 추대하여 대표로 모시고 방백(方伯)이라 불렀으며, 방백들이 한 사람을 추대하여 우두머리(宗)로 삼고 황왕(皇王)이라 이름하였다. 황왕의 근본은 이정에서 시작한 것이다. 따라서 통치자(牧)는 백성을 위하여 있는 것이다.[15]

같은 논리로 다산은 맹자의 혁명사상도 채택하였다. 군주를 촌락의 풀뿌리에서부터 상향식 단계별 추대의 절차로 선택하였으므로, 「탕론」

---

15) 邃古之初 民而已 豈有牧哉 民于于然聚居 有一夫 與隣鬨 莫之決 有叟焉 善爲公言 就而正之 四隣咸服 推而共尊之 名曰里正 於是數里之民 以其里鬨 莫之決 有叟焉 俊而多識 就而正之 數里咸服 推而共尊之 名曰黨正 數黨之民 以其黨鬨 莫之決 有叟焉 賢而有德 就而正之 數黨咸服 名之曰州長 於是數州之長 推一人以爲長名之曰國君 數國之君 推一人 以爲長 名之曰方伯 四方之伯 推一人 以爲宗 名之曰皇王 皇王之本 起於里正 牧爲民有也(『여유당전서』(與猶堂全書), 제1집, 제11권, 시문집, 「원목」; 신용하, 1997: 52, 각주 2).

(湯論)이라는 글에서도 천자가 되는 방식을 되풀이하면서, 필요에 따라 군주를 교체하는 것도 백성의 권리라는 이론을 함께 제시하였다(김한식, 1979: 302).

> 무릇 천자가 어떻게 해서 있게 되었는가? 하늘에서 비 오듯이 떨어져 천자가 되었는가, 샘물처럼 땅에서 솟아나서 천자가 되었는가? 다섯 가구가 이웃(隣)이 되는데 그 다섯 집이 장으로 추대한 자가 인장(隣長)이 된다. 다섯 사람이 마을(里)이 되고 이들 다섯이 추대한 자가 이장(里長)이 되며, 다섯 마을(鄙)이 현(縣)이 되어 그 다섯마을에서 추대한 자가 현장(縣長)이 되고, 여러 현장이 함께 추대한 자가 제후(諸侯)가 되며, 여러 제후가 함께 추대한 자가 천자가 된다. 천자란 중민이 추대하여 이루어진 자이다. 무릇 중민이 추대하여 천자가 되니, 역시 중민이 추대하지 않으면 천자가 되지 못한다…그러므로 다섯 가구가 뜻이 맞지 않으면 그 다섯 집이 의논하여 인장을 바꾸고, 다섯 인이 마음이 맞지 않으면 스물다섯 집이 의논하여 이장을 바꾸며, 아홉 제후(九候)와 여덟 방백(八伯)이 생각이 같지 않으면 천자를 바꾼다. 구후팔백이 천자를 바꾸는 것은 다섯 집이 인장을 바꾸는 것과 같으며 스물다섯 가구가 이장을 바꾸는 것과 같다. 누가 이를 두고 즐겨 말하기를 신하가 임금을 베어 죽인다(伐) 할 것인가?16)

이 문장의 마지막에 신하가 군주를 벌한다는 말은 실은 맹자가 이미 언급한 것이다. 민의에 의해서 군주를 바꿀 수 있다면 그 근거가 무엇인가를 정당화하는 이유를 맹자는 다음과 같이 해설한다. 과거 은나라 탕(湯)왕(재위 1751–1739 B.C.E.)이 폭군 걸(桀)왕(재위 1802–1752 B.C.E.)을 내쫓았고, 주(周)나라 무왕(武王)은 주왕(紂王)을 제거하였다. 이에 제(齊)나라 선왕이 이 두 고사를 들어 "신하가 그의 임금을 시해해도 괜찮습니

---

16) 夫天子 何爲而有也 將天雨天子 而立之乎 抑涌出地爲天子乎 五家爲隣 推長於五者 爲隣長 五隣爲里 推長於五者 爲里長 五鄙爲縣 推長於五者 爲縣長 諸縣長之所共推者 爲諸侯 諸侯之所共推者 爲天子 天子者 衆推之而成者也 夫衆推之而成 亦衆不推之而不成… 故五家不協 五家議之 改隣長 五隣不協 二十五家 改里長 九候八伯不協 九候八伯議之 改天子 九候八伯之改天子 猶五家之改隣長 二十五家之改里長 誰肯曰 臣伐君哉(『여유당전서』, 제1집, 제11권, 시문집, 「탕론」; 신용하, 1997: 53; 55, 각주 3, 6).

까?"라고 물었을 때 맹자는 이렇게 대답했다. "인(仁)을 해치는 자를 적(賊)이라 부르고, 의(義)를 해치는 자를 잔(殘)이라 부르며, 잔적을 하찮은 사내라 합니다. 하찮은 사내 주(紂)를 베었다는 말은 들었으나, 임금을 시해했다는 말은 듣지 못했습니다"(김학주, 2002: 95). 요컨대, 다산은 이 고사처럼 인의를 실천하지 못하고 악명이 높은 군주는 군주의 자격이 없다는 논지를 따른 것이라 할 것이다.

(2) 다산의 상향식 법제정론

그뿐이 아니다. 다산의 법이론에도 상향식 입법과정에 관한 생각을 엿볼 수 있다. 다음의 인용문은 역시 다산의 「원목」에서 따온다(신용하, 1997: 58; 이성무, 2009: 346－347; Kim, 2017c: 184).

> 그 시절에는 이정이 백성의 희망을 좇아 법을 제정해 당정에게 올리고, 당정은 백성의 희망에 따라 법을 만들어 주장에게 올리고, 주장은 국군에게 올리고, 국군은 황왕에게 올렸다. 그러므로 그 법은 모두 백성에게 편리하였다.[17]

다산의 법 이론은 거기에 그치지 않고 법 자체의 개념에 주목하였다(박병호, 1985). 통상 통치자는 공직자와 국민의 행동을 규정하고 사회의 질서를 유지하는 규준을 법이라고 하는데, 다산은 고대 요순과 같은 성인군왕들은 '예'(禮)로써 국가를 통치하고 국민을 지도하였다고 해석하였다. 사회가 변하면서 예와 염치의 수준이 점차 하락하자 법이라는 새로운 개념이 등장하였다. 본시 '천도'의 원리로서 타당하고 동시에 백성의 정서에도 부합하는 표준을 예라고 하는데, 법이란 위협이나 압력으로 공포감을 줌으로써 불안감 때문에 감히 어기지 못하는 규준이고, 따라서 이런 것은 국가의 통치나 백성의 지도원리로서는 부적합하다. 따라서 다산은 국가의 법이란 『주례(周禮)』에서 밝힌 예의 덕목과 합치하는

---

17) 當是時 里正從民望 而制之法 上之黨正 黨正從民望 而制之法 上之州長 州長上之國君 國君上之皇王 故其法皆便民(『여유당전서』, 제1집, 제11권, 시문집, 「원목」; 신용하, 1997: 58, 각주 13).

것이어야 한다고 보았다. 법이라고 해도 이러한 고대 유학의 법률관에 입
각하여 국가나 백성의 행위를 인도해주는 덕목인 예에 기초해야 한다.

그러자면 법의 제정이 천명과 백성의 정서에 확고하게 기초해야 하
고, 법의 집행도 백성에게 해를 가져오지 않고 자비와 혜택을 주는 방향
으로 이루어져야 한다. 이 같은 법정신에 의하면 형사적 사법처리의 초
석도 '신중함과 자비'가 될 수밖에 없다. 법을 집행하는 관리는 백성에게
해가 되지 않는 범위에서 집행을 완화할 수도 있어야 하고, 반대로 법이
너무 느슨하면 백성에게 혜택을 줄 수 있도록 엄격하게 시행해야 한다.
이점에서 다산은 왕조의 성전은 시대의 변화에 따른 용어의 교정 외에는
정정불가라는 전통에서 벗어나는 셈이다. 다산은 기본법의 불변성의 기
초는 명료, 상세, 엄격해야만 시대적 변화나 통치자의 욕심으로 인하여
사법처리 과정이 자의적으로 이루어지는 것을 방지할 수 있다고 보았지
만, 백성에게 혜택을 주기 위해서는 법도 바꿀 수 있고 법의 집행도 완화
할 수 있어야 한다는 신념에는 흔들림이 없었다.

(3) 현실정치의 관찰과 대비

위에서 검토한 다산의 상향식 군주 추대론이나 법제정론은 어디까지
나 그의 이상론이라는 점에 주목할 필요가 있다. 이 말은 그가 바라본 현
실정치는 그러한 이상론적 이념형과는 정반대의 모습임을 나타내고 있는
데 실망한 나머지 당시의 상황에서는 혁명적으로 극단적이라 할 정도로
혁신적인 이론을 제시한 것임을 뜻한다. 이를 그는 '순'(順)과 '역'(逆)이
라는 표현으로 대비한 것이다(신용하, 1997: 57).

> 한(漢)나라 이후로는 천자가 제후를 세우고, 제후가 현장(縣長)을 세우며, 현
> 장(縣長)이 이장(里長)을 세우고, 이장이 인장(隣長)을 세웠다. 여기에 감히 공
> 순하지 못한 자가 있으면 그 명목을 가로되, '역'(逆)이라 했는데, '역'이란 무
> 엇인가? 옛날에는 아래로부터 위로 뽑아 올렸는 바 아래로부터 위로 올리는
> 것이 '순'(順)이었다. 그러나 지금은 위로부터 아래로 임명해 내리므로 아래로
> 부터 위로 올리는 것이 '역(逆)'이 되는 것이다.[18]

마찬가지로, 법 제정 과정도 과거에는 상향식이었던 것이 후세에 하향식으로 바꾸게 되었다는 설명이다(신용하, 1997: 58-59). 이 현상을 그는 이렇게 해설하고 있다.

> 후세에 와서 어떤 사람이 스스로 황제가 되어 그 아들과 아우 및 추종자들을 봉하여 제후(諸侯)로 삼았다. 제후들은 자기의 사인(私人)을 골라서 주장(州長)으로 삼고, 주장은 자기의 사인을 추천하여 당정(黨正)과 이정(里正)으로 삼았다. 이에 황제는 자기의 욕망에 따라 법을 제정하여 제후에게 주고, 제후는 자기 욕망에 따라 법을 만들어 주장에게 주었으며, 주장은 그것을 당정에게 주고, 당정은 그것을 이정(里正)에게 주었다. 그러므로 그 법이 모두 군주를 높이고 백성을 비하하여, 아랫 사람에게는 각박하고 윗 사람에게는 아부하도록 체계화되어, 마치 백성이 통치자를 위하여 생존하는 것처럼 되고 말았다.[19]

(4) 정부 개혁론

이상의 논의에서 다산의 민본주의가 민주주의적인 사유를 다분히 내포하고 있다 해도 그의 정부 형태론에서 민주공화정체의 정부를 의심할 만한 흔적은 찾을 수 없다. 그는 오히려 어디까지나 철저한 유학자로서 정치개혁의 비전은 일차적으로 덕치라는 공자의 이상을 회복하려는 목표를 염두에 두고, 군주의 기능을 더욱 합리화하고 효율화함으로써 그의 정당성을 확보하는 데 집중하여, 질서 유지, 경제적 부의 창출, 백성을 위한 공정한 배분, 효율적인 인사 및 재정관리 등 그 사회적 기능을 중시하였다. 다산이 추구하던 정부개혁의 내용을 간추리면 다음과 같다(한영우, 2010: 403－405).

먼저 『경세유표』(經世遺表, 1817)에서 주로 중앙정부의 권력구조와 행

---

18) 自漢以降 天子立諸侯 諸侯立縣長 縣長立里長 里長立隣長 有敢不恭 其名曰逆 其謂之逆者何 古者 下而上 上而上者 順也 今也 上而下 下而上者 逆也(『여유당전서』, 제1집, 제11권, 시문집, 「탕론」; 신용하, 1997: 57, 각주 10).

19) 後世一人 自立爲皇帝 封其子若弟及其侍御僕從之人 以爲州長 州長薦其私人 以爲黨正 里正 於是皇帝循其欲 而制之法 以授諸侯 諸侯循其欲 而制之法 以授州長 州長授之黨正 黨正授之里正 故其法 皆尊主而卑民 刻下而附上 壹以乎民爲牧生也(『여유당전서』, 제1집, 제11권, 시문집, 「원목」; 신용하, 1997: 59, 각주 14).

정조직의 근본적인 재구성을 구상하였다. 그때까지 조선정부의 기본틀을 규정한 『경국대전』체제는 특별예조(禮曹)의 기능이 비대하여 도덕정치와 학문중심 정치에는 걸맞을지 모르지만 이용후생이 중요한 새로운 시대에는 적절하지 않다고 보고, 유교 고전인 『주례』(周禮)를 모델로 삼아 정부구조를 6조(六曹)로 나누었다. 그 근거는 자연현상을 반영하여 '천지춘하추동'(天地春夏秋冬)이라는 틀로써 정부구조의 권력을 나누어 갖도록 제안하였다. 예컨대, 하늘에 해당하는 부서는 전국의 공직의 지위와 위계질서 및 관료의 평가체계를 다루고, 땅을 표상하는 관서는 토지제도와 세제를 비롯한 재정을 취급하며, 인재등용과 인사관리는 봄을 상징하는 부처의 일이고, 여름의 부서는 국방과 군기문제를 관장한다. 법과 형사문제는 가을, 산업과 기술은 겨울의 관서가 주관하도록 하였다. 특기할 것은 이용후생을 집행하는 기관인 공조와 법을 다루는 형조의 기능도 키워야 한다고 보았다. 이외에도 이용후생을 전담하는 이용감(利用監)을 새로 설치할 것을 제안한 것은 오늘날의 기획처나 과학기술부와 유사한 기능을 생각한 것으로 민생을 각별히 챙기는 그의 정부관을 엿볼 수 있다.

이에 더하여, 인사제도에서는 유학을 공부한 선비만 선발하는 제한적인 등용제도의 문호를 넓게 열어 향촌사회의 부유층 중에 지역사회에 공헌하는 자, 출판사업, 국방 등에 공헌한 사람 등의 업적을 평가하여 신분에 구애받지 않고 하급관리로 등용하기를 주장하였다. 또한 민생 향상의 대안으로 지방수령의 자질을 높일 필요가 있다고 보아 『목민심서』(牧民心書)를 저술하여 수령의 수신 교재로 삼으려 했다. 그가 암행어사로 지방을 돌며 목격한 것과 전라도 향촌에서 관찰한 바, 수령이나 감사가 토색질이나 하는 '큰 도둑'이라는 것을 절감하였으므로 지방 수령이나 관료의 청렴을 여성의 정절에 비유하면서까지 민생의 향상에 절대적인 필수 조건이라 여겼던 것이다. 그리고 형벌의 공정한 집행으로 백성의 인권을 침해하지 않도록 하고자 공정한 법 집행 지침서로 『흠흠신서』(欽欽新書, 1822)도 편찬하였다.

4) 민족의식의 고취

조선 선비의 정치사상을 논하면서 제외할 수 없는 또 한 가지 사상조류가 있는데, 이것은 소위 모화사상(慕華思想)이라 일컫는 대중국 사대주의와 이에 대비하여 조선 후기 특히 실학운동에서 등장하기 시작한 민족의식의 고취라 할 것이다. 조선이 고대로부터 중국과 국경을 나누며 변천해온 지정학적 특색으로 인하여 중국문화의 영향 아래 전개한 역사와 더불어 특히 조선의 국가 이념으로 자리한 유학이 중국에서 유래한 역사적 사실을 전제로 하면 조선의 대외의식과 국제적 관계 형성의 정치학은 결국 대중국 자세를 중심으로 고려하지 않을 수 없다. 이때 떠오르는 핵심 개념이 모화사상이다. 여기서 중요한 쟁점은 그 모화사상이나 사대주의가 도를 넘는 수준에서 강력한 정신적 관념으로 심지어 '심취'하고 '중독'에까지 이르게 되었다는 사실과 관련이 있다. 따라서 본서에서는 이 문제를 일단 개략적으로 정리하고 다음 주제로 옮기고자 한다(현상윤, 1960: 184－186).

조선시대의 모화사상은 일단 동방이학(東邦理學)의 시조라는 포은 정몽주의 '절원귀명'(絶元歸明)론에서 시발한 것으로 알려진다. 그러므로 조선 선비는 포은의 정신을 이어받음이 당연하다고 여겼던 것이다. 다음으로 중요한 요인은 임진왜란 중에 거의 전 국토가 유린당한 처지에서 명나라의 원조로 나라를 지키게 된 것을 고맙게 생각하는 보은의 의미가 있다. 당연히 우리의 이충무공과 관군을 위시한 의병 등의 맹활약이 구국의 중심에 있었다 해도 당시의 여러 상황조건에서 명군의 도움은 결코 잊을 수 없는 요소였다. 그리고 또 한 가지 이유는, 바로 이러한 명나라의 조선 지원으로 인하여 명나라 자체의 세력에 손상을 입었던 것이 청나라에게 정권을 내어 놓게 된 요인의 하나로 작용했다는 점도 대중국 모화사상 고취의 배경을 이룬다. 다만 이 모든 조건의 저변에는 조선 선비문화의 특징 중 하나인 도학적 가치관의 기본인 '의리론'이 자리하였다. 특히 포은으로 말하면 고려조를 지키려는 절의를 고집하다 목숨까지 잃게 된 의리의 상징이었다.

게다가 지리적 조건 때문이라도 우리는 일찍부터 중국이 성취한 수준 높은 문명의 영향 아래 우리의 독자적 문화를 생성해 온 것이 사실이다. 더구나 유학의 관점에서는 주공을 비롯한 고대유학의 전통에다 공자는 물론 특히 송명대의 성리학을 거의 국시로 수용하였으니 중국을 흠모할 수밖에 없었다. 더구나 청나라는 고도의 문명을 등에 업은 명에 비해 오랑캐가 일군 나라인지라 야만보다는 명을 옹호하고 청을 배척하는 심경을 갖는 것이 옳다고 여겼던 것이다. 명나라를 존숭하는 것은 춘추시대의 여러 제후국이 주(周)나라를 떠받드는 것과 같은 의리요, 존왕양이(尊王攘夷)의 대의(大義)라는 도덕절의에 기초한 것이었다. 더군다나 이러한 상념이 널리 국민에게 침투하여 일상 속에서 하나의 당연한 의리의 실천으로 받아들이기도 했던 게 사실이다. 이러한 의리의 대표적인 보기가 병자호란에서 화친을 거부한 청음 김상헌이다. 그는 척화(斥和)의 죄명으로 청에 끌려가 45년의 옥살이를 하고 돌아와서도 배명사상을 선전고취하니, 선비 세계에서는 물론 일반 백성에게까지도 대의명분의 지도자, 선각자로 경앙과 숭배의 표적이 되었다.

이와 같은 모화사상이 지배적이던 조선에도 16세기 말에서 17세기에 이르러 주로 북경을 방문한 경험이 있는 선비 지봉(芝峰) 이수광(李晬光)이 중국중심의 세계관에 수정을 가하는 선구자적 일을 하게 된다(한영우, 2010: 356-363). 지봉은 중국에서 베트남, 유구, 태국 사신들과 직접 친교를 맺고 동남아를 비롯한 50여 나라에 관한 정보를 수집하여 그의 저서 『지봉류설』(芝峰類說)에 싣고 이들 다른 종교와 문화를 가진 나라의 풍속이 아름다워 천당 같고 백성들이 잘 산다는 것을 소개하였다. 그리하여 중국이 세계의 중심이며 주변 나라들은 오랑캐라는 고정관념을 탈피하고자 하였다. 또한 서양의 군함과 대포의 성능이 우수한 영국이나 네덜란드와 천주교 나라 이탈리아 등은 물론 마테오 리치의 『천주실의』(天主實義)를 소개하기도 하였다. 나아가 세계의 모든 나라가 예부터 중국에 조공을 바쳤다거나 중국 땅이 지구 대부분을 차지한다는 등의 속설이 거짓임을 알리면서 우리나라도 자주독립 국가로서 중국과 동등한 역사와 문화를 가졌다고 자부하였다.

예를 들면, 옛날부터 중국과 일본으로 건너가 일구었던 조선인촌이라 든지, 명성을 날린 인물의 예를 들기도 하고, 우리나라의 풍속과 문화를 중국이 '군자국'이라 부르고, 중국에 없는 부녀자 수절, 노비의 장례와 제사, 맹인의 점술, 무사의 활솜씨 등을 자랑하였다. 아울러 화문석(花紋席), 양각삼(羊角蔘), 황모필(黃毛筆, 족제비 털 붓), 금속활자 발명, 그리고 훈민정음 등의 우수성을 찬탄하였다. 이처럼 우리나라의 문화 수준이 높기 때문에 중국에서는 우리나라 사신이 특별 대우를 받았음을 자랑스럽게 여겼다. 그 밖에 학문적으로도 이단으로 여겼던 양명학이나 천주교도 학문적 가치보다 수양에 도움이 되는 면에서 수용할 만하다고 주장하며 조선의 성리학이 정주학에 치중할 것이 아니라 육경고학(六經古學)으로 돌아갈 것을 주장하여 후일 남인 고학을 강조한 실학의 선구자가 되었다.

이러한 탈중국 의식이 이처럼 싹트기 시작하여 마침내 18세기 이후의 실학사상에서 본격적으로 국학의 맥락 속에서 자리를 잡게 된다. 가령 정다산만 해도 성리학의 우주론적 내재론적 우주관을 비판할 때, 중국을 거쳐 들어 온 서양 천문학의 지식을 원용하여 지구가 둥글며 자전하면서 태양의 주위를 돈다는 견해를 피력하였다. 이와 같은 천문학적 지식을 지정학적 이론에도 도입하여, 중국이 우주의 유일한 중심국이 아니라는 것을 주장하였다. 어느 나라든 자기 나라의 관점에서 보면 각자 세계의 중심국으로 간주할 수 있다는 과학적 근거를 찾은 것이다(旣得東西南北之中 則無所往而非中國)(금장태, 2003: 185). 이런 해석은 모화사상에 정면으로 도전하는 이념적 함의를 띨 수밖에 없다. 조선이 종래 중국과 일종의 주종관계를 유지해온 데 반기를 드는 민족자주성의 선언이 된다. 따라서, 문화적으로도 성리학의 맹목적 숭배와 추종을 거부하는 정신이다.

같은 논리로 모화사상이 중시하는 중국과 주변국의 관계를 보는 시각도 변할 수밖에 없다. 명나라 존숭의 태도 때문에 오랑캐 나라 청국의 문물을 수용하는 데 부정적일 수밖에 없었다. 다산을 비롯한 실학자들은 이런 청국관을 시대착오적이라 지적하고 오히려 국가의 번영을 위해서라면 당시만 해도 수준이 높고 앞서 있는 청국의 문물은 물론 일본을 포함하는 어느 나라에서든 수입하여 이용해야 한다는 주장을 폈다. 여기서 발견하는 국가관과 국제관계관은 각 국가의 자율성을 강조한 것으로 '근대적'인 사상이라 할 수 있다(천관우, 1981: 966－968; 김경동, 2002: 227; Kim, 2017c: 199－200).

이는 또한 실학의 국학탐구의 접근에서도 드러난다(금장태 2003: 150－151). 실학은 중국중심의 사대주의적 세계관을 벗어나 우리의 역사와 지리, 언어와 풍습 등을 있는 그대로 현실로 인식하지 못하고 중국 중심의 지식체계에 의존하던 태도로 말미암아 공허한 지식이 되었던 것을 탈피하고자 하는 국학의 정립을 염원하는 자세인 동시에 그것이 일종의 민족의식의 각성으로서 의미를 갖게 된다. 조선 도학의 중화주의적 존화양이론에 반하여 우리 사회에 관한 우리 스스로의 자율적인 학문, 즉 국학을 세우고자 하는 민족의식의 발현이라는 것이다.

특히 여기서 다산의 예는 매우 두드러진다. 그는 도학, 심학, 서학, 고증학 등 다양한 사상을 중국에서 수용하는 열린 자세로 청조의 문물을 배워야 한다는 북학론을 인정했을 뿐 아니라, 우리의 지리, 역사, 언어, 풍속 등 우리 문화의 연구에 깊은 관심을 가지고 정밀한 관찰에 의거한 업적을 많이 남겼다. 그는 "먼 나라를 숭상하고 가까운 자기 나라를 소홀히 하는 것은 고금을 통한 병통이지만, 우리 나라 선비들에게는 이러한 병통이 더욱 심하다"라 지적하면서, "사대부 자제들이 우리 나라의 옛 사적을 모르고 선배들의 의론을 보지 않는다면, 비록 그 학문이 고금을 관통하였다 하더라도 스스로 거칠고 소홀할 뿐이다"라 하여, 진실한 학문이라면 우리의 역사적, 학문적 전통을 소홀히 할 수 없음을 역설하였다(務遠忽近 古今之通患 惟我東爲甚…圖書記載 宜明乎本國)(금장태, 2003: 185). 가령, 시를 쓰는 데서도 우리의 현실을 관찰한 데 기초하여 이를 생생하게 묘사하는 '사회시'(社會詩)를 무수히 남기면서 시의 운율에서도 한자의 운자에서 벗어나 우리말의 운율에 맞춰 시를 짓는 '조선시'(朝鮮詩)를 제창하며 말하기를 "나는 본래 조선 사람이니 조선시를 즐겨 쓴다…배와 귤은 그 맛이 각각 다르니 입맛 따라 저 좋은 것 고른다" 하였다(我是朝鮮人 甘作朝鮮詩…梨橘各殊味 嗜好唯其宜)(금장태, 2003: 184; 185). 요는, 이러한 정신이 19세기 말 20세기 초의 개화사상과도 연관을 갖게 되었다는 역사적 의의가 중요하다 할 것이다.

다만 여기서 이러한 민족의식의 고취가 한말 근대화 과정에서 반드시 긍정적인 결과만을 가져오지 않았다는 사실을 놓쳐서는 곤란하다. 이 쟁점은 바로 천주교 유입에 대처하는 과정에서 일방적이고 무조건적인 서학의 배척이 두드러진 점과, 그 후 서방 제국주의자들의 교역 시도에 대처하는 과정에서 이른바 '위정척사'(衛正斥邪)라는 슬로건을 내걸고 국민을 오도하는 정책에서 드러난다. 이 또한 근본적으로는 조선 유교의 도학적 이단배척의 전통이 끈질기게 작용한 것으로 이해할 수도 있기 때문에 되새겨야 할 특별한 의미가 있다(천관우, 1981: 966-968; 금장태, 2003: 150-151).

조선시대 선비의 이상적인 세계관: 경제

제Ⅵ장
조선시대 선비의 이상적인 세계관: 경제

조선 선비가 추구하던 이상적인 인간상이 성인, 군자, 대장부 정도는 되어야 한다는 고차적인 목표를 지향하고 있었으며, 정치를 해도 도학의 천리를 충실히 실현하고자 오로지 안민의 목표를 향한 덕치와 인정을 실현하고자 목숨마저 버릴 각오를 하며 살았던 정신에 비춰 보면, 정치의 현실은 가슴 아픈 실정의 연속으로 나라의 명운마저 포기한 실패로 끝났다. 이제 눈을 돌려, 저들이 이상으로 품었던 사회란 어떤 사회이기를 원했던 것인지를 주로 경제 부문에 관한 성찰로 대신할 차례다. 이를 위해서는 앞장에서 상고한 정치 분야를 제외한 조선 선비의 경세사상을 들여다보아야 하는데, 그중에서도 나라의 운용과 인민의 삶에 직접적인 영향을 주는 부문은 역시 경제이고, 그러한 경제적 토대 위에 이룩하고자 했던 사회 일반이 될 것이다. 그러므로 본 장에서는 우선 경제사상과 정책의 주종을 이루는 토지 및 조세 관련 제도를 더듬어보기로 한다.

1. 경제의 기초: 토지제도 중심의 경제적 변천

문명론적 관점에서 기본적으로 농경사회였던 조선 사회의 경제적 기반은 역시 토지다. 그러므로 제도상으로나 이론적으로나 경제를 다루는 데서는 토지제도가 핵심을 이루었다. 여기에는 물론 조세제도가 수반한다. 그리고 기타 상공업 분야도 포함한다. 이제부터는 주로 토지제도를 중심으로 조선 건국 초부터 시행한 개혁을 살펴보면서 조선조 경제사상을 고찰하기로 한다.

1) 건국 초기

이성계가 정권을 장악하기 시작하면서 조선조 성립의 싹이 트던 14세기 말의 정권 차원의 최대 관심사는 새로운 정권의 기초가 될 경제적 자원의 확보라 할 수 있었다. 일차적으로는 위화도 회군으로 군권을 장악하였을 때를 전후하여 북으로는 요나라와 대결, 남으로는 왜구에 대처해야 하는 처지에 출병에 감당할 군사용 자원(軍資)의 문제가 시급하였다. 거기에다 위화도 회군 이후 그의 휘하에 들어온 군사들의 양식 등을 위한 경제적 기반의 필요성이 있었다. 이에 더하여 고려조의 권신, 호족의 적폐에 반대하여 그의 주변에 모여든 가난한 신진관료의 처우 문제가 겹쳐, 이처럼 절박한 여건에 대처하고자 "제도(諸道)의 사전(私田)을 혁파하여 민생을 탕화(湯火) 속에서 건져야 하겠다"(『고려사』공양왕세가 2년 4월 갑오)는 명분을 앞세워 전제개혁을 단행하게 되었던 것이다(천관우, 1982: 151).

그러한 전제개혁의 내용 상 실질적인 주목적은 토지의 '국유'화에 의한 사전의 재분배와, 농지에서 걷어 들이는 수조율(收租率)을 경감하여 국고와 경작자 사이의 중간착취를 배제하는 일이었다. 이러한 전제개혁의 배경을 설명하고자 조선 건국 공신으로 신생국의 이념을 체계화한 정도전의 진술을 인용한다(천관우, 1982: 153; Chai－sik Chung, 1985).

> 옛날에는 관(국가)이 토지를 소유하여 이것을 민(民)에게 지급하였으니, 민의 경지는 모두 지급된 토지요, 천하의 민은 모두 국가의 토지를 지급받은 자이거나 국가의 토지를 경작하는 것이었다. 그런 고로 빈부강약의 차는 그다지 심하지 않았고, 그 토지의 소출인 조(租)는 모두 국가로 들어와, 국가도 또한 부(富)하였다.[1]

---

1) 古者 田在於官 而授之民 民之以耕者 皆其以授之田 天下之民 無不受田者 無不耕者 故

고려 전기의 소위 전시과(田柴科) 제도가 토지의 '국유'를 대원칙으로 삼았음을 지적한 것이다. 여기서 국유라 함은 고대로부터 내려온 왕토사상(王土思想)에서 유래한 상징적 소유관념이지, 고려시대에는 실질적으로는 사적 지배가 강한 제도를 시행하였다. 공식적으로는 토지의 소유를 공전(公田)과 사전(私田)으로 구분하였다. 왕실, 관청 소속 국·공유지는 공전, 일반 국민이 대대로 물려 받아 소유하는 민전(民田)은 사전이다. 전시과 제도 하에서 공직 혹은 공역(公役)을 부담하는 자에게 토지의 수조권을 국가가 위양하며 분급한 것이 사전이고, 국가의 토지를 경작하고 조를 국가에 공납하는 것이 공전이었다(천관우, 1982: 153−154; 변태섭, 1986: 184−185). 실은 조선조의 토지제도가 국유제냐 사유제냐 하는 쟁점은 아직도 국사학계에서 논의의 대상으로 남아 있는 것 같은데(이성무, 2009: 254−266), 이 문제에 관해서는 추후 다시 언급할 기회가 있을 것임을 밝혀둔다.

어찌 되었든, 국유지관을 상징적인 공식 토지관으로 지니면서도, 실제로는 토지 사유가 가능한 제도였다는 어정쩡한 제도적 구도가 역사적 실재에 가까웠던 것으로 보이고, 따라서 문제는 여기서부터 생겼던 것이다. 고려 중엽부터 이 토지국유의 원칙이 무너지기 시작한 것이다. 이런 현상은 강자의 토지겸병(土地兼併)과 국가가 허용하는 자간(自墾)과 자점(自占) 때문이었음을 정도전은 이렇게 기록하였다(천관우, 1982: 155).

> 토지제도가 무너지면서부터 세력이 강한 자가 옆의 땅을 합쳐 갖게 되어, 부자는 그 토지가 천백을 이어지게 되는가 하면, 빈자는 입추의 땅도 없이 부자의 땅을 빌려 경작하게 되고, 일년 내내 열심히 고생해 일하여도 먹고 살기가 부족하게 되었으며, 부자는 편히 앉아서 경작을 하지 않고 품팔이 하는 사람을 부려, 그 태반의 수입을 먹게 되었다…또한 백성의 경지는 스스로 개간하고 스스로 점유하기를 허용하여 관이 간섭하지 않았으므로, 힘이 있고 세력이 강한 자는 자가 개간과 자가 점유를 많이 하게 되고, 무력한 자는 또 유력한 자로부

貧富強弱 不甚相過 其田之所出 皆入於公家 而國亦富(『朝鮮經國典』「부전(賦典 經理), 천관우, 1982: 153」).

터 땅을 빌려 경작을 하여 그 소출의 반씩을 나누게 되니, 이것은 경작자는 1에 거두어 먹는 자는 2라, 부익부 빈익빈으로 자립을 할 수 없게까지 되었다.[2]

이러한 토지제도의 난맥상이 더욱 악화하자 마침내 정도전은 이렇게 결론을 내렸다(천관우, 1982: 157).

전하(이태조)께서는 즉위 전부터 이 폐단을 친히 보시고, 개연히 사전개혁을 당신의 임무로 생각하시니, 국내의 모든 토지를 국유로 하고, 인구수에 따라 토지를 급여하여 고자(古者)의 정대한 토지제도로 돌아가려 한 것이다.[3]

요컨대 이성계의 전제개혁 방침은 마침내 공양왕 3년(1391) 5월에 과전법(科田法)의 이름으로 공포하여 실시에 들어갔다. 그리고 이것이 신생 조선조의 토지제도의 근간을 이루었다. 적어도 당시 새로운 나라를 구상하던 신진세력의 목표는 토지국유에 기초한 토지제도의 재정비와 그에 동반하는 수조율의 통제라는 이상을 실현하고자 한 것이었으므로 그 첫걸음을 일단 내어 디딘 셈이었다. 다만 한 가지 주의할 점은 그러한 과전개혁의 "근본동기가…결코 사회혁명적 또는 사회정책적인 데 있는 것이 아니요, 군국(軍國)의 당면한 수요와 신진관료의 녹봉의 충족이라는 단순한 재정정책적 견지에 있었다"는 사실이다(이상백, 1949; 천관우, 1982: 157).

본서는 이 새로운 과전법의 세부내용을 자세히 서술할 의도는 없다. 다만 그 제도의 정신과 대강을 이해하는 데 그치고자 한다. 우선 그 제도가 규정하는 농지의 종류와 그 분류 원칙은 정리할 필요가 있다(천관우, 1982: 164-165; 변태섭, 1986: 281-286).

---

2) 自傳制之壞 豪强得以兼併 而富者田連千百 貧者無立錐之地 借耕富人之田 終歲勤苦 而食半不足 富者安坐不耕役使傭佃之人 而食太半之入…民之所耕 則聽其自墾自占 而官不之治 力多者 墾之廣 勢强者 占之多 而無力而弱者 又從强有力者 借之耕 分其所出之半 是耕之者一 而食之者二 富者益釜 貧者益貧 至無以自存(『朝鮮經國典』, 천관우, 1982: 155).

3) 殿下 在潛邸 親見其弊 慨然 以革私田 爲己任 蓋欲盡取境內之田 屬之公家 計民授田 以復古者田制之正(『朝鮮經國典』, 천관우, 1982: 157).

(1) 공전(公田): 경중(京中), 주로 수도가 있는 경기도 지방을 중심으로 한 지역의 각사위전(各司位田)으로, 위전이란 관청의 경비, 관청 소속 인원의 생계보장, 군사적인 필요를 충족하기 위한 군자위전, 능·원·묘(陵·園·墓) 등의 제사 비용 충당을 위해 설정한 토지. 실질적으로는 일반 농민이 사적으로 점유하고 그 공조(公租, 토지경작세)를 거둔다.

(2) 사전(私田): 과전, 군전, 공신전 등 특수한 개인에게 그 직위와 공로의 보상으로 지급하는 토지. 각 개인의 사적 소유로서 각자 수조권을 갖고 타인이 대신 경작하거나 스스로 경작해서 자체적으로 소비한다.

(3) 준사전(準私田): 왕실토지, 불교의 사원전, 신사전(神祠田) 등 왕실, 사원 등의 소유로 수조권을 행사하거나 스스로 경작한다.

(4) 관전(官田): 지방의 관청과 그 공직자, 공역자에게 지급하는 토지로서 그 관청이나 거기서 일하는 사람이 수조권을 갖든지 스스로 경작한다. 그리고 덧붙이면,

(5) 과전법이라 해도 일반 양민과 천민 농민은 급전대상이 아니었고,

(6) 공·사천민을 비롯하여 공상(工商), 매복맹인(賣卜盲人. 점치는 시각장애인), 무격(巫覡, 무당), 창기(倡伎, 창녀), 승니(僧尼) 등도 수전을 불허하였다.

위 (5)번 항목이 뜻하는 바는, 전 인구의 절대다수인 양인과 천민 농자를 수조지(收租地, 세금을 거두는 땅)의 분급대상에서 제외한 것은, 그들에게 점유지가 없다거나 공인하지 않은 것이 아니라, 수조지를 나누어 경작하게 하고 세금을 국가 대신 내게 하는 것이고, 일반 공전의 경작과 공조의 국고수납은 어떤 신분이라도 배제하지 않았던 것을 말한다.

그러면 이렇게 시작한 새로운 토지제도는 과연 어떤 성과를 거두었는가? 우선 전지개혁의 당면한 목표가 신진세력의 녹봉 보장과 군수의 안정적 확보였으므로 그 목표는 상당한 정도 충족하였다. 또한 전주와 경작인의 병작반수(並作半收)와 같이 수확의 50%를 수조로 납부하던 관행도 일단 금했던 것도 사실이다. 그리하여, 한 가지 통계에 의하면, 1392년 조선조가 출범하던 해(공양왕 3년)까지만 해도 전국 6도에 농지가 798,000여 결(結)이었던 것이 세종대(1418-1450)에는 1,195,000여 결로

49.8% 증가하였고, 국초의 세입이 약 40만석이었으나 태종 13년(1413)에는 351만석에 달하여 거의 8.8배나 늘었다고 한다(천관우, 1982: 173 – 174).

이를 두고 정도전이 자평한 내용을 보면 "비록 고인의 정제된 법에는 미치지 못했으나, 생각컨대 고려말의 폐법보다는 만만(萬萬) 좋아졌다"(雖不及於古人整齊田法 以爲 一代之典下 視前朝之弊法 豈不萬萬哉)라고 하였다(천관우, 1982: 174; 『조선경국전』「부전」경리). 여기까지가 새로운 과전법의 긍정적 결과다. 그러나 15세기 말에 이르면 과전법과 그에 준한 수조법에 의한 토지와 농민의 지배는 현저히 약화하기 시작하였다. 특히 과전을 둘러싼 갈등이 심화하고 땅주인과 경작인 사이의 대립이 격심했기 때문이었다. 이에 대처하기 위해 세종조 12년(1466)에 직전법(職田法)을 도입하여 토지 지급 대상을 아예 현직관으로 한정하였고 성종대에는 관수관급제(官收官給制)를 실시하여 전주의 직접 수조마저 지양하였다. 이 제도 역시 명종대에선 실행이 불가능해졌고, 임진왜란을 겪으며 이마저 아예 소멸하였다. 이로써 양반도 이제는 녹봉만을 받게 되자, 그 대신에 사적 소유지에 집중하여 부를 쌓아 가게 되었다(변태섭, 1986: 283 – 284).

조선왕조 개창(1392) 이후 약 80년이 지난 1474년(성종 5년)에 조선왕조의 제반제도의 기초가 되는 『경국대전』(經國大典)을 완성했다. 다만, 거기 담긴 토지와 전세제의 기틀은 그에 앞선 세조 13년(1467)에 초본을 반포한 바 있는데, 이때는 이미 토지사유를 공인하고 병작반수도 일반화하였으며, 게다가 농장(農莊) 즉 지배계급의 대규모 농입도 크게 증대하였고, 세율도 바뀌었으며, 과전법에서 그렇게 엄격히 구별하고자 했던 공전과 사전, 조(租)와 세(稅)의 구분도 혼용으로 흔들렸고, 결국 토지 국유의 이념을 앞세워 시행한 과전법이 80여년의 역사적 사명을 다하고 실질적으로는 붕괴한 뒤의 일이었다(천관우, 1982: 224).

2) 조선 중기

건국 초부터 성종대에『경국대전』체제로 정비한 조선의 제도와 물물은 16세기에 들어오면서 변화를 겪는다. 우선 이 시기에는 고려 말에 중국에서 도입한 강남농법에 힘입어 농업생산력의 향상이 있었다. 이를 바탕으로 유통경제도 발달하여, 지방의 시장의 확장이 일어나 전국적인 유통망도 갖게 되었고 대외무역에서도 사무역(私貿易)이 종래의 공무역을 압도하는 추세도 보였다. 이와 같은 경제력 향상에 편승하여 새로운 부유층으로 대두한 권세가들은 특히 세조의 왕위찬탈에 협조하여 공신으로 정치적 실권을 갖게 된 훈신(勳臣)과 척신(戚臣)이 주축을 이루었다. 이들은 고위관직의 독점은 물론 방대한 토지와 노비를 소유하게 되었다. 이들은 16세기 이래 이미 무력해진 과전법과 그에 의한 수조법의 붕괴를 기화로 토지의 집적과 농장의 확대를 실현하였고, 개간과 매득(買得)이라는 합법적 방법 외에 지방의 대규모 인원을 동원하여 해안지역의 둑을 쌓아 바닷물을 막고 경작지를 조성하는 언전(堰田)의 개발 등 불법적인 수단으로 축재를 감행하여 사적 소유지를 확보했다. 이런 대규모 토지는 외거노비(外居奴婢)나 전호(佃戶)에게 경작시켜서 병전반수제의 농장으로 경영하기도 하였다. 이러한 행태는 다른 한 편의 토지상실을 뜻하는 일이었고 토지를 빼앗긴 농민은 떠돌이로 전락하거나 대지주의 농장에 모여들어 소작농인 전호로 전락하였다(변태섭, 1986: 308).

이와 같은 훈척계열의 비리행위는 공납제(貢納制)와 부역제(賦役制)의 변질도 초래하기에 이르렀다. 재정정책 면에서 국가가 징수하는 것은 토지에 매기는 전세 외에 공물을 바치는 공납세와 몸으로 떼우는 부역세가 있었다. 공물은 주로 왕실과 관아의 용도로 각 지방의 토산물을 각 세대에 부과하던 것인데, 토산이 아닌 공물이나 농가에서 만들기 어려운 가공품, 어물 등은 현물을 사서라도 바쳐야 하는 것이었다. 토산물 외의 공물을 바쳐야 하는 상황을 이용하여 중간 상인이나 하급관리들이 공물을 대납하고 그 대가를 농민에게서 받아내어 중간에서 이득을 취하는 방식으로 농민의 상납에 끼어드는 방납행위가 15세기부터 만연해졌다. 여기에 국내외의 상업으로 부를 축적한 부류가 권세가와 결탁해서 이 방납을 독점하면서, 결국 농민들에게 더 많은 액수를 부담시켜 피해가 컸다. 그리하여 1569년 선조 2년에는 율곡 이이가 공물을 아예 미곡으로 대신 내게 함으로써 방납에 따르는 납공자들의 피해를 덜어야 한다는 제안을 한 일도 있었지만, 당시에는 이를 시행하지 않았다(변태섭, 1986: 309; 이홍직, 1982: 553).

부역제에서도 적정한 제도운영이 어렵게 되었다. 원래 부역은 몸으로 대신하는 신역(身役)인 군역(軍役)과 가구당 부역하는 호역(戶役)으로서 나라에서 관리하는 궁궐, 산능, 제언(堤堰), 성곽, 도로 등 토목공사나 채광 노동에 충당하기 위해 매년 일정 기간 노동에 종사해야 하는 요역(徭役)이 있었다. 여기에 세조 때에는 군역의 평준화로 군비 확충을 기하려는 보법(保法)을 시행함으로써 군역을 확대하기는 했으나, 요역을 부담할 인력이 줄었으므로 결국 군역부담자가 요역까지도 겸하는 문제가 생겼다. 이에 개개 군인은 과중한 부담을 면하고자 사람을 사서 대역시키는 방법으로 포(布)를 가지고 대신 집무하는 값을 치르는 일까지 하게 되었다. 이를 대립가(代立價)라 하는데, 이 값이 폭등하고 질이 떨어지는 악포마저 사용하는 등 군역 부담자의 처지가 더욱 열악해지는 결과를 가져왔다(변태섭, 1986: 309).

이런 비정상적인 일들이 발생함으로써 농민의 생활만 궁핍해지고 각지에서 유민과 도적이 창궐하는 현상이 나타났다. 이러한 내부적 변화에 더하여 임진왜란과 호란 등이 겹쳐 일어나는 과정에 땅과 인구와 가계를 초토화시킨 가운데 초기의 토지제도와 이에 기초한 수취제도의 개편이 시급해질 수밖에 없었다. 이에 정부는 경작지의 확충을 서둘러야 했다. 신분에 관계없이 개간을 장려하는 정책을 시행함으로써 농지 확대를 기하려 했고, 아울러 토지 규모를 늘리기 위한 양전사업(量田事業)도 곁들여 세원 증가를 도모하였다. 그러나 시행과정에서는 토지대장에서 누락한 은결(隱結)이 증가하였으므로 실효는 적었다. 게다가 전세 납부와 함께 여러 명목의 수수료, 운송비, 자연소모 등에 보충으로 부과하는 액수가 늘어서 결과적으로는 농민에게는 혜택이 돌아가지 못하였다. 요는, 이러한 전세를 원래는 땅 주인에게 부과하는 것이었지만 지주는 소작농민에게 전가시킴으로써 농민의 부담이 더욱 가중하게 되었다는 점이 문제였다(변태섭, 1986: 333－335).

결국은 임란 종전 이후 광해군 즉위년(1608년)에 이원익의 주장을 받아들여 경기도에서 시험적으로 실시한 새로운 제도가 대동법(大同法)이다(변태섭, 1986: 335). 대동법도 초기부터 찬반 양론이 격렬하게 충돌하는 가운데 점차 다른 지방으로 확대 실시하여 18세기 초(1708) 숙종 34년에야 거의 전국에서 시행하게 되었다. 대동법이란 공물을 각종 현물 대신에 미곡으로 통일하여 징수하는 제도다. 그러므로 그 기준도 소유 토지의 규모로 삼았다. 따라서 무전농민이나 영세농민은 이 부담을 면제받을 수 있었다. 그밖에도 미곡 납부가 어려운 지역에서는 일부 포·목·전(布·木·錢) 등으로 대신하도록 제도화 하였다. 이 제도로써 걷어 들인 쌀과 포목과 현금 등은 일부 지방 관아의 경비로 남겨 두고 대부분 중앙으로 보냈으며, 이를 관리하는 기관으로 선혜청(宣惠廳)을 신설하여 징수한 물품을 품종에 따라 지정한 공인(貢人)들에게 공물가(貢物價)로 지급하고 필요한 물품을 각 관방이나 관정에 공급하는 식으로 운용하였다. 여기서 주목할 것은 이러한 대동법으로 조세를 현금으로 납부하는 현상이 일어남으로써 상품 및 화폐 경제의 발달을 촉진하였다는 점이다(변태섭, 1986: 336－337).

여기에 더하여 초기의 군역제는 양민이면 누구나 군역에 참여해야 하는 병농일치의 제도 또한 16세기부터는 군역 대신 포(布)를 수납하는 방군수포제(放軍收布制)로 전환하면서 무너지기 시작하였고 군포제로 운영하게 되었다. 양란 이후 5군영의 수립으로 모병제가 제도화하자 양인 장정들의 대다수는 군포를 내는 납포군으로 바뀌었다. 문제는 이처럼 현물로 군역 같은 것을 면하게 하는 제도의 개편 과정에서 중앙과 지방의 관청이 각각 군포를 배당 받아 징수함으로써 일반 양민의 젊은이는 실상 2중, 삼중으로 부담이 늘어났고, 게다가 재정 압박을 기화로 군포액을 증가하거나, 군포 수납 실무에 종사하는 수령과 아전의 농간과 횡포가 심하여 그 피해는 격심하였다. 가령 16세기에 물의를 일으켰던 친족, 이웃에게서 대납 받는 족징(族徵)과 인징(隣徵)은 상례가 되었고, 거기에 더하여 죽은 사람에게 군포를 징수하는 백골징포(白骨徵布), 어린아이를 편입시켜 징수하는 황구첨정(黃口簽丁) 등의 피해를 자행하였다. 또한 양정 중에 부농, 중농 등은 다른 방식으로 양반 신분을 취득하여 군역에서 벗어나기도 하였다. 이런 상황에서 농민의 떠돌이 유망(流亡)이 격증하였다(변태섭, 1986: 337－338).

이러한 병폐에 대처하고자 양역변통론(良役變通論)을 제기하여 논란 끝에 균역법(均役法)으로 낙착하였다(영조 26년 1750). 우선 농민의 군포를 절감해주고, 그 대신 다른 방식으로 이를 보충하도록 하되, 그 방향은 일단 농민의 군포부담을 반감시키고자 하는 것이었다. 그럼에도 소작농민의 경작지에까지 부과하기도 하고 수입 증대를 위해 양정의 숫자(良丁數)를 터무니없이 높여 책정함으로써 농민의 부담은 다시 커지게 되었다. 요컨대, 이 같은 균역법의 실시에도 불구하고 군정의 문란은 다시 농민의 삶을 위협하는 방향으로 흘러갔다(변태섭, 1986: 338－339; 한우근, 1961).

3) 조선 후기

이제 17세기 이후가 되면 경제성장과 그에 따른 사회구조적 변동이 일어나기 시작하였다. 농지 개간을 중심으로 농경지의 총 면적을 전란 이전의 수준으로 회복할 수 있었고, 거기에 직파법(直播法)에서 이앙법(移秧法)으로 전환이라는 농법의 개량으로 노동력을 절감하고 생산력을 배가하는 효과를 거두게 된다. 수전에서는 이앙법이 이모작을 가능케 하여 농지이용도를 높임으로써 농민의 소득을 증대하게 하였고, 한전(旱田) 농업에서도 비슷한 변화를 경험하였다. 게다가 저수지의 확충, 시비법의 개발, 농기구의 개량 등으로 신작물의 도입과 재배가 확산하면서 농업생산의 전문화와 다양화도 일어났다. 나아가 당시의 상품화폐 경제의 발달과도 관련하여 시장을 상대로 곡물은 물론, 직물, 채소, 유채류, 약재, 연초, 석류(席類) 등을 재배하는 상업적 농업을 시행하여 부를 증대시키는 농가도 늘어났다. 여기에 소요하는 노동력은 임노동이 기본이었고 이런 형태로 성장한 새로운 계층을 경영형 부농이라 하였다(변태섭, 1986: 340-341).

이러한 농업생산 체제의 변동과 농업 생산의 증대는 지주제에도 변화를 가져왔다. 양반 지배층은 농지 개간에 필요한 노동력을 백성들 사이에서 모집하여 고용하였고 개간의 대가로 해당 토지의 보유권, 즉 소작권을 주었다. 이러한 지주-전호 관계는 종래의 부역노동이나 압량위천(壓良爲賤) 같은 방식을 허용하지 않는 상황에서 성립했으므로 지배예속 관계가 아니라 지주와 소작인(전호) 관계로 진행하였다. 또한 대규모 경영형 농업에는 소작농이 참여하였고 이들 중에도 지주로 성장하는 서민지주가 출현하기도 하였다. 지주제의 변화로 지주권이 약화하고 전호권이 성장하는 현상과 아울러 상품화경제의 발달과 병행하여 지대(地代) 형태도 과거의 분반타작(分半打作)이 원칙인 정율지대인 타조법(打租法) 대신에 정액제인 도조법(賭租法)으로 바뀌었으며, 일부 지역에서는 화폐지대인 금납제(金納制)도 등장하였다. 이로써 소작농은 지주의 간섭에서 벗어나 자유로운 농업 경영을 할 수 있게 되었으니, 이것이 지주-전호 관계가 경제적 성격을 띠는 것으로 진전한 모습이었다. 그러므로 이 중에서 서민지주가 출현할 수 있었던 것이다. 문제는 이와 같은 지주-소작인 관계의 변화로 지주-전호 간의 이해관계로 인한 갈등이 격렬히 일어나게 되었고, 여기서 항조투쟁(抗租鬪爭)으로, 끝내는 민란으로 발전하였으며, 이것이 마침내 지주제 타도와 사회경제적 불평등 해결을 추구하는 일대사회운동으로까지 전개하게 되었다는 점이다(변태섭, 1986: 341-342).

이러한 농업 부문의 변화에 수반하여 상품·화폐 경제와 수공업 및 광업의 진전도 함께 이루어지면서 결국은 조선 후기의 사회계층의 분화를 초래한 것을 주목할 필요가 있다. 단적으로, 그 변동의 양태는 우선 경영형 부농과 서민지주, 상업자본가와 임노동자, 그리고 독립 자영수공업자 등 새로운 계층의 출현으로 나타났고 이로써 종래의 신분제의 붕괴, 농민층과 양반층의 분해, 노비제의 해체 등을 결과하였기 때문이다. 농민층은 주로 지주와 무전농민, 빈농의 발생을 의미하고, 이렇게 몰락한 농민은 유망하거나 임노동자로 전락하였다. 양반층 안에서도 직전제의 폐지, 노론 일당전제와 세도정치가 양반관료정치의 파탄을 가져옴으로써 몰락하는 잔반(殘班)이 발생하였던 것이다. 이 잔반은 생계를 위해 결국 소작 전호가 되든지, 상업과 수공업으로 전업하는 처지에 놓이게 되었다. 이로써, 제Ⅶ장에서 후술하겠지만, 사회계층의 구조는 대체로 숙종 16년 17세기 말(1690)에서 철종 9년(1858)의 19세기 중엽 사이에 양반층은 전체 가구 중에서 9.2%에서 70.3%로 증가한 데 반해, 상민층은 53.7&에서 28.2%로, 노비도 37.1%에서 1.5%로 격감하는 현상으로 변질하였다. 중요한 것은 노비제의 해이가 양반사회의 체제를 그 기반에서부터 동요하게 하는 요인이 되었다는 사실이다(변태섭, 1986: 351).

2. 경제 관련 사상의 지향

이러한 사회경제적 변동의 소용돌이 속에서 조선조 후기의 실학이 싹트게 되었음을 주목하고자 한다. 주로 당쟁에서 밀려나거나 토지제도의 변경이 가져온 일부 양반의 몰락 과정에서 중앙정부에 진출할 기회를 박탈당한 선비 집안 출신 중에서 실학이라는 새로운 유학의 학맥을 이루는 인물이 두드러지기 때문이다. 지금까지는 조선 사회의 경제적 기반인 토지제도를 중심으로 경제사회적 조건의 변천을 개괄적으로 살펴보았고, 이제부터는 조선 선비의 경세사상을 본격적으로 다루고자 한다. 그러자면 다시 실학사상을 집중적으로 고찰할 수밖에 없다. 이 말은 경제관련의 이론적 업적은 역시 실학파에서 본격적으로 시도하였고 그 전 시대의 선비 중에서는 보기가 쉽게 나타나지 않는다는 뜻이다. 아마도 건국 초기의 삼봉 정도전 같은 사상가 외에는 유일한 예가 율곡 정도일 것이다.

1) 율곡의 경제개혁관

율곡도 특별히 경제문제만을 집중적으로 취급한 문서가 없고 왕에게
진언하는 글 속에서 다루는 정도다. 그중 일부는 앞장(제V장)에서 정치와
정책을 논할 때 특별히 경제 분야와 직결하는 몇 조목을 다음과 같이 소
개한 바 있다: (1) 민생을 괴롭히는 방납의 시정; (2) 왕실 사유재산의
억제와 왕실 경비 경감; (3) 문무합일의 국방정책으로 양병(養兵)을 위해
양민(養民)에 힘쓰는 병농일치 추구; (4) 군포(軍布)에 대한 족징과 인징
금지 등이다. 결국 경제문제의 핵심은 공납제도와 군정의 두 부문에서
찾는다. 여기서는 이 문제를 간략하게 짚고 넘어가려 한다(안재순, 2002:
360 – 362).

첫째, 공납 혹은 공안(貢案)의 정책은 크게 두 가지를 다룬다. 하나는
진상(進上)으로 임금에게 올리는 음식(어선, 御膳)에 사용할 물자이고 다
는 하나는 공물(貢物)인데 궁중의 재정을 위한 재원조달의 방편으로 각
지방의 특산물을 바치는 제도였다. 그런데, 앞에서도 간략히 소개했지만,
특정 지방에서는 나지도 않는 특산물까지 무리하게 징수하는 관행 때문
에 공물방납이라는 관행이 생겨났다. 그런 물건을 힘 있는 부호와 이예
(吏隸: 지방 하급관리와 노비) 등이 필요한 특산물을 일단 독과점한 후 자
기네가 바쳐야 할 특산물을 구하지 못한 백성들 대신에 관청에 납부해
주고 그 백성들에게 심하면 백배 이상의 값을 수탈하는 것을 납방이라
하였다.

둘째, 군정 문제는 군역을 이행하지 못하는 이들에게 그 대가로 군포
를 내게 하는 제도에서 발생한다. 이 또한 각급 장교들이 군역을 채우지
못하는 자를 못살게 굴어 군포를 내고 군 면제를 받게 유도하거나 군 인
사 시에 뇌물을 받거나 하는 각종 비리가 성행하였던 것이다. 농민의 처
지에서는 군 복무는 시간도 없는 데다 몸이 고달프고, 군포는 경제적 부
담이 크다는 압력에 부딪치게 되는 것이다. 그 압력이 너무 심해지면 파
산하여 도망하는 농민이 생기는데 납세자가 도망하고 부재중이면 친척에
게 물게 하는 족징, 친척도 없으면 이웃이 떠맡는 인징이 성행했는데, 이

런 현상이 악화함으로써 마을이 황폐해지고 극단적인 상황에서는 이렇게 생긴 유리민(遊離民)이 도둑으로 변신하기 쉽고, 더 심해지면 민란으로 이어지는 사태까지 갈 가능성마저 율곡은 경고한 것이다.

그러면 그런 현상에 대처하는 방책은 무엇인가? 위에서 열거했지만, 무엇보다도 검소한 생활로 궁중의 예산을 줄이도록 공안 자체의 개정을 제안하였고, 그런 예산절약을 위해 궁중 재산관리 기구인 내탕(內帑)과 내수사(內需司)를 폐지하며, 방납 등의 폐단을 없애려면 아예 모든 공납용 특산물을 쌀로 수납할 것을 주장하였다. 이런 제안은 후일 대동법에서 채택하게 된다. 군정의 문란과 하급 관리의 부패는 근본적으로 저들의 고정급여가 결여하는 데서 연유한다고 본 율곡은 기본급을 책정해주되, 그래도 위법행위가 있으면 엄벌에 처할 것을 강조하였다. 그리고 율곡은 이러한 정책의 내용적인 개혁뿐 아니라, 그러한 공안과 군정의 문제와 그에 따르는 비리와 부정으로 백성들이 유리함으로써 마을이 빈 고을로 변질하는 현상에도 관심을 보였다. 작은 고을을 병합하여 불필요한 관원의 수를 줄이면서 동시에 백성의 공물과 요역(노동력 부역)의 부담도 줄일 것도 제안하였다.

이러한 문제제기와 해결책의 제공에도 불구하고 그의 개혁안은 조정에서 받아들이지 않았고 이로 인해서 율곡이 한계를 느끼고 관직을 사직하고 낙향하려 했을 때 당시 부제학이던 박순(朴淳)이 임금에게 그를 만류하라 요청하였으나 선조는 다음과 같이 이를 거부한 일화가 있다. "임금이 이르기를, 이 사람은 교격(矯激)하고 또 그가 나를 섬기려 하지 않는데, 내가 어떻게 억지로 머무르게 할 수 있겠는가?" 하였다(안재순, 2002: 365).[4]

여기서 율곡을 특별히 거론한 까닭은 조선 후기 실학파가 율곡의 경세학을 조종으로 여기고 있다는 점을 상기하고자 함이다. 그중 대표적인 인물은 지봉 이수광, 반계 유형원, 성호 이익 및 다산 정약용 등이다. 율곡의 경세사상은 후기실학의 경세치용학파의 직접적인 원류라는 평가가

---

4) 李珥棄官歸鄉 珥旣遞 副提學朴淳 每御經席 薦其賢且才可用 且渠不欲事子 子何爲强留乎(『율곡전서』「경연일기」2, 선조 9년 2월조; 안재순, 2002: 365, 각주 26).

나오는 이유다. 특히 다산은 다음과 같이 구체적으로 율곡의 실학적 사상의 의의를 지적하였다(안재순, 2002: 375).

우리나라의 선배 가운데 오직 문성공 이이만이 공안을 개정하고 군적을 고치고 십만의 군사를 길러야 한다는 이야기를 임금 앞에서 간곡하게 개진했으니, 이야말로 진실로 실용성 있는 학문이다.[5]

그러면 지금부터는 실학자 중에서 앞장에서 살펴본 반계, 성호 및 다산의 경제개혁론 등을 중점적으로 고찰하기로 한다.

2) 반계의 경제개혁관

(1) 토지제도 개혁안

반계의 개혁론은 이미 앞장(제Ⅴ장)에서 일부 언급하였고, 거기에는 토지개혁의 원칙만을 담았으므로 여기서는 그 내용을 좀더 자세히 살펴볼 것이다. 무엇보다도 반계의 토지개혁론은 실상 사회개혁론의 핵심이라고 할 수 있다. 그는 자신의 주 저서인 『반계수록』에서 다음과 같이 "토지는 천하의 대본"임을 선언하고 있다(신용하, 1997: 252).

후세에 이르러 전제가 허물어지고 토지의 무제한 사유겸병이 가능하게 됨에 따라 모든 정치는 어지럽게 되었으니 실로 정치란 토지제도에 좌우되는 것이다. 그러므로 아무리 좋은 정치를 하려는 군주가 있다 할지라도 만약 전제를 공정히 하지 못하면 백성들은 항산(恒産)이 없게 되고 부역을 균평히 할 수 없으며 풍속을 돈후하게 할 수도 없을 것이니 이래서야 좋은 정치가 될 수 없는 것이다. 어째서 그런가? 토지는 천하의 근본이니 잘되면 모든 것이 잘될 것이며, 근본이 문란하면 모든 것이 따라서 문란에 빠지고 말 것이기 때문이다.

역시 같은 취지로 토지가 천하의 근본임을 해명하는 내용을 소개하면

---

5) 我東先輩 唯文成公臣 李珥改貢案改軍籍養兵十萬之說 申申然陳於上前 眞是有用之學也(『與猶堂全書』, 제5책, 「경세유표」, 7; 안재순, 2002: 376, 각주 60).

다음과 같다(천관우, 1982a: 191－192).

> 경계(토지의 점유관계)가 똑바르면 만사가 필한다…전제(토지제도)를 바로잡
> 지 않으면 민산(민중의 경제생활)이 끝내 떳떳하지 못할 것이요, 부역(조세·
> 공물·역역)이 끝내 고르지 못할 것이요, 호구가 끝내 밝혀지지 않을 것이요,
> 군오(軍伍, 징병)가 끝내 고르지 못할 것이요, 송사가 끝내 끊이지 않을 것이
> 요, 형벌이 끝내 덜하지 않을 것이요, 회뢰(賄賂, 뇌물)를 끝내 막을 수없을 것
> 이요, 풍속이 끝내 도탑지 못할 것이니, 이와 같이 되고도 정치와 교화를 행한
> 다는 것은 있을 수 없는 일이다. 그 까닭은 무엇인가? 토지는 천하의 대본이기
> 때문이다.

그런 토지정책이 조선 초의 과전법에서 출발하였으나 이마저 제대로
시행을 보지도 못하고 세습, 사유화 및 일부층 집중이 공공연한 사실이
되어 가고 있었다. 이를 두고 반계는 다음과 같이 묘사하였다(천관우,
1982a: 192).

> 부자의 땅은 경계가 서로 잇닿아 끝이 없고, 빈자는 송곳 하나 세워 놓을 만한
> 땅도 없게 되어, 부익부 빈익빈으로, 급기야는 모리하는 무리들이 이 토지를
> 모조리 갖게 되는 한편, 양민은 식솔을 이끌고 떠돌아 다니다가 머슴살이(傭作
> 之人)로나 들어간다(『반계수록』「전제」하).

이런 현실에 대면하여 앞장에서도 간략하게 언급한대로 반계는 기본
적으로 경자유전(耕者有田)의 이념을 살리는 토지개혁을 주장하였다. 이
를 위해서는 『주례』에서 유래하는 정전법(井田法)을 시행하면 이상적이
지만 지형상 우리나라 현실에 부적합한 점이 있음을 시인하였다. 정전법
이란 토지를 우물정자(井) 모양으로 아홉 조각으로 공평하게 잘라서 가운
데 땅은 공동으로 경작하여 그 소출을 나라에 세금으로 바치고 나머지
여덟 조각의 땅을 여덟 가구에서 각각 하나씩 경작할 수 있게 분배하는
식이다. 이런 방식은 우리나라의 땅이 중국처럼 넓고 평평하지 못하다는

지형적인 조건 때문에 당나라 제도인 균전법(均田法)을 원칙으로 하면서 정전법의 실효도 거둘 수 있는 제도를 구상하고자 하였다. 그리하여 그는 "토지의 국유를 원칙으로 함으로써 토지의 일부층 집중이나 무전농민의 발생과 같은 현상이 일어날 수 없도록 하려는" 정책을 제안한 것이다. 그리고 "부유층에는 토지개혁에 반대하는 경향이 농후할 지 모르나 국가의 대계를 위하여 '극형으로 임하는 한이 있더라도' 이를 단행해야 한다고 그는 역설한다."[6] 이를 두고 성호 이익은 후일 반계의 급진론이 비현실적임을 지적하기도 하였다(천관우, 1982a: 193).

여기서 반계의 토지개혁론을 상세하게 해설할 필요는 없고, 요점만 간추리면 초기의 과전법과 본질은 유사하다. 즉 우선적으로 국가기관에 일정한 토지를 배정하고, 사대부에게는 품계에 따라 일정한 비율의 토지를 주되, 그 분배와 회수의 절차를 철저히 규정하였다. 다만 여기에 한 가지 추가한 특이한 조건은 일반 농민에게도 일정한 분량의 토지를 준다는 것이었다. 이때 그 규모는 적어도 '공적인 부담을 내고도 가계를 세울 수 있는 수준'이라는 것이 주목할 만하다. 이점은 농민에게 분배하는 조항이 없었던 고려 말의 과전법과는 차이가 있다. 여기서 그가 주장한 경자유전의 이상을 실현하고자 하는 의지가 드러난다. 사대부에게 나누어 주는 토지도 겸병(兼併)의 여지를 두지 않고자 자신이 부리는 노동력을 활용하여 경작해야지 식세(食稅, 賭租를 받아먹는 조세)를 받는 전주와 경작자(佃客)의 관계를 인정하지 않도록 하였다. 그리고 토지의 구성형태도 정방형으로 구획을 하고 농로와 수로 등을 정비하는 정전법의 원리를 살리고자 경지정리도 할 것을 제안하였다.

이러한 토지개혁안의 내용을 조금만 더 살펴보기로 한다. 우선 토지개혁의 네 가지 원칙이다(천관우, 1982b: 248-249; 신용하, 1997: 254-256).

---

6) 古井田法 至矣…苟能因今之宜 酌古之意 而行之有法 地形不必寬 而制無不可 公田不必 置 而可爲什一 采地 不必設 而各其有養…雖不劃爲井田 而井田之實 俱在其中(『반계수록』「전제」상; 천관우, 1982b: 247); 或曰 此法 固悅之者衆 然豪富未免奪利 則不無作亂之端乎 日此則必無之理也…設有奸濫專利者 或懷怨懟 將誰與爲亂 設謂出於必不然 而或有作亂者 自伏其誅而已…天理所在 雖有誅殛討伐之勞 亦所不辭(『반계수록』「전제」하; 천관우, 1982b: 247).

첫째는 옛법의 '이전위본'(以田爲本) 원칙이다. "토지분배의 기준을 사람에 두는 것이 아니라 토지에 두어, 모든 농민이 균일하게 농지를 갖도록 하자는 것이며, 군역·세부 또한 토지를 대상으로 일률적으로 과하자는 것"이다. 이렇게 토지를 기준으로 세를 받고 군역을 부담하면 혹 사람이 사망해도 땅을 대신 경작할 사람은 있으므로 나라에 폐가 없고 백성에게도 무산의 부역이 없어도 좋은 장점이 있다는 말이다.[7]

둘째는 '일부일경 사경일병'(一夫一頃 四頃一兵)의 원칙이다. 토지 분배의 원칙으로, 20세 이상 농민 1인에게 1경을 나누고 소정의 세를 부담케 하며, 4경을 4명에게 공동책임의 단위로 삼아 그중 1인이 병역에 나가면 나머지 3인이 그 비용을 감당하는 보(保)가 되게 하는 방법이다.

셋째로, '경무법'(頃畝法)의 채용이다. 세수의 기준과 관련하여, 이전까지의 결부법(結負法)은 수확량에 의거하여 토지면적을 표시하고 세수를 정하는 이세위주(以稅爲主)의 방식이었는데, 같은 등급이라도 비옥한 땅은 상대적으로 좁게 책정하고 척박한 토지는 넓게 지정하는 이중성을 내포한 방법이었다. 따라서 여기에 관리들의 중간수취가 극심한 폐단이 드러났으므로, 이지위본(以地爲本)의 경무법은 각등급의 땅의 넓이는 동일하고 세수에 차등을 두는 방식을 채택할 것을 주장하였다. 자세한 계산법은 생략한다.

넷째는 화방성경(畫方成頃)의 원칙이다. 그가 숭상하던 정전법의 우물정자 모양의 구획법(方里而井)의 원리를 따르되, 토지구획을 정확하게 자르기 어려운 지형에서는 주변 토지를 정비하여 처리하고, 도로와 냇물을 경계로 사용하면서 한가한 철에는 땅을 돋우는 동시에 냇물을 트는 등 경지정리를 하는 봉토개구(封土開溝)로써 표식을 만들게 한다는 것이다.

여기서 구체적인 균전제의 토지분배 방식을 나열할 필요는 없고 대강 어떤 종류의 토지를 어떤 집단에게 배분하는지를 요약하기로 한다.

---

7) 古法 以田爲本 計田出賦 人在其中 故正其經界 隨人所受 而無弊…以地出稅 以地出役 則人或死亡 而地有常 所耕者代之 故國無漏戶之弊 民 無無産之役(『반계수록』「전제」하; 천관우, 1982b: 248).

① 농민에게 분배하는 토지

• 군전: 토지개혁안의 핵심으로, 모든 양인 농민에게 균일하게 분배, 출세출역(出稅出役) 의무 부여, 병농일치제

• 이예전(吏隸田): 지방 관리와 종, 노비에게 토지 분급, 세금만 수조하는 제도

• 기타 특수전: 특수한 직역을 관장하던 하급 관리 등에게 지급, 세금과 출역 부담

② 왕실에 분배하는 토지: 궁방전(宮房田)은 대군, 군 등 직계 왕족과 군주, 현주 등 지방의 왕족에게 분급한 토지

③ 사족(士族)에게 분배한 토지

• 직관전(職官田): 현직 관리(정1품~종9품)에게 품계에 따라 분급, 특수한 임무로 녹과(祿科)를 주되 파직 후에는 녹과는 소멸

• 사전(士田): 사대부 계층에 각종 지위에 따라 분급하는 전지로 출세는 하되 출역은 면제

④ 각 종 아문(관청)에 분배하는 토지

• 영진전(營鎭田): 각 지역의 각종 군사 진영에 분급하는 토지로 면세, 면역

• 학전(學田): 각 지방의 교육기관에 분배하는 토지로 면세, 면역

• 기타 아문전(衙門田) : 기타 특수한 기능을 하는 군사, 교육, 교통, 보건 등의 기관에 분급하는 토지로서 면세

이상의 간략한 토지제도 개혁의 내용을 두고 현재의 관점에서 평가하자면, 아래와 같다(신용하, 1997: 261－264; 천관우, 1982: 252－256).

첫째, 반계의 토지개혁안은 기본적으로 신분제를 인정하였다는 점을 들 수 있다. 사대부와 양인 농민을 구별하였고, 양반 사대부 계층 안에서도 지위와 품계에 따라 차이를 두었다는 점에서다.

둘째, 그의 이상형은 정전제였으나 기본적으로는 공전제의 균전제를 채택하였다.

셋째, 반계는 과거 궁방전의 팽창을 제약하려 시도했으나 일정한 예외를 둠으로써 완벽하게는 성공하지 못하였다.

넷째, 신분제에 기초한 균전제이므로 지주소작제도의 잔존을 근원적으로 막지는 못한 점이 한계다.

다섯째, 궁방과 아문 등에 분급하는 토지의 팽창은 막겠지만 무토수세지를 예외로 두었다는 점에서 규모만 축소했지 폐지하지는 못한 한계가 있다.

여섯째, 그의 토지개혁론은 중앙집권적 권력의 강화와 그에 의거한 토지재분배의 개혁을 강조했으나 재정을 호조로 통일하는 재정의 중앙집권화는 불철저하게 구상한 것이 역시 부분적인 개혁이라 할 수 있다.

그리고 일곱째, 그는 토지국유의 원칙으로 회귀하는 이론을 적용하려 했지만, 현실적으로 도도히 전개하던 토지사유화의 흐름을 극복하는 데서는 문제점을 남기고 있다.

그러한 제약에도 불구하고 반계의 이러한 토지개혁 사상은 당대의 기준으로는 가히 혁명적이라 할 내용을 담고 있었다. 특히 왕실과 사대부 양반, 그중에도 고위층 관료의 토지 독과점과 각종의 관리에 의한 중간 착취의 관행 때문에 심히 문란해진 제도를 시정해야 한다는 점은 그의 농촌 생활의 일상에서 예리하게 관찰한 데서 나온 발상이라는 사실을 고려하면 참으로 시대를 앞서가는 생각이었다고 할 만하다. 다만, 주지하다시피 그러한 탁견임에도 현실적으로는 그의 제안을 받아들여 개혁을 실제로 추진할 상황이 아니었다는 것은 지극히 허탈할 따름이다.

(2) 공납제도

경제정책의 두번째 요소는 공납제도다. 토지를 농민에게 주는 것은 국가가 농민에게 요구하는 어떤 부담을 정당화하는 근거가 된다는 것이 반계의 생각이었다. 그러한 국가 재정의 기초는 토지를 대상으로 하는 조세 부담, 공물을 납부하는 책임, 그리고 노동력이나 그를 대신할 물품을 제공하는 역(役) 또는 용(庸)의 세 가지였다. 공납제는 공부(貢賦), 공조(貢調) 혹은 공안(貢案) 등으로도 부른다. 여기에도 원칙적으로는 왕을 향해 지방관이 예의로 올린다는 예헌(禮獻)이라는 의미를 띠는 진상(進上)이 있지만 이것도 국민의 관점에서는 일종의 공물이었다.

공물은 이미 밝힌 대로 궁중이나 관청에서 소용하는 물품을 현물로 바치는 것으로, 대개 지방의 특산품을 중심으로 제공하였는데, 여기에 중간착취의 방법인 방납이 끼어들고 불합격품 대신 신규공물을 명할 수 있는 관리의 뇌물 요구 등 풍습이 심하여 막대한 민폐를 낳았다. 이런 현상은 이미 널리 알려진 일이거니와, 그나마 공물은 진상에 비하면 나은 편이었다. 이를 반계는 다음과 같이 한탄조로 지적하였다(천관우, 1982a: 195).

> 진상 때문에 저 빈한한 촌락에 관리들이 들이닥쳐 남녀 할 것 없이 묶고 때리고 아우성을 쳐도 어디에 호소할 수 없는 실정을 만일 상감께서 한 번 보신다면, 아무리 마음에 합당하신 진상물이라도 두려운 생각에 그것이 목에 넘어가지 않으실 것이다(『반계수록』「전제후록」하).

> 우리나라의 진상이란 일정한 기준이 있는 공납도 아니요, 그것을 맡아 있는 관청이 따로 있는 것도 아니어서, 매일 차려 올리는 데 서울의 각관청이 저마다 나서고, 달마다 진상을 하는데 외방의 각 고을이 저마다 분주하여, 국가만사에 진상 관계의 사무가 십중 팔구는 될 법하다(『반계수록』「전제후록」상).

앞서 밝힌 바, 임진왜란 후 대동법을 실시하기 시작하여 공물의 폐단은 어느 정도 시정을 보았으나 진상은 여전히 왕조 말까지 지속하였다. 이에 반계는 대동법에서도 진일보한 주장을 하였다. 노동력 제공을 제외한 모든 현물 공납의 경제적 부담은 '경세'(經稅)라는 이름으로 통일하자는 제안을 한 것이다. 가령 왕실이나 관청이 필요한 물품은 경세를 정할 때 일정한 비목을 설정하여 상인에게서 사들이라는 것이었다. 그 경세의 비율도 수확의 20분의 1로 한다고 제안하였다. 이렇게 중간착취를 근절하도록 정부기구도 간소화함으로써 재정에는 문제가 없다고 숫자까지 제시하면서 이를 주장하였다. 다만 진상은 1년에 1회, 연초에 적은 물건이라도 정성껏 바칠 일이라는 원칙도 제시하였다(천관우, 1982a: 195－196).

조세제도에서도 토지면적과 수확의 계량법인 결부법을 폐지하고 대신에 경무법을 제안하였다. 이는 일정한 토지면적에서 나오는 수확량에 따라 세액을 정하는 방안이다. 결부법이 수확량으로 면적 단위를 추정하는 방식인데 여기에는 비옥한 땅과 척박한 땅의 상대적 여건을 무시해야 하는 한계가 있어서 담당 관리의 농간과 중간착취의 여지가 컸으므로 이를 근본부터 시정하려 한 조처였다. 전세의 세율도 토질을 기준으로 한 계량법과 당년의 풍흉에 따라 차이를 두던 방식을 지양하고 징수관리의 자유재량을 줄이는 방향으로 시정하자고 제안하였다. 그리고 세납 방법에서도 주로 정제한 곡식으로 하던 것을 피곡(皮穀)으로 하여 도정 과정의 민폐를 줄이도록 하였다(천관우, 1982a: 196).

3) 성호의 경제개혁 사상

성호 이익의 경제관은 여타 실학자와 한 가지 다른 점을 보인다. 그의 경제사상은 단순히 토지제도와 공납제도 등 현실적인 제도나 정책의 문제를 다루기 전에 인간의 경제행위의 근본적인 문제로 재부(財富)의 의미를 천착하는 일종의 철학적 접근을 비롯하여 화폐경제의 문제와 경제활동의 전반적인 조건 등에 관한 이론적 평론까지도 시도하였다는 것이 특이하다. 그런 기초 위에 토지제도 등 구체적인 정책을 제안하는 것이 인상적이다. 그러므로 여기에서는 그러한 접근법에 따라 순차적으로 고찰하는 방식으로 논의를 전개하기로 한다.

(1) 경제철학과 일반 경제론

성호의 경제철학은 우선 도대체 재(財, 재산)라는 것과 부(富, 부유함)라는 것이 어떤 의미를 지니는 현상인지를 탐구하는 데서 시작한다. 가장 근원적으로는 세상의 재산이란 원래 토지에서 나오고 부도 인간이 직업에 종사하는 노력에 근거함을 밝힌다. 그러므로 재산의 문제는 정치에서 토지제도보다 더 막중한 것이 없다는 것이다(한우근, 1987: 204).[8] 그

---

8) 財者 原於地 成於力(『성호선생문집속록』16, 「삼두회시서」; 한우근, 1987: 204); 財 出於田 故政莫大於田制(『성호사설류선』4하, 「인사편6」; 한우근, 1987: 204); 富者

런데, 재산이 있으면 부자고 직위가 높으면 귀인이지만 사람은 본래 신분을 막론하고 빈천에서 시작하지 재부와 고위직이 애초부터 수반하지는 않는다. 요컨대, 천자든 왕자든 사대부든, 작위(爵位, 벼슬) 같은 걸 타고 나는 게 아니니, 누군가 노력하는 이에게 의지해야 재산을 누릴 수 있기 때문에 녹을 주고 땅을 나누는 까닭은 직접 생산에 종사하지 않는 치자계층에게는 관작을 주어 직임을 맡김으로써, 소인에게는 직접 경작에 종사함으로써 각기 자신의 업을 얻어서 안정시키고자 함이라 하였다. 특히 신료는 작위와 녹봉으로 부귀를 누리는 것이라 하였다. 사대부가 부귀를 누리는 것은 기회에 따른 것이지 원천적으로 당연한 것이 아님을 강조하였다. 그러므로 토지는 원칙적으로 국유이고 공전이라 하여 '왕자공야'(王者公也)이므로 국토는 왕토이고 천하지전도 곧 왕전이라 함으로써 사유권을 인정할 수 없다는 관념이 깃들어 있다(한우근, 1987: 205 – 206).9)

그러나, 성호는 부귀를 갖고자 하는 욕구란 인간의 본능이라 하고 부귀 중에도 귀는 부를 겸할 수 있으므로 귀를 향한 욕구가 더 강하다는 것이다. 그래서 인간의 소원은 관작이 가장 웃길이라는 결론을 내린다. 다만 재물이 있으면 곧 권력이 생기고 따라서 토지를 많이 소유하면 힘이 된다는 뜻에서 역시 관작의 욕구가 가장 강함을 암시한다(한우근, 1987: 206).10) 여기까지가 인간의 욕구에 관한 서술이고 이제 성호는 그럼 그러한 재부와 윤리 또는 인간의 덕성은 어떤 관계로 보아야 하는지를 묻는다.

먼저 그는 재부와 어진 마음(仁)이 어떤 관련성이 있는지를 궁구한다. 본시 '인'이라는 덕성은 인간으로서 다른 사람을 배려하는 마음씨를 가리키는데, 이때 열심히 노력하여 재물이 많아진 부자가 '인'을 제대로 실행

多財之稱 財從業出 業因力起(『성호사설류선』2상, 「인사편1」; 한우근, 1987: 204).

9) 有財謂之富 有爵謂之貴 人生墮地… 無爵與財 故曰天子之元子猶士 是則人以貧賤爲本也(『성호사설류선』2상, 「인사편1」;『성호선생문집속록』16, 「삼두회시서」); 制祿分田 君子任職 小人食土 各得以安其樂(『성호사설류선』3상, 「인사편3」; 한우근, 1987: 205).

10) 富貴之欲 惟人有也…貴尊而富賤 貴又可兼富 故貴之欲 甚於富也(『성호사설류선』2상, 「인사편1」; 한우근, 1987: 206); 人之利願 官爵爲上(『성호사설류선』5상, 「인사편8」; 한우근, 1987: 207); 有財則有權(『성호사설류선』2상, 「인사편1」; 한우근 1987: 207); 田多則有力(『성호사설류선』4하, 「인사편6」; 한우근, 1987: 207);

하려면 종족과 이웃뿐 아니라 길거리의 걸인까지도 당연히 베풀어야 하는데, 아무리 부유하다 해도 한계가 있으므로 무제한 충족할 수도 없고, 그렇다고 인색하게 굴면 사람의 마음을 상하게 하니, 원래 부라는 것은 '인'과 겸할 수가 없다는 논리를 편다. 그래서 맹자가 노나라의 양호(陽虎)라는 사람의 말을 인용하여 말한 바, "부자가 되려면 인자할 수 없고, 인자하려면 부자가 될 수 없다"라는 논지를 소개한다(한우근, 1987: 207－208).[11]

　　이러한 딜레마는 인간의 사회생활의 맥락에까지 영향을 미친다는 점도 성호는 분명히 한다. 물론, 정당한 노력에 의해서 치부한 것이면 '인'에 거리낄 까닭이 없지만, 천하의 사람이 이익이 되는 바를 욕구하는 일은 다 마찬가지인데 제한적인 이익이 되는 보배(利寶)를 독점하고 양보하지 않는다면 이는 사회에 해를 끼치는 일종의 사회악으로 여길 수도 있다는 것이다.[12] 요컨대 부자가 사람들의 원망을 사게 되면 비방이 생기고 또 화가 미치게 되어 내몸이 망하는 처지에 이를 수가 있으며, 또 한편으로는 재물이 있다고 낭비하고 사치하게 되면 나라가 쇠망하는 소이가 될 수도 있다는 것이다. 그러므로 군자는 이해인부(利害仁富)의 관계를 몸소 체험하고 배려하는 자세를 갖춘다면 과실이 없는 것이 될 터인데, 그래도 재산이 많이(財富) 있으면서 덕이 없는 것보다는 오히려 재산 없는 것(無財)이 덕을 지니기에는 나을 것이라 여겼다.[13]

　　여기까지가 재부와 덕성의 미묘한 관계에 관한 성호의 철학적 사고를

---

11) 富者多財之稱 財從業出 業因力起 力雖吾作 財必賙人 故宗族待炊 隣閭仰惠 行道貧丐
莫不思沾瀝 此皆仁人之所當致意 少有則用少 多有則用多 用隨有長 嗇則害心 富之不
能兼仁定矣(『성호사설류선』 2상, 「인사편1」; 한우근, 1987: 207); 爲富不仁矣 爲仁
不富矣(『성호사설류선』 2상, 「인사편1」; 한우근, 1987: 207).

12) 墾土力作 財貨有積 優學顯仕 厚祿至富 則固有之 何礙于仁哉…然利者 天下之所同欲 利
一而窺占者十百 我若據有不讓 則其希覬而不能得者必多 天之生此利也 初非爲我設 今在
己而不在彼 則雖謂之必害可矣(『성호사설류선』 2상, 「인사편1」; 한우근, 1987: 208).

13) 富者衆之怨也 吾阜吾財 宜若無害 然人無而我有 忮之者至矣 人失而我得 怒之者至矣
人仰而我嗇 慊之者至矣 然而獨享 則怨之囮也 怨極則謗生 謗生則禍兆 禍兆則身亡 有
不自覺者有也…財者 積少成多 凡人情力可以及 則用之不憚汎濫 故隨其所積 不覺其
奢太 此國家所以衰亡也…有財無德 不如無財之爲愈(『성호사설류선』 2상, 「인사편1」;
한우근, 1987: 208－209).

읽을 수 있는 논의다. 그런데 재부와 덕성이 문제되는 맥락은 주로 관작을 탐내고 부귀영화를 꾀하는 사대부 양반이라는 신분 때문이지만, 피치자계층인 일반 서민에게는 그런 쟁점이 문제가 될 수 없고 거기에는 전혀 다른 성격의 문제를 읽어야 한다는 점을 성호는 날카롭게 지적한다. 민의 소원은 매우 단순하면서도 현실적인 내용으로 일신의 안정과 의식주 충족에 불과하다는 것이다. 다만 이것이 중요한 진정한 이유는 민생이 기근과 추위와 그들의 삶에 침해하여 포악스럽게 괴롭히는 일만 없으면, 비로소 정치와 풍습의 교화의 실효를 거둘 수 있기 때문이라는 것이다. 놀랍게도 성호는 여기에 이르면 일종의 사회심리학적 논지를 개진하고 있음을 발견한다. 그 내용의 요체는 빈곤이 인간 심성에 부정적인 영향을 미친다는 것이다.[14]

이제 그러한 이론의 요지를 살펴본다. 우선 성호는 '빈'과 '빈국'의 정의를 내린다. '부'의 반대말로 '빈'을 들고, 재산이 없으면 빈이라 하고, 곳간이 비어 있는 나라는 가난한 나라(貧國)라 일컫는다라고 규정하였다. 그런 다음, 가난한 상태에 이른 인간의 모습을 다각도로 묘사하려 하였다.

첫째, 빈곤하면 붕우와 아내 및 첩이 멀어지고 타인이 천하다고 싫어하며 자신이 먼저 스스로 더럽고 비천하다고 주눅이 들어 뜻을 저버리게 된다는 것이다. 빈곤은 이처럼 인간 심성에 부정적인 영향을 줄 뿐 아니라, 사회도덕의 측면에서도 악 혹은 불선(不善)의 발단이 된다고 보았다. 그렇다고 인간의 본성이 춥고 배고프면(기한, 飢寒) 선천적으로 인심을 불선으로 이끄는 원인이 된다는 말이 아니고, 남과 비교해서 비리를 저질러서라도 기한을 면하려 하거나 포의포식(飽衣飽食)하려는 것은 후세의 인심이 불타듯 치열하게 만들었기 때문이라 하였다. 요는, 빈궁 자체가 불선의 원인이 아니고 하나의 맹아가 될 수 있음을 강조하였다. 어리석은 백성이 기한에 쪼들려서 도적질을 하는 것은 죽음을 면하려는 욕망에서 말미암은 것이지 특별히 괴상한 일은 아니라는 말이다. 그러니까 성

---

14) 民之所願 不過身安 飢寒則不安 侵暴則不安 國之經用 取足於惟正之賦 俾無撓身 則身既安矣 期月而田功成矣 男耕婦織 衣食粗足 而怨聲熄矣 聖人所謂期可矣者 是也 若又二年三年 財富而習固 可以施敎 孝悌興 而風俗敦 豈非所謂 三年有成耶(『성호사설류선』 3하, 「인사편4」; 한우근, 1987: 209-210).

호는 역시 유가적 성선(性善)의 전통에 기초해서 인간본성 때문은 아니지만, 현실적으로는 재산이나 부가 결핍하면 덕성과 선행을 구현하기 어렵다는 것이고, 인심이 퇴폐해지고 민생이 곤궁하면 사회악을 조장하게 된다고 본 것이다.15)

둘째로, 여기서 결국 선악과 복지는 원천적으로 상호연계성이 없음에도 현실적으로는 사회경제적 불평등이 덕성에 영향을 미친다고 본 것이다. 일단 귀천이 정해지면 지혜와 어리석음의 분별이 서지 않고 세력이 강한 자가 오래 행세를 하여 악을 좇아 방종하게 되고 선을 배신하여도 무해한 지경이 되면 누구나 탐욕이 생기고 비리를 꺼리지 않게 되는 법이다. 이를 구체적으로 분석해보자면, 임금 한 사람의 입을 위해 민생이 곤궁해지면 이는 이치에 맞지 않건만 궁중에는 환관과 궁첩이 수백명 씩 있어 낭비를 하고 있으며, 공경대부 또한 사치낭비로 부귀영화를 누리면서 자녀의 입신출세도 벌족의 관위(官位)에 따르고 술과 고기(酒肉)로 포식하게 되면, 서민이 어찌 가난으로 죽음(窮死)을 당하지 않겠는가를 지적하고 있다. 게다가 내외, 대소, 고하의 관료에서 하급 관리와 관노(吏隷)에 이르기까지 이익을 좇고 침탈에 급급하니, 이 또한 관권에서 연유함이다. 그러니 천하인 모두가 관료가 되려는 것이다.16)

한편, 관직과는 상관없는 일반 양반 선비는 생계를 도모할 길이 없어서 빈한하게 살아갈 수밖에 없으므로 이제 성호는 빈곤과 선비의 관계를 보는 시각의 교정을 제안한다. 그 논지는, 빈곤은 선비의 상도(常道)라는

---

15) 貧則不惟朋友疏棄 婦妾先加誚讓 不惟他人賤惡 己心先猥瑣 故貧必喪志…不善之萌 始於飢寒…然有飢寒之心而已 未有計較及於免飢免寒也 又未有計較及於非理 而得飽得溫也 此皆後來人心之燒蕩 非其本然(『성호사설류선』 2상, 「인사편1」; 한우근, 1987: 210－211); 愚民迫於飢寒 作盜而求生 猶蝨處衣縫 非咬人將無以爲生 旣有形軀 求所以免死 無怪也(『성호사설류선』 5상, 「인사편8」; 한우근, 1987: 211).

16) 禍福之不繫於善惡 久矣 貴賤一定 智遇無分…勝勢者長世…苟使從惡而放利 則凡所以貪得者 誰不爲也 背善而無害 則凡所以違理者 誰復憚也(『성호사설류선』 2상, 「인사편1」; 한우근, 1987: 212); 夫君勞心以治之 民勞力以事之 兩相報恩…無民則無君 是民之惠…養君之一口體 而物常不足 惠常不周哉(『성호사설류선』 3하, 「인사편4」; 한우근, 1987: 212); 君德之敗 多由於宦宮宮妾(『성호사설류선』 4상, 「인사편5」; 한우근, 1987: 212). 그 외 인용할 만한 내용은 너무 장황하여 여기서는 본문만 요약하고자 한다.

것이다. 그러니까, 빈곤 탓에 뜻을 상실하는 것은 이러한 이치를 모르기 때문이고, 견식을 깊고 멀리 가지면 우환도 가벼워질 뿐 아니라 실은 선한 길(善道)을 지키는 자는 오로지 빈한 한 선비라야 가능하다는 것이라 하였다. 선한 사람은 굳이 지위나 재물을 구차하게 얻으려 하지 않고 경쟁을 부끄러이 여기며 도를 지켜 시류에 휩쓸리지 않는 것이 당연한 것이라 하였으니 선비가 힘써 춥고 배고픔(飢寒), 노동으로 고단함(勞困) 또는 노여워하고 부러워 함(怒羨)을 참아서 마음의 안정을 기하면 위로는 하늘에 안으로는 마음에 부끄러워할 바가 없을 것이라 하였다.[17]

다만, 상지(上智)도 하우(下愚)도 아닌 중인 이하의 백성은 심성이 원래 확고하지 못해서 빈부이해관계에 따라 영향을 받으므로 한편으로는 분에 넘치게 사치하는가 하면, 또 다른 쪽에서는 패란(敗亂)하거나 탐욕과 교활함(貪猾)으로 곤경에 처하여 낭패를 당한다 하였다. 그러니 이들은 명분과 이해관계로써 장려하는 길 밖에 없다는 것이다. 그리고 서민이 기아와 궁핍으로 쪼들리는 것은 나라에 무본지정(務本之政), 즉 농업정책이 서 있지 못한 때문이고, 중간에서 탐관오리가 마구 걷어 가는 징렴(徵斂) 탓이고, 하부 관료를 중히 여기지 않고 법이 있어도 실효를 거두지 못해서 그런 것이라 지적하였다. 그러므로 성호가 서민을 부유하게 하기 위한 세 가지 부민의 방책으로 ① 농사를 일으키고(務農), ② 검약하며(尙儉), ③ 마구잡이로 빼앗아 가는 착취나 점탈을 금하는 것(禁奪)을 제안하였다(한우근, 1987: 215-216; 218).

이상의 논의가 말하자면 성호의 경제철학 내지 경제사회학의 사상에 해당한다면, 다음으로 경제 일반론으로 들어가서 첫 번째로 제시하는 것이 화폐론이다. 이 문제는 대체로 성호가 생존하던 18세기 조선의 경제변동의 특징과 관련이 있는 것인데, 그 주된 조류는 이시기의 농업생산력의 향상, 이에 수반하는 인구 증가와 그에 따른 상품 및 화폐경제의 진전, 그

---

17) 貧者士之常 士是無位之稱士 何以不貧…貧必喪志 此不知常之患也 故曰見深則憂淺 識遠則患浮 常而棄之 何所不至(『성호사설류선』 2상, 「인사편1」; 한우근, 1987: 214); 夫守死善道 惟貧士爲能(『성호사설류선』 1하, 「천지편1」; 한우근, 1987: 214); 士之所勉 在六忍 忍飢 忍寒 忍勞 忍困 忍怒 忍羨 忍而至於安之 則上不愧天 內不愧心矣(『성호사설류선』 2상, 「인사편1」; 한우근, 1987: 214).

리고 수공업과 광업의 발달로 요약할 수 있다(변태섭, 1986: 340-349).

위에서 지적한 성호의 경제사상의 근간은 무농, 절검 및 금탈이라는 관점에서 화폐경제의 문제점을 분석한 것이다. 우선 동전으로 주조한 전화(錢貨)는 재화의 유통을 매개하는 수단으로서 의의가 있음을 인정한다. 그러나 이러한 전화에 의한 유통경제의 활성화는 궁극에는 농업과 농민에게 미치는 폐단이 크다는 문제를 염려한 것이다. 첫째로, 농업의 활성화를 위해서는 상공업 같은 말업(末業)을 억제할 필요가 있는데, 그 이유는 요행을 바라고 농민이 농토를 버리고 상업의 시장으로 나아가기 때문이라는 것이다. 둘째, 전화를 쓰면 일용 사치품도 쉽게 구입할 수 있으니 아무래도 인심의 취향이 전화를 열심히 챙겨서 사치에로 흐르게 된다는 점을 우려하였다. 요는 무농과 사치금지(禁奢)를 위해서는 전화 유통을 억제해야 한다는 논지다(한우근, 1987: 218-219).

이러한 화폐관은 농업에 의거한 자급자족 경제의 중요성을 강조하는 데서 유래한다. 화폐 사용으로 점차 교환경제가 활성화하면 사치풍조도 왕성해지며, 공납제도 현물 대신에 화폐로 가름하면 농민은 곡물을 매각해서 현금을 입수해야 하는데 이 과정에서 손해를 보게 된다. 결국 이는 서민층을 위한 계책이 아니라 부유층의 사치를 위한 의미 밖에 없다는 것이다. 게다가 부자는 저축으로 부를 쌓고 고리대금업으로 더욱 치부를 하는 결과를 가져오는데, 농민은 오히려 공세(公稅)와 사채(私債)를 위해 가옥전답을 잃게 되고 몰락의 구렁텅이로 빠지고 만다. 게다가 화폐는 탐관의 징렴에 더욱 편리해서 관료와 호상(豪商)에게만 유리한 조건민 제공하여, 실제로 전화 사용 40년이 경과한 시점에 이미 국가재정과 민산은 바닥을 드러내고 민간의 풍습만 변해갈 뿐이라 하였다. 그뿐 아니라 화폐의 질도 열악해졌다는 것이다. 상업의 번창은 민풍을 파괴하여 이욕(利慾)의 싸움터로 변질케 하며 생업의 안정을 해치고 도적이 일어나며 국가세입만 감축하는 결과를 가져 왔다고 주장한다. 결론적으로 화폐경제의 폐단이 전화를 폐지하는 데서 오는 폐단보다는 더 하므로, 무농, 절검, 금탕의 방지를 위해서라도, 혹은 농촌의 몰락, 농민의 이동을 막고, 상류층의 고리대금업과 사치를 금하고 상업이 일어나는 것을 제지하기 위해서는 전화를 폐지하는 것이 최선책이라 하였다(한우근, 1987: 220-223).

그런데 이처럼 자급자족적인 토지경제에 집착한 성호의 부정적인 화폐론은 재부생산과 경제윤리에 관련한 그의 경제사상을 반영한다는 데 주목할 필요가 있다. 이를 생재론(生財論)이라 하는데 여기서는 이 내용을 간추리기로 한다(한우근, 1987: 224-237).

성호의 생재론의 요체는 생중(生衆), 식과(食寡), 위질(爲疾), 그리고 용서(用徐)로 집약한다.[18]

첫째, 생중이란 생업에 종사하지 않고 놀고먹는 자(遊食者)가 너무 많다는 사실을 꼬집는다.[19] 관직에 나갈 길이 너무 넓어서 재덕이 없어도 사대부 행세를 하며 과거 없이 벼슬 주는 일(蔭仕)을 일삼으니, 사대부의 귀농을 주장하여 사농합일(士農合一)을 제안한다. 아울러, 승려, 광대(倡優) 등의 폐해를 지적하며 그 수를 제한함으로써 양민 장정의 숫자를 확보하고, 왕궁의 노비와 후궁의 비속 같은 부류, 그리고 상인까지도 병사의 수(兵額)에 포함하면, 유식자가 그만큼 없어질 것이라 하였다. 요는 관료를 제외한 모든 자는 신분을 무시하고 농업에 종사하는 원칙을 주장한 것이다.

둘째, 식과란 일이 없거나 쓸 데 없이 한가로운 관원(冗官)도 너무 많은 것이 문제다. 이 또한 과거 시험을 빈번하게 치르고 거기에 음사자 또한 지나치게 많아서 이들이 농민에게서 정식 공물 외에 사사로이 뜯어내어 민재나 축내어 궁핍하게 하는 폐해를 막기 위해서라도 이들의 수를 또한 줄여야 한다고 하였다.[20]

셋째, 위질에 관해서 성호는 수령들을 책망하고 다그쳐서 농민의 농사 시간을 빼앗지 못하게 할 뿐 아니라 산지를 충분히 활용하여 전지를 개간하는 등 벽토치전(闢土治田) 하고 치산치수에 만전을 기하며 관개수리를 충분히 이용할 것이고 수목을 잘 길러서 가뭄을 예방할 것을 제안

---

18) 生財有道 不過曰生衆 食寡 爲疾 用徐而已(『藿憂錄』「생재」; 한우근, 1987: 224).

19) 所謂生財 何也 無遊食之謂也 我國之遊而食者 亦太多(『곽우록』「생재」; 한우근, 1987: 224).

20) 食寡 卽無事而但食也…故汰冗官 爲食寡之要也(『곽우록』「생재」; 한우근, 1987: 226).

하였다. 나아가 이처럼 인력을 다한 연후에도 재앙이 있으면 기우제와 같은 행사를 비용은 절감하되 정성을 다하여 시행할 것을 권고하고 있다.21)

넷째, 용서는 사치를 금하고 근검의 풍습을 길러서 사치로 재산을 탕진하는 것을 막아야 한다는 말이다. 나라의 흥망이 사치냐 근검이냐에 달려 있다. 이러한 풍조를 장려하자면 가장 먼저 군왕이 시범을 보여야 하고 동시에 부귀를 누리는 집에서부터 이런 사치의 풍습을 금해야 한다고 주장한다. 더구나 가난한 선비나 서민이 상혼제례에 사대부 양반의 흉내를 내는 폐풍을 없애야 함을 강조하였다.22)

(2) 성호의 토지제도 개혁론

성호가 생존하던 18세기에 이르러서는 앞서 17세기의 반계가 지적했던 갖가지 문제점이 더욱 악화 일로에 있었다. 가장 심각한 문제는 역시 사적인 지주의 토지겸병의 진전과 거기서 연유한 지주·소작농제의 확대로 결국 지배층의 토지 점유의 확대와 자작농민의 소작농 전락 같은 것이었다. 또한 각 지방 관청에 설치한 관둔전(官屯田)과 각 군부대의 군둔전이 확장하면서 그 폐단 역시 심각하였다. 지방에 거주하면서 그러한 문제점을 몸소 관찰한 성호 이익은 다음과 같이 개탄하고 있다(『곽우록』 「생재」; 신용하, 1997: 265-266).

> 부자는 천백을 연(連)하고 빈자는 송곳 꽂을 토지도 없어서 부익부하고 빈익빈하게 되었다. 내가 보건대, 평민이 파산함은 혹 항심이 없으므로 말미암은 자도 있고 혹은 고리대에 더욱 쪼들림으로 말미암은 자도 있으나, 관부(官府)가 그들의 가죽을 벗기고 여리(閭里)의 강호들이 전횡하여 모두 족히 그들을 파산시킨 것이다.23)

---

21) 所謂爲疾 何也 此不奪農時而已 此不可以他求 責勉守宰 其害可除 不獨此也 使山澤之 水利不盡出 是爲 爲之不疾矣…不過曰闢土治田(『곽우록』「생재」; 한우근 1987: 227); 蓋水利者三 陂堰貯水一也 穿渠引水二也 作 械挈水三也(『성호사설류선』 4하, 「인사편6」; 한우근, 1987: 229).

22) 所謂用徐者 何也 尙儉之謂也…財者聚難而散易 散必難復(『성호선생문집속록』 9「與 安百順書」; 한우근, 1987: 232);

이에 성호는 전제의 기본적인 대전제로 전통적인 토지국유의 원칙을 견지하여 개인 땅주인이 감히 처단할 수 없고 다만 전주는 공전을 일시 빌어서 경운하여 국가에 납세하는 자에 지나지 않으며 절대적인 처분 관리권은 어디까지나 국가에 귀속한다는 것을 천명하면서 토지개혁의 논리를 전개하였다. 왕정은 먼저 전제에 기반을 두지 않으면 빈부강약이 균형되지 못하고 정치가 잘 이루어질 수 없다. 그러므로 각자 국토를 사유로 점령하여 제멋대로 개편하면 공연히 놀라 떠드는 데 이는 천하의 전지가 왕토로서 그들이 본래 주인이 아님을 망각한 때문이라 하였다.[24]

성호의 균전론은 한전법(限田法)이라 이름하였고, 그 내용을 요약하면 아래와 같다(한우근, 1987: 250-251; 신용하, 1997: 269-270).

① 나라에서 농가 1호당 기준량을 작정하여 그 기준토지를 각 가족의 '영업전'(永業田)으로 삼았다.[25]

② 다만 현재 호당 토지소유가 이 기준량을 넘어도 감탈하지 않고 모자라도 보태지 않았다.[26]

③ 정해진 영업전 외의 전지는 무제한 매매를 허용하되, 판매를 강요하지는 않는다.[27]

④ 영업전 내부의 땅을 매매하는 자 있어 이를 발각하면 사는 사람은 남의 영업전을 빼앗은 죄로, 파는 자는 몰래 파는 죄로 다스리고, 산 사람은 산 값을 찾지 못하고 땅은 돌려주어야 하며, 판매한 땅주인이 관에 자진하여 보고할 때는 면죄해주고 땅을 돌려준다.[28]

---

23) 富者 田連阡百 而貧無立錐之土 故富益富 而貧益貧矣 余見平民破産 或有以無恒心者 或有以稱貸滋益者 凡官府之浚削 閭里之豪橫 皆足以蕩之也(『곽우록』「생재」; 한우근, 1987: 243).

24) 夫田者 本國家之所有 恐非私主所敢斷…田主者不過借公田 而耕耘納稅於公者也…王政不歸於經界 皆苟而已矣 貧富不均 强弱殊勢 如何能平治國家…徒以各自占據 視作己有 一有變通 嘩然以駭 殊不知王者定天下 凡天下之田 莫非其土 黎庶之各名其田 不過就王土中一時强占 原非本主(『성호사설류선』 4하, 「인사편6」; 한우근, 1987: 238).

25) 國家宜稱量一家之産 限田幾負 爲一戶永業田(『성호사설류선』 4하, 「인사편6」; 한우근, 1987: 250).

26) 過者不減奪 不及者不加授(『성호사설류선』 4하, 「인사편6」; 한우근, 1987: 250).

27) 有價欲買者 雖千百結皆許 田多欲賣者 只永業幾負外亦許 過而不願賣者 不强(『성호사설류선』 4하, 「인사편6」; 한우근 1987: 250).

28) 唯永業幾負之內 有賣買者 所在覺察 買者治其奪人永業之罪 賣者亦治匿賣 而買者不論

⑤ 모든 토지매매는 관에 보고해야 하며, 관에서는 전안(田案, 토지대장)에 기록한 후 문권(文券, 토지소유증명서)을 만들어 주게 하되, 관의 인문(도장)이 없는 자는 토지매매의 법적 보증을 인정하지 않아서 소송도 허락하지 않게 한다.[29]

이와 같은 기본원칙에 따라 제도를 실천하면 결과적으로 균전이 이루어질 것이라는 논리로써 미래를 예측하기도 하였다(한우근, 1987: 251; 신용하 1997: 269-270).[30]

첫째, 빈농이 토지를 팔지 못하게 하면 팔 사람이 드물어서 겸병의 대상이 될 땅이 줄어든다. 이렇게 몇 세대가 지나면 토지겸병의 중단을 성취할 수 있을 것이다.

둘째, 빈민 중에 지력(智力)이 있는 사람은 토지를 더 획득할 수가 있어서 조금씩 땅이 쌓이고, 거기서 세입은 늘고 세출이 줄면 부를 일으킬 수도 있다.

셋째, 민전이 많은 자라도 자손들에게 나누어 주다 보면 자연히 소유 토지의 규모가 줄어들어 균전에 접근할 수 있다.

넷째, 혹 불초한 부자가 파락(破落)으로 인하여 쇠락하면 몇 세대를 지나지 않아 평민과 균등해질 수밖에 없게 될 것이다.

그러한 제도의 원칙과 그 시행 결과 예견 외에도 성호는 이 제도가 성공하기 위해서 필요한 토지관리와 농업생산의 효율성을 제고하기 위한 실질적인 방안도 제시하였다(한우근, 1987: 238-246; 신용하, 1997: 270-272).

① 성호는 전제 문란의 기본적이고 근원적인 계기로 지산치수와 제방(堤堰)의 불비 및 황폐를 우선 들었다.

② 전제 정비와 확보에 기본적인 조건인 양전(量田), 즉 토지 측량이 미비하여 전적(田籍)에서 탈루한 소위 은결(隱結)의 발생을 야기하였다고 보

價還之 亦使田主 自告官免罪 而推還己田(『성호사설류선』 4하, 「인사편6」; 한우근, 1987: 250).

29) 凡賣買必使告官而後成 官亦考錄田案而後 作卷以付之 其無印文者 不許訴訟(『성호사설류선』 4하, 「인사편6」; 한우근, 1987: 250).

30) 使貧民不賣田者 則賣者稀 故兼併減 貧民或有智力 可以得田 則得尺得寸 有入而無出 故易以興富 民田雖多或多子之分占 不肖之破落 不過數世 而與平民等 如是則駸駸然 宛成均田之制矣(『곽우록』 「균전제」; 한우근, 1987: 251).

았다. 그는 양전에 의한 전제의 공정한 정비가 국가의 급선무라 하였다.

③ 그 구체적인 방법은 지적도를 작성하여 은루가 없도록 할 것을 주장한 것이다.

④ 전지는 물론, 언덕(丘陵), 냇물과 연못(川澤), 진황불간지(陳荒不墾地)를 대상으로 각 지방구역에 따라 정밀하게 지적세분도(地積細分圖)를 작성하고 이를 모아서 전국총도(全國總圖)를 만들면 일목요연하게 정비할 수 있어 쉽게 누락하는 일도 막게 될 것으로 보았다. 이를 위해 전국의 양전을 주관하는 관리를 따로 임명할 것도 제안하였다. 그뿐 아니라, 전형구획의 방법도 되도록 네모 반듯하게 땅 모양을 구획하여 주인 이름도 적게 하자는 것이었다.

⑤ 각 관아에서 관리하던 둔전의 폐해가 극심함을 들어 이를 제한 할 것을 주장하였다. 둔전이 전국 각지에 산재한 데다 그 소득의 분배에서 절반은 토지를 직접 관리하고 나머지 반은 수납과 뇌물로 다시 반분하니, 관부 자체의 세입은 결국 4분의 1에 그쳤다. 게다가 부호나 관리 자신이 둔전에 의지해서 거두어 착복하는 식으로 사적인 점령을 하는 토지로 변질하는 폐단마저 생기므로 민전도 감축하고 국용 또한 그만큼 줄어드니 이를 혁파하지 않을 수 없다고 믿었다. 그러나 둔전의 최종 관리권은 중앙 관아의 장관은 권세 있는 신하가 되므로 이를 혁파하고자 해도 용이하지가 않았음을 성호도 실감할 수밖에 없었다. 결국 절충안으로 민간 사전의 개혁안처럼 엄격한 제한을 두는 방향으로 가면 점차 폐단을 막을 길이 있을 것이라 주장하며 일단 둔전제를 위해서는 비어 있는 넓은 땅을 개간하는 데만 한정하자는 제의를 하였다.

(3) 성호의 부세론과 기타 개혁안

국가 재원의 근간은 전통적으로 땅에서 나오는 세금(租)과 각 호에 부과하는 공부(貢賦)가 있고, 여기에 국가가 필요로 하는 인력의 활용으로 역(役) 또는 용(庸)이 있다. 다만, 토지에서 거두는 세는 일정한 규제가 있어서 비교적 단순한 데다 풍흉간황(豊凶墾荒; 풍작과 흉작, 황무지의 개간)의 여건에 따라서 심사하고 증가와 결손을 따지기가 어렵지 않은 편이다. 문제는 민간의 동원(良役)과 포목으로 바치는 공물인 공포(貢布) 같은 것이 균등히 부과하기가 어렵다는 것이고, 게다가 폐해가 심하다는 것이다.[31]

요컨대 포백잡부(布帛雜賦)와 양역의 폐해는 결국 관료의 남책횡렴(濫責橫斂)의 폐인데, 이는 나라의 재산이 공공의 목적으로 쓰이지 않고 사사로운 창고에 저장하지도 않는 것이므로 근본적으로 국가의 존립의 기반인 민생을 어렵게 하는 요인임을 역설하였다.[32] 그런데 이런 현상의 원인은 상당히 사회정치적인 것임을 성호가 간파하고 있다는 점이 중요하다. 이미 앞에서 그의 경제철학을 고찰하면서 검토한 바이지만, 그것은 다름 아니라, 우선 국가 차원에서 어떤 형태로든 염탈(斂奪)을 없이 하여 국가의 명맥이며 기반인 국민의 생활을 확보하지 않고서는 나라가 쇠망하지 않을 수 없음을 강조하였다. 이에 일단 놀고 먹는 유식자가 많다는 것이 그러한 염탈로 자신의 배를 부르게 하는 습성이 근본 원인임을 지적한다. 다음으로 그러한 법외 가렴(加斂)의 근본 원인 중 하나로는 말단 관리의 봉록이 너무 박하여 그런 불법염징(斂徵)이 아니고는 생계유지가 어렵다는 현실이 또한 문제라는 것이다. 그렇다고 조정이 이를 금하지도 않는 것이, 이를 금하면 고위관직 자신들의 사치스러운 삶이 어려워지는데 별 도리가 없기 때문이다.[33]

다만 이러한 가렴주구가 실제로 행해지는 맥락은 주로 양역의 분야인데, 군역을 부과하면서 일정한 숫자를 채우지 못하면 그 대신에 사망한 자까지 군역 장부에 올리는 백골징세, 이웃에게 물리는 인싱 및 친족에까지 대신 물리는 족징 같은 제도가 문제의 원천으로 작용하였던 것이다. 바로 이와 같은 남징(濫徵)의 주체가 바로 수령이었다는 점을 주목하고 있다. 실은 수령은 중앙의 고관이 방문할 때는 그 접대가 소홀했다가

---

31) 田賦之入 原有定制 其所增損 不過豊凶墾荒之間 猶曰易以考審 至於布帛雜賦 尤難均一…今時良役貢布之弊 講之於大庭之上 非不久且熟也(『곽우록』「국용」; 한우근, 1987: 256).

32) 今之賦斂 不可謂不薄 然其財不藏於公 亦不藏於私 何也(『곽우록』「국용」; 한우근, 1987: 258).

33) 我國 俸祿太薄 群僚胥徒 皆不足以自養其勢 不得已 法外加斂(『성호선생문집』 47 「잡서」; 한우근, 1987: 238).

는 파직도 당할 수 있는데 그 감당을 위해서도 민재를 징렴할 수밖에 없는 것이다. 지방의 무관도 이런 폐해를 자아내는 데 동참하고 있었다. 혹어사가 이런 사례를 적발하여 신고해도 실지로 처벌을 받는 자는 없다는 점도 현실의 단면이다. 이러한 불법징렴에는 필연적으로 뇌물이 오가는 폐풍이 동반하였다. 더 큰 문제는 이런 풍습이 오랜 병폐로 이어져 왔건만 이를 나라가 금하기는커녕 오히려 이를 가르친다고 하였다(한우근, 1987: 259 – 262).

사정이 이러하다 보니 어떻게 해야만 이와 같이 얽히고 설킨 부패의 고리를 끊을 수 있을지를 고민하지 않을 수 없다. 여기서 성호의 대답은 결국 절검의 윤리와 수취체제의 정비가 불가결하다고 본 것이다. 절제와 검소를 위해서는 사치를 금해야 하는데, 이를 조장하는 동전화폐의 유통을 막아야 하고, 거기에는 대내외의 교역의 융흥을 막아야 하는 상업억지책이 따른다고 생각하였다. 이러한 생각은 성호가 살던 18세기 서구의 중농주의경제사상과 맞먹는다고 할 것이다. 일단 자급자족적 농업중심의 경제체계를 구상한 것이다. 그렇게 보았을 때 그가 구상한 경제제도의 대강은 다음과 같이 요약할 수 있다 하겠다(한우근, 1987: 321).

① 가능한 범위 안에서 균전법을 시행한다. 토지 소유의 균등성이다.

② 토지의 합리적 관리를 위해 양전, 토지조사를 철저히 시행하여 암암리에 새로 생기는 토지를 없애야 한다.

③ 토지세는 십일세법을 준수하고 기타 잡부는 일절 부과하지 않는다.

④ 토지의 전세는 원칙적으로 전주에게 부과한다.

⑤ 궁민은 절검과 지혜로써 점차 전지를 매입하게 하고, 부귀자의 대토지는 자손에게 분점세습하므로 결국 토지점유의 상태는 점차 균등화할 것이다.

끝으로 이와 같은 제도를 실현하는 데에는 어차피 현재 권력을 장악한 부귀자 층의 세력을 무시할 수 없음을 암암리에 시인하고 있다는 것이 성호의 보수성을 암시한다. 요컨대 그의 주된 관심사는 소지주의 몰락을 방지하는 데 중점을 두는 편이었고, 대지주에게는 하등의 제약을 주지 않고 있다는 데서 그러한 성향을 읽을 수 있다. 여하간에, 이와 같이 전반적인 국가 토지제도의 틀을 구상함은 물론 구체적인 관리에 이르는 세세한 문제까지 일일이 지적하면서 토지제도 개혁안을 제안함으로써 나라의 재정과 국민의 삶의 질을 골고루 높이고자 하는 놀라울 정도로 합리적인 정책제안을 하였던 이가 성호 이익이었다. 하지만, 불행하게도 당시의 정치 상황에서 남인계의 지식인으로 일생을 중앙정치와는 먼 거리에서 이러한 지적인 활동에 매진하던 터라, 그 정책의 실현을 볼 기회는 오지 않았고, 시대는 흘러가고 말았다.

4) 다산의 경제개혁 사상

다산 정약용의 경세사상은, 주지하다시피, 워낙 방대한 저작에서 다양한 쟁점을 다루고 있지만 여기에서는 주로 토지개혁과 이용후생의 두 가지 주제를 집중적으로 고찰하고자 한다. 먼저 다산이 살던 시대인 18세기 후반에서 19세기 초반에 조선사회가 경험한 변동의 특징을 요약할 필요가 있다(김용섭, 1971; 강만길, 1986; 변태섭, 1986).

첫째 위에서 개략적으로 언급한대로, 가장 기초적이면서 사회변동에 지대한 영향을 주는 영역인 경제에서 핵심을 이루는 농업분야의 변화로 농지의 확장과 동시에 생산성 향상을 들 수 있다. 개간을 비롯한 새로운 토지의 개척으로 17세기 중·후반(효종·현종 대)에 이르러서는 농지 면적이 전란 이전의 수준을 회복할 정도였다. 여기에 2모작을 가능케 하고 노동력을 절약하는 이앙법, 각종 수리시설의 정비·확대, 농기구의 개량 등 농업기술 및 그에 따른 신작물의 도입 등을 넓어진 토지에 적용함으로써 생산성을 높일 수가 있었고, 따라서 농가소득의 증대를 가져왔다. 이러한 변화의 배경에는 실학파를 중심으로 한 농학(農學)의 발달과 그 결과물인 농서의 보급, 그리고 그에 기초한 농업 기술과 경영에 관한 지식의 활용이 크게 작용하였다(변태섭, 1986: 340–343).

둘째, 이러한 경제적 개선의 진전은 18세기와 19세기로 이어졌고, 자연히 토지소유제도와 농업경영 형태 등 사회구조적 변동에도 영향을 미쳤다. 그 중 우선적인 변동은 농민의 계층적 분화다. 개간과 같은 토지

확장을 비롯한 신기술 및 신경영의 응용은 역시 이미 상당한 재력을 갖춘 계층이 유리하므로 기존의 양반지주, 서민지주 및 부농층에게 유리하게 작용한 반면에, 종래의 영세한 자영농민층이 몰락하여 무토지 농민으로 전락하고 그 가운데는 끝내 유민으로 방랑하는 신세가 되는 결과를 초래하였다. 비록 특정 지역에 한정한 것이지만, 한 가지 통계를 참조하면, 양반계층의 소농층을 포함하여 빈농층이 80%를 넘는 반면, 평민과 심지어 천민의 지주 부농층은 겨우 3%에 그쳤다고 한다. 물론 나머지는 양반층의 대지주다. 이를 두고 다산도 이미 "문무의 귀신(貴臣)과 시정의 부자들은 한 집에서 수천 석을 거두는 자가 많은데 그 농토를 계산하면 100결을 내리지 않는다"(今文武貴臣及閭巷富人 一戶粟千石自甚衆 計其田 不下百結)라는 지적을 하였던 것이다(강만길, 1986: 52; 『茶山全書』 「詩文集」 田論 I, 강만길, 1986: 52, 각주 20』).

이렇게 농민이 분화하는 과정에서는 또 한 가지 중요한 변화의 요인이 작용하였다. 그것은 상품경제의 발달이다. 이는 우선 토지 자체를 상품화하여 화폐를 교환매체로 삼아 매매를 하게 되었다. 이 말은 또 화폐경제의 전개다. 농민은 토지를 확장하고 농업생산을 증대시키는 과정에서 화폐로 교환할 수 있는 종류의 농작물을 재배하여 이를 시장에다 팔아서 소득을 올리는 길을 알게 된 것이다. 이른바 경영형 농업이라고도 하는데, 그런 이름이 합당한지의 여부를 두고 의견이 일치하지 않지만, 중요한 점은 화폐경제의 전파와 맞물려 상품화가 가능한 농작물의 재배라는 새로운 농업형태가 등장했다는 데 있다. 역시 이 분야에서도 기존의 대지주 또는 부농이 유리한 위치에 섰다는 것이 중요하다.

이런 현상도 농민층의 사회경제적 분화와 계층적 양극화를 촉진하는 요인이 되었다는 것이다. 이로 말미암아 우선 토지집중이 더욱 심해졌고, 대지주와 부농층은 그 대규모 농토를 차경(借耕)하게 되고 자·소작농가나 순수 차지농가라 해도 대농의 차경지를 얻기가 쉬웠으니 그 조건은 지대를 화폐로 수납할 수 있다는 점이었다. 결국 그도 어려운 여타의 토지에서 이탈하는 농가는 급격하게 증가할 뿐 아니라, 이런 차경조차도 할 수 없는 형편에 처하게 되어 결과적으로 농촌의 사회경제적 계층구조는 소수의 부농 혹은 상호(上戶)와 대다수의 하호·빈호·잔호·독호·걸호(下戶·貧戶·殘戶·獨戶·乞戶) 등으로 하향분해가 일어났다. 이 처럼 토지집중, 무토지농민과 농업노동자의 증가 등의 현상에 더하여 차경지나마 겨우 확보한 농민의 지대납부 거부와 같은 행위로 지주의 수탈에 저항하는 일이 두드러졌고, 그것이 곧 전국적인 민란으로 이어질 조짐이 커가도 있었던 시기가 다산이 살던 시기였다(김용섭, 1972; 강만길, 1986: 53).

지금부터는 그러한 시대적 배경에서 다산이 주창한 경제분야의 개혁사상을 고찰하기로 한다. 먼저 그의 토지개혁론을 위시하여 상공업 기타 경제개혁의 내용을 살펴볼 것이다.

(1) 다산의 여전제 토지개혁론

다산은 다양한 문제의식의 소재 중에서도 토지와 농민의 문제에 큰 관심을 가졌다고 한다(신용하, 1997: 110). 그리하여 토지제도에 관한 사상은 38세에 형조참의로 중앙정부에서 활약하던 1799년에 나온 「전론」에서 제시한 '여전제'(閭田制)와 56세(1817년)에 집필한 『경세유표』(經世遺表)에 담긴 '정전제'(井田制), 이 두 가지 제도를 제안하는 내용이다. 이 둘을 차례로 살펴보고자 한다.

먼저 여전제는 다음과 같은 문제의식에서 제안하였다(신용하, 1997: 113－120).

첫째는, 특권적인 양반관료와 부호의 토지겸병을 중심으로 성립한 지주제도를 근본적으로 철폐하여 백성의 균산(均産)을 이루고자 하였다.

둘째로, 양반사족의 '유식자층화'(遊食者層化)를 거부하고 제도적으로 이들을 생산자로 만들어야 한다는 것이었다.

셋째는, 국가의 재정수입 증대, 농업생산력의 증대, 아문둔전의 폐단 철폐, 서리의 농간 배제, 그리고 병농일치의 강화 등을 강조하려 했다.

다음, 여전제의 기본원칙은 '경자유전'이었다. 기실 이 원칙은 이미 18세기에 거의 확립한 것이다. 이를 구체적으로 구상한 내용은 아래와 같다(신용하, 1997: 121－128).

① 여전제는 기본적으로 30가구를 1여(閭)로 하는 농민 협동 혹은 협

업농장을 새로 만드는 제도다. 산골짜기와 냇가를 기준으로 30호의 자연 촌락에 '여'라는 이름을 붙이고 이를 둘러싼 부근의 토지와 묶어서 하나 의 생산단위로 삼는데, 여기에는 사유지와 기타 그 경계 안의 모든 토지와 인구 약 30가구를 포함한다. 여기에 기초하여 3여는 1리(里), 5리는 1 방(坊), 5방은 1읍(邑)이라는 행정단위로 편성하려 한 것이다.

② 여전제의 운영방식은 각 '여' 내부의 토지는 공유하며, 생산은 여 민의 공동노동에 의하고, 결실의 분배는 가족단위로 소비하도록 가족단 위의 생산을 위한 투하노동량에 따라 분배한다. 공동노동의 습성은 이미 우리나라 농촌의 두레(社, 農社)의 전통이 있었으므로 가능하고 효율적이 라 여긴 것으로 보인다.

③ 생산활동의 운용을 위해 여장(閭長)을 선출하고 여장은 생산작업의 분담을 지시한다. 또한 개개농민의 노동량을 일역부(日役簿)라는 장부에 기록하여 각호의 노동량 기여를 숫자로 확인한 다음 소산량을 가족별로 배분하는 일을 관장한다.

④ 분배원칙은 총생산량에서 공세(公稅)와 여장의 봉급을 제외한 곡물 전부를 여민의 총투하노동일수로 나누면 투하 노동력 1인당의 분배량이 나온다. 이를 가족별 투하노동일수로 다시 곱하면 가족별 분배량을 산출 하게 된다.

이러한 운영방식은 공정성을 기할 수 있을 뿐 아니라 각자 투입노동의 증대를 자극하여 노업생산력을 증대함으로써 결국은 백성의 삶이 더 풍족해질 수 있다는 점을 예견한 것이었다. 이런 장점은 인구와 노동력의 이동문제를 다루는 데서도 잘 나타나고 있다. 어떤 가족이 현재의 여에서보다 더 생산성이 높은 여로 이동하고 싶어 하거나 다른 여의 백성이 조건이 더 나은 여로 옮아 오고 싶어 한다면 이를 원칙적으로 허용하도록 한 것은 유리한 곳에서 농업에 종사하고자 하는 사람들의 심리는 자연스럽다고 보았기 때문이다. 이 말은 또한 여전제 하에서는 분명히 비교가능한 생산성의 향상이 이루어진다는 확신을 반영한다. 다만 일단 한번 여민이 된 다음 적어도 8~9년의 기간이 지난 후에 이동을 보장하도록 한 것은 그 사이의 생산활동의 변화를 관찰하여 농민이 자유롭게

이동하게 하려는 취지에서다. 이는 결과적으로 생산력의 균등화를 기할
수 있다고 보았음이고, 이러한 균등화 이후에도 지속적으로 계획관리가
필요하다는 점을 강조하였다.

여전제의 목표는 이에 그치지 않고 전 국가적인 차원의 개혁으로도
이어지게 설계하였다는 점이 특이하다. 그 내용을 요약하자면 아래와 같
다(신용하, 1997: 129 – 135).

첫째, 여전제 하의 전세는 정액제를 주장하였다. 사적인 지주제의 폐
해를 탈피하기 위해서는 지주제도 대신에 여전제를 실시하고 '십일세'(什
一稅)를 실시함으로써 수탈을 방지할 뿐 아니라 국가재정의 안정도 기하
고자 한 것이다. 정액제 아래서는 농사의 풍흉에 따른 변동을 없애고, 전
세액을 고정시킬 수 있으므로 국가재정도 안정을 기하고 백성의 재해에
대처할 대책을 제공한다는 것이었다. 연평균 생산량의 10분의 1로 정해
놓고, 풍흉에 대처하는 방식은, 흉년이 들면 국가가 정해진 전세 중에서
손해본 만큼 대여를 해주고, 풍년에 다시 이를 회수하는 방법을 제안한
것이다.

둘째, 여전제를 병제, 즉 군사제도와 결합하여 병농일치 사상을 실현
하려 하였다. 당시의 군사제도는 집집마다 군대에 참여할 인물을 모아
부대를 구성하는 호정법(戶丁法)과 이를 감당하지 못하는 가족에게는 포
목으로 대신 참여하는 군포법(軍布法)을 운영하고 있었는데, 이 제도가
심각하게 문란해진 것이 문제였다. 이를 시정하는 방법으로 여전제의 사
회적 구조를 활용하자는 것이었다. 호정법이라는 제도는 이집 저집 장정
을 모아 군대를 조직하였으므로 통솔이 문란해졌기 때문에, 아예 여전제
의 사회구조에서는 여장을 지휘관으로 삼고, 그 상위단위로 방장, 읍의
현령 등이 군대를 통솔하도록 재편하면, 이미 상당한 조직력을 갖춘 군
대를 갖게 된다고 본 것이다. 그리고 이러한 군대조직 원칙에서는 군포
의 관리도 효율적으로 할 수 있다고 보아, 결국 군사와 농업이 일치하는
병농일치가 가능하게 된다는 것이었다.

셋째, 여전제와 비농업 부문의 사·공·상(士·工·商)의 관계를 정비하
는 일이었다. 다산의 토지개혁에서는 토지는 농사를 짓는 사람에게만 맡

기는 것을 원칙으로 삼는 분업체제를 고수하려 했다. 따라서 선비층, 공업과 상업에 종사하는 백성은 토지소유가 불가하므로 자신이 하는 일에 더욱 전념하여 국가의 부를 증대하는 일에 기여해야 한다고 보았다. 상업과 수공업의 발달을 염두에 둔 제안이었다. 다만 그중에서 양반인 선비도 일단 유식자(遊食者)로 남아 있지 못하게 하여, 농사를 짓든지 아니면 다른 일이라도 반드시 생산농동에 참여해야만 생산물 분배에 참여할 수 있게 해야 한다는 생각이었다. 그리하여 선비가 할 수 있는 종류의 일을 구체적으로, ① 농사, ② 상업, ③ 수공업, ④ 교육, 그리고 ⑤ 실리강구(實理講究)라 제안하였다. 여기서 실리강구란 선비가 도저히 육체노동을 하기 어렵다면, 다음과 같은 이용후생의 실학을 연구하여 생산에 기여하는 것이 바람직하다고 주장하였다. ① 토질에 적합한 농작물 연구, ② 수리 연구, ③ 노동력을 절약할 수 있는 기계의 제조와 연구, ④ 농사기술 연구, 그리고 ⑤ 목축법 연구와 지도 등이 그것이다.

물론 이 여전제라는 개혁안은 우선 토지와 관련하여 현실적으로 상당한 저항을 불러올 소지가 큰 요소를 담고 있었으며, 여전제의 관리를 여장에게 맡긴다는 것도 구체적인 내용이 부족하고, 전국 단위에서 인구와 노동의 자유로운 이동이 용이하지 못하다는 약점이 있지만, 이 정도의 개혁은 당시의 상황에서는 시행만 가능하다면 획기적이고 창의적인 제안을 담은 사상임에 틀림없다. 결국 이처럼 훌륭한 제안이지만 당시의 정세는 이를 받아들여 실시할 여건을 제공하지 못했다는 점이 이상과 현실의 괴리를 여실히 보여 줄 따름이다.

(2) 다산의 정전제 토지개혁론

젊은 다산이 여전제를 제안했으나 국가에서 채택하지 않았으므로 그 후 18년의 유배생활 말년(56세)에 지은 『경세유표』에는 정전제를 새로이 제시하였다. 이 책에는 「전제조」(田制條)를 따로 두어 여기에 '정전론'과 '정전의'(井田議)를 담았다. 전정론은 주로 고대 정전론을 둘러싼 부정적인 해석을 비판하고 자신이 가능하다고 보는 이유를 밝힌다. 정전의란 자신의 정전제를 해설하는 글이다. 이제 그의 정전제의 가능성을 주장하는 근거 논리를 먼저 소개하고 이어서 그가 주장하는 정전제의 내용을 고찰하겠다(신용하, 1997: 142-146).

　우선 과거에 선배 유학자들이 정전제를 조선에서는 실시하기 어렵다고 한 첫째 이유가 토지의 지형이 산지가 많고 수전(논)을 주로 하는데, 여기에 반듯한 우물정자의 형태로 토지를 구분하는 것이 불가능하기 때문이라는 지적이다. 다산도 이러한 특징을 인정했지만, 그는 독창적인 변형을 제시한 것이다. 자신의 정전법은 지형으로 우물정자를 그리듯 토지를 분할하는 것이 아니라, 일정한 토지를 원칙적으로 9결의 사전과 1결의 공전으로 구분하여 공동경작하고 그중 공전의 소출을 공부(공적인 세부담)로 납부하고 사전의 수확은 경작자들의 소득으로 이용한다는 식이다. 다음으로, 고대에 이 토지제를 시행한 주나라는 인구가 적고 토지가 많은 조건이었지만, 조선은 인구는 많고 토지가 적다는 이유로 이를 거부하였다. 하지만 다산의 생각은 그 간에 분업이 상당히 진전하여 상공업에 종사하는 이는 농사를 짓지 않으므로 땅을 줄 필요가 없다는 것이다. 따라서 인구증가가 일어나도 농민의 인구 과다현상은 일어나지 않는다고 본 것이다. 또한 조선의 선배 실학자인 반계의 균전법과 성호의 한전론의 문제를 비판하였다. 균전제는 전지와 인구를 계산해서 균분하는데, 호구의 증감은 변하고 토지의 비옥과 척박의 구별은 일정치 않아서 실행이 어렵기 때문이고, 한전론은 토지를 매매할 때 상하의 한도를 정해서 초과하거나 미흡하면 이를 금하는 법인데, 실지로는 남의 이름을 빌어 토지를 한도 이상 또는 이하로 거래할 수가 있는 빈틈의 문제가 있으므로 실효가 없다고 하였다. 그러나 이 두 제도의 가장 큰 결함은 농사짓지 않는 사람들에게 토지를 소유하게 허락하는 것 자체임을 지적하면서 이는 마치 놀고 먹기를 가르치는 것과 같다는 비판을 하였다. 따라서 자신의 새로운 토지개혁을 제창한다는 것이다. 그 요지를 여기에 간략하게 정리한다(신용하, 1997: 146-161).

　첫째, 토지 분배의 방법론에서 그가 제시한 원칙은 ① 농업종사자에게만 토지를 나누어 준다는 것(農者得田 不爲農者不得田)과, ② 가족노동력을 기준으로 토지를 분배하는 것이다.

여기서 가족노동력을 기준으로 삼은 것은 각 가족이 투입하는 노동의 '양'(量)을 계상하고(計其額之多寡) 노동하는 힘(力)을 노동의 질(質)로 간주하여(程其力之强弱) 노동생산력 극대화에 목표를 두었음을 암시한다는 점이 특징이다.

둘째, 토지 분배의 구체적인 방법에서는 가족의 구성과 노동력의 규모를 근거로 해서 '원부'(原夫)와 '여부'(餘夫), 두 종류의 농민으로 구분하고 그에 따라 토지를 배당하도록 하였다. 우선 정전제에서는 우물정자형 구획에서 1구는 공전으로 정하고 이를 공동경작하며, 나머지 8구를 사전으로 규정하여 각구를 경작하는 자가 수확물을 가지도록 하고, 여기에는 일절 세를 부과하지 않도록 하였다. 이때 사전 1구의 수전농민이 '원부'다. 원부는 기본적으로 8인 가족의 노동력을 기준으로 하였지만, 남녀노소의 차이가 있으므로 일단 성년 남자의 노동력을 1로 정하고, 남자는 20세 이상 60세 이하, 여자는 20세 이상 50세 이하의 장정을 노동력수 1로 계산하였다. 이렇게 해서 노동력수가 5~6인이 되는 8인 가족을 원부의 표준으로 삼았다. 이들에게 각각 100무(畝, 볍씨 약 40두락에 해당)를 분배한다. 한편, '여부'란 가족의 최소단위인 한 남자와 한 여자의 2인가족이다. 이들에게는 원부의 4분의 1에 해당하는 노동력수로 간주하여 25무를 할당하였다. 이때, 가족구성원 수와 노동력 구성의 차이를 감안하여, 토지 면적은 1구에 100무를 주되, 토지 비옥도의 상중하 정도에 따라 '강자득상지 약자득하지'(强者得上地 弱者得下地)라는 노동력의 수준에 맞춰 분배하도록 하였다. 이는 앞에서 제시한 '계기액지다과'라는 원칙은 원부와 여부의 가족노동력 다과를 반영하고, '정기력지강약' 원칙은 가족구성원 수, 노동자의 수를 고려한 것이다. 여기에 각 사족이 보유한 노동력 보조 생산수단으로 가축(소)의 수도 계상하도록 한 것도, 결국 토지배분 원칙에서 노동력(인력 및 축력)을 주로 하여 이는 곧 농업생산력을 중시한 그의 이론을 뒷받침하는 정책이라 할 것이다.

세번째는 공전의 매입에 관한 논의다. 이 문제가 중요한 이유는 당시의 토지소유제가 국유제라는 대원칙 아래 실지로는 사유화 해버린 현실적 조건을 고려해야하기 때문이었다. 공전 1구는 국가가 세금을 거두어

려는 움직임이 가령 신해통공(辛亥通共) 정책으로 나타나고 있었고, 다산도 이를 지지하였다. 아울러 중앙의 귀족적 관료 및 지방관료와 토호들과 결탁하거나 이들을 대행하려는 특권상인을 배제해야 함을 강조하였다. 다시 말해서 이른바 '호상활고'(豪商猾賈)라는 대규모 상인과 교활한 장사꾼이 국부를 좀먹고 민의 이익을 박탈하는 존재라 생각한 것이다.[34] 특히 19세기 전반기의 세도정권 하에서는 세도권력과 이를 뒷받침하는 지방토호나 아전 세력과 결탁한 호상활고의 매점상업이 초래하는 폐단이 심화하고 있어서 이를 목격한 다산이 이와 같은 의견을 개진한 것이다.

다음으로 다산이 주목한 쟁점은 상업에 의한 세원확대였다. 양란 이후 황폐해진 농업부문에서 토지세와 인두세만으로는 국가재정의 궁핍이 심각했으므로, 이를 해소할 한 가지 방법으로 당시 발달하고 있던 상업을 세원으로 삼아야 한다는 주장을 하였다. 특히 농부를 착취하여 고혈을 말리면서 부유한 상인과 대규모 장사꾼은 털끝만큼도 침노하지 않아서는 왕정이라 할 수 없다며, 이런 의견을 낸 것이다.[35] 아울러, 그 시대에 지방상업과 농촌상업이 발달하고 있어서 한 자리에서 장사하는 좌상 외에 각 지방을 돌아다니는 행상도 활발해지고 있었으므로 좌시장 상인 외에 행상, 무역하는 선상도 새로운 큰 세원으로 수납할 것을 주장하였다.

이 문제는 가령 무역상일 때는 흉년에 상선이 포구에 들어오면 선주(船主), 중개인(牙郎) 등이 조종하여 값을 깎기도 하고 관교(官校)와 읍리 등이 빼앗고 농간질 하므로, 상인이 배를 멀리 돌려버리고 이로써 물건값이 등귀하는 등의 문제가 있었다. 이를 그 고을 수령이 막아서 상업이 활성화하도록 해야 한다고 보았다.[36] 그리고 국내의 행상도 지나다니는 관소(關所)에서 세를 받도록 하되, 지방관리의 횡렴을 막고 국세를 걷기 위해 시전이든 행상이든 토산물 판매권으로 관권(關券)을 발부하고 아울

---

34) 夫豪商猾賈者 王者之所以禁抑 爲其下剝民財 上割國權也(『경세유표』(經世遺表), 권 10, 「지관수제」(地官修制), '부공사'(賦貢四); 강만길, 2005: 436, 각주 11).

35) 國之百用 惟依田租 浚削農夫 渴其膏血 而富商大賈 毫髮不侵 方可曰王政乎(『경세유표』, 권 10, 「지관수제」, '부공제삼'; 강만길, 2005: 438, 각주 16).

36) 凶年船舶 泊於浦口 店主(船主人)牙郎(執斗者) 操縱削價 官校邑吏 侵漁作奸 商賈聞聲 回船遠遁 此米價之所以日貴也 牧宜知此 務悅商賈之心 使之輻輳 則有錢者 得以糶矣(『목민심서』(牧民心書), 권 12, 「진황육조 비자」(賑荒六條 備資), 강만길, 2005: 436, 각주 13).

러 행상에게는 새절(璽節, 인장)로 인증표를 발급하게 하여 통관할 때마다 반복징세를 하지 않게 하는 등의 조처를 할 것을 제안하였다.[37]

(4) 다산의 광공업정책론

조선후기의 수공업은 농업이나 상업에 비해 크게 진전하지 못한 한계를 드러내고 있었다.

여기에는 크게 두 가지 요인이 작용했는데, 하나는 기술개발이 비교적 낙후했던 점이고, 다른 하나는 정치적인 것이었다. 병자호란 이후 '배청숭명'(排淸崇明)의 이데올로기에 젖어 대청관계가 부정적인 방향으로 흘렀던 것이 문제였다. 그 전까지 선진 기술이나 문물을 수입하는 통로가 중국이었는데 이로 인하여 청국의 문화를 수용하는 것이 어려워졌으므로 당시에만 해도 서양의 과학기술 지식을 상당 정도 흡수하고 있었던 청국의 지식과 기술을 활용하는 데 한계가 있었던 것이다. 이러한 조건에서 지배계급의 대청이념과 관계를 비판하면서 청나라의 선진문명을 적극적으로 수입해야 한다는 주장을 내세우기 시작한 선비들이 18세기 후반기의 북학파 실학자였다.

그중에서도 담헌(湛軒) 홍대용(洪大容, 1731－1783)은 일찍이 동지사(冬至使) 서장관(書狀官)의 자격으로 청나라 연경을 방문하여 중국의 지식인들과 교류하면서 학문, 풍습, 역사, 예술 및 과학적 지식과 기술 등을 습득하였고, 자신이 이를 응용하여 각종 기기를 발명하기도 했다는 실적을 남긴 인물이다(금장태, 2003: 176－171). 그리고는 연암(燕巖) 박지원(朴趾源, 1737－1805), 초정(楚亭) 박제가(朴齊家, 1750－1805) 등, 소위 북학파 선비들이 뒤를 이어 청나라의 문물을 수입하는 데 앞장섰다. 다산은 자신이 북학파 계열은 아니었지만 이들의 사상을 적극 수용하여 국내 기

---

37) 關所以征於商也 市所以征於賈也 商之利大於坐賈 若征賈而不征商 則民役不均 此所以先王之法 關市必並擧也 然適千里者 每關輸稅 則民不堪矣 故其受其說 乃爲璽節以賜之 使之周流天下 再無滯關 此先王之良法也…凡諸路興販者 若無關券 不得貿易土物 犯者沒入 則其出者 不得不稅關矣 凡市肆入賣者 若無關券 不得交付京賣 犯者沒入 則其入者 不得不稅關矣(『경세유표』, 권 10, 「지관수제」, '부공제삼'; 강만길, 2005: 440, 각주 20; 441, 각주 21).

술의 후진성을 탈피하고자 하는 방안을 독자적으로 제시하였다. 여기에
는 그의 기술개발과 광공업진작에 관한 견해를 개관한다(강만길, 2005:
444-449).

첫째, 다산은 유구(琉球)와 일본의 보기를 들어 이들이 중국에서 온갖
정교한 기술을 배워 오기에 힘쓴 지 오래 되어 기술 수준이 중국과 대등
해졌고 백성은 부유하며 나라가 강성하여 이웃나라가 감히 침범하지 못
한다는 효과를 지적하면서 우리나라에도 이용감(利用監) 같은 기구를 설
치할 것을 제안하였다.[38] 이용감에서는 예를 들어 군사용 병기, 농사에
도움을 줄 농기를 비롯하여, 직기(織器) 등 포백을 풍부하게 하는 기계,
교통운반수단으로 주거(舟車), 건설을 위한 인중(引重)과 기중(起重) 기기
등 구체적인 기술을 중국에서 도입할 것을 주장하였다. 그뿐 아니라, 전
함사(典艦司)를 설치하여 조선과 병선, 상선 등의 조선 및 수리 기타 관련
기술 역시 도입할 것도 제시하였다. 그리고 포괄적 운수 기기인 수레의
제조는 전궤사(典軌司)를 신설하여 이를 담당하도록 권유하였다. 다산은
당시의 기술후진성을 예리하게 비판하고 이를 시정하는 여러 조치를 북
학론에서 구하여 실천할 것을 종용하고 있다.

둘째 문제는 광업이다. 다산은 초기에 정부에서 일할 때에는 광산개
발의 민영론을 지지한 일이 있었다. 그러나 귀양살이 할 시기에 저술한
『경세유표』나 『목민심서』에서는 철저한 국영론을 주장하게 되었다. 역사
적으로 보면 임란 이후 정부의 광산개발정책이 비교적 활발해지면서 관
에서 직접 채굴하는 관채(官採)와 민간주도익 민채(民採)를 아울러 실시
한 바 있는데, 조선 후기(1651년 효종 2년)에 설점수세법(設店收稅法)을
실시하여 관에서 지역에 채굴 비용 등을 제공하고 관리하기 위한 설점을
하고 채굴을 민간에 허가한 다음 세를 받는 제도를 운영하고 있었다(변
태섭, 1986: 348-349). 다산의 광업국영론은 우선 농기구 제조에 필수
적인 철을 제외한 모든 광물은 민간채굴을 금하고 정부가 직접 채굴해야

---

38) 近世琉球人 處太學十年 專學其文物技能(芝峯集) 日本往來江浙 唯務移百工織巧 故琉
球日本 在海中絕域 而其技能 與中國抗 民俗而兵强 隣國莫敢侵擾 其已然之效 如是也
(『여유당전서』(與猶堂全書),「시문집」(詩文集), ‘技藝論三’(기예론3), 강만길, 2005:
445, 각주 27).

한다는 논리를 편다. 그 논리를 뒷받침하는 요인을 다산은 다음과 같이 조목조목 해명하였다(강만길, 2005: 452-454).

① 우리나라에는 도처에 광물이 매장되어 있어도 광산, 특히 금광을 개발하면 중국에서 간단없이 진공(進貢)을 독촉할 것이 두려워서 민간이 함부로 건드리지 못하게 해야 한다는 주장이 있는데, 이에 응답하는 뜻에서 다산은 금이 중국에 들어가지 않도록 금화를 만들어 국내에 유통시켜 금값이 중국보다 높으면 중국에 가져가라 해도 가는 자가 없을 것이라고 논박하였다.[39]

② 홍경래가 금광을 근거로 해서 반란을 일으킨 사례가 있고 앞으로도 그런 일이 있을 수 있으니 개발이 어렵다고 하는데, 이에 해명하기를 이는 오직 관에서 채굴하지 않고 민간에게 사채를 허가했기 때문이라고 하였다.[40]

③ 군자지도는 이(利)를 물리치고 재물을 가벼이 여겨 취렴하는 자는 도신(盜臣)보다 못하고 이익을 취하기를 즐기면 소인보다 못하다는 논리는 다음과 같이 비판하였다(강만길, 2005: 453).

> 산림과 조정의 신하들이 책을 끼고 경연에 나아가면 오직 이기설(理氣說)과 심성설(心性說)만 논할 뿐이고 한 글자 반 글귀라도 감히 재부(財賦)에 대하여 언급하지 않는다…재부를 전혀 더러운 물건이라 하여 감히 입에 올리지도 못하는 것은 천하국가를 경영하는 일이 못된다.[41]

④ 유휴노동력이 광산에 몰려서 농가의 일꾼을 얻을 수 없게 된다는

---

39) 欲禁之勿入燕 宜作金錢 行於國中 使其直 高於燕直 則雖日撻 而求其燕 亦無有齎去者 也(『경세유표』, 권 7, 「지관수제」, '전제·정전의일'(田制·井田議一); 강만길, 2005: 453, 각주 49).

40) 嘉慶壬午 嘉山賊洪景來等 因多福洞金店 起兵作亂 今之所大懼者此也 然此惟不自官採 而許民私採 故治此姦宄者『경세유표』, 권 7, 「지관수제」, '전제·정전의일'(田制·井田議一); 강만길, 2005: 453, 각주 50).

41) 山林經幄之臣 挾册登筵 惟性理心性之說 是論是轇 一字半句 未敢或及於財賦…專以 財賦 爲汚穢之物 不敢以登諸口 吻非所以爲天下國家也(『경세유표』, 권 7, 「지관수제」, '전제·정전의일'; 강만길, 2005: 454, 각주 51).

우려에는 어찌 천하의 모든 백성이 농사만 하도록 하는가, 농부는 농사하고 광부는 광업에 종사하면서 서로 방해되지 않는다. 혹 광산 가까이의 농부는 일꾼 구하기가 어려울 수도 있지만 어떻게 모두를 돌볼 수 있겠는가 라고 대답하였다.[42]

이러한 광산국영론은 마치 토지의 여전제처럼 생산수단의 국유화를 기한다는 것으로 볼 수 있다. 물론 이 여전제는 후일 정전제로 수정하였지만, 여하간에 다산도 모든 생산수단을 국유화하려는 것은 아니었다. 가령 소금, 술, 차, 백반(白礬) 등은 전매를 반대하여 민영론을 주장하였다. 중요한 강조점은 광산의 설점수세 제도가 일부 지역에서 정치적 불안의 요인이 되기도 했으므로 이를 경계하는 뜻도 있었겠지만, 그보다 더 근본적으로는 토지제도의 철학과 마찬가지로 그러한 국영방식으로 귀족세력의 경제기반을 약화시키는 한편, 왕권을 강화하는 데 필요한 경제기반, 즉 국가재정을 강화하려는 취지가 있었다고 보는 관점도 있음을 밝혀 둔다(강만길, 2005: 456－457).

---

42) 不必天下之民 悉勤之爲農也 農者爲農 礦者爲礦 不相妨也 礦穴數里之內 或其農夫患 得傭雇 豈可以悉顧哉(『경세유표』, 권 7, 「지관수제」, '전제·정전의일'; 강만길, 2005: 454, 각주 52).

조선시대 선비의 이상적인 세계관: 사회

제Ⅶ장
조선시대 선비의 이상적인 세계관: 사회

경제분야는 실제와 이론에서 비교적 복합적이고 다양한 요소를 내포하므로 그 상세한 내용을 면밀하게 다루는 과업은 본 저서가 목표하는 바가 아니다. 지금부터는 조선시대 선비가 살던 사회의 특성을 점검해야 하는데, 여기에서도 크게 두 가지 주제에 집중하려고 한다. 하나는 사회계층적 구조와 질서이고 다른 하나는 향토를 중심으로 하는 공동체적 생활세계와 관련이 있는 내용이 되겠다. 그러한 맥락에서 선비가 구상하는 사회계층과 그 속에서 차지하는 지위와 수행하는 기능을 주로 살펴보고자 한다.

1. 조선시대 사회계층의 변천

1) 사회계층의 의미

사회계층이란 사회학에서 주로 쓰는 말로서 사회에는 온갖 자원과 희소가치를 구성원들 사이에 불균등하게 배분하며 살아가는 일이 틀잡혀(구조화) 있는 현상을 가리키는 말이다. 이런 불평등의 모습이 마치 지질학에서처럼 지구를 구성하는 토양과 광물이 지하에 층(stratum)을 이루고 있는 위계서열적 성층구조의 양태를 비유하여 영어로 사회 계층화(social stratification)라 규정한 것이다. 통상적으로는 사회계급이라고도 하는데, 좀더 엄격하게 보자면 계급은 주로 경제적 불평등을 기준으로 삼은 개념이다. 이와 같은 계층화 현상은 인류 역사에서 모든 사회에 다양한 모습으로 나타났다. 처음에는 자연스럽게 구분을 하기 시작한 것이 시간이 흐르며 이를 제도적으로 구조화하여 규정하게 된 것이다(김경동, 2008: 297 이하 참조).

앞서 권력 개념과 관련하여, 언급한 바 있듯이, 이러한 계층을 구성하는 요소는 크게 보면 우선 먹고 사는 문제와 관련이 있는 경제적 자원(자산, property), 다른 사람들을 통제하고 명령할 역량을 표상하는 정치적인 권력(power), 그리고 사회적인 존경심을 불러일으키는 위광, 위세, 혹은 위신(prestige)이 주축을 이룬다. 이를 두고 흔히 계층화의 3P라 한다(Weber, 1958). 여기에 한 가지 매우 중요한 요소를 추가하는 학자도 있다. 그것은 곧 특권 혹은 특전(privilege)(Lenski, 1966)이다. 이런 기본적인 계층의 구성요소 외에도 경험적으로 한 사회의 계층을 구분하는 구체적 요인 또는 변수를 제시하면 다음과 같은 것이 있다(Kahl, 1962).

① 개인이나 가족이 누리는 위광, 위신, 위세
② 종사하는 직업
③ 자본, 소비재 등 경제적 소유물
④ 생활양식이 비슷한 사람들끼리의 상호작용
⑤ 두드러진 집합적 범주로 인식하는 계급의식(class consciousness)
⑥ 계층적 부분문화(sub-culture)로서 가치지향(value orientations)

그런데 이와 같은 여러 구성요소로 이루어지는 계층적 구분의 구조화가 얼마나 경직한지를 좌우하는 기준변수가 중요한데, 그것은 한 마디로 사회이동(social mobility)의 가능성과 정도다. 이때 이동이란 기존의 사회계층 구조로 성립한 상하구획의 벽을 넘어 한 계층에서 다른 계층으로 상하 수직적 이동(vertical mobility)이 얼마나 자유로운지가 기본적 기준이다(김경동, 2008: 338-343). 이동이 아주 불가능한 완벽한 계급사회는 없지만 상대적으로 그 이동이 어려운 사회를 폐쇄적 사회(closed so-ciety)라 하고 이동이 상대적으로 용이한 사회를 개방적 사회(open society)라 한다. 이를 기준으로 예를 들면, 인도의 캐스트형 사회(cast soci-ety)가 비교적 폐쇄성이 강한 사회이고, 근대화 전의 구시대에는 이동이 부분적으로만 가능한 신분사회(estate society)였다면, 근대화 이후의 이동이 비교적 자유로운 사회를 계급사회(class society)라 분류하기도 한다(Lowry and Rankin, 1977).

계층서열에서 상하로 이동할 때는 새로운 사회적 지위(status)를 획득하는 과정을 경험한다. 이 사회적 지위란 인간이 세상에 태어나기도 전부터 사회가 부여하는 '태아'라는 지위를 갖기 시작하여 태어나는 순간부터 이미 남녀성별, 연령, 인종, 신생아, 아들·딸, 손자녀, 언니, 부자집 막내 아들, 가난한 집 십자매의 맏딸 등등 수많은 새로운 지위를 획득한다. 이런 지위, 즉 나의 소속과 성숙 단계에 따라 사회가 내게 부과한 지위를 귀속지위(ascribed status)라 일컫고, 내가 스스로 내 능력과 노력으로 성취한 지위를 성취지위 혹은 업적지위(achieved status)라 한다(김경동, 2008: 129-131). 이러한 지위획득 유형은 바로 계층적 폐쇄·개방 정도와 밀접한 연관을 갖는다. 폐쇄사회에서는 한번 주어진 귀속지위는 쉽게 바꿀 수 없는 데 비해 개방사회에서는 성취에 의한 지위획득이 용이하다는 점이다. 조선사회의 계층구조의 변화도 이와 같은 기본적 분석틀 안에서 검토하게 된다.

2) 조선조 사회계층의 개관

조선조 사회의 계층은 대체로 다른 세계 지역의 중세 이전의 사례와 유사한 상대적으로 폐쇄적인 성격을 띤 신분사회의 구조적 특성을 지녔다고 할 수 있다. 그 신분의 구획에 관해서는 국사학계에서도 견해를 달리하는 게 실정이다. 몇 가지 사례만 들어보면 다음과 같다, 가령, 적어도 조선조 초기에는 양천(良賤) 구분만이 대세였다가 후에 더 세분화했다는 관점(한영우, 1997), 양신분(良身分)을 양반(兩班), 중인(中人), 양인(良人)으로 나누고 천인(賤人)까지 더해서 4구분법(이성무, 2009), 양반·양인·천인의 3대 신분에 더하여 세습적인 직업과 신역(身役)의 일정한 신분적 계층으로 고정화한 중인과 이교(吏校)를 포함하는 5계층관(이상백, 1964), 그리고 양반과 양인 사이에 중인, 양인과 천인 사이에 신량역천(身良役賤)을 포함해야 한다는 소견(천관우, 1982b; 변태섭, 1986; 김영모, 2013) 등이다.

역사 상으로는 다산이 당시(18세기 말~19세기 초)의 사회신분을 기본적으로 양반, 중인, 양인, 천인의 네 구분으로 보았다. 다만 필요에 따라 양반과 중인 사이에 '향'(鄕; 士官)을, 그리고 양인과 천인 사이에는 신량역천을 설정하거나, 아니면 양반, 향인(사관), 중인, 양인, 신량역천 및 천인 식으로 육분법으로 구분하였다. 특기할 것은, 다산은 신분과 직업의 상관성을 따로 밝힌 점이다. 가령, 양반의 직업은 ① 과유(科儒, 科)와 ② 武藝(武)이고, 향인의 직업은 ① 농업(田)과 ② 과유, 중인은 ① 향교의 교생(校), 양인은 ① 농업, 상업(估), 어업(漁), 야공업(冶工業, 冶), 목공(木), 신량역천은 역리 등, 그리고 천인은 ① 노(奴), ② 창우(倡優, 倡), 그리고 야공(冶) 등이라 하였다(신용하, 1997: 67; 71). 이런 다양한 의견 중에서 여기에는 가장 포괄적이라 할 수 있는 이상백(1964)의 논지를 중심으로 조선조 사회계층의 특징을 요약 검토하고자 한다.

(1) 양반

먼저 양반이라는 용어는 원래 고려 경종대에 궁중조회에서 문관은 동편에 무관은 서편에 입직하도록 한 데서 유래한다. 여기에는 이미 일종의 서열을 암시하고 있었는데, 조선에서는 이것이 특수한 계층의 의미를 갖게 된 것이다. 이를 구성하는 요소는 문·무 각 9품의 관인을 중심으로 전직 관인을 포함하면서, 동시에 이런 관직 임용의 자격을 갖춘 자와 그 가족의 신분이다.[1] 사회구조적 관점에서는, 양반이 조선의 지배층이었다. 양반은 일차적으로는 관리가 되어 정치에 참여하였고 이 맥락에서 국가가 누리는 권력을 행사하여 사회에 영향을 미치는 정치적 권위를 차지한 계층이었다. 관리가 되기 위해서는 과거라는 능력 시험에 합격해야

---

[1] 凡仕於朝者 與不仕而在下者 苟其人從事於仕 則通謂之士大夫…品官與士大夫 同謂之 兩班(『擇里志』 총론; 이상백, 1964: 각주 1).

하니 여기에는 조선의 국가이념인 유학을 철저히 공부해야 하는 과정이 수반한다는 특징이 있다. 이 말은 이와 같은 특출한 지식인으로서 사회적인 존경을 받는 위신(위세, 위광)을 누리는 계층이기도 하다는 말이다. 또한 관리가 되면 그 직급과 공과에 따라 당시의 농경사회에서 핵심적 경제적 자원인 토지를 지급받아 강한 경제력을 구비하게 되므로, 위에서 Weber가 언급한 3P의 자원을 두루 갖추고 전체 사회를 지배하는 계층으로 자리하게 된 것이다. 다만 여기에는 본인이 관직은 없는 미사(未仕)인 문인(文人)으로서 유학(幼學), 학생, 교생(校生), 원생(院生) 등과 역시 미사의 무인으로 출신(出身), 한량(閑良) 등, 그리고 그 연소자 동몽(童蒙)이라 일컫는 부류도 포함한다는 견해도 있다. 다만, 용어상으로는 양반 이외에도 사족(士族), 사대부, 귀가(貴家), 세가(世家), 세족(世族), 세벌(世閥), 문벌(門閥), 세신(世臣), 세록(世祿), 귀가대족(貴家大族), 대가세족(大家世族), 거족(鋸族) 등 다양한 명칭으로 가리키기도 하였다(이성무, 2009: 275).

조선조가 성립한 이래 과거 고려조에서 문벌귀족이 가문의 후광으로 권위를 유지하던 체제는 무너지고 새로운 사회구조를 조성해가는 초기 과정에는 넓은 의미의 양인과 천인이 주종을 이룬 가운데 새로운 엘리트 지배계층의 형성이 이루어지면서 위에서 언급한 양반구조가 서서히 자리잡기 시작한 셈이다. 그 과정에 양인층에서 실력이 있는 지식인(사족)이 관계에 진출하여 신진 양반계층을 이루어 나갔던 것이다. 그러므로 시작 단계에는 어떤 뚜렷한 신분구획 기준 같은 것이 불명확하였다고 볼 수 있지만, 시간이 흐름에 따라 새로이 대두한 양반계층은 스스로의 경계를 지어 나가는 조처를 하게 되는데, 적어도 조선에서는 16세기 초반 1525년(중종 20년)에 이처럼 사족(선비)으로 구성하는 양반의 범위를 아래와 같이 '공인'한 것으로 알려져 있다. 이때 사족의 범위는 문·무과 합격자, 문·무반 정직5품 이상의 관직에 진출한 자, 즉 현관(顯官)을 역임한 4대 조상의 후손들, 그리고 당대의 생원·진사, 녹사(錄事) 벼슬, 고인이 은혜를 끼친 자의 자손인 유음자손(有蔭子孫), 적자가 없는 자손의 첩자의 장손(無嫡子子孫者之妾子孫承重子)이었다. 여기서 현관이란 동·서반 정직(잡직이 아닌 正職) 9품 이상의 벼슬, 감찰(監察), 정부의 기본 부처인 육조(六

曹)의 낭관(郎官), 부장(部將), 선전과(宣傳官) 및 현감(縣監)을 가리킨다. 적어도 양반의 지위를 유지하려면 현조(顯祖)가 있어야 한다는 원칙이다. 현조는 많을수록 유리한데, 현조란 양반의 지위를 유지하는 데 노력하고 어느 정도 이상의 업적으로 성공한 사람을 일컫는다. 물론 후대에 가면 4대조 내에 현조가 없이도 양반이라 칭하게 되었다(이성무, 2009: 282; 김성우, 2015: 61).

그런데 양반이라 해도 무반은 문반보다 하위로 취급하였다. 이 둘 사이의 차별을 두어야 할 근거는 없겠으나, 요는 정치와 군사를 분리하여 후자가 전자에 종속하는 현상이다. 이러한 문·무 차별은 유교적인 이념에서 유래하였다. 퇴계와 성리학적 담론을 오랜 동안 유지한 기대승이 사족을 문·무 관직자의 후손으로 규정하면서 이들이 기본적으로 유학 공부를 익히지만, 그만한 능력이 부족하면 궁마를 습득하여 사족이 무반직에 진출해도 문반 자질이 부족한 자제들이 차선책으로 선택하는 공부가 궁마였다는 뜻으로 문관 선호의 의사를 분명히 했다고 한다(김성우, 2015: 65). 그리하여 문관이 주요 고위 관직을 독점할 뿐 아니라 무반의 최고위품계는 정3품 절충장군(折衝將軍)이었고 유일한 당상관 계급이었다. 같은 정3품이라도 어모장군(禦侮將軍)은 당하에 속했다. 그리고 군사 부문의 요직도 문관이 수장직을 맡았고, 동반 6품과 서반 4품을 동격으로 보는 관행도 있었다. 그뿐 아니라, 양반가계의 지속적 유지를 위해 첩의 자손인 서얼(庶孽)출신자는 문과에 응시하지 못하게 했으며, 재가한 여성의 자손은 고관직에 나가는 것이 불가능하였다. 심지어, 지방의 차별도 보여, 평안도와 함경도 출신은 고관에 등용하는 예가 드물었다(변태섭, 1986: 270).

또 한 가지 주목할 사회학적 현상은 이러한 지배층인 양반의 사족은 가족과 친족의 개념을 내포한다는 사실이다. 사족이란 '사대부의 친족' (士大夫之族)을 가리키며, 여기에는 아들, 사위(딸), 동생, 조카(子壻弟姪)를 우선적으로 포함하며, 가문이나 문중이라는 친족공동체의 일원이다. 이에 더하여 혼인에 의한 외가, 처가도 합류하는 강력한 공동체적 결합을 이루었다. 기본적으로 공신이나 현직 당상관의 자손을 과거에 의하지 않고 관직에 채용하는 음서(蔭敍), 재산 상속, 세금이나 군역 부과 등에서도 이러한 공동체적인 틀을 이용하게 되었다. 양반이 관직을 자치하고 직계 가족은 물론 친족과 인척이 관직과 부를 지킬 목적으로 특권적인 세습제라든가 배타적인 관행을 만드는 것이 당연했다. 이러한 양반이 누리게 된 신분적 특권에는 체형과 비교적 가벼운 범죄자를 가족과 함께 변방에 이주시키는 형벌인 전가사변형(全家徙邊刑)의 면제권, 문·무반 정직 독점권, 지역자치권 및 군역면제권을 포함하였다(김성우, 2015: 68). 이렇게 해서 신분사회라는 상대적으로 폐쇄적인 불평등사회를 형성하게 된 것이다(이성무, 2009: 276).

그러면 이들 신분구획 간의 수직이동은 얼마나 열려 있었는지를 확인해봐야 한다. 다만 양반가의 인물이라도 능력에 따라 문무관이 되지 못하고 평민처럼 군역에 편입하거나, 지방에 영주하여 중앙 권력과 멀어지든지 정국의 변동으로 사회적 지위를 유지하지 못하여 소위 '방외한산인'(方外閑散人)이라는 전형적 사류(士類)에서 탈락하는 층도 있고, 유학, 한량 등은 사대부라기보다 한산인에 속하기도 하였다. 반대로, 양인이나 천인 중에도 군직 혹은 관아의 일부 직역에 장기근무하거나 특별한 공로가 있으면 품관으로 승진할 수도 있었지만 이런 승진에는 제한이 있었고, 대개 서반의 하위직, 현직을 떠나면서 품계를 얻는 서반의 산직(散職), 직함만 있고 직사가 없는 서반의 영직(影職, 명예직), 또는 품계의 명칭부터 실직(實職)과 다른 잡직(雜職) 등을 주는 것이 보통이었다. 임란 후로는 군공이나 운량(運糧), 납속(納粟) 등으로 양인 또는 천인도 당상(堂上)·당하(당하(堂下)의 위계나 관직명을 얻는 사례도 후세에 갈수록 늘어났다. 이런 특전은 원칙적으로 일신의 일대에 한하여 군역면제가 주목적인 조치였다(이상백, 1964: 308-310).

(2) 중인

계층적 위계서열에서 양반 다음의 계층이 중인이다. 일반적으로는 양반과 상민 사이의 중간지배신분층이라 할 수 있다. 이들은 양반 이외에 관료가 될 수 있는 계층이지만 양반이 기술계통의 관직을 천시하고 회피

하므로 이런 기능을 맡을 사람들을 중인이라 이름하고, 법규상 현직(顯職, 높은 벼슬)에 나갈 수 없도록 제한을 두었으므로 대개 미미한 관직에 임용하였던 사람들이다. 이들은 대개 서울의 중촌(朝市), 즉 조정과 저자 거리 근처에 살던 부류다. 이들이 생성한 역사적 배경은 고려시대 중앙집권정책에 따라 많은 지방향리들이 중앙으로 진출하여 관직영역이 포화상태에 이르게 되자, 사대부들이 직종에 따라 지배층의 양분화를 도모하면서 발생한 것이다. 이들 중 기왕에 품관이 된 부류는 양반으로 편입하고, 계속 향리나 서리로 남아 있던 이들 중 기술관, 행정관, 군교, 역리(驛吏), 우편 담당(郵吏), 산사(算士), 화원(畵員) 등을 점차 하급지배층으로 격하시킨 데서 유래한다. 이들이 양반이 꺼리는 기술직종에 전문가로 종사했던 것이다(이성무, 2009: 288).

중인이 맡았던 직종은 주로 의료(醫), 외국어 통번역(譯), 회계(算, 籌), 관상(測候, 占驗), 율(律), 혜민(救療), 사자(寫字), 도화(圖畵) 등 기술과 사무행정의 실무이고, 중앙관아에 세습하는 특수계층이었다. 중인과 양반가의 적출이 아닌 서얼은 '중서'(中庶)라 칭하였다. 이들 가운데서 공로가 있는 자는 지방관으로 내보내기도 하고 오래 근속한 자는 양반의 실직이나 영직에 임명하는 정도의 예우를 하였다. 이런 중서계층의 제한을 철폐하려는 움직임이 중엽 이후에 있었으나 큰 성과를 거두지 못하였다(이상백, 1964: 310).

(3) 이교

이교는 서리와 군교를 합쳐 이르는 것으로 관료계층과 평민계층의 중간에 위치하여 집권기구의 말단을 담당하는 관료기관 종사자로서 전국적으로 보면 하나의 계층을 이룬다고 할 만하다. 그리하여 정치적인 기능은 무시할 수 없는 실권을 장악하던 것이다. 중앙 각사의 이서(관료)를 경아전(京衙前)이라 하여 녹사와 서리가 있어서 녹사는 의정부, 육조, 중추부, 종친부, 돈녕부, 충훈부, 의빈부, 기로소(耆老所) 등 주요관아에만 있고, 서리는 각사에 모두 두었다. 이러한 경리(京吏)는 고려조에서는 사인(士人) 또는 양가자제들로 충당하다가 조선조 초기에도 양반의 하류와 비등한 지위에 있었고, 일정한 절차를 통과하면 수령, 역, 도승(渡丞, 나루터를 관리하던 종9품 관리) 등에도 서용했었는데, 시대 흐름에 따라 점차 지위가 낮아져 중기 이후로는 관에 들어갈 길도 없어지고 말았다. 이들 경리는 궁중의 사역에 임하는 후궁에 딸린 관원이나 하인인 액례(掖隷)와 함께 경성의 서부에 모여 살았다(이상백, 1964: 310-312).

이서 중에 지방관부의 이서는 향리 혹은 외아전(外衙前)이라 하는 지방 호족 출신의 향직을 주었으나 중앙집권적 권력구조 하에서는 이들의 권력을 억제할 필요가 있어 수령 앞에 몸을 숙이게 하는 등 특수한 차별적 습관이 생겼다. 이들 아전의 하인으로는 사령(使令), 나장(羅將) 등이 있어 공사천인 중에서 모집하는 수가 많았다. 다만, 중앙의 승정원 사령과 의금부의 나장만은 일반 이서와 비등한 지위를 누렸다. 향리 중에서 역리(驛吏)는 특수하게 노비 '종모법'의 적용을 받으며, 역졸, 역보 등 또한 일반 군졸이나 보인에 비하여 낮은 대우를 받았다.

한편, 군교는 중앙에서는 궁중의 사역에 임하는 액례와 각 군영의 영문소속(營門所屬)이 이에 해당하며 지방에서는 장교라는 직역이 여기에 든다. 조선 후기에는 각 군영에 종9품 초관(哨官, 초소의 군인) 이상을 장관(將官)이라 하고 그 아래 품위의 군관, 교련관, 기패관(旗牌官) 등 하급 사관을 장교라 하며, 그 이하 군졸은 군총(軍摠)이라 하였다. 그러니까 장교의 하나인 군관은 무과에 부시(赴試)하지 않은 한량, 무과에 급제하고도 업무에 임하지 못한 자, 또는 전직무관 등에서 선발하였다. 그런데 이들 무관 중 장교는 중앙에서는 점차 하급 군직을 맡게 되어 나장과 동급으로 격하해버렸고, 지방의 장교는 군관직 뿐 아니라 포교라는 경찰 직무가 두드러지는 추세가 주종을 이루었다. 그러니까, 이교라는 지방관리는 본래 행정직 향리와 군무직 장교를 연달아 부른 이름이었지만, 실제로는 이(吏)라는 행정직이 교(校)라는 군사직보다 높은 것처럼 되어버렸다.

(4) 양인

양반과 양인의 구별은 원칙적으로 법규범으로 정해 놓은 것은 아닌 자유인이었다. 그러나 오랜 생존경쟁에서 기득권을 갖게 된 공신, 과거의 귀족, 지방 호족 등의 가문에서 새로운 정권 아래서 과거합격, 군공 수립 등의 자격으로 지위를 확보함으로써 일반 양인과 차별적인 특권을 누리게 된 계층이 양반으로 자리한 것이다. 여기에 합류하지 못한 일반 백성이 곧 양인이고 흔히 향인이라고 부르는 서민 혹은 상사람(常) 중에서 대개 농·공·상의 생산활동에 종사하는 계급으로서 납세, 공물, 군역 등을 전면적으로 감당하는 신분계층이다(이성무, 2009: 279).

천인도 넓은 의미의 백성에는 속하지만 양인과는 차별하는 하위범주다. 양인의 군역(병역)에는 크게 두 종류가 있다. 실제 출역하는 군정(軍丁)과 비용을 지변하는 보(保)로 나눈다. 따라서 양인은 호적 상, 군정 또는 보인으로 명칭을 갖는데, 군정에는 정병(正兵), 보병, 기병 등으로 나누고, 보인은 보보(步保), 마보, 포보 기타로 구분한다. 양인은 물론 주로 농사에 종사했으나 농업 이외에 공업 상업을 본업으로 수행하는 양인도 있는데, 이들은 대체로 양인 중에서도 하류 계층으로 간주하였다. 특히 경외의 관청에 직속하는 '경공장'(京工匠)과 '외공장'(外工匠) 등 장인은, 사천(私賤, 사사로운 노비 등 천인)을 제외하고 일반 양인과 공천(公賤)은 원칙적으로 장인으로 편입하게 된다(이상백, 1964: 314−316).

(5) 신량역천

신량역천이란 말 그대로 신분은 양인인데 하는 일(역)은 천인과 마찬가지의 천역을 부담하는 계층이다. 초기에는 간(干) 혹은 척(尺)이라는 호칭을 썼는데, 그 후에는 수행하는 역에 따라 구분하게 되었다. 원래 역(役)이란 양인 이하만이 부담하는 것이었고, 양인의 역은 적어도 인격적으로는 자유로운 양역으로서 병역(보를 포함)과 요역(육체 노동)이 원칙이었으나, 서리와 같이 신분은 양인인데 역으로는 천한 일을 하기도 하고, 천인은 본래 신역이 있는 만큼 군역과 중복할 수는 없으므로 군역을 면제하는 것이 원칙이었으나 신분제도가 문란해지면서 일부 양천의 구분이 모호하게 뒤섞이는 사례가 늘어나서 이 신량역천이 생긴 것이다. 가령, 군역과 관련하여 시험을 치러서 무예로써 군직을 갖는 천인도 있을 수 있고, 왜란 이후에는 공·사천으로 구성하는 군역이 생기는가 하면 이 천역의 병역과 보역을 양인도 부담하는 등, 구별이 불분명해지기도 하였다. 특히 천인의 군역 중에도 수군과 조졸(漕卒, 사공), 나장, 봉군(烽軍, 봉화 담당)과, 기타 조례(皁隷, 하인), 일수(日守, 지방관청 하인), 역보(驛保, 역졸의 보인) 등을 '칠반천역'(七般賤役)이라 하여 이 신량천역 중에서도 가장 고역으로 여겨 기피하는 경향이 있었다. 다만 이러한 모호한 신분이기 때문에 후기에는 이들도 평시에는 농업에 종사하였다고 한다(이상백, 1964: 315-316; 천관우, 1982: 112; 143; 274).

(6) 천인

원래 천인은 범죄자, 전쟁포로, 채무자와 같은 특수한 부류의 반사회적인 무리가 비자유인으로 취급받게 된 데서 유래하는 것이 과거 어느 문명사회에서든 볼 수 있는 현상이다. 조선조에서는 이들 천인이 종사하는 직역이 천역이라는 범주에 속하는 계층으로 구분했던 것이다. 대개 노비, 巫覡(무당), 광대(才人이라고도 함), 기생(娼妓), 백정 그리고 부곡인(部曲人) 또는 특수한(천박한) 직업에 종사하는 사람들만이 모여 사는 곳으로 소규모 행정구역인 소(所) 또는 향(鄉)이라 일컫기도 하는 특수지역에 거주하던 사람들이고, 불교의 쇠퇴에 따라 승니(僧尼)도 천인으로 천시하였다(이상백, 1964: 322; 이성무, 2009: 289). 이 중 백정은 조선조 세종 초까지는 화척(禾尺) 혹은 수척(水尺)이라 부르던 직역이다. 원래 백정은 고리 같은 그릇을 만들던 사람들로서 특수부락을 이루고 밀집생활을 하던 것을 세종이 그들의 사회적 대우를 개선하고자 척이라 하지 않고 백정으로 부르게 하였으나, 이들이 가축도살로 살코기와 가죽제품 제조와 판매를 하는 일을 하던 이들이라 천시하는 관습을 쉽사리 고치지 못하였다(이상백, 1964: 322).

다만, 이들 천인 가운데서 가장 다수를 차지한 신분이 노비인 공천(公賤)과 사천(私賤)이었다. 공천은 범죄자들 중에서 관청에 속한 노비로, 사노비(寺奴婢: 司贍寺 등 중앙 各司 소속), 내노비(內奴婢: 내수사 소속), 관노비(경외의 각 관부 소속) 및 역노비(驛奴婢)를 포함한다. 사노비는 매매 기타 수단으로 개인이 사사로이 소유하는 노비로서, 일반 사노비(혹은 양반가에 소속하면 班奴婢), 원노비(院奴婢: 서원 소속), 교노비(향교 소속) 등이 있다. 이들 노비 중에도 사노비가 공천보다 지위가 못한 계층이 있었고, 노비가 노비를 소유하면 노비 없는 일반 양인보다 권세가 더할 수도 있었다. 노비는 그가 속한 관아나 노주(奴主, 노비의 상전)에게 일생(원칙은 16세 이상~60세 이하) 뿐 아니라 세습적으로 복역하는 것이 원칙이고, 도주한 자는 엄중히 색출하여 처벌하였다. 또한 노비의 수가 노주의 수요보다 초과할 때는 노비신분으로 별거 자활하여 독립하도록 하는 일도 있었으며 이런 때는 신공의 포를 노주에게 공납해야 했다. 공천으로 관부 밖에 거주하는 소위 외거노비(外居奴婢)도 일정한 신포를 사섬사에 공납할 의무가 있었다. 이들은 비록 노비신분이었으나 일상에는 양민과 별 차이 없이 지내기도 했고, 실지로 당시의 주된 생업이 농업이었으므로 주인과 함께 사는 노비는 물론 주인의 토지농경에 사역했고, 외거노비는 주인 집 토지를 소작하는 일종의 소작인으로 중세 유럽의 농노와 유사한 형편이라 할 수 있다(이상백, 1964: 316－319).

　　노비의 사회적 지위와 관련하여 가령 혼인은 노비끼리만 해야 하고 양천상혼(良賤相婚)은 원칙적으로 금지하였다. 다만 실제로는 노취양녀(奴娶良女: 남자노비와 양녀의 혼인)와 비가양부(婢嫁良夫: 노비와 양인 남편)는 이루어졌다. 이런 관행은 일종의 노비 양산을 법외적으로 조장하는 결과를 염두에 둔 점도 있다. 노비는 사람이 아닌 물건으로 취급했으므로 매매, 상속, 증여가 가능하고, 사형을 제외한 사사로운 형벌(私刑)을 가할 수도 있었다.

　　노비의 소산은 마치 가축처럼 여자 쪽 노비주의 소유가 되는 천자수모법(賤者隨母法)을 시행하였으나, 반대로 남자노비의 소산도 노비주는 자기소유로 삼아버렸다. 결국 일천즉천(一賤則賤) 한쪽이 천하면 자식도 천하게 되는 원칙이 생겼다. 노비주인 양반과 노비의 관계는 절대복종의 관계였으므로 상전을 폭행하거나 살상하면 강상을 어긴 죄로 간주하여 극형에 처하는 등, 노비는 권리는 없이 복종의 의무만 있고, 교화의 대상이 아닌 형벌의 대상일 따름이었다(이성무, 2009: 290).

이러한 제도 하에서는 노비의 수가 증가할 수밖에 없는데, 노비가 지나치게 증가하면 노비는 노비주 개인에게만 봉사할 뿐 국역과 조세부담을 지지 않으므로 국가의 차원에서는 국가재정 파탄을 초래할 수 있는 까닭에 이것이 고려가 쇠망의 길로 간 요인의 하나가 된 것이다. 결국 노비가 증가하고 양인이 적으면 노비주는 유리하지만(사적 권리), 양인이 늘어나고 노비가 줄어들면 나라가 부강해지는 데(공적 권리) 유리하다. 다시 말하면 양반의 사적인 권리(노비 증가)와 국가의 공권(양인 다수) 사이의 함수관계를 조절하는 일이 국가 생존과 직결하는 면이 있어서, 조선조 500년의 긴 수명은 적어도 사회경제적인 면에서 볼 때, 이 두 권리 간의 조화와 균형 조절에 의해서 가능했다는 해석도 가능하다 하겠다(이성무, 2009: 290-291).

(7) 계층구조의 변화

이 점을 염두에 두고 실제 조선조 중기부터 후기 사이의 신분구조 변동의 간단한 보기를 검토할 필요가 있다. 아래 [표 7-1]에는 숙종조(1690년)부터 철종조(1858년) 사이의 신분분포 변동을 요약한 내용을 담고 있다(변태섭, 1986: 351; 이상백, 1964: 320). 물론 이 수표의 자료는 대구지방이라는 지역적 한계가 있다는 점을 염두에 두고 참고자료로만 제시한다. 그럼에도 역사적 자료가 구하기 어려운 상황에서는 매우 중요한 내용을 담고 있다는 점을 부인하기는 어렵다. 이 수표의 자료가 시사하는 바를 간추려 풀이하면 다음과 같다.

첫째, 양반의 상대적 비중이 지속적으로 증가했다는 점이다. 특히 철종대(19세기 중엽)에는 양반호수가 무려 7할에 이르렀다는 사실이 주목할 만하다. 둘째, 상민과 노비의 상대적 비중은 전자가 약간 높은 편이지만, 앞서는 시기인 숙종대만 해도 5대4로 비등했는데, 그 차이가 약 150년의 시간이 흐름에 따라 후속시기에는 노비의 비중이 급격하게 감소함으로써 그 차이가 거의 28대 1 정도로 극도로 확대했다는 사실도 매우 놀랍다.

이러한 변화는 주로 영정조 시기, 18세기 중엽부터 더 급속함을 볼 수 있는데, 이때를 지나면 조선조가 몰락의 길로 들어서는 중좌가 나타났던 점을 눈여겨 볼 일이다.

[표 7-1] 조선조 중기 이후 대구지방의 신분구조 변동 추세(%)

연도(왕조)	양반 호수	상민 호수	노비 호수	합계(괄호안 인구수)
1690(숙종 16)	9.2(7.4)	53.7(49.5)	37.1(43.1)	100.0(100.0)
1729(영조 5)	18.7	54.6	26.6	99.9
1783(정조 7)	37.5	57.5	5.0	100.0
1858(철종 9)	70.3	28.2	1.5	100.0

요는 생산적인 직역을 수행하는 계층이 갑자기 감소함으로써 국가 재정 자체가 흔들리게 된 사실을 주시할 필요가 있다. 이런 현상은 결국 신분제의 분해를 가리키는 셈인데, 부를 축적한 노비와 양인층이 각각 양인과 양반으로 신분 상승을 하게 됨으로써 지배 신분층이 격증하는 한편, 피지배 신분층의 격감 사태를 초래한 것이다. 이것이 가능해진 구체적인 방법은 양란 중에 정부는 군비를 충당하기 위하여 공사천, 서얼, 승려 등에게도 군역 부담과 군공(軍功) 포상 등 명목으로 면천 내지 수직(受職, 임관)에 의하여 신분 상승을 가능케 했다는 것이었다. 아울러, 일부 부를 축적한 양인, 노비는 호적을 고쳐 유학 또는 진사를 사칭하거나, 몰락한 양반의 족보를 매입하여 조상이 양반이었던 것처럼 꾸미기도 하여 신분상승을 꾀하기도 하였다. 이후 노비수가 격감하자 이 제도 자체에 관한 회의가 널리 번져, 결국 순조 대에는 6만여명의 관노의 장적을 소각하여 야인으로 해방시키는 보기와 같은 조처가 잇따라, 마침내 고종 23년(1886년)에는 노비의 신분세습을 폐지한 데 이어, 왕 31년(1894년)에는 갑오경장으로 사노비까지 법적으로 해방하는 기반을 제공하였던 것이다(변태섭, 1986: 351－352).

2. 실학파의 신분제도 개혁사상

그러면 이제부터는 그러한 사회계층 구조를 가진 조선사회의 신분제도를 어떻게 개혁해야 할 지를 논의한 조선 유학자들의 사상을 살펴보기로 한다. 이 주제는 주로 조선 후기 실학파의 사회개혁관으로 구체적인 내용이 등장하기 때문에 이 시대의 주요 인물 중, 반계 유형원, 성호 이익, 연암 박지원 및 다산 정약용의 사상을 간추리게 될 것이다. 다만 그전에 조선 중기 실학의 비조라고 존숭하는 율곡의 사회개혁안에서도 이미 신분제의 일부를 개선해야 한다는 구체적인 제안이 있었으므로 그의 사상부터 간략하게 고찰하겠다.

율곡의 경세사상에서 시대를 앞서가는 사회 개혁안을 발견하는데, 그 주된 내용은 노비와 서얼의 문제다. 그는 이러한 신분제를 단순히 신분의 불평등과 그 폐해로만 문제 삼은 것이 아니고, 이를 군역제도와 연관해서 개선하고자 함으로써 국가와 개인의 이익을 결부시켜 동시에 도모하고자 했던 것이 특징이다. 그래서 서얼과 공사천(노비 등) 중에서 무예에 출중한 자는 군인으로 선발하여 일정 기간 군역에 복무케 함으로써, 서얼은 벼슬길을 열어주고 노비는 속량하는 방안을 제시한 것이다. 여기에는 물론 당시 여러 모로 어려움을 겪는 백성이 유리하는 일이 빈번하므로 군역의 충당이 곤란했던 점을 해결하는 방식으로 창안한 것이어서 서얼 허통이나 노비 속량 등 제도자체를 혁파하는 신분제의 근원적 개선이 주목적이지는 않았으나 그 자체만으로도 상당히 진취적인 것이었음은 인정할 만하다. 다만 이것을 정부가 채택하지 않았으므로 실효는 없었다는 점이 씁쓸할 따름이다(안재순, 2002: 363).

1) 반계의 신분제도 개혁안

반계의 신분제도 개혁안이 사실상 위에서 언급한 율곡의 경세사상의 영향을 받았음은 그의 저술에서도 들어난다고 이미 밝혔다(안재순, 2002: 374-375). 반계의 신분제 개혁안은 앞서(제Ⅴ장) 정치사상을 다룰 때 그 기본적인 원칙을 간략하게 언급하였지만, 역(役)은 주로 신분에 따라 개인에게 주어진 직업적인 역할, 즉 부역(賦役)을 일컫는다. 따라서 신분제라는 계층적 제도를 개선하려는 논의는 부역제도가 핵심 과제다. 이를 역제안(役制案)이라 한다. 본시 역은 양인 이하의 계층만이 감당하는 역할이었다. 다만 양인의 역은 인격적으로는 자유로운 양역이 원칙이었으나, 신분제도의 문란으로 인하여 양인과 천인이 공유하는 신량역천의 범주가 생겼고 이들과 천인은 인격적으로 예속해야 하는 항구적 신역에 시달렸다. 이를 시정하고자 반계는 우선 잡역 문제부터 손대려, 잡역에 이용당하는 노동력의 계산을 미곡으로 대체하여 경세(經稅) 속에 포함하여 공납하게 함으로써 일체의 잡역을 폐할 것을 주장하였다(천관우, 1982b: 275).

다음은 신량천역의 문제를 다루었다. 이들은 이서라는 관료와 농민의 중간 계층으로 온갖 기회에 중간착취를 감행하는 역이었으므로, 이를 시정하기 위한 방안으로 다음의 안을 제시하였다(천관우, 1982b: 276-277).

① 종래 구별이 모호하고 무질서했던 아전의 종류를 재구분하여 문서를 다루는 녹사(錄事)는 이조 소속으로, 문서축장을 맡을 서리(書吏)는 육방(六房), 관청색(官廳色), 군기색(軍器色) 등 문서관리 부서로, 조례(皂隷, 하인)는 사령(使令, 관아의 일반 심부름꾼), 고직(庫直, 창고지기), 방자(房子, 지방 관청 십부름꾼), 옥쇄장(獄鎖匠, 옥지킴), 채부(菜夫, 채소 담당), 급창(及唱, 원의 명을 큰소리로 전달하는 사령), 구종(驅從, 관원 수행 하인), 주자(廚子, 주방 하인) 등 관청의 일상적인 일로, 그리고 소사(小史, 사환)의 용무로 재배치하여야 한다.

② 종래 일부 예외 말고는 서리의 근무가 장번(長番, 상시근무)이어서 휴식의 여가가 없었고 정해진 급료가 없었으므로 중간착취가 심했으니,

이들의 인원을 3분의 2 더 증가시켜 휴가와 상록(常祿, 정기급여)을 지급하도록 하거나 외방의 아전과 하인은 일정한 전지를 급부한다.

③ 이서의 신분은 더욱 엄격히 준행하고 채용과 승진 등의 규정을 분명히 하되, 소사와 같은 하인은 부인한다. 이런 어린이가 관역에 복역한다는 일은 옛말에도 들어보지 못했다고 하였다.

그리고 천인 신분과 관련해서는 노비의 천역제도는 원리상으로 부인하였다. 다만 현실적인 상황에서는 조심스러웠다. 그리하여 제한적이지만 아래와 같은 고역을 덜어주는 시책을 제안하였다(천관우, 1982b: 278-279).

① 노비의 세습제는 피하여 한신제(일정 연한) 또는 한년제(일정 연한)를 채택하고 중국의 용공(庸工)처럼 스스로 필요하여 보수를 받고 역을 맡는 제도를 택한다.

② 종래의 종모법(어머니가 노비이면 자식이 노비가 되는 법) 아래서 부천모량(父賤母良, 부가 천인, 모가 양인)인데도 종부입천(從夫入賤)하는 법은 비법 중에서도 비법이라 하였다.

③ 여러 중앙 및 지방의 관청에 입역하는 공노도 이서와 같이 일정한 미곡의 급여를 주어 말단행정에서 부패를 막아야 한다.

④ 지방 공천으로 중앙 각부서에 번을 이전하도록 하는 선상노(選上奴)제도는 폐하고, 중앙에서 입역자가 부족하면 인원을 더 선발하여 상임 입역하도록 한다.

⑤ 소유자와 별거하는 외거노(外居奴)는 종래와 같은 신공(身貢, 노동대신 바치는 공물)을 바치게 하되, 천인부대인 동오군(東伍軍)에게는 예외로 한다.

⑥ 노비제가 존속하는 동안에는 장례원(掌隸院)이나 동오군과 같은 제도는 존치시켜야 할 것이다.

이상의 개관에서 보이는 반계의 신분제 개혁안은 사실상 급진적인 것이 아님을 짐작할 수 있다. 그의 주된 관심은 당시 급격하게 증가하는 천인의 범위를 억제하고 자유민을 양적으로 확보함으로써 국가경영의 기초를 삼겠다는 원칙이었다. 그를 위한 방책의 특징은 우선 기강을 바로 세워 각 신분계층의 부담을 균일하게 정리하고, 공납용 노동력은 사용을

금하며, 관료와 농민 사이의 중간착취를 제거하여 공정한 부역의 시행으
로 군사 및 재정 등의 체제를 정비하려는 의도가 담겨 있다는 것이었다
(천관우, 1982b: 279－280).

2) 성호의 노비제도 개혁관

성호의 신분제도 개선에 관한 논의는 주로 노비제도의 문제에만 집중
하여 간략하게 살펴보고자 한다. 성호는 특히 경제체제에 관심이 커서
앞에서(제Ⅵ장) 검토한대로 재부론, 화폐론, 생재론 등 경제일반에 관한
이론적 고찰과 현실분석은 물론 한전법 등 토지제도론에서도 일가견을
보이고 있다. 그중에 부세론을 논하는 가운데, 결론 부분에서 양역론(良
役論)과 방양책(放良策)을 언급하면서 노비제도를 다루고 있다. 여기에는
그의 노비제에 관한 짧은 논의를 소개한다.

양역론이란 주로 직역 중에서도 병역을 주제로 삼고 있는데, 이 병역
제도의 문란으로 인하여 일반 민정(民丁)이 부역을 감당하지 못하고 기아
에 허덕이다 고역을 피하려 승려가 되거나 노비로 전락하는 신분 이동이
대규모로 일어남으로써 신분구조 상의 사천이 늘어나고 양정이 감소하는
구조 변동을 지적하고 있다. 이처럼 양인 계층의 감소는 국가재정 원천
의 축소를 초래하므로 양역 자체가 부패하여 양민에게서 전포(錢布)를 걷
어가는 것만으로는 충분하지 못해 이웃과 친인척들에게서 걷어가는 인족
포(隣族布), 죽은 자의 이름으로 걷는 백골포(白骨布), 아약자(兒弱者)의 이
름, 심지어는 뱃속의 아기 이름, 강아지 이름 등으로 걷어가는 폐단이 횡
행하게 되었다는 것이다. 이런 문제를 이미 조정에서도 논의를 하였으나
별 묘책도 없이 그냥 방임하고 있었으므로, 성호는 양역의 폐를 시정할
수 있는 방안을 다음과 같이 제시하였다(한우근, 1987: 287－296).

먼저 이는 병역 자체의 문제인 만큼 병역의무 대상자를 양반신분을
제외한 모든 신분계층, 즉 호민(豪民), 양인, 사천, 공천의 구별 없이 균
등하게 누구나 병역 의무를 지워야 한다고 제시하였다. 양민과 천민의
신분을 엄격하게 구분하지 않고 일종의 양천합일(良賤合一)의 향병(鄕兵)

조직을 주장한 것이다(금장태, 2003: 158). 이어, 국가재정을 '양입위출'(量入爲出), 즉 들어오는 만큼만 지출하는 재정긴축을 제안하였다. 그리고 지방수장들로 하여금 인구의 탈출을 엄중히 다스려, 부득이한 사정이 아니면 이주를 방지해야 한다고 하였다. 그리고 마지막에는 결국 사노비의 수를 감소시켜서 양정의 수를 확보하라는 의견을 개진한 것이다.

바로 이 사노비의 감축이라는 문제가 결국 신분계층의 의도적인 변화를 의미하는 것이다. 사노를 양민으로 방량(放良)하여 양정을 확보하자는 뜻인데, 그 중요한 이유를 양역문제로만 돌리지 않는다는 점을 마지막으로 지적해야 한다. 이 노비방량 문제는 우리나라의 노비종모법이라는 아주 천하의 악법으로 노비신분이 경화하고 아무리 유능하고 출중한 인재라도 천인계층으로 하등시하여 궁색한 처우를 시정할 수 없다는 것을 강하게 비판한다. 그러므로 성호는 이러한 노비증가를 초래한 노비제 자체를 일시에 혁파하지 못할 거면 점차적인 개선과 해방을 꾀해야 한다는 생각을 피력하고 있다. 구체적으로, 노비를 금수처럼 매매하는 일을 금해야 하고, 설혹 매매가 일어나더라도 사역의 연한을 제한하고, 사노비 소유도 백구(百口)로 제한하며, 5세 이하의 어린 노비는 방량하는 등의 제안을 하였다(한우근, 1987: 296-298).

3) 연암의 사회신분제 개혁안

연암 박지원(1737-1805)은 실학자 중에서도 홍대용(洪大容), 박제가(朴齊家)와 함께 북학파의 일원이었다. 그는 1780년(정조 4년) 44세 되던 해에 그의 삼종형 박명원(朴明源)이 청나라 고종의 70수를 축하하는 진하사(進賀使)로 청나라 수도 연경(燕京)에 가게 되자 그를 수행하여 중국을 방문할 기회를 얻었고, 특히 북방 열하(熱河)까지 여행하게 되어 거기서 습득한 경험을 책으로 엮어 그 유명한 『열하일기』(熱河日記)를 집필하였다. 이 저술에서 연암은 그의 청나라 여행 중에 관찰하고 놀라움을 금치 못한 청의 문명을 일방적으로 배척할 것이 아니라 이용후생에 도움이 되는 선진 과학기술과 기타 조선이 미처 이룩하지 못한 선진적인 문화를 배워야 한다는 북학을 적극 주장하였기 때문에 북학파라 지칭하는 것이다(신용하, 1997: 320－321). 여기에는 그의 신분제 혁파를 위한 몇 가지 주요 사상을 개관할 것이다.

(1) 양반제도 개혁

특히 연암의 신분제 개혁사상만을 집중적으로 살펴보는데, 특별히 그럴 이유를 들자면 실학파 중에서도 양반과 양반신분제도를 신랄하게 비판한 점이 두드러지기 때문이다. 그가 살던 18세기는 위에서 [표 7－1]에 제시한대로 조선사회의 신분제가 분해하기 시작하여 양반의 비중이 급격하게 증가하는 시기였다. 따라서 양반신분의 권위와 위세가 현저하게 추락하고 있어서 일반 평민의 조롱과 비판의 대상이 되고 있었다. 이런 현상을 이미 소설 형식의 저술인『양반전』(兩班傳),『민옹전』(閔翁傳) 및 『허생전(許生傳)』 등에서 날카롭게 풍자하는 내용을 담고 있다. 그러한 그의 양반신분 비판의 요지는 아래와 같다(신용하, 1997: 345－352).

① 양반의 공리공론과 무위도식
② 양반에 의한 서민의 수탈과 착취
③ 향촌사회에서 양반이 서민에게 힘으로 피해를 입히는 무단(武斷) 행위
④ 양반의 고루함과 복고주의 행동양식
⑤ 양반의 명분, 형식주의, 허례허식
⑥ 양반의 부패타락과 위선적 행동양식(득히『호질』(虎叱)이라는 작품에서 이를 신랄하게 비판하였다).
⑦ 양반이 조상의 신분과 지위 및 덕을 팔아먹고 스스로 노력하지 않는 행동양식

이처럼 양반제도가 드러내는 부정적인 요소를 힐책을 하면서도 연암은 이를 개선하기 위해서 양반제도 자체를 폐지하는 것을 주장하지는 않았다. 다만 대폭 개혁을 해야 한다고 보아, 양반의 위와 같은 폐습을 시정하여, 실리를 탐구하는 선비양반, '사'(士)는 보존하고 사농공상의 위계적 구도에서 양반인 사족의 지도적 우위는 인정해야 한다고 생각하였다.

(2) 서얼차별제도의 폐지

연암은 조선왕조가 초기부터 문벌만을 숭상하여 인재를 버리는 개탄스러운 일이 매우 많았음을 지적하고, 본래 성인의 정치에서는 '사'족에 귀천이 없었음을 들어 서얼제도를 폐지하고 서얼허통을 왕명으로 반포할 것을 강력히 주장하였다. 본시 조선초기에는 서얼차별이 없었는데, 건국초기 이래 정치적 경쟁 상대가 서얼인 점을 들어 이를 제거하는 수단으로 서얼차별의 규칙을 만들었다가 마침내 경국대전에 서얼금고 조항까지 삽입하였으며 그 후에도 사화를 거치며 이를 더욱 강화하는 조치를 하게 된 것임을 밝히면서, 연암은 다음과 같은 서얼허통의 변을 개진하였다(신용하, 1997: 355).

> 오랫동안 버린 재현(才賢)을 다시 거두어 들이고, 입후(立後)의 법(法)을 『경국대전』에 위반됨이 없도록 해서 종본(宗本)의 의(義)를 모두 고례(古禮)에 돌아가게 하며, 가정 내에서 아버지와 아들을 바르게 부르도록 하고, 학숙에서 장유(長幼)의 나이에 따르도록 하면, 3백년 폐절함이 쌓인 후에 다시 사람들을 얻게 되어 사람들이 모두 스스로 새롭게 될 것을 생각하고 훌륭한 행실에 힘쓰며 나라를 위하여 죽기를 다투면서 충성하고 보답하려고 쉴틈이 없을 것이다.[2]

연암은 양인 신분인 농·공·상업 종사자들의 신분적 차등에 관해서도 관심을 보였다. 우선 농업의 발전이 농민의 후생은 물론 국가의 기틀인 점을 중시하여 농민의 토지소유 상실에 따른 소작농화와 농촌 이탈 방지를 위해 한전제 토지개혁안을 내어 놓았으며, 농업생산력 제고를 위한 농업기술혁신에 관한 저술도 출판하였다. 그뿐 아니라, 공장(工匠)과 상인의 후생도 강조하였다. 이런 관심은 실상 동일한 양인 신분이면서 농·공·상 직역계층 간의 종적인 위계질서가 있어서 공·상민은 상대적으로 천민처럼 소위 신량역천의 범주로 여겼던 관습이 있었던 점을 주목하여

---

2) 復收久道之才賢 使立後之法 無違大典宗本之義 悉返古禮 家庭之內 正父子之名 庠熟之間 叙長幼之齒 復得爲人 於三百年 積廢之後 則人人咸思自新 筋勵名行 願忠圖報爭死國家之不暇矣(『연암집』(燕巖集) 권3, 소 「의청소통소」(擬淸疏通疏); 신용하, 1997: 355, 각주 55).

이들 간의 내부 평등 인식과 균형발전을 도모하고자 했던 데 있었던 것이다(신용하, 1997: 355-358).

또 다른 한 편으로는, 경상도 안의현감(安義縣監)으로 봉직할 때의 경험과 평소의 관찰에 기초하여 시노비(寺奴婢)의 혁파를 주장하였다. 여기서 시노비란 원래 내수사의 공노비를 가리키던 것이라 지방에서는 이런 시노비가 존재하지 않았으나, 대개 관노비의 별칭으로 쓰고 있었다. 지방의 부패한 관리가 노비안을 작성할 때 현재 인원으로는 부족하여 정원을 채우려고 누대를 거슬러 올라가 모계에서 약간이라도 천민 자식의 흔적이 있거나, 파산한 자의 후손, 또는 조세부담을 감당하지 못해 다른 지역에 잠입한 자의 후손 등을 제멋대로 노비안에 올려 버리기 때문에, 그 폐해가 극심하였다. 이런 현상에 대처하고자 연암은 관(시)노비의 혁파를 이정(釐正, 개정)할 것을 강력히 제창하였다. 여기서도 연암은 사노비 자체의 혁파를 거론하지 않았다는 한계를 드러낸다(신용하, 1997: 359-360).

4) 다산의 사회신분제도 개혁사상

다산은 나라의 부강은 사람이 하는 일인데 신분제도는 인재를 골고루 활용할 수 없게 만든다고 개탄하였다. 그가 본 양반, 중인, 양인 및 천인의 4계층 신분제 하에서는 양인과 천인은 물론 중인과 서얼도 폐기하여 인구의 8, 9할을 쓸모없게 한 데다, 지역 차별, 당쟁의 파벌 등에 의한 인재의 폐기 상태로 말미암아, 오로지 '벌열'(閥閱) 수십가문에서만 우수한 인재를 구할 수밖에 없다는 현실적 제약으로는 도저히 국가의 번영을 기할 수 없다는 점을 지적한 것이다. 그러므로 가장 이상적인 조치는 신분제도 자체를 완전히 폐지하는 것이라 생각하면서도, 현실적인 가능성이 희박함을 고려하여 하나의 절충안으로 '엄격한 원칙적 신분'을 '명분'으로 설정하고, '지위와 위세의 계층'의 구분을 '등급'으로 개념화한 다음, 그 후자인 등급을 '변등'(辨等)할 것을 강조하였다. 그러니까 신분은 건드리지 말고 등급에 따라 변별하는 방식이다. 그런 시책안의 중요성을 이렇게 해설한다(신용하, 1997: 73).

변등은 백성을 안정시키고 그 뜻을 정향시키는 요체다. 등위가 명확치 않아서 위계가 문란하면 백성들은 흩어지고 기강이 없어진다. 족(族)에는 귀천이 있으니 마땅히 그 등급을 구별해야 한다. 세력에도 강약이 있으니, 마땅히 정을 살펴야 한다. 그 둘의 한쪽을 폐하는 것은 불가하다.[3]

그러면 이제 다산의 신분제도 개혁의 내용을 간략하게 살피기로 한다.

(1) 양반 신분의 생산자화

다산은 당시의 통상적인 양반의 개념규정이 용어의 혼용이라 보고 이를 바로잡으려 이렇게 말했다. "양반은 동·서의 두 반이며, 사(士)는 당하관이고, 대부는 당상관이다. 오늘날 구족을 양반이라 하고, 사대부라고도 하는데, 이는 잘못이다."[4] 그러니까, 제대로 하자면 양반, 사족은 본래 '사'(仕) 곧 관직이라는 직능을 가진 사람을 가리킨다고 보았다. 그런데 우리나라의 양반은 세습 신분이므로 출생부터 이미 양반으로 태어나기 때문에 폐해가 크다고 한 것이다. 중국에서는 적어도 과거에 급제하여 생원이 되어 관료의 정원에 입적해 있어야 귀족의 신분을 인정받는데 비해, 조선에서는 그런 조건과는 무관하게 양반의 권리를 유지한다는데서 그 폐단이 시작한다고 분석하였다. 그런 세습제도로 말미암아 아무런 직책도 없이 군역과 요역(노동) 및 군포 면제와 관직 독점 등의 특권을 누린 것이다. 심지어는 향안에 기록만 해도, 거짓 족보를 꾸며도, 고향을 떠나 먼 거리의 낯선 곳으로 이사해도, 유건(儒巾)을 쓰고 과장에 출입만 해도 양반이 된다고 지적하였다(신용하, 1997: 75-77).

요컨대, 일하지 않고 놀고 먹는 양반이 각종 면제 특권 때문에 나라와 백성이 곤궁해지므로 군포제를 폐지하고 대신에 현재 관직에 있는 자만 면제하고 양반, 상민을 불문하고 집집마다(每戶) 인구 1인당(口當) 균등하게 군포전(화폐)으로 징수하는 '호포구전법'(戶布口錢法)을 제안하였다. 또

---

3) 族有貴賤 宜辨其等 勢有强弱 二者 不可以偏廢也(『목민심서』(牧民心書) 예전육조(禮典六條),「변등」(辨等); 신용하, 1997: 73, 각주 23).
4) 典班者 東西二班也 士者 堂下官也 大夫者 堂上官也 今之貴族 稱爲兩班 稱爲士大夫 此則誤矣(『목민심서』 예전육조,「변등」; 신용하, 1997: 75, 각주 27).

한, 양반의 관직 독점 특권을 폐지하기 위해서는 원칙적으로 당파, 지벌, 신분에 구애받지 않고, 인재를 선발해 관직에 임명해야 한다고 주장하였다. 이를 위한 주요 개혁안을 요약하면, 아래와 같다(신용하, 1997: 79-86).

① 선사법(選士法)에 의한 과거제도 개혁: 최소 단위 지방행정구역(읍)별로 진사초시를 볼 능력 있는 정원을 두고 천거해 전국에서 일정 수의 '선사'(選士)로 뽑고 이들이 다음 단계에서 시험을 보아 '거인'(擧人)으로 삼은 다음 주 단위의 시험, 주시(州試)를 보여 절반, 다음 성시(省試)에서 그 절반, 그리고 마지막 회시(會試)에서 절반을 뽑으면 이들에게 문과시험을 치르게 하여 40명을 선발하는 방법이다.

② 과거합격자를 신분차별 없이 능력과 적성에 따라 적정 관직에 배속하는 것이다.

③ 전국의 인재를 빠짐없이 등용하기 위해 신분의 귀천과 당파의 동서남북, 지역의 원근을 차별하지 않고 통색(通塞)하여 모든 인재를 쓸 것을 주장하여 계층적 상향이동의 통로를 열어주려 하였다. 그 대표적인 정책으로 '무재이능과'(茂才異能科)라는 과거를 신설하자고 제안하였다. 요점은 풍부한 재주와 탁월한 능력을 가진 자를 뽑는다는 취지다. 중앙 각 부서의 신하와 지방의 방백이 10년에 한 번씩, 차별받던 지역(예: 서북, 개성, 강화 등) 주민, 중인, 서얼, 친민 등 하위신분층 백성 중에서 경·전·문·학·정사(經·傳·文·學·政事) 등에 탁월한 인재 약 100명을 천거하여, 이들을 서울에 모아 경학·시부·논책·경세(經學·詩賦·論策·經世)의 시험에 의해 10명을 뽑아 과거에 들게 하는 제도다.

④ 음직(남행)의 대폭 축소: 양반의 관직 독점의 한 수단은 과거를 거치지 않고 조상의 기득권인 생원, 진사, 유학(幼學) 등의 혜택으로 벼슬하는 음직이었다. 다산은 이의 전면 폐지까지는 주장하지 않았지만 그 수를 가령 70-80인에서 36인 정도로 축소하기를 권하였다. 특히 이 중에서 주목할 방도로는 양반 벌열의 특권을 보강하기 위해 성행하던 증광시, 별시, 정시, 알성시, 절제시(增廣試, 別試, 庭試, 謁聖試, 節製試) 등의 폐지를 주장하였다.

이러한 제안의 배경에는 이미 서서히 무너져 가던 신분계층의 구도가 도사리고 있었다. 앞서 [표 7-1]에서 제시한 데 따르면 다산이 살던 19세기 후반(1783, 정조 7)에도 양반 호(인구)수가 전체의 37.5%로 증가하여 있었던 반면에 노비는 5%로 대폭 줄어들고 있었으며, 그의 사후 20여년 후(1858, 철종 9)에는 양반이 물경 70.3%로 폭증하게 되었고 노비는 간신히 1.5%를 유지하게 되었다. 이에 비해 상민의 비중은 대개 6할 가까이를 유지하다가 철종조에는 28.2%로 크게 축소하였다. 다산이 이런 양반 증가, 상민과 특히 노비 급감 현상의 폐해를 직감하고 있었던 것은 바로 그것이 국가적 생산력의 복고불능한 감축을 의미했기 때문이다. 쉽게 말해서, 생산직에 일할 인구가 대거 부족해졌기 때문이다. 이에 다산은 양반계층을 생산자화할 것을 주장하게 된 것이다. 이는 그의 토지개혁안이 담긴 「전론」에서 언급한 대로, 사족이 생산에 참여하지 않는 한 생산물을 분배 받지 못하게 한 데서 지적한 것이다.

기본적으로 양반도 농상공 분야의 생산활동에 종사하면서 밤에는 독서하기를 원했고, 육체노동이 불가할 때는 교육과 실리강구(實理講究)에 종사할 것을 권장하고, 특히 후자의 이용후생 활동을 높이 평가하였다. 그러한 실리강구의 내용은 전술한대로 주로 다음과 같은 일이었다.

　① 토질에 적합한 농작물 연구
　② 수리 연구
　③ 노동력을 절약할 수 있는 기계의 제조와 연구
　④ 농사기술 연구와 지도
　⑤ 목축법 연구와 지도

(2) 서얼차별제도의 폐지

다산은 서얼의 차별대우를 신랄하게 비판하고 그 폐지를 강력하게 주장하였다. 집안에서 아버지를 아버지라 부르지도 못하고 종자(宗子)로도 삼지 못하는 불공평한 제도를 포함하여 어쩌다 과거에 합격해도 능력과 적성에 따라 차별없이 배속하지 않는 제도를 혁파하기를 제안하였다. 만일 음직이 존속하면 음직에도 차별없이 임명해야 함을 강조하였다. 가령,

정언직(正言職)에도 적자들과 함께 대우를 받도록 하며 일반적으로 서얼에게 한품서용(限品敍用), 품계에 따라 서얼을 임명하지 않는 관행이나 관직제한, 또는 영조조에서 시도했다 실패한 대간, 정승으로도 임명해야 함을 주장하였다(신용하, 1997: 86−88).

(3) 중인 신분의 개혁

다산에 의하면 중인이란 주로 지방에서 '양인 가운데 유학하는자'(中人 良人之遊學者也)로서 직업으로는 교생(校生)을 가리켰고, 관직에 입사한 중인이면 삼의사 · 역관 · 관상감 · 율학 · 산학 · 사자관 · 서원(三醫司 · 驛館 · 觀象監 · 律學 · 算學 · 寫字官 · 書員) 등의 기술관이 있어서 길이 좁지 않다고 하였다. 그리고 지방의 향리(이서)는 별도로 취급하였다. 그는 특별히 당시 중국의 과학기술을 적극적으로 도입할 것을 주장한 북학파와 동조하며 이를 장려하는 정부기구로 이용감 신설을 제안한 바 있다. 따라서 비록 중인이지만 기술직에 종사하는 기술관, 기술자를 우대하는 방향으로 제도 개편을 제안하였다(신용하, 1997: 88−96).

첫째, 중인이 입사한 뒤에는 신분차별과 한품서용을 폐지해야 한다.

둘째, 중인 중에 기술이 우수한 자는 봉급(廩祿, 미곡급여)을 올려주는 등 경제적 유인과 대우를 개선하여 중인신분의 지위 자체를 향상시킴으로써 과학기술 발전을 촉진한다.

셋째, 중인도 기술이 우수하고 성과가 크면 수령과 같은 정직 관리인 고위 지방관 또는 외교사절단의 부사로 승격시켜 역시 중인의 지위를 높여 나라 부강에 기여한다.

넷째, 우수한 중인은 엄선하여 매년 중국 북경에 유학 보내서 선진기구를 구입해오게 한다.

다음으로 향리신분의 개혁에서는 지방행정이 부패하여 백성을 괴롭힌 것은 수령보다도 향리가 더 심각했으므로 이들의 신분 상승보다는 오히려 개혁의 대상으로 보고 획기적 개선책을 제안하였다. 그 내용의 개요는 다음과 같다(신용하, 1997: 93−96).

첫째, 향리의 정원을 군읍의 규모에 따라 차등적으로 설정하되, 최대한도를 30인으로 한다.

둘째, 향리세습제를 금하고 현손(고손자) 대에 이르면 이를 따를 필요가 없다.

셋째, 일가족이 향리자리를 동시에 차지하지 못하게 하고, 친형제는 동시에 향리가 될 수 없고, 8촌 안에서는 3명을 넘지 못하게 한다.

넷째, 이방, 창리(창고지기), 도서원(都書員, 서원 대표), 균역리(均役吏, 병역면제자의 군역부담 관리자), 대동리(大同吏, 대동법 조세 관리자)와 같이 금전과 곡식을 출납하는 업무는 이웃의 다른 도읍 아전이 방문하여 관리하도록 한다. 현지인 기피 원직이다.

다섯째, 이방의 임기를 2년으로 줄이고, 나머지는 파직했다가 1~2년이 지난 후 복귀하게 한다.

여섯째, 장리원(掌裏院)이라는 이서와 향리 등 아전 전담의 관리감독 관청을 신설하고 이들이 조례를 반포하고 한계를 엄격하게 정해서 위반을 엄하게 문책하는 등 일관되게 운영하도록 한다.

일곱째, 암행어사를 3~4년 간격으로 자주 파견하여 감독과 평가를 강화한다. 어사는 위의 장서원의 협조로 각종 필요 자료를 가지고 출동한다.

(4) 양인 신분의 개혁

다산에 의하면, "양인이란 지체는 낮아도 천인이 아닌 자"(良者 卑而不賤者也)로서 농업·어업·공업·상업 등에 종사하는 사람이라 하였다. 문제는 당시의 양반계층과 사회구성원 일반이 대체로 양인을 천인시하는 풍조가 있었다는 점이다. 양인은 이와 같은 직역 외에도 군정(軍丁)과 군역(軍役)을 부담하는 나라의 기본적인 신분이므로 이들을 잘 배양해야 나라가 부강해짐을 강조하였다. 그런데 현실은 군포의 부담을 양인에게만 지운 데다 이를 천역화하는 경향이 있었고, 농업은 이익이 별로 없이 몸만 힘든 직업으로 여겼던 것이다. 또한 원래 사족이 공직에 있지 않으면 농사를 지었는데, 당시에는 농기구를 더러운 물건처럼 여겨 스스로 농사 짓기를 부끄럽게 여기게 되어 농사일을 하지 않는다는 것도 문제였다. 요컨대, 이런 풍조를 개선하는 일이 양인의 지위를 높이는 길이므로 다음과 같은 개선책을 제안하였다(신용하, 1997: 98－101).

첫째, 과거제도를 개혁하여 초시에 응시하는 사람의 정원을 정해서 천거 받은 자만 응시할 수 있도록 제한하고, 나머지 사족은 농사를 짓게 해서 원래의 '사농합일'의 정신을 실현하는 것이다.

둘째, 바로 앞의 장(제Ⅵ장)에서 언급한대로 다산은 농업을 6과로 나누어 권장하기를 주장하였던 바, 이런 농업에서 특히 공이 큰 우수한 농민을 천거하여 관직에 임명할 것을 제안하였다.

셋째, 앞서 양반 신분제의 개혁안에서도 언급하였듯이, 다산은 양인에게만 부담시키던 양역제도 자체를 폐지하여, 양인과 양반이 균등하게 군포를 내게 하는 호포구전제 실시를 주장하였다. 이로써 양인의 지위를 상승할 수 있다고 보았다.

그 밖에도 농사를 편리하게, 후하게, 그리고 높이 대우하는 정책을 제안하여 양인의 신분적 위치를 높이기를 권고하는 등, 양인의 신분제 자체를 파기하지 않더라도 그 지위를 높이는 방안을 강구하고자 한 것이다. 다만 그의 토지제도 개혁안인 「전론」에서는 과감하게 모든 사회적 신분제도 자체를 폐기하고 양인만이 평등하게 존재하여 사족도 농업 또는 상공업에 종사하고, 그중 극소수만이 지식인으로 남아서 교육과 생산 과학기술 연구에 몰두하도록 해야 한다 함으로써, 모든 신분차별을 없애려는 자못 혁명적인 '양인공동체'를 꿈꾸었던 것으로 보이기도 하였다.

(5) 노비 신분의 개혁

'노비란 부리는 사람을 가리킨다'(奴婢者 指使之人也)라고 다산이 규정하였다. 그런데 흥미롭게도 다산의 노비 신분 관련 개혁사상은 생애 주기에 따라 저술 내용에 차이를 보이고 있다. 가령, 지방 행정관을 위한 『목민심서』에서는 이 문제를 아예 언급하지 않고 오히려 기강 세우는 일에 관심을 보였다. 여기에서는 영조가 노비종모법을 공포하여 양인 신분을 따르도록 함으로써 사족의 세력을 약화시키고 천인의 세력을 키우는 민속의 변동을 초래하였으므로 이는 국익에는 도움이 되지 않는다고 지적하고 있다.

그러나, 국가 차원의 제도개혁을 다룬 『경세유표』는 노비종모법(노비
종양법)을 지지하는 논지를 다음과 같이 폈다.

첫째, 영조의 노비종모법을 지지하여 양인의 어머니에게서 노비가 태
어날 때 아예 해방시켜 주는 개혁을 제시한 것이다.

둘째는, 가족이 노비인 자들 외에 토호가 양민을 강제로 종을 삼는 압
량위천(壓良爲賤)이나 사역(私役)으로 노비가 된 사람을 철저히 찾아내어
독립 호적에 등록하여 양인을 만들어 주어 해방시키는 개혁이다.

셋째로는, 노비에게 월급인 월료(月料)를 주는 개혁안을 그의 정전제
토지개혁안에서 제시한 바 있다. 물론 이런 제안의 문맥은 공노비지만,
이를 확대하면 사노비에도 적용할 수 있는 방안이기도 하다.

그리고 일종의 궁극적 이상공동체가 주제인 「전론」에서는 노비 신분
의 폐지를 전제한 개혁을 주장하였다.

5) 조선 노비제도에 관한 오해와 이해

조선조 사회계층에 관한 논의에서 한 가지 역사학자들 사이에서 견
해를 달리하는 주제가 바로 노비제도다. 대체로 서방학계가 노비제도를
노예제(slavery)로 표기하는 문제다. 이에 관해서는 한국의 국사학계에서
다음과 같이 노비는 노예와 차이가 있음을 제시하는 사항을 여기서
간략하게 소개하고 계층문제 논의를 마무리하려고 한다(한영우, 2010:
303－306).

첫째, 인종과 문화가 다른 서양의 노예와는 달리 조선의 노비는 인종
이 같은 사람들이었다. 심한 차별이나 거부감은 희박하다.

둘째, 노비와 양인의 통혼을 원천적으로 봉쇄하지 않았다. 여자 종은
첩이 될 수 있으나, 첩자는 서얼로 일정한 차별을 받았다.

셋째, 주인은 개개인이 노비를 매매하고 상속할 수는 있지만, 공개적,
공식적 노비시장, 노비 상인 등은 없었다.

넷째, 노비는 유외잡직(流外雜職)으로 한정했으나 벼슬길도 열려 있었
고, 특별한 공을 세우면 양인으로 해방도 시킨다. 노비를 마음대로 죽이

는 일은 법으로 금지하고, 주인과 노비 사이는 군신 간의 윤리를 적용하여 노비가 충성심으로 대하는 대신 주인은 신하를 다루듯이 자애롭게 보살피고 보호하는 도덕적 책무를 져야 했다.

다섯째, 노비는 자신의 성씨(姓氏)를 가지고 조상 장제례를 받들 수 있었다. 다만 조선후기에 와서는 솔거노비(率居奴婢)는 호적에 기록하지 않았고 외거노비는 호주이므로 기록하였다.

여섯째, 노비를 일반 노예가 아닌 인간대접을 한 보기로는 관노비에게 출산휴가제도를 시행했다는 점이다.

일곱째, 일부 관노비 중에서는 뛰어난 기술자와 예능인으로 이름을 날린 사람이 적지 않다. 가령, 음악가, 화가, 대궐 안 잔치인 정재(로才)의 춤꾼, 기타 각종 장인 중에 명인이 있었다는 것 등이다.

여덟째, 생활이 어려운 양인은 자진해서 노비가 되기도 했는데, 60세 이상이나 15세 이하, 독질(篤疾, 중병)이나 폐질(廢疾, 몹쓸 병)이 있는 관노비는 역(노동)을 면해주었으며, 3인 이상의 가족이 역을 맡고 있으면 면해주도록 법으로 규정하였다.

아홉째, 노비의 칭호도 노비는 법적 호칭이었고, 일상으로는 종 혹은 하인이라 불렀다. 또한 이들을 수공업자나 상인과 거의 동격으로 취급하여 '공상천예'(工商賤隸)로 묶어 대우하였다.

이런 여러 이유로, 조선사회를 노예사회(slavery society)라 규정하는 관점은 반드시 정확하고 정당하지 않다고 볼 수 있다는 것이다.

3. 조선시대의 공동체 운동: 향약

사회구조와 기능을 탐구하는 데서 가장 핵심적인 측면으로 거시적 시각에서 바라보는 사회의 계층적 불평등 구조와 미시적 차원에서 보는 지역사회의 공동체적 구조를 들 수 있다. 위에서는 바로 그 거시적 사회분화의 면모를 살펴보았으니, 이제부터는 풀뿌리 단위인 향촌사회의 공동체적 질서의 구도를 고찰하기로 한다. 이를 위해서는 조선조에 나타났던 각종의 향촌 단위의 집합적 조직이나 실천의 양상을 전부 지목하고 분석하는 일도 필요하겠지만, 선비문화의 연구를 목표로 하는 이 책에서는 무엇보다도 유가사상이라는 철학적 기초에 굳건하게 뿌리박은 향약(鄕約)을 대표적인 공동체 운동으로 생각하고 집중적으로 이를 다루고자 한다.

선비가 꿈꾸는 이상사회는 공자의 유가적 대동의 원리에 기초한 것일 터인데, 이것의 실현을 위해서는 전체사회의 거시적 수준에서 시작하는 일은 그리 간단하지가 않다. 더구나 조선시대의 농경사회는 인구의 대다수가 촌락으로 이루어진 농촌에 살고 있었으므로 선비의 이상사회 추구를 실천하는 마당으로서도 향리가 일차적인 유관성을 띠고 있었다. 그러므로 선비의 공동체 운동은 유교적인 향촌질서의 확립이 일차적 목표가 될 수밖에 없다.

향촌 단위의 공동체 혹은 조직체에는 크게 두 가지 목적의 유형이 있었다. 하나는 관주도의 조직체로 조선조에서는 유향소(留鄕所)라는 지방자치기구를 두고 있었다. 이는 주로 풍속 바로잡기, 향리 감찰, 민간에 정령 전달, 민의대변 등의 기능을 수행하던 수령의 자문 기관이다. 그 외에 민간본위의 집단적 성격을 띤 사례는 전통적으로 전해내려오는 몇 가지 보기가 있다. 가령, 신라의 화랑도, 고려의 도(徒, 혹은 낭도, 郎徒), 각종 목적의 협동집합체인 계(契), 그리고 경제적 목적의 빈궁구제나 장학기금 조직체로서 보(寶) 등이 있었으나, 조선조에 와서는 계가 남아 있었고, 유사한 유형으로 향도(香徒, 鄕徒) 또는 향도계가 한동안 성행하였다. 이는 주로 이웃과 천인들이 모여 회를 만들어 정기적으로 모여 술을 마시기도 하고 상을 당한 이가 있으면 상례를 도맡아 도와주는 일을 하던 모임이었다. 이런 모임과 행사는 일부 상부상조의 의미를 인정하면서도 사족의 눈에는 문란한 집단으로 부정적인 평가를 받았다. 그중에도 향도와 비슷한 사(社)라는 이름의 사이비 종교 공동체가 있었고 그 지도자를 사장(社長), 혹은 거사(居士)라 불렀다. 이런 모임은 여러 사람들이 떼를 지어 사찰을 찾아 다니며 북과 징을 시끄럽게 두들기는 등 '중도 아니고 속행(俗行)도 아니다'라는 부정적 평판으로 일부 군왕의 비호에도 불구하고 조정이 이를 금하였다. 그 중요한 이유는 이들이 군역과 같은

국가적 의무를 기피하고 일부 신분 질서도 문란시키면서 무리지어 다니
며 시주를 걷는 등 백성에게 경제적인 피해를 주는 것과 아울러 이들이
워낙 경향 각지에서 대규모의 활동을 하며 다녔으므로 혹여 반란세력이
될 수도 있다는 우려 때문이었다. 이러한 자발적 민간 단체의 활동에서
두레라는 흥행 문화가 생겨서 그 유산이 일부 농악패의 형식으로 오늘에
이르고 있다. 음악과 춤으로 군사무예를 연상시키는 관행도 있었다(지교
헌 외, 1991: 33 – 34; 한영우, 2010: 225 – 250; 2014: 201 – 207).

　　이러한 향촌운동을 배경으로 하고, 조선조 초기에 사림 부문의 선비
들이 유교적인 향촌사회 확립을 위해 성리학적 교육과 윤리 및 의례의
수용이라는 차원에서 본격적인 공동체 운동을 진작하게 되었는데, 애초
에는 중앙정계에 진출한 사림이 『주자가례』와 『소학』에 기초한 향사례
(鄕射禮, 활쏘기 등 놀이를 겸한 공동체 모임), 향음주례(鄕飮酒禮, 선비들이
모여 서로 예의를 지키며 술 마시고 잔치하던 행사) 등의 성리학적 실천 윤리
를 보급하고자 하였다. 이의 활성화를 위해 유향소 복립을 주창했으나,
이것이 자칫 사림세력의 기반이 될 것을 간파한 훈구척신계의 반대와 기
존의 경재소에 의한 방해공작으로 성공하지 못하게 되었다. 특히 무오
및 갑자사화를 거치며 사림계가 큰 타격을 입었지만 사림파의 성장은 시
대적 대세로서 정지할 수는 없었다. 여기에 대안으로 등장한 것이 향약
이었다(이수환, 2015: 271 – 272).

　　조선조의 향약운동은 16세기 중엽 조광조 일파가 시발하려던 향약 보
급이 정치적 이유로 좌절의 쓴맛을 본 뒤, 마침내 중종조에 공식적으로
시행하기 시작하였다. 그 모체는 원래 중국 북송 시대에 여대균(呂大鈞)
형제가 만들어 실시하던 이른바 여씨향약(呂氏鄕約)을 남송의 주자가 수
정하여 만든 주자증손여씨향약(朱子增損呂氏鄕約)이다. 향약의 기본정신은
한마디로 ‘화민성속’(化民成俗)이라 규정하기도 한다(지교헌 외, 1991:
29). 다시 말하면, “기본적으로 유교적인 예속을 보급하고 농민들을 지방
사회에 긴박시켜 토지로부터의 이탈을 막고 공동체로 결속시킴으로써 체
제의 안정을 도모하려는 목적이었다”고 보기도 한다(이수환, 2015: 272).

　　또한 향약은 지방 사족 간의 유대를 돈독히 하면서 하층민을 효과적

으로 교화하고 제어하고자 하는 향촌 규약이라는 사회통합적 기능도 포함한다. 아울러, 여기에 정치적 요소가 개입하였다는 점을 무시할 수 없다. 조선중기 사림세력이 등장하여 중앙정치에 참여하는 과정에서 자기네 세력기반을 튼튼히 하고자 하는 여론정치의 한 유형으로 볼 수 있다는 것이다. 이를 위해서 향약, 향안, 향음, 주례, 상사례, 사창, 서원 등 여러 형태의 지역사회 조직체와 조직적 활동을 구축 혹은 활용하였다는 말이다(이성무, 2009: 295). 그래서, 우리나라의 향약 보급 과정에는 지역과 주도세력에 따라 내용과 형식에 다양성을 드러내었다.

가령, 그 실시 목적에 따라 향약은 관 주도, 사족 주도, 사민협력과 같은 형태로 전개하였다. 그러므로 향약의 내용도 차이가 있었으니, 그 한 가지 보기로 향약의 규범틀인 향규(鄕規)의 명칭도 헌목(憲目), 향헌(鄕憲), 향규약(鄕規約), 향안규식(鄕案規式), 유향소규(留鄕所規)와 같이 불렀다. 이런 점을 고려하여, 향약의 형태를 크게 구분하여 사족향규(士族鄕規), 주현향규(州縣鄕規) 및 동약(洞約)으로 대별하자는 견해가 있는가 하면, 그 주도하는 주체를 기준으로 사족향약, 수령향약 및 동리향약으로 분류하자는 의견도 있다(이성무, 2009: 297). 다만, 그 기본 틀은 여씨향약의 4대 강목인 덕업상권(德業相勸), 과실상규(過失相規), 예속상교(禮俗相交), 환난상휼(患難相恤)을 실행 목표로 삼고 약간의 수정과 조정이 있다는 것이 특징이다(지교헌 외, 1991: 19; 한영우, 2010: 251−252; 이수환, 2015: 273). 본서는 그러한 조선시대 향약의 구체적인 사례를 모두 상세하게 서술하지는 않고 그 중의 대표적인 모범사례인 퇴계와 율곡의 사례만을 고찰하기로 한다. 이 두 향약은 소위 사족향약의 대표적인 사례로서 조선시대 향약을 비교적 본격적으로 제정·보급하던 시기에 등장하여 후대에까지 영향력을 미쳤던 본보기로서 의미가 있기 때문이다.

1) 퇴계 향약의 특징

퇴계는 통상 '퇴계향약' 또는 '예안향약'으로 알려진 「향립약조」(鄕立約條)를 제정하여 이 운동을 시작하였고 그 제자들을 중심으로 훗날까지도 이를 보급하여 영남 지방 일대에 상당한 영향을 미친 것으로 알려져 있다. 한 가지 특이한 것은 퇴계의 향약은 원래 송대의 여씨향약이 담고 있는 네 가지 강목 중에서 오로지 과실상규 위주로 구성했다는 점이다 (정진영, 2013: 123). 퇴계는 당시의 향촌 상황이 지방의 자치기구 역할을 하던 "유향소(留鄕所)의 기능이 쇠퇴해진 데다가 국민의 도의의 황폐를 바로 잡을 수 없었기 때문에 향약이 필요했던 것인데"(권오봉, 2013: 253), "덕업이나 윤리도덕은 국가가 학교를 세워 가르치기 때문에 반복할 필요가 없었고"(정진영, 2013: 126) "덕성을 장려하는 일은 서로 권하고, 예절 바른 풍속으로써 서로 사귀며, 어려운 일을 당한 사람을 서로 돕는 것은 「여씨향약」을 그대로 따르면 된다. 규제를 가할 경우만 따로 정리하여 다음과 같이 정한다"라고 하여 아래 목록을 제시하였다(이윤희, 2010: 196-198).

① 엄한 벌을 받을 행위: 극벌(極罰)
- 부모에게 순종하지 아니함
- 형제끼리 다툼
- 가정의 도리를 어지럽힘
- 관청의 일에 간섭하거나 마을의 풍습을 어지럽힘
- 함부로 세력을 등에 업고 공적인 일을 방해하며 사사로운 일을 행함
- 마을 어른을 업신여기거나 욕되게 함
- 수절하는 과부를 유혹, 협박하여 타락시킴

② 중간 벌을 받을 행위: 중벌(中罰)
- 친척 사이에 화목하지 못함
- 본부인을 소홀히 가볍게 대우함
- 이웃과 화목하지 못함
- 친구 사이에 서로 때리고 욕함
- 염치없이 선비의 풍모를 더럽힘
- 강함을 믿고 약한 사람을 없신여기거나 가진 것을 빼앗거나 싸움을 일으킴
- 할 일 없이 무리를 모아 자주 난폭한 짓을 저지름

- 회의하는 자리에서 정부의 정치를 시비함
- 헛말을 꾸며 남을 죄에 빠뜨림
- 남의 걱정과 어려움에 힘이 미치면서도 나서서 구제하지 않음
- 관청 일을 맡은 자가 공무를 핑계로 폐를 끼침
- 혼인이나 상례, 제례에 까닭 없이 때를 놓침
- 마을 행정 책임자를 업신여기며 규칙을 따르지 않음
- 마을 여론에 복종하지 않고 도리어 원망함
- 마을 책임자와의 사적관계를 내세워 마을 행정에 함부로 끼어 듦
- 떠나는 기관장을 송별하는 자리에 이유 없이 참석치 않음

③ 가벼운 벌을 받을 행위: 하벌(下罰)

- 공적인 모임에 늦게 옴
- 앉은 자세가 흐트러져 의젓하지 못한 행동을 보임
- 여럿이 모인 자리에서 시끄럽게 다툼
- 맡은 자리를 비워 놓고 자기 편한 대로 함
- 모인 자리에서 이유 없이 먼저 나감

④ 기타 벌 받을 행위(관에 고해서 처벌하는 과죄(科罪)

- 관청 직원으로서 악의 우두머리가 되어 관청이나 민간에 폐를 끼침
- 나라에 바칠 공물의 대가를 지나치게 받아 냄

끝으로, 퇴계의 향약은 주자향약처럼 소민을 참여시키지 않았으므로 근본적인 한계를 지녔다는 평가도 있다(한영우, 2010: 253－254). 그럼에도 퇴계의 향약운동은 그의 문인들에 의해서 각자 자신의 고을과 마을에서 시행해나갔다. 특히 안동권 후학들은 퇴계의 「향립약조」를 위시하여 향규구조(鄕規舊條), 신정십조(新定十條), 퇴계선생향립약조후지(退溪先生鄕立約條後誌) 등의 여러 규정과 그 시행 추이를 확인하는 자료들을 작성하면서, 유향소를 중심으로 이를 확산시켰다. 다만 주자의 여씨향약의 4강목의 체계를 제대로 갖춘 향약은 퇴계의 제자 김기(金圻, 1547－1603)가 임진왜란 직후에 제시하여 17세기 초에야 유교적 공동체 운동이 제자리를 굳히기 시작하였다(정진영, 2013: 127－128).

2) 율곡 향약의 특이성

율곡의 향약은 한 가지만 있지 않고 네 가지 다른 형태로 전해지고 있다. 율곡의 향약운동이 이전의 사례와는 다른 특색을 지녔다는 점이 주목할 만하다. 그는 무엇보다도 이 풀뿌리 지역사회 운동에 상민과 노비 등 하층민도 참가할 수 있게 했으며, 향약에 계(契)라는 전통적인 향촌조직을 접목시킴으로써 도덕적 규범과 경제적 상부상조에도 역점을 두었다는 점에서 종래의 주자향약이나 퇴계향약과는 독창적인 차별성을 두고자 하였다. 그뿐 아니라 소민층의 참여를 포용한 것도 일종의 철학적 근거가 있었다는 사실이 중요하다. 이들이 사대부층과 이해관심에서 차이가 있음을 파악하여 이를 반영하는 향약운동을 펼치고자 했던 것이다. 일반 서민은 염치와 도덕보다는 경제적 관심이 우선적일 수밖에 없는 현실적 여건을 염두에 두고, 말하자면 '선부후교'(先富後敎) 또는 '선양민 후교민'(先良民 後敎民) 사상을 표명하려 하였음이다. 게다가, 그가 시행한 향약은 행정구역 단위, 서원 중심, 혹은 농촌의 촌락과 같은 지역적 특성을 반영하려 했다는 점도 특별하다(한영우, 2010: 254). 이런 율곡 향약의 구체적 보기를 요약하면 아래와 같다(지교헌 외, 1991: 219−248; 한영우, 2010: 254−258; Sakai Tadao 1985).

우선 향약의 구성은 향약을 성립시키는 입의(立議) 또는 입약범례(立約凡例)가 있고, 이어서 향약의 주 내용 조목을 네 가지 덕목을 중심으로 서술하는 부분을 포함한 다음, 마지막에는 향약독약법(鄕約讀約法) 내지 회집독약법(會集讀約法)이라 명명한 일종의 자기수양용 도서의 독서와 각종 쟁점 사안 토론으로 향약은 막을 내린다. 여기에 율곡의 네 가지 향약 중 해주향약은 이들의 전부를 자세히 소개하여 그 향약의 체제를 이해하는 데 도움이 되고자 하였고, 사창계약속은 특히 중심부의 4대 강목을 비교적 자세히 서술하기 때문에 그 부분만 여기에 옮겼으며, 서원향약은 그러한 구체적 내용은 위의 두 향약과 거의 중복하므로 생략하기로 하였다.

(1) 사창계약속

첫 번째 향약은 향촌식 향약, 또는 동리향약의 한 보기라 할 수 있는 사창계약속(社倉契約束)이다. 율곡이 35세 되던 해에 황해도 해주의 야두촌(野頭村)의 처가에 은거하던 시절(1570년)에 이 곳에 향약을 신설하였던 바, 이것이 바로 향약과 사창계(社倉契)를 교합한 사례에 해당한다. 지역 특성을 고려하여, 여기에 참가하는 범위는 사창에서 20리 이내에 거주하는 사람으로 한정했고 노비도 포함하였다. 향약 운영자는 약원(約員)들의 자발적 추대로 선정했고, 실무자는 서인(庶人)과 천인을 가리지 않고 선량하고 능력 있는 자를 뽑았다. 그리고 약조를 어기면 관청에 보고하여 국법으로 처리하도록 조처하여 국가의 법질서를 따르는 원칙을 중시하였다.

내용상으로는, 우선 도덕규범은 향약의 일반적 유형대로 삼강오륜의 덕목을 존중하고, 특히 노비제도를 염두에 두고서는 상전과 하인 사이의 관계를 자세히 규정하였다. 가령, 상전이 하인을 마음대로 구타하면 벌을 주고, 대신에 하인은 상전에게 충성을 바칠 것을 강조하였다. 환난상휼의 강령을 지키는 데서는, 양인과 노비가 공통으로 재물과 노동력을 제공하되, 하인에게는 부담도 절반, 혜택도 절반으로 차등을 두었다. 그리고 사창법 자체는 환난상휼과 별도로 약원 공동 출자로 재원을 마련하되 노비는 양인의 절반을 출자하고, 가난한 약원에게는 2할의 이식을 받게 하는 식으로 운영하였다.

참고로 이 향약의 약속 내용을 상세하게 소개하여 곧 이어 다룰 해주 향약과도 비교할 수 있도록 하겠다. 여기서 약속은 모든 향약의 기본 강령인 네 가지 덕목을 다룬다.

① 덕업을 서로 권하는 일
이 강령의 구체적 내용은 아래와 같다.
㉠ 덕업은 부모에게 효도하는 일
㉡ 국가에 충성하는 일
㉢ 형제에게 우애하는 일
㉣ 어른을 섬기는 일

ⓜ 남녀가 예를 지키는 일

ⓗ 아들을 가르치는 데 방도가 있게 하는 일

ⓢ 일을 부지런히 하는 것

ⓞ 약속을 실천하는 것

② 과실을 바로 잡는 일

여기에선 다음과 같은 행위의 등급별 처벌항목을 소상하게 나열하고 있다. 그 주제를 살피면 다음과 같다.

첫째, 일반적인 뜻으로 과실이란, 삼가 분수를 지키지 않고 윗사람을 섬김에 예가 없고, 아랫사람을 접하는데 은혜가 없고, 약령을 준수하지 않는 따위를 말한다. 과실의 경중을 처벌 등급의 기준으로 나누고 거기에 걸맞은 벌칙을 실행한다. 벌칙에는 상벌(上罰), 차상벌(次上罰), 중벌(中罰), 차중벌(次中罰) 및 하벌(下罰)을 두고 그 방식은 아래에 예시한다.

ⓣ 상벌: 사족일 때는 뜰에 벌 세워 놓고 의논하여 파한 뒤에 그치고, 음식 먹을 때는 따로 끝에 앉혀 벌로 삼는다. 장자(長者, 10세 이상 어른)는 만좌 중에서 면책하고, 하인은 곤장 40대를 친다.

ⓛ 차상벌: 사족은 뜰에 벌 세워 놓고 만좌 중에 면책하고 장자는 반감하며, 하인은 곤장 30대를 친다.

ⓔ 중벌: 사족이면 서벽(西壁, 서쪽에 위치한 벼슬) 이상은 면책하고, 장자는 반감하며, 하인은 곤장 20대를 친다.

ⓡ 차중벌: 사족은 존위(尊位, 최고령자)의 유사(有司, 서기) 이상이면 면책하고, 장자는 자리에서 벌주 한 잔을 마시고, 하인은 곤장 10대를 친다.

ⓜ 하벌: 사족은 자리에서 벌주 한 잔을 마시고, 장자는 자리를 피해 나가 앉아서 규책(規責, 규약에 따른 벌책)을 받으며, 하인은 면책으로 처리한다.

둘째, 구체적인 과실행위와 그에 적용하는 벌칙은 매우 장황하게 서술하고 있으므로 요약만 제시한다.

대개 존자(尊者, 20세 이상 어른)에게 허물이 있으면 자제가 대신 벌받게 하고, 무자제이면 노복이 대신 받도록 한다. 하인이 늙고 병들어 곤장을 감당하지 못하면 벌주를 곤장 10대 당 술 한 동이씩 마시게 한다.

　㉠ 상벌에 해당하는 과실의 보기
● 부모와 더불어 얼굴빛을 변하여 서로 힐책 하는 자
● 삼촌, 숙부 및 친형에게 꾸짖고 욕하는 자
● 부모의 가르침이나 명령을 따르지 않는 자
● 가난한 부모를 부유한 자식이 봉양하지 않는 자
● 부모가 돌아가셨는데도 슬퍼하지 않고 한 달 안에 음주하는 자
● 부모의 상중에 술에 취하는 자
● 제사를 공경스레 지내지 않는 자
● 하인이 기제와 묘제를 지내지 않는 자
● 오촌 숙부 및 외삼촌, 종형에게 꾸짖고 욕하는 자
● 하인으로서 상전 앞에 말이 공손하지 않거나, 밖에서 상전을 욕하는 자
● 장자를 붙잡거나 손을 대는 자
● 하인의 아내로서 남편을 구타한 자(상처가 나도록 구타하면 관에 보고한다)
● 죄가 없는데도 아내를 구타하여 상처가 나도록 한 자
● 정처(正妻)를 소박하는 자(고치지 않으면 관에 보고한다)
● 연장자가 연소자를 구타했을 때, 잘못을 저지르고도 상처가 나도록 구타한 자
● 연소자가 연장자를 구타했을 때, 잘못이 있으면서 구타한 곳이 상처가 없는 자
● 나이가 서로 비슷한 자로 잘못이 있으면서 상처가 나도록 구타한 자
● 남의 아내나 처녀를 몰래 간음한자는 관에 보고하고 과실을 뉘우쳐 벌을 받고 스스로 새로운 사람이 되기를 원하는 자
● 남의 물건을 훔치거나 좀도둑질 하는 자(버릇을 고치지 않는 자는 관에 보고한다)
● 밭에 소나 말을 놓아두는 일을 세 번 반복하는 자
● 남을 무함(誣陷)하고 헐뜯는 자

- 까닭없이 송사를 좋아하는 자
- 이단을 숭상하여 음사(淫祀)를 행하기 좋아하는 무녀(巫女)
- 남의 물건이나 산승(山僧)의 물건을 빼앗는 자
- 공(公)을 빙자하여 폐단을 짓는 자
- 계중(契中)에 약령을 좇지 않는 자로 3범인 자

이상과 같은 일로 상벌을 받은 뒤에 모두 악적(惡籍)에 기록하고 불복하여 원망하고 노여워하는 자는 계에서 쫓아낸다.

ⓛ 차상벌에 해당하는 과실의 보기
- 부모(시부모)가 보는 곳에서 걸터 앉는 자, 소나 말을 타고 부모가 보는 곳을 지나가는 자
- 상전의 가르침과 명령을 어기거나 명을 행하되 바르게 하지 않고 상전을 속여 이익을 취하는 자
- 삼촌숙부 및 친형과 더불어 얼굴빛을 변하여 서로 힐책하는 자
- 연소자가 연장자를 구타했을 때, 잘못이 없고 상처가 없으면 차상벌(다만 상처가 났을 때는 관에 보고한다)
- 나이가 비슷할 때 잘못이 있으면서 상처가 안나도록 구타한 자
- 잘못이 없더라도 상처가 나도록 구타하는 자
- 같은 또래의 사인(士人)끼리 서로 부여잡고 구타하는 자
- 남의 도망친 노비를 꾀어서 자기집으로 들이거나 황당한 사람을 접하는 자
- 남을 무함하고 헐뜯는 자로 죄가 가벼운 자
- 남을 이간 참소하여 서로 싸우게 하는 자
- 이단을 숭상하여 음사를 행하기 좋아하는 자
- 남의 과실을 보고도 바로잡아 경계하지 않고 사사로이 스스로 비난하여 의논하고, 혐의를 얽어 만든 자
- 남이 경계해주는 말을 듣기 싫어하는 자
- 약장도 유사도 아니면서 제멋대로 시비를 논하고 비난하여 여러 사람의 마음을 불안하게 하는 자

• 일체 응당 할 일이 아닌데도 하는 자로 가장 무거운 죄

ⓒ 중벌에 해당하는 과실의 보기
• 상전이 보는 곳에서 소나 말을 타고 지나가는 자
• 사족(士族) 앞에서 하인으로서 언사가 공손치 않은 자
• 삼촌숙부 및 형이 보는 곳에서 걸터 앉는 자, 소나 말을 타고 지나가는 자, 언사가 공손하지 않은 자
• 장자를 꾸짖고 욕하는 자
• 형으로서 아우를 가르치려는 의도가 아닌 사적인 혐의로 아우를 구타하는 자
• 죄가 없는데도 아내를 구타하는 자
• 아내로서 여러 사람 앞에서 남편을 욕한 자
• 아내와 자식을 가르치지 못하여 악을 짓게 하는 자로 죄질이 무거운 자
• 친족과 화목하지 못하여 서로 싸우고 힐책하는 자
• 남의 아내나 처녀를 붙잡거나 서로 친압하는 자
• 연장자가 연소자를 구타했을 때, 잘못은 없더라도 상처가 나도록 구타하는 자
• 사인이 사사로이 하인을 구타한 자(중상이면 관에 보고하게 둔다)
• 사인의 장자가 유소자(幼少者)를 구타한 자
• 소송을 좋아하여 하지 않아도 될 소송을 하는 자
• 남의 물도랑을 훔쳐 대는 자, 남의 밭경계를 침범하여 경작하는 자
• 언어가 진실하지 않은 자
• 남을 이간 참소하여 서로 싸우게 하는 자로서 죄가 가벼운 자
• 스스로 편리를 차지하려고 너무 지나치게 사리사욕을 꾀하고 다른 사람의 이해를 전혀 돌보지 않는 자
• 뇌물을 받고 간청(干請)하는 자
• 조부(租賦)를 정성껏 납부하지 않고 기간이 지나도록 태만한 자
• 여러 사람이 모인 자리에서 기거좌립(起居坐立)이 단정하지 못하고,

시끄럽게 떠들고 함부로 웃어대며, 농지거리로 남을 기롱(譏弄)하거나 불미스러운 말을 하는 자로 무거우면 중벌

- 사창(社倉)에 곡식을 납부할 때 쭉정이로 납부하는 자
- 논의가 공평하지 않는 자
- 사령, 장무, 고직 무리들이 유사를 두려워하지 않고 가르침과 명령을 따르지 않는 자
- 하인이 불평할 만한 일이 있을 때 유사에게 고하지 않고 사사로이 원망하는 말을 하는 자
- 일체 응당 할 일이 아닌데도 하는 자로 중간 정도의 죄
- 계중(契中)에 약령을 좇지 않는 자로 재범인 자

   ㉣ 차중벌에 해당하는 과실
- 하인이 사족을 보고도 절하지 않는 자, 소나 말을 탄 채 내리지 않는자, 사족이 보는 곳에서 걸터 앉는 자
- 외삼촌 및 오촌 숙부 종형이 보는 곳에서 걸터 앉는 자, 소나 말을 타고 지나가는 자, 언사가 공손하지 않은 자
- 마을 가운데서 남녀가 무례하게 친압하고 음란한 말을 하는 자
- 연장자가 연소자를 구타했을 때, 상처가 없으면 차중벌
- 나이가 비슷하면서 상처가 안나도록 구타한 자
- 술에 취해 주정하고 욕하는 자
- 너무 인색하여 기구를 이웃끼리 서로 빌려 주지 아니히고 모든 일에 너무 비속한 자
- 남을 향해서 악한 말을 하는 자로서 죄가 무거운 자
- 사창(社倉)에 곡식을 납부할 때 말과 되를 부족하게 낸 자
- 유사로서 능히 일을 맡지 아니하는 자, 다른 사람을 검속하지 못하는 자, 아랫사람을 교훈하지 않는 자, 오장으로서 5가내의 선악과 길흉을 고하지 않는 자
- 사람을 매때릴 때 주의하지 않는 자
- 일체 응당 할 일이 아닌데도 하는 자로 가장 가벼운 죄

- 계중(契中)에 약령을 좇지 않는 자로 초범인 자

㉢ 하벌
- 장자가 보는 곳에서 걸터 앉는 자, 소나 말을 타고 지나가는 자, 언사가 공손하지 않은 자
- 아내와 자식을 가르치지 못하여 악을 짓게 하는 자로 죄질이 가벼운 자
- 연장자가 연소자를 구타했을 때, 연장자가 잘못이 없고 구타한 곳에 상처가 없으면 하벌
- 게을러서 일을 힘써 하지 않고 헛되이 놀며 날을 보내는 자
- 용도를 절제하지 않고 스스로 궁핍을 초래하는 자
- 여러 사람이 모인 자리에서 기거좌립(起居坐立)이 단정하지 못하고, 시끄럽게 떠들고 함부로 웃어대며, 농지거리로 남을 기롱하거나 불미스러운 말을 하는 자로 가벼우면 하벌
- 남을 향해서 악한 말을 하는 자로서 죄가 가벼운 자
- 집회 때에 늦게 도착하는 자

③ 예속으로 서로 사귐
이 예속상교의 제반 의례와 행동은 대체로 다음과 같은 항목으로 규정하고 있다.
㉠ 나이에 따른 존자와 장자를 구분하고 이들을 대우하는 규칙은 다음과 같다.
- 존자를 길에서 만나면 하마한다(존자가 이를 만류하면 부복하고 말에 오른다).
- 존자를 뵈면 반드시 절하고, 장자에게는 공손히 읍한다.
- 계원 가운데 나이는 많지 않으나 덕과 지위가 있어 존경할 만한 인물이면 존자로 대우하고 대등한 예를 갖춘다.
㉡ 설에는 서로 오가며 세배하되, 존자가 유소자의 집에 갈 필요는 없다.
㉢ 혼례 시에는, 주로 쌀과 땔 나무 그리고 횃불꾼(炬軍) 1명 등을 혼

가에 보낸다. 하인의 혼례에는 상동의 예물을 제공하지만 그 양은 적정량으로 줄인다.

ⓔ 계중에 80세, 70세 이상인 사람, 과거 급제자, 사마시 합격자, 벼슬 얻은자 등에게는 술과 과일을 가지고 공공장소에 모여서 축하한다(하인 중에 70 이상인 사람은 하인으로 하여금 동일 방식으로 축하하게 한다).

ⓜ 계원 중 3년 상을 지내는 자 또한 하례(賀禮)와 같이 하여 위로한다(하인이 3년 상을 행하면 마친 뒤 하인이 모여 그 선행을 기록한다).

ⓗ 계원 중에 상사가 나면 계원 모두 가서 조문한다(하인의 상은 예외다). 자신의 부모의 상에는 성복·장례·소상·대상에 모두 가서 조문하고 위로한다(처자의 상에는 성복 때 조문하고 영장 때 가서 위로한다. 아들이 성인이 아니면 그렇지 않다). 각각 형편에 따라 쌀을 가지고 가서 돕는다. 유사는 두량(斗量)을 맡아 거두어 상가에 드린다(연고가 있어 가지 못해도 쌀을 보낸다. 하인은 예외다).

ⓢ 계원 자신의 상에는 유사가 동계에 회문을 내어 각각 쌀 1되를 내고 전물을 갖추고(유사가 마련) 제문을 짓고 나란히 나아가 전(奠)을 드린다(하인은 예외다).

ⓞ 상사로 모일 때는 술을 마시지 않는다. 상가 역시 주사(酒食)로써 손님을 대접하지 않는다. 길이 먼 손님은 자신의 점심을 싸서 간다. 위반하면 손님, 주인 모두 약(約)을 범한 것으로 논한다(상가에서 간략하게 미음죽이나 과일을 접대하는 것은 무방하다).

ⓩ 하인의 장례에는 역시 술에 취하는 것을 허용하지 않고, 위반자는 약을 범하는 것으로 논한다. 하인은 삼우제 후에, 상인은 술 마시는 것을 허용하며, 상인은 한 달 뒤에 사인은 상중에 병이 아니면 술을 마실 수가 없다.

④ 환란에 서로 돕는 일
환란의 항목은 아래와 같다.
ⓐ 큰불로 집과 재산을 모두 태웠으면
• 쌀 5말을 지급한다(하인은 반을 감한다)
• 계원 모두는 장정 1명을 내고 스스로 1명의 양식을 싸서 이엉 3마

름, 재목 1개, 볏짚 새끼 10단을 가져 가서 부역을 한다(하인은 반일꾼을 보낸다).

ⓛ 만일 집은 탔지만 자산을 건졌으며 물건만 가져 가서 부역하고 쌀 지급은 하지 않는다.

ⓒ 만일 다 타버리지 않았으면 그 경중에 따라 각각 빈 섬 두 잎 혹은 한 잎을 내어 지급한다(약간만 타고 온 집이 무사하면 그렇지 않다).

ⓔ 실화일 때는 동계원은 상하를 불문하고 모두 달려가서 구제한다.

ⓜ 계원 중에 도둑맞은 이는 함께 가서 구제하고 힘을 합해 도둑을 잡는다. 재물을 전부 도둑 맞았으면 의논하여 적정 량의 쌀을 지급한다.

ⓗ 계원 중에 질병이 심한 자는 유력한 자가 병에 알맞은 약을 구해 구제한다. 유사는 사령을 시켜 명령을 전하게 한다. 만일 온 집안이 병으로 농사가 불가능 한 자는 동계원이 적정한 인력을 제공하여 농사를 지어서 굶주림과 곤란함을 면하게 한다.

ⓢ 계원 중에 모함으로 죄를 얻었으나 스스로 신원이 불가한 자는 동계원이 연명하여 관청에 보고하고 도와서 석방케 한다.

ⓞ 계원 중에 나이든 처녀가 있으나 가난하여 혼인을 못하는 자는 관청에 보고하여 필요한 물품을 주도록 청하고 계중에서도 적당히 부조한다(하인은 예외다).

ⓩ 계원 중에 가난하여 식량이 떨어진 사람은 여럿이 의논하여 적당히 구휼한다.

ⓩ 계원 중에 당자의 상에는 쌀 6말을 지급하고 부모의 상에는 쌀 4말을, 처자와 함께 사는 장모 상에는 쌀 2말을 각각 지급한다(하인은 모두 반감한다).

● 자신과 부모 처자의 상을 당하면 동거하는 장인 장모의 상과 똑같이 한다.

● 장사 때에는 각각 장정 1명이 횃불 한 자루, 촛불 한 자루를 가지고 (하인은 예외) 발인 전 상가로 가서 호상을 따라 상소(喪所)에 이르러 일을 하고 저녁에 돌아온다.

● 사인(士人)에게는 온 일꾼(全軍)을, 상인(常人)에게는 반 일꾼(半軍)

을 보낸다(하인이 부역하는 대가를 받고자 하면 1인당 쌀 1되를 지급한다).

• 계원 중에 부자 형제가 모두 약(約)에 참여하면 부조하고 쌀을 주되 각각 그 이름대로 겹쳐서 지급하고 일을 도울 때는 겹쳐서 부역을 하지 않는다(일꾼은 유사가 상가에 물어서 보내는 것을 정한다).

ㅋ 계원 중에 급하고 어려운 일을 동계에서 들어 알면 오장(伍長)의 보고를 기다리지 않고 급히 가서 구제하고, 또한 여러 사람에게 알린다. 이런 일을 하는 자는 또한 선적에 기록한다.

ㅌ 강신 때에 연 3회를 사고 없이 참여하지 않으면 계에서 쫓아낸다. 비록 사고가 난 문서가 있더라도 연 3회 불참이면 상벌로 다스린다.

⑤ 사창법(社倉法)

율곡의 사창계 향약은 사창이라는 경제적 요소를 겸하도록 구성하였으므로 사창의 운영에 관한 규약을 특별히 추가로 담고 있어서 이를 여기에 소개한다.

ㄱ 사창의 곡식은 부약장 유사가 출납을 관장하고 매년 나누어 주어 가난한 자를 구휼한다.

• 거두어 들일 때 이식은 1말에 2되를 첨가하되, 받고 주는 것을 공정하게 하고 그 용건기재를 분명히 하여 뒤에 물의가 없게 한다.

• 유사는 봄에 나누어 주고 가을에 거두어 들여야(묵은 것과 햇것이) 갈마들게 된다.

ㄴ 사창의 곡식은 동 계원이 아니면 받아먹지 못한다.

• 만일 절친한 사람과 노복이 계에 불참하였는데도 먹기를 원하면 계원 스스로가 그 이름으로써 내주는 곡식을 받고 추수 후에 스스로 내게 독려한다. 내지 않으면 계원 자신이 마련해 둔다.

ㄷ 창곡(倉穀)이 증식하기 전이면 이식을 거두되 1말에 3되를 부가한다.

• 만일 풍년이면 동계원이 곡식(좁쌀과 콩은 가진 바에 따라) 10말(하인은 5말)을 바쳐서 창곡을 보충하고 창곡이 이미 풍족하면 그럴 필요 없다.

ㄹ 사창의 분배 지급은 정월 11일부터 시작하여 매월 초하루 11일 21일에 나누어 지급하되 곡식이 없어지는 것으로써 한계를 삼는다.

• 이날에 부약장과 유사가 마땅히 사창에 가고 계원 중에 곡식 지급 받기를 원하는 자는 마땅히 이날 가서 받는다.

• 거두어 들일 때는 9월부터 시작하여 11월에 마치고 이 역시 초하루, 11일, 21일에 거두어 들인다.

㉤ 내준 곡식을 수납할 때는 10집에 1인을 정하여 통주(統主: 5가 작통의 대표)로 삼고 독촉하는 사무를 맡겨서 부지런하지 않은 자는 벌을 논한다.

• 만일 통주가 자기 집과 통내(統內)의 5가(家)의 납부를 마치면 통주를 교체하고 납부하지 않은 사람으로써 통주를 정하여 그 독촉하는 임무를 대신하게 한다.

㉥ 만일 11월이 지나도 납부하지 않는 자는 상벌로 논하고, 그 통주는 중벌로 논하며, 12월이 지나도 미납이면 계에서 쫓아내고 그 통주는 상벌로 논한다.

• 만약 납부한 공식이 여물지 않았으면 그 경중에 따라 벌을 논하고 잘 여문 것으로 바꿔 오도록 한다(기한이 지나도 수납하지 않는 자는 그 다소에 따라 벌을 논한다).

㉦ 뒤 따라 계원이 되기를 원하면 사창의 곡식 2섬을 바치고 하인은 10말을 바친다.

㉧ 계원 중에 외임(外任) 벼슬에 나가는 자는 감사가 무명베 5필을, 수령은 무명 베 3필을 보내어(관에서 쓰는 종이 값으로 바치는 것은 나라의 곡식으로 하지 말 것) 사창의 곡식을 돕는다(6개월이 차기 전에 갈려 간 자는 제외다).

㉨ 사창에서 지급할 때에 하루 전에 오장이 5가에서 받고자 하여 내는 수량과 모처의 일에 쓰는 것을 미리 알아서 다음 날 일찍 부약장과 유사가 모인 곳에 나아가서 사실을 알리면 부약장과 유사는 의논으로 참작하여 다소의 수량을 정하여 나누어 지급한다(부약장이 부득이한 연고가 있으면 유사 혼자 출납할 수 있다).

㉩ 사창에서 나누어 지급하는 곡식은 사채로 징수할 수 없다. 위반자는 약을 어긴 것으로 논한다.

ㅋ 취야정(翠野亭)을 따로 덮는 일에는, 동네 사인의 집에서 굵은 새끼 각각 10단을 내어 덮는다.

이상의 강목과 사창법 외에 강신하는 일(講信義)과 모일 때 앉는 차례(會時座次)에 관한 해설은 다음의 해주향약과 유사하므로 여기서는 생략한다.

(2) 해주향약

해주향약(海州鄕約)에 관해서는 향약의 구성요소 네 가지를 모두 해설하여 하나의 본보기로 삼고자 한다. 이 향약은 1577년(선조10), 율곡이 42세 되던 해에 황해도 해주 석담(石潭)이라는 곳에 은거하며 서원에서 후학교육을 하던 시절에 실시한 것이다. 말하자면 서원 중심의 사족향약의 한 예라 할 것이다. 물론 여기에도 사족 외에 서인도 향원으로 포함하였다. 그 내용을 차례로 요약한다(민족문화추진회, 1976c: 395－422; 지교헌 외 1991: 259－277; 한영우 2010: 256－257).

① 입약범례

여기에 옮기는 입약범례는 해주향약의 조직구성과 운영에 관한 규약을 적어 놓았다.

- 처음 규약을 정할 때는 뜻이 같은 사람에게 규약문을 두루 알려서 몸과 마음을 바로잡고 착하게 한 다음, 그 중 몇 사람을 선택하여, 서원에 모여 약법을 논의해 정하고, 임원으로 노악정(都約正), 부악정(副約正), 직월(直月) 및 사화(司貨)를 선정한다.

- 여럿이 추대하여, 나이와 덕망과 학술이 있는 사람을 도약정, 학문과 덕행이 있는 두 사람을 부약정을 삼고, 무사고이면 바꾸지 않으며, 직월(노비 소유자)과 사화(서원 유생)는 약중에서 교대로 가려 뽑되, 직월은 모임 때마다 바꾸고, 사화는 1년 임기다.

- 기록은 지원자 명단, 덕업이 우수한 자 명단, 과실 있는 자 명단 등 셋을 장만하고 직월이 맡아 관리하며 회의때마다 약정에게 보고한다.

- 처음 규약을 정할 때, 또는 신참자는 서원에 모여 선성(先聖)과 선사

(先師)에게 먼저 예를 올린다.

● 입약지망자에게는 먼저 규약을 보이고 2－3개월 간 입약준비가 끝난 후, 여론에 부쳐 허락하면 가입케 한다. 낯설거나 지금껏 허물이 있으면 규약공부 후 개과천선을 인정받아야 한다.

● 약원 모임은 격월로 홀수달 초하루에 정기적으로 갖고, 초하루가 불가시에는 열흘 안에 기일을 정한다. 먼 지방 약원은 한 해에 한 두번씩, 길흉사 때는 임시 날을 정한다.

● 병으로 불참시 반드시 사유를 갖추어 단자를 제출하고(먼 지방 약원은 예외)여럿이 회람하며, 거짓이 밝혀지면 직월이 약정에게 보고, 규약위반으로 논한다.

● 선적(善籍, 착한 일 기록)과 악적(惡籍, 악한 일 기록)에는 향약 참여 후의 일만 기록, 그 전 기록은 말소한다. 악적은 고친 것이 명백하면 공론으로 삭제하고, 선적은 허물이 있어도 말소하지 않으나, 불효, 형제우애 불이행, 음간, 부정한 재물취득, 범법 등, 큰 패륜은 선적에서 말소하고 약중에서 삭제한다.

● 직월이 약원의 선행, 악행을 실사하여 기록하고 모임날에 회중에 보고한다. 직월이 알고도 고하지 않으면 약정과 부약정이 이를 문책, 규약위반으로 논한다. 약원의 과실기록을 말소하지 않고 세 번까지도 고치지 않으면 약중에서 삭제하고, 쫓겨난 자가 뉘우치고 고치면 복귀를 허락한다.

● 최초 향약 참가자는 일정한 포목과 미곡을 사화에게 위임하여 서원에 간직하되, 근실한 재직(서원 지키미)을 택하여 출납을 맡기고, 후일 길사나 흉사에 구휼 자금으로 삼는다. 도중에도 필요에 따라 부담을 하기도 하고 줄이기도 하는 신축적 관리로써 남을 때는 백성에게 2할 이식으로 사창법으로 경영한다. 후속 가입자도 같은 원리로 참여한다.

● 경사에 부조할 때는 예의 중요도(대소)에 따라 차등 예물을 공여하되, 대과 급제 축하는 대례, 생원·진사는 그 다음, 관례나 벼슬초임, 품계 승진 등은 소례로 하고, 혼례는 중간급이다.

● 상사에는 물건을 부조하거나(부물, 賻物) 몸으로 돕는 일(조역, 助役)이 있는데, 여기에도 약원의 상사에서 부모상, 처자상의 초상, 장례 등

상사의 종류에 따라 역시 포목과 미곡 등의 부물을 격에 맞게 조정하고, 조역도 힘센 하인을 상황에 맞게 숫자를 달리 하여 보내어 예식을 치르는데 도움을 준다.

● 화재로 집을 완전히 태운 약원에게는 함께 의논하여 각종 재목과 힘센 하인을 사흘의 양식을 지니고 가게 하여 일을 돕는다.

● 상사가 아니라 약원의 치전(致奠, 슬픈 뜻을 표하는 각종 제례)에도 쌀, 술, 반찬, 떡 등을 기일을 정하여 미리 준비하여 전달한다.

● 한 고을에 살지 않는 약원 등의 길흉사에는 친히 가지 아니하고 약원 연명의 글을 보내고 적정한 물품과 하인을 보낸다. 치전도 마찬가지다. 다만 나머지 구휼의 일은 힘에 닿지 않으면 면제한다.

● 다른 지방에 사는 약원이 약원 중의 길흉사를 들으면, 글로써 축하와 위문을 하되, 사람을 보내기도 하고 인편으로 하는데 각기 형편에 따라서 한다.

● 다른 지방에 사는 향원은 정기적인 물품 부담은 매년 하지 않고, 3년에 한 번씩 부담하며, 비정기적으로 불시에 물품을 모으는 일에는 참여하지 않는다.

● 양원의 회합이나 물품 모으는 일을 직월이 맡아 집행하되 약정과 부약정 등의 서명을 요하고, 때로 서명이 불필요할 때는 직월이 친히 이를 약원에게 보고한다. 그 자세한 내용은 장황하므로 생략한다.

② 증손여씨향약문

해주향약의 내용은 증손여씨향약문(增損呂氏鄕約文)이라 하여 대강 여씨향약을 모방하면서 약간의 수정을 가한 것이다. 물론 향약의 4가지 강목의 해설이 주된 취지다.

㉠ 덕업을 서로 권하는 일

덕이란 부모에게 효도하고 국가에 충성하며, 형제 간에 우애하고, 어른에게 공경하며, 몸을 도로써 다스리고, 집을 예로써 바르게 하며, 말은 반드시 믿음으로 충실히 하고 행실을 반드시 돈독하고 공경하게 하며,

분한 마음을 징계하고 욕심을 막으며, 음탕한 소리를 버리고 여색을 멀리 하며, 착한 일을 보면 반드시 행하고, 허물을 들으면 반드시 고치며, 제사에는 정성을 다하고, 상사에는 그 슬픔을 극진히 하며, 친목 간에 화목하고 이웃을 사귀며, 벗을 선택하여 어진 이와 친하며, 아들은 방정하게 가르치고, 아랫사람은 법으로 거느리며, 가난하되 청렴한 절개를 지키고, 부유하나 예와 겸손함을 좋아하는 것 등을 말한다.

업이란 글을 읽고 이치를 궁구하며, 예를 익히고 수(數)를 밝히며, 가정을 엄숙하게 하고, 공부하는 과정을 삼가며, 가정을 경영하되 구차하게 아니하고, 물건을 구제하되 어진 일을 행하며, 언약과 신용을 지키고, 맡기고 부탁함을 받으며, 환난을 구조하고, 널리 은혜를 베풀며, 남을 착하도록 인도하고, 능히 남의 과실을 경계하며, 남을 위하여 일을 꾀하고, 대중을 위하여 일을 모으며, 싸우고 다투는 것을 해결하고, 옳고 그른 것을 판결하며, 이익을 진흥시키고 손해를 제거하며, 관에서 직무를 거행하며, 법령을 두려워하고 능히 조례를 삼가는 것 등을 말한다.

ⓒ 과실을 서로 경계하는 것
과실은 의리에 위반되는 허물 여섯 가지를 말한다.
• 놀면서 희롱을 지나치게 하는 것(이하 구체적 행동은 생략)
• 분을 내어 다투거나 싸워서 송사하는 것
• 행실이 넘치거나 어그러짐이 많은데도 몸사림을 삼가지 아니하고 몸단속을 아니하여 대개 예에 벗어나고 법을 어기는 모든 악한 것
• 말이 충직하거나 신실하지 못한 것
• 사사로 영리하기를 너무 심하게 하는 것
• 이단을 배척하지 아니하는 것
규약을 위반한 허물은 네 가지이다.
• 덕업을 서로 권하지 아니한 것
• 과실을 서로 경계하지 아니한 것
• 예속을 서로 이루지 아니한 것
• 환난을 구휼하지 아니한 것

덕업을 닦지 못한 허물은 다섯 가지이다.
- 사귀지 못할 사람을 사귀는 것
- 허랑하게 놀면서 덕업에 게으른 것
- 동작에 위의가 없는 것
- 일에 임하여 삼가지 아니하는 것
- 용도를 절약하지 아니하는 것

ⓒ 예속상교

예속으로 서로 사귀는 일은 넷이 있다.
- 어른과 어린이의 등급은 대개 다섯 등급이 있다. 존자(尊者, 20세 이상), 장자(長者, 10년 이상), 적자(敵者, 10년 미만 차이), 소자(少者, 10년 이하), 유자(幼者, 20세 이하) 등이다.
- 조청(造請, 찾아가 청하기)과 절하는 것과, 읍하는 예는 대개 세 가지가 있다. 첫째, 설날에 유자가 존자에게 세배하는 것이다. 둘째, 유자가 존자를 뵈올 적에 문밖에서 말에서 내려 사랑에서 기다리고 명함을 통한다. 셋째, 존장을 길에서 만났을 적에 모두 걸어서 가면 추창(창문 열기)해 나아가서 절을 하되, 존자가 말을 하면 대답을 하고, 그렇지 않으면 절을 하고, 물러나 길 아래에 섰다가 존자가 멀리 지나가면 걸어간다.
- 청하고, 부르고, 영접하고, 전송하는 데는 네 조목이 있다. 첫째, 존자를 음식으로 청할 적에는 반드시 단자를 갖추고 친히 가서 청한다. 둘째, 대개 모임에 낮을 때는 나이차례로 앉는다. 셋째, 첫 자리를 따로 탁자로 대청 두 기둥 사이에 설치한다. 넷째, 멀리 나가거나 먼 데서 돌아오면 전송하고 영접하는 예로, 직월이 맡아서 처리한다.
- 경사와 조문과 증유(贈遺)의 네 조목이다. 첫째, 같은 향약 간에 길사가 있으면 축하한다. 둘째, 흉사가 있으면 조문다. 셋째, 약원의 상사에는 치전한다. 넷째, 약원이 타향에서 죽으면 같은 약원들은 한 곳에 모여 위패를 베풀고 곡을 하며, 약원 가운데 유자 한 사람을 보내어 치전한 자료와 제문·부장을 가지고 가서 치전하게 한다.

㉣ 환난을 서로 구휼하는 것

환난의 일은 일곱 가지이다.

• 수재와 화재에는 사람을 보내든지, 아니면 사람들을 거느리고 가서 구조와 조문에 임하며, 이로 인한 식량 부족시는 상의하여 재물로 구제한다.

• 도둑이 들면 달려가 합력하여 잡거나, 관아에 고하며, 가난한 집이면 의연금(募賞)을 내어 돕고, 식량이나 의복이 부족하면 여럿이 의논하여 재물을 내어 구제한다.

• 질병일 때는, 가벼우면 사람을 보내 문병하고, 심하면 의원과 약을 구해준다. 직월이 관리하여 의원에게 문의하고, 의논하여 요양에 필요한 비용을 돕고, 온 집안이 병환이면 약원의 협력으로 하인과 소를 내어 농사를 해주며, 병작(幷作) 줄 자리를 신실한 사람에게 맡긴다.

• 상사는 이미 위에도 언급했지만 경제적 곤란을 돕기 위해 부조 외에도 재물로 구제한다.

• 외롭고 어린 것이 의지할 데 없게 되면, 가난해서 자급이 어려우면 약원들이 협력하여 의탁할 바를 마련하고, 커서는 혼인도 구하고, 방탕하거나 단속이 없으면 예법으로 구속하여 불의에 빠지지 않게 하며, 끝내 가르칠 수 없으면 그만둔다.

• 억울한 무고로 허물을 쓰고 자기 힘으로 어쩔 수 없는 이가 있다면, 관부에 고하고, 계책으로 구해할 방도를 찾아 해결한다. 이 때문에 의지할 바를 잃는 집이면 재물로써 구제한다.

• 극빈자는 재물로 구제하고, 처녀가 혼일 할 시기가 지났으면 약원이 연명으로 정장(呈狀, 관가 호소문)을 하여 관아에 구해주기를 진정한다.

③ 회집독약법

향약에 참여하는 이는 격월로 서원에서 규약 강론에 참가함을 위에서 언급하였다. 이른바 회집독약법이다. 그 행사의 자세한 절차와 참가자들의 복식, 식음, 의례, 활동 방식 등 외형적인 것을 소개하자면 상당한 지면을 요하므로 일단 생략하기로 하고, 주로 이 회집이 다루고자 하는 주제를 중심으로 간략하게 절차와 내용을 개관한다(민족문화추진회, 1976c: 421－422).

모든 준비 절차가 끝나서 자리가 정해지면 직월이 소리를 높여서 약문(約文)을 읽는다. 이어 부약정이 그 뜻을 설명하고, 질문도 받는다. 약원 중 착한 일이 있는 이는 여럿이 추천하고, 허물이 있는 자는 직월이 규탄한다. 이를 약원들에게 물어 이의가 없으면 직월에게 장부에 기록하게 하고, 착한 일의 기록은 기록한 내용을 한 번 읽는다. 허물의 기록은 모두에게 배포하여 각자 묵묵히 일별하고 지나간다. 마치면 음식을 먹고, 다른 곳에서 조금 쉰다. 약정이 일어나면 모두가 일어나 함께 읍하고, 순서에 따라 재실로 물러가 쉬고, 다시 모일 때는 모두 함께 모여 읍을 하고 앉는다.

모름지기 유익한 일은 강론하되, 신괴(神怪), 사벽(邪僻), 패란(悖亂)한 말, 조정 및 주현 지방관청에 관한 긍정·부정 논의 및 남의 허물과 악행 폭로는 하지 못한다. 모두가 팔짱을 끼고 단정히 앉아서 얼굴빛은 씩씩하게 시야를 바로 하고(諸位皆拱手端坐莊色正視), 몸을 기울거나 기대거나 둘러보거나 돌아보거나 방자하게 말하거나 웃지도 못하며, 위반하는 자는 직월이 규탄하고 고치지 않으면 약정에게 고하여 장부에 기록한다. 자리를 파하기 전에 볼일이 있어 일어나 나가야 할 적에는 마땅히 자리를 나와서 부복한다. 적자 이상이면 약정이 답례하고, 소자 이하이면 답하지 않으며, 들어올 적에도 역시 그렇게 하나, 만약 존자와 작위가 다른 이나 약정이 일어나 나가야 할 적에는 있는 자리에서 부복히고 일어나며, 자리에 있는 이도 다 부복하고 일어난다. 들어올 적에도 역시 그렇게 한다.

저녁에 이르면 산회한다. 산회할 때에 자리에 있는 이는 모두 일어서서 그 자리에서 두번 절하고 절을 마치면 한꺼번에 읍한다. 존자 이하가 차례로 다 나간 뒤에 약정 이하가 나간다. 만약 도약정이 연고가 있어서 불참하면 부약정 이하라도 모여서 예를 행할 수 있다. "이럴 때에는 존자 이하는 다 부약정의 나이로 계산한다.

(3) 서원향약

서원향약(西原鄉約)은 율곡이 36세로 청주목사이던 1571년(선조 4)에 꾸민 일종의 주현향규 혹은 수령향약에 해당한다. 참가 자격은 청주읍민으로 사족과 일반 서인은 물론, 서얼과 향리 및 노비를 모두 포괄적으로 규정하였고, 청주목의 행정조직과 향약조직을 결합시킨 반관반민 형태로서 수령이 주도하는 향약이라는 유형이었다. 게다가 향약의 실무자인 색장(色掌)과 별검(別檢)이라는 직책에도 양인과 천인을 불고하고 선량하고 유능한 인물을 선택하여 일하게 한 것 또한 특이하다. 내용상으로도, 향약의 덕목인 환난상휼과 아울러 삼강오륜의 도덕규범과 교육에 관한 항목도 중시하였다는 점이 특징이다.

대충 이정도에서 향약의 대표사례 해설은 마무리하고, 향약의 일반적인 사회적 영향을 잠시 음미하기로 한다. 17세기 초에 이르러 향약운동의 여파로 향촌 사족을 중심으로 한 향촌질서, 곧 유교의 공동체가 굳건하게 자리 잡았고(정진영, 2013: 126), "조선 사회에서 성리학적 이념에 입각하여 지방사회의 풍속을 교화시키고 향촌민들의 단합을 이끌어내는 데 크게 기여할 수 있었다"(이수환, 2015: 275). 여기에 퇴계와 율곡이 선구자적 역할을 하였던 것이다. 특히 이 향약이란 자발성과 규범성을 특징으로 한다는 점에 주목할 필요가 있다. 향민의 자발적인 참여에 의해서 구성원 상호간에 약속한 규범을 이행하고자 하는 인간의 주체적 자기 수양의 도학적 이념을 기저에 깔고 있기 때문이다(지교헌 외, 1991).

3) 향약의 변화와 사회적 의의

이처럼 16세기까지만 해도 퇴계와 율곡의 향약이 소민을 포용하는 모습을 보임으로써, 여기저기에 그러한 이념적 특성을 드러내는 향약운동이 일어났다. 말하자면 조선의 양반(사족) 중심의 신분제도가 아직은 확립하는 과정에 있었던 이 시기에 몇 가지 예를 들면 아래와 같은 보기가 있다(한영우, 2010: 258−260).

가령, 1565년(명종 20)에는 전라도 영암의 구림대동계(鳩林大同契)가 등장했는데, 여기에서는 향도(香徒) 또는 이사(里社)와 같은 전통을 하부 조직으로 접목하였다. 서사원(徐思遠)이 1592년(선조 25)에 만든 하동리사계서(河洞里社契序)에는 "동포는 함께 살아야 한다. 귀천을 따져서는 안 된다"라는 표현이 있다. "하인이나 노비들도 비록 명분은 다르나 천명지성(天命之性)을 함께 받았다"라고 선언한 금란수(琴蘭秀)의 동중약조입의(洞中約條立議)는 1598년(선조 31)에 만든 것이다. 그리고 1611년(광해군 3)에는 박인(朴絪)의 삼리향약입의(三里鄕約立議)에 "사부평인(士夫平人), 서얼, 서민, 복예는 모두 같은 부류(一流)다"라고 한 것도 같은 맥락의 표출이다.

그리고 16세기 말 임진왜란과 17세기의 양호란(兩胡亂)의 고초를 겪으며 조선사회가 심각한 혼돈 속에 지탱하면서 신분질서와 더불어 향촌 질서 또한 서서히 무너지기 시작하였고 그 과정에 사족 중심의 신분제 재편이 맞물려, 향약의 성격도 보수적으로 변질하게 되었다. 사림 중심의 붕당정치가 활발해지면서 17−18세기의 향약은 양반 문벌사회의 형성과정의 일환으로 향촌에서 사족(양반)의 향권(鄕權) 안정의 목적을 반영하고 있었다. 특히 전통적으로 지역기반의 양반세력이 크게 작용하던 경북 안동(安東)과 같은 고장에서 이런 현상이 두드러졌다. 안동은 물론 퇴계의 고장이기도 하고 영남지방의 향약 운동이 퇴계의 향약운동을 전수하여 전파하고 있었음을 상기할 필요가 있다.

여기에 더하여 18세기−19세기 이후에는 중앙 정부가 재정적인 어려움을 겪으며 국가재정의 안정을 위해 향약, 동계, 동약 등의 향촌공동체 조직을 세금 부과의 단위로 이용하려고 공동납제(共同納制)로 재편하자, 이로 인한 공동체 내부의 갈등과 분열이 표면화하기 시작하였다. 이러한 갈등과 아울러 변천하는 시대적 상황에서 새로이 등장하는 신진 양반세력과 기존의 구양반층 사이의 분쟁까지 겹쳐 사회적 갈등의 폭은 더욱 확대하고 있었다. 그리하여 19세기 초의 향약을 경험한 다산 정약용은 "향약의 폐단이 도적보다도 심하다"고 하며 당시 향약이 부세단위 기능을 하게 된 변질을 고발하였던 것으로 보인다(한영우, 2010: 260).

이와 같은 사회변동의 거시적 흐름 속에서 향약은 그 나름의 적응과

변신을 거듭하면서 결국에는 부패한 정권의 수탈 수단으로 변신하는 수
난을 겪게 되자, 특히 하류층 민중은 자신들의 생존을 위해 전통적인 소
민 중심 공동체의 활성화를 꾀할 수밖에 없게 되었다. 결국 이들은 두레
패, 농악패, 상두꾼 등을 활성화하는 쪽으로 방향을 틀게 되고 유교적 이
상 향촌의 실현을 꿈꾸며 선비족이 애써 마련하여 전파하려 했던 향약의
운명은 역사속으로 잊혀지고 말았다고 할 것이다.

  이러한 역사 속의 향약과 같은 향촌 공동체운동은 조선 사회와 조선
선비문화의 특성을 부분적으로 반영한다는 관점에서 그 의의를 되새길
수 있다(정진영, 2013: 113－133). 조선의 선비족은 성리학을 제창한 송
대의 중국 사족의 모델과 비슷하다고 한다. 이들은 조선에서 주자의 성
리학적 질서를 구현하고자 한 사회의 엘리트 지식인층이었다. 그러한 사
족의 이상적 목표는 과거에 의해 중앙의 관료사회로 진출하는 것이지만
현실적 삶의 현장은 역시 농경사회였던 조선의 향촌사회일 수밖에 없었
다. 그러기에 그곳이 정치적 기반이기도 하였다. 신분상으로는 상층의 지
배층이었고 경제적으로는 중소 지주층이면서, 농민층과 공간적으로는 어
울려 함께 살아야 하는 촌락이었고, 노비와 농민의 노동력에 전적으로
의존해야 하는 처지에 있었으므로, 향촌사회 자체의 안녕과 질서를 염려
하는 일은 당연하였다.

  그러나 정치구조적 성격으로 조선은 중앙집권제를 고수하려 하였으므
로 지방의 공동체가 자칫 중앙권력에 대치하는 세력형성의 기초로 오해
를 받을 수 있었으므로 상당한 직간접적 압력이 있었음에도 향약이 지탱
할 수 있었던 것은 그것이 비공식적이지만 농촌 지역사회의 자치 내지
자율권을 확보할 수 있는 기제로서 작동하였기 때문이었다. 적어도 형식
상으로 볼 때 중앙에 대립하는 정치적 활동을 목적으로 삼지 않는다는
것이 확실하면서도 모든 지역사회의 관련 사항을 자치적으로 해결하는
훌륭한 공론장의 기능을 하였다는 점에서 그것이 가능했던 것이다(정진
영, 2013: 129－132).

  이것이 가능하자면 향촌민의 자발성과 향촌공동체의 규범성이 필수적
이었는데, 조선 향약의 강점이 바로 이 두 가지 특성에 기초한 것이었기

때문이다. 이러한 기반 위에서 향약은 다음과 같은 중요한 사회적 기능을 수행하고자 했던 것이다(지교헌 외, 1991: 36 − 50).

① 인격도야

- 부모에게 효도
- 국가에 충성
- 형제간의 우애
- 남녀간의 예절
- 언어의 충신(忠信)
- 자녀교육
- 예하의 통솔
- 능동사공(能動事功: 어떤 일이나 최선을 다하고 태만, 소홀하지 말 것)
- 약언 실천

② 예속의 정신적 함양(주로 향약 4강목 중 예속상교의 조목)

③ 협동정신 및 공동체의식 앙양

- 급란의 구제
- 질병의 구조
- 가자(嫁資: 혼인에 필요한 자원) 보급
- 빈궁의 진휼(賑恤)
- 고약(孤弱)의 부양
- 사장(死葬)의 조위
- 사창의 경영
- 산업상조
- 위생상호(衛生相護)

이와 같은 긍정적인 기능에도 불구하고 위에서 지적한대로 사족 지배층의 붕당정치에 의한 분열, 일당독주와 무단토호(武斷土豪)의 전횡, 종법에 따른 적자 중심 상속제로 인한 사족사회의 경제적 불평등 심화와 양반층의 대거 몰락, 농민 반란 등의 복합적인 사회변동의 소용돌이 속에서 결국 선비 귀족의 무력화로 향약이라는 이상사회 건설의 꿈은 물거품이 되고 말았다.

4) 서원운동

이 대목에서 향약의 집회 활동 공간으로 활용하던 향토의 또 한 가지 조직체를 떠올리게 된다. 그것은 다름아닌 서원(書院)이기에 간략하게나마 이에 관한 논의를 하지 않을 수 없다. 물론 서원의 본래 목적은 유가의 향토 중심 실천 프로그램에서 교육이라는 사회문화적 영역을 다룬 것이라고 할 수 있지만, 흥미롭게도 당시 사림세력들의 향약 등 향촌질서 확립 운동은 중앙집권적 정책을 주관하던 관료세력과 마찰을 일으키는 요인으로 작용하는 미묘한 관련성을 가진 것이었으므로, 이러한 갈등의 해소를 위한 대안으로 서원제도가 등장한 셈이라는 점을 놓칠 수 없기 때문이다. 우선 이는 주목적이 교육과 교화를 위한 교육훈련 기구로서 그만큼 반대 세력의 견제를 피해갈 수 있는 명분이 뚜렷하였으므로 사림세력이 향촌지배체제 확립을 위한 노력의 일환으로 본격적인 발전을 할 수 있게 되었다. 그리하여 지방의 중소지주층 지식인의 촉진에도 도움이 되었다. 그런데 바로 이 운동의 선봉에서 그 성격을 규정하고 이를 널리 보급하고 정착하게 하는 데에 이퇴계가 있었던 것이다(이수환, 2015: 275).

퇴계가 서원이라는 사설 교육기관 설립과 보급을 주창한 이유는 당시 정치현실의 난맥상으로 인한 국가 차원의 교육제도인 국학과 향교는 '붕괴'하고 겨우 형식만 남아 있을 뿐이어서 독실한 배움의 뜻을 품은 선비가 갈 곳이 없었다는 것 때문이었다. 향교와 성균관은 늘 번잡한 번화가에 위치해서 차분하게 공부할 분위기가 아니었고, 제도적으로도 과거라는 압력이 따르는 학교운영 체제의 압박으로 자유롭게 공부다운 공부를 할 처지가 아니었다고 보았다. 가령, "지방의 향교 같은 것은 다만 이름만 갖췄을 뿐 가르치는 방법이 크게 무너져 있습니다. 선비들이 그곳에서 공부하는 것을 도리어 부끄럽게 여기고 그 병폐가 매우 심하여 구할 방법이 없을 정도로 한심한 상태입니다"라는 강한 비판을 왕에게 고하였다(이윤희, 2010: 193).

그런 터에, "서원의 교육이 힘차게 일어난다면 교육 정책의 부족한 부분을 구제할 기회가 생기게 될 것입니다. 배우는 사람이 돌아가 몸담을 곳이 있게 되고 선비의 풍조가 크게 좋아질 것입니다. 사회 풍속이 날로 아름다워지면 임금의 뜻이 백성에게서 이루어질 수 있을 것이니 나라의 정치에 작은 보탬만은 아닐 것입니다"라는 강한 희망을 표현하기도 하였다(이윤희, 2010: 193 – 194). 나아가, 이런 서원을 제대로 키우고 보급하려면 국왕이 직접 관심을 가지고 서원 운영에 필요한 인적 자원과 물질적, 재정적 지원도 하사하되 감사나 군수 등 지방관이 자원 공급과 감독만 하고 "가혹한 법령이나 번거로운 조목에 얽매이지 않게" 해주기를 간청하기도 하였다(이윤희, 2010: 193).

결국, 이런 간절한 뜻에서 퇴계가 추진한 서원운동은 "강명도학(講明道學)과 존현입사(尊賢立祠)"를 위한 기구로서, 주자학의 연마와 사회실천윤리의 실현을 위한 중심지가 되었다(이수환, 2015: 277). 그리고 이 운동의 확산이 신속하게 이루어지기도 하였다. 그의 문인들이 적극적으로 나서서 단기간에 하나의 의미 있는 교육제도로서 자리잡기 시작하였는데, "퇴계 문인으로서 서원건립에 관여한 사람을 56명으로, 43개 서원의 건립에 직·간접적으로 참여하여 서원건립운동을 주도함으로써 서원제의 전국적인 보급에 크게 기여하였다…이렇게 볼 때 이 시기 퇴계의 서원창설운동은 향촌에서의 참다운 성리학의 토착화를 위한 환경조성운동 내지 새로운 교육문화창출 운동이었던 것이며…단순히 당시 사회의 요구에 직접적으로 대응하는 단기적인 접근이 아니라 좀 더 장기적인 안목에서 앞을 내다보는, 교육본연의 의미에 충실하고자 한 것이었다"(이수환, 2015: 278 – 279). 그러나 역사의 소용돌이 속에서 이 또한 사림정치의 중핵으로 작용하게 되어 지배층의 갈등과 농민층의 반란 등 격동하는 시대적 변동에 휩쓸려 역시 이상적인 교육의 성취를 이행하지 못하는 지경으로 전락하였다.

조선시대 지식인 파워 엘리트의 선비문화

제Ⅷ장
조선시대 지식인 파워 엘리트의 선비문화

이제 본서는 지식인 선비가 국가운영에 참여하는 위치에 놓였을 때 그에게 주어진 권력이라는 짐을 어떻게 현명하게 행사해야 할 지를 결정하는 쟁점을 중심으로 선비문화의 마지막 단면에 접근하려고 한다. 지금까지 제Ⅳ장에서 제Ⅶ장까지는 조선시대 선비의 이상적인 인간관과 사회상을 지향하는 꿈을 추적하는 데 집중하였거니와, 이제 이 책의 대미를 마무리하기 직전에 마침내 어쩌면 혹독하다고도 할 만한 현실 세계의 선비의 삶을 냉철한 눈으로 천착하려는 시도를 하게 되었다. 저들의 이상은 성리학적 세계관의 틀에서 시발하여 개개인의 삶의 일상에 이르는 '문화'현상의 전 영역을 포괄하며 선비의 선비다운 삶을 향한 절대적 헌신과 각고의 노력을 요구하는 힘인 동시에 짐이었다. 그 짐을 지고 그 힘을 발휘하고자 애쓰는 도정에서 선비는 현실의 무거운 장애물을 넘지 않을 수 없었던 것이다. 어쩌면 그것이 지식인으로서 막강한 국가적 차원의 권력을 행사해야 하는 저들의 사회정치적 처지의 운명적인 함정이었을 지도 모른다.

성리학의 이념을 실천하려는 선비는 기본적으로 수기치인의 두 가지 핵심 가치를 실현하는 데 헌신하고자 하는 것이 삶의 목표였다. 그러자면 수기는 자신의 노력을 요하는 활동이지만 치인은 어떤 형식으로든 국가경영의 공적인 업무에 종사하는 과정을 요한다. 어차피 조선은 문치주의(文治主義)를 지향하는 나라로 시작하여 이를 끝까지 지탱하려 했다는 것이 하나의 숙명이었다. 이러한 이념적 지평에서 선비의 사회정치적 기능은 그들로 하여금 국가 운영을 위하여 필수불가결한 권력의 행사에 동참해야 하는 일을 요구한다. 여기에 저들의 현실적 딜레마가 잠재한다는 점이 이제부터 살펴보아야 할 주제다. 이는 무엇보다 먼저 조선시대 선비가 처해야 했던 정치현장의 권력을 둘러싼 갈등의 현황부터 점검하는 과제가 우선이다. 그러한 현실 검토를 한 다음에 마지막으로 그러한 현상의 정치사회학적 이론적 분석을 시도하게 될 것이다.

1. 조선조 권력갈등의 개관

조선조 권력갈등은 크게 네 가지 유형으로 구분하여 검토할 수 있다. 첫째는 건국초기의 주도권을 둘러싼 갈등이고, 둘째는 기득권 세력과 신진세력, 즉 소위 훈구파와 사림파의 갈등, 셋째는 사림파 내부의 붕당 간 갈등, 그리고 넷째는 외척 가문 독주의 전제적 권력을 둘러싼 갈등이다. 이제부터 이 네 유형의 권력 갈등 현상의 특징을 차례로 살펴보기로 한다.

1) 조선 건국초기의 권력갈등

무엇보다도 조선조 건국에는 근대화가 일어나기 전 시대의 전 세계 여느 국가 전환과정과는 다른 한 가지 특색을 보인다고 해야 한다. 그것은 전문적인 소양을 갖춘 지식인 집단이 처음부터 깊이 관여하면서 새로운 나라를 세웠다는 점일 것이다. 전근대적 농경사회의 정치권력은 거의 예외 없이 군사적 세력이 좌우했다고 할 수 있다. 국가 외부의 군사적 침략이나 내부의 권력 투쟁에서 군사력이 더 강한 세력의 반란이 주된 정권교체의 수단이었기 때문이다. 물론 조선 건국 과정에서도 이성계라는 군사적 세력을 구비한 정부의 최고위관리가 부패하고 무능한 고려 정권을 쿠데타로 축출하고 새로운 나라를 세우기는 했지만, 거기에는 정도전이라는 뛰어난 선비와 그의 동료 선비의 무리가 깊이 간여하였다는 점이 특이하다. 이 시기 저들 선비 정치인들의 지위와 역할에 관한 개관을 여기서 시도한다(이상백, 1964: 52–77; 변태섭, 1986: 243–244; 253–258; 박충석, 2010: 241–244; 한영우, 2010b: 272–274).

유학, 특히 주자학 혹은 성리학은 이미 고려 후기의 신흥사대부들이 수용한 바 있다. 가령 대표적인 사례로 충렬왕(1275–1308) 때 안향(安珦)이 소개하였고, 그 후 백이정(白頤正)이 원나라에서 배워 와 이를 이제현(李齊賢), 박충좌(朴忠佐) 등에 전수했으며, 마침내 고려 말에 이르러 목은 이색, 이숭인(李崇仁), 포은 정몽주, 야은 길재, 권근(權近) 및 삼봉 정도전 등이 더욱 발전시켰던 것이다. 그런데, 바로 이들 성리학파 유생들 사이에 중대한 이념적 차이가 생겨, 이성계가 집권하는 과정 또는 이후에 운명이 달라지기도 하였다.

먼저, 이론적인 특징으로 볼 때, 고려에서 수입한 성리학은 원(元)에서 일단 한번 걸러져서 형이상학적인 내용보다는 실천적인 측면을 강조하는 방향으로 흘렀다. 말하자면, 사변적인 우주론, 이기론 등 추상적인 이론보다는 『소학』과 『주자가례』를 중심으로 일상생활의 실천적인 예속 정화를 중시하는 경향이 강하였다. 하지만 일단 들여온 성리학은 점차 철학적인 이기론 등에서 심도를 강화하는 추세로 변화를 겪었다. 예를 들어 이색은 불교의 이론적 틀로써 유학의 우주론, 『대학』이나 『중용』의 사상을 재해석하는 수준에 머물렀고, '동방이학의 조종'이라 불리던 포은 정몽주도 이론적인 차원의 이학론이나 불교배척의 사상이 뚜렷하지 않았던 데 비해, 『불씨잡변』(佛氏雜辨)을 저술한 삼봉은 본격적인 척불사상을 천명하면서 이기철학의 전개를 시도한 초기의 선비였다.

이러한 척불사상의 주창은 이성계의 신생국가 건설에서 가장 핵심적인 이념적 토대가 되었으니, 새로운 나라를 세우는 데서 고려의 문제점을 적시하고 이를 혁파해야 할 정당성을 이념 차원에서 제시하려 할 때, 선비들 사이에서는 고려의 불교가 얼마나 부패하고 나라에 폐를 끼쳤는지를 밝혀야 했던 것과 무관하지 않다. 당시 국제적 상황이 원과 명의 교체기에 처하여 대단히 불안정한 상태에서 군량과 국가재정이 심각한 처지였음에도 불교 사원의 경제적 횡령에다 과다한 승도의 수가 비생산적

이었을 뿐 아니라, 승려가 국정에까지 간여하는 등의 문제점이 심각하였
으므로 차제에 척불을 제창함으로써 신생 국가의 기강과 질서를 중시하
는 의미에서 새로운 이념적 기틀을 성리학에서 찾아야 함을 주장하였던
것이다.

  이념적 토대도 중요하지만 건국을 위한 현실적 기제는 경제적 기반의
구축이었다. 이를 위해서는 혁명적이라 할 만한 토지제도개혁이 필수였
다. 이 과업에서도 군인 이성계는 문인의 도움이 필요했다. 그중에도 성
리학과 정치경륜이 탁월한 삼봉이 막료로 참여하고 당시 신진문인 세력
의 동료들 중 조준(趙浚), 남은(南誾), 윤소종(尹紹宗) 등의 급진개혁파를
포섭하여 시행에 옮겼다. 말할 나위도 없이, 권문세족(權門世族)의 격렬한
저항을 막기 위해 이성계, 정도전, 조준 등이 군권을 장악하여 마침내 과
전법(科田法)을 공포하고 전제개혁에 착수하였다. 이 토지개혁은 무상몰
수, 무상분배의 원칙 아래 시행했으므로, 권문세족들에게는 대개 중소지
주로 몰락하는 심각한 타격을 주었지만, 일반관료와 향리, 군인 등 공직
자는 생계 안정을 찾았고, 일반농민은 가혹한 신분적 강제에서 해방을
얻어 법으로 정한 조세부담으로 힘을 덜었으며, 국가재정과 민생안정에
절대적인 기여를 하게 되어 이성계 일파는 백성의 지지를 얻어 신생국의
정당성을 확보하는 데 도움을 주었다.

  이 과정에서도 여전히 새 왕조의 개창 자체를 반대하는 온건개혁파
사대부의 반격과 저항을 피할 수는 없었다. 이에 이성계는 아들 이방원
(李芳遠)이 이런 반대파의 수장격인 포은을 격살하고 50여명의 신하의 추
대를 받아 왕위에 올랐다. 그리고 고려 구신 중에 신왕조에 참여하지 않
겠다는 선비들도 다수였으나, 이색은 의문의 횡사를 했고, 그 아들과 이
숭인 등은 비명에 죽었으며, 길재를 위시한 일부는 산림에 숨어 여생을
보냈고, 두문동 72현(賢)은 고려구신으로서 이씨에 굴복하지 않았으나,
그 자손이 평민이 되어 상업에 종사하는 등 초야에서 저항을 하지 않았
으므로 달리 어찌하지 않았다.

  개국 이후 채 10년도 지나지 않아 왕권을 둘러 싼 지배층 내부의 갈
등이 두 차례나 발생하였다. 어차피 건국 초의 지배세력은 개국공신 집

단이었다. 이성계의 혁명은 그의 측근이었던 이방원, 남은, 조준, 정도전 등이 밀의를 하고, 고려 말 권문세력이 국사를 집합적으로 결정하는 최고의 정치적 의사결정기구인 도평의사사(都評議使司)의 공식 승인 아래 이루어졌다. 이들이 바로 이 기구를 중심으로 실권을 장악하여 태조 이성계의 왕권은 상대적으로 제약을 받는 형국을 이루었다. 여기서 정도전, 조준 등이 편찬한 『조선경국전』(朝鮮經國典)과 『경제육전』(經濟六典)은 이와 같은 신권(臣權) 우위의 통치형태를 법제화한 문서였던 바, 이를 두고 왕실과 일반 양반관료 등의 불만이 쌓이고 있었다.

　　그러한 상황에서 태조의 5자, 이방원은 건국 최고 공로자인 삼봉과 첨예한 권력쟁투에서 대립각을 이루게 되었는데, 마침내 왕위계승 문제를 계기로 역시 건국의 큰 공로자인 방원이 태조가 이복동생 방석(芳碩)을 세자로 책봉한 데 불만을 품고, 방석을 후원하는 정도전, 남은 등이 자기 형제들을 제거하려 한다는 구실을 내세워 살해하고, 아우 방석과 방번(芳蕃) 형제마저 살해하였다. 이것이 소위 1차 왕자의 난(1398)이다. 그 후, 자신의 정치공작의 책임을 피하고자 세자 책봉을 사양하고 형인 방과(芳果)에게 왕위 계승권을 양보하였으므로 그가 정종(1398-1400)이다. 그러나 곧이어 방원의 넷째 형인 방간(芳幹)이 개국공신 중에 작위에 불만이 있었던 박포(朴苞)를 포섭하여 방원을 상대로 군사적 충돌을 일으켰으니 이것이 2차 왕자의 난(1400)이었고, 여기서도 방원이 승자가 되어 방간은 유배 보내고 박포는 주살하였다. 그해 정종은 결국 방원에게 왕위를 선위함으로써 방원이 마침내 태종(1400-1418)으로 즉위하였다. 이 두 차례의 왕자의 난이라는 권력 갈등을 겪으면서 개국공신세력의 제거작업을 시행한 것이고, 이로써 태종은 왕권강화를 위한 조처를 하기 시작한 것이다.

　　그리고 반 세기가 흐르는 동안에 또 한 번의 심각한 권력갈등이 발발하였다(이상백, 1964: 91-98; 변태섭, 1986: 263-266; 한영우, 2010b: 280-281). 실은 국초부터 군신관계를 둘러싼 갈등이 저변에 깔린 상태에서 국왕중심의 집권체제를 두고 유신(儒臣) 집단은 항상 불만이었는데, 특히 세종대의 집현전학사들이 재상(宰相) 중심의 신권적인 통치체제를 부활하여 자신들의 적극적 정치참여를 희구하고 있었다. 세종이 이를 탐탁하게 여기지는 않았으나 저들의 요구를 억제할 수만은 없어서 중신의 권한을 강화하는 조치를 취하였다. 집현전 학사를 중심으로 하는 선비의 정치진출로 세종 후기에는 집현전이 강력한 간쟁기관과 통치기구로 변모하고 있었다. 이런 상황에서 문종(1450－1452)이 즉위하자 이들이 요직을 차지하게 되었고, 이들의 정치적 진출은 단종이 어린 나이에 즉위하면서 절정에 달하였다.

문종은 건강이 좋지 않아 어린 단종에게 왕위를 물려 주면서 세종대부터 재상직에 있었던 김종서(金宗瑞), 황보인(皇甫仁), 남지(南智) 등에게 단종을 잘 보필하라는 유명(遺命)을 남겼는데, 이들 재상이 정권의 실권을 장악하여 의정부의 권한을 강화하게 되자 왕권이 상대적으로 유명무실해지는 현상이 뒤따랐다. 이에 왕실에서는 가장 강대한 세력을 장악하고 있던 수양대군이 권람(權擥), 한명회(韓明澮) 등과 결탁하여 이러한 유신세력을 억제하고 왕권 확보를 목적으로 쿠데타를 일으켜 김종서, 황보인 등 중신과 아우 안평대군을 살해하고 영의정을 비롯한 정부의 요직을 두루 겸임하여 정권과 병권을 독점 장악하였다. 이에 지방의 김종서 계열 인물인 이징옥(李澄玉)이 반란을 일으켰고 관군이 이를 진압하였으나 이로 인하여 민심을 크게 자극하기도 하였다.

결국은 수양대군이 어린 조카 단종을 폐위하고 왕좌를 찬탈하여 세조(1455－1468)로 즉위하자, 세종의 총애를 받았던 집현전 유신들 일부가 이에 격렬히 저항하였고 세조 2년에는 성삼문(成三問), 박팽년(朴彭年), 하위지(河緯地), 이개(李塏), 유응부(俞應孚), 유성원(柳誠源) 등이 복위를 계획하다가 사전에 정보유출로 모두가 죽임을 당하였다. 이들이 '사육신'(死六臣)이다. 당시 70여명의 연루자를 모두 처벌하여 이러한 유신세력을 억제하고 중앙 정계는 이제 친세조 세력으로 충당하였다. 이들에게 정란공신(靖難功臣, 수양의 쿠데타 공신)과 좌익공신(佐翼功臣, 세조 즉위 공신)을 책봉하고 많은 토지와 노비를 하사하였다.

이어서 정부기구, 토지제도, 군역제도 등 부국강병을 위한 여러 개혁을 단행하였는데, 특히 기득권을 침해당한 중앙관료와 지방세력의 불만을 자아냄으로써 반정부 저항운동이 일어났다. 이러한 저항운동은 지방의 유향소를 중심으로 전국으로 번져 나갔는데, 그중에도 전통적으로 토호세력이 강한 함경도에서 회령부사(會寧府使) 출신 함경도 토호의 한사람인 이시애(李施愛)가 난을 크게 일으켰다. 이는 6도의 정부군을 투입하여 겨우 진압할 정도의 대규모 반란이었다. 이를 이유로 결국 전국의 유향소를 철폐하였다. 이처럼 두 차례의 반란을 무력으로 진압하면서 세조는 마침내 『경국대전』(經國大典)이라는 집권체제 정비로써 왕조의 기반을 확실하게 세우려는 편찬사업을 시작하였던 것이다.

2) 조선 중기의 사림파와 훈구세력 간의 갈등: 사화

태조 건국 이래 한 세기가 지난 성종대(1469-1494)에 이르러 세조대에 시작한 『경국대전』을 완성하는 등 일단 조선의 지배체제가 확립하여 안정을 찾는 듯 하였으나, 제도·문물은 그간의 발전적인 경제변동을 반영하여 일련의 변화를 겪게 되었다. 이 시기 세조를 도와 권력을 장악했던 훈신과 왕의 외척 등 권력집단은 이러한 경제변동에 편승하여 정치적 실권은 물론 경제적으로도 방대한 토지와 노비 자원을 소유하면서 보수적인 성향을 강하게 띠게 되었다. 이에 반해 역성혁명 자체를 끝내 반대한 일부 선비 집단은 정치참여의 기회를 누리지 못하고 지방의 중소지주로 머물면서 각종 향리중심의 사창제, 향사례, 향음주례 및 유향소 등을 복원하여 향촌의 세력을 구축하고 있었다. 그 과정에 이들도 하천의 보를 개발하고 보급하는 등 경제력을 축적하면서 재지지주(在地地主)로서 새로운 지위상승을 도모하여 나갔다. 이들이 훈구·척신의 특권적 비리를 비판하는 새로운 정치세력으로 성장하게 되었으니, 다름 아닌 사림파(士林派)였다. 그리고 이들이 중앙정계에 진출하면서 새로운 정치적 권력갈등이 심각한 상태로 이어지게 되었다. 기본적으로 일련의 사화(士禍, 史禍)가 그것이다(이상백, 1964: 536-567; 변태섭, 1986: 307-315; 한영우, 2010b: 347-351: 이덕일, 2018).

본서에서는 이러한 사화의 상세한 내용을 서술하는 것이 목적이 아니므로 그 주요쟁점만을 정리한다. 사림이란 성리학 보급에 따라 지방에서도 선비들을 대거 배출함으로써 이들이 정치적인 세력을 구성한 데서 유래하는 선비집단을 일컫는다. 이들은 사상적으로 무장하여 유교의 이상주의적 정치 이념인 왕도정치를 내세워 개혁을 요구하는 세력으로서 현실주의적인 훈구·척신 세력과 경쟁하는 갈등에 휘말리게 된 것이었다. 이 같은 지방 사림이 중앙정계에 본격적으로 진출하기 시작한 것은 성종대부터다. 성종은 세조의 지나친 부국강병책으로 멀어진 민심을 수습하고 세조 이래 형성한 훈신들을 견제하기 위하여 새로운 관료층을 육성하고자, 당시 신망이 높았던 경상도 선산(善山) 출신 선비 김종직(金宗直)과 그 문인들인 김굉필(金宏弼), 정여창(鄭汝昌), 김일손(金馹孫) 등을 대거 등용하여 주로 정책 비판의 임무를 수행하던 언론삼사(言論三司)에 임명하였다.

　김종직은 정몽주의 학풍을 계승한 길재의 제자 김숙자(金叔滋)의 아들로 그 학통으로 보아 야당적인 성향을 지녔고 이들 사림파는 성종의 비호 아래 성리학의 도리론과 명분론의 원리를 확신하며 농촌생활 중에 훈신들의 비리행위를 직접 체험한 데 기초하여 훈구대신들을 공격하였다. 다만 성종치세에는 양파 간의 균형을 이루도록 함으로써 직접적인 충돌 없이 두 세력이 협력하여 『경국대전』을 비롯하여 『동국통감』(東國通鑑), 『동국여지승람』(東國輿地勝覽)과 같은 기념비적인 편찬사업을 마무리하고 왕조의 문물을 완성하기도 하였다. 특히 서거정(徐居正), 노사신(盧思愼), 최항(崔恒), 양성지(梁誠之) 등은 훈신이지만 집현전 출신이고 훈신과 사림의 세력균형을 도모한 성종의 지도력에 힘입어 대업을 성사시키는 데 참여했던 탓이다.

　그런데 이처럼 사림을 옹호하던 성종이 죽고 연산군이 즉위한 뒤 생모(성종비 윤씨)의 죽음에 신하들의 충동이 작용한 것을 알게 되자, 훈신과 사림 모두를 제재하여 왕권을 강화하려는 시도를 하였다. 특히 적극적인 언론활동으로 왕권을 견제하는 사림을 못마땅하게 여기던 연산군에게 사림의 공격을 받아 수세에 몰린 훈신 잔류세력이 연산군 4년(1498)에 김종직이 지은 「조의제문」을 문제 삼아 왕에게 고함으로써 김일손을 위시하여 정여창 등 수십명의 신진관료를 사형, 유배, 파직 등으로 박해를 가하여 소수만이 정계에 남았다. 게다가 이미 사망한 김종직의 무덤을 파헤쳐 참수하였던 사건이 일어났다. 소위 무오사화(戊午士禍)다. 이로써 김종직 문하의 영남 사림이 크게 몰락하였다. 이에 만족하지 않고 연산군 10년(1504)에는 자신의 권력 강화를 위해 이번에는 훈척계열 내부에서 연산군을 싸고도는 척신과 일반 훈신들이 서로 반목하는 가운데 결국 척신들이 연산군 생모의 폐비사사 사건을 구실로 훈신들을 몰아내는 사건이 일어났다. 이것이 갑자사화(甲子士禍)다. 이로써 성종 시대에 양성한 사림 세력이 큰 타격을 받고 정계 진출에 일단 제동이 걸렸다.

　이런 혼란 가운데서 중종반정(1506)이라는 신하에 의한 쿠데타로 연산군은 물러나고 중종(1506－1544)이 대를 이었다. 중종은 전대에 문란해진 정치질서를 바로잡아 유교정치를 회복하려고 정암(靜庵) 조광조(趙光祖)를 비롯한 젊은 사림을 현량과(賢良科) 과거를 치러서 특별채용함으로써 사림을 다시 등용하였다. 이제 왕의 깊은 신임을 받은 정암을 중심으로 반정공신의 횡포와 훈신들의 비리를 계속 비판하는 동시에 유교적인 도덕정치를 펴고자 심혈을 기울였다. 특히 조광조 일파는 삼사의 언관직에 취임하여 공론임을 내세워 급진적인 개혁을 추진하고자 하였다. 그중에도 연산군의 학정을 보면 결국 군주의 마음을 바로 잡는 것이 급선무라는 점을 깨달아 왕의 교육을 담당하는 경연(經筵)을 더욱 강화하고 미신을 억제하며 향촌사회의 안정을 위해 향약을 보급하고 교육 차원에서는 『삼강행실도』(三綱行實圖), 『이륜행실도』(二倫行實圖), 『주자가례』, 『소학』 등을 보급할 것을 주장하였다. 농민생활의 안정을 위해 토지겸병 반대, 균전제 실시, 방납의 시정 등을 촉구하기도 하였다.

　이런 모든 방침은 붕괴일로에 있던 향촌사회를 안정시키려는 데 주안점을 두었고 그러한 개혁은 백성들의 환영을 받고 있었다. 그러나 그러한 급진적인 개혁정치는 반정공신을 중심으로 한 훈신세력의 반발을 사게 되었고, 게다가 반정공신으로 책봉 받은 100명 중 4분의 3인 76명은 부당한 책록이었으므로 이를 취소하고 토지와 노비를 몰수해야 한다는 소위 위훈삭제건(僞勳削除件)을 계기로 훈신들은 깊은 원한을 품고 마침내 일대 반격을 가하게 되었다. 한편, 중종 자신도 처음에는 사림을 크게 신임하고 좋아했으나 점점 지나치게 임금을 압박하는 태도에 싫증을 느끼기에 이르렀다.

그런 상황에서 중종 14년(1519) 공신 일당은 조광조의 역모를 고발하기 위하여 나뭇잎에 꿀을 발라서 '주초위왕'(走肖爲王)이라는 글씨를 새겨놓고 벌레가 꿀을 파먹게 한 다음 궁 안의 우물에 띄웠다가 이를 주워서 임금에게 보였다는 일화는 유명하다. 여기서 주(走)와 초(肖) 두 글자를 합치면 조(趙)가 되므로 조씨 이름의 인물이 왕이 되고자 한다는 식으로 누명을 씌운 것이다. 이로써 조광조는 능주(綾州)로 귀양가서 사약을 받고 38세의 나이에 세상을 떠났다. 그리고 그의 일파에게 반역죄를 물어 대거 처형하거나 귀양 보내게 만들었다. 이 사건이 기묘사화(己卯士禍)이고 이때 화를 입은 선비들을 후세에 기묘명현(己卯名賢)이라 불렀다.

기묘사화 이후 중종은 훈구대신들을 견제하기 위해 다시 사림파를 등용하기 시작했으나, 1545년 명종이 즉위하면서 일어난 을사사화(乙巳士禍)에서도 사림의 선비들이 숙청 당하는 사태가 발생하였다. 이 사건은 사림과는 직접 관련이 없는 사례로서, 외척 간의 권력투쟁이 정쟁으로 표면화한 것이었다. 외척이 모두 윤씨였으므로 중종의 두 이복왕자를 둘러싸고 자기들끼리는 대윤(大尹)과 소윤(小尹)이라 차별을 두고 대립한 것이었다. 이 사화는 중종의 뒤를 이어 즉위한 인종(1544-1545)은 둘째 왕비 장경왕후(章敬王后)의 소생이고 그 왕비의 아우인 윤임(尹任)이 대윤을 이끌고 권력을 농단하였는데, 인종이 재위 8개월만에 사망하자 명종(1545-1567)이 대를 이음으로써 발발하였다. 명종은 세 번째 왕비 문정왕후(文定王后)의 소생이었으며, 명종 또한 어려서 문정왕후가 수렴청정을 하고 그 아우인 윤원형(尹元衡)이 소윤의 수장으로 세력을 장악하였다. 이들이 전왕(인종)의 외척들이 명종(현왕)을 해치려 한다며 대윤의 윤임 일파를 몰아내는 옥사를 일으킨 것이 기사사화(己巳士禍)다. 이 또한 훈신계열의 내부 분열에 의한 것이었지만, 여기에 부수한 사림의 피해도 여간이 아니어서 다시 사림의 기세가 취약해지는 계기가 되었다.

대윤과 소윤은 모두 사림파였으나, 전자는 영남과 호남 출신 신진 성리학자가 많았고, 후자는 주로 서울 근교의 인사들로서 기득권도 있고 성리학과 더불어 불교나 도교 등 당시의 이단을 포용하는 인사들이었다. 이로써 16세기 중엽의 사림은 이 시기를 거치며 계층적으로나 사상적으로 분화하는 과정을 보여주는 보기라 할 수 있다. 이처럼 조선 중기의 소위 4대사화는 일단 사림의 성장 과정에서 훈구계열의 압력을 받으며 견뎌낸 정치적 권력갈등의 유형이다. 사림이 중앙정치에서 약간 멀어지긴 했어도 이들이 완전히 몰락한 것은 아니었고, 이때는 이미 사림의 기세가 전국적으로 확산하여 사림의 정계진출은 막을 수 없는 대세를 이루게 되었다. 이들 사화 기간에는 북방이 어수선하고 임꺽정 일당이 소란을 일으켰으며 왜인들이 60척의 배를 몰고 전라도를 침범하는 을묘왜변(乙卯倭變)을 겪는 등 변화가 일어나기도 하였다.

대체로 명종 대에는 영남에서 퇴계(退溪) 이황(李滉), 남명(南冥) 조식(曺植), 서울 근교에는 성수침(成守琛), 이항(李恒), 기대승(奇大升), 김인후(金麟厚)와 같은 이름 있는 사림 선비들이 혹은 중앙에 진출하기도 하고 혹은 향리에 은거하며 학문과 후세양성에 전념하면서, 16세기 후반 선조(1567－1608) 초기에는 사림이 정계와 학계의 주류로 자리 잡음으로써 무오사화 이후 70년 동안 정국을 뒤흔든 신구세력의 갈등은 막을 내리고 사림의 주역시대가 열리게 되었다.

3) 당쟁의 전개와 변천

조선시대의 선비를 논하면서 당쟁을 주제로 삼지 않으면 어떤 의미가 있을까 하는 질문을 해본다. 흔히 조선조의 당쟁은 부정적인 현상으로 고찰하고 평가하는 것이 마치 학계의 관행인 양 생각할 뿐 아니라 이런 통념이 일반인 사이에서도 대체로 수용하는 경향이 있음을 의식하지 않을 수 없기 때문이다. 그 부정적 판단의 가장 중요한 이유는 당쟁으로 말미암아 조선이 망국의 길로 들어서게 되었다는 것이다. 그 논리가 맞는다면 역사를 교훈으로 삼아야 한다는 상식에 준하여 한 번은 꼭 살펴봐야 하는 역사의 흔적으로서 분명히 의미가 있다. 그러면 우선 그토록 부정적인 인상을 주는 당쟁을 과거의 선배사학자들은 어떻게 규정했는지를 알아보기 위하여 1960년대 초에 역사사회학의 거장이었던 상백(想白) 이상백(李相佰)의 관찰을 장황한 편이지만 그대로 옮겨 보기로 한다(이상백 1964: 565 – 567; 이덕일, 2018).

> 이미 사화 당시부터 시작된 당쟁은 선조 이후로 그 면모를 달리하게 되었다. 즉 일부는 중앙에서 지보(地步)를 닦고 있었다 하나 대개는 지방향토에 자복(雌伏)하여 재기를 꾀하던 사림은 선조 즉위와 함께 중앙의 요로에 대거 등용되기 시작하여 확고한 세력을 이루게 되자, 이 학파가 주위의 기성세력으로부터 압박을 받던 사화시대에는 그들과 대항할 필요가 있어서 학파 내부의 상호배척은 그다지 보이지 않았으나, 이제 사림이 정계와 학계에서 주도권을 갖게 되면서부터는 그 내부의 신구대립이 나타나기 시작하였던 것이다. 과거의 사화 당시와 같이 궁정이나 정부에 오랜 근거를 가진 기성과, 지방을 배경으로 하여 중앙에 진출해온 신진과의 쟁투가 아니라, 이미 정국의 주도권을 잡은 사림 내부에서의 신구대립으로서, 모두 중앙과 지방에 걸쳐 인적·물적인 지반을 가진 세력끼리의 쟁투이었던 것이다. 더구나 이 당쟁이 장기화함에 따라 그 붕당으로서의 결합은 더욱 견고하게 되어, 자신과 그 일족 또는 일당의 운명을 거기에 걸고 자당을 확대하고 타파를 배척하여, 한번 패배로써 참혹한 추구와 박해를 당하여도 그 뿌리는 그대로 부활하여 언젠가는 반대파를 보복하는 일을 되풀이할 정도의 조직으로 강화한 것이다. 또 이 당쟁은 정권의 획득과 유지를 최대의 목표로 하는 것이기 때문에 한번 권력을 잡는 당파는 곧 분열하는 경향이 많았던 것이니, 동인·서인의 대립에서 다시 동인은 선조 22년 이전에 남인·북인으로 갈리고, 서인은 숙종 9년 경에 노론·소론으로 갈렸으며, 그 속에서도 또 여러 세분된 파당이 생기는 등, 복잡한 동향을 보이면서 왕조말까지 계속되었다. 정치나 외교도 모두 이 당쟁의 와중에서 처리되어, 왜란·호란과 같은 국난 가운데에서도 이것을 버리지 못하였고, 심지어 일상생활에까지도 파당이 다르면 서로 교유도 꺼릴 뿐더러 언동복식까지도 다를 정도의 상태에까지 이르렀던 것이니, 이와 같은 극단의 당파성은 일찍이 사화시대의 정쟁이 성리학에 입각한 이상주의적인 실천운동이 주였음에 비하여 매우 차이를 보이는 것이다.

다만, 굳이 그러한 긍정·부정의 시각에서만 보지 않고 그 실체를 더 자세히 살펴 보면, 조선조의 당쟁 자체가 그 나름의 중요한 특이성을 드러낼지도 모른다는 생각도 해볼 만하다 할 것이다. 일단, 다른 연유는 차치하고, 조선조의 당쟁은 1575년 선조 8년에 발발하여 1863년 고종이 즉위하여 흥선대원군이 집정하면서 남인·북인을 골고루 등용하는 시책을 펴기 시작할 때까지 조선조의 중기부터 말기에 이르는 거의 3세기에 걸쳐 지속한 사건이라는 사실 자체만 두고 볼 때, 과연 왜 그렇게 오랜 시간 동안 반복해서 일어났는지를 묻지 않을 수 없게 한다. 이토록 장기간 정치적 갈등이 반복해서 일어난 사례가 인류 역사의 여느 지역이나 국가에서 발견할 수 없을 게 분명해 보인다. 유럽이나 일본 같은 봉건사회에서는 영토를 차지하기 위한 무력 다툼은 간단없이 일어났지만, 조선의 정치적 갈등은 특정 정치 집단 간의 권력투쟁임에는 틀림없지만 그냥 적나라한 권력다툼이 아니라 지식인 집단이 일정한 정치이념 내지 철학적 사상을 중심으로 대립한 사건의 연속이라는 점에서는 특별한 예외라 해도 무방할 것이다. 물론 중세 유럽의 기독교 국가와 이슬람 국가의 종교전쟁이 있었고, 유럽의 국가 내부에서는 교황청을 정점으로 한 성직자 집단과 국왕 중심의 세속 정치세력 사이의 권력다툼과 성직자 집단 내부의 갈등이 없었을 리가 없으나 지식인 집단이 정권을 장악하고 벌인 이념적 대립과는 차원이 다른 의미를 띤다.

따라서 본장에서는 조선조 선비문화의 매우 특이한 속성이라는 의미에서 당쟁의 전개를 살펴보면서 그 역사적 의미를 추적하고자 한다. 이를 한 눈에 볼 수 있게 도표를 마련하였다[그림 8−1]. (이상백, 1964: 567−584; 변태섭, 1986: 328−333; 371−380;이성무, 2009: 303−304; 2010: 171−179; 2011: 150−161; 175−178; 2014; 한영우, 2010b: 351−353; 365−367; 376−379; 382−397: 439−445; 이덕일, 2018). 그리고 당쟁과 붕당의 개념에 관한 논의를 간략하게 소개한다. 당쟁이라는 말이 일제 학자들이 조선을 폄하하기 위해 사용한 용어라는 암시를 하는 일부 역사학자들이 그 대신에 붕당정치라는 표현을 써야 한다는 주장을 두고 이는 이미 개항기 한성부 소윤, 승지 등을 역임한 영재(寧齋)

이건창(李建昌)이 쓴 『당의통략』(黨議通略)이라는 책에 나오는 '붕당지쟁'(朋黨之爭)이라는 개념의 약칭이라고 봐도 좋을 일반명사라는 견해도 있다. 그러므로 여기에서는 이를 당쟁으로 사용하는 것이 마땅하다는 의견을 채택하기로 한다(이성무, 2011: 150; 152).

그런 해석에 따르면 붕당이라고 할 때 '붕'은 '동사왈붕'(同師曰朋)이나 '동도왈붕'(同道曰朋)이라는 표현처럼 같은 선생의 문하로 '도'를 함께 하는 벗이라는 뜻이므로 같은 학파의 동료 정도로 이해하면 간단하다. 대신, '당'은 이념이나 뜻을 공유하여 서로 좋아하는 사람이면 함께 행동하고 아니면 반대로 그런 연유로 싫어하는 이는 배척하는 '편당'(偏黨)이라는 의미기 때문에 이것이 역사에서 드러난 성리학을 신봉하는 선비의 학통이 다른 붕당 간의 갈등이라고 보면 된다는 것이다.

여하간, 이 붕당을 만들어 경쟁을 하는 관행은 원래 중국에서는 명나라 법률서 『대명률』(大明律)「간당조」(奸黨條)의 다음과 같은 규정에 의거 금지한 행위에 속한다(이성무, 2011: 152). "만약 조정의 관원들이 붕당을 지어 국가의 정치를 문란하게 한다면 모두 목을 베어 죽이고, 처자는 노비로 삼으며, 재산은 관청에서 몰수한다." 조선조 초 건국 설계자들이 이 문서를 참고해서 우리나라의 법률체계를 구성하려 했으므로 붕당은 원칙적으로 금지하게 되어 있었다. 그 이유는 왕권국가에서는 권력이 왕에게 집중해 있어야 하므로 양반 관료 간의 권력투쟁을 금지하려 한 것이다. 조선 건국 초부터 문제가 되었던 왕권 대 신권의 쟁점을 두고 이미 한 번 피비린내 나는 다툼이 있었고 거기서 왕권이 우위를 얻었던 전력이 있었으므로 조선은 일단 왕권중심의 체제를 선택한 셈이었다. 이 문제는 추후 본장 후반에서 이론적으로 다시 논의하려니와, 일단 당쟁의 관점에서는 이와 같은 왕권중심의 조선조에서 사림이 정권을 장악하면서 이제는 군약신강(君弱臣强)의 정국이 전개하기 시작했다는 사실이 논의의 출발점을 제공한다.

[그림 8-1] 조선조 당쟁의 전개와 붕당의 계보

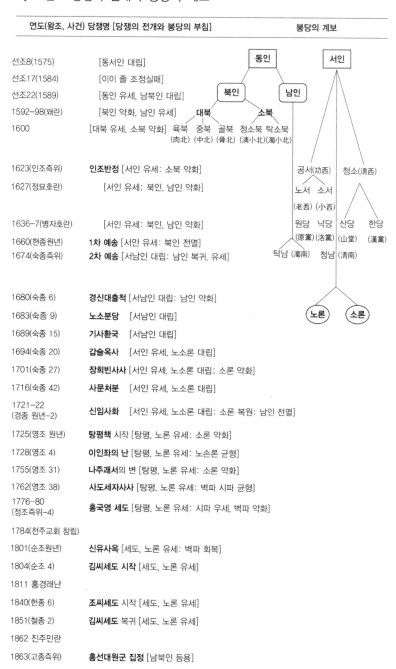

연도(왕조, 사건) 당쟁명 [당쟁의 전개와 붕당의 부침]	붕당의 계보

선조8(1575)   [동서인 대립]

선조17(1584)   [이이 졸 조정실패]

선조22(1589)   [동인 유세, 남북인 대립]

1592-98(왜란)   [북인 약화, 남인 유세]

1600   [대북 유세, 소북 약화] 육북 중북 골북 청소북 탁소북
(肉北) (中北) (骨北) (淸小北)(濁小北)

1623(인조즉위)   **인조반정** [서인 유세: 소북 약화]

1627(정묘호란)   [서인 유세: 북인, 남인 약화]

1636-7(병자호란)   [서인 유세: 북인, 남인 약화]

1660(현종원년)   **1차 예송** [서인 유세: 북인 전멸]

1674(숙종즉위)   **2차 예송** [서남인 대립: 남인 복귀, 유세]

1680(숙종 6)   **경신대출척** [서남인 대립: 남인 약화]

1683(숙종 9)   **노소분당** [서남인 대립]

1689(숙종 15)   **기사환국** [서남인 대립]

1694(숙종 20)   **갑술옥사** [서인 유세, 노소론 대립]

1701(숙종 27)   **장희빈사사** [서인 유세, 노소론 대립; 소론 약화]

1716(숙종 42)   **사문처분** [서인 유세, 노소론 대립]

1721-22
(경종 원년-2)   **신임사화** [서인 유세, 노소론 대립: 소론 복원; 남인 전멸]

1725(영조 원년)   **탕평책 시작** [탕평, 노론 유세: 소론 약화]

1728(영조 4)   **이인좌의 난** [탕평, 노론 유세: 노손론 균형]

1755(영조 31)   **나주괘서의 변** [탕평, 노론 유세: 소론 약화]

1762(영조 38)   **사도세자사사** [탕평, 노론 유세: 벽파 시파 균형]

1776-80
(정조즉위-4)   **홍국영 세도** [탕평, 노론 유세: 시파 우세, 벽파 약화]

1784(천주교회 창립)

1801(순조원년)   **신유사옥** [세도, 노론 유세: 벽파 회복]

1804(순조 4)   **김씨세도 시작** [세도, 노론 유세]

1811 홍경래난

1840(헌종 6)   **조씨세도 시작** [세도, 노론 유세]

1851(철종 2)   **김씨세도 복귀** [세도, 노론 유세]

1862 진주민란

1863(고종즉위)   **홍선대원군 집정** [남북인 등용]

붕당의 계보:

동인 — 서인

북인 — 남인

대북 — 소북

공서(功西) 청소(淸西)

노서 소서
(老西) (小西)

원당 낙당 산당 한당
(原黨) (洛黨) (山堂) (漢黨)

탁남(濁南) 청남(淸南)

노론   소론

(출처) (이상백, 1964: 56-57)

이런 제도적 제약에도 불구하고 붕당이 생기고 서로 경쟁하는 현상은 성리학을 신봉한 사림의 세계에서는 필연적인 측면도 있었다. 조선의 붕당이란 기본적으로 덕망 있는 학자를 중심으로 학문적인 지향과 정치적 성향이 동질적인 선비들의 집합체였고 "원래 성리학에서는 도덕적으로 수양된 군자(君子)들이 붕당을 형성하는 것을 긍정했기 때문에 성리학이 발달할수록 붕당정치가 나타나는 것은 필연적이었다"는 것이다(한영우, 2010b: 352).

(1) 당쟁의 서막

선조가 즉위하고 친정을 하기 시작하면서 무엇보다 먼저 인재등용에 힘을 기울여 퇴계와 율곡을 비롯한 학술과 덕행으로 이름 높은 명사들을 다수 발탁하였는데, 이들은 대개 무오사화 이래 여러 번 탄압을 받아오던 사림파의 학통애 속하는 인물이었다. 말하자면 이로써 성리학을 숭상하는 사림 선비의 집단이 정치를 주도하는 시대가 본격적으로 열리게 된 것이다. 이들은 왕통의 정당성을 정립하기 위하여 방계에서 대통을 이은 선조의 생부를 대원군으로 추존하는 등 왕조의 정비는 물론 과거 사화로 희생당한 조광조에게 영의정을 추증하는 일을 위시하여 다수 사림의 피화자를 공적으로 정당화하는 작업도 실시하였다.

이러한 사림파의 정치적 토대를 굳게 하는 정지작업으로 이제 저들의 정치적 입지가 굳어지는 과정에 사림 안에서 미구에 내부의 대립이 일어날 징후가 선조 초년부터 나타나기 시작하자, 영중추부사 동고(東皐) 이준경(李浚慶)이 임종에 올린 유차(遺箚)에 "조정에 붕당의 징조가 있으니 그 사(私)를 깨뜨려야 한다"라는 경고를 남겼다. 그의 경고는 공연한 것이 아니고 실지로 당시 대신들 사이에는 젊은 선비들을 내쳐야 한다는 게 중론일 만큼 조정의 선후배 사이에 심상치 않은 대결이 드러나고 있었다. 대표적으로 판서를 지낸 독송정(獨松亭) 김개(金鎧)가 퇴계와 오랜 동안 이기사단논쟁을 벌여서 유명한 기대승(奇大升) 등이 죽은 조광조 일파를 성인군자로 추대하려는 움직임이 있자 이를 비난하는 가운데 젊은 사림들이 일제히 반발하는 사태가 벌어졌고 김개는 관직을 빼앗기고 낙향하는 일이 일어났다. 이에 이준경이 사림의 과격한 주장과 지나친 결속을 견제하는 한편 대신들이 세를 모아 사화를 일으키는 것도 억제하고자 하였다. 또한 선조가 선정을 펴고자 하는데 신진 인재도 여럿이 필요했으므로 일단 김개를 내치려 했고, 김개도 스스로 물러남으로써 이 사태는 끝났다.

하지만 이준경이 사망한 지 3년 후(1575년)에 드디어 동서분당이 일어나 그 기나긴 당쟁이 시발하였다. 이 분쟁은 인사권을 행사하는 이조전랑(吏曹銓郎) 자리를 두고 사림의 구세력과 신진세력 사이에서 벌어진 갈등으로서, 명종비(인순왕후 심씨)의 아우인 대사헌 심의겸(沈義謙)이 대표하는 선배사류와 김종직 학파의 김효원(金孝元)을 따르는 후배사류가 각기 붕당을 이루며 상호 반목하는 경향을 드러내는 가운데 심의겸이 동생 심충겸(沈忠謙)을 그 자리에 추천하자 김효원이 반대하여 선후배 사림 사이의 다툼으로 표면화한 것이었다. 서울 동쪽 건천동에 김효원이, 서편 정릉동에 심의겸이 살고 있었으므로, 동인과 서인이라 불렀다. 동인에는 서애(西厓) 유성룡(柳成龍), 학봉(鶴峯) 김성일(金誠一), 오리(梧里) 이원익(李元翼), 한음(漢陰) 이덕형(李德馨), 내암(萊菴) 정인홍(鄭仁弘), 망우당(忘憂堂) 곽재우(郭再祐), 아계(鵝溪) 이산해(李山海), 추연(秋淵) 우성전(禹性傳), 동암(東菴) 이발(李潑) 등 영남지방의 퇴계와 남명의 문인들이 주류를 이루었고, 서인에는 오음(梧陰) 윤두수(尹斗壽), 월정(月汀) 윤근수(尹根壽), 송강(松江) 정철(鄭澈), 중봉(重峰) 조헌(趙憲), 묵재(默齋) 이귀(李貴) 등 기호지역의 율곡과 우계(牛溪) 성혼(成渾)의 제자들이 많이 속해 있었다.

이들은 이런 인맥으로 보아 학문적으로도 주리(主理)·주기(主氣)의 학설 상의 차이를 드러낸 인물군이기도 하였다. 동인은 퇴계의 주리론에 기초한 원칙에 충실하여 심성론과 선비의 수기에 역점을 두면서 치자의 도덕성 제고를 중히 여겼고 훈척정치의 요소를 철저히 배제할 것을 주장하였다. 이에 비해 서인은 율곡의 영향 아래 현실문제에 더 큰 관심을 두고 구체제 척결보다는 피폐한 기층사회를 복구하는 치인을 우선시하여 제도 개혁에 의한 부국안민을 추구하려 하였다. 다만, 이러한 붕당의 갈등이 격화하는 모습에 율곡은 이를 조정하려 여러 번 시도했으나 결국은 실패하고 그의 사후 동인이 조정의 요직을 독점하다시피 하는 우세를 누리게 되었다.

(2) 당파의 분화

일단 동인세력이 우위에 있었던 선조 22년(1589)에 동인 소속 정여립(鄭汝立)의 모반사건이 터졌고 그가 자살하면서 동시에 다수의 동인이 처형당하는 기축옥사(己丑獄事)가 일어났다. 그런 과정에도 동인의 세는 꺾이지 않고 잔존하는 가운데, 선조 24년에 서인 좌의정 정철이 선조의 총애를 받던 인빈(仁嬪) 김씨의 소생 신성군(信城君)이 있음에도 세자 책봉을 건의하자 동인 이산해 등이 이를 인빈에게 고하여 정철이 왕의 미움을 사서 유배당하고 몇몇 서인의 고위직이 파면이나 유배를 당함에 따라, 동인이 다시 세력을 회복하는 사건이 일어났다. 그런데 기축옥사를 잘못 처리한 정철의 죄를 논할 때 정철뿐만 아니라 서인들 모두를 대거 처벌해야 한다는 이산해, 정인홍 등이 강경론을 주장하고, 유성룡, 김성일 등은 온건한 태도를 취하며 의견이 갈리자, 강경파가 북인으로, 온건파가 남인으로 동인당이 분할하게 되었다.

그 전에도 동인 안에서 가령 유성룡과 정인홍 사이에 정여립에 관련한 사태로 불화가 있었고, 우성전과 이발이 개인적인 원한이나 불목으로 분당의 조짐으로 나타나고 있었는데, 결국은 갈라지고 말았다. 이발이 북악산 아래 살고 있었기에 그의 당파를 북인이라 부르고 우성전은 남산 아래 사람이므로 그를 두둔하는 이들이 남인이 되었던 것이다. 여기에 한 가지 주목할 것은, 원래 동인은 처음부터 그 구성원이 다양했다는 점이다. 서인이 율곡과 우계의 문인을 중심으로 비교적 결집했던 반면에, 동인은 서인에서 제외당한 신진 세력으로 구성하고 있었고, 특별히 퇴계와 남명, 그리고 서화담의 학문적 전통을 계승한 인사가 많았다. 그중에서 남인은 퇴계 계열의 선비가 핵심이었고, 대개 남명과 화담 서경덕의 문인이 주류를 이루었다. 이로부터 서인·남인·북인의 세 당파가 정립하여 서로 비판과 견제를 하면서 당쟁은 지속하였다.

그러다가 1592년 선조 25년 4월 왜군의 대거 침입으로 임진왜란이 시발하였다. 그런데 왜란 직전, 선조 24년(1591)에 율곡이 10만 양병설을 내세웠을 때는 동인 관료들이 평지풍파라고 배격하였고, 일본에 정세를 살피기 위해 파견한 통신사 중에, 정사(正使)는 서인의 황윤길(黃允吉)이었고, 부사에는 동인 김성일, 서장관(書狀官)에 동인 허성(許筬)이 동행하였다. 이들이 귀국한 후에 황윤길은 "도요토미 히데요시(豊臣秀吉)는 눈이 반짝거리고 지력이 있는 인물인 듯하다"고 고했고, 반면 김성일은 "눈이 꼭 쥐눈과 같더라"며 그의 인물됨을 하찮게 보고했다. 물론 서인은 황의 말을, 동인은 김의 말을 믿었으며, 당시는 동인 정국이었으므로 주도권을 장악한 동인정권이 학봉의 말을 따라 별다른 방책을 쓰지 않았다. 후일 학봉은 민심의 동요를 우려해서 그리 말한 것이라고 했다 한다(이성무, 2014: 62).

왜란이 한창인 중에서도 당쟁은 끊이지 않았다. 시국이 이런 데도 동·서인이 싸움만 하느냐고 왕이 호통까지 할 지경이었다는 것이다(이성무, 2014: 63). 몇 가지만 간추려 예를 들어보자. ① 왜란의 책임을 두고 서인이 동인을 공격하여 이산해를 탄핵하고 서인을 불러들이고자 했을 때, 선조는 서인의 요구대로 이산해를 귀양 보냈지만, 유성룡만은 이항복의 비호로 남아서 전란을 총지휘하였다. ② 왕은 서인과 남인을 적절히 기용하여 자신의 입지를 강화하고자 했는데, 이 무렵 명나라와 일본 간의 화의 논의가 일자, 서애와 우계는 화의론에 찬성했으나 대다수가 반대하였으므로 화의론자를 처벌하자는 문제로 남인과 북인 사이에 또 시비가 붙었다. ③ 이순신 장군이 일본군의 거짓 정보를 불신하고 조정의 명을 어긴 일로 죄인으로 취조를 받았을 때 동인은 이순신을 지지했고 서인은 원균을 감쌌다. ④ 그러다가 왜란이 끝난 뒤에는 남명의 영향 아래 의병장을 배출한 북인 세력이 정국을 장악해 나갔다. 그 과정에 조선이 왜와 내통하고 명나라를 배반하려 한다는 무고를 두고 오해를 풀기 위한 명나라 변무사(辨誣使) 직을 서애가 노모의 병환을 빌미로 사양하자, 신하가 왕의 명을 거스른다는 이유로 탄핵하면서 북인은 남인 전체를 비판하고 서애와 학봉 등 남인은 왜란의 책임을 지고 물러났다.

북인이 정권을 잡았지만 북인의 구성은 단순하지가 않았다. 남명계가 중심을 이루면서도 퇴계 계열을 제외한 모든 분파를 포함하고 있어서 학연성이 비교적 희박하여 집권하자 내부의 다기한 분열을 보이기 시작하였다. 게다가 애초에 동·서의 대치 과정에서 배척의 대상이었던 훈척계가 오히려 강경론자들인 동인에 귀부했고, 이들이 다시 북인을 형성했으므로 북인은 또한 서인이나 남인에 비해 사류로서 순수성이 부족하였다. 이러한 성격의 북인 안에서 사림으로서 순수함을 지키려는 측이 소북(小北)으로 독립하여 대북(大北), 소북으로 갈라섰다. 여기서 다시 대북은 골북(骨北)과 육북(肉北)으로, 소북은 또 탁소북(濁小北, 柳黨)과 청소북(淸小北, 南黨)으로 분화하였다. 이는 결국 북인 내에 남아 있는 훈척계 요소를 보는 관점의 차이에서 비롯한 것이었다.

(3) 당쟁의 성숙과 예송

선조 말의 복잡다단한 당파의 분화가 마침내 탁소북의 영의정 춘호(春湖) 유영경(柳永慶)이 1인 전제정치를 하는 데까지 이르렀으나, 광해군이 즉위하면서 대북정권이 들어서서 당쟁이 본래의 모습을 회복하는 조짐을 보였다. 하지만 대북측이 자신들의 학문적 정통성을 확립하고자 남명을 높이고 회재 이언적과 퇴계를 폄하하는 이른바 <회·퇴변척>(晦·退辨斥) 사건을 계기로 결과적으로는 대북정권이 사림의 지지를 잃게 되고 말았다. 이에 불안해진 광해군과 대북은 새로운 왕위 옹립의 가능성을 사전에 차단하여 왕위의 안정을 꾀한다는 명분으로 임해군(臨海君)과 영창대군(永昌大君)을 살해하고, 인목대비(仁穆大妃)를 유폐하는 등의 극단적인 수단을 동원했으나, 결국 이것을 사림에서는 패륜으로 간주하여 반정의 명분이 되고 말았다.

마침내 서인이 주도한 인조반정(仁祖反正)으로 광해군은 물러나고 대북 정권도 함께 몰락함으로써 그로부터 서인이 우세한 가운데 남인도 참여하는 형국으로 시국이 전개한 것이다. 그러나 반정 공로 평가에 불만을 품은 이괄(李适)이 평안북도에서 난을 일으켜 한양까지 점령하는 사태가 벌어졌지만 관군이 이를 진압하고 평정을 되찾았다. 이를 계기로 공신들 간에 자중지란이 한창인 동안 조정 한쪽에서는 공신들과는 노선이

다른 남인도, 소북도 아닌 율곡, 우계의 문인 중심인 서인의 세력이 있었다. 이들은 인조반정에는 참여하지 않아 공신들의 전횡에 밀려 권력의 핵심에서 소외 당하는 처지에서도 논의는 강경하고 청망(淸望)을 지닌 인물들이었다. 가령 청음 김상헌을 비롯하여, 상촌(象村) 신흠(申欽), 선원(仙源) 김상용(金尙容) 등이 대표적인 인물이다. 이들은 정치적인 열세에도 청의를 표방하여 공신을 비판하고 대립함으로써 마침내 공서(功西)와 청서(淸西)로 분화하였다. 그리고 여기서 다시 윤서(尹西, 윤방의 자제 중심)와 신서(申西, 신흠의 자제 중심) 등으로 나뉘었다. 그러다가 인조 7년 전후에는 또 노서(老西)와 소서(少西)로 갈라지고 병자호란 중에는 척화와 주화로 갈리기도 하였다.

광해군은 외교에서 탁월한 기량을 발휘하여 명나라와 새로이 등장한 여진족이 건국한 후금(後金) 사이의 균형을 비교적 잘 유지했지만, 인조반정으로 서인이 집권하면서 친명배금(親明排金)의 노선을 명백히 하자 후금이 인조 5년(1627)에는 정묘호란(丁卯胡亂)을 일으켰고, 그 후 후금이 국호를 청(淸)으로 바꾼 뒤 조선에 군신관계를 강요하는 데 반발했으므로 인조 14년(1636년)에는 청 태종이 직접 10만 대군을 이끌고 쳐들어온 병자호란(丙子胡亂)이 발발하였다. 이 전쟁에서 주전·주화(主戰·主和)의 양론이 분분하다가 결국 인조가 삼전도에서 항복의 예를 행함으로써 전쟁이 끝났다. 그러나 전란 중에서나 종전 후에까지 '존명사대'(尊明事大)의 절의를 중시하는 서인이 끈질기게 항쟁하였다.

인조반정 이후 서인 조정에는 '산림'(山林)이라는 사람들을 등용하여 그 나름의 영향력을 행사하고 있었다. 이는 반정을 주도한 정국공신들이 밀약하여 제정한 <숭용산림>(崇用山林)과 <국혼물실>(國婚勿失)이라는 두 가지 강령에 의거한 것이었다. 자신들의 세력 강화를 위해서는 왕실과 결탁이 불가피했고 집권의 정당성을 확보하자면 선비를 등용할 필요가 있었기 때문이다. 여기서 산림이란 '산림지사'(山林之士)의 준말로 과거를 거치지 않고 초야에서 강학과 수양에 매진해 대유(大儒)의 학식과 통유(通儒, 도에 통달한 선비) 다운 기국이 있는 선비를 가리킨다. 이들을 선발하는 절차와 조건은 매우 엄격했고, 갖가지 특전을 누리는 대신 어떤 자리에 임직하든 오래 머물지 않는 소위 '난진이퇴'(難進易退)의 원칙을 중시하였다. 이런 여러가지 시책으로 자파 세력은 굳건히 하면서 동시에 숭용산림의 대책을 이용하여 남인의 진출도 허용하는 등 인재도 널리 포용함으로써 서인 정권은 비교적 무난하게 현종대에 이르기까지 약 60년을 유지하였다.

그럼에도 불구하고 인조 중반부터는 몇 가지 쟁점을 둘러 싼 분쟁이 간헐적으로 일어나면서 말기에는 정국운영에 문제점이 드러나고 있었다. 반정공신은 사망하거나 노쇠했고 남은 공신들도 병자호란 중에 친청론을 수용했다가 이후 반청세력의 퇴진 압력을 받고 있었다. 따라서 공신세력만으로 정국운영에 한계가 있었으므로 산림을 불러들이는 징소(徵召) 하교를 내려 사계(沙溪) 김장생(金長生)의 문하 동문인 동춘당(同春堂) 송준길(宋浚吉), 우암 송시열 등 호서사림을 불러오도록 명했으나, 이들은 공신 세력이 정국을 주도하는 상황에서 소신을 펼칠 수 없다는 이유로 관직에 선뜻 나아가지는 않았다. 그러나 인조 대에 서인이 공서와 청서로 양분된 데 이어, 다시 효종대에는 낙당(洛黨), 원당(原黨), 산당(山堂), 한당(漢黨)으로 나뉘었다. 낙당은 공신 낙서(洛西) 김자점(金自點)이, 원당은 탄수(灘叟) 원두표(元斗杓)가, 산당은 신독재(愼獨齋) 김집(金集)이, 그리고 잠곡(潛谷) 김육(金堉)이 한당의 당주였다.

이러한 4당파의 대립 속에 인조의 뒤를 이어 효종(孝宗, 1649–1659)이 즉위하면서 애초에는 낙당과 원당이 주도세력으로 산림세력을 끌어들여 자파의 입지를 강화하려 했지만, 김집 중심의 호서사림 한당은 이에 따르지 않았고, 왕은 송준길, 송시열, 김집 등 서인으로서 재야에서 학문을 닦던 충청도 산림인사들을 대거 등용하였다. 이들은 훈구세력을 비판하면서 특히 김자점 축출에 강경한 태도를 취한 가운데, 마침내 송준길이 앞장서 낙당 당주 김자점과 아울러 원당의 원두표도 분당의 책임을 물어 그들 일파를 몰아내고 조정 요직에는 남인과 청서였던 한당 및 산당 등 신진세력이 남았다. 한편으로는, 미수(眉叟) 허목(許穆), 묵재(默齋) 허적(許積), 고산(孤山) 윤선도(尹善道) 같은 저명한 남인의 인사를 추가로 등용하여 붕당연합의 조화를 이루어 나가려고 하였다. 그리하여 이러한 서인 천하에서도 남인은 꾸준히 참여를 늘였고 이런 정치적 기반 위에서 마침내 서인과 두 차례의 예송(禮訟)을 벌이게 되었다. 예송의 주제는 앞서 제IV장에서 언급하였으므로, 여기서는 간략한 해설만 할 것이다.

효종이 사거하고 대를 이은 그의 아들 현종(1659–1674) 즉위 초(1660)에는 이른바 기해예송(己亥禮訟)이라는 당쟁이 일어났다. 이는 인조의 계비(효종의 계모) 자의대비(慈懿大妃) 장렬왕후(莊烈王后) 조씨(趙氏)의 상복을 둘러싼 서인과 남인 간의 경쟁이었다. 문치주의 국가에서 정쟁은 적어도 각 붕당이 신봉하는 철학의 원리에 기초한 명분을 두고 일어나는 것이었다. 상복의 문제도 왕의 정통성의 쟁점과 직결하는 것이면서 이를 두고 당쟁의 빌미를 줄 수 있는 중대한 사안이었던 것이다. 효종이 인조의 적장자였으면 당연히 어머니는 3년복을 입어야 했다. 그러나 적장자인 소현세자(昭顯世子)가 일찍 세상을 떠났으므로 둘째아들이 왕위를 이어 받은 것이니, 등급을 하나 낮추어 중자복(衆子服)으로 1년복인 기년복(朞年服)이 합당하다는 이론이 충분히 나올 수 있었다. 이에 반해, 왕통(王統)을 이었으니 당연히 적통(嫡統)도 잇는 것이 원칙이니 3년복이 마땅하다는 주장도 나왔다. 이를 바탕으로 효종의 왕위계승의 적법성에 관한 이론이 있을 수도 있었던 것은, 적장자 소현세자의 아들인 경안군(慶安君)이 살아 있었기 때문이다.

이를 두고 허목, 윤선도, 윤휴 등 남인이 서인을 맹렬히 공격하는 데서 이 갈등이 불거진 것이었다. 당초 송시열, 송준경 등 서인은 여러 대신과 상의한 결과 전례가 없으므로 『대명률』과 『경국대전』이라는 정통 국법에 의거, 왕과 사족 대 서민의 구별 없이 장자, 차자를 막론하고 1년복을 입어야 한다는 주장을 한 것이었다. 그러나 허목 등 남인측은 왕실과 사족은 당연히 서민과 같을 수 없다는 논리로 이에 맞선 것이다. 이를 둘러싸고 오랜 시비 끝에 결국은 당시 유세당(有勢黨)이었던 서인의 주장을 채택하게 되어, 남인이 실각하고 서인의 우세가 지속하게 됨으로써 이 예송은 끝을 맺었다. 여기서 또 한 가지 추가로 주목할 것이 있다. 이 예론의 의미는 단순한 예학의 견지에서만 볼 것이 아니라, 조선 건국 초부터 문제가 되었던 군신권의 갈등에서 신권(臣權)을 강화하려던 서인과 왕권을 중시하던 남인의 정치이념적 차이를 의미하기도 한 것이라는 점이다. 또한 이 예송의 승패가 현종에 이어 숙종조에도 남인이 우세할 수 있었던 주요 기반이 된 것이다.

다시 현종 5년(1674)에는 효종비 인선왕후(仁宣王后) 장대비(張大妃)가 사망하자, 다시 상복을 빌미로 제2차 예송, 갑인예속(甲寅禮訟)이 벌어졌다. 당시에는 지난번 제1차 기해예송 때 상복 문제의 주인공이었던 조대비가 아직도 살아 있었다. 조대비의 상복 문제는 의견 조정이 불완전하여 쟁점을 남긴 채로 결말이 났거니와, 이번에는 조대비의 상복이 며느리인 인선왕후를 장자부(長子婦, 큰며느리)로 볼 것인가 아니면 중자부(衆子婦, 둘째 며느리)로 규정할 것인가에 초점이 맞춰졌다. 이 말은 지난번과 같이 효종이 장자나 중자냐 하는 쟁점과 겹친다. 하여간, 처음에는 예조에서 조대비의 상복을 1년복으로 정했다가, 가례복도(家禮服圖)와『경국대전』에 준하여 대공복(大功服, 9개월)으로 다시 고쳐 올렸다. 이것이 예송의 발단이 된 것이다. 여기서 송시열 등 서인은 대공복을 주장했고, 허목 등 남인은 1년상복을 고집하였다. 양파의 거듭한 상소와 여러 번의 빙청회의(賓廳會議)에서 갑론을박 한 끝에 합의를 보지 못하자, 왕이 직권으로 1년(朞年)선포함으로써 예송은 막을 내렸다. 이로써 현종은 제1차 기해예송에서 달성하지 못한 자신과 부모의 정통성을 바로 잡게 되었던 것이다.

다만, 이 과정에서 관련 당쟁의 당사자들 중 자신의 의견에 반대하는 서인 관료들을 속속 처벌하였다. 그럼에도 반발이 계속 있었고, 현종은 결국 서인 세력을 몰아내고 남인 세력을 요직에 기용하며 자신 편으로 끌어 들였다. 실은 이 예송에서 남인 주요 선비들은 이미 사망했거나 살았어도 이에 적극 관여한 것은 아니었고, 서인 중에서도 송준경 등은 죽었고 송시열도 나서지는 않았다. 다만 송시열의 일파에서 이 9월복을 끝까지 주장하였을 뿐이었다. 그런데도 현종은 일찍부터 송시열의 주장을 의심하고 있었고, 초기에는 효종과 송시열의 관계를 배려하여 예우를 하였다. 하지만 현종을 대하는 송시열의 태도는 고압적이고 비협조적이어서 마지막에는 사이가 멀어졌던 것이다. 요는 갑인예송은 남인파가 송시열 당을 견제하기 시작할 무렵에 터진 사건이었지만 이로써 우암계열의 서인 세력이 곧 몰락한 것은 아니었다. 그만큼 서인의 뿌리는 깊었다는 말이다.

(4) 붕당의 빈번한 환국과 탕평책

현종은 복제개정의 뜻을 이루고 나서 약 한달 후에 사망하고 14세 어린 숙종(1674-1720)이 대를 이었다. 숙종은 현종과 달리 과단성 있는 인물이었다. 세자 시절부터 송시열을 싫어하였고 서인을 제거하기 위해 남인의 도움을 받기로 하였다. 송시열이 제1차 예송에서 효종을 서자로 취급한 예론을 오례(誤禮)로 단정하고 우암 계열의 서인을 축출하는 발판으로 삼아, 현종의 장례가 끝나는 즉시 남인 관료들을 이용하여 그의 관직을 삭탈하고 유배한 뒤 일거에 서인을 밀어내도록 함으로써 이제는 남인의 세상이 되었다. 이때에 허목, 허적, 윤휴 등과 다수 남인을 등용하였다. 이리하여 인조반정 이후 40년 만에 서인 정권이 남인 정권으로 바뀌었고, 서인계의 비주류이면서 외척인 식암(息庵) 김석주(金錫胄) 등이 아울러 득세하게 되었다. 이 사건을 일컬어 갑인환국(甲寅換局)이라 한다.

숙종은 45년 동안 장기집권하면서 왕권 안정을 위해 종래 여러 당파를 아우르려 했던 당파연립 방식 대신 붕당을 자주 교체하는 방침을 시행하였고, 이를 환국이라 하였다. 이런 환국정치는 군주가 내각을 자주 교체함으로써 신하들의 충성심을 경쟁시키고 왕권을 강화하려는 시책이었고, 이런 까닭에 외형상으로는 숙종시대에 당쟁이 더욱 격렬했다는 인상을 주지만, 달리 보면 이러한 치열한 정책대결을 하면서 나라발전을 가속화한 면이 있었다고 보는 것이다(한영우, 2010b: 384).

제2차 예송이 일어난 해에 숙종이 즉위하였거니와, 예송 분쟁의 결과 서인이 몰락하고 남인이 정권을 잡게 되자, 서인의 처벌을 둘러싸고 남인 안에서 강·온 대립이 벌어져, 온건론을 주장한 탁남(濁南)과 강경론의 청남(淸南)으로 분열하게 되었다. 이때 탁남의 대표가 허적이었고, 청남은 허목이 주도하였다. 이 둘 중에서 탁남이 우세하여 서인을 극단적으로 탄압하지 않았으므로 일부 서인은 정권에 잔류할 수 있었다. 이런 현상은 상대 당파와 공존하는 것을 생명으로 삼는 당쟁의 원칙이 이때까지도 퇴색하지 않았다는 증좌로 볼 수도 있다(변태섭, 1986: 330).

하지만 집권당 남인의 온건파 탁남의 영수인 허적 등은 북벌론을 다시 제기하면서 산성을 축조하고 군사훈련과 군비확장에 박차를 가하기 시작하였다. 한편, 군사통제권을 두고 허적과 외척 김석주 사이에 힘겨루기가 일자, 숙종은 남인은 아니지만 외척인 김석주에게 맡겼다. 이런 상황에서 김석주의 은밀한 계획 아래 허적이 대흥산성(大興山城)의 군인을 동원하여 역모를 꾸몄다고 고발하여, 허적, 윤휴 등을 처형하고, 조정의 요직을 서인들이 대거 차지하도록 정권교체를 단행하였다. 남인들은 사직하거나 축출당하였다. 이것이 숙종 초에 정권을 장악했던 남인이 몰락하고 서인이 재집권하는 1680년 숙종 6년의 경신환국(庚申換局) 혹은 경신대출척(庚申大黜陟)이다. 서인은 이어서 종친 세력과 연결이 있었던 100여 명 이상의 남인들을 여러가지 죄목으로 처벌하는 등 철저한 탄압으로 남인의 재기를 막으려 했다.

이처럼 경신환국으로 남인을 몰아낸 서인은 정승 자리는 물론 6조와 3사에 이르기까지 남인들이 밀려난 자리에 서인이 들어섰다. 아울러 수도의 병권은 척신들에게 집중하였다. 남인의 처벌을 놓고 의견이 갈리자, 강경론을 편 송시열 등이 노론(老論)으로, 온건한 처벌을 하여 사류다운 기본을 지키려한 윤증 등 소장파가 소론(少論)으로 분립하였다. 노론은 대의명분을 중시하고 민생안정과 자치자강(自治自强)을 강조했으며, 소론은 실리를 중시하고 직극직인 북방개척을 주장한 점에서 정책적인 차이를 보였다. 왕은 양파를 연립시켰으나 권력의 핵심을 장악한 편은 노론으로서, 송시열과 삼척(三戚)이라 불리던 외척, 김석주, 김만기(金萬基), 민정중(閔鼎重)이 연합하여 정치를 주도하였다.

이 시기로부터 당쟁의 기본원리는 무너지고 상대세력의 존재를 인정하지 않는 일당전제(一黨專制)의 추세가 나타나기 시작하였다. 가령 상대 당에게 보복하는 수단으로 사사(賜死)를 쓰는 사례가 빈발하였고, 외척의 정치적 비중이 커졌으며, 정쟁의 초점이 왕위계승 문제에 집중하는 등 당쟁의 말폐적 현상이 두드러지고 있었다. 그런 가운데 숙종 15년(1589)

남인계의 희빈(禧嬪) 장씨가 출산한 왕자(후일 경종, 景宗)를 세자로 책봉하는 문제를 논의하는 과정에서 이번에는 노론(서인)이 몰락하고 남인이 다시 집권하는 일이 벌어졌다. 그동안 노론의 핵심인물이었던 송시열과 문곡(文谷) 김수항(金壽恒) 등이 보복을 받아 처형당하였다. 이 사건이 기사환국(己巳換局)이고, 이때는 남인 사람들이 서인에게 극단적인 보복을 가하였다. 그러나 숙종 20년(1694)에 이르러 왕이 마음을 바꾸어 폐위했던 민비(閔妃, 인현왕후, 仁顯王后)를 복위하고, 남인과 인연이 있던 장희빈을 사사하게 됨으로써 남인도 5년만에 다시 물러나고 노론과 소론이 재집권하였다. 이를 일컬어 갑술환국(甲戌換局)이라 하며, 이를 계기로 남인은 거의 재기불능의 처지로까지 전락하였다.

여기서 한 가지 흥미 있는 사항은 이와 같은 서인과 남인 간의 정쟁은 단순한 정권 차원의 갈등을 넘어 각 붕당의 대민정책에 있어서 여러 사회계층과 맺은 연관성의 관점에서 이해해야 한다는 견해가 있다. 다시 말해서 17세기 말 중인과 서얼 등의 정치활동과 관련하여, 서인은 대상인(大商人) 및 특권을 누리던 상인 등과 특수한 관계를 맺었던 반면, 남인은 중소지주, 소농 및 전호(소작인) 등 농민층과 맺은 연관 속에서 이들 사회적인 세력의 동향에 영향을 받아 숙종대의 환국이 일어난 것이라는 논지다(정석종, 1983; 변태섭, 1986: 330, 각주 6). 이 환국에서 노론과 소론(서인)은 서얼, 역과, 무인, 상인 심지어 노비층과도 연계하여 남인 축출의 정치자금과 세력을 이용했다는 것이다(한영우, 2010b: 386). 이로써 정국은 노론과 소론 사이를 오가며 숙종 말기까지 서인의 시대를 맞이하였다.

노론과 소론의 분쟁은 왕위승계 문제를 둘러 싸고 전개하기 시작하였는데, 경종(1720–1724)이 즉위하였으나 병으로 시달리며 왕자가 없었으므로 숙종의 숙빈 최씨의 소생인 연잉군(延礽君)을 세제로 책봉하자는 의논을 노론측이 제안하자 소론이 이에 반대함에도 무릅쓰고 왕이 대비 김씨의 재가를 받아 왕세제책봉을 실현하였다. 그러나 왕의 건강을 빌미로 왕세제의 대리청정을 주장하던 노론의 시도는 소론의 격렬한 반대에 부딪쳐 무산했고, 마침내 소론의 강경론자들은 이를 두고 반역을 꾸민다고 죄를 고하고 세제를 지지하던 노론의 영수인 김창집(金昌集), 이건명(李健命), 이이명(李頤命), 조태래(趙泰來)를 '사흉'(四凶)이라 지칭하여 비방하였다. 친정을 주장하던 소론측은 일단 재기의 기회를 얻었고 노론은 궁지에 몰리게 되었다. 이를 계기로 소론의 탄압이 지속하면서 노론측의 반역을 무고하여 수백명의 노론 인사가 유배 또는 처형당하는 일대 참극이 벌어졌다. 이 사건은 경종 원년(신축년. 1720)에 시발하여 다음해(임인년. 1721)에 끝났으므로 이를 신임사화(辛壬士禍)라 한다.

그러나 경종이 재위 4년에 병사하고 세제가 대를 이어 영조(英祖, 1724 − 1776)의 52년 통치가 시작하였다. 이로써 노론의 재기가 가능하였다. 그러나 영조는 임금이 신민의 부모라는 군부일체론(君父一體論)과 아울러 임금은 스승이라는 군주상을 내세워 왕권강화를 도모하는 정책의 일환으로 당쟁을 무시하고 소론과 남인 중에서도 온건하고 타협적인 인물을 등용하는 소위 '완론탕평책'(緩論蕩平策)을 시행하였다. 특히 그동안 사화, 당쟁, 환국 등의 소용돌이 속에 실각하고 낙향한 수많은 선비들이 지연, 혈연, 학파, 당파 등의 연고지에서 서원을 건립하고 이를 당쟁의 근거지로 삼으면서 원래의 사림정치의 토대로 기능하던 본래의 모습을 벗어나 가문의 선조를 봉사하는 사당으로 변질하기도 하여 폭발적으로 남설하는 현상이 일어났으며, 특히 갑술환국 이후 남인의 본거지인 경상도 지방에 심하게 나타났다. 이에 영조는 일단 붕당의 뿌리를 제거하는 취지로 재야 산림의 '공론'을 인정하지 않고 그 본거지로 변질한 서원을 대폭 정리하기노 했나. 이 탕평책은 비단 정치적인 측면만이 아니고 사상에서도 성리학을 중심에 두되 왕권강화를 지지하는 남인학자의 고학(古學)과 심지어 법가(法家)의 저서도 경연에서 공부하는 등 개방적인 태도를 취하였다.

이러한 탕평책은 그 나름의 성과를 거두어 왕권 신장에 도움이 되었고 치열하던 정쟁은 일단 억제할 수 있었다. 다만 탕평책은 당쟁의 폐단을 근본적으로 해결한 것은 아니었고 강력한 왕권으로 정파 간의 극렬한 다툼을 억제하는 데 지나지 않았던 것이 현실이었다. 특히 영조는 노론의 기반에서 성장했으므로 즉위 후 한결같이 탕평을 외쳤지만 노론에 비중을 둘 수밖에 없었다. 그의 치세 중에도 가령 초기의 이인좌(李麟佐)의 난(영조4년, 1728)이라든지 영조 31년(1755, 을해)에 나주에서 귀양 살던 소론계 윤지(尹志)가 난을 일으키려다 미수에 잡혀 죽은 을해옥사(乙亥獄事) 또는 나주괘서(羅州掛書)의 변(變), 그리고 영조 38년(1762)에는 역시 소론과 관련 있는 사도세자(思悼世子)의 죽음(임오화변, 壬午禍變) 등 크고 작은 갈등이 있었다. 그럼에도 어느 정도는 당쟁을 억제하면서 지내온 가운데 특히 을해옥사 이후 노론의 정치적 우위는 확고부동해졌다.

영조의 왕위를 계승한 정조(正祖, 1776 – 1800) 역시 탕평책을 계승하였다. 그러나 영조의 완론탕평과는 달리 당파의 옳고 그름과 의리가 분명하고 '충'과 '역'의 구분을 명백히 하는 '준론탕평'(峻論蕩平)으로 정책을 바꾸었다. 국왕의 의리에 반하는 세력을 제거해 왕권을 강화하려는 취지에서였다. 아버지 사도세자를 죽음으로 몰아넣은 자들을 견제하지 않고서는 자신의 왕권강화가 어렵다는 것을 간파했기 때문이다. 그러한 탕평이 성공하려면 우선적으로 외척 세력을 제거해야 한다고 본 것이다. 거기에는 그만한 이유가 있었다. 실은, 사도세자 사건의 이면에는 외척들의 대립 알력도 작용했던 것이다. 노론 당파 중에서 사도세자를 동정하여 영조의 실덕을 책하는 사도세자의 장인(정조의 외조부) 홍봉한(洪鳳漢) 일파가 '시파'(時派)로, 영조를 동정하여 세자의 실덕을 책하는 김귀주(金龜柱) 일파가 '벽파'(僻派)로 노론이 분열한 것이었다. 따라서 정조는 노론 벽파를 가만 둘 수가 없다고 생각한 것이다.

일단 정조는 이 두 외척의 세력을 차례로 내치는 데 성공하였고, 거기에는 홍국영(洪國榮)의 공이 컸다. 그러나 재능이 뛰어난 홍국영이 젊은 혈기로 자신에게 갑자기 주어진 권력을 주체하지 못하고 과하게 권세를 누리며 심지어 왕의 후계자 구상까지 실현하려다 결국은 정조의 심기를 거슬러 왕도 그를 더 이상 용서하지 못하고 내치고 말았다. 이를 두고 '홍국영의 세도정치'라 부르기도 하였다. 이후로 정조는 노론 김치인(金致仁), 소론 이성원(李成源) 및 남인 채제공(蔡濟恭)을 3정승에 임명하는 획기적인 인사를 단행하고, "붕당이 생긴 이래로 처음 있는 일"이라 자찬하였다(이성무, 2014: 253). 그러니까 시파와 벽파의 대립이 여전함에도 불구하고 정조는 시파 준론을 중심으로 의리탕평을 어느 정도 궤도에 올려놓았다. 그리고 재상의 권한강화라든지 규장각에 의한 친위세력 양성, 지방유림의 포섭 등 왕권 강화의 노력을 계속하였다. 결과적으로는 남인 채제공이 주도하고 노론 시파가 재상직을 독점하는 시파 우위의 정국을 유지하면서 벽파는 점점 위축하게 되었다. 그러나 벽파의 저항은 끊이지 않았고, 마침내 1800년 왕이 49세의 나이로 사망함으로써 정조의 탕평이 종말을 고한 셈이 되었다.

정조에 이어 순조(1800 - 1834)가 11세의 어린 나이로 즉위하자 벽파의 후원자인 영조의 계비 정순왕후(貞純王后) 김씨가 수렴청정을 하면서 벽파가 우세해진 틈을 타고 일단 정조의 탕평정책을 무산시키려고 시파의 군사적 기반이었던 장용영(壯勇營)이라는 정조가 창설한 군부대를 축소폐지하려 했다. 그리고 정권 탈환을 위해 시파에 천주교도가 많다는 이유를 들어 이가환, 정약용 등 정조의 세력을 제거하였다. 이것이 신유사옥(辛酉邪獄)이다. 그러나 정조는 어린 순조의 즉위를 앞두고 아직도 강고한 세력으로 남아 있는 벽파를 의식하여 노론 시파 소속인 김조순(金祖淳)에게 왕을 보좌하도록 유명(遺命)을 하였으므로, 김조순은 자신의 딸을 순조의 왕비(순원왕후, 純元王妃)로 혼인을 하면서 국구(國舅)가 되어 정치적 기반을 마련하는 데 성공하였고, 수렴청정이 끝나고 왕의 친정을 시작하면서부터 벽파를 압도하고 안동(安東) 김씨의 세도정치를 실현하였다. 이로써 사림을 중심으로 조선조 중·후반기를 지속적으로 점철해 오던 당쟁은 막을 내리고 소위 세도정치의 서막이 올랐다.

(5) 세도정치

세도정치(勢道政治)란 우리나라 역사에서 주로 외척 중심의 특정 가문이 왕권을 대신하여 국가의 권력을 독점적으로 전횡했던 정치형태를 지칭하는데, 처음에는 세도정치(世道政治)라 하였다. 원래 이렇게 쓸 때는 '세도'란 이상적인 왕도정치를 일컫는 것으로 훌륭한 품격과 역량을 갖춘 선비가 국왕의 신임을 얻어 통치를 위임 받아 대행한다는 뜻으로 인식하던 것인데, 실제 역사상 실현과정에서 문제가 생겼던 것이다. 바로 정조

사망 후 탕평이 무너진 빈 자리에 새로이 등장한 세도정치가 문제가 생긴 것이다. 순조조에서 철종조에 이르는 거의 60여년에 걸친 기간에 안동 김씨의 세도정치가 이어갔다.

물론, 그 중간에 권력이 풍양(豊壤) 조씨(趙氏) 가문으로 넘어가 안동 김씨의 세도가 일시 주춤한 가운데 조씨 세력과 경쟁하는 처지에 놓이게 되었다. 헌종이 세손이던 시절, 순조는 자신의 외척인 조인영(趙寅永)에게 세손(헌종)의 보호를 부탁했던 것이다. 순조의 뒤를 이은 헌종(憲宗, 1834-1849)은 8세의 어린 나이로 왕통을 이었다. 이에 김조순의 딸인 대왕대비 순원왕후 김씨가 수렴청정을 하면서 국가 사무의 결재도 맡았다. 그리고 헌종이 11세 되던 재위 3년(1837)에는 안동 김씨 김조근(金祖根)의 딸을 아내로 맞았으니 이 왕비가 효현왕후(孝顯王后)다. 이렇게 되니 국구 김조근은 왕의 외척 세력인 풍양 조씨의 세도에 대응해야 할 수동적 처지에 처한 것이다. 조씨 세력은 자체 가문 내의 알력으로 일시 안동 김씨가 다시 정권을 잡을 기회가 왔고, 한편 헌종은 권력남용을 일삼는 조씨 세도정치에 싫증을 느끼고 있었다가, 마침 세도의 중심인물 중 하나인 조병구(趙秉龜)가 사망하고, 뒤이어 헌종 자신이 건강 악화로 23세 나이로 죽고 나자 권력은 다시 안동 김씨 가문으로 되돌아갔다.

헌종 사망 직후 순원왕후는 정조의 아들 전계군(全溪君)의 제3자 강화도령 이원범(李元範)을 서둘러 순조의 대통을 잇는 후계자로 왕위를 잇게 하여 철종(哲宗, 1849-1863)이 즉위하였다. 이런 혈통은 곧 철종이 김조순의 딸인 순원왕후의 아들이 되었음을 의미한다. 게다가 헌종의 탈상 직후에는 순원왕후와 가까운 집안인 김문근(金汶根)의 딸을 왕비로 맞아서 이 철종 왕비가 명순왕후(明純王后)다. 이렇게 안동 김씨 가문은 순조, 헌종, 철종 3대에 걸쳐 왕비를 배출한 것이다. 그리고 철종은 국사의 전권을 외숙부격인 김좌근(金左根)에게 위임하였고, 그의 일족인 김수근(金洙根), 국구 김문근, 김병기(金炳冀) 등 안동 김씨 일가가 완전히 정계를 좌지우지하는 상황이 왔으니, 철종 재위 기간이 안동 김씨 세도가 극에 달한 시기라 한다. 그리고 그 결과가 조선의 운명을 어떻게 바꾸었는지는 다시 언급하기로 하는데, 여기서 한 가지 사회문화적 역사의 미묘한 특징을 짚고 지나갈 필요가 있다.

　그것은 다름이 아니라 이 안동 김씨라는 가문의 배경이다. 안동이 관향인 김씨에는 구안동(舊安東)과 신안동(新安東) 김씨가 존재하는데, 조선조 말기를 주름잡던 가문은 바로 신안동 김씨이고, 이 집안은 대대로 수많은 인재를 역사에 남겼다는 사실이 흥미로운 현상이라는 것이다. 이 신안동 김씨의 시조는 신라의 효공왕(孝恭王) 5년에 흥덕궁(興德宮)에서 태어난 김선평(金宣平) 장군인 바, 현재 안동의 옛 이름인 고창(古昌) 성주(城主)로서 고려 태조 왕건(王建)이 이 지역에서 후백제 견훤(甄萱)과 전투할 때 왕건을 도와 견훤군을 크게 격파한 고려건국의 공신이다. 조선조에 와서 명문가로 떠오르기는 15세기 세조 대에 김계권, 김계행 형제가 고위 관직을 누리게 됨으로써 서울 서북지역의 장의동(壯義洞)에 정착하면서 소위 장동김씨(壯洞金氏)의 이름을 세상에 알리게 되었다. 김계권의 직계인 김상용, 김상헌 형제는 그의 5세손이며, 김계행은 청백리로서 숭앙을 받았을 뿐 아니라 그의 후손들도 이 정신을 이어 받았고 이 전통은 다음 세대의 김상헌이 더욱 드높여 조선 후기에까지 면면히 세덕(世德)으로 맥을 이음으로써 오래도록 명문가의 명예를 지키는 데 기여하였다(한영우, 2004: 8-9).

　그 후 17세기 선조 때를 비롯하여 인조 때는 병자호란 중에 선원 김상용은 왕자와 비빈을 호종하여 강화도에 피신했다가 청군이 강화도를 함락하자 자진한 인물이고, 도승지, 판의금부사, 대사헌, 병조판서, 예조판서, 이조판서, 판돈령부사, 우의정 등 요직을 두루 역임하였다. 척화명신으로 그리고 청백리로 역사에 남은 그의 아우 김상헌 또한 도승지, 예조판서, 공조판서, 대사성, 대사헌, 홍문제학, 대제학 등 요직을 지냈다. 그의 후예들이 이 가문을 일으킨 주요 거장으로 명성을 떨치게 되었으니, 그의 손자 김수증(金壽增), 김수흥(金壽興), 김수항 3형제, 김수항의 아들로 영조시대 이름을 날린 김창집(金昌集), 김창협(金昌協), 김창흡(金昌翕), 김창업(金昌業), 김창즙(金昌緝), 김창립(金昌立) 등 소위 6창 형제가 모두 그들이다. 그리고 바로 세도를 시작한 김조순은 영의정 김창집의 현손으로 정조의 규장각 출신이다.

저들의 활약상도 간략하게나마 언급할 만하다. 먼저, 안동 김문의 정계 진출을 수량적으로 집계한 연구가 있어 일부 통계숫자부터 살펴보기로 한다(이경구, 2007). 이 분석은 주로 16세기 말~17세기 초 상헌, 상용 형제가 활약하던 시기부터 19세기 중엽 세도정치가 끝나는 때까지를 다루는데, 이 시기에 문과 급제자가 청음파(김상헌계)에서 52명, 선원파(김상용계)에서 40명에 이르렀다(이경구, 2007: 50). 다음은, 이 두 계파의 당상관 진출 통계다. 여기서도 청음파가 56명, 선원파에서 45명 배출하였다(이경구, 2007: 60). 이 두 가지 모두 특히 19세기로 갈수록 그 수가 증가하는 추세가 보인다. 이제 숙종대에 이르면 청음과 선원의 손자들의 시대로, 여기에서 4대(현관 배출 기준)에 걸쳐 당상관 이상 인물을 배출한 유력가계로 따지면, 청음파에서는 아들 수증계가 2명, 수항계가 31명이 당상관으로 진출했고, 선원파에서는 수창계가 1명, 수인계가 7명, 수민계가 5명, 그리고 수빈계가 2명이 해당한다. 역시 김상헌 – 수항계가 압도적이다(이경구, 2007: 60).

그러면 개별적으로 주요 인물의 직위 성취실적을 살펴보자. 청음의 손자대에 김수증은 생원에 합격하여 여러 조(曹)의 정랑(正郎), 사정(司正)을 거쳐 성산(成山) 부사로 있다가 아우 수항의 유배를 보고 시골로 은거하였다. 그러나 그의 손녀가 숙종의 숙의(淑儀)(후일 寧嬪)로 간택받아 외척의 지위도 누리게 되었다. 김수홍은 사마시에 1등을 하고 호조판서를 거쳐 우의정, 영의정 및 영중추부사(領中樞府事)를 역임하였다. 한편, 김수항도 18세에 사마시에 1등, 23세에 알성시에 장원 급제 등으로 관에 진출하여 우의정, 좌의정 및 영의정을 지냈다. 선원의 손자 중에서는 김수홍이 처음부터 문벌로 벼슬에 나가 승지, 아경(亞卿) 등을 지내고 지돈령부사(知敦寧府事)에 이르렀다. 이런 역사적 추세로 볼 때 후대로 갈수록 유력 가계의 수효가 늘어날 뿐 아니라 그 현상이 특정 가계로 집중하는 경향이 있는데, 이는 아마도 한 인물이 고위직에 오르면 자손에게 정치사회적 후원이 집중하게 되고, 이로써 후손이 자질을 계발할 안정적인 여건을 제공하기가 용이했기 때문이라는 추정이 가능할 것이다(이경구, 2007: 63; 한영우, 2004: 11).

　　같은 가문이지만 청음파는 문과 급제자나 당상관 진출 등의 규모나 밀도가 타지파를 압도하는 말하자면 안동 김문의 핵심이라 할 수 있다. 이들의 후예가 결국은 세도정치의 중심에 서게 된 것이다. 청음의 손자 대를 지나면 증손자, 특히 그의 아들 김수항의 자식들이 이른바 6창이라는 특출한 인재의 시대가 온다. 주로 경종시대 이후의 일이다. 이들의 정계 진출 통계를 보면 장자 김창집계가 13명의 당산관 이상으로 유력가계를 차지하고, 다음이 창업계의 6명으로 두드러진다(이경구, 2007: 64). 그중에서는 특히 김창집의 후손이 정계에 두각을 나타내었고 세도의 뿌리를 제공하였다. 이들의 삶을 간략하게 고찰하기로 한다(한영우, 2004: 11－13).

　　김수항이 당쟁에 휩쓸려 사사하기 전에 자손들에게 남긴 훈계는 벼슬은 하려거든 현요직을 피하고, 가문을 지키려면 출사보다 독서와 학문을 진작시키라는 것이었다. 부귀영화가 재앙을 초래하는 화근임을 뼈저리게 느끼고 자손들에게 겸손과 자제를 당부한 셈이다. 맏아들 창집은 부친의 유지를 지키고자 출사에 뜻을 두지 않으려 했으나 숙종의 부름을 거부하지 못하고 영의정에 올랐다. 그러나 장희빈의 죽음과 경종의 이복아우 연잉군(영조)의 대리청정 문제로 경종이 사사하고, 그의 아들과 손자마저 옥사 당하였으나 영조가 명예를 회복해 주었다. 둘째 아들 농암(農巖) 김창협은 부친의 유훈을 철저히 좇아 한 때 대사헌, 대사성, 청풍부사(淸風府使)까지 지냈으나, 부친의 죽음을 목도한 후로는 모든 벼슬을 사양하고 농사꾼이 되고자 경기도 남양주의 안동 김씨 주요 유적지 석실서원에서 학문수련과 후학 양성에 전념하여, 노론 락론(洛論)의 비조가 되었다. 그는 학문적으로도 송시열로부터 주자학의 조예를 인정받을 정도였고, 문학론에서도 명성을 날려 려한십가(麗韓十家)의 하나로 인정받을 수준이었다. 특히 성리학의 이기론에서 '이'(理)를 중시하고 새로운 개념규정을 시도했을 뿐 아니라, 심성론에서 성(性)과 지(智)의 개념을 다시 정립하여, '지와 지각의 관계 문제, '인물성 동이'(人物性 同異) 문제 등을 제기한 업적을 남겼다. 적어도 이런 문제제기는 우리나라 철학사에서 처음으로 시도한 것으로 유명하다(조남호, 2004: 25). 그리고 그의 화론(畵論)은

겸재(謙齋) 정선(鄭敾)의 진경산수 화법에 영향을 주었다고 알려졌다.

셋째 아들 삼연(三淵) 김창흡은 부친의 유계를 실천하고자 진사가 된 후에 벼슬을 포기하고 재야에서 은거하였으나, 수많은 기행시를 남기고 문단과 예술계에 큰 족적을 남겼다. 또한 학문적으로도 주자학에 도교, 불교, 상수학(象數學)을 수용하는 개방적인 독창성을 보였다. 그의 아우 노가재(老稼齋) 김창업은 진사 급제 후 산으로 들어가 도사처럼 살면서 시화에도 탁월한 재능을 발휘하여 송시열의 초상화를 그린 것으로 유명하며 문인화가들을 후원하기도 하고 진경화풍에 큰 영향을 미쳤다. 다섯째 김창즙은 도학으로, 여섯째 김창립은 문장으로 일가를 이루었다.

정조대에는 의리 위주의 탕평책을 펴면서 의리, 도학 및 문장이 뛰어난 가문으로 인정한 장동 김문을 적극적으로 포용하는 정책을 폈다. 그리하여 이 가문의 후예들이 대거 관계에 진출하였고, 정조 말년에 김조순의 딸이 세자빈으로 간택 받아 순조의 비를 간택함으로써 명가인 장동 김문을 위신으로 키워서 왕실의 안정을 꾀하려고 하였다. 역사의 '만일'이란 논리적으로는 근거가 없지만, 만일 정조가 49세에 타계하지 않고 계획한대로 화성에 은퇴하여 순조를 배후에서 후원하는 꿈을 실현했더라면, 정조의 이상과 안동 김문의 뛰어난 인재가 힘을 합쳐 왕조의 근대화를 꽃피울 수도 있었으리라는 가설은 무리가 아니라 할 만하다. 그만큼 이 가문은 조선시대 수백년에 걸쳐 탄탄한 인재의 보고를 길러 오고 있었고 저들이 나름대로 정권 운영에 기여할 준비를 했다는 것을 말하려는 것이다(한영우, 2004: 13).

이 집안은 크게 나누어 서울에 근거를 둔 장동김문으로 알려진 경파(京派)와 관향 안동에 뿌리를 내린 향파(鄕派)가 있는데, 경파는 충절을 바탕으로 정계에 진출하여 크게 성공하고 권력을 행사하는 세력을 이어 왔고, 향파는 주로 청백(淸白)을 가풍으로 이어가면서 모범적인 씨족의 이름을 떨쳤다. 그 전자의 대표적인 인재는 위에 언급하였고, 김계행은 청백리의 표본으로도 널리 알려진 인물이다. 이에 관해서는 이미 제IV장에서 소개하였다. 그 밖에도 방랑시인 김삿갓으로 유명한 김병연(金炳淵) 등이 이 집안 사람이다. 그도 실은 절의와 청백을 몸소 실천한 인물로 특수한 존재다.

이처럼 일정한 역사 시대에 다수의 출중한 인재를 배출한 가문이 그리 흔하지 않다는 점이 특이하다. 그러니까 수십년에 걸친 세도정치를 일구고 지속하기 위해서는 적어도 그 배경에 상당한 도덕적 수신, 지적인 수월성과 정치적 역량을 구비한 인재가 그 씨족 안에 면면히 이어져왔다는 것이 주요 필요조건이라는 현상을 지목하려는 것이다. 그러한 배경에서 그들의 삶은 남다른 특성을 지녔다. 가령, 김문을 포함하는 세도가문은 "오랫동안 서울의 도시적인 분위기에서 살면서 세련된 도시귀족의 체질을 지녔고, 규장각에서 학문을 닦은 인물도 많았다. 그러나 그들의 학문은 권력을 잡은 후 차츰 고증학에 치우쳐 개혁의지를 상실하였고, 상대적으로 뒤떨어진 지방사회와 소민(小民)들의 고민을 깊이 이해하지 못하였다. 바로 이 점이 도시와 지방소민을 끌어안으려 했던 정조시대의 정치분위기와 다른 점이었다"(한영우, 2010b: 440).

일단 세도정치가 시작하면서 조선사회는 일당 전횡의 극치를 치달아 총체적인 국가체제 붕괴의 길로 들어선 것만은 부인할 수 없다. 이 시기 (19세기) 조선의 모습을 외국인의 눈으로 관찰한 내용을 간단히 소개하면 다음과 같다. 근자에 일본의 학자들이 19세기 일본을 되돌아보는 저서를 출간하면서, 거기에 서방세계 인사들의 눈을 빌려 한중일 3국의 상태를 비교하는 내용을 담고 있다. 그 서방인의 평가에 의하면, 일부 여행자들이 조선인은 나태하다고 하지만, 실지로는 우수한 능력을 갖추었고 에너지가 넘치게 근면하고 견실하여 마치 게으름이 기질적인 양 생각하는 견해가 의심스럽다고 표명하고 있다. 문제는 이처럼 유능한 백성을 두고 정부가 너무도 약체가 되어 나라가 어렵게 되었다는 것이다. 이를 사람의 신체에 비유하여 표현하기를, "사람의 몸에서 머리(중앙정부)는 여지없이 쪼그라들고, 다리(백성)는 가늘어져서 쇠약해지는 판국에 고급관료와 귀족의 배만 풍만해짐으로써 망국을 초래하게 되었다고 한다"(磯田道史, 2009: 279－284; Kim Kyong－Dong, 2017b: 99; 김경동·진덕규·박형준, 2020: 64).

요는 세도정치의 결과, 조선은 중앙지배층과 지방의 공직사회가 뇌물

수수, 독직, 이권과 감투 나눠먹기, 가렴주구, 수탈, 인민착취 등으로 농민과 상인의 생산성 향상의 의지를 여지없이 짓밟아 버렸기 때문에 국고의 심각한 감소를 초래하였고 마침내 제국주의 침략 앞에 무기력하게 국권을 팔아넘기는 참사가 일어났다는 것이다(김경동 외, 2020: 65). 세도정치의 부패가 가져온 정책의 난맥은 이른바 토지제도(田政), 군사정책(軍政) 및 진휼책(賑恤策) 환곡(還穀)의 삼정(三政)의 문란이 실로 심각하였다. 특히 이 같은 상황에서 가장 고통받는 사람들은 가난한 농민이었고, 농민의 폭력적 저항이 여기저기서 폭발하였다. 거기에 천재지변까지 빈번히 발생하여 나라꼴이 말이 아니었다. 이러한 망국적인 세도정치는 마침내 고종(1863-1907)이 즉위하고 흥선대원군(興宣大院君) 이하응(李昰應)의 집권으로 막을 내렸다.

다만, 여기서 세도정치가 끝난 것은 아니고 거의 3세기 가까이 이어온 당쟁의 말미에서 일당 전제의 형태로 정계를 주름잡은 세도정치가 거기서 일단락했다는 말이다. 어린 고종을 대신하여 권력을 행사하던 흥선대원군의 독주가 진행하는 과정에 이를 견제하려는 세력이 다시 대두하였으니, 바로 고종의 비, 명성황후(明成皇后) 민씨의 일족이다. 이들은 시부(媤父)인 대원군과 사이가 좋지 않았던 민비가 1873년(고종 10) 대원군을 하야 시키고 그 수하 일당을 축출하는 데 성공하기까지 협력하고 나서 정권을 농단하는 데 참여한 민씨 일가의 민승호(閔升鎬), 민영익(閔泳翊) 등을 비롯한 민씨 가문 인물과 이들에 협조하여 대원군을 배척한 풍양 조씨 가문의 조성하(趙成夏)나 안동 김문의 김병국(金炳國) 등과도 합세한 일당이다. 이들은 일단 조선의 문호를 국제사회에 개방하고 제국주의 세력의 첨예한 각축 속에서 일제의 침략에 맞서고자 하다가 결국은 일본이 민비를 시해함으로써 저들의 세도도 끝을 보았다. 이들 역시 부패와 무능으로 나라를 지키지 못한 세도정치의 화신이다.

그처럼 훌륭한 가문이 한번 세도를 장악하면 어찌하여 그토록 권력의 전횡을 일삼고 부패하여 마침내 나라를 망국으로 몰아넣는 어리석은 정치밖에 할 수 없었는지에 관한 이론적 고찰은 바로 이어 본장 말미에 시도할 것이다.

2. 정치참여의 통로: 과거

1) 과거제도의 의미

이 지점에서 지식인, 즉 선비가 정치에 참여하려면 어떤 경로를 거치게 되는지를 살펴볼 필요가 있다. 어차피 조선의 선비는 유가의 가르침에 따라 수기치인의 삶을 살아야 한다. 그래서 어릴 때부터 스스로 몸과 마음을 잘 닦고 공부를 열심히 하다가 준비가 되면 출사를 해야 하는데, 조선에서는 벼슬길에 나서는 방법이 과거(科擧), 문음(門蔭), 천거(薦擧)라는 세 가지가 있었다. 여기에서는 가장 권위가 있고 고관직까지 누릴 수 있는 과거제도를 고찰하고자 하므로, 나머지 둘은 간략하게 언급만 한다.

문음은 음서(蔭敍) 제도로 관리를 채용하는 방법을 일컫는다. 공신과 2품 이상 당상관의 아들·손자·사위·아우·조카(子孫壻弟姪), 3품인 자의 아들과 손자, 그리고 이조·병조·도총부(都摠府)·사헌부·사간원·홍문관 부장(部長) 및 선전관(宣傳官) 등 음직(蔭職)을 역임한 자의 아들로, 20세 이상인 자는 5경(五經) 중 하나와 4서(四書) 중 하나를 시험보는 취재(取才) 시험을 치르도록 해서 선발하여 실직(實職) 또는 녹사(錄事)로 임명하는 제도다(한영우, 2013: 76). 취재는 음서제도에만 치르는 시험이 아니라 일반적으로 하급기술관을 선발할 때도 적용한 제도로서 이 취재 시험으로 임명하는 관리는 수령, 외교관, 역승(驛丞), 도승(渡丞), 서제(書題) 음자제(蔭子弟), 녹사, 도류(道流), 서리(書吏), 의학, 한학, 몽학, 여진학, 천문학, 지리학, 명과학, 율학, 산학, 화원, 악생, 약공 등이다(한영우, 2010b: 306).

다음, 천거는 말 그대로 재야의 덕망있는 유신(儒臣)을 발탁하여 벼슬을 주는 제도로서 추천자는 3품 이상의 관인이나 사헌부와 사간원의 관원에만 국한하였다. 추천 받은 사람은 역시 5경(五經) 중 하나와 4서(四書) 중 하나를 시험보게 하였다. 만일 추천을 받은 자가 현직에 있는 중에 죄를 지으면 추천자가 연대책임을 지도록 하였다. 다만 이 제도로 관직을 지낸 사람의 수는 많지 않았다(한영우, 2010b: 306-307; 2013: 76).

　과거는 원래 중국 한(漢)나라 때 시작한 관리등용을 위한 시험제도로서, 우리나라에는 신라시대 원성왕(元聖王 4, 788년)대에 이를 수용하여 독서출신과(讀書出身科)라는 간단한 독서력 평가를 시행하였다. 고려조에서는 958년 광종(光宗 9)이 당(唐) 나라의 제도를 도입하여 법을 제정함으로써 시작한 시험제도다. 조선은 태조 원년(1392)에 과거 법을 제정하여 실시한 이래 세종조(1438)에 대체로 정비한 제도를 시작하였다(이홍직, 1982: 145). 과거제도는 신분적인 제약을 내포하는 것이냐 아니냐 하는 논쟁이 있지만, 적어도 원칙적으로는 어진 사람을 선발하는 데에 혈연, 지연, 학연 등을 따져서 모가 나도록 하지 말아야 한다는 입현무방(立賢無方)과 오로지 전문성을 중시하여 재주 있는 사람을 뽑아 쓴다는 유재시용(有才是用)의 인사정책 아래, 신분적 차별을 크게 두지 않는 방향으로 시행하고자 하였다(한영우, 2013: 15; Yi Sŏngmu, 1985).

　통상, 내외의 4대조(四代祖), 즉 직계 3대조와 외조(外祖) 가운데 현관(顯官) 곧 문반, 무반의 정직(正職) 벼슬을 지낸 이가 없으면 응시가 불가하다는 견해가 있지만, 실제로는 그런 조상이 없어도 친척과 관원 몇 명이 상기 서얼과 노비 및 죄인 여부를 보증을 서게 하여 하자가 없으면 응시를 할 수 있었다. 말할 것도 없이 과거 시험 준비를 하자면 시일도 걸리고 여러가지 사회경제적 여건이 유리해야만 가능하다는 현실적 조건으로 말미암아 양반 신분의 인물이 상대적으로 유리한 위치에 있었다는 점은 무시할 수가 없었다. 다만, 서얼자손과 노비는 문과응시를 금하였고, 반역자의 아들, 재가녀(再嫁女)와 실행부녀(失行婦女, 도의에 어긋나는 행동을 한 여성)의 아들과 손자, 그리고 장리(贓吏, 탐관오리)의 아들 등 특수한 도덕적 하자가 있는 인물을 제외하면 누구나 응시할 수 있었다(한영우, 2013: 15).

2) 과거제도의 내용

　과거제도의 실시 방법과 내용은 자세히 다루자면 복잡할 수 있으므로 여기에는 그 대강의 줄거리만 상고하겠다. 편의상 [표 8-1]에 모든 기본적인 과거 시험의 종류와 시행에 관련한 항목을 집약해서 제시하였고, 긴 해설은 하지 않는다(이홍직, 1982: 145-146; 변태섭, 1986: 279-281; 이성무, 1994; 한영우, 2010b: 304-307; 2013: 75-83).

원칙적으로 3년에 한 번씩 보는 식년시(式年試)가 정규 시험이라 할 수 있다. 그러나 시대에 따라 통치자의 필요나 요청에 의하여 추가 시험을 시행하기도 하였다. 가령, 1401년(태종 1년)에 증광시(增廣試)를 임시 시험으로 실시한 이래로, 1429년(세종 11)에는 알성시(謁聖試), 1457년(세조 3)에는 별시 등을 비롯하여, 외방별시(外方別試), 종친과(宗親科), 현량과(賢良科), 도기시(到記試), 황감시(黃柑試), 춘당대시(春塘臺試), 기로과(耆老科)와 같이 수시로 보는 풍조가 이어졌다. 이 외에도, 태종이 시작한 중시(重試)에 이어서 1429년(세종 11)의 발영시(拔英試)·등준시(登俊試), 1458년(세조 4)의 전문시(篆文試), 1482년(성종 13)의 신현시(進賢試), 1538년(중종 33)의 탁영시(擢英試) 등으로 이미 등용한 문신들에게 임금이 친히 시험을 다시 보여 합격자에게 더욱 중용하는 사례도 있었다.

이러한 과거제도는 중국에서 시작했고 동아시아에서 우리나라와 베트남이 이를 답습했으며, 일본에서는 비슷한 시험이 있었으나 무사의 나라이므로 별로 의미가 크지 않았다. 이상적으로는 인재 등용에 공정성과 실력위주의 철학을 적용하려 했다는 점이 특이한 전통임에는 의심의 여지가 없다. 일단 아주 한정적인 예외는 있었다지만 과거 응시에 원칙적인 차별을 두지 않았다는 점이 중요하고, 실제 과거 합격자 정원을 전국 8도의 인구 비율로 배정하여 비교적 골고루 인재를 선발하고자 했던 것도 특이하다. 또한 조선시대에는 혈연과 지연을 되도록이면 멀리하려는 정책을 편 것을 두고 소위 상피제도(相避制度)라 하여 특히 지방의 수령은 자기 출신지역에 임관할 수 없도록 하고, 가까운 친족과 더불어 같은 관청에 근무하는 것을 금기시했으며, 심지어 왕실의 가까운 종친도 실직(實職)을 갖지 못하게 한 것도 이 원칙을 따랐거니와, 과거에서도 친족이 과거에 응시하면 고시관을 면제하였다(한영우, 2010a: 281-282; 2013).

이처럼 여러 면에서 이 정도의 공정성을 중시한 과거는 매우 뜻 있는

제도이며, 오늘날 우리나라에서 중시하는 공직자 채용 및 승급의 시험제
도는 역시 이러한 전통에 뿌리를 둔 것으로 이해할 수 있다. 다만 실제
이행 과정에서는 예상치 않았던 변질이 드러나는 것이 세상사 이치라 할
까, 여기저기서 문제가 생긴 것도 사실이다.

[표 8-1] 과거제도 개요

명칭: 선발인원	응시자격	시기	장소	과목 내용 및 합격 후 자격
문과 대과(동당시)	성균관 학생			
초시(한성시): 40명		가을	한성부	(초장): 오경사서의 의의 또는 논 중 2편
(관시): 50명			성균관	
(향시): 150명			각 도	(중장): 부·송·명·장·기 중 1편 표·전 중 1편
[합] 240명				
				(종장): 대책 질문(책문)
복시: 33명	초시 합격자		서울 명륜당, 비천당	(초장): 사서삼경의 배강 (중장, 종장): 초시와 동일
전시: 33명	복시 합격자		궁내 전정	왕이 친히 책문·표·전·잠·송·조 중 1편
[갑: 3명]				합격자는 홍패(紅牌), 문관 등용 (갑·을·병 성적 부여, 등용 및 승진에 영향 미침: 갑 1등 은 초임은 종 6품, 현직관리는 4등급 가산 승진)
[을: 7명]				
[병: 23명]				
소과(생원·진사시, 사마시, 감시)				
초시(한성시)	성균관, 군수 실시 조흘강 합격, 조흘첩 소지자 15세 이상 자	가을	한성부금위군, 삼군부, 명륜당	(초장): 부 1편, 고시·명·장 중 1편 (종장): 오경의·사서의 2편
(향시)			각 도 선화당	
복시	초시 합격자	초시	서울	(초장): 부 1편, 고시·명·장 중 1편
		익년		(종장): 오경의·사서의 2편

명칭: 선발인원	응시자격	시기	장소	과목 내용 및 합격 후 자격
		봄		
				합격자는 성균관 입학, 하급 관리 등용 및 대과 응시 자격 부여 복시 초장 합격자: 진사(제술과) 복시 종장 합격자: 생원(명경과)
무과:	개방(후일 천민 관계진출 통로)			궁술·총술·기사(말타며 활쏘기)·격구 무예와 경서·병서 등 강서
초시(원시): 200명 향시 복시: 24명			훈련원, 각 도	
전시: 등급 책정				합격자는 백패(白牌) 수여 성균관 응시 자격, 관리 임용
잡과	중인 자제 (세습직)			
역과				사역원: 외국어 (중국·몽고·여진·왜)
의과				전의원
음양과				관상감: 천문학·지리학·명과학
율과				

(출처) 이홍직, 1982: 145-146; 변태섭, 1986: 279-281; 한영우, 2010b: 304-307; 2013: 75-83).[1]

---

1) 이 표의 용어 중 한자표기가 필요한 것만 여기에 별도로 나열하고자 한다. 대과(大科), 동당시(東堂試), 오경사서(五經四書), 의의(疑義), 관시(館試), 논(論), 부·송·명·잠·기(賦·頌·銘·箴·記), 표·전(表·箋), 책문(策問), 조(詔), 복시(覆試), 전시(殿試), 생원·진사시(生員·進士試), 사마시, 감시(司馬試, 監試), 고시(古詩), 조흘강(照訖講), 조흘첩(照訖帖), 오경의·사서의(五經義·四書疑), 제술과(製述科), 명경과(明經科), 기사(騎射), 경서·병서(經書·兵書), 강서(講書), 역과(譯科), 율과(律科), 사역원(司譯院), 전의원(典醫院), 관상감(觀象監), 명과학(命課學).

3) 과거제도의 변질과 개혁 과제

조선시대의 과거가 여러 모양으로 왜곡을 경험하면서 율곡 같은 선현은 일찍이 당시의 젊은 선비들이 학문에는 뜻이 없고 과거공부에만 매몰하여 과거공부도 제대로 하지 못하면서 학문도 올바로 하지 않음을 다음과 같이 개탄하였다(손인수, 1978: 91-93).

> 훌륭한 인물은 반드시 이 과거를 탐탁치 않게 여긴다…비록 천리를 통하는 학문과 절인한 행실이 있어도 과거가 아니면 출세하여 도를 행할 수 없으므로 이는 말세의 습속이다…요새 사람은 과거공부한다 하면서 공명도 못하고, 학문을 다스린다 하면서 실지로는 착수도 아니하여…마지막에는 과거공부, 학문 다스림 둘 다 성취함이 없으니, 늙어서 뉘우친들 소용이 있으랴. 아아! 경계할지어다.

다산의 개혁의지는 굳이 언급할 필요가 없으나, 신분제도의 차별성으로 말미암아 온 나라의 영재를 모두 발탁하여 쓰더라도 오히려 부족할 지경인데 하물며 그 10에 8, 9를 버리고 있는 현상을 지적하면서, 이러한 불합리한 신분제도를 주로 과거제도가 유지, 강화해 왔기 때문이라는 비판을 한 바 있다. 그의 과거제도 비판은 철저해서, 심지어 "과거의 학문은 이단 중에서도 가장 혹심한 것"이라 하면서, 일본은 이런 과거제도가 없어서 나라가 부강하고 문학이 뛰어나다고까지 말하였다(송재소, 2005: 495).

이런 폐단은 19세기까지 문제 삼았다는 기록이 있다(이홍직, 1982: 146). 순조 18년(1818) 성균관 사성(司成) 이형하(李瀅夏)가 지적한 과거의 8폐라는 것이다. 이 여덟 가지 폐단을 없애기 위해서는 과거시험을 직접 대면해서 시행하는 면시(面試)로 실시할 것을 상소한 것이다. 그 여덟 가지 폐단이란 이런 것이다: ① 차술차작(借述借作): 남의 글을 빌어 쓴다; ② 수종협책(隨從挾冊): 책을 시험장에 들고 들어간다; ③ 입문유린(入門蹂躪): 시험장에 아무나 들어 간다; ④ 정권분답(呈券紛遝): 시험지를 바꿔 낸다; ⑤ 외장서입(外場書入): 밖에서 답안을 써서 낸다; ⑥ 혁제공행 (赫蹄公行): 시험문제를 미리 알게 한다; ⑦ 이졸환면출입(吏卒換面出入): 이졸이 바꾸어 들락날락한다; ⑧ 자축자의환롱(字軸恣意幻弄): 시험답안 (시권, 試券)을 농락한다. 이 상소를 계기로 과장구폐절목(科場捄弊節目)이 라는 것이 나왔다. 이 내용은 요약하면, 시험 응시자의 명단을 해당 관청 에서 준비하여 여러 단계의 확인을 거쳐 제출해야 하며, 면강(面講)은 읽 는 것보다 글의 내용을 주로 하고, 시관(試官)은 한 번 입장하면 끝날 때 까지 퇴장할 수 없으며, 제술(製述)은 제목을 준 후 3시간 이내에 써야 한다.

그런데, 과거제도에 관한 논의는 이미 18세기에 성호 이익이 매우 상 세하게 서술한 한 내용이 있으므로, 여기에 소개한다. 먼저 그 본질적인 모순을 지적한 것부터 요약한다(한우근, 1987: 180－186).

첫째는, 과거제가 과잉 인원을 무계획적으로 선발하여 관료후보자만 과다하게 만들어 냄으로써 필경에는 당쟁의 연원으로 작용했다는 것이 다. 이로 인하여 양반사류는 오로지 관리로서만 입신영달이 가능한 조건 에서 신분을 세습하는 데 온갖 정성과 힘을 쏟았고 그 과정에서 세력의 불균등한 배분과 더불어 벌족(閥族)의 성장을 조장하는 반면에, 이 경쟁 에서 낙오하는 무리의 몰락을 초래하게 하였다는 것이다.

둘째, 그 결과 특정 분파(당시는 西北人)가 인재 발탁의 대상도 되지 못한 것을 비판하였다.

셋째, 이런 현상이 문무과에 공동으로 나타나서 당쟁이 격화하니 결 국 과거제 자체의 위신을 떨어뜨리게 되었다는 것이다.

넷째, 농사도 짓지 않으면서 좀벌레 같은 인간들을 양산함으로써 도 적보다 더 심각한 사회적 폐해를 끼치는 여섯 가지 중에 과거제도 하나 로 지목하였다. 그 육두(蠹, 좀벌레)란, '1이 노비, 2가 과거, 3이 문벌, 4 가 기교(손재주 부리는 자), 5가 남녀 불교 승려, 6이 게으르게 놀고먹는 자'를 일컫는다.[2]

---

2) 一曰奴婢 二曰科擧 三曰門閥 四曰技巧 五曰僧尼 六曰遊惰(『성호사설류선』 三下 「인 사편4」, 한우근, 1987: 184, 각주 98).

다섯째, 과거에나 응해보려는 선비들이 생업에는 종사하지 않고 일 없이 요행이나 바라며 백성들의 재산이나 빼앗아 사욕을 채운다는 비난 도 곁들였다.

여섯째, 원래 처음에는 서얼의 참여를 금지했다가 임란 이후 숙종조 까지 문과 생원진사과에는 허용하도록 조처했으나 이 법도 숙종 말에 정 지하여 다시 차별을 실시한 것을 두고 성호는 이런 일이야말로 천하고금 에 있을 수 없는 일(此實天下古今之所未有)이라 개탄하였다.[3]

일곱째, 과거가 인재를 선발하는 데 오직 문예에 치중한 것도 논박하 였다. 한 두 시간의 문예기량에 의존하는 것도 무리가 있지만, 이로 인해 서 불로이득과 경학의 쇠퇴(衰頹)를 초래했다고 보았다.

이러한 과거제의 근본적인 문제점을 지적한 성호는 다음으로 과거 시 행이라는 측면의 모순을 또한 아래와 같이 분석하였다. 물론『경국대전』 에서도 이미 남의 것을 빌려 쓴다든지(借述) 대신 답안을 쓰는 일(代述)을 금하였고, 과장을 관리하는 관료와 종복 등의 문제누설이나 감독 태만을 경계하도록 규정한 바 있다. 그 후에도 기타 금지 사항을 보완했으나, 성 호의 관심은 그보다 더 기본적인 것으로 향하였다. 그 구체적인 보기는 개요만 나열한다(한우근, 1987: 186-193).

① 시험관의 출제경향에 있어서 사람들이 평소에 자주 접하는 주제가 아니고 구석진 곳에서 특이한 문제를 택함으로써 정작 인재를 정밀하게 선택하는 데 주안을 두지 않아서 선비의 풍토만을 퇴폐시키는 일을 일삼 는다고 지적하였다.

② 과장에서 벌어지는 문란한 상태도 여러 가지 있음을 밝히고 있다. 가령, 권세가 있는 귀한 집 자제는 서책을 시험장에 들고 오고, 수십명의 종행자(從行者)가 따라 붙어도 시험관은 이를 묵인해버리는 일을 묘사하 기도 하고, 소위 서책을 겨드랑이에 끼고 오거나 멀리 있는 자와 서로 말 을 주고 받기도 하는 일 등의 폐단을 볼 수 있었다고 한다.

③ 동시에 그날의 요행만을 바라게 하고 아무리 노력해도 효과가 없 으니 무조건 암송만 일삼게 되는 결과를 가져온다는 것이다.

---

3) 각주 2와 같음(한우근, 1987: 185, 각주, 100).

④ 시험관도 조잡하여 내용에 관심이 없고 실무능력에는 관련도 없는 인물을 선발하였다고 한다.

⑤ 과거 보는 이는 남의 글을 표절이나 하고 시험관은 액수를 채우기 위하여 성적과는 관계 없이 입격시키는 폐단을 논술하였다.

⑥ 이리하여 유생들 중에 굼뜬자는 절망하고, 더디고 게으른 자는 중간에 포기하고, 지원을 성취한 자는 문학에 종사하지 않는 결과를 초래하였다고 한다.

⑦ 합격자 발표 시에는 문벌을 중시해서 공정을 기할 수가 없었고, 중앙에 사는 양반들에게 유리하게 발표하였다는 것이다.

⑧ 합격 후에도 순위를 매길 때 역시 문벌에 따라 결과를 좌우하는 일이 벌어졌다고도 하였다. 결국 당쟁으로 인하여 문벌관념을 과거에까지 반영했음을 알 수 있다.

⑨ 그리고 임관에서도 인사를 관리하는 이조(吏曹)의 관리들이 전적으로 맡아서 좌우하니 필연적으로 여기에도 경쟁이 극심할 수밖에 없었다는 것이다.

결론적으로 성호가 보기에 과거제의 모순이 당쟁의 화를 불러오는 요인이 되었고 이로써 일부 양반의 몰락을 초래하기도 했다는 것을 꼬집었다. 또한 "유사(儒士)들로 하여금 아무런 실용적인 가치도 없는 기송사장지말(記誦詞章之末)에 구애되게 하는 것이며 요행히 등과(登科), 사관(仕官)하게 된다 하여도 국가나 서민의 안녕행복을 위하여 아무런 보탬이 되지 못한다는 것이었다"(한우근, 1987: 192).

그러면 성호는 어떤 해결책을 시사하는가? 여기서 그 구체적인 항목을 일일이 소상하게 나열할 필요는 없고, 대강만을 정리한다(한우근, 1987: 193 - 200).

첫째, 성호는 기본적으로 과거제를 전폐하고 지방에서 준수한 인재를 천거하는 공거제(貢擧制)만으로 인재를 선발하면 자칫 선비들이 소극적이 되어서 진취성을 상실할 수 있으므로 과거제의 수정을 제안하였다.

둘째, 그 수정의 대강은 3단계로 재정비하고 5년에 걸쳐 완료하는 5년대비지제(五年 大比之制)를 제안하였다. 그 첫 단계는 서울과 지방에 각각 시험장을 개설하여 시험한다. 두 번째 단계는 서울(성균관 四學)에서 재시험을 치른다. 세 번째 단계는 5년간에 걸친 시험이 끝난 후에 중격자(中格者) 수백인을 선택하여 왕이 임석한 자리에서 치도(治道)에 관한 정책안을 발표하게 한다. 그 내용과 평가 방법 등은 생략한다.

셋째, 무관에 관해서는 무술과 무경(武經, 군사관련 서적 공부) 2과로 분리해서 각기 따로 시험을 치르고 동시에 두 가지를 다 하겠다는 자는 양쪽을 모두 시험하도록 하며, 이 또한 5년에 걸쳐 마치게 한다. 말 타는 기사와 활쏘기는 장교만 보충하도록 한다.

넷째, 정규 시험 외에도 향거이선(鄕擧里選)이라는 지방의 천거를 받는 방법을 병행할 것을 주장하였다. 이런 제도는 중지를 받아들이는 이점을 살리기 위함이고, 천거는 매 3년에 한 번씩 시행하되 귀천을 가리지 않고 출신 지역에도 구애받지 않도록 하게 하였다. 그리고 추천하는 이들에게 인재의 득실에 따라 상벌을 주어서 현인을 추천하도록 유인을 제공하게 하였다. 이런 제도를 시행하는 데 필요한 관리(功曹, 군수보좌)를 따로 두게 하였다.

다섯째, 종래 퇴폐해진 여러 학관과 서원 등의 교화기관을 다시 단속하여 인재양성의 실(實)을 기할 수 있도록 제안하였다.

여섯째, 마지막으로 성호는 이런 과거제 개편과 아울러 무실을 강조하는 취지에서 일반 선비가 토지로 돌아가 농업에 직접 종사하기를 제창하여 앞에서 제시한 사농합일의 정신을 실현하고자 하였다.

이러한 과거제도의 변질은 역사의 흐름 속에서 아마도 불가피했을 수도 있다. 그것이 이상과 현실 사이의 괴리를 입증하는 사례라 해도 좋을 것이다. 이런 점을 과거제도 연구에 심혈을 기울인 역사학자는 이렇게 표현하고 있다(한영우, 2013: 17).

> 500년 동안 과거제도가 운영되면서 부작용이 없었던 것은 아니다. 시험부정
> 이 일어나고, 선비들이 시험을 위한 공부를 하기 때문에 유학의 근본정신인 수
> 기치인(修己治人: 도덕을 기르고 나서 정치에 임함)의 정신을 잃게 되었다는
> 자기반성이 일어나서 이른바 수기치인의 정신으로 돌아가야 한다는 실학운동

(實學運動)이 일어나기도 했지만, 능력 중심으로 인재를 선발하겠다는 과거제도의 본질이 무너졌다고는 볼 수 없다.

3. 선비 권력갈등의 이론적 재구성

아무리 선비가 이상이 높고 저들이 학문으로 숭상하고 세계 속에서 실현하고자 노력한 철학이나 이념이 고매하다 해도, 권력이라는 매혹적인 현실의 사회적 자원에 한번 맛들이기 시작하고 나면 어떤 결과를 자아내게 되는지를 위에서 몹시 불편한 마음으로 고찰해야만 했다. 이제는 그와 같은 역사의 냉혹한 현상을 이론적으로 이해하고자 하는 과업이 우리 앞에 놓여 있다. 이 책에서는 크게 두 가지 사회학적 개념을 중심으로 이 과제를 감당하고자 한다. 그 개념은 권력과 엘리트다. 그리고 그 두 가지가 교합하여 작동하는 정치사회학적 이론의 틀로는 가산제(家産制) 정치체제(Patrimonial Polity)와 가산제적 관료사회를 원용하려고 한다. 물론 이러한 이론 말고도 정치학이나 사회학에서 의지할 수 있는 이론적 관점은 있을 것이다. 그러나 현존하는 이론 중에서는 우리 전통사회의 현상을 해명하는 데 더 적합하다고 할 만한 대안은 희소하다고 보고 해석적 논의를 진행하고자 한다.

1) 권력이란 무엇인가?

선비가 삶을 추구할 때는 수기와 치인이라는 유학(유교)의 두 가지 가치에 초점을 두고 살아가려고 한다. 다만 이 둘을 모두 잘 성취하면 가장 바람직하겠지만 여의치 않을 수가 있다. 물론 이 둘이 상호 배타적이지는 않지만, 수기를 잘 해서 치인에서도 성공하면 가장 이상적이겠으나, 수기를 어느 정도 성취한 다음 현실 정치에 나아가는 데 까지는 미치지 못하거나 아니면 아예 이 길을 포기하는 수도 허다하다. 현실 정치에 참여하자면 최소한 과거라는 절차를 제대로 밟아야 하는데 여기서 실패하는 사례도 얼마든지 있고, 또 유학의 가르침에 따라 아예 정치 세계가 너무도 오염이 심해서 처음부터 수기에만 충실하고 소위 출사(出仕)를 접어 버리는 선비도 있다. 흔히 이를 두고 출처(出處), 즉 나가서 벼슬하는 일과 물러나 집에 머무는 진퇴를 분명히 해야 한다는 자세를 지칭한다.

유명한 선비 중에는 평생을 출사하여 각종의 벼슬을 거치는 이가 있는가 하면, 퇴계처럼 출사와 은퇴를 거듭한 사례도 있고, 남명과 같이 당초에 과거를 치러서 급제도 했으나 신념에 의하여 출사를 마다하고 향리에 남아서 후학 양성에 집중한 이도 있다. 그러니까 수기를 잘 하면서 반드시 출사하는 것만이 선비의 치인이 아니고, 남아서 교육에 헌신하는 것도 중요한 선택지였다는 말이다. 그 중에서 우리는 출사한 선비의 처신에 관심을 두는 것이다. 출사한다고 해서 과거 급제 또는 특별한 음서나 천거에 의해 관리가 된다 해도 모든 선비가 실제 남다른 권력을 특별히 많이 행사할 수 있는 벼슬자리에 올라가는 것도 아니다. 다만 여기서 문제 삼고자 하는 범주의 선비는 주로 출사하여 고위직 관료로서 의미 있는 정치적 권한을 행사할 수 있는 위치에 있었던 인물이다.

여기에서는 이런 선비들이 누리던 권력은 어떤 성질의 현상이었는지를 이해하기 위한 이론적 논의를 우선 하고자 한다. 앞서 제I장 서론장에서 권력의 개념에 관한 약식 고찰을 했지만, 이제는 이 주제의 내용을 좀더 자세히 다루고자 하는 것이다(Wrong, 1988).

(1) 권력의 개념적 속성

기초작업으로 우선 개념 풀이에서 다루는 권력의 주된 속성을 개관한다. 이미 제I장에서 언급한대로 권력은 일종의 사회적 자원이다. 하지만 그것은 동시에 그러한 각종 자원을 이용하여 어떤 특정 목적을 달성하고자 할 때 활용하는 역량이기도 하다는 점이 특이하다. 다시 말해서, 권력은 반드시 어떤 결과 내지 효과를 내기 위해 이용하는 자원이면서 또 그런 자원을 활용할 수 있는 능력임을 시사한다. 그렇다고 권력 행사는 반드시 의도를 내포하는 것이냐 하면 그렇지 않고 잠재적 역량으로 언제나 실행할 수 있는 현상이기도 하다. 이런 특성은 권력이란 항상 행사하는 주체와 상대가 있음을 암시하고 그 둘 사이의 비대칭과 균형의 쟁점을 전제한다. 아울러, 권력 행사의 결과 내지 효력이 문제가 된다. 특히 효과와 관련해서는 실제 권력행사가 성공하려면 상대의 행동에 변화를 가져와야 하고, 만일 행동에는 변화가 없이 태도나 신념 또는 가치관 등 주관적인 데서만 변화의 반응이 나타나면 이것은 권력행사의 결과에서는 실패했고 다만 상대방에게 어떤 (내면의) 영향을 미친 것이 된다(Wrong, 1988: 1－14).

다음은 권력 관계의 속성을 분석할 때 세 가지 성격을 확인하게 된다. 첫째는 권력 행사의 대상이 많고 적은지를 다루는 확장성(extensiveness)이고, 둘째는 권력을 행사해서 통제 또는 영향을 미칠 수 있는 내용의 종류의 포괄성(comprehensiveness)이며, 셋째는 권력의 통제나 영향력 행사를 상대방이 수용할 수 있거나 아니면 오히려 저항의 대상이 되는지를 분별하는 영역(zone)과 강도 내지 집중력(intensiveness)이다. 그리고 권력의 형식도 다양하다. 힘(force)으로 권력을 강요하는지, 조작하려는지(manipulate), 아니면 설득(persuasion)하려는지를 분별한다. 여기서 설득의 요체는 논지의 표현이 핵심인데, 이때는 설득하려는 자의 말을 들어 보고 그 판단을 검증해서 수용여부를 결정한다. 그러나 권력 행사자의 명(commands)을 검증 없이 수용하는 것은 그 판단의 권위를 인정하는 것이다(Wrong, 1988: 14－34).

여기서 권위(authority)가 문제가 된다. 명을 받는 자가 그 명의 내용을 문제 삼지 않고 아무런 검증 없이 수용하는 지를 따져 보면 거기에 권위가 작용함을 알게 된다. 이때 우리의 관심은 그렇게 무조건 받아들여서 복종하는 까닭이 무엇인가 이고, 거기에는 권위를 인정하게 된 권위의 원천이 도사리고 있다. 그러한 권위의 원천으로는 적어도 다음과 같은 다섯 가지를 확인할 수 있다(Wrong, 1988: 35－64).

① 힘에 의한 강제(coercion) 또는 힘의 사용을 암시 내지 과시하며 복종을 협박하는 강제: 주로 정치적 권위

② 보상에 의한 유인(inducement) 혹은 자원의 불균등 배분 관계에서 풍부한 자가 결핍한 자에게 베풀겠다는 유혹: 주로 경제적 권위

③ 정당한(legitimate) 권력: 권력 행사자의 그럴 권리를 상대가 순종할 의무가 있음을 인정하는 권위: 법적 정당성처럼 공동체가 공유하는 규범이 원천으로 작용하여 순종하는 자의 자발적 순응이지만 그 이유는 그렇게 하는 것이 규범적으로 주어진 의무이기 때문이라는 역설 포함

④ 실력(competence)에 의한 권력 수용: 수용자 생각에 권력 행사자의 능력, 실력, 전문지식, 역량 등이 자신에게 도움이 될 걸 믿고 순응하는 권위

⑤ 인격적(personal) 권위: 순전히 권력 행사자의 인격, 개인적 자질, 개인적 선호로 순응하는 권위

그리고 한 가지만 더 추가하면, 권력 행사 자체의 의미에 관한 생각이다(Wrong, 1988: 218-257). 이 논의에서는 하나의 전제가 필요한데, 그것은 과연 권력욕이 인간의 본성의 일부인가 하는 쟁점과 관련이 있다. 앞서 제Ⅰ장에서 권력의 기본개념을 다룰 때, 소위 Weber의 3P를 언급하였다. 인간은 경제적 자산(property), 사회적 지위에 따른 위세와 명예(prestige) 그리고 정치적인 차원의 권력(power)을 희구하고, 그 세 가지 가장 기본적인 자원의 소유와 통제력의 차이 혹은 불균등 배분에 따라 사회계층이 성립한다고 설명하였다.

이 자리에서 논의를 할 수는 없지만, 기본적인 인간의 본성에 권력욕이라는 욕구가 존재하는지를 묻는 쟁점은 일단 묻어 두고, 좀더 분석적으로 해설하자면 권력은 기본 욕구의 일종으로 보기보다는 나머지 두 가지 자원의 욕구를 충족하기 위해서 필요한 역량 내지 능력으로서 사람들이 필요하다고 느끼는 요소라는 논리가 현실성이 있다. 그렇게 볼 때, 다음과 같은 4등분 표를 상정하고 분석에 임할 수 있다[그림 8-2].

이 그림에서는 사람이 권력을 갖고자 할 때 그것을 목표로 삼는지 수단으로 간주하는지를 한 축에 놓고, 그 권력을 개인적인 목적으로 쓰려는 지 사회적 집단을 위한 것인지를 다른 축에 위치해서 2x2 표가 나온다. 여기에 구체적인 보기를 거론하자면 한정이 없으므로 제시하지 못해 유감이지만 앞으로 선비의 권력지향에 관한 논의에서 하나의 분석틀로 이용 가능함을 밝혀둔다.

이에 덧붙여, 권력의 문제를 다룰 때 그 획득 과정과 방법도 문제가
될 수 있다. 우선 권력은 어떤 상황에서든 일정한 사회적 지위에서 행사
하는 현상이다. 그러므로 권력을 취득하려면 그러한 지위를 획득해야만
가능하다. 앞서 언급했지만 일반적으로 사회적 지위의 가장 기본적인 개
념에는 크게 두 가지 종류가 있다(김경동, 2008: 130－131). 태어날 때부
터 각자에게 주어진 귀속지위(ascribed status)는 선택의 여지가 없고 개인
의 힘이나 노력으로 획득할 수 있는 것도 아니다. 이에 비해 각자 노력이
나 능력으로 얻는 성취(또는 업적) 지위(achieved status)가 있다. 이처럼
이미 주어진 귀속지위에 전통적으로 혹은 제도적으로 부과한 권력이 있
다. 다시 말해서 내가 원해서, 노력해서, 또는 실력으로 얻는 권력이 아
니고 이미 그가 세습한 귀속지위에 권력이 따라와 있다는 뜻이다.

[그림 8-2] 권력 사용의 유형

권력 사용 의미	개인적 목표	사회적 목표
수단으로서	A	C
그 자체 목적	B	D

이와는 대조적으로 권력을 세습할 수 있는 지위를 누릴 위치에 있지
못한 사람에게는 권력을 얻고자 하는 동기, 욕망, 필요 등이 있으면 스스
로 어떤 경로에 의해서 획득해야 한다. 그러한 동기나 욕구나 필요의 성
격은 다양할 수 있지만, 그 목표를 성취하기 위해서는 각각 거기에 요구
하는 자질과 능력이 있어야 한다. 그러한 자질과 역량은 여기에 소상하
게 열거할 수는 없을 만큼 다양할 것이다. 다만, 일상적인 생활세계의 수
준에서 보면 교육과 특수 훈련으로 쌓은 실력으로 그 지위에 도달하는
방법, 생애과정에서 목표하는 바에 이르는 제도적인 경로로 진입하여 목
표하는 권력의 지위에 이르는 방법, 아니면 물리적, 군사적 힘에 의한 강
탈 등 여러 통로나 수단이 있을 것이다.

이 지점에서 주목할 사항은 권력, 특히 정치적 권력을 획득하려면 정

당성, 공정성 또는 정통성을 확보할 수 있어야 한다는 점이다. 적어도 전통적으로 규정한 일정한 규칙과 절차를 밟아 세습을 하든 자가성취를 하든 그 절차와 과정에 하자가 있으면 정당성을 얻을 수가 없다. 거기에는 경쟁이라는 특수한 상호작용이 작동하는데, 이 과정이 누가 보아도 공정하고 정당해야 한다는 것이다. 기울어진 운동장에서 출발선이 앞뒤로 이미 갈라진 경기는 애초부터 문제가 있으므로, 적어도 평평한 운동장에서 동시에 동일한 선에서 출발해야 한다. 다만 기왕에 신분제와 같은 기정 사실에서 경쟁해야 하는 사회에서조차도 그 신분에 합당한 절차와 과정이 있으므로 적어도 여기에는 합당해야 할 것이다.

조선조 사회가 원칙적으로 신분제 사회여서 선비라는 지위는 이미 그에 따르는 일정한 특권과 같은 권력이 주어져 있는 데서 출발한다. 그러나 여기서 다루는 권력은 정치적인 범주의 것이므로 이를 획득하려면 그러한 정치적 권력이 주어진 지위를 취득해야만 하였다. 그러한 지위획득의 경로에서 가장 대표적이고 표준으로 제도화한 것이 과거라는 시험에 합격하는 것이었다. 그러니까 정계에 진출한 선비는 이처럼 귀속지위와 성취지위의 조합을 함축하는 권력을 행사하는 위치에 있었던 셈이라는 독특한 성격의 권력을 누리는 사람이라는 것이 특이하다.

(2) 파워 엘리트란?

이 단어 역시 제I장에서 개략적으로 소개만 했지만, 파워는 통상 권력이라 번역하므로 권력 엘리트라 하면 되는데, 파워 엘리트라는 외래어를 쓰는 연유를 해명할 필요가 있다. 우선 웬만한 국어사전에도 엘리트라는 단어가 따로 실려 있다. 일종의 외래어로 정착한 셈이다. 그렇다면 국어와 영어 두 단어의 어색한 합성을 굳이 고집하지 않고 그대로 외래어의 합성어를 받아들이는 편이 적절한 것으로 생각하여 파워 엘리트를 채택하기로 한다. 실은 이 단어 자체가 이미 일종의 고유명사처럼 관용어로 굳어 버리다시피 했다는 것도 현실이다. 가령 영어에서 그냥 엘리트라 할 때와 파워 엘리트라 할 때는 그 의미가 확연히 다르다는 말이다. 이 단어 자체의 의미는 이미 소개했으므로 여기에는 주로 엘리트 이론만 간략하게 정리하고, 파워 엘리트론에 집중하려고 한다.

Pareto에 의하면, 인간의 사회적 행위는 매우 비논리적인데 이러한 비합리적 행위 가운데 더 중요한 태도가 보수성(집단영속 본능)과 모험성(조합본능)이다. 결국 인간의 역사는 사회의 지배 엘리트의 정서 중에 이 두 가지가 번갈아 지배적이 되면서 일종의 엘리트의 순환이 일어난다. 보수성이 강한 엘리트는 '사자'에 비유했고, 모험성이 두드러진 엘리트는 '여우'로 명명했다. 사자는 집단의 유지존속에 관심이 있어서 전통과 관습을 존중하고 이상을 믿으며 교활하지 않고 충실하며 신뢰를 갖는 태도를 지닌다. 그런데 이들은 용맹과 힘으로 권력을 장악하고 이를 유지하기를 원하지만 그에 필요한 전략과 협잡을 포함한 계략에 의존해야 하므로 이런 방면에 능한 여우의 기술을 이용하려 이들을 등용한다. 여우가 엘리트정권에 참여하면서 계략과 모험성을 발휘하여 체제내부에서 점점 세력을 키워 나가면 마침내 사자를 몰아내고 권력을 장악한다. 그러나 여우가 사자의 지도력을 박탈하게 되자 사자가 반란을 일으킬 소지를 제공하여 마침내 여우를 몰아낸다. 그리하여 역사는 '귀족들의 공동묘지'화 한다는 것이다(Pareto, 1935; 1991).

Mosca의 정치이론의 핵심은 극도로 원시적인 사회를 제외하면, 모든 사회는 정치 계급이라는 소수의 지배집단(엘리트)과 지배를 받는 다수로 갈라진다는 것이다. 정치적 계급 없이는 통치가 있을 수 없다. 그리고 현대의 관료주의적 사회에서는 권력 장악을 위해서는 우월한 조직적 역량이 특별히 유용하기 때문에 이들은 그 역량을 갖춘 사람들이다. 다만, 그의 엘리트 이론은 Pareto나 Mills의 생각과 다른 점이 있다. 우선, 엘리트는 성격상 세습적인 세력이 아니고 어떤 계급에 속하는 사람이든 이론적으로는 엘리트가 될 수 있다고 보았다. 만일 이런 식으로 권력의 재생산이 일어난다면 이는 민주적인 체제지만, 같은 엘리트 집단에 속하는 구성원들이 서로 돌아가며 그 위치를 유지한다면 이런 권력 재생산은 귀족적이다. 내용은 다르지만 Mosca도 Pareto처럼 엘리트 순환론을 주창하였다. 이는 사회구조의 위계서열적 불평등 속에서는 엘리트 집단 내에서도 간단없는 경쟁과 갈등이 있어서 엘리트의 순환이 일어난다고 보았다. 그리고 흥미로운 관점은 그가 말한 지배계급과 피지배계급의 이중구조는 혁명으로 해소할 수는 없다고 보았다는 점이다(Mosca, 1939).

　Michels는 유럽의 노동조합, 사회주의 조직체 및 정당을 연구한 결과, 모든 조직체는 비록 시작이 비교적 자발적이고 민주적이었다 해도, 점차 과두체제로 변해가는 불가피하고 불가역의 경향을 발견하고 이를 일컬어 '과두체제의 철칙'(the Iron Law of Oligarchy)라 이름하였다. 한 조직체의 지도자는 인간적인 자질과 능력 면에서 실력을 쌓아야 한다. 이 과정에서 그는 자기 자리(지위)와 심리적 동일시를 형성하며 타인의 대체를 거부하게 되며 나아가 자기만큼 조직체를 성공적으로 운영하지 못할 거라는 믿음을 갖게 된다. 이에 대비해서 일반 종업원들은 일단 이런 공식조직체들이 행정관리적 분업의 원리로 작동하기 때문에 자기 일에만 충실하면 된다는 일종의 조직체 관련 무관심(apathy)을 갖는 경향이 있다. 특히 지도자가 대충 일을 잘 하고 있는 한 특별히 반대나 저항의 필요성을 느끼지 않는다. 결국 소수의 지도층 인사들이 전체 조직체를 과점적으로 지배하는 결과를 가져 온다. 이는 전체 사회에도 해당하는 원리다(Michels, 1949).

　한편, Mills(1956)는 바로 현대판 파워 엘리트라는 용어를 쓰기 시작한 사회학자다. 요약하면, 파워 엘리트는 미국사회의 정책결정을 지배하는 비교적 소수의 느슨하지만 상호 밀접한 연결고리로 묶여 있는 사람들을 가리킨다. 이들은 국가의 정치 엘리트는 물론 기타 관료 조직체, 기업체, 지식인 부문, 군부, 언론매체 등 미국의 주요 제도 부문에서 주요 의사 결정과 정책수립에 의견과 행동으로 영향을 미침으로써 이들 제도를 통제한다. 이들이 파워 엘리트의 구성원이 되는 근거는 그들이 사회에서 가장 두드러진 공적, 사적 조직체 내부의 영향력 있는 지위를 차지한다는 제도적 권력이다. 이 파워 엘리트가 특별한 현상인 점은 정치, 군사, 경제 부문의 엘리트들 사이에 형성하는 특별한 관계에서 볼 수 있다.

　이들은 자기들 나름의 세계관을 공유한다. 미국사회의 권력이란 자기들 엘리트 내부에서 권위의 중앙집권화에 기초한다는 것이다. 권위의 중앙집권화란 다음의 세 가지 구성 요소로 이루어진다: 첫째는 군사적 관점에서 세상을 바라보는 의식이라 할 수 있는 '군사적 형이상학적 존재론'(military metaphysic)의 현실인식을 공유한다. 둘째는 '계급적 정체의식'(class identity)으로 자신들은 사회의 여타 구성원과는 차별적인 존재로 저들에 비해 우월성을 갖추었음을 서로 인정한다. 셋째는 자기들끼리는 직종을 불문하고 지위를 교환할 수 있다는 '호환성'(interchangeability)이다. 즉 이들은 위의 세 가지 제도적 구조 속에서 내부적으로나 횡적으로 상호 이동하면서 서로 엮여 있는 지위를 차지한다. 이와 같은 지위와 권위를 유지하기 위해서는 기성체제에서 이미 정착한 엘리트들을 모방하여 사회적인 복제(clone)를 얼마나 잘 하느냐에 따라 다음 세대 구성원들을 사회화하는 일에 협동한다. Mills가 보기에는, 이들 파워 엘리트는 자신들의 이익을 대표해야 하는데, 그것은 가령, 미국 자본주의의 흥망성쇠를 좌우하는 '영구적인 전쟁 경제'(permanent war economy)를 지탱하는 일과 대중매체를 이용하여 사회적 정치적 질서를 조종한다는 사실을 가장하는 일이다.

　현대사회의 파워 엘리트의 소속 영역은 "비단 공직자, 규제담당자, 관료집단, 군대, 경찰 등을 포괄하는 국가만이 아니고, 대기업, 금융기관, 대학, 대중매체, 정치인, 과학연구산업, 연구기관, 비정부기구, 재단과 기타 비영리기구, 그리고 시각 및 공연 예술산업 등을 포함한다. 이들은 각기의 영역에서 권위의 주체로 발언한다. 모두 각각 자기네 활동 분야에서 점점 축소하는 독점에 매어 달려 있다"는 분석이 있다(Gurri, 2014: Kindle Locations 226－230). 본서의 부제에서 선비를 지식인 파워 엘리트라고 밝힌 만큼 그 개념 자체가 현대 사회학에서 어떤 의미로 쓰고 있으며 그것이 사회문화적 현상을 이해하는 데 어떤 영향을 미치는지를 일별하고자 한 것이 지금까지의 논의가 의도하는 바였다. 앞으로 선비문화를 분석할 때도 과연 이 개념으로 접근하는 것이 적정한지는 더 연구해야 할 쟁점이지만 일단 한번 시도해볼 만한 과업이라 여기고 그대로 진행하려고 한다.

2) 가산제 정치체제

가산제(patrimony)란 원래 가족제도에서 자산 세습의 유형을 지칭하는 말로서 세습재산, 유산, 전재산 등을 뜻하는 말이다. 여기에 'patri'라는 접두어가 있어서 부계 혹은 남성혈통의 자산관리를 암시한다. 그러므로 기본은 가부장제(patriarchy)의 파생개념으로 이해할 수도 있다. 여기서는 이러한 가족제도의 유형을 국가의 통치체제로 원용한 개념으로 사용한다. 우리의 관심사는 바로 이 국가 통치체제 내지 구조적 특성을 마치 가부장적 가족의 것으로 유추하여 쓰는 것이다. 따라서 그러한 국가의 조직원리는 기본적으로 가부장적인 성격을 띠게 된다. 다만 가부장적인 제도가 가족의 권위구조적 원리의 특징에 집중하는 개념인 데 비해서, 가산제는 가계의 자산 소유권, 운용 및 승계의 원리를 규정한다는 특징을 띠는 점이 다르다. 이렇게 볼 때, 적어도 사회학적 관점에서는 이러한 통치구조가 권위주의적 특성을 띤다는 데 주목하게 된다. 그러므로 여기에서는 권위주의적 조직원리와 가부장적 조직원리에 관한 일반론적 검토를 개략적으로 우선 제시하고 논의를 전개하기로 한다[4].

(1) 권위주의적 조직원리
• 권위주의는 관계적 관점에서 볼 때 사회를 운영하고 통합하는 원리가 수직적·위계서열적이다.
• 자원의 배분구조는 위계서열 상 정상에 있는 소수 엘리트가 그 소유, 통제 및 이용에서 집권적인 특권을 누린다.
• 사회의 일반 구성원의 삶에 지대한 영향을 미치는 규칙제정과 그를 둘러싼 결정행사는 엘리트가 독점하고, 일반 성원은 그 과정에 참여할 기회가 제한적일 뿐 아니라 일단 결정한 규칙에는 무비판적으로 따르도록 요구한다.
• 일반 성원은 의견의 표현, 고정과 불만의 표출, 요구사항의 제시도

---

4) 권위주의 및 가부장적 조직원리에 관한 논의는 김경동(1985: 395－398; 2000: 71－74; 2008: 214－216; 251; 460) 등 참조.

제한적으로 가능하고, 혹시 표현하더라도 그 내용이 엘리트의 권위 있는 생각과 어긋나면 제재한다.

- 엘리트의 신념은 대체로 경직하여 한번 마음먹은 내용은 쉽게 바꾸려 하지 않고 이를 비판하는 것도 용납하지 않는다.
- 권위의 정상에서 형성한 과두체제의 지위를 획득하려는 상향이동도 제한적이며, 혹 경쟁이 열려 있더라도 최고 결정자의 의지가 가장 중요하게 작용하는 것이 원칙이다.
- 집단 결속과 사회통합은 주로 집단주의로 조장·유지·공고화하므로 대내적으로는 폐쇄적 자기집단 중심주의, 대외적으로는 권위주의적 공격성을 띠는 게 특징이다.
- 개인의   심리적   특성에서는,   통상   권위주의적   퍼스낼리티 (authoritarian personality)라 규정하며, 지배−복종, 강자−약자, 지도자− 추종자 등의 양분법적 관계의식과 권력, 힘, 용맹, 남성다움, 굳셈 등의 가치를 중시하는 성향을 보인다.
- 권위주의적 인품에는 파괴적인 적의, 냉소주의, 인간성 비방, 불신, 그리고 도당 중심의 파벌주의 같은 특징도 포함한다.

(2) 가부장적 조직원리

- 가족 및 친족집단에서 최고 권위의 지위는 가부장(아버지)이 차지하는 일종의 중앙집권체제가 특징이다.
- 가부장 중심으로 형성한 가족(친족)의 관계는 수직적·위계서열적이며, 모든 성원은 그 질서 속의 권위에 무조건 복종해야 한다.
- 주요 의사결정은 가부장과 그의 장자 및 직계 남자 구성원을 중심으로 하는 과두적 집단이 독점적으로 수행한다. 여기에는 구성원의 배우자선택 결정권도 포함한다.
- 경제권도 가부장에게 집중하지만, 일상적인 가사와 가계(家計)의 관리는 가부장의 배우자에게 위임하기도 한다.
- 가계(家系)와 가산의 승계 및 상속은 원칙적으로 남성 중심, 직계 장자 중심이지만 약간의 예외는 허용한다.

● 친족의 공동체적 결속과 통합을 위해 조상숭배와 같은 종교적 집단 의식과 정기적인 친족모임을 가지며, 두레·품앗이·계 등의 상부상조 관행을 유지한다.

● 대외적으로는 친족 내지 동족의 범위를 넘어서는 집단과는 폐쇄적, 비타협적인 관계가 일반적이다.

● 가족과 친족의 집합주의적 성격상 구성원 개인의 정체보다는 가족(친족)의 성원이라는 집단 정체의식을 강조하고, 집단을 향한 충성과 희생을 요구하며, 개인의 명예는 집단의 영광으로 간주한다.

(3) 가산제 정치체제의 기본특성

가산제 정치체제의 이론은 독일의 사회학자 Max Weber가 중국의 종교에 관한 연구에서 제안한 것이다. 서방의 개신교 윤리가 근대자본주의의 발흥에 끼친 영향을 분석한 그의 고전적인 연구에 이어 동방의 중국 같은 데서는 어떤 종교적 신념체계가 경제체제에 어떻게 영향을 미쳤는지를 비교사회학적 관점에서 고찰하려는 문명사적 시각에서 시도한 것이다. 거기서 나온 것이 바로 가산제적 정치체계 이론이다. 그는 중국이 실은 자본주의적인 경제 활동이 상당히 활발한 나라임에도 그것이 서구식 합리적 근대자본주의로 전개하지 않은 까닭은 바로 중국의 중앙집권적 정치체제에 기인한다고 분석하면서 제시한 것이 가산제 이론이다(Weber, 1951; 1968; 유석춘·국민호, 1992: 311−334; 차종천, 1995: 191−209; 전성우, 1995: 211−344; 김경동, 2000: 75−79).

Weber가 제시한 가산제의 지배유형은 다음과 같은 특성으로 요약할 수 있다.

● 국가를 마치 가족처럼 여겨 군주의 세습재산으로 취급하는 관념에 기초한다. 다시 말해서, 국가의 통치권과 국가의 모든 재산의 소유권을 구별하지 않는 것이 특징이다.

● 통치자(군주)와 신하 혹은 막료 사이의 관계는 마치 가족 내의 부자 관계, 즉 권위와 효성에 기초한 인격적이고 무조건적인 복종관계를 확대한 것과 유사하다.

● 기능적으로는, 신하는 군주의 행정을 돕는 개인적 보조자로서 군주가 무엇이나 자의적으로 요구할 수 있는 관계다. 한편, 관직을 수행하는 경제적인 대가는 당대에 한하여 지불하는 녹봉(prebend)의 형식을 띠므로, 신하가 직책을 떠나는 순간 그 경제적 권리는 소멸하고 세습할 수 없다. 물론, 통치자는 특별한 공적이 있는 신하에게는 녹봉 외에 일정한 토지 사용권도 지급하였고 이 자산은 세습을 허용하였다. 그 외에도 갖가지 일용품과 관련이 있는 물자를 선물 형식으로 제공하기도 하였다.

● 관직에 수반하는 모든 특권을 향한 경쟁은 주로 신하 개개인의 몫이고, 어떤 특정 지위집단이든 관직을 독점하여 통치자와 경쟁하는 일은 용이하지도 않고 허용하지도 않는다. 군주는 이들을 언제든지 갈아치울 수 있고 녹봉과 기타 특권을 박탈할 수 있기 때문이다. 다시 말해, 가산제적 통치구조는 통치자와 독립하여 집단적으로 부와 권력을 축적할 가능성을 허용하지 않는다. 예외는, 관리가 인민을 수탈하거나 뇌물 등을 착취하는 방식 뿐이다. 물론, 이는 불법이므로 발각시에는 파직을 포함하는 처벌을 면치 못한다.

● 가산제는 봉건제와는 달리 권력과 부의 중앙집권적 구조를 띤다. 중앙통제를 위해서는 막강한 관료조직이 필요하므로 가산제는 거대한 관료조직체로 운영·지탱할 수밖에 없다.

● 이 가산제적 관료집단은 통치자를 대신하여 사회의 모든 부문과 집단을 통제하는 강력한 힘을 발휘한다. 다만 이 막강한 관료집단이 통치자에 대항하는 세력으로 조직화하기는 어렵다. 이 체제는 군주의 환심을 사서 특권을 향유하기 위해 개별적인 경쟁을 벌여야 하는 시스템이기 때문이다. 가산제 아래서는 신하의 집단 간 경쟁이나 갈등을 이용하여 군주에게 도전하는 독자적 세력으로 부상하기에는 제약이 너무 많다.

(4) 중국 가산제의 개요

중국도 원래는 봉건사회였으나 진시황의 천하통일 이후 중앙집권제로 전환하여 한나라 때부터는 유가적(儒家的) 관료제를 채택하여 새로운 체제를 지지하고자 하였다. 선비계층의 문사들을 상대로 유학의 고전 교육의 내용으로 과거제도를 실시하여 관직에 나아가 특권을 누리도록 함으로써 신하의 개별 경쟁 체제를 갖추었다. 그리고 역시 관료층이 녹봉을 전유하여 독자적인 힘을 길러서 군주에게 대항하지 못하도록 하는 인사제도를 시행하였다. 가령, 한 자리에서 장기근무를 못하게 재임기간을 제한했고, 되도록 자신의 출신지에 임명하지 않았으며, 암행어사를 파견하여 수시로 감독하게 하였다. 이처럼 선비 출신 관료에게 사회적 위신(명예)과 아울러 일정한 정치·경제적 특권을 부여한 대신, 독자적인 세력으로 집단화할 여지를 제한한 지배양식이 중국식 가산제의 특징이었다.

이에 더하여, 중앙정부는 경제적 통제력도 구비하였다. 유교적 가산제에서는 통치자가 백성을 먹여살릴 도덕적 의무를 부과했고, 최소한도 농민이 반란을 일으키지 않을 만큼의 식량과 물자를 제공할 공리적 정당성을 갖추었다. 이는 국가의 경제개입의 도덕적 근거를 제공하였고, 가산제적 관료는 이를 충실히 이행할 책임을 지게 되어 있었다. 필요하면 생산과 분배 및 소비에 이르는 모든 경제적 과정에 정치가 간섭할 권한을 쥐었고, 상공업과 대외 무역에도 국가가 개입하였다. 이 모든 것은 결국 독자적으로 부를 축적하여 통치자에 대항할 세력이 사회 내부에서 생성하는 것을 방지하려는 가산제적 지배의 일환이었다. 자본축적이 국가 또는 국가기구의 틀 속에서만 이루어졌다는 의미에서 일종의 국가자본주의라고 특징짓기도 한다. 따지고 보면 우리나라의 근대 전 정치도 이런 체제를 갖추고 있었음을 쉽게 짐작할 수 있다.

(5) 조선조 가산제의 개관

여기까지가 Weber의 가산제 정치제도의 특징이었다면, 미국의 사회학자 중에서 한국의 근대화를 연구하면서 조선조 사회의 특성을 가산제적 사회제도로 규정한 Norman Jacobs의 이론을 잠시 살펴보기로 한다 (Jacobs 1985; 유석춘·국민호, 1992: 311-334).

Jacobs 역시 Weber처럼 동서양의 근대합리적 자본주의 발달의 유무를 아시아의 중앙집권적 가산제의 사회제도로써 설명하려 하였고, 그 사례로 조선조 사회를 지목하였다. 그의 이론은 봉건제와 가산제의 차이점에서 그러한 변화의 유무를 추적하고 있거니와, 우리의 목적을 위해서는 봉건제와 비교할 필요는 없으므로 그가 제시한 가산제 사회제도의 특징만을 요약하기로 한다.

첫째는 정치제도다. 가산제의 정치적 지배의 권리는 주로 도덕적이고 지적인 고려에서 결정한 제도라는 것이 특징이다. 스스로 엘리트라 자처하는 지배층이 권위를 누릴 권리를 주장하고 독점하며 정당화의 기준을 거기서 제공한다. 조선이나 중국에서는 선비층이 주자학적 교리로써 왕과 사대부의 정치적 지배를 정당화했던 것이다.

둘째, 경제제도에서는 정치 엘리트가 경제를 통제하면서 이를 공공을 위한 봉사라는 도덕적 명목으로 정당화하였다.

셋째, 직업제도 차원에서도, 지적-도적적(intellectual-moral)인 일을 하는 사람과 기타 기능을 수행하는 사람들을 질적으로 구분하는 분업이 존재했다. 조선이나 중국에서 사농공상이라는 전통적 신분체제의 분업은 곧 직업적 역할인 직역(職役)과 상응하였다.

넷째, 계층제도에서도 지적-도덕적 역할만이 누리는 권리와 특권을 공식적으로 별도의 집합체적(혹은 합법적) 인정과 보호를 제공하였다. 사대부층이 특권을 독점하기 위한 합법적 조처라 할 것이다.

다섯째, 상속제도는 전략적인 자산(주로 토지)의 상속을 모든 정당한 후보자들에게 분배하도록 함으로써, 재산 축적이 이전 세대를 능가할 수 없게 하였다. 말하자면 분산분배 제도로 토지(자산)의 파편화를 초래할 수 있는 조처였다.

여섯째, 종교제도는 일차적으로 현세적 질서에 적응하게 하는 기능을 수행하며, 지적-도덕적 엘리트가 이러한 질서의 규칙을 결정·집행하였다. 다른 종교는 결과적으로 억제하는 정책을 시행하였다.

일곱째, 사회질서 면에서도 무엇이 정당한 사회질서이며 정당한 변화인지를 결정하는 구속력을 지적-도덕적 엘리트가 독점하였다.

3) 선비 권력 갈등의 이론적 재구성

이상으로 권력과 파워 엘리트 및 가산제적 정치체제에 관한 정치사회학적 이론의 대강을 살펴보았다. 이제는 위에서 훑어본 조선 선비사회의 권력 갈등 현상의 의미를 선비문화라는 시각에서 해석하는 과제를 시도할 차례다. 다만 여기에 소개한 이론이란 어디까지나 현재의 사회과학적 사고와 개념의 틀로 짜여진 것이므로 조선이라는 시대적 맥락을 고려해서 조심스럽게 접근해야 할 것이다.

일차적으로 여기서는 조선시대의 선비, 그중에서도 특정해서 정계에 진출한 사대부와 향리에서 정치적 영향력을 행사하려던 사림의 지도급 구성원을 조선조의 엘리트층으로 규정하기로 한다. 이들은 신분상으로만 상류지배층이 아니라 성리학이라는 철학적 이념과 거기서 유래한 사회적 규범을 기반으로 하여 정치의 도리와 사회적 삶의 질서를 규정하고 인도하는 특별한 기능을 하도록 지적이고 도덕적인 정당성을 확보한 엘리트로서 그들 나름의 방식으로 정치적인 권력을 행사하고자 했던 사람들이라는 뜻이다. 그리고 저들이 정치에 관여하여 그러한 기능을 수행할 수 있는 터전을 마련하고 그 마당에서 그들의 이념을 실현하고자 힘을 모아 붕당도 만들고 서로 경쟁을 하게 되었다는 것도 이들이 당시의 파워 엘리트였음을 여실히 보여주는 것이라 하겠다.

(1) 초기의 권력구조와 갈등

건국초기 개국공신이 지배세력으로서 삼봉 정도전이 중심이 되어 왕권을 제약하고 신권 우위의 정치형태를 법제화하는 등 권력 독점을 도모하면서부터 권력 갈등의 싹이 트기 시작하였다. 우선 개국공신의 정권 독점은 일반 양반관료층은 물론 동시에 왕족의 불만이 쌓이게 하였다. 이에 태조의 다섯째 왕자 이방원이 자신의 이복동생 세자 책봉을 문제삼아 이를 지지한다는 이유로 삼봉을 제거하고 이복 형제들을 살해함으로써 왕권 강화에 성공하였다. 이로써 왕권 중심의 가산제적 정치체제의 구축이 시작한 셈이다. 이를 제도화하기 위한 조처는 종친의 사병 혁파와 군사기구를 재편하여 병권을 국왕에게 집중시키고 의정부 중심으로 관제를 개혁하여 고위급 신하들의 권력을 축소시키는 일이었다. 그리고 인민의 불만을 무마하는 방편으로 대대적인 토지개혁을 실시하여 가산제적 경제의 토대도 마련하였다. 이러한 준비기간을 거쳐 마침내 조선 제4대 군왕인 세종이 즉위하면서 집현전 설립 등 성리학적 지식－도덕 엘리트 중심의 정부 운영을 위한 체제정비도 완성하는 듯했다.

그러나 직계장자 중심의 왕위계승이라는 가부장적 승계제도 하에서 유약하고 무기력한 왕이 제5대(문종), 제6대(단종)로 이어지면서 아직도 취약한 왕권을 유지하기가 어려운 상황이 전개하자, 세종의 둘째 왕자 수양대군이 단종을 폐위하고 왕위(세조)를 이음으로써 왕권회복에는 성공하였으나, 이 과정의 정당성을 부정하는 집현전 출신 선비 무리의 반발에 부딪쳐야 했고, 세조가 이들을 반역죄로 몰아 처단하는 대사건이 벌어졌다. 이로써 가산제적 권력집중은 정착하기 시작했고 성종대에 이르러 국가경영의 대강인『경국대전』편찬을 완료, 반포하였다. 또한 세조 이래 권세를 누리던 권신을 견제하면서 세조대에 굴절을 겪은 유교정치를 바로잡고자 젊고 기개있는 선비들을 중용하여 현실주의적인 기성관료와 근본주의적인 사림이라는 두 정치세력을 조화시키려 하였다.

(2) 사화와 당쟁의 권력갈등

연산군이 왕권을 이어받고 나서부터는 정권내부의 갈등이 폭발하여 마침내 사화의 시작을 알렸다. 가산제적 체제에서 신하는 통치사와 대립하는 경쟁관계를 형성할 수 없으므로 신하들끼리 왕의 은총을 두고 경쟁을 하는 길밖에 없었으므로 권력투쟁이 발생한 것이다. 다만 사화의 사례에서는 성리학적 도학의 이념을 고수하려던 세력(조광조)과 훈신 기성세대 간의 충돌이라는 사상적 색채를 띠었다는 점이 주목할 만하다. 파워 엘리트층 내의 갈등이지만 거기에는 지적－도덕적 속성이 스며 있었다는 것이다. 이러한 지적－도덕적인 특성이 더욱 현저해진 것은 그 이후 선조대에 시발한 동서 분당에 의한 당쟁에서다. 이때는 퇴계 계열의 주리론자들과 율곡 문하의 주기론자들이 영남지방인 동쪽과 기호지방인

서쪽으로 지역적 붕당을 지음으로써 소위 동인·서인의 분화가 생긴 것
이다. 그러한 이론적 대립은 두 차례의 예송에서도 살아 있었으나, 시간
이 흐를수록 당쟁은 그러한 이론적 색채보다는 적나라한 권력 투쟁의 성
격을 띠는 방향으로 변질하기 시작하였다.

　이 지점에서 우리는 그러한 권력갈등의 성격에 관한 사회학적 해명을
시도하게 된다. 어찌하여 지식인 엘리트가 그들의 고유 기능인 지적－도
덕적 정치를 망각하고 힘겨루기식 권력갈등에 휩싸이게 되었을지를 궁구
해 봐야 한다는 말이다. 앞에서 권력의 개념을 개관하였지만, 되풀이 요
약하면, 이런 접근에서 고려할 사항은 ① 권력 행사의 효과 혹은 영향력
이 미치는 측면에서 확장성, ② 권력을 행사해서 통제 또는 영향을 미칠
수 있는 내용의 종류의 포괄성, 그리고 ③ 권력의 통제나 영향력 행사를
상대방이 수용할 수 있거나 아니면 오히려 저항의 대상이 되는지를 분별
하는 영역과 강도 내지 집중력이다.

　가산제적 정치체제 하에서는 지식인 파워 엘리트가 영향을 미칠 수
있는 범위는 형식상으로는 거의 무한정한 확장성을 갖지만, 실질적으로
는 중앙집권적 가산제의 지방 통제력은 중앙정부에 집중해 있지 않고,
각 지역의 지방관리의 손길이 상당 정도 크게 작용한 것이 사실이었으므
로 제한적일 수밖에 없었다. 권력행사의 내용에서도 중앙의 지식－도덕
엘리트가 결정한 시책이 전국 각 지역에서 동일하게 포괄적으로 작동하
지는 않았다. 지역적 특성의 반영도 있지만 지방관리의 처사에 따라 차
이가 나타날 여지가 있었다. 정책의 수용 면에서는 그 누구도 감히 공개
적으로 저항하고 부정할 처지에 있지는 않았다. 다만 목숨을 내걸고 간
하고 수정을 요청하는 일은 늘 있던 관행이었다.

　그리고 권력 행사의 형식에서도 힘으로 강요하기, 조작하기 아니면
설득하기가 가능한데, 조선의 선비 엘리트의 권력 투쟁에서는 의견이 다
르거나 붕당이 반대당이면 대체로 일방적으로 배제하는 배타성을 강하게
띄었으므로 설득은 거의 실행하지 않고 때로는 상대방을 비방하고 헐뜯
기와 정보조작으로 무고하는 일까지 서슴지 않았다. 다만 권력 행사자의
명을 의심없이 수용하는 자세도 중요한 속성이었다. 그런 가운데서도 왕

에게 상소로 간하고 반대하는 등의 행위는 다반사였다. 특히 군주의 권위가 정통성이 결여하거나 반대파의 의견만을 수용하거나 할 때는 계파의 득실에 의거 의사결정을 내리기 위한 투쟁도 마다하지 않았다. 다만 군주의 뜻에 어긋나는 말이나 행동을 하면 언제든지 삭탈관직이나 처벌을 내릴 수 있었으므로 항상 왕의 눈치를 봐야 하는 위치에 있었던 것도 사실이다(Wrong, 1988: 14-34).

일반론에서 권위의 원천으로는 ① 힘에 의한 강제, ② 보상에 의한 유인, ③ 정당성을 인정받은 권력, ④ 실력 및 ⑤ 인격적 권위 등이 있다고 했다. 선비 파워 엘리트가 누리는 권위라면 우선적으로는 실력 즉 지적인 전문성일 터이고 거기에 인격적 수양 같은 것이 따르지만, 일단 정치적인 위치에 있는 사족이면 그 지위에 따라 일정한 강제력도 있고 보상할 유인도 있으며 권력의 정당성에 의거 권위를 행사할 수 있다. 선비들에게는 아무래도 유학의 공부와 학문적 업적의 수준이 가장 중요한 권위의 원천이라 하는 게 옳을 것이다. 거기에 따라 관직을 획득하고 그 직위가 또 권위를 더해 준다. 따라서 선비의 갈등에는 권위를 인정하지 않으려는 전략을 선호한다. 권위에 손상을 입힐 만한 약점을 드러내고 공격을 하게 된다. 이에 더하여, 인격적인 약점을 파헤치는 작전도 자주 사용한다. 적어도 참 선비라면 인격에 흠결이 없어야 하기 때문이다.

마지막으로는 권력 갈등을 일으키는 동기에 관한 고찰이 필요하다. 위에서 [그림 8-2]를 제시하였거니와 이 2x2에서 권력추구의 목표가 개인적인 것이냐 사회를 위한 것이냐를 두고 볼 때, 적어도 명분상으로는 개인보다는 사회가 앞서야 하는 것이 선비의 도리다. 그러니까 권력을 개인적인 용도나 목표를 얻기 위한 수단으로 삼는 예(A형)는 선비문화에서도 있을 수 있는데, 이런 자기중심적 지향은 적어도 명분상 선비문화와는 거리가 멀다. 선비 아니라 누구라도 권력을 그 자체 순전히 개인적 욕구 충족을 목적으로 이를 개인의 목표로 삼는다면 이런 사람(B형)은 거의 정신병자에 가깝다. 그리고 권력을 사회적인 목표로 사용하고자 한다 해도 그런 권력 자체를 목적으로 삼는다면(D형) 이는 거의 전체주의적인 조직중심의 권력 자체가 목적인 유형으로 이는 선비문화에서는 열

외의 사례이다. 결국 사회적인 목표 달성을 위해서라 해도 권력은 어디까지나 수단이어야 한다는 말이다(C형). 이것이 선비문화의 꽃이 된다.

그런데 여기에 함정이 있을 수 있다. 선비가 권력을 갖게 될 때 이를 사회적인 목적으로 활용하는 수단으로 삼는 것이 당연한데, 그 '사회'라는 것이 자신의 붕당이라는 사회조직체에 국한할 때는 진정한 의미에서 공익을 위한 권력이 될 수가 없다. 오히려 사회적 분열의 씨가 된다. 그러므로 권력의 사회적 의미를 다룰 때는 이점을 반드시 유의하여, 진정으로 사회전체의 복리를 위한 권력이라야 한다. 안민과 평천하가 목표가 되어야 한다는 말이다. 혹자가 우리 붕당이 권력을 잡아야 그것으로 사회 전체의 공익이라는 목표를 추구할 수 있다는 논리를 편다면 매우 위험한 것이다. 권력의 독점이 가지는 독성 때문이다. 모두를 위한 권력은 처음부터 모두가 적정하게 나누어 행사할 수 있는 것이어야 한다. 여기에 조선조 선비의 권력 갈등에서 범한 최악의 약점이 도사리고 있었던 것이 문제의 근원이라 해도 과언이 아닐 것이다.

이 문제와 관련해서는 위에서 원용하기로 한 가산제 정치체제론이나 파워 엘리트 이론에서 주목하지 않는 측면에서 접근하는 관점으로 시야를 돌릴 필요가 있다. 그것은 바로 통치자와 그의 신하 사이의 관계를 둘러싼 미묘한 긴장과 갈등 문제에 관한 이론이다. 이른바 신권과 군권 간의 관계를 어떻게 제도화하고 관리하느냐 하는 문제의 이론이다. 여기에 바로 권력의 집중과 독점의 쟁점이 있기 때문이다. 가령 전통적 농경사회의 정치체제에서는 군주가 자신이 다스리지만 동시에 의지해야 하는 신하들(대지주 귀족층과 관료층) 위에 권력을 마음껏 행사하는 지위에 군림할 수 있는 지의 여부가 가장 첨예한 관심사로서 하나의 상수처럼 도사리고 있다는 이론이 그중 한 예이다. 말하자면, 신하들이 왕에 대항하여 반역을 도모하는 것은 아니라도 되도록이면 군주도 자신들과 같은 지배층의 일원으로서 그중에서 가장 강력한 또는 위대한 구성원에 불과한 지위로 그 권력을 축소 내지 제약하려고 왕을 압박할 수 있다는 말이다. 마치 봉건제의 왕은 여러 봉건 영주 중 으뜸인 지배자인 것과 같게 만들겠다는 것이다. 이런 상황에서 군주는 왕의 종친이나 외척, 환관 또는 심지어 비빈과 같은 왕가의 여성 등과 상의하고 결탁하여 권력을 지탱하려 한다는 것이다(Wrong, 1988: 161).

가산제 정치구도에서도 이런 가능성이 잠재할 뿐더러 조선조의 군주가 이런 식의 정치를 했던 것도 사실이다. 그리고 신하의 권한을 약화하기 위한 수단으로 왕이 손수 인사이동, 파직, 유배, 처형 등의 조처를 할 권한은 언제든지 쓸 수 있지만, 그와는 달리 신하들 사이의 경쟁과 갈등을 부추겨 저들의 권력 집중을 차단하려 하기도 하였다. 이것이 당쟁의 중요한 한 가지 원천이 되었던 것이다. 그리하여 조선조 당쟁사에서는 임금이 분쟁 중인 붕당의 어느 한쪽으로 힘을 실어 주어 다른 쪽을 견제하거나 탕평이라는 명목의 균형 인사정책으로 저들을 무마함으로써 왕권을 강화하기도 한 사례가 나타났다. 특히 그 과정에서 당쟁으로 국가 운영이 지나치게 요동치고 어지러워지는 것을 막는다는 핑계로 특정 붕당을 두둔하거나 배척하는 대신 아예 권력을 외척에게 몰아줌으로써 세도정치라는 권력독점의 독재정치를 자아내게 되었던 것이다.

이 대목에서 우리가 물어야 할 질문은, "과연 조선시대는 한 왕조의 역정으로 미루어 볼 때 앞에서 개관한 갈등과 사화와 당쟁이라는 때로는 참혹한 쟁투만으로 점철하여 하루도 편안할 날이 없이 온 사회를 소란하게 하고 일상의 삶이 안정을 경험하기가 어려운 역사만을 엮으며 결국에는 그로 인하여 망국의 종말을 맞고 지낸 그런 시대인가?"라는 근본적인 물음일 것이다. 두말할 나위도 없이 물경 500년이라는 긴 세월을 지탱해 온 조선의 성격을 오로지 그와 같은 부정적인 관점에서만 해설할 수는 없다는 답이 나와야 마땅할 것이다. 그와 같은 갈등의 반복은 그 나름의 의미가 있어야 했고 그로 인하여 사회가 발전적인 변화를 기할 때도 있었을 것임을 탐색하는 일이 우리의 과업이 되어야 한다는 말이다. 여기에 답할 수 있는 이론은 현대 사회과학의 영역에서 찾기가 쉽지 않다. 따라서 그 해답을 탐색하는 데 도움이 될만한 대안적 해명 같은 것이라도 탐색해야 할 것 같다. 이를 위해서는 먼저 조선조 내부의 학자였던 선비 자신의 견해를 찾아야 하고 나아가 서방의 사회과학적 해명도 곁들여야 사실에 가까운 해명이라 할 만하다. 따라서 그 해답을 탐색하는 데 도움이 될 만한 대안적 설명 같은 것이라도 먼저 조선조 내부의 학자였던 선비 자신의 견해에서 찾아 보는 것이 중요하고 나아가 서방의 사회과학적 해명도 곁들여야 사실에 가까운 해명이 될 것이다.

(3) 조선시대 선비의 붕당론 탐구

지금까지 전개한 논의는 주로 서구 사회학의 이론적 관점을 중심으로 한 것이었다. 그러나 조선시대의 선비도 학자니까 자신이 살던 시대의 문제점을 자기 나름의 이론적 분석으로 접근하려는 시도를 했을 것도 기대해봄 직하다. 여기에 마침 성호 이익의 붕당론과 과거제도론에서 이 문제에 관한 그 자신의 독자적인 이론을 제시한 보기가 있으므로 간략하게 살펴보기로 한다. 먼저 붕당에 관한 언급은 앞서 정치이론을 다루는 제V장에서 간략하게 소개만 하였고 더 자세한 논의를 여기에서 음미하기로 한다.

성호에 의하면, 이러한 붕당의 근원적인 원인은 단적으로 이해득실을 위한 쟁투에 있는데, 이해가 절실하면 그 뿌리가 깊어지고 이해관계가 오래가면 결합이 견고해지는 것은 필연이라 분석하였다.[5] 그러므로 이해를 충족할 자원은 일정한데 이를 욕구하는 자가 많고 증가하면 2당 4당으로 재분열 할 것이고 설사 여러 당을 배척하고 일당이 전제한다 해도 돈을 새로 주조하고 금을 녹이지 않는 한 필경은 쟁투가 일어나 분열이 계속한다고 보았다. 결국은 붕당이란 부귀의 욕구에서 기인하니 이익이 없으면 당이 생겨날 리가 없다고 하였다.[6]

성호는 당쟁을 관직이 있는 선비와 일반 사대부를 아우르는 지배층인 양반계층의 구조적 특성과 그들의 사회경제적 지위 및 그에 수반하는 권력 유지의 역학 속에서 형성한 현상으로 분석하여 그 폐단을 밝히면서 해결책을 도모하려고 하였다. 우선, 양반의 직역이 원칙적으로 생업에 종

---

5) 朋黨生於爭鬪 爭鬪生於利害 利害切 其黨深 利害久 其黨固 勢使然也(『곽우록』「붕당론」, 한우근, 1987: 168, 각주 58).

6) 夫利一而人二 則便成二黨 利一人而人四 則便成四黨…設使盡斥群朋 惟專一黨 彼亦鑄錢鎔金 必將有何來一尖刃 分三裂五矣(『성호사설류선』 三下 「인사편4」, 한우근, 1987: 168－169, 각주 59).

사하지 않고 유학을 수업하여 치자의 지위, 즉 관직을 차지하는 계층이었다. 농업 같은 천업에 종사함을 부끄러이 여기며,[7] 일단 그런 천역에 종사하면 입신출세의 길이 막히기 때문에,[8] 재산이 있으면 부자이고 작위가 있으면 귀하며,[9] 부귀를 원하는 것은 인간의 욕망이고 관작(官爵)이 있으면 재부(財富)도 겸점할 수 있으니,[10] 이익을 찾는 것은 천하가 다 같은 욕망이다.[11] 흥미롭게도 여기에 성호는 Weber가 중시한 3P(자산, 위신 및 권력)에 해당하는 항목을 거론하고 있다.

이렇게 해서 인간은 이익을 찾아 쟁투를 하는데 문제는 그러한 욕망을 좇아 서로 다투는 사람은 많은 데 나눌 재화가 부족한 것이 붕당의 근원이라는 것이다. 조선 사회에서는 그 길이 과거를 통과하는 것인데 그 입신출세의 등룡문이 얼마나 개방적이냐 하는 데 있었다. 이와 관련하여 성호는 구체적인 통계치까지 제시하면서 정규과시로 합격한 인원에 대비해서 그들이 근무할 수 있는 정부의 자리가 4분의 1에도 미치지 못하다는 사실에 기초하여, 관리자격자의 과잉배출과 제한고정적인 직제 간의 모순을 지적하고 있다. 더군다나 정기적인 과거시험 외에도 각종의 선발시험도 있어서 자리를 두고 다툼이 일어나면 결국 붕당의 세력에 따라 직책을 얻는 일과 더 유리한 자리를 차지하는 일이 결과하므로 여기에는 필연코 지위가 높은 그 누군가의 배경이 뒷받침해야 한다. 결과적으로 생원, 진사 정도의 과거 급제자들이 벼슬 없는 처지로 늙어가는 자가 헤아릴 수 없는 지경이라 하였다. 그뿐 아니라 무과에는 한 번에 수천 명을 선발하는 수도 있는데 이때는 심지어 친힌 신분의 인물도 참여하여 실용에는 도움이 되지 않고 과거의 이름만 천하게 만드는 결과만 자아내

---

7) 今世 士大夫 以力田爲恥(『성호사설류선』 4上 「인사편5」, 한우근, 1987: 170, 각주 63).
8) 士恥賤役 何故凍餓而不敢乎 此不過一入卑事 便與貴顯路阻也(『성호선생문집』 32 「答韓瀟書」 별지, 한우근, 1987: 170, 각주 64).
9) 有財謂之富 有爵謂之貴(『성호사설류선』 二上 「인사편1」, 한우근, 1987: 170, 각주 65).
10) 富貴之欲 惟人有之 貴尊而富賤 貴又可兼富 故貴之欲 甚於富也(『성호사설류선』 二上 「인사편1」, 한우근, 1987: 171, 각주 66).
11) 利者天下之同欲(각주 20과 같음).

고 있다는 점도 문제라 하였다(한우근, 1987: 172-173).

비록 고위직 관직의 자리는 일부 증가한 추세를 보인 면도 있었으나, 성호가 볼 때 기본적으로는 자리가 매우 부족하다고 판단하였다. 이런 추세는 필연적으로 벌열존중(閥閱尊重)의 기풍을 자아내었고 붕당정치의 폐해는 이러한 과거제도에서 유래한 것으로 볼 수 있다는 것을 비판하였다. 이같은 현상은 양반계층 스스로의 몰락을 초래하였고 나아가 당쟁이 격화함으로써 정치기강의 문란과 사회 전면의 막대한 폐해를 자아내었다는 것이다(한우근, 1987: 174-175).

그러면 이처럼 부패한 붕당의 타개책은 무엇인가? 물론 역사적으로 보면 숙종~영조 시기에 소위 탕평책을 펼치며 붕당문제 해결을 도모한 일은 있지만 이 또한 소위 의도하지 않은 결과(unintended consequences)를 초래한 측면도 있어 근본적인 붕당타개책으로는 효과를 보기 어려웠다. 의도와는 다르게 탕평책을 펴자 탕평당이라는 새로운 붕당을 형성하는 무리들이 나타났다는 것이다. 이에 성호는 더 근본적인 대책으로 극심한 취업경쟁을 차단하는 조처가 필요함을 강조하여 다음과 같이 시사하였다.

첫째는, 선비가 일상적인 생업에 종사하지 않고 관작을 차지하여 부귀영화를 희구하는 생활태도 자체를 고쳐야 한다는 것이다. 선비도 농업에 종사하여 먼저 생계보장을 도모해야 하고, 상업이라도 의리를 잃지 않는다면 불가할 일이 없다고 하였다. 그리하여 그는 '사농합일'(士農合一), '귀사무농'(歸士務農)을 주장하였다. 정치를 제대로 하지 못하는 것은 자원이 부족해서인데, 자원부족은 농사를 열심히 하지 않기 때문이다. 선비의 일과 농사일을 하나로 합치면 이는 마치 물고기가 물에서 놀고 새가 숲으로 돌아가는 것과 같으니, 마침내 백성이 자기 직분을 익히고 열심을 다 하면 그 직업이 쉽고 편해질 것이라고 역설하였다.[12]

둘째로, 성호는 과거제의 제도적 모순을 들어, 이 제도를 분별있게 운

---

12) 士君子 當以農務爲生 商賈雖爲逐末 果處之不失義理 亦無不可…天下何由以不治 奸濫生於財不足 財不足生於 不務農…若使士農合一 法有遵化 如魚之游水 鳥之歸林 其有才德…則民將視作己分 目熟手習 而各安其業矣(『성호사설류선』三下「인사편4」, 한우근, 1987: 177-178, 각주 85).

영하여 쓸 데 없는 자의 진출을 막고, 관리의 직업적 성과를 명확히 평가하여 무능하고 비효율적인 자는 도태시켜야 한다고 주장하였다. 요컨대, 성호의 붕당론이나 과거제도 개혁론에서는 인재의 수요와 공급 사이의 심한 괴리에 초점이 맞춰져 있다는 인상을 강하게 느낀다, 그 나름으로 독특한 해명임에는 틀림없다. 다만 이문제는 별도로 재론할 여지가 있다.

4) 가산제론의 대안적 담론

서구발 이론의 한계가 있다면 그 대안적인 이론은 결국 조선이라는 역사적 사회의 현실적 문맥 자체에서 발굴할 수밖에 없다. 그것은 권력구조 내부의 견제 메커니즘의 발달이라는 관점과 왕권의 성립 기반에 관한 성리학적 이론이라는 두 가지로 나누어 생각하면 완벽하지는 않을 지도 모르시만 답이 대강 나온다.

(1) 조선조 권력 견제의 메커니즘

첫째로 그처럼 복잡하게 얽힌 조선조 정치구도에도 그 권력집중을 견제하려는 메커니즘을 제법 잘 갖추고 그나마 상당히 효율적으로 운영했다는 것이 매우 특이한 현상이라 하지 않을 수 없다. 대간(臺諫)을 비롯한 이른바 삼사(三司)라는 제도가 그 기능을 수행했던 것이다. 대간이란 관료들의 부정부패를 척결하는 사헌부(司憲府)의 대관(臺官)과 국왕의 독주를 간쟁(諫諍)하는 사간원(司諫院)의 간관(諫官)을 가리킨다. 대관은 사헌부의 하급 관원인 감찰(監察)들을 동원해서 관료의 부정부패를 규탄하는 직무를 수행하였고, 간관은 목숨을 걸고라도 국왕의 전제 혹은 권력 남용을 저지하는 역할을 하였다. 거기에 원래 서적과 문헌을 다루던 장서각(藏書閣)을 언론도 다루게 개칭한 홍문관(弘文館)에다 두 기관이 대립하거나 무기력하게 업무를 소홀히 하는지를 조정하고 감시하는 기능을 부여하여, 이 세 기관을 삼사(三司) 혹은 언관 삼사라 칭하게 되었다(이성무, 2001: 6−7).

이러한 대간제도는 원래 중국 진시황의 통일 국가에서 처음으로 공식

기구를 설치한 데서 유래하지만, 중국이 제도화를 제대로 갖춘 것은 당나라 때이고, 관료의 감찰기구로서 이를 어사대(御史臺)라 이름하였다. 그러나 왕권을 견제하기 위한 간관제도는 당나라에서 비교적 정비를 하려 했지만, 대관과는 달리 간관은 독립적인 관부를 이루지 못하고 활동 또한 미약한 상태로 남았다. 이렇게 된 주요인은 역시 중국의 왕조는 정복전쟁으로 출현했기 때문에 황제권이 매우 강력하여 쉽사리 공개적인 견제나 비판이 어려운 체제였고, 황제로서는 자신의 권력에 지장을 주는 간관의 위상이 강해지는 것을 원치 않았다는 데 있었다. 한 마디로 황제의 선호는 관료신하를 감시하는 감찰기구인 대관은 강화하는 반면에 자신의 권력을 제약하는 간관의 기능은 축소하는 쪽이었던 것이다(이성무, 2001: 33 – 36).

우리나라의 대간제도는 신라가 백관의 규찰을 관장하는 기구로 사정부(司正府)를 설치한 것이 처음이었고, 고려에서도 감찰기관으로 어사대를 설치하여 운영했지만, 간관은 독립 관청을 세우지 않고 이 두 기능은 공히 재상의 통솔 하에 두었다. 여기에서는 미묘하게도 대간 기능이 모두 재상의 통솔을 받는 위치에 있었으므로 왕권은 견제했으나 오히려 재상을 거침없이 탄핵하기는 쉽지 않은 구도로 운영하였다. 이 말은 왕권이 상대적으로 취약했다는 점과 아울러 재상을 쉽게 규제하지 못함으로써 관료사회의 부정과 부패를 억제하는 기능을 충분히 발휘하지 못하게 한 것이 된다는 뜻이다.

조선에서도 초기에는 고려의 제도를 그대로 준용했다가 태종대에 이를 재구성하는 과정에서 위에서 언급한 두 가지 기능을 한 정부 기구 안에서 관장하게 하던 제도를 혁파하고 사헌부와 사간부라는 양사(兩司) 체제로 정착시킨 것이 획기적이라 할 것이다. 이는 동아시아의 정치사에서 처음으로 이 두 대간 기구를 독립기구로 제도화했을 뿐 아니라, 바로 이은 세종대에는 사간원의 직제 자체도 더욱 강화하는 방향으로 재정비하였기 때문이다. 이러한 조처는 대간제도의 원조인 중국이나 제도를 실지로 이어받은 고려와는 근본적으로 다른 방향의 변화를 의미한다. 중국에서는 황제권이 너무 강해서 대간이 통치자를 견제하는 언론기구 역할보다는 관료의 감찰하는 기능에 치우친 면이 있었다면, 고려에서는 대간이 재상의 지휘 아래 있게 한 탓에 고위정치관료들로부터 독립적이지 못했던 것이 특징이었던 것이다. 이에 반해서, 조선의 대간은 왕권과 재상권을 동시에 견제할 수 있는 제도적 보장을 마련한 것이 다르다는 말이다. 이는 조선에서는 간관의 독립성을 보장함으로써 간관의 간쟁활동을 그만큼 중시했다는 점을 말해준다(이성무, 2001: 38-39).

여기서 이 두 기구의 직제와 기능을 상세히 밝히기에는 지면의 한계가 있기에 주요 특징만 고려할 수밖에 없다. 조선의 사헌부는 이전의 왕조보다 더 강화하는 방향으로 재정비했다는 점은 고려의 귀족제를 청산하고 새로운 관료제를 강화하면서 관계의 기강을 확립하는 동시에 관리의 비행과 비리의 감찰을 강화하기 위하여 그 수장인 대사헌(大司憲)의 직위를 판서(장관)급인 종2품으로 격상함과 동시에, 하급관리로서 실무를 담당하는 감찰어사의 수를 증가한 것을 보면 알 수 있다. 그리고 마침내 이를 『경국대전』에 명문화까지 하여 조선조 말까지 유지했다는 사실도 주목할 일이다. 그리고 사간부를 독립시킨 것 외에도, 그 수장을 정3품 대사간(大司諫)으로 바꾸어 이 또한 『경국대전』에 밝혀 분명히 기록해 놓았다(이성무, 2001: 327-328).

이상의 두 가지 개혁에 더하여, 사헌부 직무의 하나로 어사제도를 더욱 정교화하는 조처를 취하였는데, 『경국대전』에서는 어사의 책무를 ① 시정을 논집(논술하여 고집함)하고, ② 백관을 규찰하고, ③ 풍속을 바로 잡고, ④ 원통한 일을 풀어주고, ⑤ 남위(濫僞: 분수에 넘치는 못된 짓)를 금지하는 일로 규정하고 있다. 백성의 억울함을 다독여주고 수령의 탐학이나 토호의 착취로부터 보호해주는 일은 지배체제를 유지하는 일차적 업무인 동시에 왕도의 근본이고, 여기에 시정을 자세히 살펴 보고하고 어그러진 풍습을 바로잡는 일은 사회의 질서를 정비하는 일이라는 의미가 있었던 것이다. 실은, 세조때만 해도 왕권의 강화를 위해 지방세력의 강력한 통제가 필요했던 만큼 분대어사(分臺御史)라는 사헌부의 정3품에서 정5품 격인 제법 높은 벼슬아치를 각도에 파견하도록 하는 시책을 펴고 있었는데, 결과적으로는 한 도에 두 감사가 있는 격이 되어 이를 시정하고자 성종대 이후에 일반어사로 제도를 바꾸고 특수한 감찰의 기능을 강조하는 뜻에서 암행을 하도록 한 것이 소위 암행어사제도의 시발이었다. 이 제도의 요지는 무작위로 비밀리에 선별한 군현에 왕의 명을 받은 감찰사를 파견하여 민정을 시찰하고자 하는 데 있었다(이성무, 2001: 329-332).

다음으로 언관의 기능을 하는 또 하나의 기관이 있었는데 그것은 본래 업무가 궁중의 서적을 관리하고 국왕이 발행하는 공문서를 작성하여 왕의 고문 역할을 하던 홍문관(弘文館)이다. 성종대에 와서 훈구파 관료들의 독주를 견제하기 위하여 자신의 문화적인 측면의 비서격인 홍문관에다 언론활동을 추가로 부여함으로써 관료계의 부정과 비리를 척결하는 데 동참하게 한 것이었다. 실은 이 홍문관의 전신은 과거 집현전에 해당하는데, 여기에도 원래는 언론기능을 하던 곳이 아니었다. 그런데 집현전의 관원은 국왕에게 경전과 역사를 가르치고 치도(治道)를 논하는 경연(經筵)에 참여할 뿐더러 나중에는 세자의 왕도 교육까지 수행했으므로 왕의 면전에서 언관 못지않은 언론을 펼 기회가 있었던 전통을 이어받아서 홍문관에서도 그 비슷한 역할을 하게 된 것이다. 그 이유는 간단하다. 그 때까지만 해도 왕권이 워낙 강했으므로 대간이 왕에게 간쟁하거나 대신을 탄핵했다가는 오히려 죄를 받지 않으면 다행이었던 만큼 제구실을 하지 못했기 때문이다. 이를 두고 집현전 관원이 무기력한 대간의 무성의한 언론을 탄핵하기 시작했던 것인데, 사육신 사건으로 집현전을 혁파했으므로 이 전례를 홍문관이 따르게 하였다는 말이다. 이리하여 사헌부, 사간원, 홍문관을 언론 삼사라 부르게 되었다(이성무 2001: 332-335).

이 밖에도 조선조에서는 견제제도 내부에서 상호간에 감시하고 조종하는 기능을 복합적인 구도로 운영하였다. 대간이 왕과 관료를 견제하는 중심에 있었지만, 가령 홍문관에도 문벌과 학식이 두루 높은 엘리트 문사들이 모여 있어서 대간을 지휘·감독하면서 대간과 더불어 언론활동을 펼 수 있게 하였다. 한편, 대간을 평가하고 조종하는 기능으로 대간고공법(臺諫考功法)이라는 규범을 이조(吏曹)라는 인사부서에 두었고, 대간의 인사권도 이조의 낭관들의 손아귀에 있었다. 그리하여 이조낭관(吏曹郎

官)이 대간을 조종하고, 대간은 의정이나 이조판서 등 고위 관료를 탄핵
할 수 있으며, 이조판서는 이조낭관을 수하에 거느리고 있어서 일종의
힘의 삼각관계가 이루어져 있었다. 여기서 이조 정랑(正郞: 정5품)과 좌랑
(佐郞: 정6품) 등을 아울러 전랑(銓郞)이라 부르는 낭관의 중요성을 언급
할 필요가 있다(이성무, 2001: 339－340).

이들은 의정부의 정4품 사인(舍人)과 정5품 검상(檢詳)이라는 중급 관
료, 대간, 홍문관과 예문관 등의 낭관의 추천권을 가지고 정국을 이끌어
가는 데 중요한 실무적 영향을 미치는 지위였다. 조선 중기에는 이들에
게 청요직 낭관들이 자신의 후임자를 스스로 천거할 권한인 낭관권을 강
조하면서 이조전랑이 그 핵심에 서게 하였다. 그 주된 이유는 권세가의
발호를 막고 관가에 청신한 기풍을 불러 일으키기 위해서였다. 그런데
이들 이조전랑의 배후에는 조광조와 같은 막강한 사림의 종장(宗長)인 주
론자(主論者)가 따로 있었다. 한 마디로, 이러한 낭관의 권한 확충은 조선
후기 사림정치의 한 특성이었고, 조선왕조가 500여 년이나 지탱할 수 있
었던 하나의 기틀이 되었다고 할 수 있다. 동시에, 바로 그러한 막강한
권한을 거머쥔 이조전랑의 자리는 붕당 간의 쟁취의 대상이 됨으로써 당
쟁 격화의 요인이 되기도 하였던 것이다. 따라서 당쟁을 불식하기 위한
조처로서 영조 7년(1741)에 이조전랑의 권한을 축소하게 되자, 그 빈틈에
외척세력이 끼어 들었을 때 저들의 발호를 막을 기제가 약화하게 되었으
므로 조선말기의 외척세력에 의한 세도정치가 시작한 하나의 요인이 되
고 말았다고 할 수 있다.

이와 같이 매우 복잡한 언론제도를 운영하는 것만으로도 국왕의 독주
를 견제하고 관료의 부정부패를 완벽하게 차단하지 못할 수 있다는 점을
보완하려는 취지에서 사관제도(史官制度)를 도입한 것도 간과할 수 없는
특징이다. 우선 예문관에다 8한림(八翰林)이라는 전임사관을 두어 국왕의
일거수 일투족과 언행을 빠짐없이 기록하게 하여 후세까지 심판을 받게
한 것은 군왕제 아래에선 좀처럼 예상하기 어려운 조처라 해도 과언이
아닐 것이다. 그리고 관료들의 행적을 소상하게 기록하기 위해서는 주요
정부 부서에 임명한 겸임사관들이 그 기관에서 일어나는 일을 기록하고

거기서 생성하는 기록을 춘추관(春秋館)이라는 그때그때의 시정(時政)을 기록하고 실록을 관리하는 기관으로 제출하여 실록 편찬의 자료로 삼았다. 그러니까, 실록이란 국왕 담당 전임사관의 초본 기록인 사초(史草)와 겸임사관의 정부문서를 기초로 국왕 사후에 즉시 편찬한 문서였다. 그리고 이 실록의 기록은 국왕이나 관료가 함부로 볼 수 없게 엄격히 비밀을 지키도록 관리하였다(이성무, 2001: 서문 7−8).

조선조의 또 한 가지 견제 기능을 하는 제도로 경연(經筵)을 빼놓을 수 없다. 경연의 주목적은 지식인 신하가 군왕을 경전과 역사서 등으로 교육하는 장치였다. 그러나 실제로는 그러한 교육학습 과정에 토론을 곁들이면서 자연스럽게 당시의 주요 정책적 쟁점과 관련하여 적정한 대안을 의논하기도 하고 장기적인 국가시책이 나아갈 바른 길을 옛적의 지혜를 빌려 결정하는 협의기능도 곁들였다. 국기일이나 특별한 사유가 없는 한 원칙적으로 매일 세 번 아니면 두 번 갖게 하였고, 밤에 갖는 것을 야대(夜對), 임시로 여는 경연은 소대(召對)라 하였다. 원래 고려에서 시작한 제도인데, 조선조에서도 국초 이래 시행하였고, 성종조에는 『경국대전』에 명시하기도 하였다. 대개 의정부 정승 이하 각 부서의 고관 중에 학문이 높은 신하가 참여하였으나, 효종은 한 때 민간에서 유명 학자를 경연관에 임명하기도 하였다. 갑오경장(1894) 후에는 경연청에 홍문관과 예문관을 합병했다가, 이듬해에는 또 경연청을 폐지하고 경연원을 설치하는가 하면, 1897년에는 다시 경연원을 홍문관이라 개칭하는 등 결국 왕국 말기에는 갈팡질팡하는 동안 이 제도는 역사 속으로 묻혔다(이홍직, 1982: 73−74; 노태돈 외, 1997: 185; 한영우, 2010b: 289 각주 1).

이러한 군왕 교육제도는 선비가 통치에 참여하는 문치주의 정치에서는 군신관계에 지식−도덕 지식인 신하가 왕의 스승이라는 위치에서 군주에게 일정한 도덕성을 요구함과 아울러 필요시에는 왕에게 직간하는 기능도 한다는 특별한 의미가 있었다. 그리하여 경연을 성실하게 이행하는 군주는 성군으로 칭송하기도 하는 대신에 이를 게을리 하면 부도덕한 군주로 치부하여 역사에 불명예의 기록을 남기게도 하였다. 따라서 임금도 매일 고전을 읽지 않으면 자리를 지킬 수 없는 학자의 역할을 강요받는 생활을 지속해야 했으므로, 정암 조광조가 야대를 자주 요구하자 중종이 이를 못마땅하게 여기기 시작하여, 결국 그를 내치는 데 눈감아 주기까지 한 일도 있었다. 이러한 군왕의 도덕성 함양은 일찍부터 시작하도록 하는 취지에서 세자를 위한 서연(書筵)이라는 교육도 실시하였다는 점도 매우 의미 심장한 현상이라 할 것이다(한영우, 2010b: 289)

가산제 정치체제 이론에서는 이와 같은 군신관계의 특성을 거의 일방적으로 명령－복종의 가부장적 구도로만 해석하고 상호간의 힘의 균형과 부정부패 방지를 위한 제도적 메커니즘에 관한 논의를 하지 않았다. 따라서 군주의 은총을 향한 신하집단 내부의 경쟁만 허용하는 체제를 전제로 하여 붕당 간 갈등을 설명할 수밖에 없다. 그러나 조선조의 정치가 비록 그 기본 틀에서는 가산제적 체제와 관료조직체를 지닌 전형적인 가산제로 보이지만, 신권관계의 역학을 여기에 대입하면 두 가지 중요한 조선조의 특성을 가려낼 수 있다. 하나는 그 왕조가 오래 유지할 수 있었던 이유를 바로 조선조에만 특이한 그 견제 메커니즘의 작동에서 찾아 설명하는 일이고, 다른 하나는 그것이 철저히 문치주의, 즉 지식－도덕 엘리트의 지배유형이 되려면 바로 이러한 특징을 지닌 신권관계의 근거로서 군왕의 정통성의 근원에 관한 성리학적 해석이 필요하다는 것이다.

(2) 군왕의 정통성 문제

중국의 황제는 천자라 불렀다. 그 이유는 성리학적 형이상학의 천(天)의 개념에서 유래한다. 군왕은 천명으로 위임해야 군주가 될 수 있고 따라서 천명에 어긋나는 악행을 저지르면 언제든지 혁명으로 갈아치울 수 있다. 하늘은 '민의 복리와 번영'을 목표로 오로지 백성을 위해 정치를 한다는 '위민'의 가치를 실현하는 지를 판단할 때 통치를 지배하는 도덕적 질서를 감독하는 일종의 궁극적 실재를 상징하는 존재다. 그러므로 누구보다도 백성이 현능자(賢能者), 즉 도덕적으로 올바르고 나라를 다스릴 능력이 충분한 인물인지를 가려서 그가 천자가 될 자격자임을 인정해야 하늘이 천자로 세워 왕이 될 수 있다는 것이 일찍이 맹자가 주장한 군주의 정통성 이론의 핵심이다. 그러므로 그 왕이 잘못을 저질러 백성을 괴

롭히면 마땅히 몰아내고 새 임금을 맞이해야 한다(김학주, 2009b).[13]

후일 조선조 실학사상의 대표자 다산도 맹자의 위민 정치를 더욱 발전시켜 백성이 마을에서부터 단계적으로 상향식 추대에 의해서 군주가 탄생하고 그 통치자가 위민정치에 실패할 때는 백성의 뜻에 따라 퇴출시킨다는 논리를 폈다. 그렇다면 그렇게 왕이 된 정치인이 왕위를 빼앗기지 않으려면 훌륭한 인재가 주변에 많이 있어야 한다. 이를 위해서 조선은 과거제도를 도입하여 인재를 선발하였고 이들이 왕을 둘러싸고 정치를 수행할 때 서로가 도덕적으로 또 실제적인 통치의 성과로 평가를 제대로 받아야 하는데, 거기에 인재가 필요하다. 그 인재도 성리학적 지식의 기초 위에 자기수양을 쌓아 도덕적으로 성숙한 인물이다. 이 둘이 정치를 하기 위한 권력을 나누어 행사해야 하는데, 왕은 하늘의 명으로 권력을 위임 받아서 정통성을 주장하고 신하는 유학의 훈련을 시험 받아 선발한 최고 수준의 지식－도덕 엘리트다. 가산제 하에서는 물론 군신관계는 상하 위계서열적 관계로 명령과 복종이라는 비대칭 관계다. 그럼에도 모든 의사결정에서 왕의 의견이 완벽하게 정당하지 않을 수 있다. 성리학의 표준에 맞아야 하고 위민의 기준에 적합해야 한다. 이 지점에 오면 비록 왕이라 해도 일방적으로 자신의 주장을 고집할 수 없다. 여기서부터 긴장관계는 시작한다.

여기서 왕은 군주라는 정통성을 무기로 하고 신하는 지식과 도덕성이라는 전문성을 정통성의 무기로 해서 쟁투가 일어나게 되는 것이다. 그런데, 여기에 갈등의 소지가 있고 이를 해소하는 과정에 따라 순조로운 결과를 얻을 수도 있고 심각하고 극렬한 갈등으로 종결할 수도 있다. 그 정통성의 내용은 어차피 성리학적 기초 위에 찾아진다. 그것은 한 마디로 위민정치 또는 민본정치다. 누가 백성의 안녕과 복리를 더 잘 살피는 정책을 옹호하고 추진하려는 지를 다투어야 하고, 누가 각자의 욕심을 채우려 백성을 더 괴롭히는 잘못된 정치와 부정부패를 저지르는지가 문제가 된다. 여기에 권력의 적정한 분산으로 상호 견제가 가능할 때와 권

---

13) 國人皆曰賢 然後察之 見賢焉 然後用之…國人皆曰不可 然後察之 見不可焉 然後去之 (김학주, 2009b: 95).

력의 일방적 치중으로 전제적인 정치가 베풀어질 때의 차이가 발생한다. 권력의 독점이 위험한 이유가 여기에 있음이다. 가산제 이론이 비록 지적－도덕적 엘리트 개념을 쓰지만 이러한 도덕적 정치철학의 내용까지에는 분석의 손길이 미치지 못하는 약점이 있다. 여기에 선비문화의 빛과 그림자가 두드러지는 중요한 담론의 장이 있음에도 말이다.

이런 관점에서는 왕이 비록 거의 전제적인 처지에서 신하 관료의 관직은 물론 그의 목숨과 심지어 가족의 생사여탈권 등을 행사하여 그들의 주장을 꺾고 자신의 뜻대로 정사를 운용할 여지는 있다. 그러나 그처럼 극단적인 권력행사가 극심해져서 일정한 한계를 넘는 순간부터 그는 이미 군주로서 천명을 어기는 범부가 되고 만다. 그 시점부터 신하들은 왕을 탄핵하고 축출도 할 수 있는 명분을 얻는 것이다. 이 논리는 신하에게도 동일하게 해당한다. 권력을 독점하게 된 선비 정치인의 전횡에 따른 몰락의 예는 얼마든지 있다. 결국 여기에 바로 '중용의 원리'가 개재할 틈이 있는 것이다. 이를 본 저자는 '한계의 원리'로 해설하고, 이 한계를 넘으면 위험하니까 '유연성의 원리'로 그 지경에 이르지 않도록 처음부터 조심해야 한다는 점을 부각시킨다. 이 주제는 바로 이어지는 제IX장에서 자세히 논의할 음양변증법적 변동이론에서 해설할 것이다.

왕권과 신권 관계에서 또 한 가지 정통성의 문제는 왕위계승의 정당성이다. 원래 적장자를 세자로 책봉하고 왕위를 승계토록 하면 가장 간명하고 정당한데 이것이 어려워지는 상황이 건국 초부터 발생한 것이다. 그것은 건국시조 태조의 다섯째 아들 이방원을 둘러싼 쟁점에서 시작하였다. 우선 건국공신 중에서도 가장 큰 공을 세운 이가 바로 이방원인데 태조가 정도전 등의 지원으로 어린 이복동생 방석(芳碩)을 세자로 책봉하려 할 때 이를 저지하기 위해 방석뿐 아니라 나머지 두 형제와 정도전 등을 살해한 왕자의 난을 벌였다. 이를 계기로 방원은 우선 둘째 형 방과(芳果)에게 양보하여 그가 정종(定宗)으로 즉위하였지만, 넷째 형 방간(芳幹)이 도전하자 다시 군사적 충돌로 번져 결국 그도 제거하였다. 그리고 정종 2년에는 그의 양보를 얻어내어 방원이 태종으로 왕위를 승계한 것이다. 그 후에도 적장자가 없을 때 왕위 계승을 둘러싼 적통의 문제가 반

복하였고, 그 결과로 반정에 의한 왕권 교체가 일어나기도 하였다. 이와
는 또 다른 정통성 시비는 앞서 예송의 사건에서 논란이 있었던 상복 문
제 등과 관련한 쟁점으로도 대두한 바 있다. 여기에는 주로 붕당 간의 쟁
투의 명분 다툼에서 정통성의 시비가 다시 부각한 것이다.

(3) 도통의 쟁점

가산제론의 또 한 가지 약점은 그것이 주로 제도적 구도의 거시적 수
준에서 논의를 전개하면서 위에서 잠시 언급한대로 지적 – 도덕적 엘리트
인 선비의 이념과 성리학적 철학의 내용에 관한 깊은 통찰과 논지를 펴
지 않았다는 것이다. 그중에서 위에 언급한 정통성의 또 다른 의미를 다
루는 소위 도통(道統)과 관련한 쟁점을 놓친 문제다. 이것은 주로 성리학
의 체계 자체에서 도통을 바로 세운다는 학문적 명분론의 쟁점이다. 이
는 주로 사림파의 명분론의 근거로 떠오른 현상이다. 이들은 초기부터
신왕조 건국에 명분론으로 협조하지 않았던 재야세력과 세조의 단종 폐
위 사건에서 반대편에 선 절의파의 계통을 계승하고자 하였다. 그리하여
훈구파와는 달리 정몽주→길재→김숙자→김종직으로 이어지는 학문적인
계보의식을 가지고 있었다.

이러한 도통의 문제는 조광조 때에 정설화하기 시작했으며, 그것은
정암이 자신의 스승인 김굉필을 정몽주와 함께 문묘종사를 추진하는 일
을 추진하면서다. 이후 당쟁의 소용돌이 속에서도 지속적으로 문묘종사
를 추진해온 끝에 김굉필·정여창(鄭汝昌)·조광조·이언적··이퇴계로 이
어지는 소위 동방5현(東邦五賢)의 문묘종사를 완성하였다. 이와 같은 도
통의 문제는 단순한 당파의 갈등을 의미하는 일이 아니고, 유교를 국가
통치이념으로 하는 조선에서 유학의 적통자를 밝히는 문제이며, 이처럼
유학의 도학적 정통성을 인정받음으로써 정치적 위상과 집권명분의 강화
를 상징하는 일이기도 하였던 것이다(이수환, 2015: 287).

요컨대 조선왕조가 그토록 오래 지탱했던 이유 중에서 가장 특이한
것이 바로 이와 같이 복잡다기한 견제와 감시 활동을 철저히 제도화해서
권력의 집중을 각별히 경계하는 동시에 그 권력이 모인 곳이면 으레 독

버섯처럼 피는 부정부패의 예방에 특별히 주의를 기울이면서 운영했기 때문이라 할 것이다. 이웃나라 중국과 비교해도 500년의 역사를 구가한 왕조는 존재하지 않았다. 가령 고대의 주나라가 800년 역사라 하지만 실상은 군웅이 활거하던 춘추전국시대를 제외하면 300년 정도에 그쳤다. 한나라도 400년이라지만 이 또한 전한·후한 각각 200년을 합친 것이었으며, 당나라도 300년, 송나라도 남송·북송을 포함해서 300년 남짓 존속하였고, 원나라는 겨우 160년, 명나라와 청나라도 290여년 만에 끝났다. 그런 점에 비추어 조선조의 장기집권에는 특별한 연유를 찾지 않을 수 없다는 것이다(이성무, 2001: 26－27).

시대정신으로서 새로운 선비문화의 탐색

제IX장
시대정신으로서 새로운 선비문화의 탐색

이제는 시대정신의 탐색이라는 과제에 집중하려 한다. 이를 위해서 우리 나름의 선비문화 혹은 선비정신을 새로이 정립할 수 있을 지를 묻고자 하는 것이다. 그러자면 시대정신의 시각이 미래지향적이어야 한다. 역사를 돌아보는 중요한 이유도 바로 앞날의 인류의 삶을 개선하려는 의지 때문이다. 그러기 위해 논의를 문명사적 관점에서 전개할 필요가 있었다. 이제는 특별히 우리사회의 현실적인 문제점으로 잠시 눈을 돌려 진솔한 성찰의 시간을 가져야 한다. 그리고 이를 극복하고 진전한 상태의 미래를 그려 본 다음 제X장에서 선비문화의 주제에 집중하면서 결론을 맺게 될 것이다.

1. 우리사회의 난맥상: 공공성의 결핍

지금부터는 본격적으로 우리사회 자체의 특별한 비정상적인 특성을 주제로 삼아 논의하겠다는 말이다. 오늘날 우리나라 뿐 아니라 전세계적으로 정치 부문에서 자유민주주의가 제구실을 하지 못하고 있는 위기적인 상황에 관한 비판적 논의는 앞서 제II장에서 검토하였다. 거기에 더하여 이 지점에서는 정치사회를 포괄하는 거시적인 시각에서 포착하는 현대사회의 중요한 쟁점 중에 하나인 공공성 결핍이라는 현상에 주목하려는 것이다. 민주주의의 위기는 정치부문 내부에서 여러 각도로 분석할 수 있음을 앞에서 지적했지만, 통상의 정치사회학적 분석에서 주요 쟁점으로 다루지 않는 주제로서 실은 오히려 이야말로 정치사회의 근본적인 기반에 관여하는 것이라 할 수 있는 것이 바로 이 공공성 내지 공공의식 부족의 문제임을 부각시키려 하는 것이다(김경동, 2020).

현재 이 주제를 다루는 사회과학 분야의 주된 관심은 사회 전체의 공적 영역을 대표하는 국가의 이념적 지향이나 그에 따른 각종 사회경제적 정책을 두고 그것이 국민 전체의 공공복리를 어떻게 얼마나 증진시키는지를 분석하고 비판하는 데로 쏠리는 경향이 지배적이다. 이들의 담론이 담는 공공성의 개념의 구성요소는, 크게 나누어 1) 사회의 기능적 영역(sphere); 2) 주체, 3) 과업의 목표와 내용, 4) 절차 또는 과정, 그리고 5) 결과다. 이를 영역별로 개관하면 다음과 같이 요약할 수 있다(백완기, 2007; 하승우, 2014; 신효원, 2018; 임의영, 2018).

1) 영역은 ① 국가 및 그 공공기구; ② 시장부문은 민간의 경제적 기능 위주 영역; ③ 시민사회 부문은 일반 시민의 다중인구 전체와 그들이 조직하는 시민사회 결사체나 집단 등이다.

2) 주체는 ① 국가 부문은 공직자 및 준 공직 공인; ② 시장부문은 경제적 조직체의 종사자; ③ 시민사회 영역에는 결사체나 조직체의 구성원과 소속이 없는 일반 시민이다.

3) 목표와 내용은 ① 국가 부문은 국민의 공공복리를 위한 공공재의 공유성과 공익 추구; ② 시장에서는 기본적인 영리추구와 아울러 공공복리에 최대한 기여하는 공익 존중; ③ 시민사회는 시민 모두의 행복과 삶의 질 향상에 필요한 공적인 가치 증진에 기여하기 위한 공동의 관심사 공유, 공동체의식의 함양이다.

4) 절차 또는 과정에서는 ① 국가영역은 국민의 공민성(인권) 존중을 기반으로 모든 과업 수행 과정의 절차 등에서 사사로운 결정이 아닌 공식성(officiality)에 입각하여 정의롭고(공정성), 공평하고(평등지향성), 공개적(접근성, 개방성)이며, 참여에 의한 공론성을 확보하고자 최선을 다해야 하는 것이다. ② 시장부문의 절차적 관심에도 역시 그 나름으로 공

정성, 공평성, 공개성 및 공론성 등을 주시한다. ③ 시민사회에서도 이는 마찬가지라 할 것이다.

5) 결과에 있어서 각 영역의 과업수행은 ① 국가 부문에서는 국가의 이익을 최대한 확충하여 국민의 전반적인 행복도가 높아지고 나라의 품격이 국제적으로 모범적인 성숙한 선진문화사회를 이룩하는 목표에 최대한 가까이 가는 모습이어야 하고; ② 시장에서는 국민경제의 지속적인 성장의 성취로 국민의 생활수준 향상을 기할 수 있어야 할 것이며 국제적으로도 세계경제에 긍정적인 기여를 하는 선진경제국의 성취를 볼 수 있어야 하며; ③ 시민사회는 스스로 성숙한 사회로 거듭나서 사회경제적 안정, 사회적 결속, 사회적 포용 및 시민의 자율성 확보에 의한 사회의 질을 최대한 향상시키도록 하는 것이다.

사회학적 관점에서 공공성이나 공공의식이란 실제 사회생활을 영위하는 다수의 개인이 상징적 표상과 공통의 정서를 공유하며 그것이 활동하고 경험하는 생활세계의 사회적 관계 속에 결과하는 소속감을 찾아가는 과정에서 그가 속한 사회 내지 공동체의 지속적 존속과 발전에 공동의 책임을 느끼는 현상을 가리킨다(Mateus, 2011). 이러한 경험은 순전히 개인의 사적인 관심을 초월하여 집합체의 복리와 발전에 적극적으로 책임을 져야 한다는 각성을 내포하기를 사회는 기대할 수도 있다는 말이다. 여기에 공공성의 윤리적 함의가 떠오른다. 이러한 일반적 관찰을 배경으로 이제 우리 사회의 공공성 쇠잔(衰殘)의 성격을 간략하게 살펴보기로 한다(김경동, 2020a).

1) 개인 수준의 공공의식 문제

우리나라 사람들의 공공의식 부족은 아주 범상한 일상 속에서 쉽게 발견하는 데서 시작한다. 일방통행 금지 도로의 역주행이 전형적이다. 이런 사소한 것 같은 데서 위반이 생길 때 저자의 개인적인 경험에 의하면 이런 사례가 있다. 독일 외교부에서 주재 외교관을 초청한 모임에 참여한 독일 외교부 관료가 음주를 이유로 귀가길에 한국 외교관의 차편에 의지하게 되었는데 운전을 하던 한국 외교관이 독일 관료의 자택 근처에서 동승자의 편의를 위해 아주 짧은 구간의 일방통행 규칙을 위반하였다. 며칠 후 그는 경찰의 과태료 통지를 받았는데, 그날 밤의 상황으로는 인적이 매우 드문 곳이라 목격자가 있을 턱이 없기에 당시 동승한 독일 관리에게 자초지종을 문의하게 되었는데, 그 관료의 답은 아주 태연한 어조로 자기가 그날 밤 위반 사실을 경찰에 신고했다는 것이었다. 우리나라의 정서라면 신세를 진 사람이 할 수 있는 일이 아닌 사태였다. 반대로, 우리나라에서는 일방통행 길에 역주행하는 운전자에게 시민으로서 위반임을 지적해주면 돌아오는 응답은 육두문자다. 그냥 송구하다는 고개 숙이는 척이라도 하는 사람은 열의 하나 정도다.

이런 사소한 일로 우리나라 사람들의 공공의식을 비판하는 것은 지나치다 하겠지만 그것이 현실이다. 그리고 서방 선진국의 대응과는 너무 다르다는 점이 근본적인 차이라는 말이다. 이런 일상의 공공의식 부족은 음주운전, 묻지 마 범죄, 학교 폭력, 가정 폭력 등의 심각한 법규위반에서부터, 공공장소의 폐기물 투척, 심지어 길가에 침 뱉기나 담배 꽁초 버리기 등 얼마든지 있다. 왜 이런 사소한 질서위반이 문제가 되느냐 하면, 바로 그런 일상의 규칙위반과 질서교란이 그 사회의 도덕성 척도의 가장 기본적인 기초이기 매문이다. 적어도 이런 일반 시민의 태도는 그 연원을 추적해보면 결국 소위 사회 지도층의 도덕성 결핍을 보는 보통 시민이 저런 높은 사람들이 저렇게 엄청난 짓을 하는데 나같은 평범한 쫄짜가 이 정도 위반하는 것 쯤이야 '조족지혈'(새 발의 피이지)이라는 냉소적인 의식의 표출에 불과하다는 말이다.

그리고 또 한 가지 우리나라 사람들에게 결핍한 요소가 배려와 역지사지(易地思之) 자세의 부족이다. 이와 관련한 구체적 사례는 주 프랑스 대사관의 상무관을 지낸 저자의 친구의 부인이 당한 황당한 일화다. 하루는 부인이 허겁지겁 겁먹은 얼굴로 귀가하여 물었더니 어떤 키 큰 백인 남자가 계속 자기를 뒤좇아 왔기 때문이라는 거였다. 훗날 알게 된 일인데 그 백인은 바로 같은 아파트에 사는 프랑스인으로, 그날은 친구의 부인이 너무도 반갑고 대견해서 인사라도 나누려고 따라왔다는 것이었다. 그 이유는, 길을 가다가 그 부인과 살짝 몸이 스치듯 닿았는데, 이 한국 아주머니의 입에서 "빠흐동"(Pardon)이라는 단어가 불쑥 튀어 나왔다는 것이다. 통상 서양인들이 서로 부딪치거나 밟거나 하면 영어로는 "익스큐즈 미"(excuse me)가 나오는 습관이 있다. 그날 이 사모님은 프랑스에서 익숙해진 "미안하다"는 말이 무의식 중에 불어로 튀어 나왔던 것인데, 이게 그에게는 너무도 반가웠는 데다 한국 사람이 그런 송구함을 바로 표현하는 예를 거의 보지 못했는데 그처럼 겸손하게 말해준 것이 신기하고 고마워서 인사라도 하려고 뒤를 밟았더라는 웃지 못할 얘기다.

우리가 근대화를 겪는 과정에 전쟁을 포함하여 우리의 삶이 너무도 고달프고 어려운데다 정신없이 앞만 내다보며 "잘 살아보세"를 외치며 달려온 탓에 일찍부터 그런 준법의식이나 역지사지의 배려심 같은 것을 학습도 훈련도 제대로 받지 못하고 그저 자기중심적 심사로 자기중심적 행동에 열중하다 보니 여기에 이른 셈이다. 그럼에도 이 문제를 진지하게 직시하고 바로잡겠다는 조처를 철저히 해 본 일도 없을뿐더러 앞에서 지적한 기술혁신과 공업화·도시화의 여파에다 코로나 사태마저 뒤엉켜 우리의 심성이 메마르고 영혼이 황폐해진 것이다.

각설하고, 이제 거시적인 차원의 문제제기를 시도해 본다.

2) 거시적 수준의 공공성 문제

솔직히 이 문제는 워낙 복잡다단하기 때문에 한정된 지면에 상세한 분석을 기대할 수는 없다. 그럼에도 이 주제는 우리의 미래를 좌우할 수 있는 실로 심각하고 중차대한 것이므로 몇 가지만 간추려 살펴보기로 한다.

국가 차원에서 공공성과 공공의식이 문제가 되는 측면을 현상적으로 지목하는 키워드(주요 개념)를 나열해보자.

① 국가주의(statism)의 위험성: 현재(주로 문재인 정부를 지칭함) 우리나라 정권의 특성을 정리하는 데 가장 먼저 떠오르는 것은 국가주의적 사고와 운영방식이다. 국가주의란 여러 가지 의미로 쓰지만, 여기서는 권위주의적 정부로서 단순히 정치와 행정 중심을 넘어 국가가 국민의 경제

와 복지 뿐만 아니라 도덕과 문화적 실천까지도 입법으로 규제하거나 행정으로 집행하려는 형태의 국가를 가리킨다(Cudworth, 2007). 현 정권은 외형상으로는 민주주의적 정부의 모습을 띠고 있지만, 그 실제 국가운영 행태에서는 다분히 국가가 경제 운용 방침, 복지는 물론 이념적으로 상이한 정치집단이나 국민에게 불리한 시책을 펼친다. 그러한 정치를 하는 근거는 이른바 민주주의가 자칫 빠지기 쉬운 다수의 전제정치 (Tyranny of the Majority)를 실시하고 있음이다. 물론 선거에 의해서 의회 의석을 다수 차지하고 있기 때문이지만, 그 다수의 정치적 목적 달성을 위하여 다수의 힘을 이용하여 집권적인 과잉 권력행사(concentration ex‒cess)를 시행하므로 이런 행태는 민주주의가 중시하는 합리성을 포기하고 (abandonment of rationality) 소수의 의견은 결코 용납하지 않는 거의 폭정에 가까운 정부 운영을 하는 것이다(Nyirkos, 2018). 다수결 법칙이란 '본질적으로 도덕적이고 지적인 덕목'을 결여한 것"(Gurri, 2014: Kindle Locations 199‒203)이었기 때문이다. 이런 다수의 전제정치의 위험성은 이미 19세기에 Alexis de Tocqueville과 John Stuart Mill이 지적한 바 있다. 더구나 우리나라 다수 집권당의 소수당을 향한 자세는 그 다수당의 대표가 공공연하게 "이번 선거에서는 XX당을 완전히 궤멸시키고 맙시다"라는 선전포고를 하는 매우 특이한 유형이다.

그뿐 아니라, 국가주의 정치는 시민사회와 상생의 협치(governance)를 하려 하기보다는 친정부적인 시민사회 단체를 이용하여 시민사회를 지배하고 정치적으로 이용하고자 하는 경향이 있다. 저자는 2000년내 초, 대학에서 정년하던 때부터 우리나라의 건전한 시민사회운동을 진작하는 모임을 조직하고 시민사회가 주도하여 추진하던 자원봉사운동에도 적극 참여한 경험이 있다. 거기서 뼈저리게 절감한 문제점 중에는 국가주의 정부가 순수한 시민사회운동인 자원봉사마저도 국가 공무원이 직영하거나 위탁하더라도 재정지원을 빌미로 간섭이 심하며 어떤 방법으로든 그 운동 자체를 정치적으로(선거 등) 이용하려는 시도에 번번이 좌절감을 느꼈던 기억을 잊을 수가 없다(김경동, 2012).

② 이들은 강력한 패거리 정치로 힘을 모으고 극단적인 이념을 내세

위 민중을 현혹하는 집단이다. 흔히 우리나라에서는 1980년대의 학생운동에 참여한 집단을 '86세대'라 부르고, 이들은 그러한 운동을 하는 과정에서 이념적으로 사회주의, 주체사상, 국가주의, 반미주의 등의 이념에 심취하였고, 지금까지 그 사상적 성향에서 졸업하지 못한 채 경제, 복지, 외교, 남북 관계 등 분야에서 중국 눈치 보랴, 북한 눈치 살피랴, 종북적이고 친중적인 정책에 미련을 못 버리고 마구 밀어붙이려 한다. 참으로 딱하다는 생각이 드는 일은 남북관계를 책임 진 통일부 장관이 국민 앞에 나와서 조심스러운 자세로 발표하는 내용이 누가 봐도 북한의 눈치를 보는구나 하는 것이 드러나는 모습을 국민이 봐야 하는 일이다.

여기에만 그치지 않는다. 나라의 근간인 살림살이를 관장하는 경제분야에서는 국가주도의 '소득주도 성장'과 같은 비현실적인 정책과 기본소득이나 긴급재정 지원금, 전학생 무료급식 등의 사회주의적인 정책을 강력하게 시행하려 한다. 이들의 정책은 소위 포퓰리즘(populism)이라 일컫는 대중영합주의의 색채를 진하게 띠기도 한다. 대중영합주의는 특성상 다원주의를 무시하고 다수의 목소리로 모든 것을 밀어붙이려 하는 성향이 강하기 때문에 정상적인 민주주의를 실현하는 데에는 방해가 된다. 그리고 대중영합적인 정책은 한 마디로 국민의 인기를 얻으려는 선거용이라는 특색을 띠므로 이런 정책을 쓰다가 나라 살림을 깡그리 망쳐버리고 국민을 고통으로 몰아간 보기는 중남미를 비롯해서 여러 나라가 경험적으로 보여 주고 있다(김경동, 2019b).

게다가 에너지 정책에서도 사회주의적 환경 분야 시민단체의 부정확한 비학술적인 주장에만 의지하여 대통령의 선언 한 마디에 의거, 원자력 발전소의 폐쇄와 원전 정책의 중단 등을 실행에 바로 옮기는 매우 이념일편도의 정책을 지나치게 강요한다. 그 대안으로 친환경 에너지 발전을 위해 시작한 태양광 및 풍력 발전은 재정 투입에 비해 전력 산출이 미미한 데다 그 시설을 구축하기 위해 대규모 산림훼손, 갯벌 교란 등 생태계 파괴가 더 심각한 상태다. 여기에는 심지어 청와대와 인연이 있는 인사(패거리)가 운영하는 기업체가 대대적인 사업권을 얻어서 매우 부실한 공사마저 했다는 루머가 도는 판이다. 게다가 거기에 사용한 장비는 대개가 중국산이라는 사실도 언론이 폭로하고 있다. 이로 인한 전략 부족과 전기료 인상을 억제하기 위해 석탄과 가스를 태우는 화력 발전을 더 추구하는 역설적인 전력 정책을 극력 추진하고 있다.

특히 부동산 정책에서는 투기억제라는 명목으로 20여 차례의 '새로운' 정책이라는 것을 발표시행한 결과 주택 가격의 폭등과 공급부족만 초래하는 등 실책에도 불구하고 이런 정책을 근본적으론 수정할 의사가 전혀 없이 다수의 힘으로 밀고 간다. 이 과정에서 공공기관의 인사들이 개발 정보의 사전 유출로 대규모 토지 투기를 하다가 법망에 걸리는가 하면, 세종시와 같은 행정도시에서는 공무원이 실지로 이주하여 거주하지도 않는 주택의 가격만 폭등하게 하여 불공평한 축재만을 부추긴 결과를 초래하였다. 민심은 부글부글 끓게 한 정책투성이가 되고 말았다.

거기에다 민족의 백년대계를 좌우하는 교육분야에서는 민간분야의 자율적인 교육을 마치 범죄자들의 파행인양 규탄하면서 이를 폐기하려 하다가 결국은 사법부의 판결로 무산하는 웃지 못할 행태를 보인다. 그런 교육 책임자는 전교조 출신 교사 중에 퇴출 당한 사람들을 공정한 절차를 무시하고 재취업하도록 조처하다가 역시 사법처리를 받고 있는 상황마저 벌이고 있다. 실지로 교육의 총책임을 맡은 부총리급 장관은 국회의원 시절 교육문화 분야 분과에서 활동한 것 이외에는 교육 분야의 정규 훈련도 전문적인 경력도 미미한 인물이라는 비난도 받는다. 요는 패거리 인사의 전형이라는 것이다. 그런 장관이 공공연하게 무슨 정책을 시행한다는 발표를 하면 자녀 교육에 목을 매고 있는 우리나라 국민은 무엇을 믿고 자녀를 안심하고 학교에 보낼 수 있을 지를 당국자들은 생각이라도 해봤는지를 국민은 묻게 된다.

코로나19의 대유행이 일어났을 때부터 오늘에 이르는 동안에도 약간의 기복은 있었으나 국민의 적극적인 참여와 협조로 잘 진행하는 듯하더니, 이제는 오락가락 하면서 국민을 불안하게만 하는데, 어째서 대통령 혼자만이 낙관적인 발언을 계속 쏟아내는 지 국민은 이해를 할 수가 없다고들 한다. 이처럼 온갖 주요 정책이 완벽한 실패로 돌아 갔음에도 불구하고 국민 앞에 진솔하고 진정성 있는 사죄는 물론 시정을 위한 수정을 반드시 하겠다는 약속을 그 어떤 책임 있는 인사로부터도 국민은 들어 본 적이 드물다.

③ 권력 집중과 남용을 저지하기 위해 제정한 삼권분립의 원칙도 국가주의 다수의 전제정치에서는 무의미하게 되었다. 국회의원 출신이 행정부의 부서장으로 취임하는 것이면 일종의 내각제를 수용하는 제도로서 용인하지만, 정당의 대표도 지내고 입법부의 수장(국회의장)까지 역임한 인사가 이제는 행정부의 수장인 국무총리를 맡아야 한다면 삼권분립의 가치는 그만큼 손상당하는 것이다. 그뿐 아니다. 행정부의 부서장(장관) 등이 청문회를 거치며 온갖 비리와 부정행위, 심지어는 범죄 기록까지 드러났으므로 의회가 청문보고서를 채택하지 않든지 아니면 반대하는 소수의견이 있음에도 이를 묵살하고 대통령에게 보고를 하는 것도 비정상이지만 의회(입법부)가 거부한 인사를 청문회 종료 후 일정 기간에 보고가 없으면 대통령이 일방적으로 임명하는 사례가 이번 정권에서 이미 20차례 이상인 것도 결국은 삼권분립 제도를 완전히 무시한 처사다. 그보다도 국민의 눈살을 찌푸리게 한 각종 하자가 수두룩한 인물을 무조건 대통령이 자기 패거리니까 임명하겠다면 모든 공공의 절차는 무조건 짓밟아도 좋다는 그런 사고방식이 어떤 민주주의 정치에서 정상이라 할 수 있을까를 의심하게 한다.

그러다 보니 혹여 패거리 중에서 비리와 부정을 끌어 안고 고관대작의 자리에 올라가는 인사들 중에서 혹이라도 사법처리의 그물에 걸려 드는 사례가 나타날 때를 대비라도 하듯이, 심지어 이들은 검찰조직이 지나치게 권력과 결탁한 권력기관으로 전락했다는 명목으로 개혁에 나섰다. 그래서 범죄에 연루가 있는 인물을 검찰의 수장 또는 법무부 수장으로 임명하는가 하면서까지 실제로는 범법으로 기소 중에 있는 자기 패거리 챙기기에 혈안이 되어 있다. 게다가 사법부마저도 운동권의 86세대가 중심인 판사와 재야 변호사 등의 결사체를 이용하여 패거리에 불리한 재판을 저지하는 등 사법부까지 장악한 상태다.

이 같은 편파적인 사법 시행의 가장 극명한 보기는 이 정권이 민노총(전국민주노동조합총연맹)의 집회 관련 위법조처를 머뭇거리는 모습이다.

이른바 태극기집회라는 보수권 집회에는 강력한 제재를 서슴지 않는 경찰이나 법원이 이 민노총 앞에서는 어찌하여 그토록 관대한 건지 두려운 건지를 국민은 묻고 있다. 예를 들어, 최근(2021. 7. 1)「매일경제신문」 보도에 따르면 전문가들이 민주노총의 이번 1만명 집회가 코로나19 확산을 부채질할 가능성이 크다며 경고하고 나섰음에도 무시하고 계획한대로 집회를 진행하겠다는 뜻을 밝혔다. 심지어 다음날(2021. 7. 2) 국무총리가 집회 개최를 만류하기 위해 서울 민주노총 건물을 직접 찾았지만, 민주노총의 뜻을 굽히지 못했다(「서울경제신문」). 실상 이들의 행동유형은 민노총이나 전교조(전국교직원노동조합)는 모두 단결해 똘똘 뭉쳐 우리의 뜻을 반드시 관철해야 한다는 자세다. 이들은 대통령 직속 사회적 대화 기구인 경제사회노동위원회에도 걸핏하면 자기들 마음에 들지 않는다고 불참하는 행태를 보이는 집단이다.

④ 이런 방식으로 국가를 경영하는 이 정권의 구성원들은 대통령을 위시하여 이처럼 비정상적인 행위를 하고도 부끄러워하는 것 같지 않고 미안하다는 사과도 하지 않는다. 이는 몰염치의 극치다. 이런 태도의 이면에는 내가, 우리가 하겠다면 하는 거지 당신이 뭐냐 하는 저들의 독선이 도사리고 있음이다. 온갖 비리에도 고관대작의 자리니까 어떻게 하든 차지해야겠다는 장본인도 염치 없기는 매한가지다. 그중에서도 위선의 아이콘이 한 사람 있다. 실명은 필요 없고, 온 국민의 가슴에 대못을 박는 염치 없는 허위문서 작성으로 자식을 대학에 입학시키고도 마치 자신은 정직한 인물인 양 말하고 행동하는 이 인사는 교직에 있었던 당내의 엘리트였다. 그는 어떤 사회적으로 지탄받을 만한 일을 저지른 사건이 있을 때면 제일 먼저 대중 앞에 나서서 그 사람을 맹렬히 비난하고 규탄하는 데 선수였는데, 나중에 뚜껑을 열고 보니 자기는 더 부정한 비리를 저질러 놓고도 눈 하나 깜짝하지 않고 당당히 카메라 앞에서 변명 아닌 변론을 일삼는 모습은 참으로 기가 막히는 위선이 아니고 무엇일까 싶다. 그가 인사청문회에서도 국회의원들 앞에서 그 모든 일을 하지 않았다고 부인하고 장관까지 지내면서 한 마디 사죄의 변은 물론 없었고 그 태도 자체가 자기는 잘못이 없다는 정말 떳떳한 인사라 생각하는 그 심

리는 정상인의 것이 아닐 것 같다는 의심을 사람들이 가졌을 것이다.

⑤ 그런데 이 정권이 믿는 구석이 있다. 여기서 촛불 정치 자체를 폄하할 생각은 없고 실은 지난 번 정권에서 한 무명의 여성이 대통령 측근에서 온갖 국정농단을 한 데 분노한 시민이 집단적으로 이에 저항하고 나선 촛불 시위는 국제적인 인정을 받은 매우 모범적인 국민저항 운동의 한 사례라고 할 만하다(김경동·임현진, 2019). 물론 어떤 상황에서든 이런 국민 저항이 불필요한 것이 가장 정상적이고 바람직한 정치환경이다. 하여간 자기들 말로 그 촛불 정치로 입성한 현 집권세력은 자기들 패거리를 적극적으로, 그중에는 극렬하게, 지지하고, 반대 세력을 무참하게 짓밟는 거대한 사이버 공간의 무서운 정치꾼 아닌 정치꾼의 군상이 눈을 부릅뜨고 지켜보고 있으며 언제든지 필요하면 벌 떼처럼 목소리를 내는 군중이 배후에 있다는 믿음으로 자신만만한 지도 모른다. 문제는 이런 디지털 정치의 대중은 전혀 합리적 판단을 할 능력이나 성향을 구비하지 못한 채 데마고그의 선동에 마구 휩쓸려 움직이는 군상이라는 점이다. 이들이 바로 위에서 살펴본 사이버 공간의 정치적 깡패로 돌변하지 말라는 법도 없다는 말이다.

한 마디로 우리 사회는 지금 집권층의 독선적인 자기도취로 인한 이중성과 위선, 오만으로 이를 호도하는 '내로남불'의 파렴치, 조폭심리와 흡사한 편 가르기와 패거리 감싸기, 이를 조장하는 여론 조작과 그에 맹목적으로 동조하는 눈먼 다중의 착각이 자아내는 상식 이하의 품격 결핍의 난맥상으로 크게 신음하고 있는 형국이라 해도 과언이 아닐 것이다. 지금이야말로 그 어느 때보다도 우리사회가 제대로 성숙하고 선진적인 문화적 교양으로 온전한 품격을 갖춘 사회로 성큼 한 발 내어 디딜 길을 진지하게 탐색해야 한다는 각성이 필요하다.

2. 인류에게 필요한 음양변증법의 변동원리

선비문화의 가치를 재고하기 전에 한 가지만 더 보태려 한다. 본서

제Ⅱ장에서 개관한 문명사적 대변환의 소용돌이 속에서 인류가 복잡다
기한 문제를 지혜롭게 풀어나가는 데 매우 중요한 시사점을 제공하는
동방사상의 핵심담론 중 하나인 음양오행설이다. 이것을 본 저자는 일
찍이 음양변증법이라 재규정하고 그 엉킨 실타래 같은 인류문명의 변화
를 이해하고 미래를 구상하기 위한 준거틀로 그 논리를 적용하고자 해
왔다. 본서에서도 다시 한 번 그 지혜를 원용하기 위해 요점만 간추린
다(김경동, 1993; 김경동, 2019a; Kim, 2017a).

음양사상은 중국에서 유래하는 동양사상 중 유가와 도가의 이론에서
공유하는 것이지만 역시 그 주류는『역경』(易經), 혹은『주역』(周易)이라
는 유학의 경전에서 연유한다. 음과 양이라는 우주의 두 가지 기(氣)는
상대성의 관계 속에서 의미가 있다. 하나가 없이는 다른 하나도 존재 의
미가 없고, 그 둘은 반드시 서로를 필요로 하며, 음 속에는 양이, 양 속에
는 음이 들어 있다. 그리고 대상의 종류와 문맥에 따라 각각 양이 될 수도
음이 될 수도 있는 역동적 개념이다. 이처럼 대대적(待對的)인 이분법의
사고는 오늘날 정보화 시대 디지털 원리에서 1과 0이라는 두 변수로 모든
계산과 조작 기능이 가능하다는 사실에 비추어 시사하는 바가 크다.

원래 이 둘은 성질상 차이, 모순, 대치의 상대적 개념이지만, 동시에
서로 보완, 호혜, 조화의 관계를 띤다. 이 점에서 단순히 모순으로만 파
악하는 서양 변증법 논리와는 근본적으로 다르다. 음양은 상호작용하여
우주만상을 생성변화시키는 힘, '기'다. '양'기는 만물을 생성케 하는 시
작하는 힘(氣), 생산적 요소, 씨(종자)이고, '음'기는 생산이 이루어지는
바탕, 만물을 완성시키는 요소, 밭이다. 이 둘의 상대적 관계는 오행설에
서 유래한 '상생'(相生) 혹은 '상승'(相勝)과 '상극'(相剋)의 역학으로 파악
하기도 한다. 음양의 생산적인 상호작용은 상생관계이고 상극의 상호작
용은 변화를 초래한다. 오행설을 좀더 부가하면 자연을 형성하는 금수목
화토의 다섯 가지 요소는 상생(상승)상극의 관계에서 역동적인 변화를 일
으킨다. 금수목화토의 상생관계 순서는: 쇠(金)는 물(水)을 낳고 물은 나
무(木)를 키우며 나무는 불(火)을 일으키고 불은 흙(土)을 낳는다. 반대로
수화금목토는 상극관계의 배열순이다. 물은 불을 끄고 불은 쇠를 녹이며

쇠는 나무를 파괴하고 나무는 흙을 능가한다. 이 순환논리는 계절 등 우주자연의 현상에만 적용하지 않고 인간 역사와 정치(국가)의 흥망성쇠를 묘사, 설명하는 데에도 광범위하게 응용하였다.

여기에 태극설을 도입하면 음양의 관계가 더욱 흥미롭지만, 앞서 제 III장의 철학적 담론에서도 잠시 소개한 바 있는 주염계(周濂溪)의 「태극도설」을 재음미 한다(배종호, 1985: 79; 김경동, 1993: 27).[1]

> 태극의 움직임이 '양'을 낳고 움직임이 극에 달하면 고요함이 되고…고요함이 '음'을 낳는다. 고요함이 극에 달하면 다시 움직임으로 돌아간다. 한 번 움직이고 한번 고요함이 서로 그 뿌리가 된다…두 가지 '기'가 서로 감응하여 작용하면 만물을 낳고 변화시키며, 만물이 생성발전(生生)하여 변화가 무궁하다.

이런 순환논리를 좀더 쉽게 풀이한 구절 하나만 더 보태면, "해가 지면 달이 오고 달이 지면 해가 뜬다. 해와 달이 서로 밀어서 밝음이 생긴다. 추운 겨울이 가면 더움 여름이 온다. 춥고 더움이 서로 밀어서 세월(한 해)이 이루어진다"(이가원, 1980: 469; 김경동, 1993: 28).[2]

여기에서 우리는 음양변증법에서 사회변동의 일반이론을 유추하는 원천을 발견한다. 이제 그 이론적 원리 세 가지의 요체를 간략하게 개관하기로 한다(김경동, 1993; 2019; Kim, 2017a).

1) 한계와 '반'의 원리

위의 음양 상추, 서로 밀고 밀리는 움직임의 원리에는 이미 '한계'를 암시하고 한번 갔으면 다시 돌아온다는 '반'(反)을 상정한다. 『易經』의 11번째 태괘(泰卦)의 해설은 "평탄한 물건 치고 기울어지지 않는 것은 없다. 가는 것 치고 돌아오지 않는 것은 없다"고 한다(无平不陂 无往不復:

---

1) 太極動而生陽 動極而靜…靜而生陰 靜極復動 一動一靜 互爲其根…二氣交感化生萬物 萬物生生而 變化無窮焉.
2) 日往則月來 月往則日來 日月相推而明生焉 寒往則暑來 暑往則寒來 寒暑相推而歲成焉 (『주역』「계사전 하」5장).

이가원, 1980: 112). 또한 "역(易)의 원리는 궁하면 변하고 변하면 통하고 통하면 오래 감이다"(易 窮則變 變則通 通則久: 『周易』 계사하전, 2; 이가원, 1980: 461). 전술한 바 이를 원용한 율곡의 아래와 같은 국가 변화 삼단계설은 유명하다(時務不一 各有攸宜 撮其大要 則創業守成與夫更張三者而 已: 『율곡전서』 권25, 「성학집요」; 금장태, 1984: 91).

① 창업(創業): 혁명 새 국가 창업, 질서의 기초로 신법제 구축;
② 수성(守成): 법제 계승, 실현, 안정기;
③ 경장(更張): 안정기의 타성, 부패 등을 혁신 새 국가 탄생.

실은, 이런 '반'과 '복'(復)의 원리는 도가의 『노자』에도 찾아볼 수 있다. "근본으로 돌아간다는 것은 '도'의 움직이는 법칙이다"라든지(反者道之動: 『신역 노자』(新譯 老子) 40장; 김경탁, 1979: 201), "천지만물의 현상이 많이 번창해도 결국 각기 그 뿌리(道)로 되돌아간다"는 구절(夫物芸芸 各復歸其根; 『신역 노자』 16장: 김경탁, 1979: 116), "하늘의 도는 지나치게 여유 있는 데서 덜어서 부족한 데를 보충한다"(天地之道 損有餘而 補不足: 『老子』 77장; 김경탁, 1979: 288) 및 "고로, 성인은 격심함, 사치, 교만을 버린다"(聖人去甚 去奢 去泰: 『老子』 29장; 김경탁, 1979: 169) 등이 대표적인 보기다(김경동, 1993: 29).

세상 만사가 한쪽으로 기울어 극에 달하면 반드시 한계를 만나고, 그리 되면 또 필히 되돌아 오는 진동과 같은 변화를 반복한다는 이치다. 하버드 대학의 사회학자 Pitirim A. Sorokin도 그의 문화변동 이론에서 한계의 원리(the Principle of Limit)를 제창하어 문화의 한 가지 유형이 한 방향으로 극도로 번성하면 반드시 그 안에 실패의 씨앗을 품어 끝이 온다고 보았다. 요는 극단(한계)에 이르면 되돌아오게 마련이므로 삼가고 조심하는 도리가 성인의 길이다. 여기서 두 번째 원리와 만난다.

2) 중용의 원리: 절제와 균형

중용의 원리는 절제(moderation)와 균형(equilibrium)의 원리다. 시스템 이론에서도 시스템에 변화가 생기는 것은 그 체계의 여러 요소들 사이에 적정한 균형(equilibrium)이 무너질 때 일어난다고 본다. 균형개념의 백미는 아무래도 동방 사상의 '중'(中)의 원리라 할 만하다. 중은 서양식으로는 아리스토텔레스의 황금률(golden mean)과 유사하지만, 동방 사상의 『중용』에서 말하는 중은 "어느 한쪽으로 기울지도 않고 지나치거나 부족함이 없는 상태로서…천하의 바른 길이다"(中者不偏不倚無過不足之名…天下之道: 『대학, 중용, 효경』; 이민수 · 장기근, 1980: 203; 김경동, 1993: 31).

중은 화(和)와도 맞물려 인간행위와 사회질서에 도덕적 완성을 추구하는 원리가 된다. 희로애락의 정감이 미처 발동하지 않은 상태를 중이라 하고, 감정이 발해도 저마다 제자리를 옳게 차지하는 것을 화라고 한다. 이 중화에 이르면 천하가 자리를 제대로 잡아 만물의 육성이 이루어진다. 중용사상은 불행(calamity)과 멸망(demise) 대신 안정과 안전(security, safety)을 위해서 극단과 불균형을 피하라 한다(이가원, 1980: 469－470; 김경동, 1993: 32－33)).[3]

> 편안함을 지나치게 믿으면 위험해지고, 순탄하다고 믿어 마음을 놓으면 멸망하고, 태평한 꿈에 취해 있으면 난리가 난다. 그러므로 군자는 편안할 때 위험을 잊지 않고, 순탄할 때 멸망을 잊지 않고, 태평시절에 전쟁을 잊지 않는다. 이로써, 자신은 물론 국가를 보존할 수 있다.

이처럼 일견 역설적인 논리의 암시에서 중의 사상은 정(正)의 사상과 만난다. 모든 것은 처해야 할 바른 자리(正位)가 있고, 행함에 있어 바른 때(正時)가 있기 때문이다. "임금은 임금, 신하는 신하, 아버지는 아버지, 아들은 아들 노릇을 제대로 해야 한다"(君君臣臣父父子子)(『논어』(論語) 「안연」)는 공자(孔子)의 정명론(正名論)을 반영하는 논리다(김학주, 2009a: 200; 김경동, 1993: 30).

그러나 이 중용의 사상은 단지 정중만을 주장하지 않는다. 정중(正中)

---

3) 危者 安其位者也 亡者 保其存者也 亂者 有其治者也 是故 君子 安而不忘危 存而不忘亡 治而不忘亂 是以 身安而 可保也) (『易經』 계사하전, 5).

이 있으면 시중(時中)도 있다. 정중이란 천명에 따라 '도'에 어긋남이 없이 자기의 자리를 온전하게 지키고 과욕을 부리지 않아서, 모든 변화의 양극적 다양성을 선(善)의 정당성으로 지향시키는 이념적 중용이고, 시중은 그때그때의 시간적 상황에 꼭 알맞은 처신을 하며, 시대와 사회의 현실 속에서 적절한 적응방법을 확보하는 상황적 중용이다. 물론 이 둘은 서로가 대립적인 것이 아니고 변증법적인 상호성의 관계로 이해한다. 율곡은 사회를 변혁하는 방법으로 근본주의적인 접근(從本而言)과 현실주의적 관점(從事而言)으로 나누고, 때에 따라서는 원칙에 따라 문제해결을 시도하지만, 좀더 실질적인 필요에 착안하여 개혁을 도모할 수도 있음을 시사하였다. 여기서 우리는 적응성이라는 개념과 균형 또는 평형이라는 말과 만난다(김경동, 1993).

3) 유연성과 적응력의 원리

세 번째 원리는 유연성(flexibility)과 적응력(adaptability)의 원리다. 사회체계가 환경의 변화에 얼마나 잘 적응하여 시스템 자체의 생존을 지탱하느냐가 관건이라는 원리다. 여기서 시스템의 유연성이 문제가 된다. 유연해야만 적응하기가 수월하다. 따라서 적응력의 향상을 진화라고 본다. 유연성의 원리를 한층 더 깊이 있게 이해하기 위해서 유교와 도교의 사상을 참조할 만하다. 바로 앞에서 중용은 한 쪽으로 기울거나 혹은 과하거나 부족함이 없는 상태, 즉 균형을 뜻하며 이 균형이 깨지면 사람이나 사회에 변화가 온다는 뜻임을 고찰하였다. 그런 상황에서 필요한 것이 바로 시의(時宜)에 잘 적응하라는 시중 즉 적응력이다. 여기서 율곡의 말을 다시 들어보자(조남국, 1985; 김경동, 1993: 35).[4]

무릇 시의라고 하는 것은 수시로 법을 고치고 만드는 변통을 함으로써 백성을

---

4) 夫所謂時宜者 隨時變通設法 救民之謂也 程子論易曰 知時識勢 學易之大方也 又曰 隨時變易 乃常道也 蓋因時制時變則法不同…比豈聖人好爲變易哉 不過因時而已(『율곡집』「萬言封事」).

구하는 것을 말합니다. 정자(程子)가 『주역』에 관해서 논하여 말하기를 『주역』을 공부하는 뜻은 때를 알고 추세를 파악하는 일이라 하였고, 또 이르기를 때에 따라 변역하는 것이 가장 보편적인 도리라 하였습니다. 대개 법이란 시대에 따라 알맞게 제정하는 것이므로 시대가 바뀌면 법은 오늘의 상황에 일치하지 않는 것입니다…이 모두가 어찌 성인이 변역하기를 즐겨서 한 일이겠습니까. 시대의 필요에 부응하고자 하였을 따름입니다.

바로 위의 항목 (중용)에서 『주역』은 역설적인 변증법의 논리를 좇아 율곡이 말한 위태로움을 알고 행동하면 자리가 안전하다는 비유를 상기할 때, 이와 같은 자세로 삼가며 대비하여 시의에 따른 변역을 시도하는 것이 곧 적응을 뜻한다면 그러한 적응이야말로 개인의 의식이나 사회의 조직원리나 구조가 유연해야 가능하지 경직할 때는 어려운 법이다. 유연성과 적응력의 연관을 중용의 관점에서 풀이하면, 이런 뜻이다. 음양의 조화가 수시로 변화를 창출하는 환경 속에서 극단, 과도, 부족으로 쏠리지 않는 중용을 지켜 변역하려면 경직한 의식, 조직원리, 구조로는 감당하기 어렵다. 왜냐하면, 한번 기울어져 한계에 도달할 때, 부드러운 것은 용수철처럼 다시 튕겨 나와 제자리로 돌아오는 진동(振動)을 할 수 있지만 경직한 것은 벽에 부딪히면 부서지든지 벽에 손상을 입힌다.

이와 같은 유연성, 신축성의 가치를 가장 높이 산 사상이 바로 도교이고 그중 대표적인 사상가 노자(老子)의 『도덕경』은 유연함을 칭송하고 강조하는 담론으로 가득 차 있다. 그중에서 백미라 할 만한 구절 둘만 소개한다(김경탁, 1979: 286; 김경동, 1993: 35).[5]

사람이 살아 있을 때는 부드럽고 약하지만 죽으면 굳고 강해진다. 초목도 살아 있을 때는 부드럽고 약하지만 죽으면 말라 굳어버린다. 그러므로 부드럽고 약한 것은 삶의 현상이요, 굳고 강한 것은 죽음의 현상이다. 이러한 즉, 군대가 강하면 다른 나라의 침입을 받아 망하고, 나무가 강하면 꺾이게 마련이다.

---

5) 人之生也柔弱 其死也堅强 草木之生也柔脆 其死也枯槁 故柔弱者生之徒 堅强者死之徒 是以兵强則滅 木强則折(『신역 노자』 76장).

여기서 유연한 것이 살아 있다는 증거라면 그것이 적응력의 원천일 수밖에 없음을 암시한다. 그래서 부드럽고 약한 것이 오히려 딱딱하고 강한 것을 이긴다는 원리를 제시하고(弱之勝强 柔之勝剛: 『신역 노자』 78장; 김경탁, 1979: 290), 그 전형적인 보기로 물의 중요성을 다음과 같이 극적으로 부각시킨다(김경탁, 1979: 80).[6]

> 선(善) 가운데도 최상의 선은 물(水)과 같다. 물은 모든 만물을 잘 자라게 하지만, 높고 깨끗한 곳에 있으려고 다른 물건들과 다투지 않는다. 항상 사람들이 비천하고 더럽다고 싫어하는 곳에 스며든다. 그래서 이러한 물의 성질은 도(道)와 비슷하다.

물은 딱딱한 바위를 당장에 공격해서 이기지 못하는 듯 피해 돌아 흘러가지만 훗날 바위는 어떤 모습으로든 변형을 겪고 만다. 유연성의 승리를 비유하는 말이다. 경직한 의식과 행동과 조직원리로 변동하는 시대적 상황에 고집스럽게 대처하다 보면 오히려 체계가 붕괴하고 말지만 신축적이고 유연한 대처는 오히려 적응력 때문에 다시 균형을 찾고 더 뻗어 나갈 기회를 찾을 수 있다. 유연성은 단순히 추상적인 적응력의 증진에 유리하다는 장점만 있는 것이 아니다. 실제적인 사회의 운용에서도 경직한 일방적 규제와 통제 대신에 사람들이 자유재량을 발휘할 공간을 마련해주는 원리이므로 인간의 창의력을 장려해줌으로써 새로운 변화를 창출하는 데 유리하다. 그뿐 아니라, 유연한 구조는 구성원들이 주요 익사결정 과정에 참여할 기회를 제공하는 구조이기 때문에 사회가 필요로 하는 자원의 생산과 배분과정에 구성원들이 자신들의 결정을 중시하고 이를 실현하기 위한 여러 가지 노력에도 자발적인 참여를 가능케 하는 장점이 있다.

왜 선비를 논하는 담론에 도가사상인가? 물론 조선시대 선비문화를 지배하던 사상 조류는 주희의 성리학이었고, 퇴계는 이 조류를 도통으로 수용하여 다른 사상과 종교를 적극 배척하였다. 불교, 도교 및 선교 등을

---

6) 上善若水 水善利萬物而不爭 處衆人之所惡 故幾於道(『신역 노자』 8장).

이단시할 뿐 아니라 유가사상 중에서도 양명학도 이에 포함시켰다. 여기서 주목할 것은 바로 이와 같은 경직한 폐쇄성이야말로 당쟁을 격화 시켰고, 천주교 박해 등과 같은 역사적 참사를 불러왔으며, 위정척사라는 시대착오적 대외관으로 외교에 실패하는 결과를 초래한 주요인이라 해도 과언이 아니다. 그러나 율곡을 위시한 성리학자는 물론 남명과 같이 양명학을 포용하는 사례에다 후기의 실학파 등, 개방적인 견해를 견지했던 선비가 있었다는 점도 주목해야 한다. 이 개방성이 바로 유연성의 표현이고, 이를 방해한 폐쇄적 사고는 조선조 지배적인 선비문화의 옥의 티 중 하나라 할 수 있다. 그만큼 유연성은 중요한 원리다.

4) 문명사적 딜레마

이상의 세 가지 사회변동 원리는 문명사적 변동의 과정에서 미래를 겨냥한 바람직한 사회를 구상할 때 항상 염두에 두는 동시에 실은 지금까지 살펴본 문명사적 격변의 성격을 점검할 때에도 그러한 과학기술문명이 촉발한 사회문화적 변동의 진정한 의미를 파악하기 위한 분석의 틀로서 유용한 정신적 자료가 될 수 있을 것이다. 그에 더하여, 음양변증법의 논리는 문명사의 흐름 속에서 인류가 간단없이 직면해야 하는 허다한 딜레마를 어떻게 하면 지혜롭게 해소할 지를 강구하는 데서도 유용한 길잡이가 될 것이므로, 여기에 그러한 딜레마의 항목만이라도 시사한다(Kim, 2007; 2017a).

(1) 인간과 자연 사이의 딜레마
① 인간과 자연
② 인간과 기술(인문과 과학기술)
③ 인간과 도시

(2) 인간의 본성과 관련한 딜레마
① 욕망과 이상(인심과 도심)

② 신체와 정신(몸과 마음)

③ 물질과 영혼

④ 감성과 이성

(3) 인간과 사회 사이의 긴장 관련 딜레마

① 개인과 집합체(국가)

② 자유와 질서(권위)

③ 권리와 책무

④ 이상적 규범과 실제 현실

⑤ 공동사회(Gemeinschaft)와 이익사회(Gesellschaft)

⑥ 특수주의와 보편주의

(4) 문화 관련 딜레마

① 비속(저속) 문화와 세련(교양) 문화

② 실용적 문화와 인문적 문화

③ 문자 문화와 디지털 문화

④ 국민(민족) 문화와 세계(전지구) 문화

⑤ 지방 문화와 세계(전지구) 문화

(5) 국가, 시장, 시민사회의 삼각구도의 딜레마

① 시장(경제)과 분배(복지)

② 시장(경제)과 국가(정치)

③ 시장(경제)과 시민사회(사회)

④ 시민사회(사회)와 국가(정치)

⑤ 전지구화 시대의 세계체계—시장—국가—시민사회의 사각구도

(6) 사회의 대내적 범주 간의 딜레마

① 사회 계층 간 딜레마(양극화의 딜레마)

② 지역 사이, 지방과 중앙 사이의 다각구도

③ 세대 간 긴장과 딜레마
④ 여성과 남성 간 갈등과 딜레마
⑤ 개인—가족—지역공동체—국가 사이의 긴장·갈등의 사각구도

결국, 문명의 문제는 인류가 이와 같이 복합적으로 얽히고 설킨 딜레마와 쟁점들을 어떤 패러다임으로 해소해 나가느냐 하는 데로 귀착한다. 따라서 문명사적 시각에서 조선의 선비문화를 돌아보며 장래를 생각할 때 역시 이와 같은 총체적인 문명사의 딜레마도 고려의 대상에 포함해야 할 것이다. 그런 사상을 배경으로 삼고 이제 미래의 비전을 고찰할 차례다.

3. 미래사회의 비전

아무래도 문명사적 제문제를 현명하게 해소하고 새로운 사회를 이룩하기 위해서는 어떤 내용, 어떤 형식이든 우리가 희망하는 미래의 모습을 한번이라도 그려보고 되도록이면 그런 방향으로 가고자 하는 전략이 필요할 것 같다. 그러므로 여기에 그런 미래상에 관한 저자 자신의 생각을 그 동안 여기저기에 발표한 자료를 축약하여 개진한 다음에 선비문화의 교훈을 가다듬어 보고자 한다(김경동, 2000; 2002; 2012; 2019a; Kim, 2017a).

미래의 사회상을 구상하는 일은 사람마다 자신의 가치지향과 지적 자산에 따라 얼마든지 다양할 것이다. 본 저자는 그간에 사회발전론을 강구하는 과정에서 독자적인 미래상을 정리한 것이 있어서 이를 여기에 간략하게 소개한다. 이것은 일종의 미래지향적 비전을 담는데, 그러한 바람직한 사회의 비전을 한 마디로 '문화적 교양으로 정화(精華)한 성숙한 선진사회'(Mature Advanced 'Cultured' Society)라 규정한다. 이 명칭이 지나치게 긴 탓에 이를 줄여서 '성숙한 선진문화사회'라 약칭하기로 한다(김경동, 2000; 2002; 2019a; Kim, 2017a). 이 비전에서는 성숙, 선진 및 문화(적 교양으로 정화한)라는 3차원의 접근을 요하는 개념이 복합적으로 관

여한다. 이를 도식적으로 표현하면 삼차원적 구도로 구성하고 있고 이를 제시한 것이 [그림 9−1]이다.

[그림 9-1] 성숙한 선진문화사회 비전의 기본틀(삼차원적 접근)

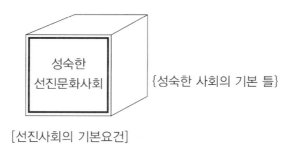

첫째, 이 그림의 꼭대기에는 문화적 교양으로 정화한 사회라는 목표가 보인다.

둘째, 거기에 도달하자면 최소한도 일반적으로 말하는 선진국 혹은 선진사회가 구비해야 할 기본요건이 있다는 점을 보여주려고 육각형의 맨 바닥에 놓여 있다.

셋째, 그러한 조건을 바탕에 깔고, 그 다음으로 그림의 옆부분으로 한 단계 올라가면 같은 선진국이라도 '성숙한' 선진사회가 되고 싶다는 것을 깅조하고자 흰다.

이 두 가지 선행 조건을 충족한 데다 문화적 교양의 정화작업을 마치면 성숙한 선진문화사회가 된다.

그 내용을 차례로 해명한다.

1) 선진사회의 기본 요건

여기서는 통상 선진사회의 특징을 지표화 할 때 제시하는 기본요건으로 아래와 같은 것을 제시한다. 대체로 상식적으로 이해하는 내용이므로 긴 해설은 하지 않는다.

(1) 지속적 경제성장

인간의 삶이 정상적이 되자면 최소한의 경제적 여건은 전 사회적 차원에서 마련해야 한다. 이제는 빈곤 그 자체가 긍정적인 가치가 될 수 없으므로 경제의 성장은 필수불가결이다. 다만 그 경제가 지속적으로 성장하는 일이 핵심이다. 불안정한 경제 여건은 결코 선진적인 사회의 지표가 될 수 없다. 자칫하면 안빈낙도를 귀히 여겨 마치 가난을 부끄러워 하지 않고 못 견디는 일이 없어야 선비 답다는 풍조가 선비문화의 진수라 착각하기 쉬운데, 이는 어디까지나 의리보다 이득을 앞세우는 삶을 경계한 것이지 가난 자체를 가치 있는 것으로 여긴 것으로 착각하지 말아야 한다.

(2) 삶의 질적 향상을 위한 생태계의 보호와 생명존중

현대사회의 생태계 교란에 관한 논의는 지금까지 여러 문맥에서 강조하였다. 이런 식으로 가다가는 지구 자체의 존속이 불가능해지는 시대가 멀지 않다는 경고가 결코 공허한 협박이 아님을 인류는 하루 속히 깨닫고 적절한 대처를 시급히 해야 할 것이다. 생태계의 보존은 곧 인간의 생명 존속의 기본 전제이고 생명 연장은 인간의 보편적 가치에서 으뜸가는 항목이다. 몇 해 전에 예일대학에서 만나 면접을 한 Wendell Bell 사회학과 교수는 미래연구의 대표적 지도자 중 하나다. 그가 제시한 인류 보편의 가치에서 바로 이 생명 연장, 즉 장수야말로 인간이 중시하는 보편적 가치임을 강조한 장본인이다. 그러나 장수만이 아니고 삶의 질적 상태의 중요성도 함께 중시해야 한다고 지적하고 있다(Bell, 2004: 230-232). 우리나라 사람들이 일반적으로 이 생명존중의 가치를 별로 소중히 여기지 않는 태도나 행동을 보이는 점은 선진사회의 조건이 될 수 없다. 선비문화 또한 인간의 존귀함을 가장 중시하는 문화이고 거기에는 천지인합일의 생태론적 가치가 으뜸이다.

(3) 건전한 시민민주정치의 정착과 발전

최근 우리나라는 국제사회로부터 정식으로 선진국이라는 인증을 받았다. 반가운 일이지만 유감스럽게도 우리나라의 정치가 지금 가고 있는 모습은 그동안 노력해 얻은 민주적 이행(Democratic Transition)에서 제대로 민주주의 공고화(Democratic Consolidation)를 확보했는지 의심스러운 정도의 민주주의의 퇴행을 여실히 보여주고 있다. 위에서 비판적인 관점에서 분석한대로 우리 정치의 비정상은 시민민주주의가 아닌 국가주의, 협치와 관용이 아닌 권력 독점과 다수의 독재 등 증상이 이를 반증하고 있다. 하루라도 속히 이를 극복하고 진정한 시민민주주의를 정착시키고 발전시켜야 한다는 과제가 우리 앞에 놓여 있다. 조선시대의 선지문화가 오늘의 민주주의를 제창한 것은 아니지만, 유학의 치인경세 사상의 핵심은 역시 민본과 위민정치다. 오늘날 국민의, 국민에 의한, 국민을 위한 정치라는 링컨의 명제를 자주 거론하지만, 현실적으로는 현대자본주의적 민주정치가 그 세 가지 가치를 제대로 충족시키지 못하고 있다는 점은 이미 널리 인정하는 사실이다. 제도만 가지고 민주주의를 세우고 만족할 것이 아니라 선비문화의 요체인 민본·위민·안민의 진정한 의미를 실현할 때 올바른 민주주의라는 점을 명심할 것이다.

(4) 정의롭고 푸근한 복지사회의 구현

앞에서 대중영합주의적 시혜복지를 정당마다 경쟁적으로 내세우며 심지어 대통령 선거를 앞두고 후보자들끼리도 무작정 퍼주기식 복지로 유권자를 유혹하고 있어서 우려를 금할 수 없다. 역사는 그런 복지국가의 꿈이 지나치다는 것을 보여 주고 있는 가운에 이제 곧 지적하려니와 미래의 복지사회는 시민사회의 자발적 부문이 국가와 협치하여 이웃끼리 서로 불평불만이 없는 푸근한 자발적 복지사회를 구현하는 것이 진정한 선진사회의 모습이 되어야 할 것이다.

(5) 건강한 도덕사회

도덕사회라면 모든 인민이 공자와 부처님처럼 도덕군자가 되어야 한다는 가치를 지칭하지 않는다. 아주 사소한 일상에서부터 남을 배려하고 함께 화목하게 협동하여 아름다운 공동체를 만들어 가기 위한 규칙 준수와 질서 존중의 자세가 기본이다. 이는 이 책의 허두에서 밝힌 공자의 대동사상을 실현한 고사에 잘 요약하고 있음을 상기할 필요가 있다. 천하에 '도'를 널리 실천할 때 진정한 도덕사회가 된다는 선비정신은 여기서 구해야 할 것이다.

(6) 문화적으로 풍요한 사회

문화는 인간만이 누리는 특권이다. 사회생활 자체가 문화적 바탕에서 가능할 뿐 아니라 여기서 말하는 문화예술과 인문사회과학 및 자연과학 등 여러 분야의 소양을 갖추고 아름다움을 감상하고 즐기는 생활도 필수다. 이런 선진사회의 기본적인 요건 중 하나는 독서의 생활화다. 아무리 정보통신기술이 발달하여 온갖 매체에서 정보를 이용할 수 있는 세상이 되었다 해도 지하철 안에서 독서하는 인구, 주말이면 예술의 전당에서 음악과 미술을 감상하는 인구가 늘어나는 문화사회라야 진정한 선진사회다. 특히 최근에는 대중문화 영역에서 한류라는 새로운 세계화의 현상을 목도하기 시작했는데, 이것이 단순한 상업적 문화로만 그치지 않고 그를 창구로 삼아 온 세계 인민이 한국의 순수문화와 생활문화, 가령 한글, 한식, 한복, 한국문학, 국악과 고전 무용, 한국의 미술과 건축, 그리고 한국의 학문풍조와 그 결 등 다방면에서 한국문화가 세계인의 사랑을 받는 날을 기약하며 전력을 다 할 필요가 있다. 그 중에서 으뜸인 가치는 바로 선비문화라 할 수도 있을 것이다.

(7) 인간을 위한 창의성·도덕성 교육

인간만이 누리고 즐기는 문화도 제대로 된 교육을 필수로 요구한다. 우리나라는 교육 수준이나 교육열에서는 세계 제일이라 하지만, 진실로 중요한 것은 교육의 내용과 방식이다. 우리나라는 완전히 교육이 붕괴한 사회라 해도 과언이 아니다. 자녀들은 밤낮 없이 입시준비 교육에 몰두하여 학교의 공적인 교육은 무의미해졌고 교육기업이 제공하는 소위 과

외(입시준비 교육)에 몸과 마음이 시달리는 교육망국의 참상이 벌어지고 있다. 이는 근본적으로 부모의 교육관의 왜곡에서 연유하고, 국가의 무관심하고 국가주의적 간섭에서 기인한다 해도 과언이 아니다. 진실로 선진 사회가 되려면 교육 그 자체가 가치있는 경험임을 중시하는 교육낭만주의의 복원이 급선무다. 학이시습지 불역열호(學而時習之 不易悅乎), "배우고 또 익히면 이 또한 즐거움이 아니겠는가?"『논어』의 첫 문장이다(김학주, 2009a: 4). 배움이란 그 자체가 가치 있고 즐거운 일이어야 한다. 단순히 출세나 영달을 위한 수단이 아니다. "하늘이 사람에게 품부한 것을 인간의 본성이라 하고, 본성에 좇아 살아가는 것을 인간의 도리(도)라 하며, 도를 닦는 수양을 가르침이라 하지 않았는가!다."『중용』의 첫 마디다(김학주, 2009b: 4). 선비의 제일 과업이 공부이고 공부는 자신을 수양하여 남을 위해 산다는 가치가 선비의 으뜸가는 목표다.

2) 성숙한 사회의 기본 틀

성숙이라는 단어는 통상 개인의 성장 과정의 한 변화를 지칭하는 것인데, 그때 주안점은 그 아이가 타인의식을 얼마나 충분히 갖는지에 주목한다. 왜냐하면 인간의 어린이는 출생시부터 오로지 자기중심적인 존재기 때문이다. 자아의식이 발달하면서 점차 타인을 의식하게 되고 타인을 향한 관심을 갖게 되는 것은 수년이 걸린다. 그러나 진정으로 남을 생각해주고 배려하고 감정이입도 하면서 함께 살아가는 데 지장이 없을 정도로 사회적 적응력을 어느 정도 갖기 전에는 진정한 의미로 성장했다고 보지 않는다. 요는 인간이 다른 사람들과 같이 사회생활을 정상적으로 할 수 있을 만큼 타인의식을 적정 수준으로 함유하기 전에는 성숙을 입에 올리지 않는다. 이 말은 신체적으로는 보통 성인의 모습을 가진 사람이라도 저만 아는 행동을 일삼는 사람은 저만 아는 아이 같은 자로 치부해서 성숙성을 인정하지 않는다는 뜻이다.

대체로 이런 기준에 따르면 '성숙한 사회 가꾸기 모임'이라는 시민윤리운동단체에서는 '성숙'의 의미를 일상생활 속의 실천을 위한 행동강령

차원에서 아래와 같이 개략적으로 예시하고 있다. (1) 자신이 한 말에 대해 책임을 진다, (2) 환경 보호와 검소한 생활로써 공동의 자산을 아낀다, (3) 교통규칙을 비롯한 기초질서를 지킨다, (4) 정당한 세금을 납부한다, (5) 뇌물을 주거나 받지 않는다, 그리고 (6) 어려운 사람들을 돕는다는 것이다(김경동, 2010b: 90).

　　이론적으로는 우선 사회의 성숙여부와 정도는 위의 개인의 사례와 마찬가지로 한 사회가 하나의 체계(system)로서 스스로 합리성, 효율성 등의 증진으로 진화하여 지속 가능한 역량을 키우고 여러 사회와 더불어 교류하고 운영해가는 과정에서 '적응'을 적정하게 할 수 있는지가 그 기준이다. 이때도 사회체계가 한 마디로 환경에 적응하는 역량을 키우는 진화의 과정을 성숙이라고 한다(Parsons, 1966). 그리고 성숙한 사회의 내용은 '사회의 질'(Social Quality)이 증진하는 것이 성숙의 지표가 될 수 있다. "사회의 질이란 그 사회에 사는 사람들이 자신의 복리와 개개인의 잠재력을 키울 수 있는 조건에서 공동체의 사회적, 경제적 및 문화적인 삶에 동참할 수 있는 정도를 가리킨다."(이재열, 2018: 369; Walker, 2009; Meyer et al., 2010). 사회의 질을 높이는 조건으로 다음의 네 가지 차원을 나누고 그 각각은 또 더 하위의 항목으로 생각할 수 있다.

　　(1) 사회경제적 안정(socio-economic security): ① 직업과 소득의 안정; ② 주거의 안정; ③ 노동의 조건과 환경; ④ 보건과 의료; ⑤ 교육기회의 확충.

　　(2) 사회적 포용(social inclusion): ① 가치와 규범의 질서 확립; ② 투명성(transparency); ③ 신뢰(trust); ④ 정체의식과 소속감; ⑤ 결사체 참여.

　　(3) 사회적 응집(social cohesion): ① 시민권의 공유; ② 노동시장 참여; ③ 공적·사적 서비스의 혜택 부여; ④ 사회적 접촉의 개방.

　　(4) 사회적 자율권(social empowerment) 혹은 권한부여(힘 실어주기): ① 정보와 지식에 접근가능성; ② 사회적 이동의 기회; ③ 정치적 과정과 공공의사결정에 참여할 권한; ④ 사적인 관계에서 자율성의 확보.

3) 문화적 교양으로 정화한 사회의 비전

문화는 동방의 글자 해석에 따르면 글(文)을 깨우쳐서 변한(化) 사람을 만들겠다는 뜻을 품는다. 그러기 위해서 사람을 학문과 도덕으로 가르치고(敎) 훈육하여(養) 덕을 쌓게 하는 것이 교양이다. 한편 서방문명의 교양은 'culture'라는 말로 표현하는데, 이 단어도 예술이나 풍습의 정화(精華), 삶의 양식으로서 풍습, 문명 등을 가리키는 동시에, 'cultivation'처럼 토지를 경작한다든지 생물학에서 미생물이나 조직을 배양하거나 품질개량을 위하여 양식하고 사육하는 일, 그리고 나아가 사람을 훈련, 수양, 교화하여 세련미를 높이고 교양을 쌓는다는 등의 의미로 쓴다. 이를 종합하여, 우리가 지향하는 '성숙한 선진문화사회' 혹은 더 완결하여 '문화적 교양으로 정화한 성숙한 선진사회'라는 이념형에서는 'cultured'라는 용법은 명사인 culture를 동사로 바꾸어 완료형으로 교양을 쌓았다, 교양으로 다듬었다는 의미를 전달한 것이다. 이 또한 세밀하게 살펴보면 선비문화의 진수를 담고 있음을 알게 된다.

이와 같은 교양으로 정화한 성숙한 선진사회는 다음과 같은 조직원리를 따라 구성하고 작동하는 사회다.

(1) 유연한 사회

이런 사회는 유연한 구조를 추구한다. 사회가 스스로 진화하여 대외적인 적응력을 신장하며 성숙하려면 사회 구조의 유연성을 키워야 한다. 유연한 사회구조의 특성은 ① 변화에 신축적이며, ② 개방적이고, ③ 시야가 넓고 전망이 장기적이며, ④ 다원성을 인정하고, 사회적인 힘(권력)의 분포가 분권적이고 힘의 남용, 오용을 삼가며, ⑤ 강제보다는 자발성을 강조하는 구조다(김경동, 2002). 이런 구조라야 선진사회로 성숙하는 데 필수적인 생산성, 창의성, 자발성, 협동성 등을 신장할 수 있다. 이 유연성의 원리는 음양변증법적 사회변동 논의에서 자세히 언급한 바 있다.

(2) 분권적 다원적 공동체주의적 집합주의 사회

다음은 분권적 다원적 공동체주의적 집합주의(decentralized plural communitarian collectivism)를 이념으로 삼는 사회다(Gurvitch, 1971). 사회의 자원과 특혜를 좌우할 수 있는 권력은 집중하면 부패하기 쉬우므로 정의롭고 공정하게 분배해야 모두가 힘을 발휘해서 협동하고 창의성을 키워 사회의 목표 달성에 동참하려 할 수 있다. 이 원리에서는 정의, 공정, 공평, 균등, 평등, 나눔, 삶의 기회, 권한부여 또는 자율권 부여(empowerment) 등과 같은 공공의 가치를 추구하게 된다.

그렇게 분권화가 일어나면 사회는 인종, 성별, 종교, 세대, 계층, 직업, 지역 등에 따른 다원화를 촉진하여 문화적으로도 다원적인 특성을 띠게 된다. 그런데 분권화로 권력과 권한이 분산하고 다원화하는 잡다한 부문과 조직체와 인구집단들의 자율성이 확대하면 이를 마음껏 발휘하여 지나치게 각자의 이익추구에만 몰두하고 제각각 하고 싶은 대로 행동하며 살아가려는 욕심도 생길 수 있다. 만일 이런 현상을 그대로 방치하면 모든 개인과 집합체가 각기 자기중심적 이익을 중심으로 분열하고 상호간의 불신으로 갈등이 일어나기 쉬우며 이로 인하여 사회통합이 어려워질 확률이 높아진다. 이와 같은 갈등을 극복하고 사회적 해체의 위험을 피하기 위한 처방은 다름 아닌 집합주의적 단위를 중심으로 공동체주의적인 연대와 소속감, 일체감과 공익추구의 가치를 실현하는 일이다.

요컨대 한편으로는 분권적이고 다원적이지만 또 다른 한편으로는 모두가 공동체적인 가치와 규범을 존중하고 준수하며 공익을 위하여 모든 사안에서 누구든 배제하거나 소외시키지도 않는 집합주의적 조직원리가 작동해야 한다. 위에서 소개한 사회적 질의 향상에서 사회적 포용의 가치를 구현하자는 취지의 구성원 상호간, 사회의 여러 집단과 부문 상호간의 연대와 동일시 같은 사회적이고도 심리적인 동질성을 만들어 가는 것도 필요하다. 또한 사회의 질적 향상 항목 중에서 사회적 자율권의 확보와 관련해서는 누구나 자유롭게 참여하는 집합적인 의사결정을 거쳐 모든 문제해결을 추진하는 것이 성숙한 선진 문화사회의 중요한 사회조직원리로 사회의 발전에 공헌하는 길이 된다.

여기서 한 가지 주의할 점이 있다. 이와 같이 분권적이고 다원적인데 또 동시에 공동체주의적이고 집합주의적이라는 상충하는 가치를 지향할 때 대두하는 딜레마가 문제라는 말이다. 어느 한쪽으로 기울어 버리면 균형이 깨질 터이고 그렇게 되는 순간부터 사회는 혼란과 갈등을 면치 못할 것이기 때문이다. 여기에 '중용'이라는 원리가 중요해지는 의미가 있다. 유가의 『중용』에서 말하는 '중'(中)은 인간의 행동이나 사회의 운영에서 소중히 여기고 잘 유지해야 할 덕목으로서 개인의 도덕적인 수양에 따른 적응력과 사회의 체계 적응력을 요청한다. 왜냐하면 중용은 한쪽으로 기울지 아니하고 과하거나 부족함이 없는 상태, 즉 균형을 의미하며 이 균형이 깨지면 사람이나 사회에 변화가 오기 때문이다. 그런 상황에서 필요한 것이 바로 '시의'(時宜)에 잘 맞추면서 뜻을 펴라는 '시중'(時中) 즉 적응력이라 하였다. 흥미롭게도 『주역』은 역설적인 변증법의 논리를 펴면서 사람이 어떻게 행동하는 것이 현명한지를 비유로 개진하는데, 율곡이 일찍이 가르친 바에 의하면 위태로움을 알고 행동하면 자리가 안전하다 한 것이 이런 논리다. 바로 이와 같은 자세로 삼가며 대비하여 시의에 따른 변역을 시도하는 것이 곧 적응을 뜻한다면 그러한 적응은 개인의 의식이나 사회의 조직원리나 구조가 유연해야 가능하지 경직할 때는 어려운 법이다. 여기에 역시 선비문화의 요체가 있다.

(3) 자발적 복지사회

다음으로 생각할 수 있는 성숙한 선진문화사회의 특징은 기본적으로 자발적 복지사회(Voluntary Welfare Society)의 이상을 추구한다(김경동, 2012). 오늘날 복지사회의 이념은 포퓰리즘 아니면 복지국가의 이름으로 누구나 쉽게 입에 올리지만, 포퓰리즘이라는 대중영합적인 정치는 세금으로 국민에게 마음껏 시혜하는 유혹에 빠져 나라 살림은 거덜나서 결과적으로는 국민만 고통스러워지는 위험성이 있고, 복지국가는 그렇게 마구 잡이 시혜 위주는 아니지만 복지를 최우선으로 하다가 결국은 국가의 재정이나 전반적인 운영에 지나친 부담이 생기므로 현대국가에서는 이에서 탈피하려 하고 있는 정부유형이다.

  국가가 세금으로 복지수요를 재정적으로 충당한다는 것은 허망한 꿈이라는 세계사적 교훈을 염두에 두고 우리가 추구하는 미래사회는 이제 시민사회 자체의 적극적 참여를 어떻게 이루어 나갈지를 생각하는 방향으로 키를 틀어야 할 처지에 놓여 있다고 하겠다. 그렇다고 복지 책임을 국가가 질 필요가 없다는 논리는 성립하지 않는다. 국가는 스스로 져야 할 책무를 다 해야 한다. 다만 국가의 손이 닿기 어려운 사각지대를 중심으로, 또한 국가의 개입이 지나치면 오히려 부정적인 결과를 가져올 수도 있는 부문에서는, 시민사회의 자발적 부문이 시장부문의 협력을 얻어 그 주된 책임을 감당해야 한다는 말이다.

  이때 합당한 사회조직원리의 기본은, 공동체의 복리를 위한 집합적인 행위에 각자가 자발적으로 참여하고 공공복지의 목표에 자발적으로 봉사한다는 믿음과 헌신이 우선한다. 어떤 이유나 명분으로든 개인과 집단의 행위를 강제하는 것은 발전의 가치 표준 자체에 어긋나는 비인간적인 일이다. 앞서 기업사회공헌의 논의에서 자원봉사의 철학과 의미를 음미하였듯이, 자발성의 가치는 인간이 권력의 강압이나 금전적 유인의 강제력에 따라 행동하는 일차원적 존재임을 거부한다. 이러한 조직원리는 이른바 '자발적 사회'(the Voluntary Society)의 이념에 기초하는 것이기도 하다(Shultz, 1972; 김경동, 2012: 109－110).

  > '자발적 사회란' 높은 수준의 통합을 이룩하되 힘과 돈에 의존도가 가장 낮은 조직 원리로 구성하는 사회다. 자발적 사회는 상대적으로 <u>비폭력적이고 비강제적이며 비물질적인 사회</u>다. 이런 사회에서는 힘과 돈이 인간사에서 이차적인 인과적 구실밖에 차지하지 못한다. 자발성(voluntarism)이 중요한 목표의 하나가 되고 사회적인 우선순위를 설정하고 달성하는 데 있어서나 사회의 문제를 해결하는 데 있어서 주요 수단이 된다. 좀 더 적극적인 개념규정을 하자면 <u>자발적 사회는 봉사의 이상을 깨우치고 장려함을 조직원리로 하는 사회</u>다. 봉사의 이상이란 모든 개인과 조직단위들이 자율적으로 사회에 공헌해야 한다는 규범으로서 자발적 사회에서는 편재하는 이상이다(강조점 원저자).

이처럼 봉사의 이상이 높은 자발적 사회 또는 조직체의 특징은 자율적 (autonomous)이고, 공헌지향적(contributive)이며, 숭고한 뜻(사회적 대의, cause)을 추구하는 친사회적인(pro-social) 성격을 띠고 사회변동에 적응 하면서, 또 다른 한편으로는 도덕적 기업가 정신(moral entrepreneurship) 으로 무장하여 사회변동을 창출하는 데 이바지한다는 것이다. 여기서 도 덕적 기업가정신이란 사회가 변하는 와중에 허물어져 가는 사회의 주요가 치를 되살리고 드높이는 일에 앞장서서 사회가 바른 길로 나아갈 수 있도 록 바람직한 변화를 추진하려는 성향을 일컫는다. 거기에 참여하는 개인 의 내면에서는 '자유재량에 의한 봉사지향'(discretionary service ori-entation)을 요구한다. 요는, 자발적 복지사회란 국가와 시민사회의 자발 적 부문(the Voluntary Sector)이 두터운 공공의식으로 협치에 임하여 모든 시민의 복지를 증진시키는 목적을 달성하려는 사회의 한 이념형이라 할 것이다. 이처럼 시민이 스스로 공동의 책임을 나누는 풍토는 시대적 맥 락 때문에 그 형식은 다르지만, 과거의 선비도 향약이나 기타 전통적 향 촌 공동활동의 모습으로 이미 실행하던 것이므로 이러한 전통을 현대적 으로 조정하고 새로이 창안하여 시행할 수 있다.

(4) 책임지는 사회

여기에 한 가지만 더하면, 성숙한 선진문화사회는 책임지는 사회 (Responsible Society)다. 앞에서 공공성 내지 공공의식을 거론할 때 "각자 가 속한 사회 내지 공동체의 지속적 존속과 발전에 <u>공농의 책임</u>을 느끼 는 현상을 가리킨다"(Mateus, 2011)(강조점 추가)고 했다. 이 책임의식이 야말로 인간이 공동생활을 하면서 지녀야 하는 가장 기본적이면서 실은 핵심적인 요소다. 특히 우리나라는 사회의 상층에 있는 사람들부터 제대 로 책임지려는 자세가 너무도 부족하다는 점이 두드러진다. 이 문제를 여기서는 지면을 특별히 할애하여 부록에서라도 밝히고 싶은 문서가 있 어 이것으로 논의를 대신하려 한다([부록 I] 참조).

이 문서는 전세계의 전직 국가수반(대통령, 총리 등)의 국제적인 모임 (InterAction Council)이 1948에 국제연합(UN)이 반포한 '세계인권선언'(The

Universal Declaration of Human Rights)의 선포 50주년을 기념하기 위하여 1998년에 제정 반포한 '세계 인간책임 선언문'(A Universal Declaration of Human Responsibilities)이다.[7] 그런데 우연하게 이 문서를 작성하는 몇 차례의 모임에 본 저자가 아시아, 미국, 유럽 3개 대륙을 각각 대표하는 학계 자문교수 세 사람 중 아시아를 대표해서 참여하고 문서 작성에 기여한 이력이 있으므로 특별히 소개하는 것이다. 이 긴 문서를 여기에 포함한 이유는 우리가 미래지향적 사회의 비전을 추구하는 과정에서 성숙한 선진문화사회를 이루고자 하는 염원을 가지고 있다면 적어도 이런 세계적인 지도자들이 여러 번의 회의를 거쳐 만들어낸 문서에서 책임의식의 중요성을 어떤 식으로 표명하는지를 예시하고자 함이다. 바람직한 사회라면 이 정도의 요점만 추린 문서의 내용이라도 의식하면서 사회를 살아가고 꾸려가는 모습을 보이는 것이 마땅하다고 생각하기 때문이다.

그런데 책임을 논할 때는 적어도 책임의 주체와 상대가 있으므로 다음과 같은 공간과 시간의 매트릭스를 고려하는 논의의 기본 틀을 가지고 접근할 필요가 있다.

• 주체란 개인과 국가·사회가 상호간에 책임을 다 해야 한다.
• 국가는 기본적으로 국민의 행복하고 안전하고 안정적임 삶을 보장하는 책임이 있다.
• 사회는 시민 상호간에 해를 끼치지 않고 배려하고 돌보고 도와주고 봉사하는 책임이 있다.
• 개인은 국가에게는 합법적인 책임을 지며 국가의 안전을 위해 함께 목숨을 걸고 지킬 책임이 있다.

---

7) 이 선언문의 공식 사이트에 올라 있는 한국어 번역본 번역에는 Responsibilities를 의무(obligations)나 임무(duty)로 번역했는데 이런 말은 주어진 맥락에서 반드시 해야 한다는 조건에 부응하기 위한 행동이라는 소극적 자세를 의미한다면, 책임은 사람이 스스로의 삶과 말과 행동에 전적으로 책임을 진다는 적극적인 의미를 품고 있다. 이 선언문 작성에 직접 참여했던 본 저자의 이해에 의하면 전직 국가수반회의의 취지에 맞춰 여기서는 책임으로 고치고 필요한 부분의 문장과 용어에도 손질을 하였음을 밝힌다.

[부록 1] 세계 인간책임 선언문(1997년 세계전직국가수반회의 제안)

전문

인간가족 모든 구성원들의 고유한 존엄성과 그들의 평등한 권리를 인정하는 것은 자유와 정의, 그리고 세계화를 위한 기초가 되는 것이며, 그와 같은 인간 고유의 권리에는 의무와 책임이 수반되는 것이다.

권리만을 배타적으로 주장하는 것은 갈등과 분열, 그리고 끝없는 분쟁을 낳게 될 것이며, 한편 이러한 인간으로서의 책무를 져버리는 것은 무질서와 혼란을 초래케 할 것이다.

법의 지배와 인권의 향상은 사람들이 얼마나 정의롭게 행동하느냐에 달려 있다.

전지구적 문제들을 전세계적으로 해결하기 위하여는 모든 나라들과 문화권들이 다 함께 존중할 수 있는 이상과 가치, 그리고 공통적 규범에 의하여서만 가능하다.

법이나 제도적 장치, 또는 협약만으로는 달성할 수 없는 인류 공동의 목표는 모든 민족이 국내적으로나 국제적으로나 더 나은 사회 질서를 정착시키려고 성심성의껏 노력함으로써만 달성할 수 있는 것이다.

진보와 발전을 위한 인류의 소망은 오로지 어느 시대, 어느 민족, 어느 제도에나 적용할 수 있는 합의된 가치 기준에 의하여서만 실현할 수 있는 것이다.

그러므로, 총회에서는 다음과 같이 모든 민족과 국가들이 지켜야 할 공동의 기준으로서 「인간 책임에 관한 선언문」을 선포하는 바이다. 모든 사회의 모든 개인 및 조직체들이 항상 마음 속에 이 「인간 책임에 관한 선언문」을 간직함으로써 그들의 구성원들을 계몽하고, 생활 공동체를 발전시켜 나아가는 데 공헌하여야만 한다. 그렇게 함으로써 우리들 세계의 모든 민족들은 이 「인간 책임 선언」에서 천명된 결의를 더욱 굳게 새로이 다짐하여야 한다. 즉, 인간 상호간의 박애 정신을 드높이고, 인간의 존엄성과 고유한 자유와 평등의 정신을 마음 속 깊이 새겨야만 하는 것이다. 이와 같은 인간으로서의 기본적인 책임감을 모두에게 가르치고, 전세계를 통하여 선양하여야만 한다.

인간 모두를 위한 기본적인 원칙

제1조

모든 사람은 상대방의 성이나 종족, 사회적 지위, 정치적 성향, 언어, 연령, 국적이나, 종교에 관계없이 모든 사람들을 인간적인 방법으로 대하여야 할 책임이 있다.

제2조

어떠한 형태이든 간에, 비인간적인 행위에 대하여서는 그 누구도 지지하거나 도와주어서는 안 된다. 모든 사람은 상대방의 인간으로서의 가치와 존엄성을 지켜주기 위하여 최선을 다 할 책임이 있다.

제3조

어떤 사람이나, 집단, 조직체, 또는 어느 나라 군대나 경찰도 선(Good)과 악(Evil)을 초월하여 군림할 수는 없다. 즉, 모두들 윤리적 기준(Ethical Standards)을 준수하여야만 한다. 누구나 매사에 「선」을 권장하고 「악」을 배척해야만 한다.

제4조

양심과 이성을 갖춘 모든 사람들은, 가족과 사회, 종족과 국가, 그리고 종교단체에 대하여 박애의 정신으로 책임을 져야만 한다. 즉 자신에게 안 될 일은 결코 남에게도 해서는 안 되는 것이다.

비폭력과 생명존중

제5조

모든 사람은 생명을 존중할 책임이 있다. 누구도 남을 해치거나, 고문하고 살해할 권리는 없다. 비록 개인이나 공동체의 정당방위라 해도 예외는 아니다.

제6조

국가, 집단, 개인 간의 분쟁은 폭력 없이 해결해야만 한다. 어느 정부라도 살인과 테러 행위에 참여하거나 용인해서는 아니 되며, 또한 여자와 어린아이 기타 민간인을 전쟁의 도구로 남용할 수 없다. 모든 시민과 공직자는 평화적이고 비폭력적인 방법으로 행동할 책임이 있다.

제7조

모든 사람은 무한히 소중한 존재이므로 무조건 보호받아야 한다. 동물과 자연환경도 보호받아 마땅하다. 모든 사람은 현재의 인구와 미래 세대를 위하여, 물과 공기와 토양을 보호할 책임이 있다.

정의와 연대책임

제8조

모든 사람은 신실하며 정직하고 공정하게 행동할 책임이 있다. 어느 개인이나 집단도 남의 재산을 자의적으로 훔치거나 빼앗아서는 안 된다.

제9조

필요한 생산수단을 가진 모든 사람들은 빈곤, 영양실조, 무지, 불평등을 극복하기 위하여 최선을 다할 책임이 있다. 모든 사람은 존엄, 자유, 안전 및 정의를 보장하기 위하여 전세계의 지속가능한 발전을 촉진해야만 한다.

제10조

모든 사람들은 열심히 노력하여 자신의 재능을 개발할 책임이 있다. 이들에게는 교육과 의미 있는 직업을 위한 기회균등을 누릴 수 있어야 한다. 모든 사람들이 가난한 사람, 불우한 사람, 장애인 그리고 사회적 차별의 희생자들을 지지하고 도와주어야 한다.

제11조

모든 재산과 부(富)는 정의와 인류의 진보를 위해 책임 있게 이용해야 한다. 경제적, 정치적 권력은 지배의 수단으로 취급해서는 안 되며, 경제정의와 사회질서를 비로 세우는 데 써야 한다.

진실성과 관용

제12조

모든 사람은 진실하게 말하고 행동할 책임이 있다. 아무리 지위가 높고 권력자라도 거짓말은 하지 말아야 한다. 사생활과 개인 및 전문직의 기밀유지는 존중해야 한다. 누구도 항상, 모든 이에게 사실대로 말할 의무는 없다.

제13조

정치인, 공무원, 재계지도자, 과학자, 저술가와 예술가, 그 누구도 일반적인 윤리 표준에서 예외일 수 없다. 고객에게 특별한 의무가 있는 의사, 법조인, 기타 전문직 종사자들도 마찬가지다. 전문직 및 기타 직종의 윤리규범에는 진실과 공정과 같은 일반적 표준에 높은 우선순위를 반영해야 한다.

제14조

정의로운 사회에 필수적인, 공중에게 알리고 사회제도 및 정부의 행동을 비판하는 언론매체의 자유라도 책임감과 분별력을 가지고 행사해야 한다. 매체의 자유는 정확하고 진실된 보도를 할 특별한 책임이 있다. 개인의 인격이나 존엄성을 실추시키는 선정적인 보도는 절대로 삼가야 한다.

제15조

종교의 자유는 보장해야 하지만 각 종교지도자들은 신앙을 달리하는 이들에게 편견을 내비치는 언행을 하거나 그들을 차별하는 일은 삼가야 할 책임이 있다. 그들은 증오와 광신주의와 종교전쟁을 충동하거나 정당화하지 말아야 한다. 오히려 모든 사람들이 서로 관용하고 상호 존중하도록 주도적으로 권고해야 한다.

상호존중과 동반자역

제16조

모든 남녀는 동반자로서 상호간에 존경하고 이해해줄 책임이 있다. 누구도 다른 사람을 성적으로 학대하거나 노예처럼 굴복시키지 말아야 한다. 오히려 성적 동반자들은 서로의 행복을 위해 돌봐줄 책임을 받아들여야 한다.

제17조

모든 문화적 종교적 다양성에도 불구하고 혼인은 사랑과 헌신과 용서를 필수로 하고, 안정과 상호 지지를 보장하는 데로 지향해야 한다.

제18조

합리적인 가족계획은 모든 부부의 책임이다. 부모자식 간 관계는 상호간의 사랑, 존경, 감사 및 관심을 반영해야 한다. 어떤 부모나 성인이든 어린이를 착취하고 혹사하고 학대하지 말아야 한다

결론

제19조

이 선언문은 결코 어느 국가나, 집단이나, 개인이 본 선언문과 1948년의 인권선언에서 제시하는 책임, 권리 및 자유를 파괴하려는 의도로 어떤 활동을 시도하거나 행동을 할 권리를 부여하는 듯한 의미로 해석해서는 아니 된다.

(참고 자료) 본 선언문 지지인사 명단 일부
(ENDORSEMENT OF THE DECLARATION)

I. The InterAction Council Members(전직국가수반회의 회원)

Helmut Schmidt, Former Chancellor of the Federal Republic of Germany

Malcolm Fraser, Former Prime Minister of Australia

Andries A. M. van Agt, Former Prime Minister of the Netherlands

Anand Panyarachun, Former Prime Minister of Thailand

Oscar Arias Sanchez, Former President of Costa Rica

Lord Callaghan of Cardiff, Former Prime Minister of the United Kingdom

Jimmy Carter, Former President of the United States

Miguel de la Madrid Hurtado, Former President of Mexico

Kurt Furgler, Former President of Switzerland

Valéry Giscard d'Estaing, Former President of France

Felipe González Màrquez, Former Prime Minister of Spain

Mikhail S. Gorbachev, Former Chairman of the Supreme Soviet and Former President of the Union of Soviet Socialist Republics

Salim El Hoss, Former Prime Minister of Lebanon

Kenneth Kaunda, Former President of Zambia

Lee Kuan Yew, Former Prime Minister of Singapore

Kiichi Miyazawa, Former Prime Minister of Japan

Misael Pastrana Borrero, Former President of Colombia (deceased in August)

Shimon Peres, Former Prime Minister of Israel

Maria de Lourdes Pintasilgo, Former Prime Minister of Portugal

José Sarney, Former President of Brazil

Shin Hyon Hwak, Former Prime Minister of the Republic of Korea

Kalevi Sorsa, Former Prime Minister of Finland

Pierre Elliott Trudeau, Former Prime Minister of Canada

Ola Ullsten, Former Prime Minister of Sweden

George Vassiliou, Former President of Cyprus

Franz Vranitzky, Former President of Austria

II. Supporters(후원자)(생략)

III. Participants (in preparatory meetings in Vienna, Austria in March 1996 and April 1997)
(1996년 3월 및 1997년 4월 오스트리아 비에나 회의에 참가한 자문 학자)

Hans Küng, Tubingen University (academic advisor to the project)

Thomas Axworthy, CRB Foundation (academic advisor to the project)

Kim, Kyong-dong, Seoul National University (academic advisor to the project)(김경동, 서울대학교, 본서 저자)

• 시간적으로는 현재의 생애에서 감당해야 할 각종 책임은 물론, 특히 미래세대를 위한 책임도 지금부터 생각해서 이를 대처해야 한다. 미래세대란 현재의 위치에서는 자신들의 미래를 책임질 만한 역량이 없는 청소

년 세대와, 아직 태어나지 않았으나 미래를 살아가야 하는 세대를 가리키는데, 오늘의 기성세대가 내리는 주요 의사결정은 그들의 삶에 결정적으로 지대한 영향을 미칠 수밖에 없다. 그러므로, 그들의 삶을 적어도 오늘보다는 나쁘지 않은 조건에서 영위할 수 있게 함은 당연하고, 가능 한 대로는 현재보다는 더 나은 품위있는 삶을 살도록 할 책임을 반드시 생각해서 오늘의 삶의 조건을 그런 방향으로 개선하려고 노력해야 한다는 것을 강조하는 것이다(김경동, 2002b).

(5) 사회적 가치를 구현하는 사회

미래사회를 구상하면서 이제 인류가 인간다운 삶을 누릴 수 있도록 하는 데 가장 기본이 되는 가치체계를 나름대로 정립할 필요가 있다. 이는 바로 우리가 추구하는 문화적 교양으로 정화한 성숙한 선진사회를 지도하는 가치체계가 될 것이다. 사회적 가치는 최근 주로 경제·경영 분야에서 지나친 이윤추구 중심의 경제운용 원리와 경영관리 방식이 경제 자체는 물론 사회와 심지어 정치의 위기마저 초래하는 데 기여한다는 자가성찰의 과정에서 떠오른 개념이다. 모든 경제활동과 기업경영과정에는 경제적 가치 외에도 사회적 가치를 중시하고 이를 실현하기 위한 새로운 각종 제도적 이념적 개선을 추구해야 한다는 취지에서 나온 생각의 표현이다. 이 주제는 최근 다른 저서에서 직접 고찰한 것이므로 여기에는 그 요지만 정리하되, 주로 그 철학적 의미만을 간추린다(김경동, 2019a: 136－177).

① 인간주의 가치로서 사회적 가치

무엇보다도 미래지향적 사회의 비전은 인간이 인간 답게 살 수 있는 사회를 겨냥한다. 그러한 비전에서 전제하는 사회적 가치는 기본적으로 인간주의적인 가치다. 선비가 추구하던 이상적인 사회 또한 인간의 존엄을 무겁게 받아들이고 이를 실현하는 길잡이로서 인간다운 사회의 기본적인 덕목의 중요성을 강조한 바 있다. 그것을 여기서는 '인의예악지신'의 신육덕(新六德)이라 명명하고 아래와 같이 개략적인 의미만 해설한다.

이는 저자의 사회발전 이론에서 제시한 발전가치 체계의 핵심이기도 하다(김경동, 2000; 2002; Kim, 2017a). 그리고 이들은 선비문화의 도덕률에서 가장 핵심적인 것이다.

㉠ '인'(仁): 사회가 성립하고 바로서는 정서적 기초

인간의 사회가 제대로 성립하려면 가장 기초적인 요소가 정서적 교감이다. 인정이라는 것이다. 이 글자는 모양부터가 두(二) 사람(人)을 품는다. 공자는 "인이란 사람을 사랑하는 것"이라 했다(樊遲問仁 子曰 愛人)(『논어』 「안연」; 김학주, 2009a: 206). 제일 원초적이고 기본인 덕목임은 "인이란 곧 사람이다"라는 언명에서도 밝혀진다(『중용』 4장; 김학주, 2009b: 64; 『예기』 「표기」; 이상옥, 2003: 1346). 맹자사상에서는 타인이 고통과 고난을 보면 연민을 느끼고 가슴 아파하는 감정은 인간의 기본적인 마음의 성향임을 일컬어, "측은한 마음은 곧 인의 단서다"(惻隱之心 人之端也)라 하였다(『맹자』 「공손추」 상; 김학주, 2002: 140).

인의 철학적 담론은 제Ⅲ장에서 자세히 다루었으므로 여기에는 그 요체만 정리한다. 마찬가지로, 나머지 덕목도 이미 제Ⅲ장의 철학 담론에서 고찰하였음을 재차 밝힌다.

인의 구체적 행위양식의 표현은 평소에 공손하고 일을 시행할 때는 신중하여 성의를 다하며 사람과 교류할 때는 충심을 다한다는 것이다(居處恭 執事敬 與人忠)(『논어』 「자로」; 김학주, 2009a: 222). 또한 세상에서, 공손, 관대, 신의, 민첩 및 은혜로움의 다섯 가지를 실천하면 인이 된다(能行五者於天下 爲仁矣…恭, 寬, 信 敏, 惠)(『논어』 「양화」; 김학주, 2009a: 302). 좀더 구체적으로는, 온화하고 선량함은 인의 근본이고, 공경하고 삼가 조심함은 인의 바탕이며, 관대하게 너그러움은 인의 동작이고, 겸손하게 사물을 접함은 인의 능사이고, 예절은 인의 모양이며, 이야기함은 인의 표현이고, 노래와 음악은 인의 화합함이며, 나누어 빈궁을 구제하는 것은 인을 베푸는 것이다(이상옥, 2003: 1514).[8]

---

8) 溫良者仁之本也 敬愼者仁之地也 寬容者仁之作也 孫接者仁之能也 禮節者仁之貌也 言談者仁之文也 歌樂者仁之和也 分散者仁之施也(『예기』 「유행」).

그리고 사회적 맥락에서 어떤 사람들과 어떤 관계를 맺으며 그들을 대하는지를 육행(六行)이라 하였다.

- 효(孝)는 가족안에서 부모자식 간에는 자식이 부모에게 사랑과 공경을 보여드리는 관계
- 우(友)는 형제와 친구 사이의 우애로 다독이며 서로 아끼는 삶
- 목(睦)은 가족과 친족 간에 모두 화목하게 지내는 것
- 인(姻)은 외척, 인척과 두터운 정분을 나누는 것
- 임(任)은 일을 맡아서 사회를 위하여 공헌하며 남을 위해 애쓰는 것
- 휼(恤)은 어려운 사람들을 도와주는 구휼을 베푸는 것

ⓒ '의'(義): 사회질서와 공공성의 기초

사람이면 마땅히 지켜야 할 바가 있다. 그것이 바로 의다(義宜也: 『중용』 4장: 김학주, 2009b: 64). 다른 말로는 의는 인간의 가야할 길(義人路也: 『맹자』 「고자」 상; 김학주, 2002: 381)이고, 그래서 '도'가 바로 의라는 말이다(道者義也: 『예기』 「표기」; 이상옥, 2003c: 1346). 그리고 의는 천하를 제어하는 일이다(義者天下之制: 『예기』 「표기」; 이상옥, 2003c: 1344). 사회생활이란 기본적으로 규칙을 지키고 질서에 순응해야 하는데, 그것의 기준이 의이며 공정하고 정의로운 가치다. 그런데 유가 사상에서 특이한 점은 이와 같은 의롭고 마땅함, 질서, 공정, 정의 등을 의미하는 의라는 덕목은 근원적으로 사람을 사랑하는 '인'에 합치하고 '인'에서 나온다는 것이다. 심리석 차원에서는 선하지 못하고 옳지 못한 일을 부끄러워하고 싫어하는 마음이 의의 시초인데(羞惡之心 義之端也: 『맹자』 「공손추」 상; 김학주, 2002: 140), 그 이유는 의롭고 마땅함의 근거는 본시 인이기 때문이다(仁者義之本: 『예기』 예운편; 이상옥, 2003b: 652). 따라서 군자는 이득을 보게 되면 의로운 것인지를 생각하며(見得思義: 『논어』 「자장」; 김학주 2009a: 334), 이득이 있을 일을 눈앞에 보고서도 타인에게 사양하는 덕을 베풀 줄 아는데 이것이 바로 의로움이다(見利而 讓義也: 『예기』 「악기」; 이상옥, 2003b: 1034). 한 마디로 사회의 성립 기초가 되는 인과 의는 항상 같이 가는 게 맞다는 뜻이다.

실상 여기에는 미묘한 음양의 변증법적 사고가 자리한다. 인정만 강조하면 정실로 흐르면서 거기에 마땅히 해야 할 바의 의식이 결여하여 비리와 부정으로 나타나기가 쉽다. 한편, 정의와 질서, 법과 규율만 따지고 지키려다 보면 경직하게 인정이 메말라 냉정하고 자기중심적인 이익사회로 변질할 수도 있다. 그러므로 이 둘이 함께 가면서 바르게 살되, 정을 잃지 말아야 한다는 요청이 담겨 있다.

ⓒ '예'(禮): '인의'의 생활 속 실천 원리

금수와 다른 인간의 질서 있는 삶은 예로써 드러낸다. 과거에 성인이 예를 만들어 사람들에게 가르쳐서 그들로 하여금 도의적인 행동규범이 있게 함으로써 스스로 금수와 다름을 알게 한 것이 바로 예다(聖人作爲禮以敎人 使人以有禮 知自別於禽獸: 『예기』「곡례」상; 이상옥, 2003a: 50). 그 첫 출발은 인간으로서 마땅히 해야 할 바를 좇아 사는 것인데(禮從宜: 『예기』「곡례」; 이상옥, 2003a: 42), 위에서 의 또한 마땅히 할 바(義宜也)라 했으니, 예는 본래 의에 기초하여 마땅히 할 바를 실천하는 것이라는 뜻이다. 그렇게 마땅히 할 바를 하는 심리적인 단서는 사양하는 마음이다(辭讓之心 禮之端也: 『맹자』「공손추」상; 김학주, 2002: 140). 따라서 도덕과 인의도 예가 아니면 성립할 수가 없는 것이다(道德仁義 非禮 不成: 『예기』「곡례」; 이상옥, 2003a: 47).

그뿐 아니라 예는 나라를 다스리고 사직을 안정시키며 인민을 질서있게 바로잡는 것이며 이로써 후손을 이롭게 하는 것이 예이고(禮 經國家 定社稷 序民人 利後嗣者 也: 『춘추좌전』상「은공」11년; 이석호, 1980a: 106), 예는 나라의 근간이며(禮國之幹也: 『춘추좌전』상「희공」11년; 이석호, 1980a: 303), 예는 인민을 바로 잡는 것이고(夫禮所以 整民也: 『춘추좌전』상「장공」23년; 이석호, 1980a: 218), 예는 국가를 지키는 일이라 하였다(『춘추좌전』하「소공」5년; 이석호, 1980c: 95).

그러면 어떤 자세로 예를 실천하는가? 안연이 스승에게 인에 관해 여쭈니 공자 말씀하기를 스스로를 누르고 이겨서 예로 돌아가는 것이라 하였다(顔淵問仁 子曰 克己復禮 爲仁: 『논어』「안연」; 김학주, 2009a:

194). 행동을 바르게 하고 말을 도리에 맞게 함이 예의 본질이고(行修言道 禮之質也: 『예기』 「곡례」 상; 이상옥, 2003a: 45), 충직함과 신의가 예의 근본이며 의리는 예의 표현이기도 하다(忠信 禮之本也 義理 禮之文也: 『예기』 「예기」; 중; 이상옥, 2003b: 660). 무릇 예는 자신을 낮추고 남을 높이는 것이며(夫禮者 自卑而尊人: 『예기』 「곡례」 상; 이상옥, 2003a: 51), 공경하며 절도를 지키고 사양하고 겸손함으로써 예를 밝히게 된다(『예기』 「곡례」 상; 이상옥, 2003a: 47). 결국, 예가 아니면 보지 말고, 예가 아니면 듣지도 말고, 예가 아니면 말하지도 말고, 예가 아니면 움직이지도 않는 것이다(非禮勿視 非禮勿聽 非禮勿言 非禮勿動: 『논어』 「안연」; 김학주, 2009a: 194).

예가 이처럼 다각도의 의미를 지니지만, 통상 예절 정도로만 생각하는데, 실은 이런 실천철학적인 풀이 말고 아주 상식적인 수준에서 말하면 인간 관계에서 '염치'(decency)를 알고 절차를 제대로 지킴으로써 남에게 피해를 주지 않는다는 원칙이라 할 수 있다. 요즘처럼 부끄러움도 모르고 염치가 완전히 사라진 듯한 분위기에선 진지하게 귀담아 들어야 할 덕목이 아닐 수 없다.

ⓛ '악'(樂): 아름다운 감성과 사회 질서의 기초

여기에 왜 음악이 등장하느냐 하는 질문이 있을 법한데, 유가 사상에서 음악의 중요성은 유별나다. 공자도 악기를 연주하며 음악을 즐기는 가운데 그 음악의 인간석, 사회적 의미를 각별히 해명하였다. 『예기』에 실린 「악기」(樂記)에서는 원래 음악이란 사람의 마음이 외부의 사물과 만나 감응하여 소리로 표현하는 행위라는 설명이 흥미롭다. 거기에 곡을 붙여 악기를 사용하여 그 느낌을 표출함으로써 심리적 감흥을 즐긴다는 것이다. 그런데 그 음악은 사람의 마음이 기쁘고 슬프고 환희하고 분노하는 등 감정의 내용에 따라 서로 다르게 표현한다는 현상에 주목하여 사회의 상태에 따라 그와 같은 차이가 생긴다는 자못 지식사회학적 이론을 편다. 그리하여 음악으로 마음을 다스리고 사회를 다스리는 원리를 이렇게 표현하였다(이상옥, 2003b: 967).[9]

고대의 현왕들은 신중하게 감응을 일으키는 요인을 살펴 예에 따라 사람들의 뜻하는 바를 바른 길로 인도하고 음악으로 사람들의 소리를 평화롭게 하며 정치로 그 행동을 규제하고 형벌로써 사악함을 예방하니, 예악형정의 목표는 하나가 되고 민심을 하나로 화합시켜 다스림의 도를 실현하였다.

이처럼 유가는 음악이 천지를 화목하게 하는 원리로 중요하다면 예는 천지의 질서를 바로 하는 기능이 있음을 밝히면서(樂者 天地之和也 禮者 天地之序也:『예기』「악기」; 이상옥, 2003b: 979–980), 이를 인의와도 비견하여 인은 악에 가깝고 의는 예에 가깝다는 논지도 편다(仁近於樂 義近於禮: 이상옥, 2003b: 983). 따라서 행동에서는 악은 베푸는 것이고 예는 보답하는 것이라 보았다(樂也者 施也 禮也者 報也:『예기』「악기」; 이상옥, 2003b: 1002). 이처럼 음악의 철학적, 사회적 의미와 기능은 다양하다. 기실, 선비문화의 중요한 요소 중에는 풍류문화가 있음을 여기에서 상기할 필요가 있다. 특히 이 음악의 주제는 예학을 다룰 때 비교적 소상하게 언급한 바 있다.

㉤ '지'(智): 지식정보사회의 사회적 자본

온갖 종류의 정보가 폭주하는 현대의 정보지식사회에서 우리는 진정한 의미의 지식을 창출하고 교류했으면 하는 염원을 감출 길이 없다. 유학에서는 지식에 관해서도 대단히 슬기로운 이론을 제시하였다. 맹자는 시비를 가리는 마음이 지혜의 단서라 하였다(是非之心 智之端緖:『맹자』「공손추」상; 김학주, 2002: 140).『중용』에서는 지식을 세 가지로 구분한다. 나면서부터 아는 지식(生而知之), 배워서 아는 지식(學而知之), 그리고 노력해서 아는 지식(困而知之) 이다(김학주, 2009b: 66). 주자는 이 삼지를 슬기로움이라는 '지'(智)로 종합하였다(이민수·장기근, 1980: 314).

여기서 중요한 것은 생각과 지식이 생긴 연후에 사물이나 대상을 향한 호오(好惡) 즉 좋고 싫음을 형성할 수 있는데, 호오가 마음속에서 절

---

9) 先王 慎所以感之者 故 禮以道其志 樂以和其聲 政以一其行 刑以防其姦 禮樂刑政 其極 一也 所以同民心而出治道也(『예기』「악기」).

도가 없고 지식이 외부의 유혹을 받아 스스로 성찰하여 옳고 그름을 분별할 수 없게 되면 하늘의 도리(天理)가 멸한다는 관념이다(이상옥, 2003b: 973).[10] "지혜로운 사람은 미혹되지 아니하고 어진 사람은 걱정하지 아니하니"(知者不惑: 『논어』「헌문」; 김학주, 2009a: 154), "지혜로운 사람은 어짐을 이롭게 여기기 때문이다"(知者利仁: 『논어』「이인」; 김학주, 2009a: 55). 이러한 지식과 지혜와 관련한 공자의 사상에서 특기할 것은 "아는 것을 안다고 하고, 모르는 것을 모른다 하는 것이 바로 아는 것이다"(知之 爲知之 不知爲不知 是知也)라는 지혜롭고 겸허한 태도다(『논어』「위정」; 김학주, 2009a: 26).

옛날 순(舜) 임금은 세상 이치를 잘 알고 크게 지혜로운 분이었는데, 남에게 물어보기를 좋아하고 통속적이어서 알기 쉬운 범상한일도 살펴보기를 좋아했다. 대신, 남의 허물은 숨겨 주고 착한 일은 드러내 주며, 일의 양 극단을 잡은 다음 그 중간을 가리어 백성에게 썼다(김학주, 2009b: 12).[11] 물론 지식을 얻으려면 배워야 하고 배우기를 좋아하면 앎에 가까워진다(好學近乎知: 『중용』 1장; 김학주, 2009b: 66). 알기를 원하면서도 배우기를 좋아하지 않으면 그 폐해는 허황되고 방탕하다(好知不好學 其蔽也蕩: 『논어』「양화」; 김학주, 2009a: 304). 그런데 지식을 축적하는데에는 항상 새로운 것만 배움이 능사가 아니고 지난 날의 학문을 충분히 학습하고 연구하여 거기서 새로운 지식과 지혜를 얻는다면 이를 가히 스승이라 할 수 있다(溫故而知新 可以爲師矣: 『논어』「위정」; 김학주, 2009a: 26). 다만 배우면서 생각(사색)을 하지 않으면 사람이 멍청해지고, 생각만 하고 공부를 하지 않으면 정신이 위태로워진다는 점을 지적한 것도 유념할 일이다(學而不思則罔 思而不學則殆: 『논어』「위정」; 김학주, 2009a: 26). 그야말로 현시대의 세태를 바라보면서 성찰해야 할 점은 바로 무작정 공부만 열심히 한다고 제대로 알고 지혜를 쌓는 것이 아니라는 각성이다.

---

10) 物至知知 然後好惡形焉 好惡無節於內 知誘於外 不能反躬 天理滅矣(『예기』「악기」)
11) 舜 大知也與…好問而好察邇言 隱惡而揚善 執其兩端 用其中於民(『중용』 1장).

ⓑ '신'(信): 불신의 시대의 등불

요즘처럼 불신이 팽배한 시대도 드물었을 것이다. 현대사회의 주요 사회변동의 여파 중에서 사람들이 서로를 잘 모르고 지내는 모래알 같은 관계가 지배하는 데다 극렬한 경쟁 속에 목표추구를 하다 보면 누구를 믿어야 할 지를 알기가 어려워진다. 더구나 다중매체가 횡행하여 그 안에서 온갖 비정상적인 통신이 오가는 동안 벼라별 속임수가 남발하는 상황에서는 잘 모르는 사이에 신뢰가 쌓일 여지가 없다. 이런 때일수록 서로를 믿을 수 있도록 하는 일은 참으로 시급하고 중차대한 현대인의 과제다. 오늘의 용어로 신뢰(trust)는 핵심적인 사회적 자본(social capital)이다.

먼저 "사람이면서 신의가 없다면 그의 쓸모를 알 수가 없다. 큰 수레에 수레 채가 없다든가 작은 수레에 멍에걸이가 없다면 그것들을 어떻게 가도록 하겠느냐?"(人而無信 不知其可也 大車無輗小車無軏 其可以行之哉:『논어』「위정」; 김학주, 2009a: 30), 공자의 말씀이다. 또한 군자는 "의로움으로 바탕을 삼고, 예로써 그것을 실천하며, 겸손하게 그것을 말하고, 신의로써 그것을 이룩한다. 그래야 군자다!"(君子義以爲質 禮以行之 孫以出之 信以成之 君子哉:『논어』「위령공」; 김학주, 2009a: 270). 벗과 더불어 사귈 때는 말에 신의가 있으면 비록 그가 공부하지 않았다해도 나는 반드시 그를 가리켜 배운 사람이라 할 것이다(與朋友交 言而有信 雖曰未學 吾必謂之學:『논어』「학이」; 김학주, 2009a: 8). 말을 성심과 신의를 가지고 하며 행동을 돈독하고 공경으로 하면 비록 오랑캐 나라에서도 뜻을 펼 수 있을 것이다(言忠信 行篤敬 雖蠻貊之邦行矣:『논어』「위령공」; 김학주, 2009a: 266).

신뢰는 나라를 다스리는 차원에서도 필수불가결의 조건임을 유학은 일러준다(김학주, 2009a: 198).[12]

> 자공이 정치에 관해 묻자 공자 말씀하였다. "먹을 것을 풍족하게 하고, 군비를 충분히 하고, 백성들이 믿도록 하는 것이다." 자공이 또 여쭈었다. "부득이 꼭

---

[12] 子貢問政 子曰 足食 足兵 民信之矣 子貢曰 必不得已而去 於斯三者何先 曰 去兵 子貢曰 必不得已而去 於斯二者何先 曰 去食 自古皆有死 民無信不立(『논어』「안연」).

한 가지를 버려야 한다면, 이 세 가지 중에서 어느 것을 먼저 버리시겠습니까?" "군비를 버려야지." 자공이 거듭 여쭈었다. "부득이 한 가지를 꼭 버려야 한다면, 이 두 가지 중에서 어느 것을 먼저 버리시겠습니까?" "먹을 것을 버려야지. 예부터 누구에게나 죽음은 있었던 것이나, 백성들의 믿음이 없다면 나라는 설 수가 없는 것이다."

다시 말해서, 남의 임금이 되면 아래 사람들에게 신의의 덕을 갖추어야 하고 남의 신하된 자는 윗사람에게 공경하는 덕을 갖추어야 한다. 충신과 독경이야말로 아래위 한가지로 하늘의 마땅한 도리다(君人執信 臣人執恭 忠信篤敬 上下同之 天之道也;『춘추좌전』중「양공」22년; 이석호, 1980b: 456).

이러한 새로이 해석하는 덕목은 하나의 뭉뚱그러진 사회적 가치의 주요내용으로서 사회의 구조적 특성을 개선하고 제도적 마련을 구축하는 지침으로 활용하도록 해야 한다는 것이다.

② 공동체주의 가치로서 사회적 가치

앞서 사회변동의 추세를 검토할 때에 공업화·도시화의 충격으로 인하여 공동체 붕괴의 위험성을 언급하였다. 이는 이기적이고 자기중심적인 극단적 개인주의를 조장하므로 공동체적 유대감, 공익 정신, 국가 의식 등이 희박해질 뿐 아니라 사회 통합을 저해하는 주요인으로 작용한다. 국민 각자가, 또는 소규모의 이익집단이 자기중심적으로 자신들의 이익에만 집착해 국가적 목표를 달성하기 위한 협동이나 참여를 소홀히 하든지 거부할 소지가 크기 때문이다. 이런 식으로 모두가 뿔뿔이 흩어져 살아가다 보면 사회 자체가 자칫 해체될 우려도 있다고 했다(김경동, 2010a: 89-91). 이같은 우려를 생각하면 하루빨리 사람이 사람답게 살아가는 데 유익한 공동체를 만드는 과업이 우리 앞에 놓여 있음을 알게 된다. 여기에 공동체가 중요한 가치인 연유가 있다(김경동, 2010a: 93-95; 강대기, 2004; Hesselbein et al., 1998).

인간은 거의 모두 공동체 속에서 태어나서, 정상적인 인간이 되기 위한 원초적 사회화(양육과 교화)를 거치며, 그 과정에 '우리'라는 집합적 자아관을 형성한다. 실은, 인간의 자아 정체도 공동체에 소속함으로써 나의 정체가 뚜렷해지는 동시에 사회적 정체도 공동체 속에서 일정한 사회적 지위를 지니는 데서 생성한다. 사람은 이러한 의미 있는 관계를 맺을 때 소속감과 안정감을 경험하며, 공동체 안에서 각자의 잠재력 계발과 발휘 및 타고난 재능 향상을 할 수 있고, 개인적으로 해낼 수 없는 사회적 성과를 거둘 수 있도록 동기부여와 재능 발휘의 추동력이 된다. 사회 차원에서 보면 공동체는 사회의 가치와 윤리적 규범을 조성하고 유지하는 원천으로 기능하는 사회의 기본 단위다. 그러므로, 공동체에 속하지 못하거나 배척당했을 때는 외로움과 버성김(소외)을 느낄 뿐 아니라 정체의식 상실, 연고 소멸, 사회적 지위 박탈 등 일생을 좌우할 만큼 무서운 부정적 결과를 경험한다.

한편, 철학의 공동체주의 시각에서는 사회학적 개념보다는 특별히 규범적·윤리적 함의를 강조한다. 공동체 자체는 물론 거기에서 다른 구성원과 맺는 관계의 본질적이고 본원적인 가치를 인정한다. 공동체란 공통의 가치·규범·목표를 공유하는 사람들의 사회 조직체로, 개개 구성원은 이 공통의 목표를 동일시하고 자아도 공동체적 유대로써 성립하므로, 공동체란 그 자체 도덕적으로 좋은 것(善, a good)이다. 이 같은 공동체이니까 인간의 기본욕구와 실질적 이해 관심의 배양과 계발을 위해, 또 인간의 개별적 잠재력과 도덕적 인격의 완벽한 실현을 위해 최적의 조건을 제공한다고 주장한다(김경동, 2010a: 182-183; Khatchadourian, 1999: 14).

양질의 공동체가 요구하는 인간관계의 특징은, 깊은 사려, 온화함, 친절, 자신의 이익의 양보 및 희생 등이다. 따라서, 신뢰할 수 있는 형제애적 협동을 추구하므로 서로 의지하고 싶은 욕망을 충족시키는 데 최적의 환경을 제공한다. 구성원 간 연대, 충성심, 협동, 화합, 상호책임 등을 요청한다. 또 도덕적 공동체는 성격상 공정하고 정의로우며, 애착과 인자함과 사랑으로 돌보아주고, 관용하는 건전한 마음가짐을 장려하며, 동정심을 강조한다. 이처럼 공동체의 가치는 곧 사회적 가치라는 것이다.

이러한 공동체주의적 인간과 사회관은 조선의 선비철학에서도 확연히 드러난다. 이미 제Ⅳ장에서 살펴본 바, 퇴계의 자아론에는 공동체적 자아라는 총체론적 인간관이 매우 뚜렷하게 드러난다. 우선 그의 「성학십도」의 제2도(서명도)에는 중국 성리학의 장횡거를 인용하여 하늘은 아버지, 땅은 어머니, 자아는 그 가운데 미소한 존재로 처하므로, 나의 몸은 천지의 물질이고, 천지가 주재하는 것이 나의 본성(性)이며, 백성은 나의 동포요 그리하여 만물은 나의 편이라 선언한다. 이 같은 총체론적 공동체 의식의 근간이 바로 '인'이므로 사람은 모든 다른 사람과 한 몸인 양 사랑과 배려로 살아야 한다는 결론을 도출한다. 이처럼 타인과 관계 속에서 자신의 존재가치와 의미와 정체를 찾는, 공동체적 관계를 전제로 한 공동체의 일부로서 책임을 지는 자아를 상정한다. 이러한 '관계의 윤리'가 다름 아닌 '인' 윤리라 본 것이다(장윤수, 2015: 131).

③ 공공성 가치로서 사회적 가치

이와 같은 공동체주의적 가치는 바로 이어 공공성의 가치와도 관련성을 갖는다. 본 장의 허두에서 공공성의 결여가 현재 우리사회, 아니 전 세계적으로, 인류의 삶에 난맥상을 자아내는 중심요소임을 비판적으로 관찰하였다. 그러므로 이 시대의 제일 과제는 공공성의 복원이다.

여기서는 우선 서구철학의 공동체주의적 존재론, 인식론 및 가치론을 신자유주의적 개인주의의 관점과 대비할 필요가 있다(임의영, 2017). 신자유주의 존재론에서 개인은 완벽하게 독립적이고 자율적인 존재로 인식하는 것이 특징이다. 따라서 인식론적으로도 인간은 근본직으로 자기이익 추구의 목표로 타인과 관계를 맺는다고 보고, 사회라는 관계 속의 인간이 얼마나 자기이익 추구에 유능한지만 알아내면 그만이지 전인적인 관계 같은 것은 안중에도 없는 일종의 수단적 이성에 의한 인간존재의 수단적인 인식론이다. 그리고 인간관계의 윤리적 책임의 문제를 다루는 가치론에서는 사회 속의 인간은 자신의 행동이 결과하는 책임을 어떻게 감당하는 것이 사회적으로 공정한지를 판단하고 그 책임을 다 하며 살아가야 사회가 안정할 수 있다는 것이 원칙인데, 자유주의의 해석은 어떤 행동이든 그 책임의 소치는 개인 각자의 몫이라고 주장한다.

위에서 살펴본 공동체주의 존재론에서는 처음부터 개인과 개인이 따로따로 완전히 별개로 존재할 수 없는 필연적 관계성의 존재라는 관점이 기본이라 볼 수 있다면, 여기에 공공성의 존재론적 기초가 있다. 그러므로 공공성 철학의 인식론에서는 단순한 개인의 이익추구만을 다루는 수단적 이성의 인식이 아니라 필연적 관계와 연대 속에서 감정, 상상력, 의지 같은 이성 외적인 요소를 내포하는 인식의 공간이요 기제인 '마음'이 작동함으로써 사고, 감정, 기분, 정서, 의욕, 등 인간 내면의 상태와 전면적으로 만날 수 있는 공감의 경험을 할 수가 있다고 보므로, 공공성 철학의 인식론은 공감의 인식론이다.

그리고 마지막, 가치론적으로 볼 때, 인간의 사회는 관계의 복합적인 구조와 제도 속에서 이루어지고 유지한다. 아무리 개인에게 책임이 있다해도 그 책임의 궁극적 근거는 그러한 행동이 일어나는 맥락으로서 갖가지 사회의 조건과도 무관하지 않다. 그런 한에 있어서 책임의 문제를 전적으로 개인에게 돌리기보다는 사회 구성원들이 함께 공유하는 공유 책임도 생각해야 한다. 이것이 공동체주의적 공공성 윤리의 가치론이다. 결국 공공성 철학의 관점으로 보면 사회적 가치는 공공성의 가치가 되는 것이다.

공공성 담론은 비단 서구사상에만 국한하지 않는다. 동방의 유가사상에서도 이 주제는 궁극적으로 가장 중요한 자리를 차지한다. 그리고 실은 서구의 담론보다는 훨씬 더 광폭의 심오한 수준의 이론 틀을 제공한다. 서방에서는 공사구분이 국가·사회라는 공적 영역(public)과 개인의 사적 영역(private)의 차별을 가리킨다면, 유가사상에서는 이 주제를 우주론과 인간본성을 다루는 심리학의 차원에서 접근한다. 그 원천이 주로 성리학이다. 그러므로 여기서는 성리학의 관점에서 보는 공공성의 담론을 개관한다. 이미 제Ⅲ장에서도 살펴보았지만, 우선 주자의 『중용장구』 서문의 일부를 인용해본다(한형조, 2013: 024−025).

(인심은) 위태롭고 불안정하며, (도심은) 미묘해서 감지하기 어렵다. 그런데 사람은 누구나 형체(육신)를 갖고 있으므로, 상지(上智: 현자)라고 해도 인심

이 있고, 또 누구나 본성(정신)을 갖고 있으므로 하우(下愚: 무지한 자)라고 해도 도심이 있다. 이 둘이 마음속에서 얽혀 '뒤섞여(雜)' 있는데, 제어하지 못하면 (인심은) 더욱 위태로워지고, (도심은) 더욱 깊이 숨을 것이다. 그렇게 되면 천리(天理)의 공(公)이 마침내 인욕(人欲)의 사(私)에 굴복하게 된다. 면밀히 성찰(精)하면 이 둘 사이가 섞이지 않을 것이고, 자기 중심을 잡고 있으면, 본심의 정(正)이 나와 더불어 있게 된다. 이 노력을 지속적으로 해나가면 도심이 늘 내 몸의 주인이 되고, 인심은 그 명령을 들을 것이니 위태로운 것이 안정되고, 은미한 것은 더욱 밝아진다. 그리하여 행동과 말에 과불급의 차가 없는 경지를 누리게 될 것이다.

이 인용문은 사실 퇴계의 심학을 논할 때에 부분적으로 언급한 것이지만, 여기서 말하는 공과 사는 천리지공(天理之公)과 인욕지사(人欲之私)를 각각 가리킨다. 공은 천리와 도심(道心), 사는 인욕과 인심(人心)을 표상하고 있음을 알 수 있다. 그러니까 공공성이란 우선 우주론적으로 하늘에 해당하고 인성론적으로는 그 하늘의 이치(도)에 순응하는 사람의 마음이다. 이러한 논리를 퇴계가 계승하여 다시 해명하고 있는 점은 이미 본 서의 제IV장에서 자세히 고찰하였다. 여기에는 잠시 퇴계의 이론 중에 관련있는 내용을 간추려 본다.

퇴계는 우선 공과 사의 구분에서 인욕의 본질적인 성질로 인해 인간관계에 틈이 생기고 사회적 소외를 초래하는 현상에 대비하여 공의 융화성, 포용성을 부각시키는 관점을 제시하고자 「서명고증강의」에서 이렇게 논리를 편다. 사람 마음이 사욕으로 덮이고 막힌 데다 완고하기가 돌과 같아서 남의 측은함을 공감하지 못하는데, '경'(敬)의 훈련으로 마음을 잘 다스려서 사심을 깨뜨리고 무아(無我)의 공리를 크게 열어주면 돌 같은 마음이 융화하고 통해서 타인과 사이의 벽이 무너지고 열려서 천지가 한 집안이 되고, 온 나라가 한 사람처럼 되어, 남의 아픔을 나의 아픔처럼 여기게 된다는 것이다. 이런 과정은 유아지사(有我之私)라는 이기적인 고착을 깨고 자기를 넘어 작동하는 공 즉 무아지공(無我之公)을 확대시켜서 진정한 소통과 대화가 가능해진다는 원리다. 비로소 타자의 목소리가 들리기 시작하고 남의 고통과 기쁨, 나아가 전체적인 삶 속으로 감정이입 혹은 공감이 가능해진다. 이로써 각 개인은 건강한 자아를 회복하고 사회는 생기를 되찾아 제대로 질서를 보장할 수 있게 된다는 것이다. 이런 경지에 이르면 삶의 문제를 해결하는 과정은 국가라는 강제적 규범으로서 공이 아니라 심리·정신적으로 건강한 개인이 구성하는 자율적인 퍼블릭이라는 공의 공간에서 자발적인 각성과 협력으로 이루어지게 된다(한형조, 2013: 024-038).

이처럼 융화하고 투명한 '공'(公)은 실천의 현장에서 충서(忠恕)의 정신으로 무장하기 시작한다. 충서란 마음이 중심(忠)을 잡아 마음의 진정성으로 상대방의 처지를 헤아려 배려하는 것(恕)을 가리킨다. 그러니까 구체적인 배려 전에 마음의 진실함을 요청하는 것은 거짓된 마음에서 우러나는 배려는 기만일 수가 있기 때문이다. 이것이 충서의 정신이고, "내가 하고 싶지 않은 일을 남에게 베풀지 말라"(己所不欲勿施於人)라는 공자의 가르침이 이를 단적으로 말해준다(김기현, 2001: 153). 이런 의미에서도 사회적 가치는 마땅히 공공성의 가치일 수밖에 없다.

④ 생태주의 가치로서 사회적 가치

인간의 존엄성을 강조한 유학이라 해도 자연을 인간이 마음대로 지배하고 좌우할 수 있다는 인간중심주의(Anthropocentrism)에 빠지라고는 하지 않는다. 오히려 정반대로 '천지인합일'이라는 사상을 중시하였다. 이 주제는 곧 이어 결론장(제X장)에서 더 중점적으로 논의할 것이다. 그리고 이미 제II장에서는 문명사적 관찰에서 인간에 의한 끝 모르는 생태계 교란의 참혹한 재해를 경고하는 목소리를 전한 바 있다. 다만 이 지점에서 생태주의를 다시 거론하는 이유는 그러한 생태계 보존으로 지속가능한 발전을 기해야 한다는 생각이 시급하다는 점을 다시 상기시키면서 그것을 하나의 주요한 사회적 가치로 구현해야 한다는 염원을 되새기려 하기 때문이다.

생태주의를 하나의 사회적 가치로 등장시킨 시점은 대체로 20세기 중반, 1960년대로 거슬러 올라간다. 그동안 인류가 추진해온 공업화와 기술혁신 덕분에 경제적인 생활수준 향상과 사회 각 영역의 편리한 생활양식의 보편화가 전 세계적으로 번지기 시작하던 시절이다. 근대화와 발전이 중심적 화두로 온 세계를 들썩인 가운데 새로운 관심사로 등장한 것이 이른바 삶의 질적 향상이라는 화두를 앞세운 생태론이었다. 이제 선진국에서는 적정한 수준의 부를 향유하게 되었는데 문제는 공기오염, 수질악화를 비롯한 자연생태계의 교란이 새로이 문제가 되기 시작한 것이다. 이때부터 지속적인 환경개선, 자연보호 등의 운동이 일었고, 이 쟁점이 마침내 유엔이 나서서 제창한 지구의 지속가능한 발전 목표로 자리잡았다. 이러한 배경에서 지금부터는 진실로 위험해지고 있는 지구를 살리고 사람이 자연생태계의 한 구성원으로서 삶의 터전인 생태계와 공동체적인 연대 의식으로 함께 살아야 한다는 의지를 실천에 옮겨야 할 때가 된 것이다. 여기에 선비문화의 천지인합일 사상이 그 한 가지 중요한 지침이 되어 마땅하다는 생각을 전 인류가 함께 공유할 것을 제안하는 것이다. 그런 뜻에서 생태주의 가치는 사회적 가치로서 매우 중요한 가치임을 천명한다.

　이런 여러 가지 생각은 미래를 향한 인류의 앞날에 우리가 추구해야 할 새로운 사회의 비전으로 제시하고 거기에서 선비문화의 주요소를 복원하고 수정하여 실현하자는 바램을 감히 제안하고자 하는 것이다.

결론: 선비문화와 인류의 장래

제 X 장
결론: 선비문화와 인류의 장래

1. 본서의 문제의식

비록 보잘 것 없는 저서이지만 그 대미라도 부끄럽지 않게 장식해야 한다는 무거운 짐 앞에 두려운 마음으로 이 결론장을 열려고 한다. 우선 본 저서에서 무슨 주제를 어떻게 살펴보았는지를 되풀이 요약하는 일은 하지 않는다. 본서는 이제 엄청난 문제 더미 위에 앉아 있는 현대 사회를 정상화하는 대과업에 나서야 한다는 각오로 선비문화의 등대가 과연 우리사회로 하여금 항해를 무사히 마치고 멋진 장래의 항구로 입항할 수 있게 잘 비춰 줄지를 점검해야 할 차례다. 위에서 비교적 촘촘히 살펴본 바에 의하면 우리사회뿐 아니라 세계의 모든 나라가 참으로 인간다운 삶을 보장하는 품격을 구비하고 있는지를 의심하게 하는 전반적인 난맥상에 시달리고 있다. 그중에서도 특별히 '도덕'의 관점에서 이를 바로잡기 위한 노력을 시작했을 때 나올 수 있는 반응이 이책에서 열심히 공부한 조선시대의 선비문화가 도움을 줄 수 있을 것이라고 생각하는 것 자체가 너무 시대착오적이라는 지적일 법도 하다. 선비문화가 삶을 좌우하던 조선 시대는 이미 한 세기가 훌쩍 지난 시간 속으로 일단 사라졌고, 그 기간에 발생한 사회문화적 변동이 얼마나 급속하고 격렬했던지는 앞에서도 대강은 점검해 보았다.

그럼에도, 제II장에서 개진한 여러 전문가의 견해는 여전히 선비문화

내지 유가사상의 필요성이나 중요성을 무시하지 않아야 한다는 쪽으로 기울어 있다. 다만 그런 의견이 혹여라도 자기집단중심적인(ethnocentric) 국수주의적 정서 탓인지 아니면 과거를 동경하는 일종의 노스탤지어에서 연유하는지는 물어볼 이유가 없을 것이다. 그 어느 쪽이든 우리에게 필요한 것은 현재의 문제를 해결하여 새로운 미래를 구상하는 일에 어떤 시사점을 발견할 수 있는 아이디어라면 기꺼이 참고하고 시대에 맞게 선별적으로 조정하여서라도 이를 유용하게 수용만 할 수 있다면 재고할 나위가 없을 줄 알고 겸손한 마음으로 한번 정리를 하려고 한다. 특히 이 대목에서 이러한 담론의 초점을 어디에 둘 것인지를 정할 필요가 있는데, 이를 위해 도움이 될 만한 생각을 제II장에서 소개한 de Bary 교수의 제안을 다시 떠올리게 된다. 특히 이런 생각을 하게 된 데에는 역시 저자의 개인적인 경험이 한 몫을 하였다. 지난 1988년 서울 올림픽대회가 열렸을 때, 아카데미 하우스에서는 정부의 후원을 받아 "공업후사회의 세계공동체"(The World Community in Post－Industrial Society)라는 주제로 대규모의 국제학술회의를 주최하였다. 그 모임에 저자는 전체회의의 사회를 맡았기 때문에 de Bary 교수와도 개인적으로 만나 대화를 나눈 일이 있어서다.

그가 발표한 글에서 매우 긴요한 담론의 시발점을 시사하는 대목이 있어, 다시 한 번 그 내용을 요약하여 전하고자 한다. 서구문명에서는 현대사회의 갖가지 심각한 문제를 다루는 방식이 유학에서 중시하는 극기와 같은 도덕적 지침은 이제 선택지로도 간주하지 않는다는 점을 언급하면서, 그러면 서방의 해결책은 어떤가를 지적한다. 주로 비인격적인 기계적인 수단으로 물질적 유인에 의해서 법적 제재와 형벌적 제도 같은 것에 의존하는데, 이런 것은 이미 효력상실을 입증한 것이다. 돈은 많이 쓰면서 시행하는 해결책이란 것이 인간의 영혼 깊숙이 자리하는 문제에는 점점 관심을 보이지 않는 방향으로만 치닫는다면, 사회 전체가 결국은 파국에 이르고 말 거라는 경고를 한다. 그가 보기에는 적어도 19세기의 성리학자들은 서양의 세력과 기술에 충격을 받으면서도 인간이 어찌 하면 그렇게 제멋대로 사는 원심적인(중심을 잃고 자꾸만 딴 길로 나가려는)

세력으로 하여금 적절한 도덕적 구심점을 중심으로 일정한 범위 안에서 살아가게 할 수 없을까를 고민하였고, 그 막강한 서구 세력이 전통적인 '천인합일'의 가치, 즉 만물을 마치 자신의 몸과 피인 양 느끼는 상태를 지향하는 매우 인간적인 목적으로 나아가게끔 할 생각은 하지 않으면서, 그냥 눈감은 듯, 무작정 과학기술의 무한정한 발전만을 계속 추구할 수 있는지를 계속 물었다는 것이다(de Bary, 1989: 18).

그러니까 미국의 손꼽는 유학자인 de Bary 교수는 1980년대 말에도 19세기의 유학자들과 똑같은 질문을 동방의 지식인들에게 던진 셈이다. 그리고 전술한 대로 1994년에는 저명한 보수 논객인 Novak이 앞으로 서방지식인은 과연 우리가 어떤 도덕률에 의지해서 살아야 하는가 라는 질문에 직면해야 할 것임을 우려 섞인 목소리로 서방세계를 향해 던졌다(Novak, 1994). 그리고 21세기 초반, 2017년에는 *Time* 지의 전직 편집장의 입에서 미국은 이제부터는 도덕적 리더십과 실천 지침을 딴 데 어딘가에서 찾아야 할 것 같다는 우려를 표명하였다(Gibbs, 2017: 22). 같은 해, 문명비평가 Luce(2017: Kindle Locations 133－137)는 현대 민주주의의 난맥상과 자본주의의 왜곡을 염려스러운 눈으로 바라보면서 아예 인류의 도덕 문제는 해결이 불가하다는 탄식조의 언명을 쏟아 내었다. 물질적 조건은 개선이 가능하지만, 도덕 문제는 변함이 없고, 사회를 조직할 원리의 모델은 어디에도 찾아볼 수 없다는 것이다.

본서에서도 저자는 선비문화의 고찰을 위해 '도덕'의 문제에 초점을 맞추려고 한다. 조선의 선비라면 어떤 사회의 계층이나 부분집단과도 비교할 수 없으리만큼 도덕에 관심을 집중했던 것이 사실이기 때문이다. 도덕의 철학적 해명을 깊이 할 것 없이, 공자의 언명 한 마디에 이미 모든 것을 담고 있다. "도에 뜻을 두고, 덕을 지키고, 어짐에 의지하고, 예에 노닐어야 한다."(志於道 據於德 依於仁 游於藝)(『논어』「술이」; 김학주, 2009a: 104). 그러면 그러한 도를 실천에 옮긴 사회는 어떤 사회인지 공자 자신이 표명한 이념형의 보기로 되돌아 가 보자.

이 책의 제I장 서두에서 대동사상을 실현하고 있는 이상적인 공동체의 모습을 요약한 공자의 언명을 예시한 바 있다. 거기에는 우리가 추구하려는 미래의 어떤 이상적인 사회의 한 단면이 담겨 있다는 놀라운 사실과 만난다. 이제 그 내용의 주요 항목을 정리하려니와, 그 대전제가 큰 도(大道)가 실제로 행해지니 거기에서 다음과 같은 일이 일어나는 사회가 펼쳐졌더라는 것이다. 도덕이 앞서야 한다는 천명이다.

① 천하가 만인의 것(公器)이라는 공유, 공동향유 개념
② 사적인 세습 금물
③ 현명함과 유능함(賢能)이 공직자 선발의 기준
④ 성실, 신의, 화목의 체득을 위한 학습, 수신 및 실천
⑤ 내 부모, 내 자식만 배타적으로 친애하지 않고, 타의 부모와 자식도 공히 돌봄
⑥ 고령자, 건장한 청년, 여성, 어린이, 과부, 환자 등 각각 필요한 거처, 직역, 기타 보호 조치
⑦ 절약, 검소, 독점 금물
⑧ 자신의 노력이 필수지만 노력의 결과를 사리에 이용은 금물
⑨ 사리사욕에 의한 모략이 사라짐
⑩ 절도, 난적의 폭력이 일어나지 않음
⑪ 바깥 문 잠글 필요가 없어짐

이러한 항목에는 사회 차원의 제도적 조치나 정책을 다루는 것도 포함하여, 개인의 가치지향, 행동 등을 지목하는 것도 있다. 사리사욕 대신에 공공의식, 성실, 신의, 화목, 절약, 검소, 노력에다, 절도, 폭력 등 일탈행위 소멸 등이 이에 해당한다. 그러한 덕목의 성격은 대체로 일상적인 삶의 세계에서 대다수의 구성원에게 상식적으로 기대할 만한 보편적이면서 비교적 범상한 것이라 할 수 있을 것이다. 그렇더라도 이 정도의 가치의식과 행동유형을 따르는 사람이 다수인 사회라면 대체로 바람직한 사회로 인정해도 크게 문제가 되지 않는다고 할 만하다. 물론 이것은 일종의 이념형적 모본이다. 그렇더라도, 우리가 이만한 사회를 만들어 살아보겠다는 각성을 얼마나 진솔하게 지니며 살고 있는지, 그런 사회를 이루기 위해 얼마나 실제로 진지한 노력을 경주하며 더 나은 장래를 위해

최선을 다하는지를 물어볼 필요가 있다. 거기에 선비문화의 현대적 유관성과 미래를 위한 지표가 담겨 있다고 보아도 좋을 것이다.

2. 접근법의 성격

다음은 이 책의 방법론에 관한 논의를 정리하기로 한다. 선비의 생각과 삶을 이해하기 위해서 '선비문화'라는 요소를 부각하였을 때는 이미 본저자의 인식론적 관점이 일부 드러났다고 할 수 있는데, 그것을 굳이 이름하자면 '문화론' 내지 '문화주의적 접근'(culturalist)이라 할 것이다. 이러한 문화주의적 관점은 제II장에서 시도한 '문명론적' 분석에도 이미 드러났고, 제IX장의 미래비전에서 '문화적 교양으로 정화한 성숙한 선진사회'라는 낯선 개념과 이념형적 담론에서도 명백해진 바 있다.

이러한 문화주의적 접근은 흔히 사회과학의 철학에서 반복하여 제기하는 "문화냐 제도냐?", "문화냐 구조냐" 하는 논쟁의 한 축으로 볼 수 있는데, 본저자는 문화 쪽에 손을 들고 있는 셈이 된다. 이 같은 문화주의적 인식론은 존재론적 담론에서는 '인간'을 중심에 두는 인간주의적 관점으로 이어진다. 이 또한 사회과학 철학의 "인간이냐 제도냐?" 혹은 "인간이냐 구조냐?" 하는 대립구도에서 전자로 쏠리는 견해를 표상한다. 그러니까 저자의 관심은 선비라는 존재가 인간으로서 어떤 문화를 추구하고 살아가는지에 초점을 두게 된다는 것이다.

결과론이지만, 선비문화를 살펴보면 바로 거기에 이러한 인간중심의 존재론과 이에 기초한 문화적 접근이 두드러진 특성임을 발견한다. 인간중심의 사상에는 모든 인간의 삶은 결국 자주적이고 자율적인 주체적 개인으로서 인간이 어떻게 스스로를 도덕적으로 다스려서 세상을 편안하게 만드는 데 기여할 것이가 하는 숙제를 책임진다는 관념이 깃들어 있다. 퇴계가 선조에게 충고했듯이, 법과 관습은 말(末)이고 본(本)은 사람의 마음이라는 인간주의적 사상이다.

그러한 존재론적 관점이 지식을 얻는 방법론으로 옮아가면 격물치지의 궁리라는 개념이 중심을 이룬다. 이를 다시 현대적 개념으로 표현하면 즉물적 인식론(experiential epistemology)이라 일컬을 수 있다. 이는 서구 과학철학의 경험주의 내지 실증주의와도 일치하지 아니하고 그렇다고 주관주의적 관념주의를 복사한 것도 아니다. 거기에는 미묘한 방식으로 그 둘이 한데 어울려져 하나의 독자적인 방법론을 형성한다. 가령 격물치지란 경험하는 바를 철저히 관철하면 현상의 성격을 파악하게 되지만 거기에는 궁리, 즉 궁극에는 그 본성에 관한 이치의 이해로까지 이르러야 함을 함축한다. 실증적 경험과 이성적(의식의) 이해가 절묘하게 작용하는 형식의 방법론의 철학이다. 인간의 도덕성의 문제도 단순한 경험론이나 선험적 관념론으로 치우치지 않는 방식으로 접근하게 되는 것이다.

그럼 지금부터 이러한 존재론과 인식론에 기초해서 살펴볼 때 선비문화가 시사하는 주요 덕목을 몇 가지 항목으로 나누어 오늘과 내일의 더 나은 사회를 지향하는 길잡이로 삼을 수 있는지를 고찰하기로 한다.

3. 인간과 자연이 하나되는 세상

현재 인류가 경험하고 있는 과학문명의 충격 중에서 진중하게 생각해 보면 정말 가장 근본적이고 위협적인 사항은 아마도 생태계의 심각한 교란이라 해야 할 것이다. 앞에서 이런 문제점을 비교적 소상하게 거론하였지만, 이대로 그냥 아무런 대처없이 간다면 지구 자체가 사람이 살기 어려운 상태에 이르지 말라는 법도 없을 정도라는 말이다. 여기에 대응하는 세계 각국의 여러 가지 정책적 노력이 없는 것도 아니지만, 여기서 선비문화가 시사하는 인간의 자세를 탐색하려 할 때 떠오르는 키워드는 위에서 de Bary 교수가 언급한 '천인합일'의 사상이다.

이 사상을 되풀이 해설할 필요는 없지만 그 요체는 일종의 총체주의 또는 총합주의적(holistic) 사고라 한다. 이 철학은 본서의 제III장에서 점검한 것이다. 이를 집약적으로 표현한 것이 『중용』의 첫 구절임은 이미 여러 번 언급했지만, 다시 한 번만 되뇌이면, 하늘이 사람들에게 내려준

것을 '본성'이라 규정하고 그 본성을 좇는 것을 '도'라 일컬었다. 여기에
천과 인간의 연결을 찾는 단서가 있고 그것은 곧 천인합일의 사상적 연
원이다. 천인합일, 혹은 천지인합일(天地人合一)은 '하늘과 사람이 서로
통한다'는 천인상통(天人相通)과 '하늘과 사람이 서로 유사하다'는 천인상
류(天人相類)의 두 가지 의미를 담는다. 천도(天道)와 인도(人道)가 하나로
관통함으로써 자연의 법칙이 인간의 법칙으로 전환하는 통로가 되고, 그
래서 자연의 원리에 따르는 천명이 인간의 본성이고 본성을 따르는 삶이
인간의 도리가 된다(이영찬, 2002: 78). 퇴계의 『성학십도』에서는 천명사
상을 '하늘과 사람은 상응하고,' '하늘이 곧 진리이며,' '사람과 하늘은
일체'라 풀이하였다(권오봉, 2013: 311).

거기에서 이미 물리학자 Capra(2010)가 우주를 관계의 연결망으로 이
해하고 내재적으로 역동적인 현상으로 인식한 내재론을 언급하였고,
Needham(1973)은 세상의 모든 존재가 조화롭게 협동하는 것은 그들이
우주적 유형을 형성하는 전체의 위계질서 속의 부분들로서 자연적 성질
의 내재적 변화의 지시를 따라 움직이며 생존하기 때문이라고 한 것을
상기할 수 있다. 그뿐 아니라, 현대의 생태학에서도 모든 생명체는 결코
홀로 생존할 수 없어서 '공동체 본능'(the instinct for community)이 있고
'체계추구적'(system-seeking)인 성향이 있으므로 다른 생명체들과 관계
를 맺어 연관성을 가지려는 욕구가 있다고 본다. 바꾸어 말해서, 생명체
의 기본적인 역설은 자유, 자율권, 독립을 향한 욕구와 동시에 관계, 연
고, 관련성을 향한 부정할 수 없는 욕구도 있다는 것이다(Hesselbein et
al., 1998).

그러므로 인간은 자연생태계와 더불어 하나가 되어 자연을 품고 사랑
하며 살아야 한다는 천지인합일의 선비문화는 여전히 유효하고, 특별히
안정적인 장래의 삶을 위해서는 더욱 소중한 가치라 할 것이다. 이제 남
은 과제는 어떻게 이런 가치를 전인류가 배우고 익히고 깨달아 생태 보
존의 생활을 실천하게 하느냐 라는 방법론의 구상과 실현이다.

4. 선비다운 인간의 수련

천인합일의 사상은 선비의 이상적인 인간상에서도 드러난다. 가장 일반적이면서 추상적인 수준에서 선비문화가 추구하는 이상적인 인간상은 성인군자로 집약할 수 있을 것이다. 그 구체적인 성품에 관한 논의는 본서의 제IV장에 자세히 소개하였다. 미래를 생각하는 문맥에서 볼 때, 과연 그러한 이상적인 인간이 실지로는 얼마나 되며, 또 모든 사람이 다 그런 사람이 되어야 한다는 논지도 근거는 빈약하다. 하지만 현실 세계 속의 인간의 실재적인 모습은 너무나 실망스러운 것임을 부인할 처지도 아니다. 따라서 이 영원히 해소하기 어려울 딜레마는 아예 손대지 않는 게 현명할지도 모른다. 그럼에도 불구하고, 기왕에 선비문화를 참고하기로 작정했으면 거기서 얻는 교훈은 진지하게 수용하는 것도 우리가 해야 할 일이 아닐 수 없다.

그런 소박한 소망에서 간략하게 성인의 이념형에 관한 언명 몇 가지만 재조명하는 것이 좋을 듯하다. 먼저 성인군자라 할 때, 그 둘의 차이는 무엇일까? 성인이란 수기치인의 완성자인 데 비해 군자는 그 완성으로 향해 가고 있는 자라는 것이다. 그리고 성인은 수기치인의 완전한 구도자로서 득도자라 부르기도 한다. 이 점에서 선비의 궁극적 목표는 스스로 성인으로 지향한다(이동건, 2005: 79-80). 다만 이런 비교는 역할의 성격으로 구분하는 것인데 비해, 더 본질적인 내면의 자이는 너 초월적이다. 우선 그 글자 풀이에서 성인의 "성(聖)은 소리(聲)이며 통함(通)이다. 그 소리를 듣고 정(情)을 알며 천지에 통하여 만물을 통달하고 만물과 화합하는 것(暢調)을 가리킨다"는 해제가 있다. 『易經』과 『中庸』 같은 고전에서도 성인은 인간과 하늘(天), 인도(人道)와 천도(天道) 양자를 하나의 도로 일관되게 파악하는 천도의 구현자이며 예와 문물의 제정자라는 초월적인 성질을 함축하면서 현실 세계 속의 그 도의 구현자라는 용법의 보기도 있다(이동건, 2015: 80, 각주 1, 3, 4). 여하간에 성인의 경지는 하늘과 인간이 하나 되는 천인합일의 표상이다.

그러면서 성인이 되어가는 과정, 성인의 초월적 성질 및 현실의 기능적 역할, 세 가지를 아우르는 의미풀이도 발견한다. 가령, 퇴계는 그의 『성학십도』「태극도설」에서 성인은 중용, 인의, 평정으로 자신의 자리를 바로잡아서 최고의 경지에 선 사람이라 인식하고 있다. 따라서 그의 덕은 천지와 화합하고, 그 명민함은 일월과 화합하고, 그 행동거지는 사계절과 화합하여, 마침내 신과 화합하여 길흉을 장악하였다고 술회하였다(한형조, 2018: 71). 또한 성인은 "인욕(人欲)의 사사로움이 없어서 순수 무잡한 천리가 마음 속에 환히 들어와 있는 상태"의 인물이라고도 하였고(정순우, 2019: 20), 율곡도 성인은 "하늘의 대행자로서 하늘의 도를 계승하여 인간의 표준을 세웠으니, 만약 성인이 없다면 우주의 조화와 순행이 인간에게 영향을 끼칠 통로를 상실하는 것이며, 성인의 도는 하늘을 본받는 것일 뿐이므로 중인이 성인을 본받아 닦고 수행하는 방법이란 다만 성인이 이미 이루어 놓은 법칙을 따르는 데에 지나지 않는 것"이라 하였다(정순우, 2019: 110). 아울러 율곡은 또 최고의 이상적 인간인 성인은 무사욕(無私慾) 지향의 극기와 함께 덕성의 함양을 철저히 하고 나아가 치인(爲政)을 할 때는 공심을 바탕으로 애민·위민의 봉공을 위해 자신의 희생을 감수해야 하는 인간형이라 하였다(윤사순, 2002: 139).

요는, 선비가 갖추어야 할 자아는 공동체적 자아이고 이러한 자아의식을 구비하기 위해서는 수기, 수신으로 자신을 닦고 나아가 자신이 그 속에서 유기적 구성원인 세상(공동체)을 위한 삶을 살아야 한다는 이념으로 자리한다. 따라서 성인은 이상적인 통치자라는 뜻으로도 쓰인다. 수많은 사람들에게 베풀고 나누어 주어 그들을 구할 수 있다면 이를 두고 인(仁)이라 할 수 있습니까 라고 자공이 물었을 때 공자께서 그뿐 아니라 성(聖)이라 해야 한다는 대답을 주었다(김학주, 2009: 98). 율곡도 "하늘의 대행자인 임금은 누구보다도 더욱 성실하고 멈춤이 없는 내면의 수양이 요청된다"고 하여 성인을 닮아야 함을 은근히 내비치기도 하였다(정순우, 2019: 110). 선비는 철저한 자기성찰적 자기관리의 궁극적인 목표를 천인합일의 우주론적 자아인 성인이라는 이념형적 인격으로 정위(定位)하려 하였다고 볼 수 있다(홍원식, 2015: 20). 그러므로 배우는 사람은 성인되기를 목표로 삼고서 한 터럭만큼도 스스로 포기하거나 물러서고 미루려는 생각을 가지지 말 것을 퇴계 같은 모범적 선비도 주문하였던 것이다(정순우, 2019: 22). 여기에 주체적인 개인으로서 인간의 궁극적 책임인 수기라는 덕목이 도사리고 있다.

5. 선비문화와 공공성 복원

본서 제IX장의 허두에서 저자는 우리사회의 난맥상을 지적하면서 공공성 내지 공공의식의 부재를 부각시켜 논지를 펼쳤다. 그러면 이 문제를 해결하는 데 선비문화가 시사하는 바가 어떤 것인지를 잠시라도 살펴보고 다음 과제로 진행해야 할 것이다. 이 주제를 집중적으로 다룬 곳이 선비문화의 이상적 인간상을 고찰한 본서의 제IV장이다. 특히 성리학의 심학 내지 심리학적 담론에서 선비가 성인군자가 되기 위한 자기수양의 이론적 기초와 실천 방법론을 고찰하였다. 그러므로 이 결론 부분에서는 그러한 내용의 요점만을 간추려 앞으로 우리가 노력해야 할 공공성 복원의 길잡이로 삼기로 한다. 그리고 이 문제는 저자가 따로 마련한 퇴계의 공공성 이론에 관한 논문에서 정리한 것도 참고할 것이다(김경동, 2020).

공공성과 관련해서는 중국의 문헌자료나 유가사상의 고전 및 조선왕조실록에서도 공(公)과 사(私)를 언급한 사례는 다수 있다. 그러나 여기에는 주로 퇴계의 심학이 제시하는 논의만 대표적인 보기로 제시하겠다. 퇴계는 주자 성리학의 공사관의 요체인 '천리의 공'(天理之公)과 '인욕의 사'(人欲之私)라는 대비에 기초하여(한형조, 2013: 13−43), 당시 조선사회의 가장 시급한 과제는 집권층의 권력을 이용한 사리 추구를 배제하고 공도(公道)를 회복하는 것이라고 진단하면서(이수환, 2015: 276), 우선적으로 집권층의 수장인 통치자 왕이 사심과 이기심을 버려야 한다는 경고를 한다. 왜냐하면 사(私)는 마음의 좀(蠹)이요, 모든 악(惡)의 근본이기 때문이다. 따라서 편벽되고 기울어지며 좋아하고 미워하는 사(私)가 없어야만 왕도에 따를 수 있음을 강조한다. 그러니 위로는 임금님으로부터 아래로는 보통 백성에 이르기까지 모두 성인의 가르침을 따라, 안으로는 사람으로서 양심 본성을 보존하고 기르는 방법을 익히며 밖으로는 무슨 일에나 정성이 부족함이 없고 사고방식에 치우침이 없도록 하여 이를 한결같이 지켜 나가야 한다는 것이다.

조금만 더 심학의 이론적 관점을 보태면, 아(我)가 있는 사심(私心)을 깨뜨리고 무아(無我)의 공리(公理)를 크게 열어주어, 돌과 같은 완고한 마음을 융화(融化)하고 환히 통하게 하여 남과 나 사이에 간격이 없게 해서, 조그마한 사심(私心)도 그 사이에 용납하지 않게 하면, 천지 만물이 한 집안이 되고, 온 나라가 한 사람처럼 되어서, '남'의 아픔을 내 몸의 아픔과 같이 간절히 여기면 인도(仁道)를 얻을 수 있는 것이다. 이처럼 융화하고 투명한 '공'(公)은 실천의 현장에서 충서(忠恕)의 정신으로 무장하기 시작하는데, 충서란 마음이 중심(忠)을 잡아 마음의 진정성으로 상대방의 처지를 헤아려 배려하는 것(恕)을 가리킨다. "내가 하고 싶지 않은 일을 남에게 베풀지 말라"(己所不欲 勿施於人)라는 공자의 가르침이 이를 단적으로 말해준다.

그런데, 사람의 마음에는 이기적인 인욕에 물들어 혼탁하지 않은 어린아이의 마음(赤子心)과 같은 양심(良心)이 있고, 욕심에 눈을 뜬 사적인 충동으로서 인심(人心)이 있다. 여기서 의리를 깨달은 진리의 마음 혹은 '공적 충동'이라 할 수 있는 것은 도심(道心)이다. 그러므로 공적인 충동으로서 도심이 인심에 묻혀 사사로운 욕심으로 흘러가는 것을 막기 위한 처방이 나와야 한다. 이것은 '경(敬)'을 유지(持敬)하는 데에 집중하여 더욱 삼가 노력하여 존양(存養)의 공부를 깊이 하고, 이미 감정으로 발현한 뒤라면 반성하고 관찰하는 습성을 익혀 진정으로 축적하고 오래 지속적 노력을 그치지 않는다면 마침내 공을 이룰 수 있다는 논리다. 이것이 알인욕 존천리의 선비의 마음 다스리는 수기의 처방이다. 그 구체적인 방법은 여기에 반복하지 않고 제IV장을 참조할 것을 시사한다.

공공성 복원은 결국 각자의 개인적인 욕심인 인심을 극복하고 남을 배려하고 아끼는 '인'의 발현인 공적인 도심을 지키려는 부단한 노력을 요한다고 요약할 수 있다.

6. 선비문화와 사회혁신 과제

솔직히 조선시대의 선비는 모든 이상적 삶의 근원을 인간에게 두고 인간의 자기수련과 자기관리에 의한 각자의 성숙(궁극은 성인의 경지)에 이르러 비로소 사회 개혁에 나서서 공공의 복리를 위해 온 정성을 다한다는 정신을 품고 이를 실현하고자 애쓴 사람이다. 물론 모두가 성공했다는 말은 하지 않지만 그들 나름의 성의와 헌신으로 조선조는 500년이라는 오랜 기간을 존속하였다는 사실 하나만으로도 상찬 받아 마땅하다. 다만 사회의 변혁이라는 주제를 미래지향적으로 추진한 사례를 구체적으로 들기는 쉬운 일이 아니다. 그것은 당시의 사회구조와 관련이 있다. 전형적인 농경사회에다 중앙집권적인 가산제 정치를 하는 나라에서 선비 몇 명이 아무리 진취적이고 창의적인 훌륭한 생각이 있다 한들 이를 반드시 실현할 기회를 가지기가 용이하지 않았다는 실질적 핸디캡을 고려에 넣고 무엇인지를 추진해야 하는 그 고충을 잊어서는 의미가 없다.

조선조의 선비가 할 수 있는 일은 주로 정치에 참여하여 국정 차원에서 추진할 제도적인 개혁과 정책적인 개선인 바 당시의 사회구조적 특성과 이를 개혁하기 위한 이론적 담론의 한계로 말미암아 현대적 관점에서 수용하여 실현할 만한 구체적 제안을 제시하기에는 무리가 분명히 있다. 현대사회는 이미 농경사회의 틀에서 근본적인 변혁을 겪은 처지인지라, 계층구조도 현저하게 차이가 있고, 경제적 기저와 직업구조 또한 냉백하게 이질적인 상황을 고려하면 당시의 지적 엘리트층이 구상하려던 제도적 변혁은 현재로서는 현실적합성을 찾아보기 어렵다는 말이다. 가령 사회계층적인 개혁을 하려면 당시의 신분제 계층구조 자체를 타파하든지 해야 할 텐데, 이런 일은 상상도 못했을 것이라는 말이다. 다만, 그러한 제약 속에서도 선비가 주도하여 민간의 자발적 사회운동으로 시행할 수 있는 향약 운동과 같은 사례는 분명히 있었다. 그 밖에 주로 향촌 차원에서 고대로부터 내려온 몇 가지 향민 중심의 공동체 활동이 없었던 것은 아니지만 거시적인 사회변동을 추동하는 수준까지는 이르지 못한 국지적인 사안이라는 한계가 있었다. 더구나 오늘날처럼 사회 자체가 대중화하고 극도로 분화해서 다원화하며 지속적으로 분절화하는 디지털 시대의 사회개혁은 선비의 안목으로 수행하기를 기대하기는 어려울 것 같다. 그나마도 선비문화의 밝은 면을 찾아 나서면 반드시 눈에 띄는 현상이 향약운동이다.

이 문제는 본서의 제VII장에서 가능한 범위의 주요 사례를 다루었으므로 다시 언급은 하지 않는다. 그러나 그러한 운동을 오늘의 사회문화적 환경에 지혜롭게 조정하여 적용해서 기대 이상의 성과를 낼 수 있는 영역이 있다면 이른바 '공동체 짓기'(형성. community building)라는 것이 첫째이고, 이와 밀접하게 벌어지는 시민운동은 자발적 사회변동을 주도하는 자원봉사 운동이다. 의외로 약간만 수정하면 조선의 향약운동이 오늘의 공동체 운동과 자원봉사 운동에서 채용할 만한 내용을 상당히 담고 있기 때문이다. 본 저자는 몸소 이와 같은 자원봉사 운동과 공동체 운동에 참여하고 거기의 시민 지도자와 참가자를 대상으로 하는 교육 재능나눔을 이미 20여년 해온 경험이 있어서 조금은 친숙한 것이기에 이런 전통적 요소를 가벼이 버리지 않았으면 하는 생각에 이런 주장을 하는 것이다(김경동, 2010a; 2012; 2016; 김경동·이강현·정진경, 2011).

7. 선비와 정치, 그리고 권력

선비 지식인이 직접 정치에 참여하고 국가기구의 관료로서 정책을 펴는 주체라는 구도는 동서고금에서 희귀한 사례임을 전제하고 그러한 정치가 어떤 장단점을 드러내며 유지해 오다가 마침내 망국의 비극에까지 이르렀는지를 분석할 차례다. 이런 현상은 일종의 파워 엘리트의 성격을 띠는 것으로 파악할 수 있다는 것이 본서의 기본적인 관점이라 천명하였다. 따라서 이제는 Mills가 1950년대에 제안했던 파워 엘리트 이론을 잠시 고찰하고자 한다. 이 주제는 제I장의 본서의 개념틀에서 약간 언급한 바 있고, 또 제VIII장의 선비의 권력갈등 문제의 분석틀로서도 부분적으로 활용한 것이다. 따라서 이 문맥에서는 그러한 파워 엘리트론이 선비의 권력행사라는 관점에서 어떤 유관성을 갖는지를 재음미하는 데 초점을 두고 살펴보고자 한다. 우선 여기에서는 엘리트라는 개념 자체의 의미부터 간단히 살펴보고 시작한다.

여기서 말하는 엘리트 이론은 현대의 정치사회적 현상을 지목하는 주요 이론의 하나로 주로 경제 부문과 정책결정 영역의 구성원 중심으로 그 사회의 권력을 가장 많이 행사하는 계층집단이다. 이들은 정부와 기업체 등의 주요 직위에 있으면서 각종 주요 재단이나 연구소(think thank) 등 정책 관련 집단의 연결망에 정치적·재정적 지원을 제공함으로써 기업과 정부의 의사결정에 심대한 영향을 행사하는 집단이다. 이런 사회의 특징은 이들은 공통의 사회적 배경과 지위로 인하여 이해관계가 통일적이고 권력이 이들에게 집중해 있다는 것이다(Deric, 2011).

한편, Mills(1956: 3−4)가 제안한 파워 엘리트는 일반 시민을 초월하는 사회의 정점에 위치하면서 주요 의사결정을 할 수 있는 사람들로 구성하는 권력구사 집단이다. 이들은 현대사회의 주요 조직체의 위계서열 상에서 지휘를 하는 지위를 점하여, 대기업체를 지배하고, 국가의 기구를 운영하면서 그 대권을 좌우하며, 군대를 통제한다. 한 마디로 이들은 권력과 부와 명예를 향유할 수 있는 사회구조의 전략적 지배자의 지위를 점하는 사람들이다. 미국사회는 대개 세습과 사회적 유대로 형성하는 상류지배계층이 실질적인 지배집단이 아니고, 그 상류층의 다양한 조직체와 제도기구의 정상에 있는 지도자들로 구성하는 파워 엘리트 십난이 시배한다(Domhoff, 1997: 2). 이들은 구성원 상호간에 신임하여 용인하고, 서로 이해하고, 통혼도 하고, 일과 생각을 동질적으로 한다. 이 집단에서는 교육이 결정적인 역할을 하는 규율이 정연한 삶을 영위한다. 젊은 상류사회 출신 구성원들은 유명한 예비고등학교를 다니고, 아이비 리그 대학 출신이며, 그 대학의 배타적인 상류사회 출신 클럽에 소속하다가 졸업 후에는 주요 도시의 저명한 사교클럽 회원이 되어 중요한 업무 관련 교제를 한다(Mills, 1956: 63−67; Doob, 2013: 38).

이 파워 엘리트의 사회적 기능과 관련하여 Mills가 지적하는 한 가지 특기할 사항을 주목할 만하다. 이 파워 엘리트라는 막강한 권력을 가지고 거대한 미국이라는 사회의 제도적 체제를 좌지우지하는 의사결정을 내리는 집단인데, 그러한 결정행사 그 자체가 중요하다기보다는 그들이 아무런 행동을 하지 않고 결정행사에 실패했을 때, 즉 어떤 의사결정을 해야 하는 계기가 왔는데도 아무런 결정을 하지 못하는 데 따르는 결과가 사회 전체에 더 심각한 영향을 미친다는 논지다(Mills, 1956: 4).

그러나 이러한 특성으로 사회를 지배하는 위치에 있다고 보이는 파워 엘리트도 역사를 온통 좌우하리만큼 막강한 영향력을 항상 성공적으로 행사할 수 있는 집단으로 간주하는 것은 경계해야 한다. 왜냐하면 저들과는 다른, 그 파워 엘리트의 범주에 속하지는 않지만 주요 결정행사에 간여하는 별도의 집단이 존재하기 때문이다. 이들은 주로 외형상 파워 엘리트의 고문이나 자문역의 역할을 하는 전문직 인사들의 군상으로서 저들은 도덕성의 비판자로서, 신의 대변인으로서, 권력행사의 기술자로서, 대중의 의식을 창출해내는 기능으로 파워 엘리트의 권력 행사 역사에 개입하고 있는 것이다(Mills, 1956: 4). 최근의 현대판 권력 엘리트론자들은 이런 현상을 뭉뚱그려서 국가부문, 기업부문을 넘어 지식인, 전문직 종사자, 언론 등이 상호 밀접한 관계 속에서 새로운 파워 엘리트로 작동하고 있다는 주장을 한다(Gurri, 2014: Kindle Locations, 203-207).

굳이 이런 현대 미국사회의 특이한 현상을 규정하는 개념과 이론을 조선조 선비문화 이해에 적용해야 하는가 라는 질문이 있을 수 있는데, 거기에서 시사하는 점이 아주 없는 것도 아니고 또 그 내용 가운데 중복하는 부문도 있고 다른 점도 있으므로 참고하고자 한 것이다.

우선, 선비 정치인과 관료 집단은 국가 운영의 대권을 장악하며, 국가기구의 통제권을 행사하는 권력 엘리트다. 이로써 이들은 권력과 부와 명예를 향유할 수 있는 사회구조의 지배자의 지위를 점하는 사람들이다. 그리고 이들은 일단 동질적인 교육을 받고 한 가지 철학(성리학)의 소양을 바탕으로 관직에 나아간 사람들로서 적어도 상호간의 신임, 이해, 통혼 및 생각과 일에서 동질성을 공유한다. 저들의 동질성이 와해하기 시작한 것은 붕당 간의 경쟁이 노골화 하면서부터다. 이때부터는 성리학의 이론에서 갈리고, 그에 기초한 생각과 일에서 다투고, 서로 오해하며 배척하고, 통혼도 불허하고, 심지어는 생명을 앗아가는 투쟁으로 결과하였다. 결국, 사대부 선비들이 동질적인 집단이면서도 구성원들 상호간에는 권력을 위한 경쟁을 할 수 있는 집단이라는 점이 현대의 파워 엘리트와 다르다.

오늘날의 파워 엘리트는 적어도 자기들끼리는 경쟁을 하지 않는다. 그리고 현대의 파워 엘리트는 주변에 자문하는 전문가 집단 혹은 지식인 집단이 따로 있어서 이들과도 협력하는데 선비 엘리트는 자신들이 곧 전문가 지식인으로서 다른 전문가, 지식인의 도움을 요하지 않는다. 물론, 조선시대에도 권력구조의 핵심에서 의사결정을 좌우하는 위치에 공식적으로 처하지는 않지만, 사대부 집단이 필요할 때에는 물심양면으로 협조를 요청하기도 하고 또 저들이 자진해서 도움을 제공하기도 하는 계층이 존재하였다. 바로 대상(大商), 즉 대규모 상단을 운영하는 최고상인층과, 벼슬 없이 넓은 토지를 소유한 대지주, 그리고 중인 중에서 전문적인 소양이 특출한 직인들은 그들 나름의 협력과 영향력을 행사하는 수가 있었다.

선비 정치인 엘리트는 다른 경쟁대상이 존재하지 않는 상황에서 독점적으로 국가 권력을 장악하여 국정에 참여하는 권력 집단이라는 사실부터가 다르다. 그 시대에는 오늘날과 같은 직업의 분화와 전문화가 다기하게 전개하지 않았으므로 선비 지식인 밖에 정치에 참여하거나 자문역을 하거나 할 직업 군과 계층이 더 없었다. 위에 언급한 대상, 대지주, 특출한 중인 등은 정치에서 선비 정치인의 경쟁 상대가 아니있다. 신분계층이 달랐고 교육 수준이 달랐다. 정치에 진출하기 위한 과거 시험에도 응할 자격이나 실력이 제한적이었다. 한편, 현대의 파워 엘리트는 아무리 독점적 권력을 누린다 해도 민주적인 전체 사회의 다양한 이해집단과 조직체의 압력에 대처해야 하는 상대적 권력집단이라는 차이가 있다. 그러나 사대부 선비 엘리트는 경쟁 과정에서 일단 독점적 권력을 장악하면 무소불위의 권력행사로 부패하고 백성을 수탈하는 망국적인 정치로 빠져들 수 있다. 조선조 후기의 세도정치가 그 유형이다.

그리고 선비 엘리트집단은 중앙정부의 지도급 위치의 제도권 엘리트로서 권력을 집중적으로 장악하여 국가적 시책을 위한 의사결정을 담당한 권력 엘리트가 틀림없다. 그런데 이들이 일상적으로 주요 결정행사를 하다가도 의사결정에 실패할 때가 있다. 그 실패는 현대 파워 엘리트의 실패에 비하면 훨씬 더 치명적일 수 있다. 주요 의사결정 과정에서 실패하여 정책결정을 하지 못하는 것은 대개 당쟁에 기인하였고, 때로는 군왕의 윤허를 받아내지 못하는 데도 원인이 있었다. 이러한 의사결정의 실패로 중요한 국가적 문제 해결이 방해를 받는 국정 마비라는 심각한 결과를 자아내기도 하였다.

조선의 선비가 어느 정도 권력 엘리트의 성격을 띠었는지는 사실 그리 중요하지 않고 우리 나름으로 특수한 역사적 맥락에서 재규정한 권력 엘리트로 간주하면서 몇 가지 특별한 성향을 주시할 필요가 있다. 이는 주로 성리학이라는 철학을 '권력적 지식인'이 자신의 정치적 직위 상승을 위한 논리로 이용함으로써 정치 이데올로기로 전락할 때 드러내는 사유 체계에서 연유한다고 보는데, 그 특징은 아래와 같다(진덕규, 2011: 78-83).

첫째가 사고와 행동의 경직성이다. 오로지 성리학의 원리만 옳고 모든 삶의 지향을 거기에 맞게 정위하며 정치에서도 그 원리의 해석에 어긋나지 않도록 만사를 해석하고 실천하려는 성향을 강하게 보였다. 성리학의 이론에서도 주리주기론의 논쟁이 단순한 이론적인 차이의 표명에 그치지 않고 당쟁의 정당성을 지지하는 명분으로 지속하였던 점도 이러한 경직성의 발로다.

둘째, 이러한 경직성은 배타성으로 표출하였다. 성인의 도학만이 정설이고 옳은 생각이므로 여기에서 벗어나거나 이와는 다른 이론과 해석은 결단코 용납하지 않으려 하였다. 초기의 삼봉의 배불론(排佛論)이 그러하였고, 퇴계를 위시한 성리학의 양명학 배척 등에서 다른 교리와 이론을 이단시하는 태도는 역시 도통론의 정통성 다툼과 당쟁의 명분론에서도 드러났다.

셋째, 경직한 배타성은 사대주의적 대외관에서도 여실히 작용하였다. 전혀 다른 역사적 맥락이지만 병자호란 시의 주전론(主戰論)과 흥선대원군의 위정척사(衛正斥邪) 등이 대표적인 보기일 것이다.

이와 같은 근본주의와 원칙주의는 그 자체 정당성을 주장할 근거는 있지만, 타협과 양보, 설득과 관용 등의 열린 마음, 유연한 자세신축적인 정책 등이 필수적인 정치에서는 갈등과 불협화음을 해소하고 창의적인 개선을 추구하는 데에는 방해가 되는 태도가 아닐 수 없다.

이에 더하여, 권력과 지식인의 문제를 다루면서 놓치지 말아야 할 중요한 요소 한 가지를 고려해야 한다. 그것은 권력의 획득 과정과 행사 과정이라는 소위 권력의 역학(dynamics)이다. 권력은 어차피 누리고자 하는 사람들이 그것을 획득하고 장악하려고 경쟁해야 하는 사회적 자원이다. 그렇다면 반드시 거기에는 경쟁의 원칙과 규범이 있어야 하고, 또한 권력을 실제 손아귀에 넣은 사람들은 그 권력을 행사하는 규칙과 절차가 필요하다. 특히 국가 권력이라면 그러한 요청을 결코 가벼이 여겨서는 곤란하다. 이런 조건을 경시함으로써 초래하는 결과는 전국민적인 불행을 초래할 개연성이 매우 높기 때문이다. 따라서 이런 쟁점을 중심으로 선비와 권력의 문제를 간략하게 논의하기로 한다(Olsen, 1970; Dahrendorf, 1970; Parsons, 1970).

권력의 획득 수단은 여러 가지가 있지만, 적어도 조선시대의 선비층, 특히 사대부는 '공정한' '지식'의 경쟁이라는 과정을 통과해야 정관계에 진출할 수 있었다는 점이 매우 특이하다. 그 수단은 과거라는 시험 제도였고 경쟁하는 내용은 유학의 주요 경전의 공부가 필수적인 것이었다. 이점에서는 조선의 선비를 권력 엘리트로 등용하는 절차는 매우 고차적인 지식 검증이라는 특징을 보인다. 이 주제는 앞서 제VIII장에서 고찰하였으므로 길게 해명하지는 않지만, 중요한 것은, 권력집단의 일원이 되기 위해서는 이런 객관적이고 공정한 선발제도를 거쳐야 했다는 점이다. 다만, 예외는 열려 있었으나 시험에 응할 자격을 특정 신분의 자제(남자)에 제한하는 제약이 있었다는 점은 시대적 한계였다. 문제는 역사의 흐름 속에서 나타난 그 제도의 문란으로 이와 같은 이상적인 인재 발탁 과정도 빛을 잃어야 했다는 사실이다. 특히 이것이 점차 문벌과 붕당 간 당쟁으로 인하여 왜곡과 부패의 길로 접어들었고 마침내 그 본래의 기능을 하지 못하게 되었다는 게 허물이다.

　다음으로, 권력 행사 과정에서도 성리학이라는 특정 신념의 전통 사상이 작용한 점이 특이하다. 이것을 현대적 개념으로 표현하면 문화적 헤게모니(cultural hegemony) 혹은 패권이라고도 할 수 있다. 이 헤게모니 개념 자체는 과거 그리스 도시국가 시대에, 주변 도시 국가를 정치적으로 지배할 수 있는 권력, 영향력, 지위 내지 리더십을 가리킨 것이다. 그 말의 어원은 라틴어로 *hegemonia*, 그리스어로는 ἡγεμονία(*hēgemonía*)에서 유래한 것으로, 일반적으로 권위적, 지배적 통치, 정치적 우월성 등을 의미하며, 그러한 체제의 리더(지도자)를 헤게몬(ἡγεμών *hēgemōn*)이라 지칭하는 말이다. 국제관계에서는 군사적, 정치경제적 우월성을 행사하는 나라를 헤게몬이라고 부르기도 한다(Schenoni, 2019).

　이를 더 확대 해석하기 시작하여 가령 19세기 제국주의 침탈과 식민지배 시대의 국가 간 일방적 지배체제를 가리키게 되었고, 이를 두고 국제정치학에서는 '거대한 권력 정치'(the Great Power Politics)라 일컫기도 하였다(Howson, 2008), 그 개념에 '문화'라는 수식어를 더하여 국제적 지배관계 뿐 아니라 한 사회 안에서 지배구조의 특성을 지목하는 것으로 확대해석한 지식인이 바로 이탈리아의 맑스주의 사상가 Antonio Gramsci(1891~1937)다. Gramsci는 한 사회의 지배집단이 정치사회경제적 현상유지를 기하기 위하여 자신들의 세계관을 피지배계급에게 강요할 규범을 조성하고 이를 가지고 학교, 종교 집단, 대중매체 등을 이용하여 인민의 의식을 조종하는 방식으로 도덕적·지적 지도력을 행사하는 문화적 지배에 의하여, 모든 피지배 계급으로 하여금 현 체제가 자연스럽고, 불가피하며, 자신들에게 이로운 것으로 수용하도록 함으로써 그 체제 자체를 정당화하는 현상을 문화적 패권이라 규정한 것이다(Gramsci, 1971).

　선비문화도 어떤 의미에서는 이처럼 성리학이라는 문화적 자산을 선비정치의 정당성을 지지하는 요소로 활용하여 권력을 문화적 패권으로 행사하는 현상으로 볼 수 있을 것이다. 그 내용에서는 민본·위민·안민이라는 가치를 담고 있었지만 이를 교육이라는 수단으로 백성에게 입력하기도 하였다. 결국 선비 정치인은 의식의 수준에서 맑스주의처럼 의도적으로 문화적 패권을 행사하는 정치를 했다고 볼 수는 없다 해도, 현상적인 차원에서는 정치적 경쟁의 근거를 철학적 관점의 차이에 두었다는 점은 부정하기 어렵다. 문제는 정치적 권력행사의 과정에서 사상적인 이견을 고집하는 경직성 탓에 그 경쟁은 결국 극단적인 갈등으로 변질하고 말았다는 데 있다. 그러한 경쟁에서는 권력행사의 절차와 규범을 무시하면서 권력의 독과점과 오남용을 자행하였고, 이로 말미암아 목숨을 잃기도 하고 가문의 일족이 참혹한 형벌을 감수해야 하는 비극이 반복하는 역사를 남기게 된 것이다. 이런 현상 자체는 저들의 신념체계 내지 철학적 근거와는 극에서 극으로 모순적인 것이라는 점을 주목해야 한다.

이상적인 제도를 만들어 세우고 이상적인 사회를 이룩하고자 하는 이상적인 정치를 하려고 했던 지식인 파워 엘리트의 과오는 그들도 인간으로서 인욕을 과감히 떨쳐버리지 못하고 유연하고 신축성 있는 열린 자세로 정치에 임하는 대신에 문화적 패권정치에 휘말린 데 있었다고 할 것이다. 위에서 살펴본 음양변증법적 원리가 강조하는 중용과 유연성을 실천하지 않은 것이다. 이상과 현실, 이 둘은 음양변증법의 대대적 관계 속에서 상생의 길을 가지 못하고 상극의 대치로 충돌하여 현실이 지배하게 될 때에 성리학적 심학이 지적한대로 현실적인 인심은 강하고 이상적인 도심은 미미한데 이를 극복하기 위한 자기 수양의 부족이 결국 그와 같은 사욕으로 하여금 공공성을 쇠퇴시키게 하는 비극적인 역사를 낳고 말았다는 이치다.

이런 까닭에 오늘날의 지식인도 정치참여를 둘러싼 쟁점을 이런 관점에서 심중한 성찰이 필요하다. 이 문제는 제II장에서 지식인의 정치참여 형식을 축약해서 소개했지만, 여기에서는 그런 일반론이 아닌 현실 속에서 드러나는 정치참여의 태도를 중심으로 선비문화를 참조한 관찰을 시도하려는 것이다. 이 책의 초점은 물론 '조선조'라는 특정 시대에 맞추어 선비문화를 살펴보려 했으므로, 19세기 말~20세기 초를 거치며 망국의 길로 나아가던 시기 이후는 다루지 않았다. 이 시기와 일제강점기는 그 나름으로 매우 중요한 역사적 시점이지만, 그런 까닭에 또 별도로 연구해야 하는 과제이므로, 이 결론 부분에서는 이 시대의 지식인과 정치라는 문제를 별도로 간략하게 언급만 하는 것으로 만족해야 할 것 같다.

두말할 나위도 없이, 그러한 혼란한 과도기에도 지식인이 전면에 나서서 변화에 저항하거나 동조하는 등의 상이한 반응을 보였음은 사실이다. 망국 과정에는 지식인 혹은 과거의 선비가 절의의 자결 아니면 의병운동에 적극 참여하는가 하면 세상을 바꾸어 보려는 각종의 애국계몽운동을 벌이는 한편에서는 침탈해오는 제국주의적 조류에 편승하여 개인적인 영달을 영위하는 지식인도 있었다(금장태, 2003; 변태섭, 1986). 그리고 일제시대가 시작하고 나서도 3·1운동과 임시정부 수립 등의 독립운동에도 다수의 신지식인과 선비가 동참하였다면 반대로 식민지 통치에 협조하는 신지식인도 있었다. 이 시기에도 지식인은 서양에서 도입한 새로운 정치경제적 이념을 둘러싼 갈등은 여전하였다(변태섭, 1986).

그리고 광복 직후 소위 해방공간에서 또한 미군정의 미숙한 정치체제 하에서 대혼란이 지속하는 과정에서도 이념적 갈등과 외세에 의한 분단 및 신생국 건설을 둘러싼 정치적 경쟁의 와중에 지식인의 정치참여가 주요 현상 중의 하나였다(진덕규, 2011; 김경동 외, 2020). 그리고 건국 과정과 직후에도 정치 현장에는 지식인이 다수 모습을 드러내었고, 특별히 1961년 군부정권에서부터 군인들이 전문적인 두뇌의 도움이 필요했으므로 지식인의 정치참여가 더욱 현저해졌으며, 여기에 주로 참여한 지식인 집단은 대학 교수와 언론인이었다. 그로 인해서 대학가에서는 이른바 폴리페서(polifessor)라는 정치 교수의 문제가 비판의 대상으로 부상했던 것이다(진덕규, 2011; 김경동 외, 2020). 이를 두고 일반적인 평판은 이런 현상이 과거 선비의 출사라는 관행을 은연 중에 답습한 탓이라고 하는 견해도 있는가 하면, 다른 한편으로는 근대화 과정에서 서구의 대학가에서 흔히 볼 수 있는 교수의 비교적 자유로운 정계 진출과 학계 복귀의 현상을 모방한 것이라는 해명도 있다.

조선시대 농경사회의 단순한 직업구조에서는 양반 자제가 농사 외에는 글 읽는 선비가 되어 유학의 수기치인의 철학에 근거하여 공부를 해서 과거에 합격하여 벼슬 살이를 하는 것이 거의 유일한 직업적 선택지였다. 그러나 이상적인 선비를 추구하는 선비에게는 소위 출처관(出處觀)

이라는 생애설계의 원칙론이 있었다. "나아가면 하는 일이 있어야 하고, 물러나 은거하고 있으면 지킬 것이 있어야 한다"(出則有爲 處則有守)는 것이다(이성무, 2009 217; 각주 377).[1] 수기치인이야말로 참다운 선비의 기본 목표다. 수기란 개인 차원 심신수양과 학문 몰두에 의하여 올바른 인간으로서 모범적인 삶을 준비하는 일이고, 치인이란 이렇게 터득한 유교의 이념을 현실 사회에 실현하는 과업이다. 그가 추구하는 가치는 사람을 한 몸처럼 사랑하는 인(仁)과 공공의 정의를 실현하는 의(義)였다. 일단 세상에 나아가 공직을 맡으면 한 시대의 도를 실행하는 것(一世行道)이고 관직에서 물러나 있을 때는 깊이 연구한 유학을 후세에게 가르치는 일(立言垂後)이다. 율곡도, 무릇 진유는 한때 벼슬에 나아가면 도를 행하여 백성들을 행복하게 살 수 있게 하고 물러나서는 후세에 가르침을 남기는 사람이라 하였다(이동건, 2015: 101).

여기서 주목할 것은, 가령 대학 교수가 정계나 관계에 진출하려면 우선 과연 그 자리에 가면 자신이 전문가 지식인으로서 나라를 위하여 공공의 복리를 위한 일을 마음껏 할 수 있는 여건인지 아닌지를 잘 판단하여 출사하는 것이 첫째 과제다. 만일 자신의 전문적인 지식과 이념을 충분히 활용할 만한 환경을 제공해주지 못하는 지위라면 미련 없이 거절하거나 자진 사퇴하는 것이 선비다운 처신이다. 일단 출사를 했다가 물러난 다음 다시 자신이 근무하던 자리로 되돌아 가는 것도 삼가야 한다. 자신이 자리를 비운 사이 그 기관에는 그만큼의 손해를 입힌 것이 되니까 복귀는 염치없는 처사다. 그리고 어떤 이는 공직을 마치면 다음 또 어떤 고위직이 없나 여기저기 기웃거리는 것도 다반사다. 이 또한 선비다운 자세가 아니다. 조용히 물러나 다른 기관에서 혹은 혼자서라도 자신의 연구를 계속하며 후세 교육으로 사회에 이바지하는 게 도리다. 이것이 선비의 '출즉유위 처즉유수'의 원칙이다.

누구나 자신의 소신에 따라 선택을 하지만, 주변에서 가령 자연과학 분야의 노벨상 수상자급 연구 실적이 있고 계속 연구하면 목표 달성이

---

1) 讀性理大全 至魯齋許氏言 至伊尹之至 學顔子之學 出則有爲 處則有守(『南冥先生文集』 부록, 편년 4).

가능할 확률이 대단히 높은 학자가 대학 총장, 연구원 원장, 국회의원, 장관 같은 고위직으로 옮기며 연구실을 떠나는 모습을 볼 때마다 본인이야 따로 생각이 있어서 그러한 생애를 선택한 것이겠지만 객관적으로는 당사자를 위해서나 특히 나라를 위해서는 진실로 아쉽고 안타까운 일이다. 아무리 본인의 삶이라 해도, 우리나라의 전통적인 문화 속의 선비문화가 그런 풍토의 바탕이 된 것은 아닌가 하는 의심을 떨치기가 어렵다. 선비문화를 그 시대적 맥락을 고려하지 않고 무조건 모방하거나 왜곡 해석하는 일은 조심스럽다.

또 한 가지 과거의 선비문화가 오늘날의 지식인에게 시사하는 바를 점검할 때 정치 참여와 같은 소위 실천의 문제만이 중요한 것으로 본다면 이는 오해다. 무엇보다도 선비는 글 읽고 글 쓰며 공부하는 일이 본업이다. 이 점에서도 오늘의 지식인은 전통적인 선비문화에서 배울 바가 있다. 공부에 임하는 자세, 학문의 태도도 또한 마땅히 배워야 한다. 특히 그중에서 16세기의 조선 성리학 중흥기에 가장 두드러진 거장 퇴계와 율곡의 사단 칠정 논쟁이 인상적이다. 이 문제를 가지고 철학적 논쟁을 시작하여 퇴계는 8년(1559－1566)을 율곡은 7년(1592－1598)에 걸쳐 토론을 교환하였다는 일화는 시사하는 바가 대단히 크다 할 것이다.

경북 안동에 살던 퇴계는 전남 광주에 살던 고봉 기대승과, 율곡은 우계 성혼과 서면으로 밖에 할 수 없었던 교통통신망의 결여를 극복하고 진지한 논쟁을 그토록 오랜 기간에 걸쳐 벌였다는 것이 신기할 따름이다. 그 과정에 서로의 관점을 상호 비판도 하고 수용도 하며 사단칠정론이라는 이론을 더욱 심화시켰다. 이를 두고 이미 당대에도 아무 짝에 쓸데 없는 공허한 이론적 논쟁에 허송세월만 한다는 비방이 나왔다. 하지만 실제로 한 가지 철학적 주제를 가지고 7년, 8년을 동일한 상대와 의견 교환을 이어 가며 이론을 더욱 정교화 했다는 현상 자체는 중국을 비롯해 어느 나라에도 없었던 일이므로 달리 봐야 할 측면이 분명히 있다.

기실, 이러한 퇴계와 고봉의 논쟁을 두고 전 하버드대 교수 Tu Wei－ming(1985: 262; de Bary and Haboush, 1985: 45)은 과거 1175년 중국에서 주희와 육상산 사이의 논쟁은 기본적으로 중국의 신유학 전통에서 이학파(理學派)와 심학파(心學派)의 분기를 시발한 사건인 데 비하면서, 다음과 같은 예찬을 아끼지 않았다. 퇴계와 고봉의 토론은 후세의 학도들에게 학술적 담론의 모본이 될만큼 철두철미하고 솔직하며 정중한 자세가 주목할만한 것으로 진정성 있고 독자적인 신유학(성리학)적 담론의 발전을 표상한다며, 인간의 감정에 관한 이론적 담론에서, 중국에서도 비근한 보기를 볼 수 없는 정도의 정확성과 훌륭한 솜씨를 보여 준 사례였다는 것이다. 특히 퇴계는 자신보다 젊은 선비를 대함에 있어서도 진지함과 열린 마음으로 고봉의 예리한 질문에 응답함으로써 고전의 뜻을 밝히고자 하는 책임을 져야하는 학도들에게 대단히 높은 수준의 영감을 제공하였다고 보았다.

또한, 토론토대학의 종교학 교수 Julia Ching(1985: 303－322)은 율곡과 우계의 논쟁을 분석하면서, 기본적으로 율곡은 사단과 칠정이 상반된 것이 아니라 음양변증법적으로 상호 보완하는 통일성을 강조하는 등, 기본적으로 중국의 사상가들, 특히 주희조차 분명하게 해결하지 못한 쟁점의 불분명함을 지적하고 이를 시정함으로써, 신유학의 철학에 실질적인 공헌을 하였다고 평가하였다. 그 구체적인 내용을 여기서 자세히 재론할 필요는 없지만, 중요한 점은 이 두 조선 유학의 거장이 학문에 임하는 자세를 과거 뿐아니라 오늘의 세계적인 유학자들마저 학문적인 자세와 혁신적인 통찰력을 칭송해 마지 않는다는 사실이다. 이런 사례는 퇴계나 율곡처럼 조선의 선비가 성리학적 원리를 실질적으로 현실화하려는 노력에서 보여준 지적 및 도덕적 진지함을 실증한다는 점을 보여 주기 때문일 것이라는 말이다.

물론 서구에서도 지식인 중에 대서양을 넘어 서한으로 교류하며 지적 토론을 이어간 사례가 없는 건 아니다. 그들의 학자적 성실성과 끈기, 그리고 격물치지의 진리탐구를 위하여 끝까지 파고 드는 궁리의 자세는 오늘의 지식인 학자가 본받아 마땅한 본보기라 할 만하다. 그러한 과정에 과연 이론적으로 얼마나 가치 있는 성취가 있었는지는 본말에서는 말에 속한다 할 수도 있다. 정작 본은 그러한 자세를 견지하며 인격적으로 성인다운 길로 스스로를 다듬어 가는 수도의 의미가 더 클지도 모른다는 점을 오늘의 지식인이 음미해볼 만하다(금장태, 2003: 98−100).

선비문화의 양지와 음지를 논하려고 할 때 마지막으로 반드시 언급해야 할 사안이 있다. 주로 선비의 경세 사상이다. 이는 정치, 경제 및 사회의 세 분야로 나누어 각각 제V장, 제VI장, 그리고 제VII장에서 살펴보았다. 이들 경세 사상은 치인의 영역에 속하는 문제인데, 수기에 관해서는 인간의 개인적인 결심과 실천의 쟁점을 다루니까 지금까지도 충분히 배우고 실현하고자 할 여지가 큰 주제다. 그러나 치인의 문제인 정치와 경제와 사회제도로 가면 아무리 선비가 개혁적인 사상을 가진다 해도 주어진 시대적 여건을 초월하면서까지 혁명적인 제도개혁을 하자고 주장하기에는 여러가지 제약을 극복해야 하는데, 어느 선비도 거기까지는 감히 나아가지 못한 것은 부인할 수 없는 사실이다.

특별히 이런 경세사상에서 때로는 파격적인 개혁안을 제시한 선비는 주로 조선후기의 실학자들이었지만, 이들 마저도 시대를 초월하는 근본적인 개혁을 부르짖지는 못하였다. 가령, 다산과 같은 매우 혁신적인 민본, 위민 정치의 신조를 품고 군왕의 선택은 단순한 세습이 아니라 풀뿌리 단위의 백성들의 의견에서 출발하여 단계적인 상향식 추대제도를 제창하기는 했으나, 거기까지였다. 감히 군주제도 자체를 공화정이라는 민주적인 체제로 바꿀 것을 생각도 하지 못하였다. 경제분야의 토지제도만 해도 역시 경자소유라는 가장 민주적이라 할 수 있는 새로운 제도보다는 과거의 중국제도를 본 따서 여러 형태로 농민의 지위와 경제적 기반을 보호하려고는 했으나, 역시 구제도의 테두리를 근본적으로 바꾸려 하지는 않았다. 마찬가지로 사회계층 구조를 두고 노비와 천인, 중인 또는 서얼 등의 지위향상과 생활보장은 강한 어조로 주창하였지만 실지로 사회계층 구조 자체를 혁신하자는 제안은 하지 못한 것이 사실이다.

그리고 실학파 선비들이 그나마 당시의 관점에서 볼 때는 가히 혁명적이라 할 만큼 획기적인 개혁을 부르짖기는 했으나 그 어느 하나 당대 혹은 이어지는 세대에서 실현을 본 예는 거의 전무하다는 사실에도 주목할 필요가 있다. 저들의 이상적인 생각이 현실의 복잡하게 얽히고 설킨 맥락 속으로 뚫고 들어가 그 현실적 구조를 그들이 원하는 정도만큼이나

마 개선할 수 있기에도 버거우리만큼 현실적 맥락 자체가 극심하게 경직하고 사욕으로 가득한 기득권층의 저항이 너무도 강경했던 것이다. 이상과 현실의 괴리가 뼈아플 따름이다.

만일 이 자체를 두고 선비문화는 처음부터 선비라는 지배계층의 자가당착이라고 꼬집는다 해도 유구무언일 따름이지만, 인류문명은 어느 시대든 기득권층의 의사결정을 완벽하게 뒤엎고 온전하게 불평등이 없는 새로운 계층구조를 성공적으로 구축한 혁명은 일어난 적이 없음을 상기해야 한다. 그리고 선비가 신봉한 성리학이라는 사상체계 속에는 어느 정도 위계서열적이고 권위주의적인 인간관계와 사회질서 의식이 내재하였다고 보아도 무방할 것이다. 그것을 두고 조선시대의 선비를 탓할 수는 없다. 그럼에도 불구하고 정치·경제·사회의 제도적 적폐까지도 한층 더 근본적인 척결을 외치고 이를 실천하려는 이론을 과감하게 제시하지 못한 것은 선비의 한계였다는 사실은 엄연하다.

다시 조선시대로 돌아가면, 조선의 선비문화가 이런 저런 모습으로 부정적인 특성을 많이 남긴 것은 부인할 수 없다. 하지만 그런 것만은 아니라는 사실을 간과해서도 곤란하다. 앞서 제VIII장에서 강조한대로 조선이라는 약소국가가 그 나름의 찬란한 문명을 창출하고 보존하면서 500년이라는 예외적인 장기 정권을 지탱한 이면에는 그 파괴적이고 불명예스러운 외세의 침략과 정복을 이겨내고 적나라하고 난폭하기까지 한 당쟁의 와중에서도 권력 견제에 의한 자가치유의 지혜가 작동하였다는 사실을 다시 상기할 필요가 있다. 권력 집중과 독점이 자아내는 부정, 비리, 갈등 등의 불상사를 예방하고 감시하고 척결하는 언관제도가 살아 움직였다는 특이한 문화도 운용하였다. 관료의 부정부패를 감시하고 처결하는 사헌부의 대관과 국왕의 독주와 비행을 간쟁하는 사간원의 간관을 합쳐 대간이라 이름하고, 여기에 언관으로 언론을 주도하는 홍문관과 국왕의 전제와 관료의 부정부패를 막는 일을 보완하기 위해 역사 기록을 남기는 사관제도를 운영한 예문관, 지방의 수령을 비롯한 토착 관리들의 부정과 비리를 막기 위한 암행어사 제도 그리고 군왕과 왕세자를 철저히 교육하고 정책협의를 하려 했던 경연과 서연 제도 등이 그것이다.

이 책을 마무리하는 이 시점에도 우리의 정치는 어쩌면 그리도 조선조 패거리 정치의 부정적인 요소를 그대로 흉내라도 내려는 듯이 표출하면서 민주주의의 퇴보와 민본정치의 쇠락을 목도하게 하는 지 안타까울 따름이다. 정치개혁을 목이 터져라 부르짖는 정치권은 정작 자신들의 개혁에는 관심이 없고, 기득권에 안주하는 관료는 무기력하게 눈치만 보고, 사법기관마저 대통령궁의 눈치를 보아 사법처리를 적당히 얼버무리는 세태는 제도와 구조를 바꾸는 일로 대처하는 게 맞다고 하지만, 바로 그 제도와 구조를 다루는 장본인들이 자신들의 이해 관심과 특권을 내려 놓기 싫어서 팔장만 끼고 요란한 혁신을 외치는 현 사태는 인간의 근본적인 변신을 요청한다. 궁극적으로는 사람이 바뀌어야 세상이 달라진다는 비근한 진리가 가장 절실한 시대다.

선비문화가 그 어려운 환경 속에서 기를 쓰며 이루려 했던 이상사회의 꿈은 결국 사람이 변해야 가능하다는 뻔한 상식만 남기고 자취를 감추려 하고 있다. 바로 여기에 현대의 인류가 살 만한 장래를 위해서 해야 할 첫번째 과제는 역시 우리의 전통적 선비문화가 그 복잡다단한 갈등의 파도를 헤치고 소리 높이 부르짖으며 지키려 했던 수기치인의 가치를 회복하는 일이다. 긴 말이 필요 없이 이 과업을 위해서는 인심의 유혹을 물리치고 하늘의 이치를 깨달아 하늘과 자연과 사람이 하나 되는 성인의 경지에 이르도록 성심껏 간단없이 수련하고 또 공부를 더하여 그 꿈을 이루도록 애쓰는 도리밖에 없다는 말이다.

8. 선비문화의 미래지향적 실천과 지식인

기왕에 선비문화 공부를 했으니, 이제는 그 선비문화가 헛된 과거의 유산으로만 남아 역사 속으로 자취를 감추지 않게 하려는 현실적인 노력도 구상해보아야 할 것이다. 그 핵심은 인심을 극복하고 도심을 살려 공공의 가치를 실현하는 사회를 만드는 일을 준비하는 데 있다. 지금이라도 그러한 근본적인 개선의 노력 없이 장래의 밝고 행복한 사회를 기약한다는 것은 단순한 이론적인 사고의 유희로 무의미해질 수밖에 없을 것이기 때문이다. 이를 위한 성찰의 시발은 인간의 자기 극복의 논리를 탐구하는 일일 것이다.

극기복례를 추구하는 선비의 가장 우선하는 실천행동은 인심을 누르고 도심을 바로 세우는 일이라 하는데, 태생적으로 지극히 자기중심적인 존재로 이 세상에 등장하는 인간이 과연 무슨 수로 욕심을 버리고 올바른 도심으로 삶을 지탱할 수 있을 지부터 물어야 할 것이다. 그러나 어느 정도의 사를 희생하지 않고 공을 얻는다는 것도 언어 도단이다. 결국 선비문화가 우리에게 요청하는 것은 최소한도 성리학의 심학에서 제공하는 심수련의 원칙을 되도록이면 과감하게 실천하는 일에 성심성의를 다하라는 것임을 명심하고 최선을 다하는 길밖에 없다. 그리고 이 모든 실천을 위해서는 어린 시절부터, 가정에서 시작하여 공교육과 평생교육의 과정에서 쉬임 없이 이를 가르치고 배우면서 실행하는 노력을 해야 한다.

그래서 율곡도 기본적인 교육 내지 공부의 중요성을 강조한다. 평범한 사람도 모두 하늘이 내린 동일한 본성을 지니는 만큼 그 선한 본성을 덮고 있는 '탁한 기'(濁氣)를 걷어낼 수만 있으면 누구나 성인이 될 수 있다고 믿었던 것이다. 이에 반해 퇴계는 보통 사람에게 성인의 경지란 "갑자기 미칠 수 없는"(不能遽及) 상태여서, 덕성의 함양을 위한 끊임없는 노력과 자기회복의 과정을 거쳐서야 성인의 경지에 이를 수 있음을 강조한다. 그러면 성인의 경지에 이르기 위한 구체적인 행동강령은 무엇인가? 사실 이 주제는 제IV장에서 비교적 소상하게 검토했으므로 여기에 되풀이하지 않고, 그 원리만 간명하게 요약하면 앞에서도 간헐적으로 언급만 했지만, 한 마디로 알인욕(遏人欲) 혹은 거인욕(去人欲)과 존천리(存天理)라는 성리학적 명제로 표현한다. 인간의 욕심을 버리고 하늘의 이치를 따르기를 열성껏 하라는 말이다.

선비가 추구하던 이상적인 인간상인 성인과 군자를 모본으로 그 특징을 매우 상세하게 나열한 목록이 제IV장에 있으므로 그 항목을 주의 깊게 성찰하고 수련하면 누구나 성인도 될 수 있고 군자도 될 수 있다는 명제는 현재도 유효하다고 생각한다. 그렇다고 과거의 선비 전원이 이를 실행하였다는 말도 아니고 현대사회의 젊은 세대가 이런 목록에 따라 공부하고 실천하리라고 믿는 것도 아니다. 어느 사회나 그렇게 완벽한 도덕교육과 실천을 성취한 곳은 인류역사에 존재하지 않는다. 그러니 그 케케묵은 담론을 굳이 역사의 창고에서 꺼내어 무언가 세상을 바꾸는 과업에 투입하겠다는 상상 자체가 시대착오라 할 지도 모른다. 그러나 본 저자의 생각은 다르다. 지금이라도 진정성을 가지고 사회의 여러 부문의 전문가와 실천가 집단이 모여 기획도 하고 재정적 자원도 마련하여 헌신적으로 추진한다면 아주 불가능한 일도 아니라 믿는다. 우리 자신의 의지의 문제다. 이러한 실험적 사회문화 운동을 생각만 해도 가슴이 벅차고 하루라도 속히 그 운동을 실현했으면 하는 염원을 품는 지식인의 집합적인 노력이 관건이다.

　이런 논조를 두고 아마도 대다수의 사회과학도는 너무 추상적이고 비과학적인 이론에 근거해서 제안한 낡은 해결책을 과연 오늘의 현실에서 적용할 여지가 얼마나 있을 지를 반문할 것이다. 필자의 생각은 바로 그와 같은 경직한 학문태도가 문제라고 감히 대응한다. 우선 인간을 다루는 학문이 얼마나 엄격하게 '과학적'일 수 있느냐는 인식론의 근본적인 질문은 아직도 정답이 없다. 게다가 과거의 이론이나 사상이라도 얼마든지 현재적 상황에 맞게 상상력을 발휘하여 재구성하면 유익하게 정립할 수 있다는 유연한 학문태도가 긴요하다. 그리고 실천면에서도 과거의 조선사회에서 실행하라고 권고한 내용을 답습하는 것도 한계가 있다고 주장할 터인데, 이 또한 열린 마음으로 오늘의 맥락에서 얼마든지 창의적으로 새로이 구성해서 적용 가능하다고 본다. 중요한 것은 퇴계가 지적한 대로 무엇이 본말인지를 적정하게 판단하고 이를 실행하려는 의지다.

　결국 마음의 수양이라는 매우 추상적이고 관념적이며 주관적인 처방이 핵심인데, 과연 오늘날과 같이 자아나 마음이라는 개념 자체가 몹시 복합적인 데다 상당히 엄격하고 편협한 논리로 해명을 요구하는 학문 풍토의 상황에서는 비교적 간략하고 소박한 접근 외에 큰 소망을 기대하기는 쉽지 않을 줄 안다. 그러나 마음공부를 철저히 함으로써 우리사회의 공공성을 정상화할 수만 있다면 노력을 시도할 만한 프로그램을 구상해야 할 것이다.

그리고 공공성과 같은 범사회적인 이슈라면 역시 새로운 공동체를 세우는 운동도 사회전체의 관심의 틀에서 공동으로 추진하는 것이 중요하다. 공공성(公共性)이라는 단어는 단순히 공(公)과 사의 문제만이 아니라 그 공적인 것을 함께 책임을 공유하고 힘을 합쳐서 공부하고 실천해야 한다는 '공(共)'이라는 전 사회적 공통의 과제임을 시사한다. 그러므로 앞으로 우리사회의 공공의식의 결핍이라는 이 문제도 해결의 과업을 어느 특정 개인이나 집단이 전담할 일이 아니라, 전 사회적 차원에서 모두가 함께 고민하고 힘을 모아 새로운 공동체 짓기에 나서야 하는 과제임을 다시 강조하고자 한다. 결국 각자 마음 다스림의 법을 어떻게 배우고 익히며 실천할 것인지를 전 사회적인 관심사로 부각시켜서 아름다운 공동체를 함께 만들어 가는 프로그램을 신속히 개발하자는 제안을 하는 것이다.

물론, 이런 운동은 한국에서만 필요하지 않고 오히려 전 세계적인 차원에서 추진하도록 우리가 그 이론적 토대와 실천 프로그램의 사례를 국제사회에도 전파하는 노력 또한 시도해볼 만하다. 이 공공성의 문제는 비단 우리나라에 국한한 문제가 아니고 현재 민주주의의 위기를 맞고 있는 전지구적인 문제로 떠오르고 있기 때문이다. 그리고 현금의 국제 인문사회과학 분야의 관심사 중에는 동방의 사상적 전통, 특히 유학의 사회철학도 중요한 요소라는 점도 지적하고자 한다. 외람되지만 참고삼아 밝히는 바, 필자가 2017년에 저술한 영문판 『동아시아의 유교와 근대화: 비판적 성찰』(Kim, 2017c)이라는 저서가 이미 수천 여명에 이르는 독자의 주목을 받고 있다는 통계도 있는데, 그것이 중요해서가 아니라 이러한 주제에 관심을 보이는 세계의 학도들이 있다는 점을 밝히려는 취지에서 하는 말일 뿐이다.

기왕에 학문과 실천의 문제를 언급했으니, 지식인으로서 선비의 학문과 실천의 상관성을 파악하기 위하여 우선 우리의 선비는 이 문제를 두고 어떤 생각을 했는지를 간략하게 살펴본다. 본서 제III장에 이 문제를 본격적으로 다루었으므로 학문과 실천에 관한 가치론적 인식론을 우리나라 성리학자 퇴계와 율곡 그리고 양명학자 하곡의 사상에서 유추하여 결론으로 이어가려 한다. 다만, 선비에게 공부 혹은 배움은 어디까지나 위기지학이지 위인지학이 아니라는 기본적인 자세를 주목할 필요가 있다. 『논어』에 "옛날의 배우는 사람들은 자신을 위하여 공부를 했는데 지금의 배우는 사람들은 남을 위하여 공부를 한다"라는 말에서 나온 학문관으로서, 한 마디로, 위기지학은 자신의 인격을 위한 학문이며, 위인지학은 자신의 인기를 위한 학문이라는 뜻이다. 특히 퇴계가 이를 소중히 여겨 다음과 같이 설명하였다(문화체육관광부·퇴계학연구원, 2011b.: 68).

> 위기지학(爲己之學)은 도리를 우리 인간이 마땅히 알아야 할 것으로 삼고, 덕행을 우리 인간이 실천해야 할 것으로 여긴다. 그리고 가까운 우리의 일상생활에서부터 시작하여 학문을 쌓아 마음으로 터득하고 몸으로 실천하기를 기약하는 것이다. 반면, 위인지학(爲人之學)은 남의 이목을 생각하기 위하여 하는 학문으로 마음으로 터득하거나 몸으로 실천하는 일에는 힘쓰지 않고, 남들의 평판에 관심을 쏟아 이름을 얻는 것을 갈구하는 것이다.

이러한 퇴계의 위기지학은 "하늘의 명을 되돌아보고, 그것을 세우며, 그에 다다름으로써 만물의 영장으로서의 사람된 직분을 완수하고자" 함에 있었다(김기현, 2001: 144). 그러니까 퇴계가 규정한 위기지학의 뜻은 달리 해석하면 아래와 같다(권오봉, 2001: 25).

> 우리 인간으로서 마땅히 해야 할 도리로서의 지(知)·덕(德)·행(行)을 실천 궁행하는 것을 말한다. 이는 군자가 되는 학문이라 깊은 산골 풀섶에 있는 난초와 같아 알리지 않더라도 종일 향내가 나서 저절로 남에게 알려지는 것을 말한다. 위인지학이란 지·덕·행의 생활과는 달리 덕성은 없고 밖으로 허식을 부려 남에게 자기를 알리는 데 힘쓰고 이름과 명예를 추구하는 것이라 했다. 퇴계는 자신이 위기지학을 하려 힘쓰고 이를 문도들에게 교육하였다.

먼저 퇴계에게 있어서 공부는 그저 앎을 얻는 희열을 위한 것이라기보다는 그 앎을 행동으로 실천하여 온 천지의 만물과 만사가 선하고 옳게 되도록 하는 것을 목표로 삼아 노력해야 한다는 것이었다. 여기에 지(知)와 행(行)의 관계를 다루는 가치론적 인식론의 단서가 있고 이를 지행병진론 혹은 지행호진론이라 하였다. 요컨대, 실천의 문제는 진리의 인식과 사회적 실현을 위한 전제로서 그의 학문체계에서 핵심적 요소였다고 할 수 있다(김종석, 2002: 95).

다음, 율곡은 지식에 이르는 격물궁리의 공효는 이렇게 설명하였다. 궁리를 해야 하는 까닭은 마땅히 행해야 할 도리, 즉 당위지리(當爲之理)를 알기 위함이다. 그리고 사물의 존재지리(存在之理)도 궁구해서 알아야 처신에 도움이 되는데, 이것 역시 인간에게는 공공생활에서 제대로 행하기 위한 이치를 아는 데 기초가 된다. 그리고 격물치지의 마지막 목표라 할 수 있는 지행이 지선처(至善處)의 경지에 이르는 원리와 만난다. 다시 말해서 지의 지선과 행의 지선을 포함한 지행의 "완전한 합치야말로 격치의 최종 목표이다"라고 하였다(황의동, 2002c: 345). 이런 관점에서는 율곡의 지행상관론은 양명학의 지행합일론과 근접하는데, 다만 주목할 차이는 율곡의 이기론에서 '둘이 하나요, 하나가 둘이다'(二而一 一而二)라는 논리처럼 지와 행은 서로 다르면서 합해지는 것으로 인식하였다.

그리고 양명학의 지행합일론에서는 지는 행동의 시작이요, 행은 지의 결과로서 지행이 언제나 합일한다고 한다. 다시 말해서, 지와 행은 하나의 양지와 양능(良能)이며 둘로 분리한 것이 아님을 강조하고, 지와 행을 분리한 것으로 인식할 때는 지(양지)에다 치(致)를 붙이고 행에 독(篤) 자를 붙이면 본체에서 하나가 되는 것이다. 다른 말로, 형식적인 지각이나 행위에서는 분리될 수도 있을 지 모르나 진정한 치지로서 지와 진정한 독행으로서 행은 일치하는 것임을 강조한다(금장태, 2003: 128-131).

그 이론이 어떠하든, 이러한 실천의 원리를 다시 한 번 되새기기 위해, 율곡의 지혜를 빌리겠다. 이것도 제IV장에서 자세히 소개했지만, 그가 상정한 이상적 인간, 성인은 수기치인 양면에서 충분한 역량을 갖추고 실행하는 인간상의 이념형이다. 수기를 위해서는 성인이 되겠다는 뜻을 세우고, 거경(居敬)·궁리(窮理)·역행(力行)을 한다. 이 과정은 결국 무사욕(無私慾) 지향의 극기와 덕성함양을 철저히 하는 일이 주요소다. 그리고 치인(爲政)으로 옮기면 이제 사심을 초월한 공심을 바탕으로 삼아 애민·위민·안민의 봉공을 위해 자신의 희생을 무릅쓰고 공론을 최대한으로 받들어 실현하는 공복형(公僕型) 인간이 이상적인 성인이다(윤사순, 2002: 139).

이 맥락에서 우리는 퇴계의 시국관과 그에 대처하는 실천관의 일단을 퇴계 일대기의 저자인 전문가의 관점을 빌어 되새겨 보려 한다(권오봉, 2013: 220).

> 퇴계가 살던 당시의 나라 형편은 악한 자에 의하여 착한 자가 수난을 겪어야 했던 비극의 시대였다. 사람의 하는 짓이 짐승보다 추악하고, 자기가 잘 되기 위해서는 남의 목숨까지 빼앗았고, 부귀영화를 누리기 위해서는 어떤 못된 짓이든지 서슴없이 한 난세였다. 도심(道心)과 양심이 파멸되어 예를 지키고 정의롭게 사는 사람은 망하고, 불의와 허욕에 찬 무리만이 잘 사는 흡사 오늘의 세태 같은 난세에 퇴계는 모든 영달과 지위를 버리고 향촌에 돌아와서 자기 생활과 언행을 통하여 악인을 가르치고 착한 사람을 건지려 한 것이다. 북과 징을 치며 깃발을 앞세워 호령하고 넓은 세상으로 뛰쳐나간 것이 아니라, 착하고 양순한 사람을 찾아 향촌으로 물러나 그들과 함께 선과 덕을 행하여 악인을 가르치고 인·의·예·지의 판도를 넓혀간 것이다. 퇴계의 향촌생활은 소극적인 은거가 아니었다. 향토인을 가르쳐서 인심과 도심을 회복하려 한 적극적인 개혁이었다.

그러면 이제 마지막으로 지식인으로서 선비가 오늘날의 문명사적 문맥에서 과연 어떤 시대정신을 표상할 수 있는 지를 궁구한다. 서방의 지식인과 동방의 선비를 대비하는 논리에 의하면, 유럽 근대의 지식인은 중세 종교적 교조에 종속하던 학문이 비로소 그 굴레에서 해방함으로써 사물을 객관적으로 관찰하고 분석하여 거기에 의미를 부여한 위에 새로운 기술을 발명하여 세계를 정복하는 데 지식으로 기여하는 기능적 지식인의 전형이다. 이에 반해, 동방의 선비는 중국의 왕부지(王夫之)처럼 도를 탐구하면서 근본에서부터 쉬지 말고 힘써서 잘못된 세상을 바로잡는 학문을 하는 것이 선비의 사명이라고 다짐하는 비판적이고 창조적인 지식인이었다는 것이다(조동일, 2014: 13). 여기서 오늘의 지식인이 정치참여에 임하는 자세를 점검하였지만, 실천이라 해서 반드시 그것이 현실정치 참여를 뜻하지는 않는다는 점도 되새겨 볼 일이다. 참여든 아니든, 기본적으로 선비 지식인은 모든 사상(事象)과 그 사상(事相)에 관하여 비판적인 안목에서 바라보고 개선의 길을 모색하는 것이 본분이라는 것이다.

　그렇다면 그러한 선비의 소신과 소망은 오늘의 지식인에게는 해당이 없다는 말인가를 물을 수 있다. 물론 현대의 대중적이고 복합적이고 전문화가 극심한 사회에서 모든 지식인이 그와 같은 선비의 기개와 사명감으로 무장하여 자신의 학문적 지식을 실천으로 실현하는 일에 얼마나 헌신할 여지가 있는지는 성찰해 보아야 할 것이다. 이때 자연과학, 생명과학, 공학 등의 부문까지 그런 구체적인 실천을 요구하는 데는 아무래도 현실적인 한계를 의식하지 않을 수 없다. 그러나 그런 분야라 해도 학문하는 내용이 무엇이든 간에 그 학문하는 자세에서는 선비의식을 어느 정도라도 갖추는 것이 가능할 것이므로 굳이 처음부터 도외시하는 것은 온당치 않다고 본다.

　더구나 앞서 문명사적 대변환의 역사를 되돌아 보면서 자연과학, 생명과학, 공학 등 분야라고 해서 인문사회과학적인 현실적 쟁점에는 개입할 필요도 여지도 없다고 주장할 수는 있겠으나, 자신들의 활동이 현실 속에서 실현에 옮겨지는 과정과 결과가 인류와 지구의 생태계 뿐만 아니라 실은 인간의 사회생활을 송두리째 왜곡하고 망가뜨릴 수 있는 무서운 요소라는 각성마저도 외면한다면 이는 참지식인이라 할 수 있는지를 자성하는 것도 중요하다. 비근한 예로, 최근의 수백억대의 거금을 투자해서 우주여행을 상업화하려는 움직인 같은 현상은 그 목적도 성찰의 여지가 있을 뿐 아니라, 인류에게 미칠 결과 또한 심사숙고 할 사안이라 할 것이다. 아무런 성찰도 없이 무작정 과학기술혁신은 선(善, good)이라는 신념이나, 세상에는 그 정도의 재정과 노력을 투입하면 그보다 훨씬 더 인간적으로 가치 있고 시급하게 해결해야 하는 문제가 얼마든지 있다는 현실적인 대안도 꼼꼼하게 살필 일이다.

게다가 오늘날처럼 학문의 융합과 상호연계성이 활발하게 이루어지는 상황에서라면 꼭 그러한 간막이 사고를 고집할 필요도 없을 것이다. 따라서 우리의 선비문화를 공부하기 시작한 초심의 사회과학도는 학문 분과의 구별 없이 온 세상 인류의 밝은 장래를 위해서라면, 그리고 특히 다가올 미래세대의 행복과 품격 있는 삶을 보장하기 위해서라면, 오늘의 지식인은 예전의 선비들이 추구하던 진정한 선비다운 선비, 진유(眞儒)의 꿈을 품고 학문과 실천에 매진하기를 우리 모두 마음을 모아 다짐해야 마땅하다고 주장하는 것이다. 이 점에서 다시 한 번 퇴계의 지행병진론 혹은 율곡의 이론과 실천의 상관성에 주목한다. 문제의 원인을 천착궁리 하고 그해결책을 모색할 때 그러한 문제해결의 원초적인 책임을 사회 제도나 구조에 귀착시키는 접근태도는 본말이 뒤바뀐 것이라는 퇴계의 견해도 존중할 필요가 있다. 퇴계의 유명한 「무진육조소」에는 다음과 같은 논변이 보인다(민족문화추진회, 1976: 112).

> 비록 그러하옵니다만 그 밝히는 일은 또한 본말(本末)과 선후와 완급(緩急)의 실행상의 차례가 있고 본말에도 또한 허(虛)와 실(實)의 차이가 있사오니, 그 근본은 임금이 몸소 행하고 마음에 터득한 연후에 비로소 민생들이 일상 생활에서 실용하도록 떳떳하게 가르치는 것이 본(本)이요, 법률 제도에 추종하고 문물만을 인습해서 지금 것은 변혁하고 옛 것을 스승으로 하여 모방하고 비교하는 것은 말(末)이니, 본은 먼저 하여야 하기 때문에 급하고 말은 뒤에 하여야 하기 때문에 늦은 것이옵니다.

요컨대, 인간사는 인간 자신에게 일차의 책임이 있다는 인간주의적 사상이 철저한 도학자 퇴계의 근본 사상이다. 그것을 그는 당대 동방의 주류를 이루고 있었던 성리학이라는 학통에 근거해서 소상하게 설명하고 있음이다. 천리에서 얻은 인간의 선한 본성을 마음이 잘 간직하고 다듬어서 우선 스스로 도심을 바로 세우고 인심의 유혹을 극복하여 '인'을 실천하는 데서 천리의 '공'(公)을 세우고 인욕의 '사'(私)를 누르는 공공성의 확보가 가능하다고 주장한 것이다. 바로 여기에 현대사회의 고질적인 공공성 결핍 문제를 풀어보는 실마리를 얻고자 하는 것이다. 두 말할 나위도 없이 그 길이 힘들고 고달프다는 것을 부인하지 않는다.

실은 하버드 대학의 대표적인 유가철학 교수 Schwartz는 이런 시도가 얼마나 어려운 일인지를 공자의 경험에 비추어 이렇게 담담하면서도 처절하게 언명하고 있음을 음미할 필요가 있다(Schwartz, 1985: 189; Kim, 2017b: 237; 김경동, 2020).

> 공자가 꿈꾸는 사회란 그 자신이 70세를 넘기면서 비로소 터득한대로 염치 있는 행동이 '그저 자연스럽게' 나타나는 그런 사회다. 이런 꿈을 꾸었지만, 현실은 다르다는 것을 그는 뼈 아프게 의식하고 있다. 기실, 그가 꿈꾸는 도(道)를 이 세상에서 복원하려면 고통스러우리만큼 정밀한 자기성찰, 양심적으로 꼼꼼하게 처신하는 행동, 배움을 닦음에 지치지 않는 헌신, 주의 깊은 리(理)의 실천, 그리고 정성을 다하여 정부에 봉직하는 등 군자다운 사람들의 지속적인 노력만이 유일한 방법이다.

그럼에도 우리는 이 일을 선비정신으로 무장하여 꾸준히 추구해야 한다. 여기서 본서의 허두에 선언한 이상과 현실의 괴리를 되새겨 볼 필요가 있다. 이 점에서 "이제 그만 선비를 역사로 놓아주자"는 흥미로운 주장을 하는 저술(계승범, 2011: 프롤로그)을 잠시 되살펴 본다. 이 저자는 현재 우리 사회에서 나타나는 너무 일방적인 선비 평가를 지적하면서, 역시 이상적인 선비상과 실상의 격차를 더 자세하게 꼬집는다. 먼저 선비의 지조와 의리, 청빈과 안빈낙도, 공선후사와 극기복례 등의 덕목에 비해 실망스러운 현실의 난맥상을 지적하고, 수신·제가·치국·평천하, 덕치와 교화, 상고주의, 왕도와 신도, 군자와 소인 등의 검증된 바 없는 유교이론을 비판한다. 나아가 선비가 꿈구던 나라와 그들이 만든 나라의 모습을 대비하여 "차별의 나라: 서얼, 또 차별의 나라: 노예, 새로운 차별의 나라: 여성, 철저한 차별의 나라: 명분, 특권층의 나라: 양반, 소인배의 나라: 작당, 가난한 나라: 곤궁, 모화의 나라: 소중화, 상복의 나라: 장례와 제사" 등을 지목한다. 상당히 날카롭게 핵심을 찌르며 가슴을 서늘하게 하는 비판이다.

이 같은 조선시대 선비문화의 빛과 그림자를 오가며 이상과 현실의 괴리가 그리도 좁히기가 어려웠을까 참으로 안타까운 심경을 금치 못한다. 이상과 꿈은 아름답고 평화로운데, 역사와 현실은 어찌도 그다지 잔혹하고 심지어 난폭하기까지 해야 하는 지, 그 인간문명의 딜레마를 곱씹을수록 더욱 궁금해지기만 한다. 결국은 이 모두가 인간 스스로의 결단과 실천이 자아낸 자가모순이라는 사실이 더더욱 가슴을 짓누른다. 그렇다고 이상적인 세상을 이룩해보려는 꿈 자체를 버리는 일은 무책임하다. 특히 그 책임의 주요한 몫은 어차피 지식인이 떠안아야 한다. 이렇게 우리 조상들이 목숨을 걸고 창출하고 지키려 했던 이상적인 선비문화가 우리나라뿐 아니라 전 인류의 현재와 장래 세대를 위한 값진 유산이라는 깨달음을 얻은 것만으로도 이 저서의 노고가 허사가 아니었기를 겸허하게 기원하며 비록 너무나 부실한 채로 마무리하기가 부끄럽기는 해도 이제 다시 한 번 조용히 내일을 위한 오늘의 과제를 지난날의 교훈에서 되새기기를 다시 강조하는 바이다.

선비문화의 어두운 면을 부각할 때 조심해야 할 자세도 함께 되새길 필요를 잊지 말아야 한다는 점 또한 우리의 몫이다. 세상에 성인과 같은 완벽한 인간도 흔하지 않고 모든 구성원이 만족스럽게 여기며 살아가는 사회도 성취한 일이 거의 없다. 어쩌면 아미시 공동체 같이 소박한 삶이지만 자신의 선조들이 남긴 문화유산을 가능한 대로 고스란히 지키면서 외관상 휘황찬란하고 요란뻑적지근한 현대의 과학기술 · 물질 중심의 문명과는 적절하게 거리를 두고서도 자기들끼리 질서 있는 삶을 행복하게 여기는 사회도 있다는 사실도 놀라운 예외일 터이다. 이들에게는 종교적 신앙(메노나이트파)과 철저한 가정교육이 비결이다. 기실, 최근의 자료에 의하면 아미시 공동체의 인구가 계속 약간씩 증가하고 있다 한다 (https://en.wikipedia.org/wiki/Amish_way_of_life).

우리가 선비문화의 명암을 지적할 때는 굳이 음양변증법의 논리를 의지하지 않더라도, 역사란 항상 밝은 면과 어두운 면이 함께 어울려 전개하는 것임을 염두에 두고 평가해야 한다. 조선의 선비문화도 그러한 역사적 맥락을 살피면서 규명해야 한다. 거기서 우리는 그들이 살던 시대는 농경문명이 주종을 이루었고 사회는 상대적으로 폐쇄적인 신분사회였음을 고려할 때, 선비 지식인 엘리트는 서방 근대화와 같은 대변환을 겪어 농업 이외의 좀더 효율적인 생산체제의 강구에 실패한 것이 첫 번째 약점이라면 약점이다. 그리고 유가적 신분사회의 남존여비(여성차별), 서얼차별, 노비제, 사농공상의 직역차등과 같은 사회구조적 대개혁을 성취하지 못한 것이 두 번째의 한계였음은 부인하지 못한다. 특히 이러한 구조적 변혁을 시도한 선비군은 주로 조선후기 실학파였으나 저들조차도 근본적인 신분계층구조 자체에는 손을 대는 데까지 이르지 못하였다. 게다가, 일부 혁명적인 혁신을 위한 제안을 한 실학자들도 없지 않았으나, 당시의 당쟁이 치열하던 정치적 구도는 저들의 견해를 쉽사리 수용하지 않았던 현실도 문제였다.

다만, 그와 같은 역사적 현실의 제약을 충분히 수용하고서라도, 한 가지 질문만 더 던지고 끝맺어야 할 것 같은 사안이 있다. 그것은 우리가 현재 살고 있으며 장차 다가올 개연성이 높은 세상의 모습을 상상할 때 과연 Schwartz가 고심 끝에 제시한 그러한 자아극복의 자세로 살아가는 것이 가장 이상적일지 혹은 도대체가 현실적으로 용이할지를 고민해야 할 필요가 있다는 사실이다. 상상력이 부글부글 끓어오르고 이를 실현하고자 하는 창의력이 번뜩거리는 젊은 세대가 현대 과학기술 문명의 이기를 마음껏 활용하여 그들이 꿈꾸는 세상을 만들어보고자 하는 현금의 인류는 그런 식의 자기억제의 처방을 달갑게 여기지 않을 것이라는 점은 과연 도외시해도 될까 하는 자아성찰의 요청을 어떻게 거부할 수 있느냐 하는 문제도 한 번쯤은 다루어 보아야 하지 않을까 하는 생각과 마주하게 된다는 뜻이다.

이미 현재에도 수많은 젊은이와 어린이는 소위 '게임'이라는 이름의 컴퓨터 놀이에 심취하는 세상이 되고 있거니와 그런 게임의 대다수는 결국 인간의 잔인성을 가장 극명하게 표출함으로써 거기에 자극받은 고객을 유혹하고 이익을 챙기는 자본주의적 문명의 한 단면을 적나라하게 반영한다는 평을 받고 있다. 근년(2021)에 전 세계의 시청률 1위를 거머쥔 넷플릭스의 '오징어 게임'이 그 단적인 보기다. 경쟁자가 죽어야 살아남는 실로 잔혹하고 끔찍한 영상물을 만든 작가·감독은 자신의 어린 시절 우리사회의 계층적 불평등의 경험을 되살려 이를 비판하는 취지의 작품을 만들었다고 했다는데, 이것이 현재 우리사회뿐 아니라 전 세계의 사람들의 불만을 자극하여 결국 그 자신도 바로 돈벌이에 성공하는 소위 자본주의적 취득욕심을 스스로 채우고 있다는 아이러니를 사람들은 실감하지 못한다. 그 드라마의 내용 자체가 이미 Huxley의 '과감한 신 세계'를 연상케 하는 디스토피아(dystopia), 즉 너무나도 암담하고 잔혹한 암흑의 세계를 그리고 있다는 사실은 어떻게 받아들일 지를 깊이 성찰해야 마땅하다.

인간의 상상력과 창의성을 그런 방향으로만 발휘하면서 평범하게 살아가는 세상 사람들의 인기나 끌고 돈이나 벌어 보겠다는 이런 문화를 우리는 그냥 아무런 자성 없이 인기문화의 한 단면으로만 여기고 지나가기에는 인류의 미래가 너무나도 암담하고 비참하지 않는가를 자문해야 한다. 그러니까 선비문화가 그처럼 자아극복의 철저한 인욕의 통제를 강조한다고 해서 케케묵은 도덕교과서 같은 사상이므로 현실적인 실현 가능성이 떨어진다는 논리로 일방적인 배척만 한다면 인류의 장래는 참으로 참담하다 하지 않을 수 없을 것이 명백하다. 그처럼 풍부한 상상력과 창의성을 이런 인간의 도덕적 성품의 함양이라는 과업에도 적극적으로 적용하려는 시도는 그래서 결단코 낡은 사상의 실현을 반복하는 일에 지나지 않는다는 생각을 되물어 볼 필요가 있다. 오히려 더욱 더 소중히 여길 것을 부각하려고 한다면 이것이 한갓 헛된 꿈에 불과할지를 묻자는 것이다. 더구나 미래사회는 이제 인공지능을 장착한 기계와 더불어 살아가야 하는 세상일 것이 거의 확실한데, 그처럼 여태껏 한 번도 경험하지 못한 특별한 상황에서 인간의 인간다움은 어떤 모습으로 지속가능할지도 미리부터 상상해보고 이에 관련한 독창적인 해결책을 강구하려는 노력도 있어야 할 것이다. 거기에 선비문화가 어떤 지침을 제공할 수 있을지도 함께 진정성을 갖추고 깊이 성찰해보자는 것이 본서의 소박한 염원임을 밝힌다. 이것이 오늘을 사는 한국의 선비가 앞장서 해야 할 과제임을 자각하자는 말이다.

그리고 현금의 문명사적 변동에서 놓칠 수 없는 현상은 문화의 전 지구화이다. 앞에서 선비문화의 재생은 단지 우리 사회에 국한할 일이 아님을 시사한 바 있거니와, 소위 K-pop식 문화전파의 추세를 면밀히 관찰하면 선비문화의 세계화도 아주 무망한 꿈이 아닐 것 같다는 가능성도 진지하게 검토해야 할 것이라는 말이다. 저자는 1980년 초 미국의 샌 프란시스코 시내에서 점심 시간에 자그만 음식점 앞에 백인 미국시민이 줄을 서서 기다리는 모습을 발견했던 기억이 떠오른다. 바로 스시와 사시미를 제공하는 일식점이었던 것이다. 이 시대는 대충 1960년대 후반부터 미국을 위시한 서방세계가 공업화의 결과로 환경오염을 겪어야 하는 맥락에서 소위 '건강식단'(health food diet)이라는 것을 찾아 음식을 골라 섭취하자는 일종의 생태론적 시민운동이 진전하던 때였다. 생선 비린내를 혐오하는 서양인들이 이제는 물고기를 날로 먹는 일식을 최고의 건강식품 중 하나로 인식하기 시작하던 시점이었고, 그것도 이런 운동이라면 항상 맨 앞에서 추진하는 캘리포니아라는 지역에서 일어난 작은 해프닝이었다는 사실이 흥미를 끈다.

오늘의 국제적 문화접변(international acculturation)은 묘하게도 '한류'(the Korean Wave)라는 바람을 타고 K-pop이 세계의 대중음악뿐 아니라 TV 드라마에다 이제는 영화까지 당당히 진출을 하기 시작한 사실을 주목할 필요가 있다. 이런 현상은 이제 그와 같은 대중문화에만 국한하지 않고 한식의 미각에 빠져 뉴욕, 파리 등 세계의 유수 대도시에서 한국음식점에 인파가 몰리는가 하면 한복의 매력에도 세계의 시선이 모이는 양상마저 연출하고 있다. 최근 언론 매체에서 인터뷰를 한 한국의 촬영감독 정정훈씨는 미국의 인기 영화 '스타워즈' 시리즈의 촬영을 맡은 바 있는데, 그는 "이제 한국 문화는 '이국적 볼거리'가 아니라 동등하며 보편적인 경쟁선상에 있는 콘텐츠로 인정받는다. 할리우드에서 피부로 느끼는 변화"라고 했다(「조선일보」 2022. 06. 15: A23). 이제 우리는 경제적으로도 세계 10위권 경제대국으로 선진국 반열에 올라서 있고, 우리의 모국어 한글을 배우려는 세계의 인구도 급속히 증가하고 있는 상황에서, 국격의 브랜드 가치를 나타내는 연성 국력(Soft Power)의 상징으로 정신문화의 보급이라는 한류를 더할 수 있다는 기대를 해봄 직하다. 바로 선비문화라는 정신적 전통문화를 전 지구화의 물결에 띄워 세계로 진출한다는 시도는 해 봐야 하지 않을까 하는 욕심을 억제할 수가 없다는 말이다.

물론 이와 같은 문화접변을 위한 노력은 하루 아침에 성과를 기대하기 어렵다는 점도 충분히 고려할 것이다. 그리고 이런 주장은 마치 우리나라가 세계의 도덕적 난맥상을 치유할 수 있는 선구적 방안을 충분히 구비한 완벽한 도덕사회라는 것을 의미하지 않는다는 점도 인정해야 한다. 그러므로 먼저 우리부터 그러한 도덕적 사회로 거듭나기 위한 뼈아픈 성찰에 기초한 독창적인 프로그램을 신속히 창안하여 모본을 보이는 일이 시급하다. 이를 위해서는 사회 각부문이 각기 자기 분야의 지혜를 모아 전사회적인 공동참여를 추진함으로써 신문명의 도래에 적합한 새로운 선비문화 창달이라는 대과업을 시도하기를 바라는 것이다. 여기에 참선비다운 지식인의 살신성인의 각고가 필수적임을 다시 강조해 마지 않는다.

참고문헌

강만길 1986. 「정약용시대의 경제사정」, 정석종 외, 『정다산과 그 시대』(민음사), 47－70.

강만길 2005. 「정약용의 상공업 정책론」, 박홍식 편저, 『한국의 사상가 10人: 다산 정약용』 429－458 (예문서원).

강영한 1999. 「신종교 운동을 통해 본 사회변혁과 이상 사회상」, 『동양사회사상』 2: 229－259.

계승범 2011. 『우리가 아는 선비는 없다: 조선을 지배한 엘리트, 선비의 두 얼굴』(위즈 덤하우스).

고동현, 이재열, 문명선, 한솔 2018. 『사회적 경제와 사회적 가치: 자본주의의 오래된 미래』(한울 아카데미).

고려대학교 민족문화연구원 국어사전편찬실 2009. 『고려대 한국어대사전』(고려대학교).

교육타임스 편집부 2018. 「선비정신은 민족정신의 뿌리이다」, 『교육타임스』 통권 78호: 86－89.

권문봉 2004. 「전통적 선비정신에 대한 일고찰」, 『한문교육연구』 23: 185－218.

권오봉 2013. 『퇴계선생 일대기: 가을하늘 밝은 달처럼』(교육과학사).

금장태 1984. 「사회 변동과 유교의 역할」, 『사상과 정책』 1(3): 82.

금장태 1998. 『퇴계의 삶과 철학』(서울대학교출판부).

금장태 2001. 『한국의 선비와 선비정신』(서울대학교출판부).

금장태 2003. 『한국유학의 탐구』(서울대학교출판부).

김경동 1969. 「신흥종교에 대한 사회학적 접근: 한국신흥종교 연구를 위한 이론적 시안」, 『동산 신태식박사 송수기념논총』(계명대학교): 369－383.

김경동 1985. 「권위주의적 사회구조와 사회갈등; 사회의 발전에 대한 함의」, 한국사회학회 편, 『한국사회와 갈등의 연구』(현대사회연구소) 355－398.

김경동 1989. 『사회학의 이론과 방법론』(박영사).

김경동 1993. 『한국사회변동론』(나남).

김경동 2000. 『선진한국 과연 실패작인가?』 (삼성경제연구소).

김경동 2002. 『한국사회발전론』 (집문당).

김경동 2005. 「사이버세계의 게임플레이어: 정보사회의 인간과 자아에 대한 성찰」, 『21세기, 인간을 다시 생각한다』 (한국학술단체연합회): 77-98. <제2회 한국학술 현황 점검 심포지움> (서강대학교) 12. 2.

김경동 2007. 『급변하는 시대의 시민사회와 자원봉사: 철학과 과제』 (아르케).

김경동 2008. 『현대의 사회학, 신정판』 (박영사).

김경동 2010a. 『기독교 공동체 운동의 사회학: Koinonia의 이론과 전략』 (한들출판사).

김경동 2010b. 「성숙사회의 비전과 전략」, 『인간다운 삶을 위한 인문사회 연구』 (한국연구재단): 87-128. <제1회 인간과 사회 심포지엄> (이화여대 국제교육관 LG컨벤션홀).

김경동 2012. 『자발적 복지사회: 미래지향적 자원봉사와 나눔의 사회학』 (아르케).

김경동 2016. 『자원봉사의 NEW 패러다임』 (지문당). (사)한국자원봉사포럼 · (사)한국자원봉사학회 공편.

김경동 2019a. 『사회적 가치: 문명론적 성찰과 비전』 (푸른사상).

김경동 2019b. 「완벽한 민주주의가 가능한가?」, 김경동 · 백완기 · 임현진 공편, 『위기 속의 민주주의』 (백산서당): 25-104.

김경동 2020a. 「현대사회의 공공성 문제: 퇴계사상의 해법」, 『학술원논문집 (인문 · 사회과학편)』 59(2): 77-121. 기조강연, 「현대사회의 공공성 문제: 퇴계사상의 교훈」, 『현대인의 삶, 퇴계에게 묻다』, (국제퇴계학회): 31-96. <퇴계서거 450주년 기념, 제28차 국제학술대회> 11. 20~11. 24. (국립고궁박물관 별관).

김경동 2020b. 「왜 미래세대의 행복인가?」, KAIST 미래세대행복위원회 지음, 『미래세대 행복의 조건』 (크리에이터): 15-65.

김경동 · 김여진 2010. 『한국의 사회윤리: 기업윤리, 직업윤리, 사이버윤리』 (철학과 현실사).

김경동 · 이강현 · 정진경 2011. 『자원봉사의 이해』 (한국자원봉사협의회).

김경동 · 임현진 2019. 「머리말」, 김경동 · 백완기 · 임현진 공편, 『위기 속의 민주주의』 (백산서당): 7-21.

김경동·진덕규·박형준 2020.『정치의 품격: 선출직 공직자의 도덕성』(푸른사상).

김경탁 1979.『신역 노자』(현암사).

김광민 2009.「선비정신의 개념정립을 위한 시론」,『도덕교육연구』21(1): 93–112.

김광억 2014.「왜 우리는 지금 여기서 선비를 다시 논하는가?」,『선비, 그 시대 성찰과 역할』(문화체육관광부·경기도): 123–126. <제3회 퇴계학과 근기실학 공동학술회의> 5. 13. 대한상공회의소 의원회의실.

김기현 2001.「퇴계의 수행정신에 담긴 우주적 대아의 이상」,『퇴계와 함께, 미래를 향해』(경상북도 안동시 주체, 안동대학교 퇴계학연구소 주관): 141–160. <퇴계탄신 500주년 기념 유교문화축제 국제학술대회> 10. 12–13. (학국국학진흥원).

김기현 2009.『선비: 사유와 삶의 지평』(민음사).

김기현 2014.『선비의 수양학』(서해문집).

김도영·배수호 2016.「현대사회에서 유교적 공공성(儒敎的 公共性)의 적용가능성 연구」,『한국행정학보』50(3): 249–275.

김문조 2000. "사이버 문화의 특성과 동학."『사이버 시대의 삶의 질』231–248. 아산사회복지사업재단.

김병일 2012.『퇴계처럼: 조선 최고의 리더십을 만난다』(글항아리).

김상홍 1985.「다산의 서정시 연구: 유배기 서정단시를 중심으로」, 한우근 외『다산연구의 현황』267–289 (민음사).

김석근 2015.『선비정신과 한국사회: 미래의 리더십을 찾아서』(아산서원).

김성국·임현진 1972.「한국사회와 사회과학」『한국사회학』12: 85–96.

김성수 2009.『21세기 윤리경영론: 이론과 사례』(삼영사).

김성우 2015.「한국형 지식인, 선비의 탄생」, 경북정체성포럼,『조선시대의 선비』(예문서원) 49–76.

김언종 2015.「선비, 그 용어의 기원과 의미의 내함」, 경북정체성포럼,『조선시대의 선비』(예문서원) 27–48.

김영모 2013.『조선·한국 신분계급사』(고헌).

김용섭 1971.『조선후기농업사연구 II』(일조각).

김용섭 1972.「18·19세기의 농업사정과 새로운 농업경영론」,『19세기의 한국

사회』 (대동 문화연구원).

김용환 2002.「율곡의 행정개혁론」, 황의동 편저 『한국의 사상가 10人: 율곡 이이』 405 – 447 (예문서원).

김정년 2008. 『윤리경영이 글로벌 경쟁력이다』 (율곡출판사).

김종문 2002.「율곡의 리기 철학 체계에 대한 연구」, 황의동 편저 『한국의 사상가 10人: 율곡 이이』 191 – 234 (예문서원).

김종석 2001.「퇴계철학에 있어서 실천의 문제」, 『퇴계와 함께, 미래를 향해』 (경상북도 안동시 주체, 안동대학교 퇴계학연구소 주관): 83 – 98. <퇴계탄신 500주년 기념 유교문화축제 국제학술대회> 10. 12 – 13. (한국국학진흥원).

김태창 2017. 『일본에서 일본인들과 나눈 공공철학 대화』 (도서출판 모시는 사람들).

김학주 2002. 『맹자』 (명문당).

김학주 2009a. 『논어』 (서울대학교출판부).

김학주 2009b. 『중용』 (서울대학교출판부).

김한식 1979. 『실학의 정치사상』 (일지사).

김흥규 1985.「정약용의 문학이론」, 한우근 외 『다산연구의 현황』 247 – 266 (민음사).

나종석 2013.「주희의 공(公) 개념과 유교적 공공성(公共性) 이론에 대한 연구」, 『동방학지』 164: 3 – 28.

남만성 1980. 『예기, 중』 (평범사).

노태돈·노명호·한영우·권태억·서중석 1997. 『시민을 위한 한국역사』 (창작과 비평).

램프레히트, 김태길 및 윤명로 역 1989. 『서양철학사』 (을유문화사).

류승국 1983. 『동양철학연구』 (근역서재).

류승국 2010. 『유가철학과 동방사상』 (유교문화연구소).

문화체육관광부·퇴계학연구원 2011a. 『선비정신에서 찾는 공직자의 길』 (문화체육관광부·퇴계학 연구원).

문화체육관광부·퇴계학연구원 2011b. 『선비정신에서 찾는 기업인의 길』 (문화체육관광부·퇴계학연구원).

민족문화추진회 1976a. 『국역 퇴계집 I』 (민족문화추진회).

민족문화추진회 1976b.『국역 퇴계집 II』(민족문화추진회).

민족문화추진회 1976c.『국역 율곡집 I』(민족문화추진회).

민족문화추진회 1976d.『국역 율곡집 II』(민족문화추진회).

박균섭 2015.『선비정신연구: 앎, 삶, 교육』(문음사).

박병호 1985.「다산의 법사상」, 한우근 외,『다산연구의 현황』71－90 (민음사).

박영도 2013.「유교의 공공성 문법과 그 민주주의적 함의」『동방학지』164:
    65－83.

박충석 1983.「실학사상에 있어서의 민본주의」, 이을호 외,『한국사상의 심층연구』
    339－349 (우석).

박충석 2001.「유교에서의 '公'·'私' 관념과 현대한국사회」,『퇴계와 함께, 미래를
    향해』: 250－257. (한국국학진흥원). 세계유교문화축제 추진위원회. <퇴계
    탄신 500주년 기념 유교 문화 축제 국제학술대회>.

박충석 2010.『한국정치사상사: 제2판』(삼영사).

박홍식 2005.「해제: 다산 사상의 연구와 이해」, 박홍식 편저,『한국의 사상가
    10人: 다산 정약용』15－36 (예문서원).

박희택 2015.「여성선비의 덕성과 맥락」, 경북정체성포럼,『조선시대의 선비』
    (예문서원) 141－176.

배상현 2001.「퇴계 이황선생의 예학사상」,『퇴계선생 예설논문집』(도운학회)
    5－32.

배종호 1985.『한국유학사』(연세대학교 출판부).

백완기 2007.「한국행정과 공공성」,『한국사회와 행정연구』18(2): 1－22.

변창구 2016.『선비정신의 현대적 의의와 발전방안』(한국민족사상학회).

변태섭 1986.『한국사통론』(삼영사).

성낙훈 1981.「한국유교사상사」, 고려대학교민족문화연구소 편,『한국문화사대계
    12: 종교·철학사』909－958 (고대민족문화연구소출판부).

소병선 2017.「공공성에 관한 동·서 철학적 고찰」,『동서철학연구』83:
    265－281.

손인수 1978.『율곡의 교육사상』(박영사).

송성근 외 1994.「기술 대혁명의 시대가 오고 있다」『세계석학에게 듣는다』
    (KBS대담) (사회평론) 9－67.

송재소 2005.「정약용의 사상과 문학」, 박홍식 편저, 『한국의 사상가 10人: 다
　　산 정약용』 489－504 (예문서원).

신용하 1994.「'독창적 한국사회학'의 발전을 위한 제언」, 한국사회학회 편, 『21
　　세기 한국사회학』 15－30 (문학과 지성사).

신용하 1997.『조선후기 실학파의 사회사상연구』 (지식산업사).

신유근 1994.「기업윤리와 경영교육」, 한국경영학회, 『한국의 기업윤리: 실상과
　　과제』 35－39 (세경사).

신효원 2018.「공공성 개념의 재정립과 복합적 의미」, <한국정책학회 하계학
　　술대회>.

심상달, 고건, 권영준, 이승은 2008.『나눔과 기부 문화 활성화를 위한 사회적
　　기업의 역할 제고방안』. KDI 연구보고서. (한국개발연구원).

안동청년유도회 2013.『천자문』. (안동청년유도회).

안병주 2001.「퇴계사상과 도덕사회」, 『퇴계와 함께, 미래를 향해』 328－334
　　(한국국학진흥원). 세계유교문화축제 추진위원회, <퇴계탄신 500주년 기념
　　유교문화축제 국제학술대회>, 10. 12－13.

안재순 2002.「율곡의 경세 사상에 나타난 실학의 의미」, 황의동 편저 『한국의
　　사상가 10人: 율곡 이이』 357－377. (예문서원).

여소강(呂紹綱) 2001.「퇴계 예설에 대한 시론적 탐구」, 『퇴계선생 예설논문집』
　　(도운학회) 3－63.

유권종 2001.「퇴계 예학 연구의 과제와 전망」, 『퇴계선생 예설논문집』 (도운학회)
　　134－171.

유석춘·국민호 1992.「베버의 지배유형과 제이콥스의 동양사회 유형」, 유석춘 편,
　　『막스 베버와 동양사회』 311－334 (나남).

유성은 2007.『기업윤리와 경영성과』 (한국학술정보).

윤사순 1984.『동양사상과 한국사상』 (을유문화사).

윤사순 1985.「다산의 인간관: 탈성리학적 관점에서」, 한우근 외 『다산연구의
　　현황』 140－160 (민음사).

윤사순 2002.「율곡 이이의 도학적 인간관」, 황의동 편저, 『한국의 사상가 10人:
　　율곡 이이』 126－140 (예문서원).

윤사순 2005.「성리학과 실학, 그 근본 사고의 동이성에 대한 고찰: 이황과 정

약용을 중심으로」, 박홍식 편저, 『한국의 사상가 10人: 다산 정약용』 135‒164 (예문서원).

이가원 1980. 『주역』 (평범사).

이경구 2007. 『조선후기 안동 김문 연구』 (일지사).

이기석 역 지음 1986. 『동몽선습(신역)』 (홍신문화사).

이덕일 2018. 『조선선비 당쟁사: 사림의 등장에서 세도정치까지, 선비들의 권력 투쟁사로 다시 읽는 조선 역사』 (인문서원).

이동건 2014. 「선비와 동양의 이상적인 인간상: 군자/소인, 진유/속유, 대장부, 유·불·선」, 『퇴계학논집』 15: 9‒40.

이동건 2015. 「선비와 동양의 이상적인 인간상」, 경북정체성포럼, 『조선시대의 선비』 77‒108 (예문서원).

이동희 2002. 「율곡 이이의 성리학과 사회정책론」, 황의동 편저 『한국의 사상가 10人: 율곡 이이』 141‒168 (예문서원).

이상백 1949. 「이조의 건국과 전제개혁 문제」, 『이조건국의 연구』 (을유문화사).

이상백 1964. 『한국사: 근세전기편』 (을유문화사).

이상백 1965. 『한국사: 근세후기편』 (을유문화사).

이상옥 2003a. 『예기: 상』 (명문당).

이상옥 2003b. 『예기: 중』 (명문당).

이상옥 2003c. 『예기: 하』 (명문당).

이상은 감수 1983. 『한한대자전』 (민중서관).

이상익 2002. 「율곡 리기론의 삼층 구조」, 황의동 편저 『한국의 사상가 10人: 율곡 이이』 278‒310 (예문서원).

이상호 2011. 「발간사」, 고영희 외, 『유교문화체험 연수교재』 (문화체육관광부·성균관).

이석호 1980a. 『춘추좌전 상』 (평범사).

이석호 1980b. 『춘추좌전 중』 (평범사).

이석호 1980c. 『춘추좌전 하』 (평범사).

이성무 1994. 『한국의 과거제도』 (집문당).

이성무 2001. 『조선의 부정부패 어떻게 막았을까: 대간·감찰·암행어사 이야기』 (청아출판사).

이성무 2009. 『조선시대 사상사연구 1』 (지식산업사)

이성무 2010. 『한국역사의 이해: 나의 이력서』 (집문당).

이성무 2011. 『선비평전: 우리 시대에 던지는 오백년 선비의 역사』 (글항아리).

이성무 2014. 『단숨에 읽는 당쟁사 이야기』 (아름다운날).

이수환 2015. 「조선 전기 선비들이 추구한 유교적 이상사회」, 경북정체성포럼 선비분과. 『조선시대의 선비』 264-298. 경북정체성포럼.

이영찬 2002. 『유교 사회학』 (예문서원).

이용태 2011. 「머리말: 사지도(士之道)」, 서수용 외, 『선비정신에서 찾는 공직자의 길』 (문화체육관광부 및 퇴계학연구원).

이원강 2001. 퇴계선생탄신오백주년기념사업후원회, 「퇴계선생탄신오백주년기념사업취지문」, 『퇴계학연구현황』 (진성이씨대구화수회).

이원진 2019. 「퇴계의 공공성」, 『월간 공공정책』 162(4월호): 73-79.

이윤희 2010. 『퇴계가 우리에게』 (예문서원).

이을호 1966. 『다산경학사상연구』 (을유문화사).

이을호 1985. 「다산경학 성립의 배경과 성격」, 한우근 외 『다산연구의 현황』 117-139 (민음사).

이장희 1987(2007). 『조선시대 선비연구』 (성균관대학교 박사학위논문; 박영사).

이재열 2018. 「시대적 전환과 사회적 가치」, 박명규·이재열 편, 『사회적 가치와 사회혁신: 지속가능한 상생공동체를 위하여』 357-405 (한울아카데미).

이치억 2021. 「'선비'의 현대적 구현을 위한 시론 : '선비' 또는 '선비정신'과 관련된 몇 가지 현실적 논의」, 『유교사상문화연구』 83: 179-205.

이홍직 1982. 『국사대사전: 개정증보판(상)』 (한국출판사).

임의영 2018. 「공공성연구의 풍경과 전망」, 『정부학 연구』 24(3): 1-42.

장기근 1980. 『맹자』 (평범사).

장입문(張立文) 1999. 이윤희 역. 『退溪哲學入門』 (퇴계학연구원 출판부).

장승희 2005. 『다산 윤리사상 연구』 (경인문화사).

장윤수 2015. 「수신, 선비의 자기완성」, 경북정체성포럼, 『조선시대의 선비』 109-140 (예문서원).

전성우 1995. 「막스 베버의 지배사회학 연구」, 배동인 외, 『막스 베버 사회학의 쟁점들』 211-344 (나남).

정범진 2013. 「선비정신과 현대인의 윤리의식」, 『한국선비연구』 1: 1 – 22.

정석종 1983. 『조선후기사회변동연구』 (일조각).

정수복 2010. 『한국인의 문화적 문법』 (생각의 나무).

정일균 2000. 『다산 사서경학 연구』 (일지사).

정진영 2013. 「양반들의 생존 전략에서 얻은 통찰: 조선의 유교적 향촌 공동체」, 한형조 외, 『500년 공동체를 움직인 유교의 힘』 113 – 147 (글항아리).

조남국 1985. 『율곡의 사회사상』 (양영각).

조남호 2004. 「안동김씨 가문의 학문과 교육」, 『역사 속의 안동 김씨』 17 – 30 (안동김씨문화연구회). <제1회 안동김씨문화연구회 학술대회>, 5. 8.

조동일 2014. 「지식인과 선비」, 『선비, 그 시대성찰과 역할』 5 – 19 (문화체육관광부·경기도) <제3회 퇴계학과 근기실학 공동학술회의>, 5. 13.

지교헌·최문형·박규섭 1991. 『조선조향약연구』 (민속원).

진덕규 2011. 『권력과 지식인: 해방정국에서 정치적 지식인의 참여논리』 (지식산업사).

진성이씨대구화수회 2001. 『퇴계학연구현황』 (진성이씨대구화수회).

차종천 1955. 「가산관료제의 역동성」, 배동인 외, 『막스 베버 사회학의 쟁점들』 191 – 209 (나남).

채장수 2009. 「공공성의 한국적 현재성: 상황과 의미」, 『21세기정치학회보』 19(1): 48 – 69.

천관우 1981. 「한국실학사상사」, 고려대학교민족문화연구소 편, 『한국문화사대계 12: 종교·철학사』 959 – 1051 (고대민족문화연구소출판부).

전관우 1982a. 『한국사의 재발견』 (일조각).

천관우 1982b. 『근세조선사연구』 (일조각).

최봉영 1997. 『조선시대 유교문화』 (사계절).

최석기 2014. 『조선 선비의 마음공부, 정좌(靜坐)』 (보고사).

최호철 2000. 「사이버 시대의 언어생활」. 『사이버 시대의 삶의 질』 263 – 288. 아산사회복지사업재단.

추병완 2002. 「사이버 윤리의 정립 방안」. 김경동 외. 『사이버 시대의 사회변동』 231 – 264. 집문당.

통계청 2021a. 『인구동향조사. 2021. 3.18』 (통계청).

통계청 2021b. 『인구주택총조사, 2021. 7. 29』 (통계청).

하승우 2014. 『공공성』 (책세상).

하원규 2003. 「유비쿼터스 IT 혁명이란 무엇인가?」 한국정보사회학회 후기학술대회. 『유비쿼터스 사회의 조망』 1−27.

한국정신문화연구원 1991. 『한국민족문화대백과사전』 (한국정신문화연구원).

한글학회 1992. 『우리말 큰사전』 (어문각).

한영우 2004. 「충절과 청백의 안동 김씨」, 『역사 속의 안동 김씨』 7−13 안동김씨문화연구회). <제1회 안동김씨문화연구회 학술대회>, 5. 8.

한영우 2010a. 『한국선비지성사』 (지식산업사).

한영우 2010b. 『다시 찾는 우리역사: 전면개정판』 (경세원).

한영우 2013. 『과거, 출세의 사다리: 족보를 통해 본 조선 문과급제자의 신분이동』 (지식산업사).

한영우 2014. 『미래와 만나는 한국의 선비문화』 (세창출판사).

한우근 1961. 『이조후기의 사회와 사상』 (을유문화사).

한우근 1985. 「다산사상의 전개」, 한우근 외, 『다산연구의 현황』 11−22 (민음사).

한우근 1987. 『이조후기의 사회와 사상』 (을유문화사).

한형조 2013. 「공公으로 사私를 물리치다: 유교적 공동체, 힐링과 참여로 공공을 구현한다」, 한형조 외, 『500년 공동체를 움직인 유교의 힘』 013−043 (글항아리).

한형조 2018. 『성학십도, 자기 구원의 가이드맵』 (한국학중앙연구원출판부).

현상윤 1960. 『조선유학사』 (민중서관).

홍승균·이윤희 (역) 2007. 『퇴계선생언행록』 (퇴계학연구원).

홍원식 2015. 「총론: 선비는 누구인가」 경북정체성포럼, 『조선시대의 선비』 9−24 (예문서원).

황위주 2015. 「<사부일과>를 통해 본 선비의 하루 일상」, 경북정체성포럼, 『조선시대의 선비』 (예문서원) 179−200.

황의동 2002a. 「율곡의 이기론」, 황의동 편저 『한국의 사상가 10人: 율곡 이이』 141−168 (예문서원).

황의동 2002b. 「율곡 인성론의 리기지묘적 구조」, 황의동 편저 『한국의 사상가 10人: 율곡이이』 235−277 (예문서원).

황의동 2002c. 「율곡 격물치지론의 체계」, 황의동 편저 『한국의 사상가 10人: 율곡이이』 311－354 (예문서원).

Alatas, Sayd Farid 2006. *Alternative Discourses in Asian Social Science.* New Delhi; Thousand Oaks, CA; London: Sage Publications.

Babbie, E. 1977. *Society by Agreement.* Belmont, CA: Wadsworth.

Baldridge, J. B. 1975. *Sociology.* New York: Wiley.

Basov, Nikita *et al.* 2010. *The Intellectual: A Phenomenon in Multidimensional Perspectives.* Oxford, UK: Inter－Disciplinary Press.

Bell, Daniel 1973. *The Coming of Post－Industrial Society: A Venture in Social Forecasting.* New York: Basic Books.

Bell, Daniel 1990. *The Third Technological Revolution.* Seoul: Korea Telecom.

Bell, Daniel A., and Hahm Chaibong 2003. *Confucianism for the Modern World.* Cambridge, UK: Cambridge University Press.

Bell, Wendell 2004. *Foundations of Futures Studies Volume 2.* New Brunswick, NJ: Transaction Publishers.

Billington, James H. 1999. *Fire in the Minds of Men.* New Brunswick, NJ: Transaction Publishers.

Blackson, Thomas A. 2011. *Ancient Greek Philosophy: From the Presocratics to the Hellenistic Philosophers.* Hoboken, NJ: Wiley－Blackwell.

Bremmer, Ian 2017. "Liberal democracy is eroding in the backyard of Europe." *Time,* 8. August 7.

Brill, Steven 2018. "My generation was supposed to level America's playing field. Instead, We rigged it for ourselves." *Time.* May 28: 28－35. Excerpted from Brill, *Tailspin.* New York: Alfred A. Knopf.

Bullock, A. and S. Trombley eds. 1999. *The New Fontana Dictionary of Modern Thought.* Third Ed. London: Harper.

Cambridge Advanced Learner's Dictionary. 2013. Cambridge, UK:

Cambridge University Press.

Capra, Fritjof 2010. *The Tao of Physics: An Exploration of the Parallels between Modern Physics and Eastern Mysticism*. Boston, MA: Shambhala Publishing, Inc.

Castells, Manuel 1996. *The Rise of the Network Society*. Malden, MA: Blackwell.

Ching, Julia 1985. "Yi Yulgok on the Four Beginnings and the Seven Emotions." In Wm. Thoedore de Bary and JaHyun Kim Haboush eds., 303－322. *The Rise of Neo－Confucianism in Korea*. New York: Columbia University Press.

Chung, Chai－sik 1985. "Chŏng Tojŏn: Architect of Yi Dynasty government and ideology." In In Wm. Theodore de Bary and JaHyun Kim Haboush eds., 58－88. *The Rise of Neo－Confucianism in Korea*. New York: Columbia University Press.

Cornish, Edward 2004. *Futuring: The Exploration of the Future*. Bethesda, MD: World Future Society.

Crouch, Colin 2004. *Post－Democracy*. Cambridge: Polity Press.

Crozier, Michel, et al. 1975. *The Crisis of Democracy. Report on the Governability of Democracies to the Trilateral Commissions*. New York: New York University Press.

Cudworth, Erika 2007. *The Modern State; Theories and Ideologies*. Edinburgh, UK: Edinburgh University Press.

Dahrendorf, Ralf 1970. "Social structure, group interest, and conflict groups." In Marvin E. Olsen ed., 58－67. *Power in Societies*. New York: Macmillan.

de Bary, Wm. Theodore 1983. *The Liberal Tradition in China*. Hongkong: The Chinese University Press and New York: Columbia University Press.

de Bary, Wm. Theodore and JaHyun Kim Haboush eds., *The Rise of Neo－Confucianism in Korea*. New York: Columbia University Press.

de Bary, Wm. Theodore 1985. "Introduction." In Wm. Theodore de Bary and JaHyun Kim Haboush eds., 1−58. *The Rise of Neo−Confucianism in Korea.* New York: Columbia University Press.

de Bary, Wm. Theodore 1989. "Encounter between East and West and the creation of global culture." In Christian Academy ed., *The World Community in Post−Industrial Society V.* 13−21. Seoul: Wooseok.

de Barry, Wm. Theodore, and Irene Bloom 1999. *Sources of Chinese Tradition Volume I, Second Edition.* New York: Columbia University Press.

Deric, Shannon 2011. *Political Sociology : Oppression, Resistance, and the State.* Newbury Park, CA: Sage Publishing.

Domhoff, William G. 1997. *Who Rules America Now?* New York: McGraw−Hill.

Doob, Christopher 2013. *Social Inequality and Social Stratification in US Society.* Upper Saddle River, New Jersey: Pearson Education.

Ehrenberg, John 1999. *Civil Society: The Critical History of an Idea.* New York: New York University Press.

Gavron, Daniel 2000. *The Kibbutz: Awakening from Utopia.* Lanham, MD: Rowman & Littlefield.

Gibbs, Nancy 2017. "Will the nation succeed where the President failed?" *Time,* 22−23. August 28.

Gouldner, Alvin W. 1979. *The Future of the Intellectuals and the Rise of the New Class.* New York: The Seabury Press.

Gramsci, Antonio 1971. *Selections from the Prison Books.* New York: International Publishers.

Gurri, Martin 2014. *The Revolt of the Public and the Crisis of Authority in the New Millennium.* Kindle Edition.

Gurvitch, G. 1971. *The Social Framework of Knowledge.* New York: Harper & Row.

Han Young−woo 2014. *An Intellectual History of Seonbi in Korea: Korean Cultural DNA.* transl. Cho Yoon−jung. Seoul: Jisik−sanup

Publishing Co.

Hardert, R. A. et al. 1974. *Sociology and Social Issues*. San Francisco, C: Rinehart.

Held, David 1996. *Models of Democracy*. 2nd ed. Stanford, CA: Stanford University Press.

Hesselbein, Frances, Marshall Goldsmith, Richard Beckard, and Richard F. Shuber eds. 1998. *The Community of the Future*. San Francisco, CA: Jossey−Bass.

Honneth, Axel 1999. "Mutual recognition as a key for a universal ethics." In *International Conference on Universal Ethics and Asian Values*. 73−92. Seoul: Korean National Commission for UNESCO.

Howson, Richard ed. 2008. *Hegemony: Studies in Consensus and Coercion*. Milton Park, Abingdon, UK: Psychology Press.

Jacobs, Norman 1985. *The Korean Road to Modernization and Development*. Urbana, IL: University of Illinois Press.

Jennings, Jeremy, and Tony Kemp−Welch 1997. *Intellectuals in Politics*. New York: Routledge.

Jones, R. & J. Barry 2001. "Statism." *Routledge Encyclopedia of International Political Economy (1ˢᵗ ed.)*: 3. New York: Taylor & Francis.

Kahl, J. A. 1962. *The American Class Structure*. New York: Holt, Rinehart and Winston.

Kalton, Michael C. 1981. "Chong Tasan's philosophy of man: A radical cri− tique of the Neo−Confucian world view." *Journal of Korean Studies* 3: 3−38.

Kang Jae−eun 2003. *The Land of Scholars: Two Thousand Years of Korean Confucianism*. transl. *Suzanne Lee. Paramus, NJ: Homa & Sekey Books*.

Khatchadourian, Haig 1999. *Community and Communitarianism*. New York: Peter Lang Publishiing.

Kim Kyong−Dong 1981. "Explorations into the I CHING, the Classic of

Change, in search of alternative models for Asian industrial relations." In *Agenda For Industrial Relations in Asian Development: Proceedings of the 1981 Asian Regional Conference on Industrial Relations*. 218–237. Tokyo: The Japan Institute of Labor.

Kim Kyong–Dong 1985. *Rethinking Development: Theories and Experiences*. Seoul: Seoul National University Press.

Kim Kyong–Dong 1990. "Development, modernization and Confucianism." In *Report: International Conference on Culture and Development in Asia*. 83–100. March 5–7, Fukuoka, Japan. Sponsored by the United Nations University.

Kim Kyong–Dong. 1993. "The mixed role of intellectuals and higher edu–cation in building democratic political culture in the Republic of Korea." In Larry Diamond ed., *Political Culture and Democracy in Developing Countries*. 199–219. Boulder, CO: Lynne Rienner.

Kim Kyong–Dong 1996. "Toward culturally 'independent' social science: The issue of indigenization in East Asia." In Su–Hoon Lee ed., *Sociology in East Asia and Its Struggle for Creativity*. 63–72. Madrid: International Sociological Association.

Kim Kyong–Dong 2005a. "Modernization as a politico–cultural response and modernity as a cultural mixture: An alternative view of Korean modernization," *Development and Society* 34(1), 1–24.

Kim Kyong–Dong. 2005b. "Alternative modernities emerging *via* selective modernization: The case of the Two Koreas." Paper presented at the Workshop on "History of Modernity Reconsidered: East Asian Paths and Patterns" of the 20th International Congress of Historians. July 5–8, Sydney, Australia.

Kim Kyong–Dong 2007. "Reflections upon the dilemmas of civilization: The wisdom of *yin–yang* dialectics." In Kyong–Dong Kim and Hyun–Chin Lim eds., *East Meets West: Civilizational Encounters and the Spirit of Capitalism in East Asia*. 14–33. Leiden · Boston: Brill.

Kim Kyong—Dong 2008. "Selective modernization and alternative modern—ities: In search of an alternative theory," *Journal of the National Academy of Sciences, Republic of Korea: Humanities and Social Sciences* 47(2): 105—161.

Kim Kyong—Dong 2017a. *Alternative Discourses on Modernization and Development: East Asian Perspectives.* London and New York: Palgrave Macmillan.

Kim Kyong—Dong 2017b. *Korean Modernization and Uneven Development: Alternative Sociological Accounts.* London & New York: Palgrave Macmillan.

Kim Kyong—Dong 2017c. *Confucianism and Modernization in East Asia: Critical Reflections.* London & New York: Palgrave Macmillan.

Kim Kyong—Dong 2019. "Is perfect democracy possible?" In Kim Kyong—Dong, Wanki Paik, & Hyun—Chin Lim eds., *Democracy in Crisis.* 33—117. Baiksan.

Laski, Harold J. 2015(1933). *Democracy in Crisis.* London and New York: Routledge.

Le Blanc, Paul 2008. *Revolution, Democracy, Socialism: Selected Writings of Lenin.* London: Pluto Press.

Lenski, Gerhard 1966. *Power and Privilege.* New York: McGraw—Hill.

Lin, Nan 2001. *Social Capital: A Theory of Social Structure and Action.* Cambridge, UK: Cambridge University Press.

Lipset, Seymour Martin 1993. "Concluding reflections." In Larry Diamond and Marc F. Plattner, eds., *The Global Resurgence of Democracy.* 119—131. Baltimore and London: Johns Hopkins University Press.

Lombardo, Thomas 2006. *Contemporary Futurist Thought.* Bloomington, IN: Authorhouse.

Lowry, R. P., and R. P. Rankin 1977. *Sociology: Social Science and Social Concern.* Lexington, MA: D. C. Heath.

Luce, Edward 2017. *The Retreat of Western Liberalism.* New York: Little,

Brown Book Group. Kindle Edition.

Manin, Bernard 1997. *Principles of Representative Government.* Cambridge, UK: Cambridge University Press.

Martindale, Don 1981. *The Nature and Types of Sociological Theory.* Boston, MA: Houghton Mifflin Harcourt.

Meyer, W. B., R.C. N. Luong, P. R. Ward and G. Tsourtos 2010. "Operationalizing the theory of Social Quality: Analysis of an instrument to measure Social Quality." *Development and Society* 39(2): 329−358.

Mateus, Samuel 2011. "The public as social experience." *Comunicação e Sociedade.* 19: 275−286.

Michels, Robert 1949. *Political Parties: A Sociological Study of the Oligarchical Tendencies of Modern Democracy.* Glencoe, IL: Free Press.

Mills, Charles W. 1956. *The Power Elite.* New York: Oxford University Press.

Mosca, Gaetano 1939. *The Ruling Class.* New York: McGraw−Hill.

Needham, Joseph 1973. *Chinese Science: Explorations of an Ancient Tradition.* Shigeru Nakayama, Nathan Sivin, ed. Cambridge, MA: MIT Press.

Nyirkos, Tamas 2018. *The Tyranny of the Majority: History, Concentps, and Challenges.* New York: Routledge.

Novak, Michael 1994. "Was western civilization a bad idea?" *AIE Newsletter,* March. Washington, DC: American Enterprise Institute for Public Policy.

Nye, Robert A. 1977. *The Anti−Democratic Sources of Elite Theory: Pareto, Mosca, Michels.* Thousand Oaks, CA: Sage.

Ogburn, W. 1966. *Social Change.* New York: Dell.

Olsen, Marvin E. 1970. *Power in Societies.* New York: Macmillan.

Paine, Lynn Sharp 2003. *Value Shift: Why Companies Must Merge Social and Financial Imperatives to Achieve Superior Performance.* New

York: McGraw—Hill.

Papadopoulos, Yannis 2013. *Democracy in Crisis? Politics, Governance and Policy.* London and New York: Palgrave Macmillan.

Pareto, Vilfredo 1935. *The Mind and Society, Vol. IV,* New York: Harcourt, Brace and Company.

Pareto, Vilfredo 1991. *The Rise and Fall of Elites: An Application of Theoretical Sociology.* New Brunswick, NJ: Transaction Publishers.

Parsons, Talcott 1966. *Societies: Evolutionary and Comparative Perspectives.* Englewood Cliffs, N.J.: Prentice—Hall.

Parsons, Talcott 1970. "The monopoly of force and the 'Power Bank'." In Marvin E. Olsen ed., 54—58. *Power in Societies.* New York: Macmillan.

Pohl, Karl—Heinz 1999. "Beyond universalism and relativism: Reflections on an East—West intellectual dialogue." In *International Conference on Universal Ethics and Asian Values.* 126—142. Seoul: Korean National Commission for UNESCO.

Polanyi, Karl 1944. *The Great Transformation.* New York. Farrar & Rinehart.

Porter, M.E., & Kramer, M.R. 2011. "Creating shared value." *Harvard Business Review* 89(1/2, Jan/Feb): 62—77.

Putnam, Robert D. 2000. *Bowling Alone: The Collapse and Revival of American Community.* New York: Simon & Schuster.

Rafaeli, S., and J. Newhagen 1996. "Why communication researcher should study the internet: A dialogue." *Journal of Communication* 46(1).

Rebhorn, Wayne A. 2005. *Utopia. Classics.* New York: Barnes & Noble.

Robbins, Stephen P., and Timothy A. Judge 2007. *Organizational Behavior. 12th Edition.* Upper Saddle River, NJ: Pearson Prentice Hall.

Rokkan, Stein 1966. "Norway: Numerical democracy and corporate pluralism." In Robert A. Dahl ed., *Political Oppositions in Western Democracies.* 70—115. New Haven, CT: Yale University Press.

Russell, Bertrand 1946. *History of Western Philosophy*. London: Allen & Unwin.

Sakai Tadao 1985. "Yi Yulgok and community compact." In Wm. Theodore de Bary and JaHyun Kim Haboush eds., 323－348. *The Rise of Neo－Confucianism in Korea*. New York: Columbia University Press.

Sardar, Ziauddin 1998. "Asian Values are human values: Attacks by Western pundits are based on ignorance, arrogance and envy." *New Statesman* 127(4381, April 17): 26－27.

Schenoni, Luis L. 2019. "Hegemony". *Oxford Research Encyclopedia of International Studies*. Oxford: Oxford University Press and International Studies Association.

Schermorhorn, R. A. 1961. *Society and Power*. New York: Random House.

Schumpeter, Joseph A. 1976(1942). *Capitalism, Socialism and Democracy*. London: Allen & Unwin.

Schwartz, Benjamin I. 1985. *The World of Thoughts in Ancient China*. Cambridge, MA: Harvard University Press.

Shin, Doh Chul 2012. *Confucianism and Democratization in East Asia*. New York: Cambridge: Cambridge University Press.

Schultz, James 1972. "The Voluntary Society and its components." In D. H. Smith ed., *Voluntary Action Research* 1972. 25－38. Lexington, MA: D.C. Heath.

Skinner, B. F. 2005(1948). *Walden Two*. Indianapolis, IN: Hackett Publishing Company.

Sorokin, Pitirim A. 1937-1941. *Social and Cultural Dynamics, 4 Vols*. Cincinnati, OH: American Book Company.

Sorokin, Pitirim A. 1941. *The Crisis of Our Age*. New York: Dutton,

Soros, George 1997. "The capitalist threat." *The Atlantic Monthly*. 279(2; February): 45－58.

Sowell, Thomas 1980. *Knowledge and Decisions*. New York: Basic Books.

Sowell, Thomas 2009. *Intellectuals and Society*. New York: Perseus.

Spengler, Oswald 1926. *The Decline of the West*. V. 1, New York: Alfred A. Knopf.

Stiglitz, Joseph 2008. "Turn left for growth." *Guardian*. Co. Uk. 6 August 2008.

Sztompka, Piotr 1979. *Sociological Dilemmas*. New York: Hartcourt, Brace & World.

Thoreau, Henry David 2008. *Walden, Civil Disobedience and Other Writings*. New York, NY: W. W. Norton & Company.

Time. 2017. "Verbatim." September 25: 18.

Time 2021. "Floods expose the West's hubris." August 2−9: 6−7.

Titus, Harold H. and M. S. Smith 1974. *Living Issues in Philosophy*. 6th Ed. New York: D. Van Nostrand.

Toffler, Alvin 1981. *The Third Wave*. London: Pan Books.

Toynbee Arnold J. 1934-1961. *A Study of History, 12 Vols*. Oxford, UK: Oxford University Press.

Tu Wei−ming 1985. "Yi T'oegye's perception of Human Nature: A pre− liminary inquirey into the Four−Seven Debate in Korean Neo−Confucianism." In Wm. Theodore de Bary and JaHyun Kim Haboush eds., 261−283. *The Rise of Neo−Confucianism in Korea*. New York: Columbia University Press.

Tu Wei−ming 1999. "A Confucian perspective on the core values of the global community." In *International Conference on Universal Ethics and Asian Values*. 361−375. Seoul: Korean National Commission for UNESCO.

Tyler, Edward B 1871. *Primitive Culture*. New York: Holt.

van Dijk, Jan. 1991. *The Network Society: Social Aspects of New Media*. ISBN 978−1−4462−4896−6, (original Dutch edition).

Vibert, Frank 2007. *The Rise of the Unelected*. Cambridge, UK: Cambridge University Press.

Walker, A. "The Social Quality approach: Bridging Asia and Europe." *Development and Society* 38(2): 2029−239.

Weber, Max 1951. *The Religion of China*. Hans H. Gerth, tr. & ed. New York: Free Press.

Weber, Max 1958. *From Max Weber*. Translated and edited by Hans Gerth and C.W. Mills. New York: Oxford University Press.

Weber, Max 1968. *Economy and Society*. Günther Roth and Claus Wittich, eds. New York: Bedminister.

Williams, Raymond 1983. *Keywords: A Vocabulary of Culture and Society Rev. Ed*. London: Fontana/Croom Helm.

Wirth, Louis 1938. "Urbanism as a way of life." *American Journal of Sociology* 44: 3−24.

Wrong, Dennis H. 1988. *Power: Its Forms, Bases, and Uses*. Chicago: The University of Chicago Press.

Yi Sŏngmu 1985. "The influence of Neo−Confucianism on education and the civil service examination system in forteenth−and fifteenth−century Korea." In Wm. Theodore de Bary and JaHyun Kim Haboush eds., 125−160. *The Rise of Neo−Confucianism in Korea*. New York: Columbia University Press.

https://en.wikipedia.org/wiki/Amish_way_of_life

金璟東 1981.「變化の古典『易經』の研究: アシアの勞使關係のより良きモデルの探究」,『日本勞動協會雜誌』269: 40−51.

梅津光弘 2002.『ビジネスの倫理學』. 東京: (丸善株式會社).

中村瑞穗 2007.『日本の企業倫理: 企業倫理の研究と實踐』. 東京: (白桃書房).

磯田道史 2009.「十九世紀日本人」, 山本博文 外『外國人が見た近世日本:日本人再發見』221−293 (角川學藝出版).

찾아보기

인명색인

[ㄱ]

강대기 583
강만길 373, 374, 375, 382, 385, 386
강영한 13
강유위(康有爲) 4
강화도령 이원범(李元範) 482
걸(桀)왕 326
경종 217, 393, 478, 479, 485
계승범 22, 627
고경명(高敬命): 제봉(霽峰) 221
고동현 69
고종 403, 464, 488
공자(孔子) 3, 4, 121, 122, 159, 197, 202, 233, 253, 261, 265, 266, 272, 273, 274, 324, 329, 332, 420, 550, 560, 576, 578, 579, 582, 588, 627
곽재우(郭再祐): 망우당(忘憂堂) 221, 307, 468
관자(管子) 216
광종(光宗 9) 490
광해군 346, 445, 472
국민호 510, 512
권근(權近): 양촌(陽村) 123, 454
권람(權擥) 457
권문봉 22
권오봉 423, 598, 624
금장태 19, 109, 110, 112,

115, 116, 123, 124, 125, 126, 129, 130, 131, 138, 150, 161, 163, 166, 168, 170, 174, 176, 185, 191, 211, 214, 253, 258, 260, 268, 291, 309, 334, 335, 384, 408, 549, 612, 616, 623
기대승(奇大升): 고봉(高峯) 130, 137, 462, 467, 614, 615
길재(吉再): 야은(冶隱) 123, 220, 454, 455, 459, 532
김개(金鎧): 독송정(獨松亭) 467, 468
김경동 11, 13, 30, 48, 49, 54, 66, 68, 69, 73, 76, 80, 82, 90, 100, 150, 156, 233, 334, 391, 392, 487, 488, 503, 508, 510, 537, 541, 542, 546, 547, 548, 549, 550, 551, 552, 556, 562, 563, 565, 566, 575, 576, 583, 584, 601, 604, 612, 627
김경탁 4, 549, 552, 553
김계권(金啓權) 483
김계행(金啓行) 218, 483, 486
김광억 44
김굉필(金宏弼): 한훤당(寒暄堂) 123, 459, 532
김귀주(金龜柱) 480
김극효(金克孝) 218

김기현 22, 240, 247, 588, 622
김도영 235
김만기(金萬基) 477
김만덕(金萬德) 225, 227
김면(金沔) 221, 307
김문근(金汶根) 482
김문조 94
김병국(金炳國) 488
김병기(金炳冀) 482
김병연(金炳淵) 486
김상용(金尙容): 선원(仙源) 472, 483, 484
김상헌(金尙憲): 청음(淸陰) 218, 222, 332, 472, 483, 484
김상홍 285
김석주(金錫冑): 식암(息庵) 476, 477
김선평(金宣平) 483
김성국 50
김성수 68
김성우 18, 19, 395, 396
김성일(金誠一): 학봉(鶴峯) 228, 468, 469, 470
김수근(金洙根) 482
김수증(金壽增): 곡운(谷雲) 218, 483
김수항(金壽恒): 문곡(文谷) 478, 483, 485
김수흥(金壽興): 퇴우당(退憂堂) 218, 483, 484
김숙자(金叔滋) 459, 532

김식(金湜): 사서(沙西)　123
김안국(金安國): 모재(慕齋)　123
김언종　17, 18, 202, 207
김여진　66, 68, 69
김영모　393
김영호　180, 284
김용섭　373, 375
김용환　313
김육(金堉): 잠곡(潛谷)　473
김인후(金麟厚)　462
김일손(金馹孫)　459
김자점(金自點): 낙서(洛西)　473
김장생(金長生): 사계(沙溪)　473
김정년　67
김조근(金祖根)　482
김조순(金祖淳)　481, 483, 486
김종문　134, 137
김종서(金宗瑞)　457
김종석　149, 152, 245,
　　246, 623
김종직(金宗直): 점필재(佔畢齋)
　　123, 459, 460, 468, 532
김좌근(金左根)　482
김집(金集): 신독재(愼獨齋)　473
김창립(金昌立)　483, 486
김창업(金昌業): 노가재(老稼齋)　483,
　　486
김창즙(金昌楫)　483, 486
김창집(金昌集)　479, 483
김창협(金昌協): 농암(農巖)　483,
　　485
김창흡(金昌翕): 삼연(三淵)　483,
　　486
김충렬　116
김치인(金致仁)　480
김태길　7, 8
김태창　235
김학주　118, 122, 148,
　　200, 202, 207, 210, 213,
　　219, 224, 253, 273, 274,
　　289, 324, 327, 530, 550,

561, 576, 577, 578, 579,
　　580, 581, 582, 594, 600
김한식　325
김효원(金孝元)　468
김홍규　286

[ㄴ]
나종석　235
남만성　3
남언경(南彦經): 동강(東岡)　251
남은(南誾)　455, 456
남지(南智)　457
노사신(盧思愼)　459
노자(老子)　549, 552
노태돈　528

[ㄷ]
단종　457, 515, 532
도요토미 히데요시(豊臣秀吉)　470
동중서(董仲舒)　299

[ㄹ]
램프레히트　7, 8
류승국　109, 110, 112,
　　115, 117, 118, 121, 122,
　　127, 161, 163, 166, 167
링컨 대통령　55

[ㅁ]
맹사성(孟思誠)　217
맹자　163, 187, 197,
　　201, 207, 213, 219, 248,
　　273, 289, 298, 324, 326,
　　327, 529, 530, 576, 577,
　　578
명성황후(明成皇后)　488
명순왕후(明純王后)　482
명종　216, 217, 263,
　　296, 303, 444, 461, 462
무왕(武王)　326
문정왕후(文定王后)　303, 461

문종　457, 515
민비(閔妃, 인현왕후,
　　仁顯王后)　478
민승호(閔升鎬)　488
민영익(閔泳翊)　488
민정중(閔鼎重)　477

[ㅂ]
박균섭　22, 272
박병호　327
박세무(朴世茂)　114
박세채(朴世采): 남계(南溪)　242
박영도　235
박제가(朴齊家): 초정(楚亭)　173,
　　384
박지원(朴趾源): 연암(燕巖)　19,
　　173, 215, 384, 408
박충석　235, 237, 325, 454
박충좌(朴忠佐)　454
박팽년(朴彭年)　457
박포(朴苞)　456
박형준　487
박홍식　170, 176
박희택　202, 207, 210,
　　224, 225, 226
방랑시인 김삿갓　486
배상현　243, 258, 269
배수호　235
배종호　548
박은식(朴殷植): 백암(白巖)　165
백완기　537
백이정(白頤正)　454
번지　233
변창구　22
변태섭　168, 268, 321,
　　340, 343, 344, 345, 346,
　　347, 348, 365, 373, 385,
　　393, 395, 402, 403, 454,
　　456, 458, 464, 477, 478,
　　491, 493, 612

[ㅅ]

사도세자(思悼世子) 480
서거정(徐居正) 18, 459
서경덕(徐敬德): 화담(花潭) 123, 124, 308, 469
서산대사(西山大師) 222
선조(宣祖) 217, 296, 303, 323, 437, 444, 462, 463, 464, 467, 469, 471, 515
성낙훈 170, 287
성삼문(成三問) 457
성수침(成守琛) 462
성종 217, 343, 344, 458, 459, 460, 515, 526, 528
성종비 윤씨 459
성혼(成渾): 우계(牛溪) 137, 468, 469, 472, 614, 615
세조 217, 220, 343, 457, 458, 459, 483, 491, 515, 532
세종대왕 216, 217, 257, 289, 342, 343, 456, 490, 491, 515
소강절(邵康節) 123
소병선 235
소현세자(昭顯世子) 474
손인수 494
송성근 71
송시열(宋時烈): 우암(尤庵) 169, 269, 473, 474, 475, 476, 477, 478, 485, 486
송재소 285, 494
송준경 474
송준길(宋浚吉): 동춘당(同春堂) 269, 473
수양대군 457, 515
숙종 217, 463, 475, 476, 477, 478, 484, 485, 496
순원왕후(純元王妃) 481, 482

순조 217, 403, 481, 482, 486
신사임당(申師任堂) 225
신용하 167, 323, 325, 327, 328, 329, 354, 356, 367, 368, 369, 375, 377, 379, 393, 409, 411, 415, 417
신효원 235, 537
신흠(申欽): 상촌(象村) 472
심상달 70
심의겸(沈義謙) 468

[ㅇ]

아리스토텔레스 550
안병주 41, 237
안자(顔子) 238
안재순 308, 312, 351, 352, 404, 405
안평대군 457
안향(安珦) 454
양성지(梁誠之) 459
여대균(呂大鈞) 421
여성 성리학자 임윤지당 227
여소강(呂紹綱) 259, 260, 261
여중군자 장계향 225, 226
연산군 323, 459, 460, 515
연잉군(延礽君): 영조(英祖) 217, 347, 415, 417, 478, 479, 483, 485, 527
영창대군(永昌大君) 471
오달제(吳達濟): 추담(秋潭) 223
왕건(王建) 483
왕부지(王夫之) 624
왕수인(王守仁): 양명(陽明) 111, 150, 162, 164
우성전(禹性傳): 추연(秋淵) 468, 469
원균 470
원두표(元斗杓): 탄수(灘叟) 473

원성왕(元聖王) 490
유관(柳寬) 217
유권종 259
유석춘 510, 512
유성룡(柳成龍): 서애(西厓) 218, 468, 469, 470
유성원(柳誠源) 457
유성은 68
유영경(柳永慶): 춘호(春湖) 471
유응부(兪應孚) 457
유정(惟政): 사명당(四溟堂) 222
유청지 261, 263
유형원(柳馨遠): 반계(磻溪) 171, 173, 174, 320, 351
유희춘(柳希春) 19
육구연(陸九淵): 상산(陸象山) 111, 163, 614
윤근수(尹根壽): 월정(月汀) 468
윤두수(尹斗壽): 오음(梧陰) 468
윤명로 7, 8
윤사순 41, 128, 129, 178, 179, 181, 183, 187, 188, 600, 624
윤선도(尹善道): 고산(孤山) 269, 473, 474
윤소종(尹紹宗) 455
윤원형(尹元衡) 461
윤임(尹任) 461
윤증(尹拯): 명재(明齋) 250, 477
윤집(尹集): 임계(林溪) 223
윤휴(白湖): 백호(尹鑴) 269, 474, 476, 477
이가원 115, 121, 548, 549
이가환 481
이강현 604
이개(李塏) 457
이건명(李健命) 479
이건창(李建昌): 영재(寧齋) 465
이경구 218, 484, 485
이괄(李适) 471

이귀(李貴): 묵재(默齋) 468
이덕일 458, 463, 464
이덕형(李德馨): 한음(漢陰) 468
이덕홍(李德弘) 247
이동건 22, 46, 198, 199, 200, 211, 212, 213, 599, 613
이동준 139
이민수 550, 580
이발(李潑): 동암(東菴) 468, 469
이방간(芳幹) 456, 531
이방과(芳果) 456, 531
이방번(芳蕃) 456
이방석(芳碩) 456, 531
이방원(李芳遠) 455, 456, 514, 531
이산해(李山海): 아계(鵝溪) 468, 469, 470
이상백(李相佰): 상백(想白) 169, 170, 220, 222, 341, 393, 396, 397, 398, 400, 401, 402, 454, 456, 458, 463, 464, 466
이상옥 3, 4, 219, 254, 256, 257, 576, 577, 578, 579, 580, 581
이상익 132, 138
이상흥 43
이색(李穡), 목은(牧隱) 123, 220, 244, 454, 455
이석호 578
이성계(李成桂) 220, 287, 339, 341, 453, 454, 455, 456
이성무 19, 127, 128, 129, 131, 150, 221, 302, 303, 304, 305, 307, 327, 340, 392, 395, 396, 397, 399, 400, 402, 422, 464, 465, 470, 480, 491, 524,

525, 526, 527, 528, 533, 613
이성원(李成源) 480
이수광(李睟光): 지봉(芝峰) 171, 332, 351
이수환 421, 422, 448, 449, 532, 601
이순신 222, 331, 470
이숭인(李崇仁) 454
이시애(李施愛) 458
이언적(李彥迪): 회재(晦齋) 123, 125, 471, 532
이영찬 117, 119, 598
이용태 42
이원강 42
이원익(李元翼): 오리(梧里) 217, 346, 468
이원진 281
이윤희 139, 228, 236, 423, 448, 449
이을호 176, 178, 197
이이(李珥): 율곡(栗谷) 115, 123, 132, 133, 134, 135, 136, 137, 138, 143, 144, 145, 146, 147, 148, 152, 153, 154, 155, 157, 158, 160, 166, 167, 169, 200, 201, 213, 214, 225, 234, 242, 249, 250, 258, 266, 268, 283, 294, 308, 309, 310, 311, 312, 314, 345, 351, 352, 404, 426, 435, 437, 444, 467, 468, 469, 470, 472, 494, 515, 551, 552, 554, 565, 600, 613, 614, 615, 619, 622, 623, 626
이이명(李頤命) 479
이익(李瀷): 성호(星湖) 167, 172, 174, 175, 217, 322, 363, 351, 354, 366, 368,

369, 370, 371, 373, 408, 495, 496, 497, 520, 522, 523
이재열 562
이제현(李齊賢) 454
이준경(李浚慶): 동고(東皐) 467, 468
이징옥(李澄玉) 457
이항(李恒) 462
이항복 470
이현일(李玄逸): 갈암(葛菴) 226
이형하(李瀅夏) 494
이홍직 345, 490, 491, 493, 494, 528
이황(李滉): 퇴계(退溪) 41, 42, 46, 115, 117, 119, 123, 126, 127, 130, 131, 134, 135, 136, 137, 139, 140, 142, 145, 148, 149, 150, 151, 152, 153, 156, 162, 164, 166, 169, 170, 175, 199, 201, 214, 221, 228, 232, 235, 236, 237, 239, 240, 241, 242, 243, 244, 246, 247, 250, 251, 258, 259, 261, 268, 269, 271, 281, 282, 283, 294, 295, 296, 297, 298, 301, 302, 303, 306, 310, 395, 444, 448, 449, 462, 467, 468, 469, 471, 500, 515, 532, 553, 585, 598, 600, 601, 608, 614, 615, 619, 620, 622, 626
인목대비(仁穆大妃) 471
인선대비 269
인순왕후(仁順王后) 296
인조 217, 222, 269, 472, 473, 474, 483
인종 418, 461
임윤지당(任允摯堂) 225

임은(任隱) 정씨(程氏)　140,
　141, 305
임의영　537, 585
임해군(臨海君)　471
임현진　50, 546

[ㅈ]
자공　200, 238
자사(子思)　139
자의대비(慈懿大妃) 장렬왕후
　(莊烈王后) 조씨(趙氏)　474
장경왕후(章敬王后)　461
장기근　207, 550, 580
장동김씨(壯洞金氏)　483
장승희　183, 186, 188, 190
장윤수　22, 242, 243,
　244, 246, 250, 251, 585
장의동(壯義洞)　483
장재(張載): 횡거(橫渠)　123, 139
　241, 585
장지연(張志淵)　168
장희빈　478, 485
전성우　510
정도전(鄭道傳): 삼봉(三峰)　123,
　170, 287, 339, 341, 343,
　453, 454, 455, 456, 514,
　531
정몽주(鄭夢周): 포은(圃隱)　123,
　220, 244, 331, 454, 455,
　459, 532
정문부(鄭文孚): 농포(農圃)　222
정범진　22
정석종　478
정선(鄭敾): 겸재(謙齋)　486
정수복　105
정순왕후(貞純王后) 김씨　481
정순우　199, 200, 201,
　234, 242, 243, 600, 601
정약용(丁若鏞): 다산(茶山)　167,
　173, 176, 179, 180, 182,
　184, 186, 187, 188, 190,

191, 196, 227, 250, 273,
　284, 285, 286, 324, 325,
　327, 328, 333, 334, 351,
　352, 375, 379, 381, 382,
　383, 385, 387, 393, 412,
　414, 415, 416, 417, 445,
　481, 494, 530, 616
정여립(鄭汝立)　469
정여창(鄭汝昌): 일두(一蠹)　123,
　459, 532
정우락　271, 272, 274, 275
정이(程頤): 이천(伊川)　111,
　117, 123, 156
정인보(鄭寅普): 위당(爲堂)　165,
　173
정인홍(鄭仁弘): 내암(萊菴)　221,
　307, 468, 469
정일균　180, 181, 182,
　183, 184, 185, 186, 188,
　189, 190, 191, 284
정자(程子)　139, 162, 245
정정훈　631
정제두(鄭齊斗): 하곡(霞谷)　161,
　163, 165, 622
정조(正祖)　185, 217, 414,
　480, 481, 486, 487
정종(定宗)　456, 531
정지운(鄭之雲): 추만(秋巒)　130
정진경　604
정진영　423, 424, 446
정철(鄭澈): 송강(松江)　468,
　469
정호(程顥): 명도(明道)　111,
　133
조광조(趙光祖): 정암(靜庵)　123,
　214, 290, 291, 293, 294,
　421, 460, 461, 467, 515,
　527, 529, 532
조남국　551
조남호　485
조대비　269, 475

조동일　625
조성하(趙成夏)　488
조식(曺植): 남명(南冥)　220,
　301, 302, 303, 305, 306,
　307, 308, 462, 468, 469,
　500, 554
조인영(趙寅永)　482
조준(趙浚)　455, 456
조태래(趙泰來)　479
조헌(趙憲): 중봉(重峯)　221,
　468
주돈이(周敦頤): 염계(濂溪)　111
주렴계　115, 116, 134, 548
주왕(紂王)　326
주자(朱子)　111, 117, 118,
　122, 123, 125, 126, 127,
　128, 129, 132, 133, 135,
　136, 139, 149, 153, 154,
　159, 181, 183, 240, 245,
　249, 261, 263, 274, 421,
　586, 614, 615
중국 진시황　523
중종　216, 217, 293,
　296, 394, 421, 460, 461,
　529
지교헌　421, 422, 425,
　437, 447
진덕규　487, 608, 612
진시황　511

[ㅊ]
차종천　510
채장수　235
채제공(蔡濟恭)　227, 480,
　481
천관우　168, 170, 172,
　173, 174, 315, 316, 317,
　334, 335, 339, 340, 341,
　343, 353, 354, 358, 359,
　393, 400, 406, 407
철종(哲宗)　402, 414, 482

청허(淸虛) 222
최석기 251
최세진(崔世珍) 18
최한기(崔漢綺): 혜강(惠岡) 172,
　191
최항(崔恒) 459
최호철 94
추병완 94
충렬왕 454

[ㅌ]
탕(湯)왕 326
태조 216, 217, 514, 531
태종 217, 343, 456,
　491, 524, 531

[ㅎ]
하승우 537
하원규 91
하위지(河緯地) 457
한명회(韓明澮) 457
한무제(漢武帝) 299
한백겸 171
한석봉(韓石峯) 19
한영우 45, 109, 174,
　215, 218, 221, 222, 224,
　280, 287, 288, 289, 291,
　301, 302, 303, 306, 307,
　313, 329, 332, 392, 418,
　421, 422, 424, 425, 437,
　444, 445, 454, 456, 458,
　464, 467, 476, 478, 483,
　484, 485, 486, 489, 490,
　491, 493, 498, 528, 529
한우근 168, 178, 179,
　197, 322, 323, 359, 360,
　361, 364, 365, 366, 368,
　369, 372, 407, 408, 495,
　496, 497, 522
한원진(韓元震): 남당(南塘) 251
한형조 43, 116, 127,

128, 141, 143, 199, 235,
　247, 249, 586, 588, 600,
　601
허목(許穆): 미수(眉叟) 269,
　473, 474, 476
허성(許筬) 470
허적(許積): 묵재(默齋) 473
　476, 477
허종(許琮) 217
허형(許衡): 노재(魯齋) 304
헌종(憲宗) 482
현모양처 신사임당 225
현상윤 124, 125, 126,
　131, 168, 302, 307, 321,
　331
현종 269, 373, 473,
　474, 475, 476
홍경래 386
홍국영(洪國榮) 480
홍대용(洪大容): 담헌(湛軒) 19,
　173, 214, 384
홍봉한(洪鳳漢) 480
홍승균 139
홍원식 18, 46, 197,
　198, 200, 600
홍익한(洪翼漢): 화포(花圃) 222
홍인우(洪仁祐): 치재(恥齋) 251
황보인(皇甫仁) 457
황윤길(黃允吉) 470
황의동 137, 143, 145,
　146, 153, 155, 158, 160,
　623
황희(黃喜) 217
효종 269, 373, 385,
　473, 474, 528
효종비 인선왕후(仁宣王后)
　장대비(張大妃) 475
효현왕후(孝顯王后) 482
후백제 견훤(甄萱) 483
휴정(休靜) 222
홍선대원군 464

이하응(李昰應): 홍선대원군
　(興宣大院君) 464, 488

[A–Z]
Alatas 51
Aristoteles 5, 7, 8, 9
Babbie 80
Bacon, Francis 9
Baldridge 75
Basov 26
Bell, Daniel A. 71, 72,
　73, 74, 82, 90, 103
Bell, Wendell 558
Billington 28
Blackson 7, 8, 9
Bloom 324
Bremmer, Ian 53
Brill 65
Bullock 26
Butler, Samuel 9
Capra 120, 598
Castells, Manuel 92
Chung Chai−sik 288
Ching 137
Ching, Julia 615
Chomsky 29
Cornish 3
Crouch 56, 60
Crozier 55
Cudworth 541
Dahrendorf 609
de Bary 102, 179,
　324, 593, 594, 597, 614
de Tocqueville, Alexis 541
Deric 605
Domhoff 605
Doob 605
Ehrenberg 65
Fung Yu−lan 118, 122
Gibbs 99, 594
Gouldner 27

Gramsci, Antonio 610
Gurri 57, 58, 62, 507, 541, 606
Gurvitch 564
Haboush 614
Hahm 103
Han 109
Han Young—woo 288
Hardert 73
Held 55, 56, 57
Hesselbein 90, 583, 598
Honneth 104
Howson 610
Huxley 630
Jacobs, Norman 512
Jennings 26, 29
Judge 68
Kahl 391
Kalton 178
Kang Jae—eun 288, 291
Kemp—Welch 26, 29
Khatchadourian 584
Kim Kyong—Dong 27, 47, 48, 49, 51, 64, 177, 325, 327, 334, 487, 547, 548, 554, 556, 576, 621, 627
Kramer 69
Laski, Harold 53, 57, 58, 59, 63
Le Blanc 29
Lenin 29
Lenski 30, 32, 391
Lippmann, Walter 57, 58
Lipset 54
Lombardo 15
Lowry 392
Luce 55, 61, 63, 64, 99, 594
Manin 60
Martindale 5
Martin, James 92

Marx, Karl 11
Mateus 538, 567
Meyer 562
Michels, Robert 33, 506
Mill, John Stuart 541
Mills, C. Wright 33, 505, 506, 604, 605, 606
Moore, Barrington 63
More, Thomas 8, 9
Mosca, Gaetano 33, 505
Needham, Joseph 120, 598
Newhagen 94
Novak, Michael 98, 99, 594
Nye 33
Nyirkos, 541
Ogburn 75
Olsen 609
Paine 67
Papadopoulos 55, 56, 59, 60, 61
Pareto, Vilfredo 33, 505
Parsons, Talcott 119, 120, 562
Platon 5, 7, 8, 9
Pohl 104
Polanyi 71
Porter 69
Putnam 90
Rafaeli 94
Rankin 392
Rebhorn 9
Robbins 68
Rokkan 61
Russell 5, 8
Sakai Tadao 425
Sardar 103
Sartre 29
Schenoni 610
Schermorhorn 30
Schumpeter 54, 56
Schwartz 627, 629

Shultz 566
Skinner 11
Skinner, B. F. 10
Smith 6, 110
Smith, Adam 69
Socrates 5
Sorokin, Pitirim A. 53, 549
Soros 64
Sowell 26
Spengler 53
Stiglitz, Joseph 70
Sztompka 110
Thoreau, Henry David 8, 9
Titus 6, 110
Toffler 82
Toynbee 71
Trombley, 26
Trump 99
Tu Wei—ming 104, 131, 614
Tyler, Edward B. 23
van Dijk, Jan 92
Vibert 60
Voltaire 9
Walker 562
Weber 31, 32, 391, 394, 512, 521
Weber, Max 56, 510
Williams 29
Wirth 84
Wrong 32, 500, 502, 517, 519
Yi Sŏngmu 490

[기타]
張立文 141, 143, 247, 296, 299
中村瑞穗 67
梅津光弘 67
磯田道史 487

사항색인

[ㄱ]

가구 구성 86
가례(家禮) 260
가부장제(patriarchy) 508
가산제(家産制, patrimony) 499,
　508, 510, 515, 530, 532
가산제 정치체제
　(Patrimonial Polity) 499,
　508, 512, 514, 516
가산제론의 대안적 담론 523
가상현실
　(VR, virtual reality) 92, 93
가시적인(tangible) 자원 30
가족노동력 379
가치공유(value sharing) 67
가치론 147
가치론적 인식론 150
가치론적(axiological) 쟁점 110
가치전환(value shift) 66, 67
가치체계 575
가치함축적 개념 100
간관 524
간막이 사고 626
갈등 564
갈등의 요소 86
갑술환국(甲戌換局) 178, 179
갑오경장 403, 528
갑인예속(甲寅禮訟) 475
갑인환국(甲寅換局) 476
갑자사화(甲子士禍) 460
강명도학(講明道學) 449
강제(coercion), 강요 501,
　516, 517
강화학파 163
개국공신 455, 456, 514
개발 100
개발문화 102

개방성 혹은 자유성 170,
　537, 554
개방적 사회
　(open society) 392
개신유학 168, 170
개인 수준의 공공의식 538
개인의 사적 영역
　(private) 586
개인중심주의 93
개인화(individuation) 88, 93
객관적 관념론 6, 150
거경(居敬) 152, 242, 247,
　249
거경(居敬)·궁리(窮理)·역행
　(力行) 623
거경함양(居敬涵養) 202, 244
거대한 권력 정치
　(the Great Power Politics)
　610
거시적 수준의 공공성 540
거인(擧人) 413
거인욕존천리(去人欲存天理)
　237
건강식단(health food diet)
　631
건강한 도덕사회 559
건국 초기 339
건국초기의 권력갈등 453
건순일신(健順日新) 193
건전한 시민민주정치 559
검약절제 215, 364
격몽요결(擊蒙要訣) 261, 266
격물(格物) 149,
격물치지(格物致知) 148, 149,
　163, 244, 305, 596, 623
격물치지론 149, 157
격물치지 방법론 153, 155

격물치지성의정심(格致誠正)
　305
격물치지의 진리탐구 615
견위수명 221
견제 메커니즘 529
견제와 감시 532
겸임사관 527, 528
경(敬) 202, 243, 244,
　245, 249, 258, 259, 304,
　602
경국대전(經國大典) 330,
　343, 344, 458, 459, 515,
　525, 528
경도(敬圖) 305
경무법(頃畝法) 355, 359
경세 사상 616
경세(經稅) 358
경세유표(經世遺表) 284, 329,
　378, 385, 418
경세제민(經世濟民) 168
경세치용(經世致用) 171
경신(敬身) 261, 263
경신대출척(庚申大黜陟) 477
경신환국(庚申換局) 477
경연(經筵) 166, 235,
　236, 242, 293, 460, 479,
　526, 528
경연과 서연 제도 617
경의(敬義) 304
경(敬)의 실천 246, 261
경의 유지(持敬) 602
경의 철학 243
경의 훈련 587
경이직내(敬以直內) 305
경자유전(耕者有田), 경자소유 288,
　316, 353, 354, 375, 616
경장(更張) 310, 549

경재잠   249
경쟁   504, 611
경쟁문화   100
경전사(經田司)   381
경제 질서의 문란   169
경제의 기초: 토지제도   338
경제적 기반의 구축   455
경제적 자산(property)   502
경제적 자원의 확장   339
경제제도   513
경제제일주의   100
경제중심의 개발의 문화   100
경제지학(經濟之學)   168
경제철학과 일반 경제론   359
경제학파   168
경지정리   354
경직성, 경직한 폐쇄성   554,
    611
경직한 일방적 규제   553
경직한 학문태도   620
경찰 없는 거대도시   97
경파(京派)   486
계(契)   425
계구(戒懼)   248
계급사회(class society)   392
계급적 정체의식
    (class identity)   507
계류   276
계층 구조   616
계층구조의 변화   402
계층적 상향이동의 통로   413
계층적 양극화   374
계층제도   513
계층화 현상   391
계통   296
고독   93
고려   454, 490, 524, 528
고려 정권   453
고려대 한국어대사전   17
고령사회   85

고설(攷說)   315
고증학   171, 179
고창(古昌) 성주(城主)   483
골북(骨北)   471
공(公)   238, 239
공공기구   537
공공성   235, 281, 537,
    538, 567, 621
공공성 가치로서
    사회적 가치   585
공공성 쇠잔(衰殘), 결핍   536,
    538
공공성의 존재론적 기초   586
공공성의 중시   215
공공의 정의   213
공공의식   537, 538,
    539, 567
공공재   537
공납 혹은 공안(貢案), 공납제도
                  350, 357
공납제(貢納制)와
    부역제(賦役制)의 변질   344
공납제도   357
공노   406
공도(公道)   283
공동노동   376
공동의 책임   538, 567
공동체   11, 390, 538, 621
공동체 본능(the instinct for
    community)   598
공동체 붕괴   583
공동체 운동   420, 421
공동체 짓기(형성. community
    building)   604, 621
공동체의 해체   89, 90
공동체의식   537
공동체자본주의   70
공동체적 자아   234, 585
공동체주의   584, 585
공동체주의 가치로서 사회적 가치

583
공동체주의적 공공성 윤리 586
공동체주의적 인간과 사회관 584
공동체주의적 자본주의   69
공동체주의적
    (communitarianistic) 인간관
                         233
공론성   537
공리(公理)   239
공물(貢物)   350, 358
공물방납   350
공민성(인권)   537
공복형(公僕型)   234, 624
공사관   237
공상천예(工商賤隷)   419
공서   473
공손   576
공식성(officiality)   537
공신   489
공심   234
공안(貢案)   312
공업문화(industrialism)   82
공업화   11, 81
공업화의 인간적 함의   81
공업후사회의 세계공동체
    (The World Community in
    Post-Industrial Society)
                         593
공유가치 창출   69
공익 정신, 공익존중 280, 537,
    583
공익을 위한 권력   518
공적 영역(public)   586
공적 지식인
    (public intellectuals)   27
공적 충동   602
공전(公田)   342
공전의 매입   380
공정   577
공정성   537

공정한 지식의 경쟁　609
공직자　314, 537
공천(公賤)　400
과거(科擧)　489, 492, 499, 504
과거 법　490
과거라는 능력 시험　393
과거의 8폐　494
과거제(도)　320, 417, 512
과거제도 자체의 폐지　320
과거제도의 유지, 강화　494
과거제도의 내용　490
과거제도의 변질　494, 498
과거제도의 의미　489
과거제의 근본적인 문제점　496
과거제의 모순　497, 522
과거합격자　413
과두정치(oligarchy)　7
과두체제의 철칙(the Iron Law of Oligarchy)　506
과실상규(過失相規)　422, 423
과실을 바로 잡는 일　427
과실을 서로 경계하는 것　440
과잉 권력행사 (concentration excess)　541
과잉 인원　495
과잉도시화 (over-urbanization)　84
과잉배출　521
과장구폐절목(科場抹弊節目)　495
과전법(科田法)　341, 353
과죄(科罪)　424
과학공상소설(science fiction, Sci-Fi)　15
과학기술　73, 176
과학기술 연구, 발전　415, 417
과학기술문명　71, 554
과학기술혁신　72, 81
과학문명의 충격　597

관계의 연결망　120
관계의 윤리　242, 585
관권(關券)　383
관노비의 출산휴가제도　419
관대　576
관료의 남책횡렴(濫責橫斂)　371
관료제도　319
관료조직체　83
관리등용　490
관리의 부정부패　312
관리형 사회　83
관수관급제(官收官給制)　343
관작　360
관전(官田)　342
관주도의 조직체　420
관채(官採)　385
괄호로 묶기(bracketing)　156
광업　385
광업국영론　385
광역집합도시화(conurbation)　84
교(敎)　118
교양　563
교육　448
교육 및 고시제도　319
교육관의 왜곡　561
교육낭만주의　561
교육낭만주의의 실종　90
교육망국　561
교육타임스　21
교화유교(敎化儒敎)　287
구방심(求放心)　248
구사(九思)　206, 267
구안동(舊安東)　483
구용(九容)　267
구조조정　319
국가　537
국가, 시장, 시민사회의 삼각구도의 딜레마　555
국가경영　406
국가의 개입　566

국가의 경제개입의 도덕적 근거　512
국가의 부의 증대　378
국가의 이익　538
국가자본주의　512
국가재정　407, 455
국가주의　542, 559
국가주의(statism)의 위험성　540
국격의 브랜드 가치　632
국내의 자각　40
국민경제　538
국민을 위한 정부　60
국민을 위한 정치　61
국민의 공공복리　537
국민의 정부　55
국방강화　288
국상　261
국어　263
국영방식　387
국정 마비　608
국제과학이사회 (International Science Council, ISC)　80
국제연합(UN)　567
국제적 문화접변(international acculturation)　50, 631
국조례(五禮)　260
국학　448
국학탐구　171, 334
군교　397, 398
군부일체론(君父一體論)　479
군사용 자원(軍資)　339
군사적 형이상학적 존재론 (military metaphysic)　507
군사정책(軍政)　488
군사제도　319, 322
군수의 안정적 확보　342
군신공치(君臣共治)　288
군약신강(君弱臣强)　465

군역(軍役)   345, 404, 416
군왕의 정통성   529, 530
군자(君子) 19, 117, 126, 198, 202, 203, 204, 205, 206, 207, 208, 209, 210, 211, 293, 338, 599
군자삼도(君子三道), 군자삼이(君子三以)   224
군전   356
군정(軍政)   312
군정 문제   350
군정(軍丁)   416
군포   350
궁리(窮理)   152, 234
궁방전의 팽창   356
궁중의 예산   351
권도(權道)   309
권력(power)   30, 499, 502, 514
권력 갈등   453, 458, 514
권력 견제에 의한 자가치유   617
권력 관계의 속성   501
권력 독점   559
권력 사용의 유형   503
권력 엘리트   606
권력 집중과 독점   617
권력 집중 차단   519
권력 행사의 결과   501
권력갈등, 권력투쟁 462, 464, 465
권력욕   502
권력의 개념적 속성   500
권력의 독과점 518, 531, 532, 611
권력의 역학(dynamics)   609
권력의 획득   609
권력적 지식인   608
권력추구의 목표   517
권력행사   611
권문세족(權門世族)   455

권위(authority)   501
권위의 중앙집권화   506
권위주의적 조직원리 508, 617
귀(貴)를 향한 욕구   360
귀사무농(歸士務農)   522
귀속지위(ascribed status) 392, 503, 504
귀신   184, 301
귀인정치(aristocracy)   7
귀족세력의 경제기반 약화   387
규범문화   25
규장각   481, 483, 487
규칙 준수와 위반   539, 560
균등화   372
균역법(均役法)   347
균전법(均田法) 354, 356, 369, 372, 460
균형(equilibrium)   65, 549
그리스   5
그림 그리기   273
극기복례   212, 247, 253
극기와 덕성함양   624
극단   550
극단적 개인주의   583
극단적 유심론   162
극단적인 갈등   611
극벌(極罰)   423
극복(克復)   247
근대성(modernity)   50
근대화   8, 49
근대화 초기   48
근본주의   609
근사록(近思錄)   127
금광   386
금난전권(禁亂廛權)   382
금납제(金納制)   348
기(氣)   117, 192, 547
기경도(幾敬圖)   305
기국   136
기년복(朞年服)   474

기년설(朞年說)   269
기능적 지식인   624
기득권   294
기묘명현(己卯名賢) 292, 461
기묘사화(己卯士禍)   461
기발이승(氣發理乘) 137, 144, 145, 175
기발이승일도(氣發理乘一途) 135, 154
기본급   351
기사사화(己巳士禍)   461
기사환국(己巳換局)   478
기술직   397, 415
기술혁신   81
기술혁신의 변동   75
기술후진성   385
기업윤리   67
기업의 사회적 책임   69
기업체 불상사   67
기업활동   68
기철학   124
기축옥사(己丑獄事)   469
기층사회를 복구   468
기해예송(己亥禮訟) 238, 474, 475
기호   189
기호지방   468, 515
기호학파(畿湖學派) 258, 261, 268, 269
기후변화(climate change)   78
긴수작(緊酬酢)   271
김창집계   485

[ㄴ]
나라의 원기(元氣)   198, 214
나라의 품격   538
나주괘서(羅州掛書)의 변(變)   480
낙당(洛黨)   473
난맥상   546

난진이퇴(難進易退)　473
남명계　470
남명의 문인　307
남명의 철학적 사유　304
남인　269, 463, 464, 469, 470, 471, 472, 473, 474, 475, 476, 477, 478, 481
남징(濫徵)　371
남포군　346
내로남불의 파렴치　546
내재론　598
내재적 변동
　(immanent change)　120
네트워크화　91
노동량의 일역부(日役簿) 기록 376
노동력의 이동　376
노동생산력 극대화　380
노론(老論)　463, 477, 479, 480
노론 락론(洛論)의 비조　485
노론 시파　481
노론(서인)　478
노비　404, 406, 425
노비 신분의 개혁　417
노비 신분의 폐지　418
노비방량　408
노비시장　418
노비의 칭호　419
노비제도　318, 407
노비제의 해이　349
노비제의 해체　348
노비종모법　408, 417, 418
노사갈등　82
노서(老西)　472
노예제(slavery)　418
녹사(錄事)　405, 489
논어　121, 122, 202, 210, 219, 224, 247, 253, 262, 263, 265, 266, 272,

273, 324, 577, 578, 579, 581, 582, 594, 622
논어고금주(論語古今註)　284
농·공·상업　410
농경문명(사회)　603, 629
농민　405, 488
농민의 계층적 분화　373
농민층과 양반층의 분해　348
농사를 일으키고(務農)　364
농업생산력　380
농업생산력의 증대　375
농업생산력의 향상　344
농업생산의 전문화와　347
농업생산의 효율성을 제고　369
농업종사자에게만
　토지를 나누어 줌　379
농장의 확대　344
농지의 확장과 동시에
　생산성 향상　373
농학(農學)의 발달　373
뇌물　372
능각(能覺)　149

[ㄷ]
다산 심론　189
다산 정약용의 경학사상　176
다산 정약용의 정치사상　323
다산(茶山)이 삼조(三祖)　173
다산의 경제개혁 사상　373
다산의 광공업정책론　384
다산의 민본주의　329
다산의 사회신분제도
　개혁사상　411
다산의 상업정책론　382
다산의 상향식 법제정론　327
다산의 여전제 토지개혁론　375
다산의 우주론과 자연관　181
다산의 음양 개념　183
다산의 인성론과 심관　185
다산의 정전제 토지개혁론　378

다산의 학문관　178
다수의 전제정치(Tyranny of the Majority), 독재　541, 559
당(唐) 나라　490, 524
당상관　484
당위지리(當爲之理)　158, 623
당의통략(黨議通略)　465
당쟁, 전개와 계보　321, 464, 466
당쟁의 성숙과 예송　471
당파의 분화　469
대간(臺諫)　523, 524, 526, 617
대간고공법(臺諫考功法)　526
대공복(大功服, 9개월)　475
대공설(大功說; 9개월)　269
대다수의 하호·빈호·잔호·독호·걸호(下戶·貧戶·殘戶·獨戶·乞戶)　375
대대례기(大戴禮記)　262
대대적(待對的)　547
대동 사상　3, 420, 594
『대동서』(大同書)　4
대동법(大同法)　346, 358
대동(의) 사회　4, 199, 307
대량생산품　83
대립가(代立價)　345
대민정책　478
대부(大夫)　19
대북(大北)　471
대사간(大司諫)　525
대사헌(大司憲)　525
대안적 근대성
　(alternative modernities)
　　50
대안적 담론
　(alternative discourses)
　　51, 99
대안적 해명　519
대윤(大尹)　461

대응단계(Responsive Stage)
    69
대의민주주의   60, 62
대장부   213, 338
대체(大體)   188, 189
대통(大統, 宗統)   269
『대학』(大學)   127, 148, 159,
   207, 209, 247, 248, 305,
   454
대학 교수   612
덕성(virtue)   6, 622
덕성(ēthikēaretē)   8
덕업상권(德業相勸)   422,
   426, 439
덕의 실천자   212
도(徒)   420
도(道)   118, 121, 309
도가(道家), 도교   4, 115,
   486, 547, 551
도덕   592, 594
『도덕경』   552
도덕규범   426
도덕률   99
도덕성의 결여   62
도덕성의 문제   49
도덕적 기업가 정신
   (moral entrepreneurship)
   567
도덕적 논조   104
도덕적 리더십과 실천지침   99
도덕적 성품의 함양   630
도덕적 수신   487
도덕적 이(道德理)   150
도덕적 인간   199
도덕적 책임   3
도덕적 하자   490
도덕적인 존재   184
도량주선(度量周旋)   193
도문학(道問學)   202, 244
도술(道術)   297

도시문화(urbanism)   84
도시화   81
도시화의 인간적 함의   83
도심(道心)   141, 145, 147,
   188, 189, 190, 586, 602
도통(道統)   111, 170, 532
도통론의 정통성   608
도평의사사(都評議使司)   456
도학(道學)   109, 111, 338
도학 전통 탈피   172
도학적 민본정치   292
독거노인   88
독락(獨樂): 개별 풍류   272
독립운동의 영웅   223
독서   272
독서의 생활화   560
독서출신과(讀書出身科)   490
독선   545
독자적인 이론정립   172
독행(篤行)   164
동도왈붕(同道曰朋)   465
동락(同樂)   273
『동몽선습』(童蒙先習)   114
동방5현(東邦五賢)   532
동방사상의 천(天) 이론   121
동방의 신비주의   120
동사왈붕(同師曰朋)   465
동서 분당   468, 515
동서반 제도 자체도 철폐   319
동아시아   72
동오군   406
동인(東人)   307, 463, 470,
   471
동전화폐의 유통   372
두레   421, 446
두문동(杜門洞)   220, 455
득도자   599
등급   411
디스토피아(dystopia)   9, 630
디지털 격차(digital divide)

   93
디지털 시대   76
디지털화(digitalization)   91

[ㄹ]

려한십가(麗韓十家)   485

[ㅁ]

마음   139, 188, 246
마음 공부   246, 620
마음을 비운다   156
마음의 구성   140
마음의 권형(權衡)   190
마음의 그릇인 기   144
마음의 이   150, 163
마음의 이치로서 성   144
마음의 철학   139
만물의 영장   116
매일경제신문   545
『맹자』   130
맹자는 시비를 가리는 마음   580
맹자의 사단론   253
맹자의 정치사상   323
맹자의 혁명사상   325
면천   403
명고증강의   239
명나라   331, 332, 333,
   454, 465, 472
명심술(明心術)   262
명예지상 정치(timocracy)   7
명위의지칙(明威儀之則)   263
모범적인 선비의 표상   228
모험성(조합본능)   505
모화사상(慕華思想)   331, 333
목민심서(牧民心書)   330,
   385, 417
몰염치의 극치   545
무극   117
무농과 사치금지(禁奢)를
   위한 전화 유통   365

무도덕 단계(Amoral Stage)　68
무반　395
무사욕(無私慾)　234, 600, 624
무아(無我)의 공리(公理)　602
무아지공(無我之公)　587
무오사화(戊午士禍)　460, 462, 467
무재이능과(茂才異能科)　413
무전농민　348
무제한 매매　368
무진육조소(戊辰六條疏)　244, 295, 626
문과 급제자　484
문관　492
문명론적 분석　596
문명사적 격변　554
문명사적 대변환(The Great Transformation)　50, 71, 547
문명사적 딜레마　554
문묘종사　532
문반　395
문사(文士)　214
문음(門蔭)　489
문인(文人)　394
문치주의(文治主義)　452, 474, 529
문화　16, 20, 21, 22, 23, 24, 26, 563, 596
문화 관련 딜레마　555
문화의 결여　44
문화인류학　22
문화자산　52
문화적 교양으로 정화(精華)한 성숙한 선진사회(Mature Advanced Cultured Society)　556, 557, 563, 575, 596
문화적 전통　49, 52

문화적 패권 정치(지배)　610, 611
문화적 헤게모니 (cultural hegemony)　610
문화적으로 풍요한 사회　560
문화주의적 접근(culturalist)　596
문화지체(cultural lag)　76
문화체육관광부　622
물격지지(物格知至)　157
물리적－공간적 특징 (Physical－Spatial Features)　94
미국기업연구소(American Enterprise Institute for Public Policy Research, AEI)　98
미래　2, 37
미래사회의 비전　556
미래세대의 행복　626
미래학(futures studies, futures research)　15
미사(未仕)　394
민란　321, 348, 351, 375
민본·위민·안민　559, 610
민본사상(민본정치)　288, 530
민생안정　455
민의 복리와 번영　324
민의 소원　362
민족문화추진회　116, 128, 130, 137, 139, 140, 141, 143, 144, 146, 154, 155, 156, 159, 236, 238, 239, 240, 241, 243, 244, 245, 247, 249, 267, 281, 284, 294, 295, 299, 301, 308, 310, 311, 312, 313, 437, 443, 626
민족의식의 각성　171
민족의식의 고취　331
민주적 이행(Democratic Transition)　559

민주정체(democracy)　7
민주주의　98
민주주의 공고화(Democratic Consolidation)　559
민주주의의 위기　54, 55
민주주의의 퇴행　559
민채(民採)　385

[ㅂ]
바른 때(正時)　550
바른 자리(正位)　550
반계 유형원의 정치관　315
반계가 일조(一祖)　173
반계수록(磻溪隨錄)　315, 352, 358
반계의 경제개혁관　352
반계의 급진론　354
반계의 신분제도 개혁안　405
반정공신　460
반청세력　473
발명의 시계　77
발전　100
발전적 윤리단계(Developed Ethical Stage)　69
방군수포제(放軍收布制)　346
방납　344, 358
방납의 시정　350, 460
방양책(放良策)　407
방외한산인(方外閑散人)　396
배우(分戱子)의 비유　161
배청숭명(排淸崇明)　384
배타성　516, 608
백골징포(白骨徵布), 백골포(白骨布)　347, 407
백과사전적인 지식　171
백성　364
백성의 균산(均産)　375
벌열존중(閥閱尊重)　522
법 자체의 개념　327
법률준수　67

벽불론(壁佛論)　　　　　170
벽파(僻派)　　　　480, 481
변등(辨等)　　　　411, 412
변통　　192, 309, 310, 311
변통융합(變通融合)　　　193
별시　　　　　　　　491
병농일치 사상 실현, 강화 350, 375, 377
병농일치의 징병제　　　319
병역제도　　　　399, 407
병자호란　　　　384, 472, 473, 483
병자호란 시의 주전론 (主戰論)　　　　　608
보백당(寶白堂)　　　　218
보수성(집단영속 본능)　　505
보편적 윤리　　　　104
보편적인 경쟁선상에 있는 콘텐츠　　　631
복지국가　　　　　565
본말　　　　　　　126
본성　　　　　　　119
본성(本然之性)　　139, 199
본심(本心)　　　　141
봉건제와 가산제의 차이점　512
봉공적 실천　　　　234
봉급(廩祿)　　　　415
봉사의 이상　　　　566
부(富)　　　　　359
부국강병　　　　　457
부국안민　　　　　468
부귀의 욕구　　　　520
부농층　　　　　　374
부동산 정책　　　　543
부병제(府兵制)　　　316
부역제(賦役制)　　345, 405
부정부패　　　　　321
부정적인 화폐론　　　366
부천모량(父賤母良)　　406
북벌론　　　　　　477

북인　　308, 463, 464, 469, 470, 471
북학론　　　　　　334
북학파(北學派)　　172, 408
북한　　　　　　542
분권적 다원적 공동체주의적 집합주의(decentralized plural communitarian collectivism)　　　564
분대어사(分臺御史)　　525
분배원칙　　　　　376
분산분배 제도　　　513
분업체제　　　　378, 381
불교　　　　　　486
불균형　　　　　　550
불신이 팽배한 시대　　582
불씨잡변(佛氏雜辨)　288, 454
불완전 가족　　　　88
불평등의 심화　　　70
불합리한 신분제　　　494
붕당　　　　464, 518
붕당연합　　　　　473
붕당의 근원적인 원인　520, 521
붕당정치　　　　　447
붕당정치의 변질　　　169
붕당정치의 폐해　　　522
비가시적인(intangible) 자원　31
비빈　　　　　　519
비윤리적인 행태　　　66
비(妃)의 권력행사　　605
비인간화　　　　82, 87
비판적이고 창조적인 지식인　625
비폭력과 생명존중　　570
빈곤과 선비의 관계　　363
빈곤은 선비의 상도(常道)　363
빈곤과 인간 심성　　　362
빈과 빈국의 정의　　362
빈농　　　　　　348
빈부이해관계　　　364

[ㅅ]
사(士)　　　　18, 19
사(社)　　　　　420
사(私)　　　　　238
사·공·상(士·工·商)의 관계를 정비　　　377
사간원　　　　298, 526
사간원(司諫院)의 간관(諫官)　　　523, 617
사고와 행동의 경직성　608
사관제도(史官制度)　527, 617
사노비　　　　　401
사노비의 감축　　　408
사농공상　　　　　513
사농공상천(士農工商賤)　20
사농합일(士農合一)　417, 522
사단 칠정 논쟁　　　614
사단(四端)　　　　130
사단칠정론의 이기설　130, 137
사대부(士大夫)　19, 513, 514
사대부의 친족(士大夫之族)　395
사대부화　　　　　273
4대조(四代祖)　　　490
사대주의적 대외관　　608
사람의 정의(情意)　　256
사리(私利)　　　　283
사림(士林)　19, 258, 422, 462, 463, 514, 515
사림정치　　　　　527
사림파(士林派)　290, 421, 458, 459, 461, 467, 532
사법부　　　　　544
4서(四書)　　　　489
사심(私心)　　　　239
사십부동심(四十不動心)　248
사양하는 마음　　　578
사역(私役)　　　　418
사육신(死六臣)　220, 457
사이버 공간의 명암　　94

사이버 세계 92
사인지화(士人之畵) 273
사적 소유지 344
사전(土田) 356
사전(私田) 342
사정부(司正府) 524
사족(선비) 394, 417
사족(土族)에게 분배한 토지 356
사창(社倉) 319
사창계약속(社倉契約束) 426
사창법(社倉法) 426, 435
사창제(社倉制) 314, 458
사천(私賤) 400
사초(史草) 528
사풍(土風)의 진작 106
사헌부 298, 524, 525, 526
사헌부(司憲府)의 대관(臺官) 523, 617
사화(土禍, 史禍) 421, 458
사화와 당쟁 515
사회 92
사회 개혁 603
사회 계층화(social stratification) 391
사회개혁론 352
사회경제발전5개년계획 47
사회경제적 불평등 63
사회경제적 불평등이 덕성에 영향을 미침 363
사회경제적 안정(socio-economic security) 562
사회계층 의미 390, 392
사회계층 구조 30, 36, 82, 616
사회계층의 분화 348
사회공헌 70
사회과학의 담론 250
사회도덕의 측면과 악, 불선(不善)의 발단 362
사회문화적 충격 85

사회문화적 특성(Social-Cultural Characteristics) 94
사회발전론 100, 556
사회변동의 충격 81
사회와 문화의 역동태 53
사회의 대내적 범주 간의 딜레마 555
사회의 도덕성 척도 539
사회의 분절화 93
사회의 정상화 71
사회의 질(Social Quality) 562
사회이동(social mobility) 391
사회적 가치 70, 575
사회적 가치를 구현하는 사회 575
사회적 거리두기(social distancing) 97
사회적 공헌 69
사회적 기업 69, 70
사회적 분열의 씨 518
사회적 양극화 308
사회적 응집(social cohesion) 562
사회적 자원 500
사회적 자율권(social empowerment) 562
사회적 지위(status) 392
사회적 책임 70
사회적 포용(social inclusion) 562
사회적인 목표 518
사회주의 542
사회주의적인 정책 542
사회질서 513
사회체계 562
사회통합 564
사회통합적 기능 422
사회학 22
사회학적 개념 499
사흉 479
산당(山堂) 473

산림(山林) 472
산림지사(山林之士) 472
산수유람 274
산업혁명 10, 79
산직(散職) 396
삶의 세계 595
삶의 질 84, 558, 589
삼강오륜의 덕목 426
삼강행실도(三綱行實圖) 460
삼권분립 544
3년복 474
3년설 269
3단계 교육기관 320
3대조 490
삼봉의 배불론(排佛論) 608
삼사(三司) 523, 526
삼전도 472
삼정(三政)의 문란 488
삼척(三戚) 477
삼학사(三學士) 223
상생(相生)과 상극(相剋) 547
상록(常祿, 정기급여) 406
상민 425
상벌(上罰) 427, 428
상복(喪服) 260, 474
상부상조 420
상비군 318
상사람 399
상상력 630
상생의 협치(governance) 541
상소 166
상소로 간하고 반대 517
상속제도 513
상수학(象數學) 486
상승(相勝) 547
상업적 농업 347
상업정책 382
상제(上帝) 183, 184, 187
상지(上智: 현자) 142
상평창(常平倉)제도 319

상품 및 화폐 경제의 발달 346, 347, 348, 374
상피제도(相避制度) 491
상호존중과 동반자역 572
상황적 중용 551
새로운 계층의 출현 348
새로운 문명의 진원지 (epicenter) 71, 72
새로운 민본주의 323
새로운 선비문화 창달 632
새마을운동 100
생리(生理) 163
생명, 생명존중 558
생산농동에 참여 378
생산성 563
생산수단의 국유화 387
생원·진사, 녹사(錄事) 394
생육신(生六臣) 220
생재론(生財論) 366
생중(生衆) 366
생태계의 심각한 교란과 충격 78, 81, 82, 84, 597
생태계의 보호 558
생태론(생태학) 589, 598
생태론적 체계 (POET System) 74
생태주의 가치로서 사회적 가치 588
생태주의적(ecologicalistic) 존재론 114
서경(書經) 301, 323
서리(胥吏) 397
서리(書吏) 405
서리망국론 303
서리의 농간 배제 375
서명고증강의 (「西銘考證講義」) 238, 239
서민 399
서민지주 348, 374
서방인의 평가 487

서양 천문학 333
서양과학 172
서양의 쇠퇴 53
서얼(庶孼) 제도 395, 404, 410
서얼차별제도의 폐지 410, 414
서얼허통 410
서연(書筵) 529
서울 올림픽대회 593
서울경제신문 545
서원(書院) 323, 448, 449, 479
서원운동 448
서원향약(西原鄕約) 444
서인(西人) 269, 463, 469, 470, 471, 472, 473, 474, 475, 476, 477
서인(庶人) 426
서학(西學) 175
석각문화 275
석봉천자문(石峯千字文) 19
석실서원 485
선 중심의 문화공간 275
선(善)을 좋아하는 성향 187
선(善)의 이데아 7
선부후교(先富後教) 425
선비 15, 16, 17, 19, 44, 46, 49, 210, 211, 378, 489, 532, 553, 567, 575, 612
선비 정치인과 관료 집단 606
선비 파워 엘리트 517
선비계층 511
선비다운 인간의 수련 599
선비다운 처신 613
선비문화 37, 45, 73, 105, 197, 451, 514, 535, 546, 558, 560, 580, 592, 594, 596, 614, 618, 630, 632
선비문화 및 선비정신 21
선비문화와 공공성 복원 601
선비문화와 사회혁신 과제 603
선비문화의 세계화 631
선비문화의 천지인합일 사상 589
선비양반, 사(士) 409
선비의 나라 43
선비의 마음 다스리는 수기 602
선비의 수기 468
선비의 이상주의 사회 215, 420
선비의 인식론 147
선비의 정치관 36
선비의 폐풍 322
선비의 풍류 문화 270
선비의식 625
선비정신 22, 43, 560
선비철학 584
선비층 513
선사법(選士法) 413
선상노(選上奴)제도 406
선양민 후교민 (先良民 後敎民) 425
선원파 484
선유(船遊) 274
선지후행(先知後行)론 162
선진경제국 538
선진사회의 기본요건 557
선천(先天) 124
선택적 근대화(selective modernization) 50
선택적 토착화(selective indigenization) 50
선혜청(宣惠廳) 346
설득(persuasion) 501, 516
설점수세법(設店收稅法) 385, 387
성(性) 118
성(性)은 인심의 기호 186

성(誠) 243
성격 109
성군(聖君) 291
성균관 43, 448
성리학 35, 108, 109,
111, 123, 196, 290, 332,
454, 455, 458, 459, 467,
514, 608
성리학 비판 179
성리학 중흥기 614
성리학에 입각한
이상주의적인 실천운동 463
성리학의 심학 601
성리학의 표준 529, 530
성리학자 593
성리학적 도학의 이념 515
성리학적 미의식 272
성리학적 인(仁) 철학 240
성리학적 인식론 148
성리학적 존재론 112
성리학적 철학 532
성선의 성 139
성숙 563
성숙한 사회 538, 561
성숙한 사회 가꾸기 모임 561
성숙한 사회의 기본 틀 557
성숙한 선진 문화사회 556,
557, 564, 568
성인(聖人) 117, 127, 146,
155, 164, 191, 198, 199,
201, 206, 228, 234, 240,
242, 243, 245, 247, 254,
298, 338, 549, 599, 600,
619, 623, 624, 628
성인군자 599
성인음 226
성인의 도 200
성정(性情) 139
성즉리(性卽理) 163
성취(또는 업적)

지위(achieved status) 392,
503, 504
성학(聖學) 240, 244, 245,
297
성학십도(聖學十圖) 115, 119,
127, 139, 240, 241, 243,
244, 249, 295, 585, 598
성학집요(聖學輯要) 115, 143,
155, 156, 245, 250, 311
성호 이익의 정치관 320
성호(星湖)가 이조(二祖) 173
성호의 경제개혁 사상 359
성호의 균전론은 한전법
(限田法) 368
성호의 노비제도 개혁관 407
성호의 부세론 370
성호의 토지제도 개혁론 367
성호의 학문적 지향 321
성호의 해결책 497
성호학파(星湖學派) 172
세 가지 부민의 방책 364
세 가지(삼벽)를 혁파 322
세계 10위권 경제대국 631
세계 인간책임 선언문
(A Universal
Declaration of Human
Responsibilities) 568, 569
세계인권선언
(The Universal
Declaration of Human
Rights) 568
세계전직국가수반회의 569
세도정치(世道政治, 勢道政治)
481, 482, 484, 485, 487,
488, 519, 607
세습제(도) 406, 412
세원 383
소각(所覺) 149
소강사회 4
소년소녀가장 88

소대(召對) 528
소득주도 성장 542
소론(少論) 463, 477, 478,
479
소북(小北) 471
소서(少西) 472
소셜 네트워크 서비스(Social
Networking Service) 94
소셜 미디어(Social Media) 94
소수의 부농 혹은 상호(上戶) 375
소외 87
소윤(小尹) 461
소인(배) 117, 203, 204,
205, 206, 236, 293
소작농민 346
소지주의 몰락을 방지 372
소체(小體) 188, 189
소학(小學) 127, 258, 261,
266, 268, 297, 421, 454,
460
속된 선비(俗儒) 212, 213
손하익상(損下益上) 308
수공업 및 광업의 진전 348
수기의 네 가지 조목 313
수기치인(修己治人) 198, 212,
233, 234, 452, 489, 498,
613
수기치인의 가치 618
수렴청정 482
수리시설 373
수민계 484
수빈계 484
수성(守成) 549
수신의 방법 242
수신제가치국평천하
(修齊治平) 305
수양과 반성 299
수인계 484
수작(酬酌) 270, 271
수조율(收租率) 339

수조지(收租地) 342
수증계 484
수직(受職) 403
수직적 이동(vertical mobility) 391, 396
수창계 484
수취체제의 정비 372
수항계 484
숙의(淑儀)(후일 寧嬪) 484
순(順)과 역(逆) 328
순(舜) 임금 581
순자(荀子)의 성사등급설 186
승경지(勝景地) 275
시 짓기 273
시노비(寺奴婢) 411
시대특수적(temporally‒specific) 109
시무론(時務論) 309
시문 창작 272
시민사회 537, 538, 541
시민사회의 자발적 부문 (the Voluntary Sector) 567
시범실시 290
시스템(론) 549, 551
시의(時宜) 309, 310, 551, 565
시장독점 382
시장부문 537
시장사회(the Market Society) 71
시중(時中) 309, 551, 565
시파(時派) 480
시험제도 490
시회(詩會) 274
식과(食寡) 366
식년시(式年試) 491
신공(身貢) 406
신구대립 463
신권(臣權) 474
신권과 군권 간의 관계 518

신권(臣權) 우위의 정치(통치)형태 456, 514
신기(神氣) 192
신기(身氣) 154
신독(愼獨) 247
신라시대 490, 524
신라의 효공왕(孝恭王) 483
신량역천(身良役賤) 318, 393, 399, 405, 410
신뢰(trust)는 핵심적인 사회적 자본(social capital) 582
신명사명(神明舍銘) 307
신문명의 도래 632
신민(新民) 162
신분계층 20
신분사회(estate society), 신분제 사회 392, 504
신분사회의 구조적 특성 392
신분상승 403
신분세습 폐지 403
신분적 특권 396
신분제도 개혁사상 404
신분제 인정 356
신분제의 붕괴 348
신분차별 415, 417
신생국가 건설 454
신서(申西) 472
신안동(新安東) 김씨 483
신유사옥 481
신유학(Neo‒Confucianism) 111, 170
신유학(성리학)적 담론 615
신의(信義) 576
신임사화(辛壬士禍) 479
신자유주의 경제체제 63
신자유주의적 개인주의 585
신증유합(新增類合) 19
신진관료의 처우, 녹봉 보장 339, 342
신진세력 341

신하는 지식과 도덕성이라는 전문성 530
신하들 사이의 경쟁과 갈등 519
신하의 권한 약화 519
신형묘합(神形妙合) 187
실력(competence) 502, 517
실력위주의 철학 491
실록 528
실리강구(實理講究) 414
실사구시(實事求是) 168
실용성 171
실증적 과학성 171
실증주의적 경험적 인지 (positivistic empirical cognition) 150
실직(實職) 489
실천 301, 303, 306, 619, 623
실천적인 예속 정화 454
실천행동 619
실학의 개념 165, 166, 167, 349
실학사상의 일반적 특성 168
실학사상의 철학적 성격 172
실학자 616
실학파 170, 554
심경(心經) 258
심경도(心經圖) 305
심기(心氣) 154
심물병중론(心物竝重論) 306
심사(心思) 248
심성 364
심성론(心性論) 36, 468
심신상호작용 154
심신일체(心身一體) 153
심재(心在) 247
심즉리(心卽理) 162, 163
심즉리설(心卽理說) 161
심통성정도(心統性情圖) 305
심학(心學) 36, 111, 130,

138, 143
십일세(什一稅)　　　372, 377
16세기　　　　445, 462, 614
16세기 말~17세기 초　　　484
17세기　　424, 445, 478, 483
18세기　　　　　　　　　495
18세기－19세기　　　　445
19세기　　484, 487, 494,
　541, 593, 594, 610
19세기 말~20세기　　　611
19세기 일본　　　　　487
3P　　　　　　　　　394

[ㅇ]
아(我)가 있는 사심(私心)　402
아레테(aretē)　　　　　6
아문둔전의 폐단 철폐　　375
아문(관청)에 분배하는 토지　356
아문전(衙門田)　　　　356
아미시(Amish) 공동체　11, 12,
　13, 628
아시아의 가치(Asian Values)　103
아전　　　　　　　　405
아파트　　　　86, 88, 100
악(樂), 음악　255, 257, 579
악기(樂記)　255, 270, 577
안동 김문　218, 482, 484, 488
안동(安東) 김씨의 세도정치　481
안동권　　　　　　　424
안동청년유도회　　　114
안민과 평천하　　518, 559
안민의 다섯 가지 조목　313
안백성(安百姓)　　　212
알성시(謁聖試)　　　491
알인욕 공부법　　　247
알인욕(遏人欲) 혹은
　거인욕(去人欲)　142, 247,
　619
알인욕 존천리(遏人欲 存天理)
　　　　　　　　237, 602

암행어사제도　　416, 512,
　526, 617
압량위천(壓良爲賤)　　418
애국계몽운동　　　　612
애민·위민·안민　　234, 624
애민·위민의 봉공　　　600
야대(夜對)　　　　　528
약원 공동 출자　　　426
약원(約員)　　　　　426
양기　　　　　　　　547
양란 이후의 조선 사회　168
양란(兩亂)　　　　　169
양명학(심학)　　161, 163,
　164, 175, 179
양명학 배척　　　　608
양명학의 지행합일설　160, 623
양반　　　　318, 393, 490
양반 벌열의 특권　　413
양반 계층의 생산자화　412,
　414
양반사족의 유식자층화
　(遊食者層化)　　　375
양반신분 비판　　　409
양반의 직역　　　　520
양반전(兩班傳)　　　409
양반, 중인, 양인, 천인의 네 구분
　　　　　　　　　393
양반제도 개혁　　　409
양반지주　　　　　374
양심(養心)　　　　　248
양심(良心)　　　141, 602
양역론(良役論)　　318, 407
양인(良人)　　　318, 399
양인 신분의 개혁　　416
양전　　　　　　　　372
양전사업(量田事業)　345
양지　　　　　　　　164
양질의 공동체　　　584
양천상혼(良賤相婚)　401
양천합일(良賤合一)　407

어사대(御史臺)　　　524
어사제도　　　　　525
언관제도　　288, 526, 617
언론삼사(言論三司)　459
언론인　　　　　　612
언전(堰田)　　　　　344
에우다이모니아　　　8
에이도스(εἶδος, eidos)　5
엘리트(elite)　33, 36, 499,
　513
엘리트의 순환　　　505
여락(與樂)　　　　　273
여론조사　　　　　290
여부(餘夫)　　　　　380
여사서(女四書)　　　225
여성 선비　　　　　224
여씨향약(呂氏鄕約)　421,
　422, 423
여오서(女五書)　　　225
여장(閭長)을 선출　　376
여전제(閭田制)　　　375
여진족　　　　　　472
역(役)　　　　　　　405
역경(易經)　115, 199, 298,
　547, 548, 599
역량　　　　　　500, 502
역사의 연구　　　　53
역제안(役制案)　　　405
역지사지(易地思之)　539, 540
연결망 사회(network society)
　　　　　　　　　92
연결망 사회의 인간적 충격　90
연구개발　　　　　73
연구중심 고등교육　　72
연궁성리 거경집의
　(研窮性理 居敬集義)　306
연성 국력(Soft Power)　632
연암의 사회신분제 개혁안　408
열사　　　　　　　223
열하일기(熱河日記)　408

염치(decency) 579
영남지방 468, 515
영남학파(嶺南學派) 258,
261, 268, 269
영업전(永業田) 368
영육쌍전(靈肉雙全) 153
영직(影職) 396
영진전(營鎭田) 356
영학(營學) 320
예(禮): 나라의 근간 255, 257,
327, 578
예기(禮記) 3, 219, 254,
255, 256, 257, 259, 262,
263, 264, 265, 266, 270,
576, 577, 578, 579, 580
예문관 527, 617
예법과 의리 214
예속상교(禮俗相交) 422, 432,
441
예속의 정신적 함양 447
예송(禮訟) 258, 474, 475,
516, 532
예송의 이념으로서 예학 268
예송의 이념적 논쟁 269
예악형정 256
예안향약 422
예와 문물의 제정자 599
예의 개념 253
예의 철학적 담론 257
예학(禮學) 36, 175, 260
예학의 이론과 실제 257
5경(五經) 489
오남용 611
오위제(五衛制) 319
오행설 547
온건개혁파 455
옳지 못한 일을 부끄러워하고
싫어하는 마음 577
완론탕평책(緩論蕩平策) 479,
480

왕권강화 387, 475, 479,
480, 481
왕권과 신권 관계 531
왕권중심의 체제 465, 514
왕도(王道) 325
왕도주의(王道主義) 291, 459
왕실 경비 경감, 왕실 사유재산
의 억제 350
왕실에 분배하는 토지 356
왕위계승 478, 531
왕의 외척 458
왕자공야(王者公也) 360
왕통의 정당성 467, 474
왜란 463, 470
외거노비(外居奴婢) 401, 406,
419
외아전(外衙前) 398
외척, 외척세력 461, 480,
481, 482, 484, 518, 527
요순(堯舜) 201
요역(徭役) 345, 399
욕구 360
용비어천가 17, 18, 257
용서(用徐) 366
우드로우윌슨센터
(Woodrow Wilson
International Center
for Scholars) 177
우리라는 집합적 자아관 584
우리말 큰사전 17
우주론, 우주론적 기초 112,
115, 454
우주론적 이기론 127, 132
운화기(運化氣) 192
원(元)나라 454
원당(原黨) 473
원목(原牧) 325, 327
원부(原夫) 380
원초유학(原初儒學)의 회복 178
원초적 사회화(양육과 교화) 584

원칙주의 609
월드 와이드 웹(World Wide
Web, WWW) 91
월료(月料) 418
위계서열적 617
위기관리 67
위기지학(爲己之學) 281, 622
위민 정치 529, 530, 559
위민의 기준 530
위선 545
위세와 명예(prestige) 502
위신(위세, 위광)을 누리는 계층 394
위인오자(爲人吾者) 224
위인지학(爲人之學) 281, 622
위정척사(衛正斥邪) 335
위질(爲疾) 366
위훈삭제건(僞勳削除件) 460
유(儒) 18, 19, 20
유가, 유가 사상 547, 579,
580
유가의 예학 사상 252
유가의 치심법 252
유가적 관료제 511
유가적 이상사회 200
유교 48, 49, 99, 103, 551
유교적 공동체 424
유교적인 향촌사회질서 420,
421
유교전통 103
유기체적 생태론(ecological)
233
유리민(遊離民) 351
유비쿼터스 기술(ubiquitous
technologies) 90, 91
유아지사(有我之私) 587
유연성(flexibility)의 원리 531,
551, 553, 554
유연성과 적응력 551, 552
유연한 사회 563
유연한 학문태도 620

유외잡직(流外雜職) 418
유인(inducement) 501, 517
유재시용(有才是用) 490
유전자연구 76
유토피아 9, 10
유통경제도 발달 344
유학 415, 547
유학의 구성체계 110, 113
유합(類合) 18
유향소(留鄕所) 420, 421,
　423, 424, 458
유휴노동력 386
육경고학(六經古學) 333
육두(蠹, 좀벌레) 495
육례(六禮) 273
육북(肉北) 471
6조(六曹) 제도의 합리화 288,
　330
6창 형제 483, 485
육행 577
윤리경영 69, 70
윤리관 태동단계(Emerging
　Ethical Stage) 69
윤리도덕의 타락, 실종 41,
　97, 101
윤리의 가치기준 68
윤리적 차원 76
윤리적으로 무책임한 공간 97
윤서(尹西) 472
윤지당유고 227
율곡 지식론의 삼층개념 158
율곡 향약 425
율곡의 경제개혁관 350
율곡의 성인관 199
율곡의 정치사상 308
율곡의 특이성 157
율곡전서 158
융화하고 투명한 공(公) 602
을사사화(乙巳士禍) 461
을해옥사(乙亥獄事) 480

음기 547
음서(蔭敍) 396, 489, 500
음악의 예학적 의미 257,
　270, 273
음악의 인간적, 사회적 의미
　579
음양변증법 65, 546, 547,
　554, 611, 615
음직(蔭職) 414, 489
음직(남행)의 대폭 축소 413
읍학(邑學) 320
응지논사소(應旨論事疏) 283
의(義) 577
의(宜)에 합합(合宜) 309
의례 260, 265
의리론(義理論) 220, 331
의리정신 212
의리탕평 481
의병운동 221, 331, 612
의사 223
의식 260
의식의 경험론적 성격 192
의식의 직관적 통찰
　(intuitive insight
　of consciousness) 150
의식주 충족 362
의이방외(義以方外) 305
이(利) 309
이(理) 117
이교 397
이기론(理氣論) 123
이기론의 재해석 181
이기병건론(理氣幷健論) 305
이기적 탐욕 69
이기지묘(理氣之妙) 133, 143,
　144
이기철학의 전개 454
이념일편도 542
이념적 중용 551
이념형적 모본 595

이농향도 83
이데아(ιδεα, idea) 5
이러쿼이(Iroquois) 부족 2
이륜행실도(二倫行實圖) 460
이발기발 136
이발기수(理發氣隨) 175
이발설 175
이방(吏房)의 임기 416
이상과 현실 611
이상과 현실 사이의 괴리 2,
　34, 37, 67, 106, 498, 617,
　627
이상사회 3, 5, 8, 10,
　198, 199, 281, 294, 575,
　618
이상적 인간상 47, 198
이상적인 공동체 594
이상적인 선비문화 628
이상적인 정치 295
이상적인 통치자 600
이상주의(objective idealism) 6
이상주의적 사회관 280
이상형의 인간 200
이서(吏胥) 405, 406
이성(logos, reason) 6, 7
이앙법(移秧法) 347, 373
이예전(吏隷田) 356
이욕(利欲) 292
이용감(利用監) 330, 385,
　415
이용후생(利用厚生) 171
이우위설(理優位說) 129
이원론적 이기론 127
이익 521
이익집단 583
이인좌(李麟佐)의 난 480
이일만수(理一萬殊) 134, 138
이전위본(以田爲本) 355
이조낭관(吏曹郎官) 527
이조전랑(吏曹銓郎) 468, 527

이지위본(以地爲本)　355
2차 왕자의 난　456
이철학　125
이통　135
이통기국(理通氣局)　135. 138
이학(理學)　112
이해관심집단　64
이해득실　520
이혼　86
인(仁)　253, 576, 585
인간 모두를 위한 기본적인
　　원칙　570
인간 본성의 성격　187
인간과 금수의 차이　186
인간과 사회 사이의
　　긴장 관련 딜레마　555
인간과 자연 사이의 딜레마　554
인간과 자연이 하나되는 세상　597
인간관계의 변화　89
인간다움　630
인간애　290
인간을 위한
　　창의성·도덕성 교육　560
인간의 길(the Way of man)
　　122, 577
인간의 본능　360
인간의 본성(性)　185, 189
인간의 본성과 관련한 딜레마
　　554
인간의 욕심　188
인간의 의지　146, 147
인간의 자주적 선택　184
인간의 주체적 접근　281
인간적인 충격　80
인간주의 가치로서
　　사회적 가치　575
인간주의(humanism)　73, 114,
　　596, 626
인간중심주의
　　(Anthropocentrism)　112,

588
인격도야　447
인격적(personal) 권위　502,
　　517
인공지능(AI,
　　artificial intelligence) 76, 90,
　　630
인구 비율　491
인구 절대 감소　85
인도(人道)　199
인도(仁道)　239
인두세　383
인문학적 측면　73
인물선발의 기준　320
인물성동이(人物性同異)　185
인본주의　114
인사제도　330
인식론적(epistemological)
　　쟁점　36, 110, 152
인식의 내용과 공효　157
인심(人心)　141, 145, 147,
　　188, 189, 190, 586, 602
인심도심도설　143
인심의 황폐　41
인욕과 인심　199, 587
인욕의 사(人欲之私)　142,
　　235, 587, 601
인(仁)의 구체적 행위양식　576
인의 윤리　242
인의 의미　241
인의 철학　242
인의예악지신의 신육덕
　　(新六德)　575
인의예지　209
인재 등용의 공정성　290, 491
인재의 수요와 공급　523
인조반정(仁祖反正)　471,
　　472, 476
인족포(隣族布)　407
인징(隣徵), 인징 금지　350

인 철학과 공공성　233
인터넷화(internet)　91
인텔리겐차(intelligentsia)　28
인효(仁孝)　296
일곱 가지 근심거리 실상　312
1년상복　472, 474, 475
일당전제(一黨專制)　477, 487
일반 시민　537
일본　333
일부일경 사경일병
　　(一夫一頃 四頃一兵)의 원칙
　　355
일신의 안정　362
1인가구　86
1차 왕자의 난　456
일차원적 인간　83
1차 예송　269
일천즉천(一賤則賤)　401
임오화변(壬午禍變)　480
임진왜란　168, 316,
　　343, 345, 469
입약범례(立約凡例)　425
입의(立議)　425
입현무방(立賢無方)　490

[ㅈ]
자가추진력(self-
　　propelling tendency)　75
자가폐쇄식 은둔(cocooning)　87
자기수양　212
자기중심성 개인주의　89
자기중심적　540
자기중심적 이익　564
자발성(voluntarism)　563, 566
자발적 민간 단체　421
자발적 복지사회(Voluntary
　　Welfare Society)　565
자발적 사회(the Voluntary
　　Society)　566
자발적인 참여　553

자본주의 98
자본주의, 사회주의, 그리고 민
　주주의 54
자본주의경제 체제 70
자본주의적 문명 629
자연생태계의 교란 589
자연의 복수 80
자연의 오염 41
자연주의적 생물학적 인간관 188
자연주의적 세계관 181
자영농민층의 몰락 374
자원 배분 체계 66
자원(resources) 30
자원봉사 604
자원부족 522
자원의 불균등 배분 32
자유민주주의 70
자유민주주의의 병폐 66
자유방임적 자본주의 65
자유재량에 의한 봉사지향
　(discretionary service
　orientation) 567
자주지권(自主之權) 190
작용양상 192, 193
잔반(殘班) 349
잡역 405
잡직(雜職) 396
장교 398
장동 김문 486
장례원(掌隷院) 406
장리원(掌裏院) 416
장번(長番, 상시근무) 405
장자부(長子婦) 475
장횡거 585
재(財) 359
재부(財賦) 386
재부와 덕성의 미묘한 관계 361
재사(才士) 214
재야의 덕망있는 유신(儒臣) 489
재정긴축 408

재정수입 증대 375
재정운영의 기강확립 319
재정의 중앙집권화는 불철저 357
재화의 부족 521
적나라한 권력 투쟁 516
적서차별제도의 개선 381
적응력(adaptability) 551, 562,
　563, 565
적응적 변동
　(adaptive change) 50
적자심(赤子心) 141
적통(嫡統) 269, 474
전교조(전국교직원노동조합) 543,
　545
전궤사(典軌司) 385
전랑(銓郎) 527
전략적 지배자 605
전론(田論) 418
전면적인 개혁론 316
전문직 인사 606
전사회적인 공동참여 632
전세(田稅) 372
전세계 전직 국가수반
　(대통령, 총리 등)의
　국제적인 모임(InterAction
　Council) 567
전세는 정액제 377
『전습록』(傳習錄) 150, 161
전습록논변(傳習錄論辨) 161
전시과(田柴科) 제도 340
전인적 인격 212
전제개혁 339
전주 372
전지구화(globalization) 66
전함사(典艦司) 385
전호권의 성장 348
전화(錢貨)의 폐지가 최선책 366
전환기 172
절검의 윤리 372
절원귀명(絶元歸明) 331

절의의 선비 219, 223
절의의 자결 612
절의파(節義派) 220, 532
절제(moderation) 549
젊은 세대 629
점 중시의 문화공간 275
점과 선의 복합공간 276
접근법의 성격 596
접근성 537
정(正)의 사상 550
정국공신(靖國功臣) 293
정권의 획득과 유지 463
정기 154
정당성 517
정당한(legitimate) 권력 502
정란공신(靖難功臣) 457
정명론(正名論) 550
정묘호란(丁卯胡亂) 472
정병주의 319
정보통신기술 혁명, 혁신 66,
　75, 81, 89, 560
정부 개혁론 329
정신문화의 보급 632
정심(正心) 248
정암의 이상적 지치주의
　(至治主義) 292
정액제인 도조법(賭租法) 348
정의로운 가치 577
정의와 연대책임 571
정일집중(精一執中) 142
정전법(井田法) 353, 355, 379
정좌법(靜坐法) 251
정중(正中) 309, 550
정직(正職) 490
정체 584
정치 281
정치 엘리트 37
정치경제적 이념을 둘러싼 갈등
　612
정치이념적 차이 475

정치적 계급 505
정치적 권력 503
정치적 기능 95
정치적 역량 487
정치적 위기의식 53
정치적 의도 105
정치참여의 통로: 과거 489
정치체제 499, 513
정통 성리학적 정치 290
정통도학 294
정통성, 정통주의(orthodoxy) 196, 517, 530, 531
정학(正學) 178
제1차 예송 476
제2차 예송 475, 476
제3의 기술혁명(the Third Technological Revolution) 90
제도개혁성 171
제도적 권력 506
제례 260
제천의식(祭天儀式) 272
제팔심학도설 (「第八心學圖說」) 140, 142
조례(皁隷) 405
조선 513
조선 노비제도 418
조선 유학의 선비관 214
조선 전기 287
조선 중기 290, 344
조선 후기 347
조선시(朝鮮詩) 334
조선시대 선비 문화 271
조선시대 선비의 붕당론 520
조선시대의 공동체 운동: 향약 419
조선의 지배층 393
조선인 487
조선일보 631
조선조 108, 198, 339

조선조 권력 견제의 메커니즘 523
조선조의 엘리트층 514
조작(manipulate) 501, 516
조존(操存) 248
족징(族徵)과 인징(隣徵) 347, 350
존덕성(尊德性) 202, 244
존명사대(尊明事大) 472
존심(存心) 304
존양(存養) 602
존양추측(存養推測) 193
존왕양이(尊王攘夷)의 대의(大義) 332
존재론과 가치론 36
존재론적 관점 596
존재론적 쟁점 (ontological issues) 110
존재론적 철학사상 36
존재지리(存在之理) 158, 623
존천리(存天理) 142, 247, 248, 619
존체응용(存體應用) 142
존현입사(尊賢立祠) 449
종교적 코뮨 13
종교제도 513
종모법 318, 406
종법(宗法) 260
종부입천(從夫入賤) 406
종친 518
좌익공신(佐翼功臣) 457
주기(主氣) 사상 173, 181, 468
주기론자 515
주례(周禮) 330, 353
주리(主理) 468
주리론 173
주리론자 515
주성도(主誠圖) 305
주역 127, 128, 270, 305,

306, 549, 552, 565
주역 가인괘(家人卦) 297
주역(周易) 115, 547
『주역』「계사상전」(繫辭上傳) 121
주일무적(主一無敵) 305
주자가례(朱子家禮) 258, 261, 269, 421, 454, 460
주자와 다산의 태극 생성론 182
주자의 여씨향약 424
주자증손여씨향약 (朱子增損呂氏鄕約) 421
주자학 148, 454, 486
주자학적 교리 513
주전·주화(主戰·主和) 472
주체사상 542
주체적인 자율성 190
주화 472
준론탕평(峻論蕩平) 480
준법단계(Legalistic Stage) 68
준법의식 540
준사전(準私田) 342
중(中)을 얻음(得中) 309
중간계급 63, 64
중간착취 407
중국 386, 510, 513, 524, 533, 542, 547, 614, 615, 624
중국 유학의 역사 111
중국 한(漢) 490
중국산 543
중국식 가산제 511, 512
중국의 고대문명 197
중국의 황제 529
중남미 542
중농주의경제사상 372
중벌(中罰) 423, 427, 430
중앙집권적 정치체제 446, 510, 511
중앙집권적인 가산제 정치 512,

603

중앙집권화　83

『중용』(中庸)　65, 118, 119, 163, 199, 207, 209, 247, 248, 309, 454, 531, 550, 552, 561, 565, 576, 580, 581, 597, 599

중용과 유연성　611

중용의 원리: 절제와 균형　549

중(中)의 원리　550

중인　396

중인 신분의 개혁　415

중자복(衆子服)　474

중자부(衆子婦)　475

중절(中節)　259

중종　292

중종반정　460

즉리의 성(卽理之性)　139

즉물적 관념론(experiential idealism)　150

즉물적 인식론(experiential epistemology)　153, 285, 597

증강현실(AR, augmented reality)　92

증광시(增廣試)　491

증손여씨향약문 (增損呂氏鄕約文)　439

지(智)　580

지경(持敬)　243, 249, 259

지구 온난화　79

지구지방통합(glocal)　93

지방 통제력　516

지방관리의 처사　516

지방수령　288, 330

지방의 중소지주층 지식인　448

지배계급　506

지배체제와 군사제도의 변천　169

지배층 내부의 갈등　455

지봉류설(芝峰類說)　332

지선처(至善處)　160, 623

지성인　29

지속가능한 발전 목표　589

지속적 경제성장　538, 558

지식　489

지식-도덕(intellectual-moral) 엘리트　515, 530, 531, 532

지식-도덕 엘리트의 지배유형(정치)　529

지식인(intellectual)　16, 26, 27, 29

지식인 집단　453

지식인 파워 엘리트　15, 37, 611

지식인(사족)　394

지식인의 사회참여　28

지식인의 정치참여　20, 612

지식정보사회(Information-Knowledge Society)　90

지위와 위세의 계층　411

지위획득　504

지적-도덕적 속성　515

지적이고 도덕적인 정당성　514

지적인 수월성　487

지주-전호 간의 이해관계 갈등　348

지주-전호 관계　348

지주권의 약화　348

지주소작제도의 잔존　357

지주의 수탈에 저항　375

지주제의 변화　348

지치주의(至治主義)　291

지행병진론(知行竝進論)　149, 152, 162, 164, 244, 623

지행(知行) 상관성　148, 152, 160

지행의 완전한 합치　160

지행합일설(知行合一說)　150, 161, 164

지행병진, 지행호진론(知行竝進,

知行互進論)　152, 164, 623

직관전(職官田)　356

직업의 분화　82

직업제도　513

직역제도　317, 513

직전법(職田法)　343

진공(進貢)　386

진사(眞士)　19

진사(進士)　214

진상(進上)　350, 358

진실성과 관용　571

진심(盡心)　248

진영제(鎭營制)　319

진유(眞儒)　228, 289, 626

진유학(眞儒學)　178

진정성　620

진정한 도덕사회　560

진정한 선비　322

진지(眞知)　159, 259

진지(眞知)와 실천　244

진휼책(賑恤策) 환곡(還穀)　488

질서 존중　560, 577

질서교란　539

집경화(集景化)　275

집단 풍류　273

집중력(intensiveness)　501, 516

집현전　290, 515, 526

집현전 학사　456, 457

[ㅊ]

차상벌(次上罰)　427, 429

차중벌(次中罰)　431

착취나 점탈을 금하는 것(禁奪)　364

참된 선비(眞儒)　212, 214, 252

참된 앎　158

참선비다운 지식인의 살신성인　632

참소　296

참지식인 625
창업(創業) 549
창업(創業) 수성(守成)
　경장(更張) 310
창업계 485
창의성 563, 630
책임의 주체와 상대 568
책임지는 사회
　(Responsible Society) 567
척불사상 454
척신(戚臣) 344, 460
척화 472
척화 명신 483
천(天, 하늘) 118, 183,
　259, 529
천거(薦擧) 489, 500
천과 인간의 연결 598
1961년 군부정권 612
천도(天道) 199
천도의 구현자 599
천리와 도심(道心) 587
천리의 공(天理之公) 235,
　587, 601
천리의 성 139
천명(天命) 189, 245
천명(천지)의 성 139
천인상류(天人相類) 598
천인상통(天人相通) 598
천인합일(天人合一) 103, 119,
　259, 273
천인합일의 가치 594
천인합일의 사상적 연원 598
천자(天子) 324, 325, 326, 529
천자문 114
천자수모법(賤者隨母法) 401
천주 개념 176
천주교의 칠극(七克) 176
천주실의 332
천지(天地)의 공(公) 142
천지의 성 139

천지인 삼재(天地人 三才) 119,
　120
천지인합일(天地人合一) 114,
　588, 598
천지인합일의 생태론적 가치 558
천지인합일의 우주론적 자아 200
철인 왕(philosopher king) 7
철학적 담론 35, 108
철학적 접근 359
청(淸)나라 332, 384, 472
청남(淸南) 476
청문회 544
청백(淸白) 486
청백리(淸白吏) 215, 216, 483
청서(淸西) 472, 473
청소북(淸小北) 471
청음파 484, 485
체계추구적(system-seeking)
　598
체용설(體用說) 126, 129
초기단계 171
촛불 정치 546
총체론적 공동체 의식 241
총체론적(총합주의적, holistic)
　233
총체주의(총합주의, 총합사상,
　holism) 114, 597
추상적인 이론 454
추측(推測) 192
축소하는 독점 507
춘추관(春秋館) 528
춘추좌전 578
출처관(出處觀) 500, 612
충서(忠恕)의 정신 239, 240,
　588, 602
측은한 마음 576
치국평천하 244
치량지(致良知) 163
치심법 242, 250
치인(爲政) 624

치자의 도덕성 468
치지(致知) 149, 164
친명배금(親明排金) 472
친민론(親民論) 161, 162
친북적 급진주의자 100
친사회적인(pro-social) 성격
　567
친족공동체 395
친청론 473
칠십이종심(七十而從心) 249
칠정(七情) 130

[ㅋ]
캐스트형 사회(cast society) 392
컨버전스(convergence,
　수렴통합) 91
코로나19 바이러스 97
코뮌(commune) 10, 12
쿠데타 453, 457, 460
퀘이커(Quaker) 11
큰 도(大道) 595
키부츠(kibbutz) 11, 12

[ㅌ]
타인의식 561
탁남(濁南) 476, 477
탁소북(濁小北, 柳黨) 471
탁한 기(濁氣) 201, 619
탄핵 531
탕론(湯論) 325, 326
탕평책 480, 486, 519, 522
태극(太極) 115
태극도설 115, 116, 117
태극론(태극설) 112, 548
토지 394
토지개혁 515
토지개혁의 네 가지 원칙 354
토지겸병의 중단 369
토지관리 369
토지국유의 원칙 339, 340, 368

토지 공유 376
토지는 천하의 근본, 대본 352, 353
토지사유화의 흐름 극복 357
토지세 383
토지에서 이탈하는 농가 374
토지의 집적 344
토지제도 36, 339, 488, 616
토지제도개혁 455
토지조사 372
토지집중 374
통계청 85
통혼 418
퇴계 계열 471
퇴계 정치철학 299
퇴계 향약 422, 423, 424, 425
퇴계선생언행록 247
퇴계집 149
퇴계철학의 실천 문제 245
퇴계학연구원 42, 622
퇴계학연구현황 42
투하노동량에 따라 분배 376
특권, 특전(privilege) 32, 63, 512
특권의 철폐 63
특별한 공로 396
특수전 356

[ㅍ]
파워 엘리트(Power Elite) 16, 30, 32, 33, 451, 504, 506, 514, 515, 516, 604, 605, 606, 607
파워(Power) 30
파편화 93
판단정지(époché) 156
86세대 542, 544
8한림(八翰林) 527
패거리 인사의 전형 543
패거리 정치 541

패권 610
편당(偏黨) 465
평균 가구원 수 86
평등지향성 537
폐쇄적 사회(closed society) 391
폐쇄적인 신분사회 629
포(布) 345
포괄성(comprehensiveness) 501, 516
포퓰리즘(populism) 542, 565
폭군의 일인정치(tyranny) 7
폴리페서(polifessor) 612
푸근한 자발적 복지사회 559
풀뿌리 지역사회 운동 425
풍류 271, 272
풍류 문화의 공간적 측면 275
풍류의 유형 272
풍류의 의미 270
풍양(豊壤) 조씨(趙氏) 482, 488
피지배계급 506
필연적 관계성의 존재 586

[ㅎ]
하급 관리의 부패 351
하벌(下罰) 424, 427, 432
하우(下愚: 무지한 자) 142
하향분해 375
학례(學禮) 260
학문의 문화적 독자성 (cultural independence) 49, 51
학문의 문화적 유관적합성(relevance) 52
학문의 태도 614
학문의 정치적 오염 179
학문적 명분론 532
학전(學田) 356
한 시대의 도를 실행하는 것(一世行道) 613

한계와 반의 원리 548
한계의 원리 (the Principle of Limit) 531, 549
한국사회발전론 177
한국정신문화연구원 19, 216, 321
한글 632
한(漢)나라 511
한당(漢黨) 473
한류(the Korean Wave) 631
한수작(閒酬酌) 271
한신제(일정 연한) 406
한전법(限田法) 293
한중일 3국 487
한품서용(限品敍用) 415
합계 출산율 86
합리성을 포기 (abandonment of rationality) 541
합리적인 정책제안 373
항조투쟁(抗租鬪爭) 348
해방공간 612
해주향약(海州鄕約) 437
핵가족 88
행복(eudaimonia) 7
행위체계 119, 120
행정적 개혁의 전략 313
향(鄕; 士官) 393
향교 448
향규(響規) 422
향도(香徒, 鄕徒) 420
향례(향례) 260
향리신분 415
향리의 정원 415
향립약조(鄕立約條) 422, 424
향병(鄕兵) 조직 408
향사 458
향사례(鄕射禮) 421
향약(鄕約) 420, 422, 446,

460, 567, 603

향약독약법(鄕約讀約法) 425

향약의 변화 444

향약의 성격 445

향약의 형태 422

향음주례(鄕飮酒禮) 421, 458

향인 399

향촌공동체운동 446

향촌 규약 422

향촌공동체 조직 445

향촌공동체의 규범성 446

향촌민의 자발성 446

향파(鄕派) 486

허생전(許生傳) 409

헤게몬

 (ἡγεμών hēgemōn) 610

혁명 11, 12

현관(顯官) 490

현능자(賢能者) 529

현량과(賢良科) 292, 460

현상학적 방법론 156

현상학적 환원

 (the phenomenological

 reduction) 156

현실문제 468

현실정치의 관찰과 대비 328

현직(顯職) 397

협동정신 447, 563

협동정신 및 공동체의식 앙양

 447

협업농장 376

협치 567

형상(Form) 6

형성기 171

형이상자 128, 135

형이하자 128, 135

호란 345, 463

호발설(互發說) 175

호상활고(豪商猾賈) 383

호역(戶役) 345

호질(虎叱) 409

호포구전법(戶布口錢法) 412,

 417

호환성(interchangeability) 507

홍국영의 세도정치 480

홍문관(弘文館) 523, 526, 617

화랑도 420

화랑정신 272

화민성속(化民成俗) 421

화방성경(畫方成頃) 355

화폐경제의 문제점 365

화폐경제의 전개 374

확대 가족 88

확장성 516

확장성(extensiveness) 501, 516

환관 518

한국정치와 탕평책 476

환난상휼 426

환난상휼(患難相恤) 422, 426,

 433

활법 252

황구첨정(黃口簽丁) 347

황제권 524

회집독약법(會集讀約法) 425,

 442

효제충신 209

후금(後金) 472

후생이후정덕(厚生以後正德) 178

후세에게 가르치는 일

 (立言垂後) 613

후천(後天) 124

훈구·척신 459

훈구파 532

훈몽자회 18

훈민정음의 창제 289, 333

훈신(勳臣) 344, 458, 460

훈신 기성세대 515

흠흠신서(欽欽新書) 330

홍덕궁(興德宮) 483

홍선대원군의 위정척사

 (衛正斥邪) 609

히피(hippie) 11

[A–Z]

AI 76

Cambridge Advanced

 Learner's Dictionary 33

culture 563

development 100

J−곡선 75

K−pop식 문화전파 631

mind/heart 139

networking 91

POET생태체계 73, 81

power 31

prestige 31

property 31

Time 지 53, 59, 78, 79,

 99, 594

Utopia 8

Walden 8

Walden Two 10

Weber의 3P 502

저자소개

김경동(金璟東, KIM Kyong-Dong)
(서울대학교 명예교수, 대한민국학술원 회원)
E-mail: kdkim6405@hanmail.net

□ 학 력
서울대학교 문리과대학 사회학과(문학사)
서울대학교 대학원 사회학과 수료
미국 University of Michigan 대학원 사회학과(MA)
미국 Cornell University 대학원 사회학과(Ph. D.)

□ 경 력(교육연구 분야)
서울대학교 문리과대학 사회학과 조교
서울여자대학교 교수
미국 하와이 East-West Center Research Fellow(연구원)
서울대학교 문리과대학 사회학과 전임강사
미국 North Carolina State University 교수
서울대학교 사회학과 교수
미국 워싱턴시 Woodrow Wilson International Center for Scholars Fellow(연구교수)
프랑스 파리 Ecole des Hautes Etudes en Sciences Sociales Directeur Associe(초빙교수)
미국 Duke University Visiting Professor(초빙교수)
미국 Duke University Asian/Pacific Studies Institute Adjunct Professor(겸직교수)
미국 Duke University Visiting Professor(초빙교수)
KDI 국제정책대학원 초빙교수
실천신학대학원대학교 석좌교수
한국연구재단 우수학자지원 프로젝트 연구교수
KAIST 경영대학 초빙교수
미국 Hawaii 소재 East-West Center Visiting Scholar(객원교수)
대만 중앙연구원 사회학연구소(Institute of Sociology, Academia Sinica) Visiting Scholar(객원교수)
경희대학교 평화복지대학원 객원교수
국립인천대학교 기초교육원 출강

□ 경 력(학회 활동 분야)
미국사회학회 회원(현)
국제사회학회 회원(현)
Alpha Kappa Delta(미국 사회학 영예 동호회) 회원(현)

한국사회학회 회장
한국사회과학연구협의회 이사
한국사회학회 산업노동연구회 회장
한국사회학회 정보사회학회 회장
(사단법인)한국정보사회학회 초대 이사장

□ 연구업적
단독저서(영문)

2017 Alternative Discourses on Modernization and Development: East Asian Perspectives. Palgrave Macmillan.

2017 Korean Modernization and Uneven Development: Alternative Sociological Accounts. Palgrave Macmillan.

2017 Confucianism and Modernization in East Asia: Critical Reflections. Palgrave Macmillan.

1985 Rethinging Development: Theories and Experiences. 서울대학교 출판부.

1979 Man and Society in Korea's Economic Growth: Sociological Studies. 서울대학교 출판부.

단독저서(국문)

2019 『사회적 가치: 문명론적 성찰과 비전』. 푸른사상.

2012 『자발적 복지사회: 미래지향적 자원봉사와 나눔의 사회학』. 아르케.

2010 『기독교 공동체 운동의 사회학: Koinonia의 이론과 전략』. 한들출판사.

2007 『급변하는 시대의 시민사회와 자원봉사: 철학과 과제』. 아르케.

2002 『한국사회발전론』. 집문당.

2002 『미래를 생각하는 사회학』. 나남.

2000 『선진한국, 과연 실패작인가? 김경동의 문명론적 성찰』. 삼성경제연구소.

1998 『한국교육의 사회학적 진단과 처방』. 집문당.

1997 『현대의 사회학: 신정판』. 박영사.

1993 『한국사회변동론』. 나남.

1992 『한국인의 가치관과 사회의식』. 박영사.

1989 『사회학의 이론과 방법론』. 박영사.

1988 『노사관계의 사회학』. 경문사.

1985 『현대의 사회학: 전정판』. 박영사.

1983 『현대사회학의 쟁점』. 법문사.

1983 『경제성장과 사회변동』. 한울.

1980 『현대사회와 인간의 미래』. 평민사.

1979 『발전의 사회학』. 문학과 지성사.

1978 『인간주의사회학』. 민음사.

1978 『현대의 사회학』. 박영사.

선비문화의 빛과 그림자

초판발행	2022년 9월 20일
중판발행	2023년 10월 5일
지은이	김경동
펴낸이	안종만
편 집	탁종민
기획/마케팅	조성호
표지디자인	김준현
제 작	고철민·조영환
펴낸곳	도서출판 박영사
	경기도 파주시 회동길 37-9(문발동)
	등록 1952. 11. 18. 제406-3000002510019520000002호(倫)
전 화	02)733-6771
f a x	02)736-4818
e-mail	pys@pybook.co.kr
homepage	www.pybook.co.kr
I S B N	978-89-10-98029-2 93300

정 가   35,000원